禹貢半月刊

顧頡剛等 主編

6

第五卷一至六期

中華書局

禹貢半月刊第五卷總目

第一期

第二期

第三，四合期（利瑪竇世界地圖專號）

第五期

第六期

第七期

第八，九合期（西北研究專號）

第十期

第十一期(回教與回族專號)

第十二期

出版者：禹貢學會。
編輯者：顧頡剛，馮家昇。
出版日期：每月一日，十六日。
發行所：北平成府蔣家胡同三號禹貢學會。
印刷者：北平成府引得校印所。

禹貢

半月刊

價目：每期零售洋貳角。豫定半年十二期，洋壹圓伍角，郵費壹角伍分；全年二十四期，洋叁圓，郵費叁角。國外全年郵費貳圓肆角。

The Chinese Historical Geography

Semi-monthly Magazine

Vol. V No. 1 Total No. 49 March 1st 1936

Address: 3 Chiang-Chia Hutung, Cheng-Fu, Peiping, China

第五卷 第一期

民國二十五年三月一日出版

（總數第四十九期）

內政部登記證警字第叁肆陸壹號　中華郵政特准掛號認爲新聞紙類

本會啟事

南京新亞細亞學會成立迄今已有六年，研究中國邊疆問題及東方民族問題，出版新亞細亞月刊及叢書，聲譽卓著，與本會宗旨正相符合。上月本會顧頡剛先生到京，與之接洽研究合作事宜，已得大體之解決。凡吾同人如願加入彼會者，乞即示知，以便彙齊辦理。新亞細亞學會章程等，當于本刊下期轉載，讀者鑒之。此啓。

本刊啓事一

「利瑪竇地圖專號」原定為本刊第五卷第二三合期，茲以稿件過多，排校難速，圖版亦製印費時，特改為第三四合期。又本刊向例於每月一日十六日出版，茲以合期如於四月一日發行，則第五期須於五月一日發行，相隔一月，未免使愛讀者有久盼之勞，因此決將第二期延遲五天，於三月二十一日出版，第三四合期則於四月十一日出版，俾本卷前數期上下相隔為二十日，時間略得平均。自第五期起，仍照向例出版。此啓。

本刊啟事二

本卷所用封面底層，係唐人所寫禹貢殘本。依第四卷封面並利瑪竇「山海輿地全圖」之例，製為兩版，於前後六期分用之。前六期所用，為兗州章，原物藏於日本岩崎文庫，茲從其所影印之「崔鈔古文尚書」轉載。後六期所用，為末一章，原物藏於巴黎，茲從羅叔蘊氏所印「鳴沙石室遺書」轉載。自今日言，此兩種殘卷已為禹貢篇諸寫本中之最早者，故樂為介紹，俾讀者窺見千年以上之本書形式。然而國寶淪喪，物不在我，知識者對茲留影，必與慨歎之情矣。此啓。

贈書誌謝

自本年二月十六日至二十九日本會收到下列贈書，敬誌書名，藉鳴謝悃。

鄭德坤先生贈：

山東運河備覽十二卷六冊　陸燿撰　同治十年辛未重雕木刻本
治水論一冊　岡崎文吉原著　劉光蘂編譯　民國廿一年鉛印本
東三省之工業一冊　居哲隱編　民國二十一年鉛印本
浙西水利備考四冊　王鳳生纂　光緒四年重刻本
浙江沿海圖說三冊　朱正元撰　光緒二十五年己亥聚珍版本
閩始水利紀實一冊　桂坫撰　民國七年鉛印本
山東黃河南岸十三州縣遷民圖說二冊　黃璣撰　光緒二十二年石印本
濮陽河工記二冊　徐世光著　民國九年木刻本
畿輔河道水利叢書九種十冊　吳邦慶輯　道光四年木刻本
全國農產地理新書一冊　王汝通著　民國十一年鉛印本
統一中國的新經濟政策一冊　劉覺執著　民國十九年鉛印本
支那之棉業一冊　日本加藤長端著　日本大正六年紡織雜誌社鉛印本
浙江之紙業一冊　浙江省政府設計會編　民國十九年鉛印本
中國經濟全書四至六，八至十三共九冊　日本東亞同文會編纂　經濟學會編譯　宣統二年鉛印本
山東經濟事情一冊　日本小岡伊太郎西元藏編　日本大正八年鉛印本
畿輔水利議一冊　林則徐著　光緒二年丙子木刻本
水文雨量報告（太湖流域之雨量）一冊　太湖流域水利委員會編　民國十九年印本
各省荒地概況統計一冊　內政部統計司編　民國十九年排印本
浙江沿海各縣草蓆業一冊　建設委員會調查浙江經濟所編輯　民國廿年排印本
浙江平陽礬礦業概況一冊　仝上　仝上
河北省之陶業一冊　燕京大學經濟學系編輯（中國經濟研究叢刊第一種）　仝上
民國十八年鹽務稽核所年報彙編一冊　鹽務稽核所編輯　民國十九年排印本
額爾古訥河水路圖一幅　黑龍江巡按使署編製　民國四年石印本
嫩江水路圖一幅　仝上　仝上
黑龍江沿岸金礦圖一幅　仝上　仝上
黑龍江清丈區域圖一幅　仝上　仝上
黑龍江學田圖一幅　仝上　仝上
嫩漢路綫圖一幅　仝上　仝上
齊昂鐵路圖一幅　仝上　仝上
武彝山志二十四卷八冊　清董天工編　道光丙午重刻本

顧起潛先生贈：

邊藏芻言一冊　劉廷贊著　排印本
經棚日記一冊　程廷鏞著　民國七年排印本
征倭四宜三益說一冊　清曾之撰著　光緒甲午家刊本

茅乃文先生贈：

清乾隆東巡道里考一冊　日本園田一龜著　茅乃文譯　民國二十二年初版
中國河渠水利工程書目一冊　茅乃文編　民國二十四年北平圖書館出版

勞貞一先生贈：

兩漢戶籍與地理之關係一冊　勞榦著　國立中央研究院歷史語言研究所集刊第五本抽印本
兩漢郡國面積之估計及口數增減之推測一冊　仝上　仝上

明代邊牆沿革考略

李漱芳

1

一 引論

前年春，余偕友過南口，度居庸關，登八達嶺，目窮千里，長城蜿蜒與崗巒相起伏，嵯峨宏偉，猶想見秦皇之遺烈。但念嬴秦去今二千餘年，陵谷且有變，長城舊蹟安能永保無恙？今日所見之長城，堡壘尙存，雉堞如故，謂爲二千年前遺蹟，竊有疑焉。後讀嘯亭雜錄(淸宗室昭槤著)，見其記古長城一則云：

『自木蘭北數百里，有土堆巍然，東至俄羅斯，西抵準夷界(額魯特蒙古之一，在今新疆天山北路之地)，蜿蜒數千里，屯戍墩堠猶有存者，土人云：古長城也。按始皇前築長城，亦未聞至是，豈天地自然之界以限中外耶！』

木蘭乃今熱河承德北面之圍場，淸列帝以熱河爲行宮，相沿于每年秋，獵于圍場，檢閱八旗軍伍，所謂「木蘭秋獮」者也。木蘭北數百里之長城，東至俄羅斯界，西至新疆北境，綿亘數千里，其爲古長城明矣。然爲戰國時燕趙所築乎？抑嬴秦所築乎？是又不可知也。考秦邊紀略云：

『秦築長城，因河爲塞，起臨洮，達九原上郡，河西乃雍州故壤，且已棄之，其塞狹小可知。漢武帝元狩二年，始于河西置武威九泉二郡，元鼎六年又置張掖敦煌二郡，是爲河西四郡。至昭帝始元六年，置金城郡，是爲河西五郡。且開西域，遠出玉門萬里外置都護，唐亦因之，二代幅幀，可謂廣矣。下逮于宋，舉長城故塞多棄而不能守，固不逮秦，無論唐漢。及明興，太祖使耿炳文收河湟，馮勝取甘肅，而于嘉峪關畫玉斧以界華夷，其敦煌數千里地委之外藩，不知古玉門陽關者安在，追問都護長史之置，其疆域大于秦亦無幾。』

可知秦以來，屢朝有長城之築，而跨西北境最遠者莫如漢，然則木蘭北數千里之長城，其漢之遺物乎？

一九〇七年，斯坦因第二次新疆考古，曾在敦煌附近發見漢晉間長城廢塞，並在其地得簡牘甚多，由此廢塞及殘簡可以考見漢晉以來玉門陽關及長城遺蹟與烽燧。近年西北科學考查團且發見玉門陽關一帶之漢代長城遺址，可以沿額濟納河展至黑城附近，與斯坦因所發見之長城遺址，可相連接，其烽燧名稱，證之殘簡，亦可推知，更可證漢晉間之長城實跨越秦時所築。然則蜿蜒西北數千里之長城，謂爲漢代遺物近似。

秦時長城如何？漢晉間長城又如何？吾人所能考知者僅憑簡略之史籍，及近代發見之斷磚殘簡而已，其所經之地究不能盡明，遺址所可考見者有幾，亦未能斷定，不能起秦皇漢武而問之，終莫由知其詳矣。

有明一代，北虜之患無時或息。自洪武元年八月，徐達克元都，順帝妥懽帖睦爾北走應昌，未幾卒。一傳爲愛猷識理達臘，再傳爲脫古思帖木兒，部帥紛拏，再五傳至坤帖木兒咸被弒，不復知帝號，有鬼力赤者篡立稱「可汗」，去國號，遂稱「韃靼」，其後知院阿魯台弒鬼力赤，迎立元裔本雅失里，旋又爲瓦剌馬哈木等所弒，自是之後，篡弒相仍，部別愈衆。其爲明邊患者，若成祖時之阿魯台，英宗時之也先，景泰天順時之孛來毛里孩等，成化時之滿都魯孛羅等，弘治正德時之小王子，嘉靖時之吉囊俺荅等，皆其著者也。萬曆初，俺荅歸附，邊境安靖二十餘年，至哱拜叛，邊患又起，韃靼之禍，蓋與明相終始。二百餘年間，秉廟算，握兵符，膺延綏宣大薊遼邊疆之寄者，不啻猛將如雲，謀臣如雨，終未有能追奔逐北，擣穴犂庭，而肅清醜虜者，徒以今日築牆，明日修堡，圖苟安一時而已，國家糜費，年且億萬，迨庫藏已竭，國脉亦隨之而盡，殊可痛惜！

萬斯同明史樂府云：

『秦人備胡築長城，長城一築天下傾，至今笑齒猶未冷。豈知明人防北狄，專藉築城爲長策，不曰長城曰「邊牆」，版築紛紛無時息。東方初報牆功完，西方又傳虜寇邊。虜入潰牆如平地，縱橫飽掠無所忌。虜退復興版築功，朝築暮築竟何利。帥臣徒受內府金，川原空耗司農費。我聞漢人却虜得陰山，匈奴不敢窺幽燕。又聞唐人踰河城受降，突厥不敢掠朔方。自古禦胡在扼險，豈在萬里築垣牆。屢朝廟算皆如此，奈何獨笑秦始皇。』

由此可知明代虜患之深，而屢朝防虜之策，厥惟築邊牆而已。以二百餘年之經營，竭國帑億千萬，邊牆萬里，誠不足爲怪。然則明代邊牆實不讓秦漢之偉大 而今日居庸南口而至大同宣化，巍然無恙之長城，益可信爲明邊牆之舊，而非秦漢遺址所能留于二千餘年後也。

二 成化以前修邊事畧

洪武初，國運方隆，徐達李文忠等，勇略無雙，共拒元裔于塞外，馮勝藍玉繼之，聲威尤震，北虜喘息不暇，自不敢有窺邊之舉，故修邊之事無聞焉。永樂初，以大寧地界兀良哈，致遼東與宣大聲援阻絕，後又廢興和，徙開平于獨石，宣府遂成重鎮。又以東勝孤遠難守，調左衛于永平，右衛于遵化，而墟其地。殘虜休養生息之餘，遂易興覬覦之念，由是邊警時聞，修邊之計亦不容少緩矣。

成祖實錄云：

『永樂十年八月己未，勅邊將于長安嶺野狐嶺，及興和迤北至洗馬林，凡關外險要之地，皆崇石垣，深濠塹，以防虜寇。』

又云：

『十一年八月癸亥，城長安嶺七百八十九丈七尺。』

又云：

『十三年正月丙午，塞居庸關以北潭峪小峪黑折澗水峪臺鷲魚嶺千石澗南石陽等處山口，每口十人守之。』

又云：

『二十一年八月庚申，勅宣府隆慶懷來萬全懷安等衛築塞黑峪長安嶺等處緣邊險要之地，務令堅固，晝夜嚴謹守護，如寇至兵寡不敵，星馳報來。』

明史兵志三云：

『正統之年，給事中朱純請修塞垣，總兵官譚廣言：自龍門至獨石及黑峪口五百五十餘里，工作甚難，不若益墩臺瞭守。乃增赤城等堡烟墩二十二。』

明史史昭傳云：

『正統元年，總兵史昭以寧夏孤懸河外，東抵綏德二千里，曠遠難守，請于花馬池築哨馬營，增築烽堠，直達哈剌兀速之境，邊備大固。』

又王復傳云：

『成化二年八月，兵部尚書王復上言：延綏自安邊營接慶陽，自定邊營接環州，每二十里築墩臺一，計凡三十有四，隨形勢為溝牆，庶息響相聞，易于守禦。又言：寧夏中路靈州以南，本無亭燧，東西二路營堡遼絕，聲聞不屬，致敵每深入，亦請建置墩臺如延綏，計為臺五十有八。』

成祖時，北虜叛服不常，前後北征，勞師塞外，卒以親征阿魯台之役，駕崩榆木川，虜患之重可知，然當時防虜，惟深濠塹，塞澗谷而已。仁宗享國不久。宣宗之世，曾北征兀良哈，旋即降其衆，阿魯台屢寇邊，亦不得逞，故自洪永至仁宣，未聞有邊牆之築也。惟英宗之世，瓦剌也先強大，其為禍更甚于兀良哈阿魯台，御駕親征，且陷于土木，自是北虜之入中國，若行堂奧，邊患乃益殷矣。防邊之務，不能全恃深濠塹，築墩臺矣。滅虜既不能，防虜宜有策，此余子俊所以有疏請修築邊牆之事也，此明代邊牆之所由創築也。

三　余子俊創築邊牆事略

成化初，巡撫王銳請沿邊築牆建堡為久遠計，工未興而罷。及馬文升巡撫陝西，又奏請于榆林一帶古長城舊址修築牆垣及烽堠，以固邊疆，事下兵部議行，後亦中輟。成化七年正月，余子俊以浙江布政使轉都察院右副都御史，代王銳巡撫延綏地方，上疏言邊事，尤以修築邊牆為當務之急，其在是年七月乙亥所上疏略云：

『延慶邊疆，山崖高峻，乞役山西陝西丁夫五萬，量給口糧，依山剷鑿，令壁立如城，高可二丈五尺，山坳川口，連築高垣，相度地形，建立墩堠，添兵防守，八月興工，九月終止，工役未畢，則待來年，庶幾成功，一勞永逸。』（見憲宗實錄）

疏下兵部議行，尚書白圭阻其議，以陝民方困，宜緩興役，其議覆云：

『往因巡撫右副都御史王銳建議，欲于川空之處修築高垣，已嘗得旨，令會議舉行。今余子俊復欲塹山設險，爲策固良，但緣邊之民，頻年以來，不遭虜殺，即困徵收，喪亂逃亡，凋敝已甚，今須極力撫安，難以重加勞役。況延綏境土夷曠，川空居多，浮沙築垣，恐非久計，塹山之事，宜俟寇警稍寧，督邊城軍卒以漸圖之，兵力不足，止可量調附近兵民爲助。』（見同前）

兵部奏覆後，旋奉旨：設險守邊，興工動衆，常審度民力，姑緩行之。未幾，寇入孤山堡，復犯榆林，子俊先後與朱永許寧等擊敗之。是時寇據河套，歲發大軍征討，卒無功。翌年春，子俊復以築墻爲言，其九月癸丑上疏略云：

『虜寇自成化五年以來，相繼犯邊，累次調兵戰守，陝西山西河南供餽浩繁。今邊兵共八萬以上，馬亦七萬五千餘匹，累計今年運納之數，止可給明年二月。且今陝西之間，旱雹所傷，秋成甚薄，每銀一錢，止糴米七八升，豆一斗，買草七八斤，財力困窮，人思逃竄，倘不預爲計慮，恐內患復生。如此虜今冬不北渡河，又須措備明年芻費。姑以今年之數計之，截長補短，米豆俱作每石值銀一兩，共估銀九十四萬六千餘兩，每人運米六斗，共用一百五十七萬七千餘人；每草一束值銀六分，共估銀六十萬兩，每人運草四束，共用二百五十萬人；往回二月，約費用資二兩，共費八百一十五萬四千餘兩，脫用牛驢載，所費當又倍之。蓋自古安邊之策，攻戰爲難，防守爲易，向者奏剷削邊山一事，已嘗得旨令于事寧之後舉行，竊計工役之勞，差減運輸戰鬥之苦，欲于明年摘取陝西糧運軍民五萬，免徭役給糧，倍加優邮，急乘春夏之交，虜馬罷弱，不能入寇之時，相度山界，剷削如墻，縱兩月之間不能盡完，而通寇之路既爲有限。彼既進不得利，必當北還，稍待兵民息肩，軍食強富，則大舉可圖。其寧夏等邊，又在守將各陳方略，倘以見所未合，仍事戰守，須預辦芻糧，以防不給。如虜能悔過入貢，乞聽輔等遣使招徠之。』（見同上）

子俊之意，蓋本「攻戰爲難，防守爲易」之旨，雖非上策，然亦不失爲無策。但白圭猶欲撓之，因言供餽事乞移文戶部措置，剷削山勢，恐虜巳近邊，難以興作，宜令趙輔等勘議可否施行。惟帝頗以子俊之言爲然，且以修邊乃經久之策，宜速舉。是時平虜將軍趙輔，參贊軍務王越等，疏陳攻守之策，亦請從子俊所奏，鑿山築牆，以爲保障，其寧夏花馬池高橋兒境內，沙漠平漫，難于修築，則令都御史馬文升徐廷章等于萌城鹽池諸處，量度形勢，浚濠築牆，使虜不敢懸軍深入。嗣虜聞軍馬大集，恐爲搗巢，乃遠徙不敢復居套內，邊患稍息。

子俊乘虜遁之後，一意興築，經始于十年四月，至閏六月功成，具上其事，計修築邊牆之數，東起淸水營紫城砦，西至寧夏花馬池營界牌止，剷削山崖，及築垣掘塹，定邊營平地乃築小墩，其餘二三里之上，修築對用敵臺，崖砦接連巡警，險如墩臺，及于崖砦空內適中險處築牆三堵，橫一斜二如箕狀，以爲瞭望避箭，及有警擊賊之所，及三山石澇池把都河俱添築一堡，凡事計能經久者始爲之，役兵四萬餘人，不三月功成八九，而榆林孤山平夷安遠新興等堡，尤爲壯麗。又移鎭靖堡出白塔澗口，絕快灘河之流，環鎭靖堡之城，阻塞要害。其界石迤北新築邊境內地，俱以履畝起科，令軍民屯種，計田畝稅六萬石有餘。凡修城堡一十二座，榆林城南一截舊有，北一截創修，安邊營及建安常樂把都河永濟安邊新興石澇池三山馬跑泉八堡俱創置，響水鎭靖二堡俱移置。凡修邊牆東西長一千七百七十里一百二十三步，守護濠牆崖砦八百一十九座，守護牆小墩七十八座，邊墩一十五座。如此綿亘宏偉之邊牆，實有明一代所僅見。自此次牆工告完，虜不敢窺邊者數年。至十八年，虜寇入犯，許寧等逐之，寇扼于牆塹，散漫不得出，遂大衂，子俊之功于是乎見矣。(見仝前)

成化二十年，子俊以戶部尚書兼左副都御史總督宣大軍務，復出行邊，疏請以延綏邊牆法行之兩鎭，因歲歉而止。二十一年七月再疏云：

『去歲受命行邊，即以曩在延綏曾修邊牆事宜建議奏聞，蒙賜允行，適歲歉而止。今會大同山西宣府一帶邊關內外文武守臣，隨方經略，躬率士馬，遍歷邊境，登高履險，凡四十餘日，度地定基，東自四海冶起，西至黃河止，長覺一千三百二十里二百三十三步，舊有墩一百七十座，內該增築四百四十座，每座高廣俱三丈。宣府二百六十九座，宜甃以石，每座計用六百工，六日可成；大同一百五十四座，及偏頭關一十七座，宜築以土，每座計用一千工，十日可成。總計宣府八四萬，共二十五日；大同八四萬，共三十八日；偏頭關八六千，共二十八日，俱可畢工。大約今年八月始事，明年四月可以告成。工八八萬六千，每人月給粮米六斗，銀三錢，鹽一斤，共粮一十五萬四千八百石，銀七萬七千四百兩，鹽二十五萬八千斤。馬六萬三千匹，于草青時月每馬給料升半，共八萬五千五十石。視昔延綏修邊之費，雖曰有加，迹既然而驗之將然，實一勞永逸之功也。」(見全前)

子俊所規畫，誠極周悉。以前者延綏築牆之功效證之，則期以半年，成功可待。況此時國家猶不甚窮衰，十餘萬石之粮，不逾十萬之財，尙易措置，自不難成厥功。是故此時兵部奉諭議其事，亦以子俊前在延綏會收明效，今于宣府大同偏頭關一帶邊方，復不惜勤勞，親歷艱險，畫圖具說，籌算詳明，蓋欲必成未畢之功，期收將來之效，事可舉行。得旨：于明年四月興工修築。然是時歲比不登，公私耗斂，驟興大役，事屬難行，而子俊且欲以築墩責成于邊臣，而于閱實付任于科道，但計成算數目言之可聽，而行之惟艱，由是物議譁然，怨謗交集，帝命工部侍郞杜謙等往勘，亦以耗財煩民，不得無罪爲言，子俊因致仕去，續修邊牆之舉遂不得行。不然，延綏宣大前後邊牆相接達三千里之遙，守爲上策，亦未爲無補，乃全功未竟，殊可惜也。

四　正德嘉靖間修築邊牆事略

自余子俊修築邊牆之後，虜不敢窺邊者幾二十年。至弘治末，小王子大篩諸虜，復相繼入寇，而小王子且入据河套。邊備已疎，牆塹日夷，虜毀牆而入，禦之不易。正德初，命楊一清總制延綏寧夏甘肅三鎮軍務，一淸乃復建議修邊，言其久官陝西，頗諳形勢，寇動稱數萬，往來倏忽，未至徵兵多勞擾費，既至召撥輒後時，欲戰則彼不來，持久則師坐老，爲防邊患，其策有四：修濬牆塹以固邊防，增設衛所以壯邊兵，經理靈夏以安內附，整飭韋州以遏外侵，而尤以修牆塹爲急。因條具便宜，延綏安邊營石澇池至橫城三百里，宜設墩臺九百座，暖譙九百間，守軍四千五百人；石澇池至定邊營百六十三里，平衍宜牆者百三十一里，險崖峻阜可剷削者三十二里，宜爲墩臺連接；寧夏東路花馬池無險，敵至仰客兵，宜置衞興武營守禦所，兵不足宜召募；自環慶以西至寧州，宜增兵備一人；橫城以北，黃河南岸有墩三十六，宜修復。帝可其議，大發帑金數十萬，命一清興築牆之役。顧是時，劉瑾擅政，憾一清不附己，陰阻其事，一清不得已引疾去。自正德二年二月興工修築，六月罷役，所餘未用錢糧並令巡撫等官覈實見數，輸送于京。其在要害處築成之牆，僅四十餘里而已。（見明史楊一清傳）

嘉靖初，相繼總兵政者如王瓊彭澤毛伯溫輩，大率皆知築牆修塹爲防邊要務，然均無偉績可見。至嘉靖二十年間，俺荅屢大舉入寇，逼近京師，兵部尚書樊繼祖禦敵無方，旋被罷黜，起翟鵬爲宣大總督代之。翟鵬受命，寇已出塞，即馳赴朔州，請調陝西薊遼客兵八支，及宣大二關主兵，兼募士著，選驍銳者十萬，統以良將，列四營分部塞上，每營當一面，寇入境，遊兵挑之，誘其追，諸營夾攻；銳不可禦，急趨關南，依牆守，邀擊其困歸，帝從之，鵬乃浚濠築垣，修邊牆九百三十餘里，增新墩二百九十二，護墩堡一十四，建營舍一千五百間，得地萬四千九百餘頃，募軍千五百人，人給五十畝，省倉儲無算。（見明紀卷三十二）

繼翟鵬之後，有翁萬達者，以嘉靖二十三年由陝西布政使擢右副都御史，巡撫陝西，尋進兵部右侍郎兼右僉都御史，代翟鵬總督宣大山西保定軍務。會寇數萬騎犯大同中路，入鐵裹門，總兵官張達力戰却之；又犯鵓鴿峪，參將張鳳，諸生王邦直等戰死；萬達與總兵官周尚文備陽和，而遣騎四出邀擊，頗有斬獲，寇登山見官兵大集乃引去。二十四年四月，工科給事中何雲雁因言邊事，以宣府自西陽河洗馬林堡以西，大同自陽和城柳溝門堡以北，綿亘百里，虜騎出入由之，實爲二鎭襟喉，三關藩捍；往築李信屯堡不堪保障，宜令總督侍郎翁萬達躬親相度，分疆修築關堡。萬達因于二十五年二月上疏云：

『大同東路自陽和口暗門起，至宣府李信屯堡紅土臺邊界止，延長一百三十餘里，中有鐵裹門鵓鴿峪瓦窰口等處，悉通賊要路，未有牆塹，擬于山南二三里起，添築邊牆一道，濬濠建堡，增設墩哨，使宣大聲勢聯絡，且可以南護紫荆，屹爲外塹，通計經費約用二十九萬餘金。請下戶部趣發帑金，期以三月初土脈融動，及時興作。其督視之任，當一付之總兵官周尙文，俾如中西二路，一體悉心料理。』

疏上，帝命發大倉銀二十萬兩，馬價銀動支九萬兩，修築之役悉以付總兵官周尙文。未幾巡撫蘇祐所築紫荆等三關邊牆五百里成，宣大邊牆仍未動工。是年三月萬達復上疏云：

『大同邊牆宜修者，初議起開山口，遵山南而東五十里至于水磨口，又東八十一里至宣府李信屯堡之紅土臺總一百三十一里有奇，雖地平工易，然紅土臺必西北築四十餘里，始與西陽河合；不若自水磨口改從東北踰山崖六十里至于馬頭兒，又趨平地渡溝而北一十里，又東一十八里至于宣府西陽河界之鎮口臺，共一百三十八里，雖其陡峻中隔，南北相懸，應援轉輸，微有不便，而西陽河得藉一面之防，省四十里之力，李信屯堡以北，常戍之兵亦可罷去，如此宣大兩鎮均享其利矣。』

疏入，兵部欲撓其議，以爲大同初不欲修大邊者，正慮應援轉輸之艱，且大同鐵裹門鵓鴿峪之間，舊有二邊一道，可以扼塞諸途，若加修治，亦足保障，何爲舍此大十餘里之牆而不爲，棄二邊百餘里之險而不守，乃復于三邊內重築百三十餘里之垣，開山鑿石，增墩築堡，工力相去甚遠。萬達因再疏云：

『頃者臣請城西陽河，而本兵不以臣言爲然。臣惟修邊，爲守邊也，不可守則不必修矣。新平堡北故有牆十里，今參議蘇志皋所築在山顚不可汲，是以臣欲改築于麓，爲守故，且徑而省也。其鵓鴿峪二邊者，前年賊從之入，岡崖阻隔，聲援不聞，即鐵裹門之軍，咫尺千里矣，故臣又以爲不便，非聖明獨斷，幾搖所議。』

帝以大同邊牆，總督議甚具，而兵部從中改請，幾壞成事，爲奪郎中褚寶俸半年。萬達得行其議，乃自大同東路天城陽和開山口諸處，爲牆百三十八里，堡七，墩臺百五十四；宣府西路西陽河洗馬林張家口堡諸處，爲牆六十四里，墩臺十，斬崖削坡五十里，役工五十餘日而成，進萬達爲右都御史。旣而萬達又會宣大山西鎭巡官議上邊防修守事宜，其略曰：

『山西起保德州黃河岸，歷偏頭抵老營二百五十四里；大同西路自丫角山歷中北二路，東抵東陽河鎭口臺六百四十七里；宣府起西陽河歷中北二路，東抵永寧四海冶一千二十三里，凡一千九百二十四里，皆逼巨寇，險在外，所謂極邊也。山西老營堡轉南而東，歷寧武雁門至平刑關八百里，又轉南而東，歷龍泉倒馬紫荆之吳王口插箭嶺浮圖峪至沿河口一千七十餘里，又東北歷高崖白羊至居庸關一百八十餘里，凡二千五十餘里，皆峻山層岡，險在內，所謂次邊也。外邊大同最難守，次宣府，次山西之偏老，大同最難守者北路，宣府最難守者西路，山西偏關以西百五十里，恃河爲險，偏關以東百有四里，略與大同西路等；內邊紫荆寧武雁門爲要，次則居庸倒馬平刑。邇年寇犯山西必自大同，犯紫荆必自宣府，先年山西防秋止守外邊偏老一帶，歲發班軍六千人備禦大同，仍置兵寧雁爲聲援，比棄極衝，守次邊，非守要之意，宣府亦專備西中二路，而北路空虛。且連年三鎭防秋，徵調遼陝兵馬，糜粮費不貲，恐難持久，倂守之議，實爲善經，外邊四時皆防城堡，兵各有分地，冬春徂夏，不必參錯徵發。若泥往事，臨時調遣，近者數十里，遠者百餘里，首尾不相應；萬一如往年潰牆而入，越關而南，京師震駭，方始徵調，何益事機。擺邊之兵，未可遽罷，易曰「王公設險以守其國」，設之云者，築垣乘障，資人力之謂也。山川之險，險與彼共，垣塹之險，險爲我專，百人之險，非千人不能攻，以有垣塹可憑也，修邊之役，必當再舉。夫定規畫，度工費，二者修邊之事；愼防秋，倂兵力，重責成，量徵調，實邊堡，明出塞，計供億，節財用，八者守邊之事也。』

條上十事，帝悉報可，乃請帑銀六十萬兩，修築大同西路，宜府東路，邊牆凡八百里。是時曾銑總督陝西三邊軍務，與巡撫謝蘭張問行等亦疏請修築陝北邊牆千餘里，疏略云：

『延綏密與套虜爲鄰，自成化間都御史余子俊修築邊牆，東自黃甫川起，西至定邊營止，延袤一千五百餘里，歲久傾頹，餘址間存，不異平地。嘉靖九年，總督尚書王瓊修花馬池邊牆一道，自寧夏橫城接築至定邊營，約三百餘里，而自定邊營至黃甫川一帶，依舊無牆，連年虜入，率由是道，所當急爲修繕。第地里廣遠，工程浩大，勢難責效朞月，宜分地定工，次第修舉。西起定邊營而東至龍州堡，計長四百四十餘里爲西段，乃環慶保安要塞，所當先築；自龍州堡而東至雙山堡，計長四百九十餘里爲中段；自雙山堡而東至黃甫川計長五百九十餘里爲東段；歲修一段，期以三年竣事，庶幾保障功完，全陝攸賴。乞破常格，發帑銀如宜大山西故事。』

疏下兵部會議具覆。未幾以復河套議，銑力請之，大學士夏言力贊之，爲言于帝；嚴嵩與崔元陸炳等媒孽其間，夏言竟以此敗，銑亦就戮，千餘里之邊牆遂不果修矣。

至嘉靖二十六年五月，大同鎭撫官詹榮周尙文等復請役山西大同兵八萬八，自五月起至九月訖工，修築丫角山諸堡邊牆千四十餘丈，敵臺一千所。兵部言宜大二鎭修築邊牆已完工，欲重修者必前所修之牆低薄，不堪保障，但彼時朝廷發銀修築，固非欲其低薄以圖節省，今以其低薄而又重修，則牆何時可成，工何日可完，其耗蠹之弊，難保必無。帝以兩鎭修築邊牆，幾八百里，而發銀僅六十餘萬，邊臣區畫已詳，比于前時無事，歲耗帑銀百餘萬者不同，部臣率易題覆，雖在節省，而言非事實，命罰俸一月。翌年三月，萬達繪具三鎭修完邊牆及邊關形勢圖進呈，並條陳未盡事宜，略云：『宜府北路龍門雲州一帶，新築邊牆以內，地多膏腴，宜分撥附近軍民耕種；獨石馬營赤城各墩共計八十六里，並敵臺一百七十三座，及滴水崖四海冶永寧等處，宜次第修築；三鎭已築邊牆，責令守臣隨時繕葺；山西邊牆所宜聚兵防秋者僅百里，山西分守大同邊牆百有四十餘里，軍額多者宜汰去，並計便宜供億；守臣禦虜，實有所歸，虜若潰牆而入，各照信地，一應領兵大小官員俱坐以失陷城寨律』。所言均得其要。尋以復套議起，閣臣嚴嵩夏言互相傾軋，戮夏言于市，並誅總督曾銑，萬達固力主通貢而反復套之議者，不爲帝所悅，未幾以父憂歸，廟堂水火，邊事遂置不問矣。（以上參考世宗實錄）

五　萬曆間修築邊牆事略

萬曆初，疆臣奉命防邊，沿前朝事例，築牆之舉，歲有所聞，惟所興築多在薊遼宣大之境，延綏寧夏諸邊殆無聞焉。略述如下：

元年三月，詔修宣府北路邊牆，牆本先任總督翁萬達所築，內塞起滴水崖歷鵰鶚堡龍門衛至六臺子墩凡一萬八千七十六丈有奇，近被虜蹂躪，半就傾圮，閱臣吳百朋等勘議修築，計用糧八千八百一十三石，鹽菜工食銀六千一百七十九兩，每年用軍夫一十九萬三千三百一十一名，酌量衛緩，漸次舉行，期三年內完報。

七月，兵部覆：閱視侍郎汪道昆奏，閱過遼東全鎮修完城堡一百三十七座，舖城九座，關廂四座，路臺屯堡門角臺圈烟墩山城一千九百三十四座，邊牆二十八萬二千三百七十三丈九尺，路壕二萬九千九百四十一丈，俱各堅固，足堪經久，因敍督撫鎮巡諸臣勞績，並請給前項工程銀一萬六千九百一十兩。得報，巡撫張學顏，總兵李成梁，兵備李松，參將馬文龍等，各陞賞有差。

二年二月，兵部覆，大同督撫官王崇古等題修理大同沿邊牆垣，限以五年報完，渾源右衛工程限三年，廣靈威遠限二年，合用口粮鹽菜銀三十七萬五千二百四十六兩六錢零，以戶七兵三分派，在本省者照數議發，在戶部者先發一半，餘俟興工後查明解發。但向來所築邊牆俱欠堅固，又墩臺遠處邊牆之外，臨敵之際，守臺者勢已懸隔，不敢發一矢，擺邊者軍又單弱，不足當其聚攻之衆；宜查倣薊鎮之制，將沿邊墩臺改築在內，每里先騎牆築一座，每座三層，下層實心，中層發圈空心，各開箭眼，上層蓋屋立垜，俱用甎甃，兩臺之中，照議築牆，酌量衛緩，以次興工，中間臺座倘覺稀疎，五年後更議增築。報可。

是月薊鎮督撫劉應節等，復題請修築遼東西臺牆共七百九十一里，調軍夫一萬，匠役六百，扣算須四十餘年（此處有誤文）報完，用官銀四十餘萬。兵部覆該鎮勘估先造土牆，乃甃之甎，又築之臺，又爲之舖，邊長工鉅，爲力甚難；莫若先舉臺工，計地百丈建臺一座，如昌平鎮之制，空心實下，庶可經久，兩臺之間止用甎與亂石爲牆，蓋有臺可据，即牆未高厚亦可限隔，先修寧前西接石門一帶，次及錦義廣寧以東，其二程衝緩，錢粮軍夫等項，再行該鎮估計會奏。從之。

三月，戶部覆：山西督撫王崇古等題修理山西鎮西路邊牆，應用行粮鹽菜銀一萬六千三十三兩零，乞于代州收貯鹽課銀兩內動支，照前項鹽課專備緊急軍需，不許別項糜費，合應本部動支一萬一千二百二十三兩零，兵部動支馬價銀四千八百一十兩零，各差官解送。報可。

四年三月，兵部覆：薊遼總督楊兆王一鶚所議薊昌二鎮以匹馬不入方爲萬全，故修築寨垣爲第一要義。況二鎮應修之牆，在薊僅七百里，在昌僅九十餘里，雖共增墩臺共五百座，而昌平尙可減百，工既不多，且先年修牆一丈工價一十八兩，私派不與焉，今止議五兩，乃墩費視臺又不過居三之一，費亦稱省，應聽其便宜及時從事。惟該鎮兵以足四萬，而牆則昌鎮以八年計，薊鎮以一十三年計，墩臺則又歲各以十座計，已不能無玩時廢事之病，奈何更欲借撥班軍乎？此當復行詳計者也。至于錢粮照戶七兵三例，各預解該鎮收貯，用畢再請，每年終用過錢粮，修過工程，悉令巡按御史覈奏，有仍襲故套，不盡用灰石，及攙用掛木者，嚴治。命如議。

十年三月，修山西西中東三路所屬家會(?)石岩舖等緊要邊牆墩堡，用銀七萬七百八十三兩有奇，擬動支修邊剩銀及庫貯胖襖變賣木價豐贍等庫，民壯解剩等項無碍銀外，至動存積客餉銀一萬七千九百兩。戶部言客餉原備客兵緊急，若以修工，倘虜警卒至，何以待之；且工非一年可完，銀非一時支給，別項銀兩任發，而客餉宜止。從之。(以上參考神宗實錄)

萬曆間所修邊牆可考者僅如此，蓋以宣大延綏諸邊虜寇以俺答爲最強，自萬曆初，總督王崇古疏請封俺答爲順義王後，其後黃台吉奢力克卜石兔數世，以三娘子之故，效順朝廷，烽烟無警。惟東部土蠻，非俺答所能制，猶時爲薊遼邊患；而總兵李成梁，總督梁夢龍等，復足以捍衛邊庭，虜莫能逞，亦無藉于版築之功也。

六 附論

有明一代，無時不苦于北虜之禍，自明初諸將如徐達常遇春傅友德藍玉輩，掃穴犂庭，漠南漠北，莫不臣服。成祖繼之，大張撻伐，亦可謂能勤遠略者。自後嗣君不武，邊將非才，弓弛矢朽，邊警日殷，朝廷乃思虎臣之不易得，恩詔有加，如弘治中太監苗逵率師出鄜延，搗巢獻馘祇三級耳，而廟堂錄功多至二千餘人；嘉靖中，大將軍仇鸞統軍出雲代，生擒虜寇僅二人耳，天子謝功，爲之再拜。累朝邊將，所稱能建功勳者大率如此。乃若能抒其謀猷，築牆修堡，使朝廷無北顧之憂者，自應褒功于當時，頌德于後世，此邊牆之築應首功于余子俊，而念及有明一代邊患，尤不能忘子俊者也。

洪亮吉歷代史案云：

『邊牆之制曷昉乎？曰長城之別名也。明自英宗信用奸閹，國用耗蠧極矣，而復大興工役，傷財害民，不宜速之亡乎？曰此正所以節用愛人也。三邊惟延綏地平易，利馳突，寇屢入犯。自成化六年，阿羅出亂加思蘭毛里孩各部入据河套，延綏告急，憲宗遣朱永王越等禦之，士馬八萬，芻糧歲以八百二十五萬，而居民之被殺掠，禾稼之遭蹂踐，更不知凡幾。今考余士英（子俊）所築，東起淸水營，西起花馬池，延袤千七百七十里，凡築城堡十一，邊墩十五，小墩七十八，崖砦八百十九，役軍四萬人，不三月而成，牆內悉分屯墾，歲得糧六萬石。若早從士英之請，壯夫登高禦寇，以一當百，以逸待勞，外防抄掠，內勤耕牧，罷游騎而減戍卒，開屯田以裕邊儲，省轉運以寬民力，五年間不特省軍需四千餘萬，而屯種所積亦可三十萬石。若役軍十萬，半載可城萬里，萬里之內，詳加開墾，十年生聚之餘，軍民殷富，比戶可封，籌邊之策，最無有善于此者。可見蒙恬長城之築，不過即逐胡三十萬衆，兩月而畢，原未嘗傷財害民也。士英深悉長城之利，而特變其名曰邊牆，殆所以防腐儒之阻格與？』

觀于洪氏之言，邊牆之築未嘗爲害，且有利于國者也。然築牆爲便于守也，旣築邊牆矣，不啻以牆爲華夷之界，牆以內爲我有，牆以外虜得以出沒其間，與虜隔牆而守，豈能永保無虞？今考子俊所築邊牆，東起淸水營，而河曲神木楡林靖邊安邊至花馬池，河套千餘里之沃壤遂棄之而不惜，至弘治中葉後，虜且入居河套，復由河套而毀牆入境，前日以邊牆爲天塹者，既不足恃，宜大延綏邊警且日至矣！迨嘉靖二十年之後，俺答強盛，始入寇朔州，再寇太原沁汾襄垣諸地，復犯大同萬全，而掠順聖川浮屠峪，縱橫千里，若入無人之境，致京師戒嚴，總督翟鵬下詔獄瘐死，本兵毛伯溫杖謫戍邊，是則邊牆不足恃明矣。虜去未幾，忽又入寇宣府，犯居庸，逼京師，安定德勝東直諸門，虜如蟻聚，帝一怒而戮本兵丁汝夔，巡撫楊守謙，究何補哉！（事在嘉靖二十九年。）自是之後，廷臣邊將籌邊無策，不得已委曲疏請開馬市，而交懽俺答，名爲羈縻，實則怯敵。曾幾何時，虜復背約以犯寧夏，寇宣大間，由是帝知馬市不足恃，邊臣乃藉此以玩敵耳，大將軍仇鸞遂不免戮屍梟首（事在嘉靖三十一年）！然則，累朝所築數千里之邊牆，果何足恃哉！

于是有識者謂禦虜必先搗巢，搗巢必先復套，始知河套之不宜輕易棄也。然如楊一清有復套之謀而不得行，夏言曾銑翕倡復套之議，且遭誅戮，套不可復，虜不能禦，邊牆之築，窮年累月，亦徒耗財費時而已！慨北虜之禍與明相終始，則余子俊創築邊牆之功，亦幾希矣！

人人應備 人人易備之國學文庫

商務印書館發行

國學基本叢書簡編

▼預約簡則

冊　數　全編五十種，分裝一百二十冊，紙面平裝六開本，上等新聞紙印。

定　價　全編定價國幣四十元。（原售各單行本總價六十餘元）

預約價　一次付款**國幣二十元。**分次付款者預定時先交七元，每取書一期續交五元，交足二十二元為止。

郵　費　國內及日本三元四角，香港澳門十三元六角，郵會各國卅二元。

出書期　分四期出齊，已出第一期書三十冊，預約戶立時可取，本年二月底、三月底、四月底各續出三十冊。

預約期　本年二月十日起，至四月十日止。

優待本書預約戶　預約戶同時選購其他國學基本叢書單行本者，照單行本定價對折計算。

已出三十冊預約立可取書

敝館輯印國學基本叢書，為研究國學者之津梁，數年以來，先後出版多至百餘種，範圍日廣，全部售價亦漸鉅。遂覺尚有簡抉之必要，因就該叢書中擇其人人應讀之書五十種，彙為簡編，並改為平裝本，用預約辦法，將售價削減百分之六十，藉輕讀書界之負擔。茲將本書特點，分述於後：

四大特點

要籍咸備　簡編所輯各書共十二類，五十種，分訂一百二十冊，我國古代學術代表之作，咸備於是。

版本適用　國學基本叢書所據版本，均以注釋精當，訛字絕少者為準，最合學者研讀之用。

一律斷句　全書正文註文，一律斷句，既便閱讀，亦足為理解之助。

售價最廉　簡編所輯各書，如購原本，非數百元不辦，今全書一百二十冊，共約四萬頁，預約僅售二十元，不及原本十分之一。

簡編五十種目錄

書名上加有＊符號者係第一期書，業已出版

▼讀書指南
- ＊書目答問……清張之洞撰　一冊
- ＊經學通論……清皮錫瑞撰　一冊
- ＊諸子平議……清俞樾撰　三冊
- 文史通義……清章學誠撰　一冊

▼哲學
- 論語正義……清劉寶楠撰　二冊
- 孟子正義……清焦循撰　四冊
- 荀子集解……清王先謙撰　一冊
- ＊老子本義……清魏源撰　一冊
- ＊莊子集解……清王先謙撰　一冊
- ＊墨子閒詁……清孫詒讓撰　二冊

▼社會科學
- ＊管子……附清戴望撰管子校正　二冊
- 韓非子集解……清王先慎撰　一冊
- 鹽鐵論……漢桓寬撰　明涂楨校　一冊

▼語文學
- 爾雅義疏……清郝懿行撰　二冊
- 說文解字注……清段玉裁撰　六冊
- 廣韻……宋陳彭年等重修　二冊

▼應用技術
- ＊齊民要術……後魏賈思勰撰　一冊
- 天工開物……明宋應星撰　一冊
- 陶說……清朱琰撰　一冊

▼美術
- ＊書法正傳……清馮武編　一冊
- ＊圖繪寶鑑……元夏文彥撰　附明韓昂撰續編　一冊

▼詩文總集
- 詩毛氏傳疏……清陳奐撰　二冊
- 古詩源……清沈德潛輯　一冊
- ＊文選……梁蕭統選　唐李善註　四冊
- ＊唐詩別裁……清沈德潛輯　二冊

▼詩文別集
- 李太白集……唐李白撰　清王琦輯註　三冊
- 杜少陵集詳註……唐杜甫撰　清仇兆鰲註　四冊
- 韓昌黎集……唐韓愈撰　二冊
- 柳河東集……唐柳宗元撰　二冊
- 歐陽永叔集……宋歐陽修撰　六冊
- ＊蘇東坡集……宋蘇軾撰　六冊
- 王臨川集……宋王安石撰　三冊
- 王文成公全書……明王守仁撰　四冊
- 戴東原集……清戴震撰　一冊

▼詞曲
- 唐五代詞選……清成肇麐選　一冊
- 宋六十名家詞……明毛晉輯　五冊
- 陽春白雪……元楊朝英輯　一冊
- 牡丹亭……明湯顯祖撰　一冊
- 桃花扇……清孔尚任撰　一冊

▼詩文評
- 文心雕龍……梁劉勰撰　清黃叔琳註　一冊
- 詩品……梁鍾嶸撰　一冊

▼歷史
- ＊尚書今古文注疏……清孫星衍撰　二冊
- 春秋左傳詁……清洪亮吉撰　二冊
- 史記……漢司馬遷撰　六冊
- 通鑑紀事本末……宋袁樞撰　八冊
- 宋史紀事本末……明陳邦瞻撰　四冊
- 元史紀事本末……明陳邦瞻撰　一冊
- 明史紀事本末……清谷應泰撰　四冊

▼地理遊記
- 水經注……後魏酈道元撰　二冊
- 徐霞客遊記……明徐宏祖撰　附丁文江撰年譜　三冊

*D180-25:5

南人與北人

吳梧軒

在新式的交通工具沒有輸入中國以前，高山和大川把中國分成若干自然區域，每一區域因地理上的限制和歷史上的關係，自然地形成牠的特殊色采，保有牠的方言和習慣。除開少數的商旅和仕宦以外，大部分人都窒處鄉里，和外界不相往來。經過長期的歷史上的年代，各地的地方色采愈加濃厚，排他性因之愈強，不肯輕易接受新的事物。漢書地理志記秦民有先王遺風，好稼穡，務本業，巴蜀民食稻魚，無凶年憂，俗不愁苦，而輕易淫佚，柔弱褊阸。周人巧僞趨利，貴財賤義，高富下貧，憙爲商賈，不好仕宦。燕俗愚悍少慮，輕薄無威，亦有所長，敢於急人。吳民好用劍，輕死易發。鄭土陿而險，山居谷汲，男女亟聚會，其俗淫。……是說明地方性的好例。

到統一以後，各地政治上的界限雖已廢除，但其特性仍因其特殊的地理環境而被保留。雖然中間曾經過若干次的流徙和婚姻的結合，使不同地域的人有混合同化的機會，但這也只限於鄰近的區域，對較遠的和極遠的仍是處於截然不同的社會生活。例如吳越相鄰，這兩地的方言，習慣，及日常生活，文化水準便相去不遠，比較地能互相瞭解。但如秦越則處於「風馬牛不相及」的地位，雖然是同文同族，却各有不同的方言，不同的習慣，不同的日常生活，差別極遠。以此，在地理上比較接近的區域便自然地發生聯繫，自成一組，在發生戰事或其他問題時，同區域的人和同組的人便一致起而和他區他組對抗。在和平時，也常常因權利的爭奪發揮排他性，排斥他區他組的人物。這種情形從政治史上去觀察，可以得到許多極好的例證。

依着自然的河流，區分中國爲南北二部，南人北人的名詞因此也常被政治家所提出。過去歷史上的執政者大抵多起自北方，因之政權就常在北人手中，南人常被排斥。例如南史張緒傳：

齊高帝欲用張緒爲僕射，以問王儉。儉曰：緒少有佳譽，誠美選矣。南士由來少居此職。褚彥回曰：儉少年或未諳耳。江左用陸玩顧和，皆南人也。儉曰：晉氏衰政，未可爲則。

同書沈文季傳：

宋武帝謂文季曰：南士無僕射，多歷年所。文季曰：南風不競，非復一日。

可見即使是在南朝，「南士」也少居要路，東晉用南人執政，至被譏爲衰政。

北宋初期至約定不用南人爲相，釋文瑩道山清話：

太祖嘗有言不用南人爲相，國史皆載，陶穀開基萬年錄開寶史譜者言之甚詳，云太祖親寫南人不得坐吾此堂，刻石政事堂上。

通鑑亦記：

宋眞宗久欲相王欽若。王旦曰：臣見祖宗朝未嘗有南人當國者。雖古稱立賢無方，然須賢士乃可。臣爲宰相，不敢阻抑人，此亦公議也。乃止欽若入相。欽若語人曰：爲子明遲我十年作宰相。

當國大臣亦故意排斥南人，不令得志，江鄰幾雜志記：

寇萊公性自矜，惡南人輕巧。蕭貫當作狀元，萊公進曰：南方下國，不宜冠多士，遂用蔡齊。出院顧同列曰：又與中原奪得一狀元。

宋史晏殊傳：

晏殊字同叔，撫州臨川人，七歲能屬文。景德初張知白安撫江南，以神童薦之。帝召殊與進士千餘人幷試廷中，殊神氣不懾，援筆立成。帝嘉賞，賜同進士出身。宰相寇準曰：殊江外人。帝顧曰：張九齡非江外人耶？

蒙古人入主中國後，南人仍因歷史的關係而被擯斥。元史程鉅夫傳：

至元二十四年（西元一二八七）立尙書省，詔以爲參知政事，鉅夫固辭。又命爲御史中丞，台臣言鉅夫南人，且年少。帝大怒曰：汝未用南人，何以知南人不可用。自今省部台院必參用南人。

雖經世祖特令進用南人，可是仍不能打破這根深蒂固的南北之見，南人仍被輕視，爲北人所嫉忌。同書陳孚傳：

至元三十年（西元一二九三）陳孚使安南還，帝方欲寘之要地，而廷臣以孚南人，且尙氣，頗嫉忌之。遂除建德路總管府治中。

元明善傳說得更是明白：

> 明善與虞集初相得甚懽。後至京師，乃復不能相下。董士選屬明善曰：復初（明善）與伯生（集）他日必皆光顯，然恐不免爲人搆間。復初中原人也，仕必當道。伯生南人也，將爲復初摧折。今爲我飲此酒，愼勿如是。

南人至被稱爲「臘雞」，葉子奇草木子說：

> 南人在都求仕者，北人目爲臘雞，至以相訾詬，蓋臘雞爲南人饋北人之物也，故云。

到明起於江南，將相均江淮子弟，南人得勢。幾個有見識的君主却又矯枉過正，深恐南人懷私擯斥北士，特別建立一種南北均等的考試制度。在此制度未創設以前，且曾發生因南北之見而引起的科場大案。明史選舉志記：

> 初制禮闈取士不分南北。自洪武丁丑考官劉三吾白信蹈所取宋琮等五十二人皆南士。三月廷試擢陳郊爲第一，帝怒所取之偏，命侍讀張信等十二人覆按，郊亦與焉。帝怒猶不已，悉誅信蹈及信郊等，戍三吾於邊。親自閱卷，取任伯安等六十一人。六月復廷試，以韓克忠爲第一，皆北士也。

洪熙元年，仁宗命楊士奇等定取士之額，南人十六，北人十四。宣德正統間分爲南北中卷，以百人爲率，則南取五十五名，北取三十五名，中取十名。南卷爲應天及蘇松諸府，浙江江西福建湖廣廣東。北卷順天山東山西河南陝西。中卷四川廣西雲南貴州及鳳陽廬州二府滁徐和三州。成化二十二年，四川人萬安周弘謨當國，曾減南北各二名以益於中。至弘治二年仍復舊制。到正德初年，劉瑾（陝西人）焦芳（河南人）用事，增鄉試額，陝西爲百人，河南爲九十五，山東西均九十。又以會試分南北中卷爲不均，增四川額十名幷入南卷，其餘幷入北卷，南北均取百五十名。瑾芳敗，又復舊制。天順四年又令不用南人爲庶吉士，可齋雜記說：

> 天順庚辰春廷試進士第一甲，得王夔等三人。後數日上召李賢諭曰：永樂宣德中咸教養待用，今科進士中可選人物正當者二十餘人爲庶吉士，止選北方人，不用南人。南方若有似彭時者方選取。賢出以語時，時疑賢欲抑南人進北人，故爲

此語，因應之曰：立賢無方，何分南北。賢曰：果上意也，奈何！已而內官牛玉復傳上命如前，令內閣會吏部同選。時對玉曰：南方士人豈獨時比，優於時者亦甚多也。玉笑曰：且選來看。是日賢與三人同詣吏部，選得十五人，南方止三人，而江南惟張元禎得與云。

但在實際上，仍不能免除南北之見，例如朝野記略所記一事：

正德戊辰，康對山海（陝西人）同考會試，場中擬高陵呂仲木柟爲第一，而主者置之第六。海忿，言於朝曰：仲木天下士也，場中文卷無可與並者；今乃以南北之私，忘天下之公，蔽賢之罪，誰則當之。會試若能屈矣，能屈其廷試乎？時內閣王濟之（鏊，震澤人）爲主考，甚怨海焉。及廷試，呂果第一人，又甚服之。

到末年吳楚浙宣崑諸黨更因地立黨，互相攻擊排斥，此伏彼起，一直鬧到亡國。

在異族割據下或統治下，征服者和被征服者的關係愈形尖銳化。如南北朝時代「索虜」「島夷」之互相蔑視，元代蒙古色目漢人南人之社會階級差異，清代前期之滿漢關係及漢人之被虐待，殘殺，壓迫。在這情形下，漢族又被看作一個整體——南人。在這整體之下的北人和南人却並不因整個民族之受壓迫而停止帶有歷史性的歧視和互相排斥，結果是徒然分化了自己的力量，延長和擴大征服者的統治權力。這在上舉元代的幾個例証中已經說明了這個具體的事實了。

也許在近百年史中最值得紀念的大事，是新式的交通工具及方法之輸入。牠使高山大川失却其神秘性，縮短了距離和時間，無形中使幾千年來的南北之見自然消除，建設了一個新的統一的民族。

周頌「彼徂矣岐有夷之行」解

于省吾

毛傳：「夷，易也」。鄭箋：「徂，往；行，道也。後之往者又以岐邦之君有佼易之道故也。易曰：『乾以易知，坤以簡能；易則易知，簡則易從；易知則有親，易從則有功；有親則可久，有功則可大；可久則賢人之德，可大則賢人之業』。以此訂大王文王之道，卓爾與天地合其德」。

按後漢書西南夷傳引作「彼徂者岐，有夷之行」；說苑韓詩外傳引作「岐有夷之行」。武億經讀考異謂「上既云『彼作矣』，則此『彼徂矣』斷句與經符合」。武說非也，「彼作矣」，作字承「天作高山」言，「彼徂矣」非有所承而言也，則二矣字非對文。或謂「彼作矣」之彼謂大王，非是：不知如承大王言，上既言「大王荒之」，應曰彼荒矣；以文義求之，猶云天作高山，大王荒之，天作高山，文王康之：作高山者天也，荒之者大王也，康之者文王也。

徂沮古通。綿篇，「自土沮漆」，王引之讀沮爲徂；論語長沮，漢婁壽碑沮作且；溱洧篇，「士曰既且」，釋文，「且音徂，往也」；甲骨文祖考之祖作且，亦作沮。沮之本作且，猶禹貢至于衡漳，漳漢書作章；灃水，水經作豐水；瀍澗之瀍，淮南子作廛；濰淄其道，濰史記作維，淄漢書作甾：此例不可枚舉。

古以矣同字，從矢作矣乃後起字。晏子春秋諫上，「禽獸矣力爲政」，元刻本矣作以。寡子卣，「誒帝家以」，劉心源讀以爲矣。金文晚周以每作台，列子仲尼，「其如天下與來世矣」，矣應讀如湯誓「夏罪其如台」之台。凡此皆矣以古通之證。

「彼徂矣岐，有夷之行」，應讀爲「彼沮以岐」句，「有夷之行」句。綿篇，「率西水滸，至於岐下」，鄭箋，「循西水厓沮漆水側也」。潛篇，「猗與漆沮」傳，「漆，沮，岐周之二水也」。史記周本紀，「遂去豳，渡漆沮，踰梁山，止于岐下」。李黼平云，「自沮漆到岐，至近之詞也」。戴震謂「水滸，渭水北厓也」，箋未審於地勢而云，失之。王念孫云，「爾雅曰，『率，自也』。西，邠之西也。約而言之，則自邠西漆水之阻，至于岐山之下。毛鄭皆訓率爲循，循漆水而西，則非適岐之道，故致後人之疑」。按此詩言「彼沮以岐，有夷之行」，謂沮水之側，岐山之下，有坦夷之道也。以地勢言之，則山爲主而水爲輔，岐爲主而沮爲輔。篇首只言山未言水，故以彼沮爲言。「彼沮以岐」，猶言彼沮水與此岐山也。尚書大傳云，「大王去豳，邑岐山，周民奔而從之者三千乘，止而成千戶之邑」，即此詩所謂「天作高山，大王荒之」者也。此詩之意，謂西自沮水，東至岐山，皆大王文王發祥之地；篇末言「子孫保之」，謂保有其發祥之封疆也。自「徂，沮；矣，以」之通叚不明，而詩義湮矣。

2

中國地方志考

張國淦 1

江蘇省四

舊蘇州府屬縣

吳縣

志目

吳縣記　吳顧徵纂　昭明文選注引　佚

吳縣圖經　宋雍熙□年　知縣羅處約修　明洪武府志宋濂序引　佚

吳邑志十六卷　明嘉靖八年　知縣蘇祐修縣人楊循吉纂　天一閣嘉靖刊本

吳縣志五十四卷卷前一卷　崇禎十五年　知縣牛若麟修縣人王煥如纂　天一閣崇禎刊本，北平圖書館闕卷五，六，宜興任氏闕卷三

吳縣志九十卷　清康熙三十年　知縣吳愚公等修縣人孫珮纂　北平圖書館康熙刊本存卷十六，十七，三十三，四十一至四十四，四十九至五十四。

吳縣志一百十二卷卷前一卷　乾隆十年　知縣姜應蛟修海寗施謙纂　金陵圖書館宜興任氏乾隆刊本

吳縣志八十卷　民國二十二年　縣人曹允源吳蔭培等纂　民國刊本

敘論

右吳縣志。吳縣：秦置，爲會稽郡治；西漢因之；東漢分置吳郡，爲郡治；晉宋以後，相沿不改；至宋初仍爲吳郡治，政和三年，爲平江府治；元爲平江路治；明清爲蘇州府治。故吳縣事蹟，並載吳郡志，蘇州府志，姑蘇志。

其縣志今可考者，三國吳有顧徵吳縣記（徵亦作徵之，亦作徽之），昭明文選注引之。至宋雍熙□年，有知縣羅處約吳縣圖經，洪武府志宋濂序引之（今俱佚）。

明凡三修。嘉靖八年，知縣蘇祐延縣人楊循吉纂吳邑志十六卷，其爲類凡十八：曰輿地，曰吳國本末，曰縣治公廨，曰職官，曰鄉圖，曰都分，曰戶口，曰田賦，曰名臣事蹟，曰學校，曰境內壇廟祠宇，曰人物，曰山，曰水，曰周漢以來古蹟，曰土產，曰古今詩，曰古今文章。四庫全書總目，謂其『首敘吳國本末爲史考，已非一邑之事；又引春秋所載吳事爲經考，又併非吳地之事；仍不免志書牽引之習』。然是志重在尊賢訂

古（見楊循吉序），故其援引賅博。循吉既纂蘇州纂修識略，復纂是志，又纂長洲志，其於吳中故實，蒐求有素，不得以經史兩考，而掩其書之大體也。更三十四年為嘉靖四十二年，知縣曹自守修吳縣志。據崇禎縣志牛若麟序：『大司馬蘇公祐特創縣志，延南峯楊先生循吉載筆，為書十六卷，有志無圖；至嘉靖癸亥，曹公自守復謀纂輯，先圖後志，尋以去迫未竟』。並見康熙縣志張隆序（此志未成）。更一百十四年為崇禎十五年，知縣牛若麟延縣人王煥如纂吳縣志五十四卷，卷前一卷，圖十五，其為類凡三十七：起建置，訖人物。蓋據前志而作，而類目則增多於前。首繪輿地山川城廓治署學官諸圖，系以說。蓋亦依據曹志未成之稿也。

清凡二修。自崇禎十五年，更四十九年為康熙三十年，知縣吳愚公等延縣人孫珮纂吳縣志九十卷，首圖說，其為類凡二十八：起建置，訖人物，終雜記。據張隆序，『是志修成於吳愚公，劉滋張隆繼之，而剞劂以竣』（今存不全）。更五十四年為乾隆十年，知縣姜應蛟延海寧施謙纂吳縣志一百十二卷，卷前一卷，首圖口，其為類凡四十六：起建置沿革，訖藝文。施謙邃於史學，又得縣人楊繩武總持大綱，葉長揚為之論定，姜應蛟亦諳於志事，故其自序謂披圖按部，臨文了然，一邑文獻，不外是矣。蓋紀實之言也。

民國七年，距乾隆修志時已有八十年，縣人曹允源吳蔭培等纂輯縣志；十三年孔昭晉賡緒為之，後復由縣人張一麐主持志局，至二十二年始纂成吳縣志八十卷。首圖六，其為類凡表二：曰職官，曰選舉；考五：曰輿地，曰兵防，曰祥異，曰藝文，曰金石；傳二：曰名宦，曰列傳；終雜記。其時長洲元和併入吳縣，是志初定名吳長元三縣合志，後更名吳縣志。仍據曹允源等核定各門，分三縣紀事，綜以圖表考傳記，併三縣事實於八十卷。在近人志中，考訂詳明，而不失乎體要者。書成於民國二十二年，其斷限則依通例止於宣統三年，故亦謂之宣統志也。

吳縣志自明以後修凡六次：未見者一，存者五。其未見者，當時並未成書，而所有者相承以迄於今，民國志則兼長元分縣紀事，後之修志者，由民國上溯而合纂之，則其取材亦不外乎是矣。

吳縣志見存卷目異同表（據民國縣志次第）

縣志	卷目
嘉靖縣志	序 吳國本末 史考 經考 二 附封爵篇 一（輿地） 附氏族篇 一（輿地） 職官 古縣令題名 國朝縣令題名 三
崇禎縣志	序，後序 編例 重修姓氏 目次 圖 前 職員 三十，三十一 先朝正佐領 三十 本朝正佐領 附 吏額屬員 三十一 先朝師儒 三十 本朝師儒 三十一 選舉 三十二至三十八 先朝諸科 三十二 先朝進士 三十三 本朝進士 三十四 先進鄉舉 三十五 本朝鄉舉 三十六 本朝貢生 三十七
康熙縣志	
乾隆縣志	序文 前 銜名 前 目錄 前 圖 前 吳世家 封爵 二十七 氏族 二十八 職官 三十三至三十六 師儒 三十九 選舉 四十二至四十七
民國縣志	序 凡例 修志姓氏 總目 圖 一 職官表 二至八 選舉表 九至十七

3

輿地　一
山　十一
鄉圖　都分　四
學校　五
縣治公廨　三
附境內公署　四
周漢以來古蹟　十三

先朝武舉，本朝武會試　三十八
荐辟　三十八
封贈廕叙　三十八
建置
疆域
形勝
城池　一
山　三，四
水　五
鄉都
市鎮　二
坊巷　十五
橋梁　十六
學宮　十三
書院　十四
官署　十二
驛館　郵舖　十七
倉庾　十七
古蹟　六

武科　四十八
封蔭　四十九
建置沿革　一
疆域　三
分野　二
城池　七
山　四，五
水　六
鄉都　七
市鎮　八
坊巷　九
橋梁　八
學宮　三十
書院　義學　三十一
官署　二十九
郵舖　驛站
倉庾　三十二
古蹟　二十二

輿地考　十八至五十二
沿革
疆域
城池　十八
山　十九
水　二十
鄉鎮，租界附　二十一至二十三
坊巷　二十四
橋梁，關津水閘附　二十五
文廟　二十六，二十七
書院，義塾　二十七
學堂　二十八
公署　二十九至三十一
局所附
驛傳附　三十
倉庾附
義莊附　三十一
古蹟　三十二

境內壇廟祠宇 六
田賦 四
戶口 四
井雜附等 四(田賦)
土產 物貨穀菽蔬果 十四
附讖時篇 一(輿地)
附農占篇 一(輿地)
古今詩 十五
古今文章 十六

壇廟 祠廟 十九至二十一
僧坊 二十四至二十六
城內寺院菴 二十四
郊外寺院 二十五
湖中寺院 郊外湖中菴 二十六
玄觀 二十七
宅第 二十二
園林 二十三
冢墓 二十八
田賦 七，八
戶口 七
役法 九
物產 二十九
風俗 十
兵防 十八
寇亂民變附 十一(祥異)
祥異 十一

僧房 三十三
城內寺院菴
田賦 十六，十七

壇壝 八十
祠廟 八十一—八十二
僧坊 八十六至八十八
道觀 八十九
第宅 八十三
園林 八十四
冢墓 八十五
水利 十六至二十一
田賦 十一至十五
戶口
徭役 十
物產 二十三
風俗 二十四
兵防 四十
弭變 四十一
祥異 二十五，二十六
藝文 九十三至一百二十

壇廟祠宇 三十三至三十五
寺觀 三十六至三十八
第宅園林 三十九
冢墓 四十，四十一
水利 四十二，四十三
田賦 四十四至四十九
物產 五十，五十一
風俗 五十二
兵防考 五十三，五十四
祥異考 五十五
藝文考 五十六至五十八
金石考 五十九至六十一

5

名臣事蹟　四
人物　七至十
周漢吳　七
晉南北朝周隋　八
唐五代宋元　九
本朝　十

宦績　三十九
人物　四十至五十四
德望　四十一
勳業　四十
忠節　四十二
才識　四十四
政事　四十五
儒林　四十九
文苑　四十八
武略　四十九
剛正　四十六
清恬　四十七
孝友　四十三
卓行　四十七
風雅　四十七
隱逸　五十
列女　五十二
藝事　五十三
方術　五十三
寓賢　五十一
義俠　四十九
高釋　五十四
仙流　五十四

宦績　四十一
人物　四十二至□□□
名臣　四十二至四十四
文學　四十九
武略　五十一
卓行　五十
隱逸　五十二
流寓　五十四
義俠　五十三

宦蹟　三十七，三十八
人物　五十至七十九
先賢　五十
名臣　五十一至五十四
忠節　五十五，五十六
循良　五十七，五十八
能吏　五十九
儒林　六十
文苑　六十一至六十三
武略　六十四
孝友　六十五
卓行　六十六，六十七
隱逸　六十八
列女　七十二至七十四
藝苑　七十五
方術　七十六
流寓　六十九
好義　七十
游俠　七十一
釋氏　七十七
老氏　七十八

名宦傳　六十二至六十四
列傳　六十五至六十八
忠節　六十九
孝義　七十
列女　七十一至七十四
藝術　七十五
流寓　七十六
釋道　七十七

6

工技　五十三

舊序　首

工役　七十九

雜記　九十至九十二

雜記　七十八，七十九

舊序　八十

長洲縣

志目

長洲縣志十卷　宋慶元□年　知縣孫應時修　佚

長洲縣志十卷　明嘉靖□年　吳縣楊循吉纂　未見

長洲志□卷　□□□年　吳縣錢穀纂　未見

長洲縣志十四卷　隆慶五年　知縣張德夫修縣人皇甫汸等纂　天一閣北平圖書館萬曆增訂隆慶本

長洲縣志十四卷又長洲藝文誌四卷　萬曆二十五年知縣江盈科修縣人張鳳翼纂　北平圖書館萬曆刊本

長洲縣志二十二卷　清康熙二十三年　知縣祝聖培修縣人韓菼等纂　國學圖書館北平圖書館康熙刊本

長洲縣志三十四卷卷首一卷　乾隆十八年　知縣李光祚修縣人沈德潛等纂　國學圖書館北平圖書館故宮圖書館乾隆刊本

長洲縣志三十四卷卷首一卷　乾隆三十一年　知縣許治修縣人沈德潛等纂　故宮圖書館乾隆刊本

敘論

右長洲縣志。長洲：秦漢爲吳縣地；唐萬歲通天元年置縣，與吳縣並爲蘇州治；宋爲平江府治；元爲平江路治；明清爲蘇州府治；民國併入吳縣。故長洲事蹟，並載吳郡志，姑蘇志，蘇州府志，及民國吳縣志。

其縣志今可考者，宋慶元□年，知縣孫應時修長洲縣志十卷。（今佚）

明凡四修。嘉靖□年，吳縣楊循吉纂長洲縣志十卷，循吉於嘉靖八年纂吳邑志，是志纂時，不知在吳邑志前後。又有吳縣錢穀纂長洲志□卷，穀嘗編續吳都文粹若干卷，蓋亦留心吳中故實者。（以上今俱未見）更四十年（據顧存仁序）爲隆慶五年，知縣張德夫延縣人皇甫汸等纂長洲縣志十四卷，首圖一，其爲類起地理志，訖藝術（據萬歷增訂隆慶本）。是志皇甫汸而外，如周天球，張鳳翼，顧彬，張龍翼，同時復，劉鳳，歸大賓，陸經，吳城黃姬水，皆分類纂輯。據顧存仁序：『長洲故無紀述』。其凡例亦言『吳邑志出自楊公循吉一人，長洲闕焉廱聞』。則以是志爲張德夫所剏修，未及嘉靖楊循吉志，何也？更二十六年爲萬曆二十五年，知縣江盈科延縣人張鳳翼等纂長洲縣志十四卷，又長洲藝文誌四卷。據申時行序：『江侯考覽舊志獨絀藝不傳，乃重加纂輯，益以藝文志』。是志乃依據隆慶志而作，故卷目一同前志（惟『義田』注明續增），其藝文誌則爲前志所無。藝文誌署張鳳翼等，張鳳翼曾與修隆慶志者也。卷末有補刊盧孝子傳，據崇禎涂必泓序，則是志於崇禎又一度修補。

清凡三修。自萬曆二十五年，更八十八年爲康熙二十三年，知縣祝聖培延縣人韓菼等纂長洲縣志二十二卷，首圖考十二，其爲類凡三十有八：起建置，訖仙釋。據祝聖培序：『是志裒集舊聞，采詢故老，百年湮軼之事銓次簡編』。乾隆縣志沈德潛序謂『江志長於爾雅，而考核或疏；祝志長於徵引，而文采全闕』。可以知此兩書之大凡也。更七十八年爲乾隆十八年，知縣李光祚延縣人沈德潛宋邦綏顧詒祿等纂長洲縣志三十四卷，卷首一卷，圖考八，其爲類凡二十有八：起建置，訖藝文。是志修時僅見萬曆江志，康熙祝志兩舊本。李光祚初延顧詒祿褚廷璋陳基成周準徐曰璉張仲六人編輯，後復得沈德潛宋邦綏爲之裁正，其義例雖參稽舊志，而考校之嚴，搜採之廣，（見宋邦綏序）則爲過之。更十四年爲乾隆三十一年，知縣許治延縣人沈德潛顧詒祿張曾彙等纂長洲縣志三十四卷，卷首一卷，是志與前志相去不過十五年，前志版片燬於火，故許治重爲修輯，仍以屬之沈德潛等。其卷目與前志同，僅兵防後首驛站，藝文前增御製而已。（以上今存）

長洲志自宋以後修凡七次：佚者一，未見者二，存者四。今長洲已併入吳縣，他日欲究故邑之事實，當於吳縣志中求之也。

長洲縣志見存卷目異同表（據乾隆三十一年縣志次第）

萬曆縣志	康熙縣志	乾隆十八年縣志	乾隆三十一年縣志
序	序 修志姓氏	序 修志姓氏	序 舊序 原修姓氏 重修姓氏

8

志始邑劄附
總錄
圖
地理志 一
建置
沿革
疆域
形勝
分野
紀異 三
城池 八
縣治 附官署 公署 廢署 四
學宮 四
壇祠
倉場
義田 十一
兵防 附營 屯田
兵說 九
鋪舍 四
風俗 一(地理志)
田地 二
戶口 七

目錄
圖考 一
建置
沿革附
疆域
星野
祥異 二
城池 三
官署
學宮 十四
壇祠 十六
倉庾 十四
職官 師儒 十三
兵防 三
風俗 三
田地 九
版圖 四
戶口，人丁 五

目錄
圖考 首
建置 一
沿革附
疆域 二
分野附
城池 三
官署 四
學宮 五
壇祠 六
倉庾 七
職官 八
兵防 九
驛站 十
風俗 十一
士田 十二
戶口人丁附

目錄
圖考 首
建置 一
沿革附
疆域 二
分野附
城池 三
官署 義局附 四
學宮 五
壇祠 六
倉庾 七
職官 八
兵防 九
風俗 十
士田 十一
戶口人丁附

田賦 附稅課 稅糧 起運
課程 二
水利 二
坊巷
鄉都 市鎮附
橋梁 十二
山部 水部 十
土產附 七（戶口）
宅第
園亭
古蹟
塚墓 十三
科第 貢聘附 六
宦績 縣學 三
人物
藝術
烈女 十四
寺部 觀部 十
藝文誌 一至四（另刊合裝）

稅糧 十，十一
徭役 十二
水利 七
坊巷
市鎮
橋梁 八
山川 六
物產 五
第宅
園林
古蹟
塚墓 十七
科目 十五
宦績 十八
人物 十九，二十
藝術 二十二
孝義
列女 二十一
仙釋 二十二
寺觀 十六

賦稅 十三
徭役 十四
水利 十五
山阜 十六
物產 十七
第宅 十八
園亭附
古蹟 十九
塚墓坊表附
科目 二十
宦績 二十一
人物 二十二至二十五
孝義 二十六
流寓 二十七
列女 二十八
二氏 二十九
寺觀 三十
藝文 三十一至三十四

賦稅 十二
徭役 十三
水利 十四
山阜 十五
物產 十六
第宅 十七
園亭附
古蹟 十八
坊表塚墓附
科目 十九
宦績 二十
人物 二十一至二十四
孝義 二十五
流寓 二十六
列女 二十七
二氏 二十八
寺觀 二十九
御製 三十
藝文 三十一至三十四

10

元和縣

志目

元和縣志三十二卷卷首一卷　清乾隆五年　知縣江之煒張若爔修　崇明施何牧等纂　國學圖書館宜興任氏乾隆刊本

元和縣志三十卷卷首一卷　乾隆二十七年　知縣許治修長洲顧詒祿纂　金陵圖書館乾隆刊本

叙論

右元和縣志。元和：自雍正二年析吳縣置，並為蘇州府治；民國併入吳縣。故元和事蹟並載吳郡志，蘇州府志，姑蘇志，又雍正以前併民國吳縣志。

其縣志自置縣後凡二修。雍正四年知縣江之煒等延崇明施何牧等纂元和縣志三十二卷，卷首一卷。國考六；其為類凡二十七：起建置，訖藝文。是志於元和分縣之初，江之煒創修縣志，書成未及鐫版，移任嘉定；至乾隆四年知縣張若爔復訪舊時分纂之士，修葺而刊行之。據其自序：『訂訛核實，徵顯闡幽，不謬是非，不傷繁瑣，邑志之中，有名筆焉』。其自許亦云至矣。更二十三年為乾隆二十七年，知縣許治延長洲沈德潛顧詒祿纂元和縣志三十卷，卷首一卷。圖考五；其為類凡二十七，與前志同，僅增孝義，不載藝文，他無所損益也。

元和置縣較遲，故修只二次。今元和已併入吳縣，他日欲究故邑之事實，亦當於吳縣志中求之也。

元和縣志見存卷目異同表　據乾隆二十七年縣志次第

乾隆五年縣志	乾隆二十七年縣志
序	序　舊序
凡例	
纂修姓氏	重修姓氏
目錄	目錄
圖考　首	圖考　首
建置　一	建置　一
沿革附	沿革附
疆域　二　分野附	疆域　二　分野附
城池　三	城池　三
官署　四	官署　四
學宮　五	學宮　五
壇祠　六	壇祠　六

倉庾　七	倉庾　七
職官　八	職官　八
兵防　九	兵防　九
風俗　十	風俗　十
土田　十一	土田　十一
賦稅　十二	賦稅　十二
徭役　十三	徭役　十三
水利　十四	水利　十四
山阜　十五	山阜　十五
物產　十六	物產　十六
第宅　十七	第宅　十七
防表附	坊表附
園亭　十八	園亭　十八
塚墓　十九	塚墓　十九
科目　二十	科目　二十
官績　二十一	官績　二十一
人物　二十二至二十四	人物　二十二至二十五
流寓　二十五	流寓　二十六
	孝義　二十七
列女　二十六	列女　二十八
二氏　二十七	二氏　二十九
寺觀　二十八	寺觀　三十
藝文　二十九至三十二	附義局，義莊

常熟縣

志目

琴川志　宋紹熙□年　崑山范成大纂　乾隆府志七十六　佚

琴川志□卷　慶元二年　知縣孫應時纂　至正志盧鎮序　佚

琴川志□卷　嘉定三年　知縣葉凱修　至正志盧鎮序　佚

琴川圖志　□□□年　至正志十二引　佚

琴川志十五卷　寶祐二年　知縣鮑廉修縣人鍾秀實胡淳纂　佚

琴川志二十六卷　□□□年　教諭滑說友纂　乾隆府志七十九　佚

重修琴川志十五卷續志□卷　元至正二十三年　知州盧鎮纂修　北平圖平館宜興任氏汲古閣重刊本，續志佚

琴川新志八卷　明宣德九年　知縣郭南修縣人張洪纂　未見

常熟縣志□卷　縣人季篪纂　未見

常熟縣志四卷　弘治十二年　知縣楊子器修縣人桑瑜纂　四庫存目　未見

常熟縣志十三卷　嘉靖十八年　知縣馮汝弼修縣人鄧韍纂　北平圖書館嘉靖刊本

常熟縣志十五卷　崇禎□年　縣人瞿立本纂　未見

常熟縣志二十八卷　縣人姚宗儀纂　未見

海虞別乘二十四卷　縣人陳三恪纂　未見

常熟志遺□卷　縣人范賀纂　未見

常熟縣志二十六卷卷首一卷卷末一卷　淸康熙二十六年　知縣高士鸃等修縣人錢陸燦纂　北平圖書館康熙刊本

常熟縣志八卷　康熙五十一年　知縣章曾印修縣人曾倬纂　未見

常熟縣志稿□卷　雍正九年　知縣李惟一修縣人陶正靖纂　未見

昭文縣志十卷卷首一卷　雍正九年　昭文知縣勞必達修縣人陳祖范纂　徐家匯圖書館雍正刊本

常熟志略□卷　縣人范楷纂　未見

常昭合志十二卷卷首一卷　嘉慶二年　常熟知縣王錦昭文知縣楊繼熊修昭文言如泗纂　北平圖書館故宮圖書館嘉慶刊本又光緒二十四年活字本

虞鄉志略十二卷　縣人鄧琳纂　未見

琴川志注十二卷續志十卷　嘉慶□年　縣人陳揆纂　未見

琴川三志補記十卷　道光十一年　縣人黃廷鑑纂　北平圖書館道光刊本

琴川三志補記續八卷　道光十五年　縣人黃廷鑑纂　北平圖書館道光刊本

常昭合志不分卷　同治□年　不著纂人姓氏　國學圖書館鈔本

常昭合志稿四十八卷卷首一卷卷末一卷　光緒三十年　常熟知縣鄭鍾祥昭文知縣張瀛修常熟龐鴻文等纂　光緒三十年活字本又三十四年鉛印本附校勘記

叙論

右常熟縣志。常熟：兩漢爲吳毘陵二縣地；晉太康四年置海虞縣；梁置常熟縣，尋徙常熟治海虞，省海虞；唐屬蘇州；宋屬平江府；元升爲州屬平江路；明復爲縣屬蘇州府，淸因之。故常熟事蹟並載吳郡志，蘇州府志，姑蘇志。雍正四年析置昭文縣，此後修志者爲常昭合志；民國後，昭文又省入常熟，故言常熟志者，兼及昭文。

其縣志今可考者：宋凡六修。紹熙□年，崑山范成大纂琴川志□卷（常熟有水曰琴川，故名）。慶元二年，知縣孫應時纂琴川志□卷。更十四年爲嘉定三年，知縣葉凱修琴川志□卷。寶祐以後修志者大率依據孫葉二志。又有琴川圖志，至正志引之，末署嘉熙改元袁甫記，當在嘉熙元年以後。自嘉定三年，更五十二年爲寶祐二年，知縣鮑廉延縣人鍾秀實胡淳重修琴川志十五卷。據褚中序，『是志蓋分叙縣叙官叙山叙水叙田叙兵叙人叙物叙祠叙文十門』。是序未著作序年月，崇禎縣志亦立本跋，可知爲序鮑志也。又有常熟教諭潛說友纂琴川志二十六卷。（嘉熙至嘉定間，知府趙與𥲅續修吳郡志，寶祐志正在此時，說友教諭任期，志未載明，當在淳熙知臨安以前，盧鎮至正志未述及是志，未知說友曾與修寶祐志，即一書否，以上今佚）

元凡一修。自寶祐二年更一百三年，爲至元二十三年，知州盧鎮重修琴川志十四卷，拾遺一卷。其爲類凡十：曰叙縣，曰叙官，曰叙山，曰叙水，曰叙賦，曰叙兵，曰叙人，曰叙產，曰叙祠，曰叙文。體例與寶祐志同，據盧鎮序：『爰屬耆老顧德昭等徧求舊本，公暇集諸士參考異同，重鋟諸梓，其成書後凡所未載各附卷末，總十有五卷，仍曰重修琴川志；其續志則始於有元焉』。所謂徧求舊本者當指慶元嘉定寶祐諸志而言（似無潛說友志），是志止於宋末，蓋據舊本而參訂之也。𢿪立本跋謂其『條理秩如，筆亦不俗；獨續志湮佚，有元百年間人材事實，茫無可考，惜哉』。（今是志存，續志佚）

明凡七修。自至正二十三年更七十一年，爲宣德九年，知縣郭南延縣人張洪纂琴川新志八卷。據𢿪立夫跋，『其體例一準宋志』。又謂『因宋志而竟接以明朝之事，不復及盧鎮所續』。然張洪序，『余受書考閱，自宋慶元丙辰，嘉定庚午，淳祐辛丑，至正癸卯，自癸卯至今七十餘載』云云，已明言之，則可無疑其不及有元一代也。又有縣人季篴纂常熟縣志□卷。篴於宣德九年曾纂崑山縣志。據弘治縣志桑瑜後序：『邑志自正統間止菴張先生（洪）修後，未有續者；友梅季先生篴曾一修，未脫稿而謝世』。張洪志有宣德九年自序，踰年即正統元年，故曰正統間。季篴志未脫稿，似在宣德九年崑山志後。更六十五年爲弘治十二年，知縣楊子器延縣人桑瑜纂常熟縣志四卷（通稱桑志，亦稱楊志，因李傑序首，或稱李志）。先是縣人錢仁夫等已草大半，至是桑瑜總纂志事，四庫總目謂其因舊琴川志而葺之，改題今名。乾隆府志又有桑悅常熟縣志四卷，悅與瑜同時，卷數又復相同，當即一書。又有李傑常熟新志，傑爲桑志作序，則可確知爲一書也（以上今未見）。更四十年爲嘉靖十八年，知縣馮汝弼延縣人鄧韍纂常熟縣志十三卷（通稱鄧志）。首圖八；其爲類凡五十有四：起建置沿革，訖集文集詩。據鄧韍後序：『說者謂張志善矣，或失之略；桑志備矣，或失之蕪。㫋陋於二書罔敢易之，會粹銓擇而惟是之求』。蓋據宣德弘治二志爲底本，復斟酌損易之，

14

以成是書（今存。又萬曆三十三年，縣人管一德纂常熟縣文獻志十八卷。今刋本原題皆明文獻志，詳載有明科第人物，茲未錄）。更九十□年爲崇禎□年，縣人瞿立本纂常熟縣志十五卷。其間又有縣人姚宗儀纂常熟縣志二十八卷。又有陳三恪纂海虞別乘二十四卷。均値明祚鼎革，未得付梓。又有縣人范賀纂常熟志遺，附其族子栻志略後（以上今俱未見）。

清凡二修。康熙廿六年知縣高士鸃延縣人錢陸燦纂常熟縣志廿六卷，卷首一卷，卷末一卷（通稱錢志）。首圖十四；其爲類凡三十有七：起建置沿革，訖雜記。始事於康熙二十二年，歷五年而始告竣（今存）。更二十九年爲康熙五十一年，知縣章增印延縣人曾綽纂常熟縣志八卷（通稱曾志）。始事於康熙四十九年，亦歷三年而始告竣。自雍正四年常熟析分昭文，志各自修。雍正七年，常熟知縣李惟一延縣人陶正靖纂常熟縣志稿□卷（通稱陶志）。同時昭文縣知縣勞必達延縣人陳祖范纂昭文縣志十卷，卷首一卷（通稱陳志）。圖□□；其爲類凡二十三：起沿革，訖列傳。是兩志於雍正九年並竣事，陳志付刋，陶志鈔本亦稀。又有縣人范栻纂常熟志略□卷，有稿本。（以上今未見，又縣人陶貞一纂常熟縣志稿□卷，一名虞邑先民傳，僅載人物，茲未錄。）以後兩縣合志凡三修，更六十□年爲嘉慶□年，常熟知縣王錦昭文知縣楊繼熊等延昭文言如泗纂常昭合志十二卷，卷首一卷（通稱言志）。圖十三；其爲類凡二十有五：起建置，訖雜記。是志言如泗仿崑新合志例，歷十餘年至五十八年成常昭合志稿十二卷，已刋行矣。縣紳嘗訾至於涉訟，後訟息，嘉慶十年如泗將原志去『稿』字重行刋刻，卽今所傳言志也（今存）。其後有縣人鄧琳纂虞鄉志略十二卷。光緒合志總叙謂其『刪錄言志而參以石韞玉府志，雖不出言志之範圍，而多補言志之缺略，但人物事跡祇散附第宅塚墓各條下，未免挂漏』。又有縣人陳揆纂盧鎭琴川志注十二卷，又續志十卷。蓋以補盧志之闕（以上今未見）。道光十一年，縣人黃廷鑑纂琴川三志補記十卷。其爲類凡十五：起沿革，訖詩文。十五年廷鑑又纂琴川三志補記續八卷，其爲類凡七：起碑石，訖雜錄。所謂三志：宋鮑廉志，元盧鎭續志，明張洪新志。補記卷十一金石以下未刻，其補記續則頗爲增刪而續成之（今存）。凡此三書皆補續宋元明志者也。同治□年，又有常昭合志，不分卷，不著纂人姓氏。其爲類凡二十有一：起天章，訖雜記。僅存寫本。

縣人楊泗孫於同治初年修輯縣志，書雖未成，至光緒修志時，尚存原稿，似即此書。光緒三十年，常熟知縣鄭鍾祥昭文知縣張瀛延常熟龐鴻文纂常昭合志稿四十八卷，卷首一卷，卷末一卷，首圖六；其爲類凡三十有一：起疆域志，訖軼聞志，終總序。是志據楊泗孫原稿，又得瞿氏鐵琴銅劍樓李氏靜補齋所藏各舊志校勘編摩，歷四年成書。

常熟志自宋以來，修凡十七次：佚者八，未見者五，存者四。昭文志分修凡一次，未見；常熟昭文志合修凡三次，存。（志遺志注志補等未計）宋志均已佚亡，其存者首推元志，明則僅存嘉靖志，清則僅存康熙二十六年志，宜修者尚多未見，其私人先後纂輯更無論已。今幸常昭合修以後，相承至光緒之季；玆者常昭合縣，則修常熟志者，固當於合志中求之也。

常熟昭文縣志見存卷目異同表（據光緒常昭合志次第）

至正琴川志	嘉靖常熟志	康熙二十六年常熟縣志	雍正昭文志	嘉慶常昭志	光緒常昭合志
序	序	序	序	序	
				上諭 奏諭 移文 詳文	
目錄	目錄	目錄	目錄	目錄	目錄
		凡例	志例	志例	例言 首
		修志姓氏		歷修姓氏修纂 銜名	職名 首
			諭旨 首	天章 首	
叙縣 一二	圖	圖 首	圖 首	各圖	圖 首
縣境	疆域	疆域	疆域	疆域	疆域志 一

16

		形勝附			
縣治 一	建置沿革	建置沿革	沿革	建置	建置，沿革
縣界 二					分界，附沙洲
	分野	分野 一			
敘山 四	山峯岩石洞	山	山水 一	山水 一	山形志 二
	崗				
三岡 一（敘縣）					
敘水 五	水	水 二			水道志 三
江防	江				
海道	海				
湖涇塘	湖浦塘涇浜				
	滙瀆渡蕩				
	溪口灣				
池 一（以下敘縣）	池井 一				
橋梁 一	橋道 二	橋梁 五	橋梁 二	津梁四（坊巷）	橋梁附見
縣城門 一	城池 一	城池 三	城垣 一	城垣 一	城垣志 四
坊巷 一	坊巷	坊巷	衖巷	坊巷 四	附坊巷
酒坊 一					
鎮市 一	市鎮 二	市鎮 五	市鎮 二		市鎮志 五
	風俗 四	風俗 九	風俗	風俗 一	風俗志 六
		方言附			附方言
敘賦 六					
戶口	戶口	戶口 六	戶口	戶口 三	戶口志 七
縣役人，鄉役人	徭役	徭役 九	徭役 四	徭役 三（田賦）	附徭役
附義役省劄文					
鄉都 一（敘縣）	鄉都 二	鄉鄙 五	都鄙 二	鄉都 四	都圖志 八

17

水利　五（叙水）	水利　四	水利　六	水利　三	水利　二	水利志　九
田地	田賦	田賦　七，八	田賦　四	田賦　三	田賦志　十　附蘆課，屯田
					錢糧志　十一　附雜稅，鹽課
稅，苗，役錢，酒課，拍店，酤息，商稅，上供，庫錢，職田	稅貢　二	稅課　九		雜課	
常平義倉				鐲賑　積貯	鐲賑志　十二
公廨　一（以下叙縣）　館驛　一　倉庫　一	公宇	官署　三　倉庫附　鄉約所附	官署	公署　四　倉驛	官廨志　十三　附倉驛
廟學，吳公祠附　一		學校　四　書院附	學校	學校　四　書院，義學	學校志　十四　附書院、義塾
叙祠　十　社壇　一（叙縣）　廟		壇廟　十三		壇廟	壇廟志　十五
寺觀	祠祀　四　寺觀　十	祠祀　四　寺觀　十三	祠祀　二　附僧寺道院	祀宇　寺觀　五	附祠宇　寺觀志　十六
				學堂，義局　四（公署）	義舉志　十六　附義莊
叙兵　七　許浦水軍，顧逕水	兵衛　三　平寇　十	兵防　十二　平寇附	兵防　四	軍制　四　兵事	兵制志　十八　附兵事

18

軍，寨兵，舖兵
營寨　一（叙縣）
叙官　三
縣令，縣丞，主
簿，縣尉，監
務，監鎮，巡檢
叙人　八
進士題名
人物

職官
選舉
歲貢　例貢
薦舉
掾仕
恩典
武職　三
厯官　五
邑人　六，七

官師年表　十
縣令，丞，簿，
尉，敎職
選舉年表　十
進士，舉人
貢生
薦辟
監仕　掾仕
封贈　恩蔭　十二
武科　十（選舉年
表）
宦績　十五
人物　十六至二十二
邑人　十六至十八
耆碩　二十一
忠節

秩官
選舉　一
列傳　五，六
耆碩

職官　六
選舉　七
進士，舉人
貢生
薦辟
仕籍
封蔭
武科
武職
宦績　六
人物　八，九
先賢傳　八
列傳　八，九

職官志　十九
選舉志　二十
名宦志　二十一
人物志　二十二至
三十三
先賢　二十二
宋元耆舊　二十三
明耆舊　二十四，
二十五
國朝耆舊　二十
六，二十七
忠節　二十八

19

隱逸
亭樓　一（叙縣）

孝義
循吏　廉吏
儒林　八
文苑
義俠　九
篤行　八
技學　藝學
隱逸
寓人
外教　九
古蹟
名構
居宅

孝友
循吏　十九
儒林
文苑　二十
義俠　十九
篤行　二十一
藝學，方技　二十
一
武略　二十
隱逸　二十一
列女
流寓
仙釋　二十二
古蹟　十四
名勝附
第宅　十四
園林附

孝友　八
治行
儒林
文苑　七
獨行　八
藝術
隱逸　九
列女　十
游寓
外教　九
坊宅
園墓　二

治行
文苑
篤行
藝學
武略　九
賢母，嫠母
義烈
苦節
貞孝　十
游寓
外教　九
古蹟　五
第宅
園林

孝義　二十九
文學　三十
義行　三十一
書家，畫家，藏書
家，彈琴家，醫
家，技術家　三
十二
武略　三十三
列女志　三十四至
三十九
賢母附才媛　三十
四
義母　三十五
苦節　三十六至三
十八
貞孝　三十九
游寓志　四十
方外志　四十一
第宅志　四十二
附園林

20

塚墓 十（敘祠）
義阡 一（敘縣）
敘文 十一至十五
碑記 十一至十三
題詠 十四
敘產 九
拾遺 十五
舊序 首

陵墓 十
集文 十一，十二
集詩 十三
物產 四
災異 十
後序

陵墓 十四
藝文 二十三
集文 二十五
集詩 二十四
物產 九
祥異附 一（分野）
雜記 二十六
舊序 末

物產 四

21
塚墓 五
藝文 十一，十二
集文 十一
集詩 十一，十一
雜記 十二
舊序 十二

塚墓志 四十三
附義塚
藝文志 四十四
金石志 四十五
物產志 四十六
祥異志 四十七
軼聞志 四十八
總敘 末

白眉初先生所著書

代售處　禹貢學會

外蒙始末紀要　定價五角

本書首述清初外蒙歸化暨活佛史略次述外蒙第一次革命及取消獨立撤廢自治種種詳細經過繼述第二次革命赤俄入庫驅逐白俄歷服外蒙走於極端末述第三次革命赤化眞相一一豁露共爲三篇都三萬言爲軍政敎實各界必備之書

西藏始末紀要　定價五角

本書首述西藏初史暨與隋唐宋元明清關係次述藏邊諸藩史略及風土繼述英人北侵剪滅藏邊諸藩終述自清迄今英人侵藏步步詳細經過凡中英藏關係種種交涉盡量披露共四篇都十五萬言爲人人必備之品

地文之部　全一冊定價四元售七折

布面金字加四角　郵費二角一分

今時何時非訓政之時期乎今世何世非建設之世界乎然則訓政果施於何境之中建設果敷於何物之上要必在此疆我藏我生我長我之縱橫萬里大好山河之上然則此大好山河者固訓政之環境而建設之基礎也苟未嘗明曉其基礎而瞭然其環境奚足爲中華之國民白眉初出版之地文之部久矣膾炙人口內分爲國界山脈水道湖泊海岸地勢氣候地質等篇就中國地文上分綱別目一一詳細說明手此一篇所謂訓政之環境建設之基礎盡在一覽之下誠指迷之寶筏濟世之津梁也

中國人文地理　全一冊定價二元

郵費二角一分

中國建設事業半建於人文地理上夫建設事業物質方面當然寄託於地文上其精神却須於人文中討出結果以爲斷制故國家特設考試院各省今已實行考試各色吏治人才皆必以人文地理爲重要科目本書分爲民族民權民生三卷內分面積人口民族禮俗政治宗敎敎育軍制財政實業交通足稱爲研究之要材考試之利器新社會人物不可不備之書

中華民國省區全誌

今當訓政開始時期凡百升選皆將出於考試之一途考試科目雖多要以關於建設前途者爲出色當行之材料試想建設基礎奚託不閱中華民國省區全誌將對基礎一無所知又安足以知建設不知建設奚以應考試奚足以發表文章計劃事業本誌共八冊已出五冊以下各欄蟬聯說明其餘三冊三年內必可出竣全國黨員敎員學生職官中上流人物皆應購備者也五冊共價十七元九角以下分述五冊內容

京直綏察熱誌　定價二元五角

郵費一角三分五

此係中華民國省區全誌第一冊五省區北跨陰山南開廣大平野前抱渤海有沽灤等河紛流其上倚滿蒙控海疆爲全國第一要區不唯四省職官紳士負改造國職之責者皆應購置以備檢閱凡全國人士皆當保存一冊以供發展經綸之用

滿洲三省誌　定價三元　郵費一角三分五

本館爲提倡國民留心東陲特別犧牲購一冊者照七折購至五冊以上者按對折此爲中華民國省區全誌第二冊滿洲三省爲吾國新大陸爲今日移殖最盛之省分爲日俄窺伺之重地爲鐵路網最密之區爲農牧礦產林漁獵業最饒之境爲政治修明赤化環攖之地謂之爲邊陲險要物華天寶之墟非虛話也凡留心國事者安可不購置一冊用供參考資之以發表意見且可以預備考試

魯豫晉誌　定價三元四角　郵費同前

此爲中華民國省區全誌第三冊山東橫伸半島控扼海疆爲平滬之咽喉河南沃野千里扼據天險前江淮後關隴之左汴州右洛陽爲中原逐鹿之區是古都薈萃之地山西右帶河左憑山娘子雁門俱爲奇險煤鐵之豐甲乎中原民風善商富冠全國總之三省內容極複全國留心時局之英豪皆應置諸案端以備瀏覽

秦隴羌蜀誌　定價四元　郵費同前

此書爲中華民國省區全誌第四冊陝西中擁秦嶺南跨漢城北據關中周秦漢唐之古都五時三輔之名地甘肅據全國中樞十七年合西套以組寧夏省劃西寧以組青海省改進紛紜四方騰朝氣因青海古爲羌省羌中南接四川四川鄰陝甘有劍門三峽之險有爐井火井茶藥臘之饒有縣百四十六人口七千萬俱居全國第一位合觀四省犬牙相錯爲一部極富興味之地誌舉凡憂國之賢豪識時之俊傑俱應購置一冊用備瀏覽

鄂湘贛誌　定價五元　郵費同前

此書係中華民國省區全誌第五冊湖北省扼長江鐵路中樞據武漢三鎮南帶洞庭東下三江爲全國第一要塞之區湖南跨湘水憑五嶺邊陲多苗猺物產多茶米爲山川清淑之地江西四山如垣贛江如脊蔗藏林藥茶葉之豐產磁紙夏布之奇瓷江南一樂國也考國者覘時局窺軍略談建設皆應購置一冊以作議論行文之用考試對策之需

濰縣疆域沿革

丁稼民

政治區域畫分得當，而後建設可收事半功倍之效；然欲畫分之得當，尤必須考求歷代之得失：此方志之所以重視沿革也。濰縣舊志，非無是篇，然詳於統一時代，而略分裂諸朝，此因編輯時勢之不同，故詳略亦異焉。清季邑人張昭潛有濰縣沿革表，是正之處爲多，說者仍以有未詳盡處；玆篇之作，所以多爲陳述也。

溯自大禹治水，『濰淄其道』，濰西平原，始建四國。曰斟鄩，斟灌，行國也：太康元載，羿入居斟鄩，斟鄩由河南遷北海，其居爲今縣東南境；斟灌則在今壽光東北境；曰寒，伯明氏之封地，少康時二斟滅之，今縣寒亭是也，曰三壽，夷也，夏后杼征之，爲漢平壽邑，即今濰縣治所。成湯革命，劃隸營州。周初滅斟鄩屬幽州，分隸萊，齊，紀，州；齊太公都營丘，逐萊人，地入於齊；桓王十三年州公如曹，襄王六年諸侯城緣陵而遷杞，州地入於杞，州今縣東南境也，緣陵即昌樂營丘，縣西南境屬焉；莊王七年紀侯爲齊所逼，大去其國，紀地併入齊，縣之北境歸焉；定王十四年，楚滅杞，地旋爲齊有。戰國時，縣有營丘淳于地。秦始皇二十六年滅齊，置齊郡，琅邪郡，縣地屬焉。

夏至秦沿革表

時代	州	郡國	邑
唐	青州竹書紀年，帝堯八十七年建。		
夏	青州	斟鄩漢書地理志，北海郡斟縣注：故國，禹後。左傳襄公四年注云：平壽縣東南有斟亭。水經注：斟亭在溉水東。 寒續漢書郡國志：寒亭，古寒國，浞封此。	

		三壽山海經作王壽。路史云：王壽宜是平壽。葉圭綬云：即濰縣之平壽。民按：今濰縣平壽古城乃魏置，三壽當即漢平壽，郭譽考定漢平壽即今縣治，其說本水經注，甚允。	
商	營州爾雅：齊曰營州。郭璞曰：自岱東至海，蓋殷制也。	萊史記載萊人與齊爭營丘，則今縣地必爲所有。	
周	幽州竹書紀年云：周武王時置。	齊今縣南境屬齊。	營丘周武王封太公於齊，都營丘；營丘今昌樂古城鎮，去縣界僅數里。
		紀紀郡壽光，紀有訾邑，勢必領有縣北沿海一帶地。	訾訾一作鄑，今昌邑瓦城。
		州周武王滅斟鄩，以封淳于公。鄩，水經注誤作灌。春秋桓公六年州公如曹，傳云：淳于公如曹，度其國危，遂不復。州蓋國名也，後爲杞所有，亦謂之杞城。	
春秋	杞		緣陵漢書注臣瓚云：營陵，春秋謂之緣陵
	齊		淳于以上二地見楊守敬春秋列國圖。
戰國	齊		營丘見燕策注，即北海營陵。
			淳于戰國時，有淳于髡，淳于人，見姓氏急就篇注。
秦	齊郡		
	琅邪郡		淳于秦有淳于越，見史記。

楚漢之際，齊分爲三，隸於齊，屬臨淄郡。漢初，建齊國，旋改爲楚，復爲齊；文帝時，屬甾川國；景帝置北海郡，領二十六縣，平壽，斟，桑犢，樂都，治皆在今縣境，今縣兼有營陵，淳于地。王莽改營陵曰北海亭，樂都

2

曰拔襛，餘名仍否不詳。後漢斟與樂都，桑犢皆省，惟平壽存，今縣仍有營陵淳于地如故，隸北海國，國領縣十 3
八；獻帝時分琅邪北海二郡十三城置城陽郡，淳于營陵隸焉，平壽仍隸北海郡。魏初，或云邑爲郡治，不可考；其
後郡改爲國，平壽亦建爲侯國。

時代	州	國郡	國縣
楚漢之際	齊國楚義帝元年建。	臨淄郡王先謙漢書補注：秦齊郡。全祖望云：楚漢之際，改名臨淄郡。	
漢	青州高帝時，郡國併建；武帝後復爲州，而不常所治，青州刺史部，察郡六，國三。	齊國高帝四年建。 楚國高帝五年改建。 齊國高帝六年復。 菑川國文帝時建。 北海郡景帝二年分置：治營陵，統縣二十六。	平壽漢志，卽今縣治。 斟卽水經注之斟亭，在濰水東。 桑犢卽水經注之桑犢亭。 樂都郭麐疑卽治東六十里之落都屯。 營陵今昌樂營丘之古城。 淳于今安邱東北三十里杞城。
新莽			北海亭卽營陵。 拔襛卽樂都。
後漢	青州	北海國治劇，統縣十八；建武二十八年，改北海郡爲國。 按文獻通考，北海國治不壽。	平壽 營陵 淳于以上二邑，獻帝建安三年，割隸城陽

			郡。
魏	青州治臨淄，統郡國六。	北海郡領縣五。	平壽或云郡治，未詳。
	青州	北海國黃初三年建，五年廢；太和六年復，青龍元年廢。	平壽
	青州	平壽侯國齊王芳時建。	

晉初為齊國，隸青州；泰始中建北海國；太康時為北海郡；惠帝太安時，又以平壽為國。前趙平壽，屬青州北海國。後趙屬青州齊郡。前燕南併三齊，復置北海國，屬青州，縣仍曰平壽。前秦滅燕，仍屬青州，北海郡；後復建國。後燕郡國不詳。魏滅燕，地入魏。南燕旋復建國。東晉滅燕，復北海郡，治平壽。宋初北海郡寄治青州，復於舊桑犢城置高密郡，旋廢。北魏平壽為北海郡治，郡領縣五；太和中建北海國，膠東自今平度徙治縣東境，縣西南境仍為平壽，西北境則為都昌地。北齊高陽郡領縣三，郡治下密，即今縣治，平壽膠東二縣，旋省入下密；淳于，營陵則屬膠州平昌郡矣。周有下密，膠東二縣。

晉及南北朝沿革表

時代	州	郡國	縣
晉	青州治臨淄，統郡國六。	齊國魏書：晉屬齊。後屬北海，今按：郡當作國。	平壽齊乘考證云：晉濟南郡統平壽等五縣，蓋齊國濟南郡文相次比，故傳寫之失，誤以齊國平壽等四縣，入濟南下。
		北海國武帝泰始九年建。	平壽
		北海郡見太康地志。	平壽見魏書。
		平壽國惠帝太安二年建。	
前趙	青州	北海國劉淵河瑞元年建。	

後趙	青州	齊郡據洪亮吉楊守敬說，屬邑不詳。	
前燕	青州	北海國慕容暐元璽二年建。	平壽見楊守敬前燕疆域圖。
前秦	青州	北海郡晉書載記：王猛，北海劇人。苻重未封以前，北海當必爲郡，洪楊謂屬濟南，蓋因晉書之訛。	平壽見楊守敬前秦疆域圖。
		北海國苻堅建元時建。	
後燕	青州	郡國史無明文；然前燕既建北海國，此時當仍其舊。	平壽見楊守敬後燕疆域圖；但云屬濟南郡，是仍晉書之訛。
南燕	青州	北海國慕容德建平六年復，楊守敬南燕疆域圖有北海郡，當在建平之初。	平壽見南燕疆域圖；其云屬濟南郡，誤仍如前。
東晉	青州	北海郡安帝義熙五年復。	平壽
宋	青州治東陽，孝武帝孝建二年移治歷城，大明八年還治東陽，領九郡。	高密郡山東地理沿革表云：屬青州，治桑犢故城。	
		北海郡寄治青州，統縣六。	平壽沿革表云，屬北海郡。
魏	青州太武帝太平眞君中，留青州於樂安；大和中移治東陽，領郡七。	北海郡統縣五。	平壽
		北海國孝文帝太和九年建。	平壽寰宇記云：平壽西縣在濰州西南三十里，後魏皇興三年置。
			膠東寰宇記濰州東四十五里之東下密也。 都昌葉圭綬郭麐均以爲昌樂之都昌集，甚允。
齊	青州治東陽，領郡七。	高陽郡改北海郡置。	下密郡治，寰宇記所謂西下密，在今濰縣治西二里。
			平壽文宣帝天保七年廢。

5

時代	州	郡	縣
周	青州同上。	高陽郡	膠東見上。
			下密見上。
			膠東見上。

隋開皇初，廢高陽郡，置北海郡於青州；七年，分下密縣東境爲膠東，旋改濰水；十六年又分北海郡置濰州，仍治下密；大業初，州廢，下密改北海，濰水改下密。隋唐之際，爲隋守土。唐高祖武德二年，復置濰州，領北海，連水，平壽，華池，城都，下密，東陽，寒水，訾亭，濰水，汶陽，膠東，營丘，華宛，昌安，都昌，城平等十七縣；六年惟留北海，營丘，下密三縣，餘縣並廢；八年廢濰州，仍省營丘下密二縣，以北海屬河南道青州。

隋代沿革表

時代	州	郡	縣
文帝開皇初年	青州領郡四。	北海郡徙治青州治下。	下密今縣治。
			膠東七年置；旋改濰水，治魏[illegible]城。
十六年	濰州北海郡置。		下密
			濰水
煬帝大業三年	青州濰州廢	北海郡	北海下密改名。
			下密濰水改名。
恭帝義寧三年	青州	北海郡	北海
			下密
			平壽北齊天保廢縣。

6

唐初濰州北海郡縣表

時代	州郡	縣
高祖武德三年	濰州北海郡領縣十七。	北海即隋北海縣。
		連水
		平壽卽恭帝義寧時復置者。
		華池
		城都
		下密疑在今昌邑境。
		東陽即隋青州治東陽城。
		寒水今縣治東寒亭，古寒國。
		營亭今昌邑瓦城。
		濰水卽大業時下密。
		汶陽穀梁傳注，水北爲陽，汶陽當在今縣南境，安邱北境。
		膠東寰宇記云：在濰州東南八十里，蓋在今昌邑南境。
		營丘今昌樂營丘古城，唐初嘗權置紀州。
		華宛
		昌安張昭潛云：今安丘。

7

	都昌今昌樂都昌集，魏書縣；或云在臨朐，誤。
	城平張昭潛云：在今昌邑。

北海縣治，東至膠水與萊州膠水縣中分爲界，海水在縣東北，東接萊州，西接壽光縣，南接安邱（開元後改輔唐）界，西南與益都臨朐相接；領鄉九，可考者二：曰鹿臺，曰唐安。

唐北海縣表

道	州	縣	鄉
河南道治汴州，統州二十八。	青州隋煬帝大業三年，改曰北海郡。唐高祖武德四年，復曰青州，玄宗天寶元載，復曰北海郡，領縣七。	北海縣	鹿臺鄉見唐開元十五年縣令若乇居安置菩薩像記，鹿臺今作麓台，記有新王邨，新王今屬昌樂境。 唐安鄉見齊乘，宋置昌邑縣。

唐末，復置濰州，治北海。五代北海屬青州。惟晉北海縣，縣下有鄉，可考者一，曰高陽；鄉下有里，可考者一，曰北岡里（晉東明寺碑）。宋太祖建隆三年建爲北海軍，至乾德三年改爲濰州，政和元年曰北海郡隸京東東路，州領縣三，曰北海，昌邑，昌樂。濰州仍治北海縣；北海縣領鄉五，後省爲四，曰儒教，曰通德，曰高陽，曰斟城；里保可考者四，曰石八子保，曰姜泉里，曰馬柳保，曰都守保；里保下又有社，可考者一，曰廠家莊社。東至萊州界一百零八里，西青州界七十里，南密州界五十里，北一百二十里至海，東南至密州界五十五里，西南青州界九十里，東北萊州界一百零五里，西北青州界三十五里。齊劉豫時，州縣如宋制。

宋濰州北海縣表

路	州	縣	鄉	里	保

京東東路 宋初京東路治開封，神宗熙寧七年分京東爲東西兩路，京東東路治青州，領府一州七。	濰州 領縣三。	北海縣 領鄉五，一失考。	儒教鄉 洪福寺莊喫房造像碑宋人刻文，哲宗紹聖三年。	石八子保 同上
				姜泉里 同上
			通德鄉 太祖乾德五年金剛經幢。	
			高陽鄉 眞宗天禧五祀蓋可行等造香爐記，仁宗景祐五年王明等造香爐記。	
			斟城鄉 仁宗慶曆三年，張用等造石幢，又香爐記，神宗元豐元年王存等造香爐記，徽宗崇寧三年伏煙龍王行宮記，政和五年蓋倚等造香爐記。	馬柳保 張用等造石幢又香爐記，王存造香爐記，龍王行宮記，蓋倚香爐記。
				都守保第十三都龐家莊社 石嵩等造香爐記。

金濰州治北海縣，鎭一：曰固底。鄉可考者三：曰斟城，曰儒教，曰逢陵。鄉下有都，可考者三：第二，第八，第十。都下又有社。

金北海縣固底鎭表

路	州	縣鎭	鄉	都
山東東路 治益都，初仍宋曰京東東路；世宗大定七年，始改山東東路，領府二，州十。	濰州 領縣三鎭一	北海縣	斟城鄉 大定二年，張玘造香爐記。	
			儒教鄉 大定三年，大劉家莊石橋記。	第十都
			逢陵鄉 金香爐記。	第二都 同上，都下有南格口社。
				第八都 大定四年，龍泉院記。
		固底鎭		

元初濰州隸益都路，舊領司侯司，北海，昌邑，昌樂三縣。司侯司，憲宗三年省入北海。世祖至元二年省昌樂

9

縣爲鎮入北海。濰州領縣二：曰北海，曰昌邑。北海即州治，縣下有鄉，鄉可考者六：曰儒教，曰崇德，曰永豐，曰大有，曰崇道，曰淸和。鄉下有都社，可考者有六：曰第二都，曰南四都，曰北四都，曰周家莊社，曰葦仲社，曰楊本社。其他都社可考者，至十五都，社有霸家，夏家莊，淸池，樊家莊，逄家莊等，未詳隸於何鄉。見元文宣王廟碑。

元濰州北海縣表

路	州	縣	鄉	都社
益都路太祖二十一年置，領縣六，州八。	濰州領縣二，北海，昌邑。	北海縣州治。	儒教鄉見金表，至淸不革。	第二都見元仲氏先塋記。
			崇德鄉元高氏女栖葬記。	
			永豐鄉元福勝院記，又重修東嶽廟記，元都巡王公先塋記。	南四都同上。
			崇道鄉同右。	北四都元高氏先塋記。
			淸和鄉元德勝將軍神祠香爐記。明初改歸昌樂縣。	
			大有鄉元孤山行宮廟記。	芷仲社　楊林社同上。

明太祖洪武元年，廢北海縣，其地直隸於濰州，領縣一，曰昌邑；分淸和鄉置昌樂，屬青州府；九年降州爲濰縣；二十二年以縣屬平度州，隸山東承宣布政使司萊州府。東至王伯界昌邑，南至辛莊界青州府昌樂縣，西至澇埠界青州府昌樂縣，西北至槐埠界青州府壽光縣，東南至石馬墳莊界青州府安邱縣，北至海。領九隅五鄉八十四社；神宗萬曆時，省爲七十七社。

明濰縣隅鄉社表

布政承宣使司	府	州	縣	隅	鄉	社

山東　洪武元年四月置行中書省，至九年六月始改承宣布政使司，領府六，屬州十五，縣八十九。

萊州府　洪武元年升爲府，六年降爲州，九年五月復升爲府，領州二縣五。

平度州　洪武二十二年改留，領縣二。

濰縣　領九隅五鄉。

東北隅

西北隅

東南隅

西南隅

西關南隅

東關南隅

東關北隅

東關南北隅

東南北隅

崇道鄉領社十四，在縣東東北。

朱譚社　于河社

格孫社　馬宿社

準惠社　流延社

崇興社　夏密社

清池社　張氏社

朱于社　周家莊社

辛阜社　寒亭社

永豐鄉領社十四，在縣東東南。

省莊社　辛冬社

木村社　趙舍莊社

講里社　野疃社

胡住社　丁曹社

辛木社　小趙社

曹村社　呂王社

董呂社　營里社

大有鄉領社十五，在縣南西南。

辛馬社　樊家莊社

11

馬忠社　佐家莊社
王松社　市場社
北董社　逯家莊社
墳莊社　闕家莊社
張路社　姚官莊社
盛盆社　郎均莊社
望留社

務本鄉領社十八，在縣西西北。

流飯社　零塚社
辛王社　程付社
平壽社　楊家莊社
夏仲社　成張社
董里社　固塚社
北陽社　南高里社
夏義社　永平社
新鄭社　將軍寨社
朱馬社　賈家莊社

儒教鄉領社十六，在縣北東北。

楊孟社　平安社
常曈社　固柳社
温故社　高莊社
別書社　中臺社
張家莊社　西高里社
東高里社　北高里社
常寨社　北馬頭社
北臺底社　南臺底社

12

清初因明舊制。雍正時平度降爲散州，平度州志云，濱莒之降爲散州，皆在雍正十二年，平度當與同時。東嶽廟中有鐵香爐，係康熙時物，文云，平度州濰縣。平度州志說甚允，今從之。濰縣乃直隸於萊州府。康熙時，九隅五鄉七十七社。乾隆時八隅，東南北隅省，五鄉七十一社。光緒時隅如舊，五鄉七十四社。

清初濰縣鄉社表

布政承宣使司	府	縣	鄉	社
山東 因明舊制，領六府，一十四州，八十九縣。	萊州府 領州二，縣五。	濰縣 領九隅五鄉。	崇道鄉十四社。	朱譚社 于河社 格孫社 馬宿社 惠準社 流延社 崇興社 下密社 清池社 周家莊社 辛阜社 張氏社 寒亭社 朱于社
			永豐鄉十四社。乾隆時，併講里小趙二社爲講趙社，董呂野疃二社爲董野社，趙舍莊胡仹二社爲趙胡社。	省莊社 辛冬社 講里社 小趙社 董呂社 野疃社 辛穆社 丁曹社 胡仹社 趙舍莊社 曹村社 呂王社 木村社 營里社
			大有鄉十四社。乾隆時，省佐家莊社，併關家莊市塲北董三社爲董官莊社。又析關家莊社一部置望留社，析姚官莊社置永平安社，析耶均莊社置許英東八二社，以永平安社屬儒教鄉。	辛馬社 樊家莊社 盛盆社 佐家莊社 市塲社 關家莊社

墳莊社　逯家莊社
王松社　姚官莊社
張逯社　馬司社
北董社　郎均莊社

務木鄉十八社。乾隆以後，又析朱馬社置西三社。

流飯社　辛旺社
靈家社　程符社
平壽社　楊家莊社
夏仲社　成張社
董里社　固家社
北楊社　南高里社
夏儀社　永平社
新鄭社　將軍寨社
賈莊社　朱馬社

儒教鄉十六社。乾隆時，中臺底社省，北馬頭社改馬頭社。

楊孟社　平安社
常疃社　固柳社
溫固社　高莊社
別畫社　張家莊社
西高里社　東高里社
常寨社　北高里社
北馬頭社　南臺底社
北臺底社　中臺底社

宣統二年，因籌辦自治，畫分城鄉爲十六區。

十六區表

14

區	隅　關　社
城區	東北隅，東南隅，西北隅，西南隅，東關，西關，南關，北關，東北關，西南關。
二十里堡區	磁盆社，樊家莊社，墳莊社，辛馬社。
辛冬區	右辛冬社，左辛冬社，省莊社，趙胡社，上蕢野社。
望留區	望留社，董官莊社，姚官莊社，永平安社，逄家莊社。
流飯區	南高里社，將軍寨社，楊家莊社，夏義社，流飯社，辛旺社。
高里區	東高里社，西高里社，北高里社，張家莊社，常寨社，平安社。
大廟頭區	辛正社，西三社，夏仲社，朱馬社，賈莊社，北楊社。
固堤區	固柳社，楊孟社，溫固社，常疃社，別畫社，高莊社，馬頭社。
寒亭區	寒亭社，張氏社，于河社，朱譚社。
牛埠區	上辛阜社，下辛阜社，崇興社，馬宿社。
富郭莊區	朱于社，周家莊社。
蔡家集區	下密社，流延社，上清池社，下清池社。
鄧村區	辛木社，木村社，營里社，下董野社，講韶社。
南流區	丁曹社，曹村社，上呂望社，下呂望社。
水坡區	張逄社，王松社，馬司社，許英社，東八社。
道口區	璽冢社，永平社，固冢社，董里社，成張社，程符社，平壽社。

民國三年裁府，山東改爲四道，濰縣隸膠東道，治煙臺，領二十六縣。十四年，改四道爲十一道，縣隸萊膠道，

15

治膠縣，領九縣。十七年廢道，縣隸山東省。十八年定自治區十一。

十一自治區表

區	隅　關　社
城區	東北隅，東南隅，西南隅，西北隅，東關，西關，南關，北關，東北關，西南關。
第一區	趙胡社，盛盆社，辛馬社，樊家莊社，張逯社，逯家莊社。
第二區	董里社，上董官莊社，下董官莊社，墳莊社，望留社，成章社，姚官莊社，永平安社，程符社，平壽社。
第三區	流飯社，夏儀社，東夏仲社，西夏仲社，永平社，靈冢社，楊家莊社，將軍寨社，辛旺社，固塚社，西三社，賈莊社。
第四區	東高里社，西高里社，南高里社，北高里社，南臺底社，北臺底社，常寨社，張家莊社，朱馬社，辛正社。
第五區	固柳社，別畫社，高莊社，常疃社，温固社，楊孟社，平安社，格孫社，馬頭社。
第六區	上辛阜社，下辛阜社，寒亭社，北陽社，圩河社，朱諶社，崇興社。
第七區	馬宿社，流延社，清池社，上董野社，省莊社，辛冬社。
第八區	惠進社，朱于社，周家莊社，下董野社，下密社，營里社。
第九區	辛木社，木村社，講韶社。
第十區	呂旺社，王松社，曹村社，許英社，東八社，馬司社，丁曹社。

二十年十月改城區爲第一區，第九區分隸於第八第十兩區，又改十區爲第九區，原第一區爲第十區，餘仍舊。

北使記讀後

李詠林

蒙古自從鐵木眞即位大汗（一二〇六）以後，內部漸告統一，勢力一天天強大起來，便有心和諸強爭霸。當初，他原是金朝的臣屬，年年向金朝進貢的。一二〇八年，金章宗派衛紹王到蒙古索貢，衛紹王衣飾不整，有失使者的身分，成吉思汗不悅。迨金章宗死，衛紹王爲君，成吉思汗遂有伐金之意。

一二一一年，成吉思汗正式伐金，直抵黃河北岸。一二一五年，中都陷落。此後成吉思汗領兵西征，大將木華黎繼續攻取各地，屢立戰功。時衛紹王已廢，金宣宗（烏達布）繼立，不得已，乃決意遣使乞和。乞和的使者，便是吾古孫仲端（金史卷一二四忠義傳作烏古遜仲端）。吾古孫仲端是金朝的禮部侍郎，奉金主（宣宗）的詔令，於一二二〇年八月（興定四年七月）出使，翰林待制安庭珍隨行。（金史卷一二四忠義傳謂北使途中遇木華黎，安庭珍被留，吾古孫獨往。）次年（一二二一）十一月（興定五年十月）復命。

北使記便是他的一篇簡短的出使報告。其開頭幾句說：

吾古孫謂予曰：「僕身使萬里，亘天之西，其所游歷甚異，喜事者不可不知也。公其記之」。

因此我們知道，該書並非吾古孫仲端所寫，祇是由他口述出來，由他人筆記而成的。

那麼，這是誰的筆記呢？因爲該書曾見於知不足齋叢書歸潛志，歸潛志是金人劉祁於一二九五年編成的，大家便疑爲劉祁。但據Bretschneider, E.在所著Medieval Researches 裏說，劉祁並不是北使記的作者，或許是他從別書轉錄的。Bretschneider 又說，歸潛志成于一二九五年，如果這個年代不錯的話，則劉祁的年齡一定太大，有些不符事實。眞象究竟如何，很難判明。所以關於北使記的作者問題，現在還不能斷定。

北使記一書，和元史，通鑑綱目等不同，其內容並不涉及外交協定事宜，而僅記述他北使途中所見的風景而已。本書的眞正價值，也正在此。今玆就牠對於地理，民族，和習俗三點的貢獻，分述於後：

1

(一)地理：　從北使記裏，我們知道：

金夏交界，夏居西，金居東。自金西北行，地勢漸高。

出北界(金)，行西北向，地浸高，並夏國(北境)。

至蔥嶺，其高達於極峯，爲東西之分水嶺。

前七八千里(此乃約數，以下言里數皆類此)，山之東，水盡東；山之西，水盡西。地浸下。

蔥嶺西五千里，種族複雜(詳後)，城市漸多，氣候亦漸熱。

又前四五千里，地甚燠，歷城百餘，皆非漢名。

再西行幾萬里，有益離城，爲回紇之首都。

又幾萬里，至回紇國之益離城，即回紇王所都。

西遼(即大契丹或大石)在回紇國之中。

大契丹大石者，在回紇中。

回紇之領土廣大；

其回紇國，地廣袤，西際不見疆略。

氣候異常；

四五月，百草枯如冬。其山暑伏有積雪。日出而燠，日入而寒。至六月衾猶綿。夏不雨；迨秋而雨，百草始萌。及冬，川野如春，卉木再華。

而物產殷饒，有珍礦，

金銀珠玉……極廣。

其鹽產于山。

有農產，

唯桑，五穀，頗類中國。……瓜有種六十觔者。

海棠色殊佳，有蔥蘸美而香。

有工藝品，

……布帛絲枲極廣。

釀蒲萄爲酒。

弓矢，車服，甲仗，器皿，甚異；甃甓爲橋，舟如梭然。

梁柱簷楹皆雕木，窗牖甁器皆白玻璃。

更有奇禽異獸。

其獸則駝而孤峯，牛有脊，羊而大尾。又有獅，象，孔雀，水牛，野驢。有蛇四跗。有惡虫，狀如蜘蛛，中人必號而死。

(二)民族：　自來西域是個諸族雜居地方，

當成吉思汗的時候，雖然都歸服於蒙古了，但仍自成部落，隸屬於汗國之下。據北使記所載，在蔥嶺以西四五千里的地方，所散佈的民族有：

2

1.磨里奚(Mo-li-hi)，大概就是元朝秘史等所見的蔑兒乞。元史作蔑里乞(Mèe-li-ki)。

2.磨可里(Mo-k'o-li)，或作買克倫(Mekrins)。

3.紇里迄斯(Ho-li-k'i-sz)，卽迄爾吉斯(Kirghiz)。

4.乃蠻(Nai-man)，據拉施特哀丁(Rashid-eddin)云，乃蠻居於伊犂河(Irlysh River)源頭，及阿爾太山的東西。

5.航里(Hang-li)，元史作航里，普通多作康里(K'ang-li)，波斯作家作康加里(Kankalis)。

6.瑰古(Gui-gu)，意卽畏孤兒(Uigur)，中國人稱畏吾兒。

7.途馬(Tu-ma)，拉斯特作途馬特(Tumats)。

8.合魯(Ho-lu)，或稱柯魯茲(Karluks)，元史作哈拉魯。

此外，尙有遼族自大石林牙後，叛金太祖阿骨打而自立，僭號德宗，建西遼國(或作大石國，或作大契丹國)，經仁宗，甘氏，至仁宗次子時，爲回紇所滅。

回紇爲當時望族，其人「須髯如毛，而輻黃淺深不一」，「婦女間有髯者」。類別起來，

有沒速魯蠻回紇者，性殘忍，肉交手殺而噉；雖齋亦酒脯自若。

有遺里諸回紇者，頗柔懦，不喜殺；遇齋則不肉食。

又有印都回紇者，色黑而性愿。

其餘不可勝記。 3

(三)習俗：　習俗多半隨種族而異，一族有一族的習俗。其他諸族的習俗如何，本文不詳；所論者，止於回紇而已。今茲再分衣食住行四項言之：

1.回紇人的服飾：

其俗衣縞素，衽無左右，腰必帶。其衣衾茵幪，悉羊毳。其毳植於地。

其婦人衣白，面亦衣，止外其目。

2.回紇人的飲食：

其食則胡餅，湯餅，而魚肉焉。

3.回紇人的居處：

其國人皆邑居，無村落。覆土而屋，梁柱簷楹皆雕木，窗牖缾器皆白玻璃。

4.回紇人的行事：

A.選侍：

其國王閹侍，選印都中之黠而陋者，火漫其面焉。

B.娛樂：

其婦人……並業歌舞音樂。……亦有倡優百戲。

C.工作：

其織紉裁縫皆男子爲之。

D.語言文字：

其書契約束並回紇字，筆葦其管。語言不與中國通。

E.葬儀：

人死不焚葬，無棺槨，比斂必西其首。

F.僧寺：

其僧皆髮。寺無繪塑，經語亦不通。惟和沙洲寺像如中國，誦漢字佛書。

總結上述，可知本文對於回紇的地理，民族，和習俗，敘述最詳，不啻是一部短小精悍的回紇史。關於回紇的狀況，正史諸異域傳等雖也間有記載，但都是掛一漏萬，九牛一毛。中國人對于回紇的歷史，仍舊是很曖昧的。吾古孫仲端使者今於北使記中告給我們一種新的史料，來供我們研究回紇史，眞使我們有說不出來的欣幸與感激。

一九三五，一〇。

4

朱士嘉中國地方志綜錄正誤

沈鍊之

朱士嘉先生編的中國地方志綜錄，是有志研究中國方志者一種必需的工具。以前從事整理方志的人，『恒若不知材料所在，欲覓一僻邑之志，雖居五都之市，亦未能即得。今既備此一書，則何館何家所藏，一索即知，登門可讀。即非本地所有，命舟驅車而就之，亦得之矣』(顧序)。尤其是朱君以一人之精力編成如此巨著確値得我們敬仰。不過我覺得這部書有兩個很大的缺點：第一，朱君編輯此書所採錄的志書，以超過二百種爲標準(凡例八)，可是我國內政部所藏方志，數達一千種以上，朱君却沒有採入，這個遺漏，我認爲是不應該的(最近我想把內政部所藏方志目錄抄出來，以補這個遺漏)。第二，工具一類的書，首重正確，嚴格說起來，一個錯字都不應當有的，可是綜錄裏面舛誤百出，我只校閱江蘇一省，已發現有七十條錯誤，現在逐條寫在下面：

(1)嘉慶六年刻本景定建康志，金陵大學圖書館(以下簡稱金陵)藏有一部，綜錄未載。

(2)嘉慶七年補刊康熙七年本江寧府志，南京國學圖書館(以下簡稱國學)藏有一部，綜錄未載。

(3)光緒六年重刊本江寧府志，國學藏有三部，其中一部殘缺，現存三十一卷，共七册，綜錄僅載一部。

(4)同治上江兩縣志，綜錄作上元江寧縣合志，國學藏有二部，綜錄僅載一部。

(5)乾隆本句容縣志，綜錄作句容州志，國學藏有一部，綜錄未載。

(6)光緒三十年刻本續纂句容縣志，綜錄作句容縣續志，北平圖書館(以下簡稱北平)藏有一部，綜錄未載。

(7)康熙二十三年本六合縣志，金陵藏有一部，綜錄未載。

(8)洪武十二年刻本蘇州府志，北平藏有二部，一部二十册，卷四一至四三鈔配，又一部殘缺，存卷一八至二二，計一册，綜錄僅載一部，且誤作存卷一七至二二。

(9)正德元年刻本姑蘇志，北平藏有二部，其中一部殘缺，存卷一五至一八，二六至六〇，共三十九卷十三册，綜錄僅載一部；又金陵亦藏有一部，綜錄未載。

(10)嘉慶二十五年刊本吳門補乘，國學藏有一部，綜錄未載。

(11)同治蘇州府志，國學藏有一部，綜錄未載。

(12)康熙二十三年本長洲縣志，國學藏有一部，綜錄未載；又乾隆十八年本長洲縣志，國學亦有一部，綜錄亦未載。

(13)乾隆五年刊本元和縣志，國學藏有一部，綜錄未載。

(14)同治常昭合志，不分卷，共二十册，脩纂人不詳，國學藏有一部，綜錄未載。

(15)光緒三十年鄭鍾祥張瀛合修之常昭合志稿，國學所藏係『刊本』，綜錄注明『(國學)鈔本』。

(16)弘治元年本吳江志，綜錄作『吳江縣志』。

(17)康熙三年董爾基纂修續吳江縣志，北平藏有一部，綜錄未載。

(18)嘉慶十七年刊本同里志，國學藏有一部，綜錄未載。

(19)光緒十九年重刊乾隆震澤縣志，金陵藏有一部，綜錄未載。

(20)雲間志三卷續一卷，宋楊潛纂，嘉慶沈氏刊本，又紹熙雲間志，觀自得齋叢書本，國學各藏有一部，綜錄均未載。

(21)嘉慶二十四年刊本松江府志，國學藏有兩部，綜錄只載一部。

(22)光緒十年刻本松江府續志，綜錄作『松江府志，光緒九年本』，書名與出版時期均誤。

(23)光緒四年刻本重修奉賢縣志，北平藏有二部，綜錄僅載一部。

(24)乾隆三十年刊本武進縣志，國學藏有一部，綜錄未載。

(25)民國十年本江陰縣續志，國學藏有一部，綜錄未載。

(26)阮升基唐仲冕『增修宜興縣舊志』，北平藏有三部，一部係嘉慶二年增補本，餘二部均是光緒八年重刊本；又光緒八年重刻本重刊宜興縣志，北平亦藏有一部，以上各書，綜錄僅載一部，且將書名改爲『宜興縣志』。

(27)嘉慶二年刻本『新修荆溪縣志』，北平藏有二部，一部係光緒八年重刻，綜錄僅載一部，且將書名改爲『荆溪縣志』。

(28)光緒八年重刻道光二十年本『重刊續纂宜荆縣志』，北平藏有二部，綜錄僅載一部，且將書名改爲『宜荆合志』；又光緒八年刻本宜興荆溪縣新志，北平藏有一部，綜錄未載。

(29)光緒五年葉滋森修的靖江縣志，國學藏有一部，綜錄未載；又編纂時期，綜錄作光緒二年。

(30)嘉定鎮江志，國學藏有三部，一係影鈔本，一係道光壬寅刊本，一係陳氏横山草堂叢書本，綜錄僅載一部。

(31)民國七年刊本丹徒縣志摭餘，金陵藏有一部，綜錄未載。

(32)光緒十一年劉誥等修的丹陽縣志，國學藏有二部，又民國十□(油印字跡模糊)年，孫國鈞纂的丹陽縣續志，國學亦藏有二部，綜錄均未載。

(33)光緒二十二年活字排印嘉慶十八年本溧陽縣志，北平藏有二部，綜錄僅載一部；又光緒二十二年刊本溧陽縣續志，國學藏有一部，綜錄未載。

(34)光緒十六年刊本重修金壇縣志，國學藏有一部，綜錄未載。

(35)北平所藏『淮安府實錄備草』，原二十二卷，存卷一至七，綜錄注一22，不知何意？綜錄又將書名改爲『淮安府志』，更不知何意？

(36)咸豐二年重刊本淮安府志，國學藏有二部，綜錄僅載一部；又光緒十年刊本淮安府志，國學藏有一部，綜錄未載。

(37)同治十二年刊本山陽縣志，國學藏有一部，綜錄未載。

(38)光緒十二年刊本阜寧縣志，國學藏有二部，綜錄未載。

(39)光緒二十一年刊本鹽城縣志，國學藏有一部，綜錄未載。

(40)光緒三年刊本清河縣志，國學藏有二部，綜錄未載。

(41)民國續纂清河縣志，北平，金陵，國學各藏有一部，綜錄均未載。

(42)民國十五年排印本泗陽縣志，國學藏有一部，綜錄未載。

(43)光緒元年刊本安東縣志，國學藏有一部，綜錄未載。

(44)康熙二十四年刻本揚州府志，金陵藏有一部，綜錄未載。

(45)同治十三年刻本續纂揚州府志，北平藏有二部，綜錄未載。

(46)乾隆八年刊本江都縣志，國學藏有一部，又嘉慶十六年刊本江都縣續志，國學亦藏有一本，綜錄均未載。

(47)民國十六年刊本瓜洲續志，國學藏有一部，綜錄未載。

(48)乾隆八年刊本甘泉縣志，國學藏有二部，綜錄僅載一部；又光緒七年刊本續纂甘泉縣志，國學藏有三部，綜錄僅載一部。

(49)康熙五十七年刊本儀徵縣志，國學藏有一部，綜錄未載。

(50)隆慶間刻本高郵州志，北平藏有二部，綜錄僅載一部，且將編纂時期斷定爲隆慶六年，不知有何根據？

(51)嘉慶二十年刊本高郵州志十二卷，又嘉慶刊本十二卷附續志六卷，道光二十三年刊本重鍥高郵州志，同年刊本續增高郵州志六卷，光緒九年刊本再續高郵州志八卷，以上各書國學各藏有一部，綜錄均未載。

(52)康熙二十三年刊本興化縣志，國學藏有一部，又咸豐元年刻本重修興化縣志，北平國學各藏有一部，綜錄均未載。

(53)道光二十二年刊本寶應縣志，國學藏有一部，綜錄未載。

(54)康熙十二年鈔本續徐州志，北平藏有一部，綜錄未載。

(55)同治徐州府志，國學藏有一部，綜錄未載。

(56)嘉慶二十年刊本蕭縣志，又光緒元年刊本蕭縣續志，國學各藏有一部，綜錄均未載。

(57)乾隆三十二年刊本碭山縣志，國學藏有一部，綜錄未載。

(58)光緒二十年刊本豐縣志，國學藏有一部，綜錄未載。

(59)商務印書館排印本沛縣志十六卷附民國新志一卷，國學藏有一部，綜錄未載。

(60)光緒十二年刊本睢寧縣志稿，國學藏有一部，綜錄未載。

(61)光緒六年刊本壬癸志稿，北平藏有一部，綜錄未載。

(62)康熙十二年刊本嘉定縣志，光緒六年刊本嘉定縣志，國學各藏有一部，綜錄均未載。又金陵所藏之光緒本嘉定縣志並無殘缺，綜錄注缺1二，不知何故？

(63)民國十二年排印本南翔鎮志，國學藏有一部，綜錄未載。

(64)雍正五年刻本崇明縣志，北平藏有二部，其中一部殘缺，僅存卷首一卷，綜錄均未載。

(65)嘉慶海州直隸州志，國學藏有二部，綜錄僅載一部。

(66)光緒十四年刊本贛榆縣志，國學藏有一部，綜錄未載。

(67)光緒二十六年刊本海門廳圖志，國學藏有一部，綜錄未載。

(68)乾隆三十年刊本通州直隸州志，國學藏有一部，綜錄未載。

(69)康熙五十五年刊本泰興縣志，國學藏有一部，綜錄未載；又光緒十一年刊本泰興縣志，國學藏有二部，綜錄僅載一部。

(70)同治十年刊本上海縣志，國學藏有二部，綜錄僅載一部。

如果把全書的錯誤統加起來，我想一定是一個很驚人的數目字。我上面所舉的錯誤，有的關係非常重大，譬如南京的讀者本可以利用國學圖書館所藏的方志，可是打開朱君的綜錄一查，有許多志書都不在上面，因此失了參考的機會。所以我很希望編者在最近的將來將這部書再仔細校勘一遍，重行付印，那麼這部綜錄才可以成為一部有用的工具書，不會變為騙人的『指南』。

廿四年十月廿六日寫於地政學院。

5

國內地理界消息

葛啟揚
楊向奎 輯
張佩蒼

1

甲 對外貿易狀況

全國白銀進口八個月近千萬

出口二百餘萬較去年同期大減
經濟界觀察戰事發生銀價必漲

【申時社云】昨據海關發表，全國八個月來，金價輸出入情形，白銀進口達九百十餘萬元，出口二百八十餘萬元。較去年同期出口數，減一億三千五百餘萬元。入超額爲六百二十四萬一千餘元，八個月金出超額爲一千三百餘萬關金元，各情探誌如次：

進口輸出概況 本年八個月來全國白銀進口，由英運來二•九二五•〇〇〇元，香港五•八五七•九四七元，日本五二•八九九元，其他各國二七〇•〇四九元，合共値國幣九•一〇五•八九五元。出口計往安南三三•七八七元，香港一•九六七•〇五〇元，日本七〇八•八一六元，美國一五四•三二〇元，合共値國幣二•八六三•九七三元，較去年同期之出口數一三八•二二七•五八二元，激減達一億三千五百三十餘萬元。八個月來之入超額，爲六•二四一•九二二元，八個月黃金輸入共爲一一二•一一七關金元，出口則達一三•九六九•一一〇關金元，出超額爲一三•八五六•九九三關金元。

戰事影響銀價 至本年八月份一月中白銀進口，由香港二一四•〇七三元，其他各國一六•八五六元，合共値二三〇•九二九元，出口共值一•七三六元，（均輸往日本）入超額爲二二九•一九三元。八月份黃金並無出口，亦無輸入，另據申時社記者向經濟界方面探悉，最近白銀出口已漸減少，國內存銀增多，故現狀頗爲穩定。近歐洲戰雲密佈，一旦爆發，銀價必受影響。蓋戰事如發生，一切糧食原料，將大批向遠東用銀國購買，白銀當呈求過于供之現象，故銀價勢必上漲云。

（廿四，九，廿八，申報）

八月份全國對外貿易入超一千餘萬

輸出及輸入較前益形萎縮
本年八個月入超逾三億元

【申時社云】八月份全國對外貿易，益形萎縮，輸入數值爲五六•一七六•三四四元，較去年同期之七四•二五二•九〇三元，及上月份之六四•三七六•三七六元，均形激減，輸出數值爲四五•三三一•二三八元，較上月份之四五•九五八•九二七元亦減，惟較去年同期之出口數四四•〇五七•七二九元，則略增加，入超額大減，僅及一千零八十四萬五千一百零六元，至本年八個月來輸入總數爲六六六•〇〇八•一〇三元，出口總數爲三五〇•六五九•八三八元，較去年同期均減，入超額爲三一五•三四八•一七七元。

輸入貨値 八月份一月中，我輸入主要貨値，計爲棉花一•一九八•七八九元，羊毛及其製品九一四•〇四二元•人造絲一七三•二六六元，金屬及礦砂二•七六六•〇九一元，機械及工具三•六七〇•二四九元，汽車三一〇•九三三元，雜類金屬製品，一•六七九•六四九元，米穀一•〇六四•二九七元，小麥一•二四五•四三七元，化學品一•六八三•三八六元，顏料染料等，一•五一九•四六三元，紙一•六一二•五八四元，（以上關金單位）

輸出貨値 八月份主要輸出貨値，計爲猪鬃一•七四一•四五〇元，蛋及蛋產品三•九六八•八一六元，生熟皮及皮貨八二二•五六七元，桐油三•三五〇•七六六元，花生一•四三二•三九九元，芝麻三九五•四四〇元，茶葉三•四九七•七二一元，棉花六七六•七〇八元，絲三•八五三•五八一元，羊毛一•五四〇•四三一元、棉紗一•九六九•九四七元，抽紗品，挑花品，繡

花品一・三五五・五三八元，(以上國幣單位)云。　(廿四，九，廿七，申報)

八個月進出口貿易情形

上半年稍滯近已漸增以絲茶桐油外銷較暢

【中央社南京七日電】本年前八個月進出口貿易之分析情形，經向財部探悉如次：上半年出口稍滯，進口貨比去年同期略增，惟七八兩月份進口漸減，出口漸增。出口貨中絲，茶，桐油等外銷較暢，其原因或係受義亞戰事影響。因外商恐地中海航路萬一受阻，特預向遠東採購多量貨物，俾應他日需要，故以地中海交通未斷以前，對歐非出口貿易必感受一種刺激，而趨向上漲。如義亞戰事不幸擴大或延長，則此種情形必將變更云。　(廿四，十，八，大公報)

美商部發表遠東貿易統計

我國貨物輸入加強

【華盛頓】商部今日發表遠東貿易統計月報稱，美國自遠東各國輸入之商品均有增加，惟輸往中國之出口貨仍甚減少，美國八月份自亞洲輸入之貨物共值四八・六一九・〇〇〇元，一九三四年同時期則爲三三・一三七・〇〇〇元，自中國輸入之貨物共值五・〇八七・〇〇〇元，一年前則爲二・四七八・〇〇〇元，美國自日本輸入之貨物共值一二・六三三・〇〇〇元，本年四月進口之日貨則爲九・一〇三・〇〇〇元，自荷屬東印度輸入商品四・五七三・〇〇〇元，去年同時期則爲三・三四一・〇〇〇元，斐律賓輸入美國之貨物激增，爲本年八月份達七・九八七・〇〇〇元，去年八月僅達二・六四六・〇〇〇元，此次美國輸往亞洲之貨物共值二四・三九八・〇〇〇元，一年前則爲三二・〇〇五・〇〇〇元，輸往中國之貨物共值一・七四〇・〇〇〇元，去年同時期則爲六・〇三〇・〇〇〇元，日本輸入美貨一一・六八〇・〇〇〇元，較去年八月份之一三・八五七・〇〇〇元爲少，輸往斐律賓之美貨共值三・四五〇・〇〇〇元，去年八月份則爲四・五四五・〇〇〇元。

(一日國民電)　(廿四，十，三，申報)

九月份進口糧食統計

值國幣三六一三七八二元

—國際貿易局昨晨發表—

國際貿易局昨晨發表九月份進口糧食統計云，糠麩共計六三・四七三公担，值一四〇・一九二金單位；米穀共計一九一・五五二公担，值七七一・二五九金單位；小麥一九六・六七二公担，值七五七・五五六金單位；未列名雜糧三・一一一公担，值一九・六四八金單位；西米粉二・一五五公担，值一五・一二八；麥粉四〇・〇二一公担，值二四四・八三八金單位；未列名雜糧粉五四九・七〇八公斤，值三二・六一七金單位；總計九月份進口糧食，統計共值一・九八一・四〇二金單位，合國幣三・六一三・七八二元云。　(廿四，十一，九，申報)

乙　各省生產狀況

福建兩特產

福鼎礬業日就衰落，德化瓷業可望復興

【福州航訊】閩東舊福寧府屬之福鼎縣，背山面海，該縣特產，除海味茶葉外，以明礬爲最特色。明礬爲顏料品，富有收歛性，一切色染之原料，莫不取資之。昔時福鼎之礬，不特在我國佔相當之地位，即閩海關輸出貿易冊中，亦居重要之數字。當全盛時代，沿福鼎迄與浙屬平陽交界之礬山綿亘數百里，每日山上開礬礦之工人，不下七千餘。礬石出礦後，土人築窰燒煉，山旁之礬窰，不下百餘所，大者資本四五萬金，小者數千金不等。福鼎屬秦嶼一帶，昔以富裕稱，該嶼內之農民，除以採茶爲業外，(茶葉只限春夏兩季)其一切仰事俯畜之資，皆祟諸礬山，大有取之不盡，用之不竭之慨。自赤匪竄入閩西北後，閩東各屬積匪如馬烈風，厲木恭等，遙爲響應，致霞屬五縣(霞浦，寧德，福安，福鼎，壽寧五縣。)除縣城外，四鄉多淪爲匪區。民國二十二年冬，人民政府成立，陳李等派邱兆琛率先遣隊取道閩東之福鼎壽寧，擬肆擾浙屬

之平陽，慶元一帶。沿途編匪成軍，致匪氛蔓延，益不可收拾。閩亂經中央軍戡定後，閩東各屬，一年來經新十師史宏烈部，暨八十七師王敬玖部，分道搜剿；漸有肅清之日。而福鼎屬之礬業，因受匪亂影響，開掘礬山之工人，爲生活所迫，大部分被誘爲匪。其謹愿者，每日勞作所得，不足以資一飽；緣閩東交通不便，礬商畏匪，不敢上山採掘，且沿途捐稅繁苛，明礬出口，每經過一鄉村，除受匪徒苛勒外，各種附加稅，尤爲不貲，致成本過重，不能與外商競爭，坐是之故，現雖匪亂稍弭，而開掘礬山之礦工，日不過百數十人，碩果僅存之礬窰，亦不過寥寥十餘家，今昔相形，如隔霄壤。一說：福鼎礬業蕭條，固直接受匪禍之影響，而地方豪劣，藉口辦團防匪，擅立名目，抽收團費，其剝削鄉農，尤甚於虎狼。最近新十師史宏烈部，在閩東搜剿散匪，爲推行三分軍事，七分政治原則起見，拘捕福安鉅紳陳王基（陳係前福建省議會議員，現年已逾六秩）劉宗彝等（劉曾任福寧等屬保安大隊長）到省，轉押省保安處軍法科，據說陳劉等有把持地方政治嫌疑，既由福寧屬旅省人士具呈保釋外，以不得遄回各該縣籍爲條件云。

閩南德化縣磁業有千餘年之歷史，其出產之瓷器，在國內負有盛名，與江西之景德鎮，江蘇之宜興，大有三分鼎足之勢。其特製之白瓷佛像，暨其他古玩等，尤爲名貴；往昔我國骨董專家，及歐美日本等各古玩商，每不惜重金，收買德化白色古瓷，以供鑒賞之用。故當其盛時，業陶瓷之工，不下五六萬人，境內瓷窰，櫛比鱗次，不可勝計，每年輸出之額，達二百餘萬元。地方經濟，頓呈活潑之現象。比年以來，永，德，大（永春，德化，大田）三縣，僻處山陬，萑苻如毛，此剿彼竄，飈然不可以爬梳，一般陶瓷商人，爲防匪刦，裹足不敢入境，同時該縣屬瓷工，因瓷窰停閉，謀生乏術，挺而走險，不得不淪而爲匪，於是德化瓷業遂一落千丈，大有今非昔比之慨。邇者泉永兩屬公路網密佈，福泉汽車路，（即由福州經福清，仙遊，莆田，達於泉屬之晉江。）直抵舊泉州府屬之晉江，由晉江而南安之詩山，金淘，碼頭，至永春德化，亦可通車。因公路開闢之結果，永德方面剿匪，亦有長足之進展。最近省建設廳，以德化方面散匪經省保安處分別收撫後，匪禍已告肅清，先由建設廳長陳體誠，沿公路線前往德化視察，遂於本年度開始，計劃設立德化瓷業改良場一所，並會同教育廳合辦省立德化陶瓷職業學校，以培植改良瓷業之人才。該場主任，先期由建廳函請全國經濟委員會介紹專家來閩，相助爲理。又該場主任，同時兼任省立德化陶瓷職業學校校長，以期收教，學，做，三方面兼顧之效。現經委會已介紹蜀人王世傑（王係日本東京高等工業專門學校窰業科畢業，曾任江蘇宜興瓷業改良場技師）來閩，充任改良場主任，教廳亦於日昨簽呈省政府，請委王兼德化陶瓷職業學校校長。至于經費，則改良場年由建廳擔任二萬元，陶瓷職業學校校費，則年由教廳擔任九千六百元；似此，則德化瓷業，將有復興之希望云。（廿四，一〇，一二，北平晨報）

濰縣之烟產

濰縣居山東半島之腹地，扼膠濟之中心。面積八千四百餘方里，地勢平坦，頗宜耕作。民俗敦樸，勤於生產。全縣耕地畝數約一百五十九萬零九百畝，菸田約佔五萬畝，每畝可產烟二百一十斤，總產量爲一千零五十萬斤。全縣劃分十區，以九，十兩區植烟最多，一區次之，其他各區種者甚少。其栽培方法與種蔬菜略似。必須管理周密，防治虫害，除草灌溉，諸般適宜，方可茂盛。種子多由英美烟草公司無償發放，該公司在楊家莊車站自設農場育種，惟近來農民亦不乏自儲種子者。成熟收穫，卽舉行烘烤，而後依色澤之青黃，氣味之美惡，葉面之大小，以爲評定優劣劃分等級之標準，儲藏待售，惟多數則由各烟草公司收買也。種烟之成本以肥料，煤炭，人工，三種爲重要，而尤以人工爲最。茲以自耕農種植一大畝烟（七百二十步，合官畝三畝。）所需各項費用列載如左：

名稱	數額（元）
種子	〇•〇〇
耕作工費	一三•六〇
肥料	二〇•〇〇
收穫前整理工費	六•二〇
收穫工費	四•八〇
烘烤工費	八•〇〇

炭及烤房設備	三〇・〇〇
選烟及包裝	五・〇〇
運費	六・〇〇
合計	九三・六〇

至烟葉收刈後之運出外埠，其數量有如左列表（單位噸）

（民二十三年）

到達地點	由濰縣發出	由廿里堡發出	由坊子發出	由蝦蟆屯發出
青島	三一〇・二六一	一六	六七	—
大港	一・五五二・九六五	七・二九七	五八	四六〇・一〇〇
濟南	一四八・八六五	四	二二	
上海	—	—	—	—
埠頭	—	八・七七〇	一・六二〇	一・〇八七・〇〇〇
其他	五五七・三七五	二九九	二五四	一二一・一四〇
總計	二・五六九・四六六	一六・三八六	二・〇二一	一・六六八・二四〇

菸葉銷售之市場，初在濰縣，坊子，二十里堡，現則逐漸西移於臨朐，益都一帶。臨朐四周各縣烟葉市場集於臨淄之辛店，收買公司達六十家。益都，臨朐，壽光三縣烟銷則集於益都之譚家坊子。各市場均有烟草公司駐地收買。茲將收買公司名稱國別及收買地點列左：

國別	名稱	收買地點
英國	頤中公司	譚家坊子，黃旗堡，二十里堡，辛店，益都，楊家莊
美國	美國烟草公司	辛店，楊家莊，黃旗堡
日本	米星公司	蝦蟆屯，楊家莊，益都，辛店
	南信公司	仝上
	山東公司	仝上
中國	南洋烟草公司	辛店，楊家莊，坊子
	中國福新公司	譚家坊子
	華成公司	譚家坊子
	上海公司	濰縣
	其他小公司	辛店

此外尙有小公司數家，多以低價購來烟葉轉售大公司爲業，於烟農頗爲不利。至各大公司之收買數量，則以英商頤中居首，佔百分之五十至六十；美國公司次之，佔百分之十五至二十；日藉公司不及百分之十；華藉公司佔百分之二十。由是可見市塲上實以頤中（即英美）及美國二大公司勢力最巨，烟價之高低因亦操縱於該二公司之手。二十三年一等烟最高者普通價每百磅六十元上下，二等烟三十元至四十元，三等烟二十元至三十五元，四等烟三元至十五元。至銷售方法則類由烟農運烟至收烟公司，看貨列等評價，公司收留，即予憑證，以備領欵。惟操縱由人，烟農毫無置喙餘地也。又各公司普通自九月開秤十二月收市，前後只四個月，農民急於脫售，價格上尤受損失。不寧惟是，烟民登門求售時，復受種種之剝削。茲擇其要者列左：

（一）進門費……每屆收菸，菸農擁擠，看守收烟公司門戶之警察，乃不時有勒規索費之事。（二）老戶票……公司於歷年老戶，收菸時多予優待。因是老戶票轉借時恆須二元左右代價。（三）壓磅……過磅時往往有壓低原重之事，共甚者竟壓低二三十磅，殊屬驚人。（四）角票流通……收菸時，公司賬房與當地錢舖勾通，發出角票，給付菸農以爲烟價，烟農取兌恒受貼折之損失。（五）扣欵……外人以英文標價，華賬房乃得高下其數從中漁利！此外，烟公司及烟區商人恒有賒放豆餅煤炭於烟農之舉，一定時期後，重利償還，菸農以經濟不裕，亦多含憤忍之也。（廿四，九，十四，大公報）

改進冀省棉業

棉業改進會派員赴各縣調查

【保定通訊】河北省棉業改進會成立後，各項工作刻已着手進行。該會對於推廣棉業之第一步基本工作，爲調查棉業狀況，現決定於本月二十日派調查員四十人，劃分全省爲二十區，每區由二人負責，實行赴各區調查棉田畝數。棉農狀況以及今年棉收及運銷情形，以爲研究明春推廣方針之依據。該會爲便利進行起見，特派談念曾，原頌周二氏，携帶各種調查表，於十六日午由平到保，晤見建設廳長呂咸，請由建設廳通令各縣協助，談原二氏已於十七日返平覆命，建設廳方面已令行各縣政府，對於各調查員儘量予以便利，並加保護云。

（廿四，十，十八，大公報）

浙江米產之改進

浙江土壤肥沃氣候適宜，爲米產之重要省份。河流及運河甚多可資灌溉，農民亦勤愼耐勞。故所有可耕地皆盡量耕種，惟米產則仍不足供本省消費，每年須入口千萬担以上之米以彌補不足。在正常年每畝平均產米量估計只二二零斤而已。據浙江官方意見，出產稀少之主因在米種之惡劣及耕種方法之幼稚。一度硏究之後，當局以由是種產於浙江之劣米種難期高的收穫，而耕種方法亦須改良。目今在正常年該省米產約六千一百萬担，惟當局相信設選用良種及採較新式耕作方法者，米產可增百分之十三或二十，庶能使浙江維持米產自給。經實驗之結果，浙江省建設廳以若種兩熟米每畝年產量可增百斤至二百斤，同時毅之改良種亦介紹與浙江農民。兩熟米已引耕於蕭轄之寧波，紹興，溫州，及台州府治之諸區域，在此區域內種植此種米種者計有十萬畝。超等米曾引植於蕭轄於嘉興，湖州，及杭州府治諸區域，其耕植亦有千畝。爲引用優良米種計，浙江官方曾計畫一詳盡之大綱，包括表證與合作農之設立場及人員之訓練以爲農民之指導者。改良米種以賒賬方法售與農民。爲使保守性成之農民深知種改良米種之利益計將分配彼等以圖解文字，同時巡迴講演團亦赴鄉區巡行及籌備農產展覽，其遵循指導員之指導而耕植者將予以獎品。一年各月所進行之不同事項亦已擬出。二月及三月硏究上年之收穫狀況及其他情形，劃定引用改良米種之區域，設立合作與表證農塲，訓練人員，及購買改良米種以資分配。四月至十一月則爲分配改良米種，表證新式耕種法，及流傳圖解文字。下餘二月則審查耕植改良米種農田之收穫，頒奬予獲有優良成績之農民，及組織米產運銷合作社。除優良米種外，良好麥種亦將引種於浙江之以麥及麥臺爲冬季作物者。

浙江省主席最近自廣西購得改良米種二百包交米麥管理局，以資分發於各農業試驗場。設此種米種在浙江能有良好成績者，則將介紹於農民爲廣遍之耕植。已由中國銀行借欵二十萬元以爲由上述地點購得優良米種備明年米種之用。

據報告此項優良米種今年收穫甚佳，每畝收穫平均估約五百斤。五千畝之總收刈與用普通種耕植相同面積所得收穫相較，增加三十二萬至五十萬斤。耕植兩熟米種之千畝收穫預期可增十萬至二十萬担。優良米種之耕種已過試驗時期，今年所種五千畝之米收刈足供下年耕種四十一萬畝之用，三年以內此新種將普遍於全省云。（思謹摘譯中國經濟週刊）

（廿四，九，廿七，大公報）

丙　各省工商狀況

粵省硫酸廠之近況

每日產量十五噸

【廣州通訊】，粵省自實施三年施政計劃後，即籌建二十四大工廠，積極發展工業，幷以硫酸爲工業原料之故，特提前籌備，成立於前年七月，耗欵凡八十九萬餘元。該廠主任爲黃炳芳，黃氏留學美國，硏究化學，富有經驗，故該廠出品，成績甚佳。疊經各化學師化驗，均認爲品質純良，並與舶來品相埒。至價格比諸舶來品低廉一倍以上，故工業製遺家，莫不樂爲購用。現時每日產量爲五十噸，每月四百五十噸，成立僅一年餘，已製出一萬餘噸。又廣東紡織廠分解肥廠已經相繼成立，製紙廠亦在籌備中，硫酸用途更廣，現該廠積極計劃擴充，增加產量，以應供求。至原料方面，其始仰給舶來，現則本省已自能供矣。（廿四，十，二，申報）

青島市華北火柴廠一瞥

運銷地有晉皖蘇豫冀等省　每月平均可銷二千數百箱

【青島通訊】華北火柴廠，爲我國火柴工廠之一，開設於青島東鎭利津路，迄今已有八載餘之歷史。廠址面積約佔七十餘公畝，資本約在二十萬元左右。記者爲明瞭其產銷狀況及其他內部一切組織情形，特往參觀。承該廠經理周子西，副經理江一山接見，承對記者所詢之該廠產銷狀況及工作情形等，均有所見告，茲摘述如左，以饗讀者：記者隨導者先至

機器間內

參觀，室內有機器數架計有鏇桿機，切桿機，羅桿機，列桿機，卸桿機等。其製造方法，先以一公尺之元木，（係日本出產，因吾國木材乾燥，製火柴不便，故取日本木應用）置於鏇桿機上，旋轉削成寬四十八公釐，厚三公釐之薄片，一片一片送至切桿機前，機門一開，則無量數之火柴桿隨機落

整理成疊

下。後由工人運至羅桿機上，手搖其機，則漏列於木盒內，因係藉機之力，故整齊異常。隨再將裝桿之木盒，按於列桿機之銅板上，用電力旋動，柴桿卽由銅板孔中漏下（每銅板有三千三百孔即可裝火柴三千三百枝），漏下後夾成一紮，分置列桿車上，工人推列桿車（如平常方茶几形）至膠水槽，按板粘膠，再粘上燐頭，其質以燐爲主要物，配以硝，粉等物。運用機器之力，拍燐於每一列桿車上，傾刻間火柴製造即告成功。於是推列桿車於涼桿間，俟其涼冷後，以卸桿機分卸於成行木盒內，發給工人裝盒，工人隨手裝去即成一盒，每盒約有九十餘枝，裝成後再送至裝包間。由工人包裹，每十盒成一包。包畢後裝於木箱內，每箱可裝火柴一千四百四十包，裝箱後則存於一大屋內，準備運銷外省。

運銷區域

除山東外，並有山西，安徽，江蘇，河南，河北，新疆各地。以及陝西（未施行統稅區域），大連（免稅區域）等地。該廠所出火柴之牌名，計有良心，忠山，北斗，虎牌，光明，雙山，童魚，球馬等八種。每月平均可銷二千數百箱，所納稅額，每六箱應納完統稅二十一元六角。

該廠機器

現有二十五部，原有三十六部之多，蓋因本年五月間，曾失愼，被燬機器十一部，已不能應用。據該廠負責人談：現存之二十五部機器，因不敷應用，故於最近準備購置新機，以恢復原有之數，並可增加產銷。該廠男女工人約五百餘人，男工佔全數四分之三，其待遇視

工作成績

如何而定。每日得二三角者有之，得四五角者亦有之。其代價雖如此，然其工作時，手脚之敏捷，效率之迅速，則殊令人讚許。該廠工人尙不敷用，故火柴盒，不在廠內粘糊。此項粘糊工作，係發予四鄉之農民，農民於工餘時，領糊火柴盒，亦可有一宗小進項，故多願爲之。綜觀上述，可見火柴雖係微物，而其製造之手續，故亦甚瑣屑云。（嫻）（廿四，十，十三，世界日報）

北平羊腸業近況

【北平通信】曩者羊腸係用爲製造弓弦，北平東便門內外之弓弦舖甚夥。惟自中外通商而後，羊腸得闢海外市場，迄今已成我國重要出口貨之一。至其用途則係用製臘腸或網球拍之弦也。

羊腸可分二種，曰厚曰薄，出口國外者係薄腸。在出口之前，須經過相當製作手續，先浸水數日而以刀刮去其脂油、肉，及其他物質。此項工作甚需技巧，因稍不小心，羊腸卽爲損破也。是後則置水桶中驗其有否破損，而擇其完整者每三只作爲一束，以備運銷出口。

北平之作羊腸出口生意者約有十家，皆屬天津分來之支店。往昔此輩分羊腸爲二類，一類直徑爲二十三耗者，一類爲十六耗者。惟目今分類法略異，而係將羊腸分爲五類。高等者直徑二十三耗，售價一元六角；次等者直徑二十一耗，售價一元二角；三等者直徑十八耗，售價八角；四等直徑十六耗，售價五角；五等直徑十二耗，售價一角。

北平之羊腸作坊約五十家，其較重要者如列大辮，安爾，及王雨田等。羊腸除由當地供給外，復由外埠定購，如新疆，張家口，山東，河南，皆其主要來源。新疆腸最佳，惟以交通不便，現多已直運蘇俄；張家口腸次之，至山東及河南來貨則品質之最低者矣；此外熱河羊腸品質亦佳，惟自該省失陷後，此項來源業已斷絕！（廿四，十，廿四，大公報）

通訊一束

五七

頡剛吾師：

昨承轉賜吳晗先生著之十六世紀前之中國與南洋一文（清華學報單行本）。拜讀一過，見史料正確，叙述簡明，佩甚，佩甚。然其中有兩點，不敢苟同，用特提出討論。

一，文中關於南洋方面古今不同之地名常謂「某某等於某某」。例如：(甲)三佛齊(Samboja=Sumatra)。(乙)龍牙門(Lingga=Singapore)。竊思此種方法用於史學上有時未免欠妥。Samboja固譯爲三佛齊，而 Sumatra 當譯爲蘇門答臘，或須文答剌，或須文達那。名稱上既不相同，而實際上亦有區異。考古三佛齊領域係在今島東南之詹卑(Gambi今作Jambi）與浡淋邦（Palembang：一名舊港）一帶地。島夷志略校注舊港條：

瀛涯勝覽舊抄本云，舊港國即古三佛齊國也。是番浡淋邦，屬爪哇所轄，東接爪哇界，西抵滿剌加國界，南接大山，北臨大海。然則瀛涯勝覽所謂舊港，卽兼浡淋邦，詹卑等地而言也。

仝上書三佛齊條：

室利佛逝 Sribọja 在今 Sumatra 島東岸赤道直下之地也。三佛齊乃室利佛逝之訛。

瀛涯勝覽舊港國條云：

舊港國者，卽古所謂三佛齊國是也。番名曰浡淋邦（Palembang），其國屬爪哇國所轄。

星槎勝覽舊港條：

（舊港）古名三佛齊國。

明史三百四宦官傳鄭和條：

舊港者，故三佛齊國也。

世法錄云：

舊港在宋時名巴林馮，元代稱舊港，所以改名者，以其對於新村也。

馬來羣島與馬六甲紀要（Notes on the Malay Archipelago and Malacca）：

舊港者，乃浡淋邦之漢文名稱也，其由來久矣。(原文：Ku-King, the old river, is the Chinese name for Palembang up to present day.)至古蘇門答臘國，考其領域係在今島西端之啞齊（Achin）一帶地。

明史卷三百三十五外國傳蘇門答剌條：

蘇門答剌，後易國名啞齊。

世法錄云：

蘇門答臘，一名啞齊。

中華民族拓殖史第五章蘇門答剌條：

啞齊卽今 Achin，乃國之所在地也。

古之三佛齊係在今島之東南，蘇門答剌係在今島之西端，今之蘇門答剌係指全島而言。三者無論如何不能相等，而謂 Samboja= Sumatra，未免錯誤。又謂Lingga＝Singapore，更無理由。島夷志略龍牙門條：

門以單馬錫番兩山，相交若龍牙，門中有道以間之。

島夷志略校注同上條：

單馬錫為新加坡之古名，鄭和海圖以龍牙為島名，其島殆即Lingga，而峽即今新加坡海峽。

馬來羣島與馬六甲紀要云：

龍牙，在浡淋邦西北，崇山對峙，狀若龍牙，中可通舟。（原文：The strait of Lingga is situated to the north-west of Palambang, high mountains face each other as the teeth of a dragon and between these ships Pass.）

由此可見以Lingga＝Singapore，錯誤實甚。

二，文中謂「漢武帝譯使出發之目的：第一是，耀武海外，令諸國奉正朔，來貢獻。第二是，以國家為主體去經營國際貿易，在後來的兩千年歷史中，這種傳統政策始終未曾改變」。此種見解似未甚正確。蓋中國傳統政策，與其謂「以國家為主體去經營國際貿易」，毋寧謂「以中國為天朝，閉關而治」。觀於歷代之禁止外人僑居內地及中國人民出海，可為鐵証。然作者基於上述之觀念以判斷歷代中南通使之目的，遂致原因極明顯之三保太監鄭和下西洋事亦為其所模糊，謂成祖命鄭和下西洋其內在的原因是「建文帝繼位以後，靖難師起，赤地千里。到成祖繼位以後，國家財政已經到了沒有辦法的地步，不能不改變政策，掉轉頭來向南洋發展，從事國際貿易的收入上來解救當前的難關」，此誠絕大之錯誤。考洪武二年編定皇明祖訓箴戒章時鑑於元代征爪哇之失敗，關於南洋方面特別列出不征的十一夷國。七年以倭寇猖獗，罷三市舶司、不設。十四年禁瀕海居民私通海外諸國（皆見明太祖實錄卷一百三十九）。此足証明太祖時代並不以市舶與交通外國為利。然成祖時代亦何嘗以此為利？明成祖實錄卷二十七云：

時（永樂二年）福建瀕海居民，私載海船，交通外國，因而為寇。郡縣以聞，遂下令禁民間海船 原有海船者悉改為平頭船，所在有司防其出入。

仝上書卷二百三十六永樂十九年四月條：

連年四方蠻夷朝貢之使相望於道，實罷中國。

由此可見明初一般人之意見皆不以「國際貿易」為致富之道，而以交通番夷為官民交病之源。當時在朝者之心理大抵如此，而成祖行為之所以適與大衆心理矛盾，且與祖訓違背者，蓋有主要之原因在。其原因維何？明史卷三百四宦官傳鄭和條：

成祖疑惠帝出亡海外，欲蹤跡之，且欲耀兵異域，示中國富強，永樂三年命和及其儕王景弘等通使西洋。

皇明四夷考序云：

鄭和之泛海，胡濙之頒書也，國有大疑焉耳。

是知成祖命鄭和下西洋之主因非為發展「國際貿易」，是為鞏固帝位。若謂此種正面証据尚嫌不足，請再尋求其佐証。明史卷三百四宦官傳鄭和條又云：

（和）將士卒二萬七千八百餘人，多齎金幣……自蘇州河泛海……徧歷諸番國宣天子詔，因給賜其君長，不服則以武懾之。

中國在滿清以前，一般人的觀念，均認金銀為國富（見張忠紱中國外交史綱要），如欲富國，惟有多收金銀。成祖果眞因即位以後國家財政無辦法，欲向南洋方面發展，「從國際貿易上收入，以解救當日的難關」，則當主物物交易。若「多齎金幣，給賜其君長」，結果與其所期望豈非南轅而北轍乎？

再者，國家發展國際貿易與保護僑民，乃一事之兩面，而鄭和第一次下西洋則擒從港巨僑陳祖義（廣東人）以歸，明史卷三百四宦官傳鄭和條又云：

> 永樂五年和等還，諸國使者隨和朝見，献所俘舊港酋長陳祖義，帝大悅，爵賞有差，……戮於都市。……六年九月再往，……錫蘭山國王亞烈苦奈兒誘和至國中索金幣，發兵刼和舟，和覘賊大衆既出，……率所統二千餘人出其不意，攻破其城，生擒亞烈苦奈兒。……九年六月献俘於朝，帝赦不誅，釋歸國。

綜合觀之，鄭和前後兩次同一献俘於朝，而結果，陳祖義則戮於都市，亞烈苦奈兒則赦而不誅。何其厚於番君而薄於僑民如此？以淺見觀之：成祖之意以爲惠帝如果出亡南洋，惟恐僑民或遺老念祖國之廢帝，痛暴君之篡奪，招集同志，與師勤王。基於此種心理而處置之，故對於外人儘可寬大，而對於僑胞則絕不能通融。南洋華僑稱老虎爲「伯公」，同時亦稱鄭和爲「伯公」，由此足見鄭和當時之如何兇惡，及華僑對於鄭和之感情如何。和之行動既多予華僑以威脅，則其使命非爲發展國際貿易而來也明甚。

以上所見，是否有當？深望教正！此請撰安。　學生許道齡上。

五八

頡剛吾兄：久違雅教，甚念。弟等自到達西安後，日忙於古物之整理及案牘之批答，致疏候問。適讀第四卷第九期貝琪君辨鄯善國在羅布泊南說，及徐旭生先生之附啟，猝然有動於中。關於羅布淖爾問題，弟於民國十九年及二十二年前後兩次前往考察，均歷時數月，測驗較詳。現正整理兩次在羅布淖爾所獲遺物，擬出一專册，大約在暑假前即可出版。其中論文，大部分已作就，正從事整理。關於羅布淖爾水道變遷問題亦爲其中論文之一。因此問題在地學上爲最重大，而發現此變遷之最初人，爲弟與西人諾林，故弟返平後，曾在師範大學地學系及中國地學會講演兩次；以時無成稿故未發表。現因編輯羅布淖爾專册，故又重加訂正入書。今因徐貝兩先生討論及此，故摘出此篇發表以就證有道，藉爲地學界中添一段公案也。專此敬請撰安。　弟黃文弼敬上。二月六日

五九

頡剛我師惠鑒：敬肅者：離平近二年，每念在校時教誨之情，輒爲念慕不置。屢萌赴平拜晤之意，然終未能成行，於今思之，不禁悵然若失。頃奉賜書，知師南還省親，半年工作稍得休息，亦快事也。函中并承策勵勗勉，讀悉之餘，悲喜交集。

自念來濟一年有半，於學問之研究未敢稍懈。私人志願，擬於最近期間撰成中國歷代長城建置考：去年暑假撰成齊長城考，登載史地週刊；寒假復撰成楚長城考，登載齊大季刊；餘若魏長城考，趙長城考，燕長城考，秦長城考，等篇，雖略有規模，終須詳加整理。年來所感困難，即每一動筆，即覺問題複雜，材料缺乏。楚長城考篇幅僅六七千字，即費兩月工夫。學問研究之難竟若是乎！依現在研究之情形度之，中國歷代長城建置恐非短時間所能脫稿。擬先成中國古代長城建置考，

起於齊，終於秦，假禹貢半月刊專號刊出，並煩託禹貢學會繪圖數幅，隨刊登載，未悉我師其以為然耶否耶？

本日復接錫昌來函，謂我師赴滬時曾與商務印書館接洽，着生纂輯交通史，並囑往住北平。惟生本季所授有交通史及漢代風俗二門，均非他人所能代替，而學生選課已妥，並授課數日，無法廢止。本季所授之交通史，擬根據以前所蒐材料，先編講義一份，起於明正德而後，終於鴉片戰前，總計分四大部份：一曰明季中國與葡萄牙西班牙和蘭之交通，二曰明清之際基督教在中國之傳佈及西方學術之輸入，三曰清初東南對外關係，四曰清初西北與俄羅斯之交通，一作教課講義，一作交通史之一部。俟此稿完畢後，由此上推而至上古，由此下推而至現代，則交通史之規模可粗具矣。所未悉者，即八月底能否脫稿耳。自念屢承我師過愛，因不避煩瀆冒昧之嫌，雜然陳述，敬希有以諒之。

肅此，即請撰安。

生張維華敬上。二月十八日。

六〇

頡剛我師：

好久沒有給老師寫信了，歉甚！

關于蘇北水災的報告，因循蹉跎，直至放假後才完全脫稿，特此謄抄寄上（另件），望察收，并請指正！附圖一張及小照十六幀，不知合用否？蘇北水災到現在還是如此嚴重，若堵口工程不能及早完成，春來危險殊甚！而目前一般人對于救災防災一事，似乎大不如從前熱心，可慮也。生擬于二月三日離邨赴校，倘蒙賜書，仍寄徐州女師可也。敬祝撰安！

受業孫媛貞謹上。

六一

頡剛吾兄撰席：日前閱禹貢，見有顧氏方輿紀要元稿尚在人間之說。偶檢叢稿，曾鈔得朱象賢聞見偶錄一則，正記此事。未審公曾寓目否？固德門之嘉話，亦史地學中之美譚也。學海高材中有王君撰廣東史略一篇，雖具體而微，亦省史之權輿，堪為吾道張一幟。弟擬於下月初再赴粵，得閒尚擬一把晤也。敬頌撰安。

弟翟宣穎拜啓。廿五年一月二日。

附朱象賢聞見偶錄

讀史方輿紀要

梁溪顧景范纂讀史方輿紀要一百餘卷，大概如一統志，而或詳或略，俱各得宜；并考山川形勢，歷代用兵戰守，悉為詳載，乃經濟書也。但未付梓，四方購求者至無錫，出二十金左右，倩能書者分手抄錄，候以月許，可得一部；當時甚為貴重。雍正壬子癸丑間，予客於兩江制軍魏高兩公幕府，慕中有伴湖北劉姓僑寓江寧，曾於無錫購得前書，珍重異常。江寧某姓者，與劉曾有一面，意欲假以抄錄，適劉他出，某竟自取二册而去，而劉不知也。越數日，送還前取之二册，復欲借以後者錄全，而劉不特不允，更面叱而詬詈之。某受辱憤恨，竟以劉私藏不軌之書，出首京師，行文總督衙門查究。勘審明，將某反坐擬流，其書送部，以結斯案。是劉被訟雖未獲罪，當此一番根究，已焦頭爛額；某則受辱妄訟，乃自取也。夫以購書雅事而成不兩立之禍，豈非里巷小人之技倆哉！

4

本會紀事（八）

本會承石蘅青先生捐國幣伍拾元正，除依照新章推爲贊助會員外，特提出款項一部分，爲石先生購買書籍，存儲本會，永作紀念。計開：

財政整理會編印書籍二十五種，三十三冊：

試擬中央及各省區國家歲入歲出預算表六冊（民國十三年九月出版）

核擬中央每月支出概算書一冊（民國十四年十月出版）

中央每月軍政費概算書一冊（民國十四年十月出版）

各省區釐金收數表一冊（民國十四年十月出版）

關鹽菸酒印花鐵路郵政收入表一冊（民國十四年十月出版）

財政部經管有確實擔保內外債表一冊（民國十四年十月出版）

財政部經管無確實擔保內債案一冊（民國十四年十月出版）

財政部經管無確實擔保外債表一冊（民國十四年十月出版）

暫編國家預算總案一冊（民國十四年十二月出版）

暫編國家歲入預算總表一冊（民國十四年十二月出版）

暫編國家歲出預算總表一冊（民國十四年十二月出版）

暫編中央各部各機關歲入預算分表一冊（民國十四年十二月出版）

暫編中央各機關各部經費國家歲出預算分表一冊（民國十四年十二月出版）

暫編中央直接收入支出預算專表一冊（民國十四年十二月出版）

暫編財政部所管各局廠特別會計歲入歲出預算表一冊（民國十四年十二月出版）

暫編交通部所管路電郵航四政特別會計歲入歲出預算表一冊（民國十四年十二月出版）

暫編各海常關歲入歲出預算專表一冊（民國十四年十二月出版）

暫編鹽務歲入歲出預算專表一冊（民國十四年十二月出版）

暫編債款歲出預算專表一冊（民國十四年十二月出版）

暫編各省區國家歲入歲出預算分表三冊（民國十四年十二月出版）

交通部經管各項債款說明書一冊（民國十六年四月出版）

整理國家財政概算表一冊（民國十六年五月出版）

財政部經管無確實擔保各項外債說明書一冊（民國十六年六月出版）

財政部經管無確實擔保各項內債說明書一冊（民國十六年七月出版）

財政整理會經過情形及辦理一切事宜述要（附編譯文件目錄分類表）二冊（民國十六年七月出版）

整理債務案進行概要一冊（民國十六年七月編輯，民國十七年六月印行）

本刊第五卷第二期目錄豫告

禹貢半月刊，第五卷第三四合期
利瑪竇地圖專號目錄豫告

民國二十五年四月十一日出版

出版者：禹貢學會。
編輯者：顧頡剛，馮家昇。
出版日期：每月一日，十六日。
發行所：北平成府蔣家胡同三號禹貢學會。
印刷者：北平成府引得校印所。

禹貢

半月刊

價目：每期零售洋貳角。豫定半年十二期，洋壹圓伍角，郵費壹角伍分；全年二十四期，洋叁圓，郵費叁角。國外全年郵費貳圓肆角。

The Chinese Historical Geography

Semi-monthly Magazine

Vol. V No. 2 Total No. 50 March 21st 1936

Address: 3 Chiang-Chia Hutung, Cheng-Fu, Peiping, China

第五卷 第二期

民國二十五年三月二十一日出版

（總數第五十期）

內政部登記證警字第叁肆陸壹號 中華郵政特准掛號認為新聞紙類

本會紀事（九）

本會承葉揆初先生捐國幣壹百元正，除依照新章推爲贊助會員外，特提出款項一部分，爲葉先生購買書籍，存儲本會，永作紀念。計開：

連陽八排風土記八卷三册 清李來章撰 清康熙四十七年刊本

西康建省記一册 傅嵩炑著 民國元年鉛印本

蒙藏狀況一册 馬福祥著 民國二十年鉛印本

東三省邊旗實邊報告一册 宣統二年鉛印本

贈書志謝

自本年三月一日至三月十五日本會收到下列贈書，敬載書名，藉申謝悃。

鄭鶴聲先生贈：

水陸地圖審查委員會會刊第一期一册，第二期一册

史地學報第二卷第四期至八期共五册

史地學報第三卷第一二期合一册

史地學報第三卷第三期至八期共六册

鄭德坤先生贈：

浙江經濟調查九册 建設委員會調查浙江經濟所統計課編輯 民國二十年鉛印本

第一册浙江建德縣經濟調查 第二册浙江雲和縣經濟調查 第三册浙江富陽縣經濟調查

第四册浙江松陽縣經濟調查 第五册浙江青田縣經濟調查 第六册浙江臨海縣經濟調查

第七册浙江遂昌縣經濟調查 第八册浙江淳安縣經濟調查 第九册浙江餘姚縣經濟調查

浙江臨安農村調查一册 建設委員會調查浙江經濟所統計課編輯 民國二十年鉛印本

土地陳報特刊一册 浙江省民政廳編輯 民國十九年鉛印本

浙江民政年刊（十七年度）上册一册 浙江省民政廳編輯 民國十八年鉛印本

浙江民政年刊（十八年度）二册 仝上 民國十九年鉛印本

土地法規一册 仝上 仝上

揚子江技術委員會第一期年終報告（民國十一年）一册 揚子江技術委員會編 鉛印本

本刊第五卷第三四合期（利瑪竇地圖專號）目錄豫告

民國二十五年四月十一日出版

本刊總經售處：北平景山東街十七號景山書社　南京太平新街生命書局

本刊代售處

北平北京大學研究院楊向奎先生
北平燕京大學史學系侯仁之先生
北平輔仁大學史學系史念海先生
北平清華大學史學系吳春晗先生
北平北平圖書館王以中先生
北平隆福寺街文奎堂書舖
北平隆福寺街文殿閣書舖
北平琉璃廠寶德堂書舖
北平琉璃廠來薰閣書舖
北平琉璃廠邃雅齋書舖
北平琉璃廠新生命書局
北平琉璃廠人文書店
北平東安市場佩文齋書舖
北平東安市場新智書局
北平東安市場岐山書社
北平東安市場福華書社
北平西單商場知行書局
北平成府競進分社
天津法租界二十六號路世界圖書局
天津南開中學前合友書局
濟南濟南雜誌社
太原樓兒底覺民書報社
開封新書業街龍文書莊
南京中央大學門前鍾山書局
上海四馬路開明書店
上海五馬路亞東圖書館
上海棋盤街寶善里新生命書局
上海四馬路上海雜誌公司
上海福州路生活書店
蘇州五卅路國學小書堆
蘇州宮巷時代雜誌服務社
安慶安徽大學李貫英先生
廈門思明路生活書店
漢口湖北街良友公司史天行先生
南昌中山路南昌書局
武昌橫街頭新生命書局
武昌察院坡亞新地學社
長沙府正街金城圖書文具公司
重慶售珠市北新書局
重慶天主堂街重慶書店
重慶商業場西二街今日出版合作社
萬縣環城一馬路世界圖書局
成都少城祠堂街開明書店
廣州中山大學蓮紹良先生
廣州東山學海書院譚其驤先生
廣州文德路廣東省立編印局
廣州永漢路上海雜誌公司廣州支店
西安大公報西安分館
綏遠楊家巷十二號綏遠新聞社
日本京都中京區叢文堂書店

羅布淖爾水道之變遷

——北平師範大學地學會講演稿——

黃文弼

1

一，羅布淖爾名稱及範圍。『羅布淖爾』爲蒙古語，蒙呼海爲『淖爾』；『羅布』是地名，原爲唐之納縛波。大唐西域記：『由且末東北行千餘里，至納縛波故國，即樓蘭地也』。是納縛波爲國名，在唐初已滅亡，故稱『故國』；古時稱爲『泑澤』，始見於山海經。西山經云：『東望泑澤，河水之所潛也』。又北山經云：『敦薨之水西流注於泑澤』。漢書西域傳稱爲『蒲昌海』，一名『鹽澤』。史記正義引括地志云：『蒲昌海，一名泑澤，一名鹽澤，一名輔日海，一名牢蘭海，一名臨海，在沙州西南』。與今所謂羅布淖爾，實一地而異名。稱爲泑澤者，因形勢而得名；蓋泑有曲奧之義，水入山奧，縈繞回環，故名爲泑，適如今之海灣。蓋古泑澤北界，由今枯魯克達格東行，至海岸，又由東北轉東南，中顯凵字形；即山經所謂『北望諸毗之山，臨彼崇岳之山，東望泑澤』者是。蓋當時水在北岸，沿近枯魯克達格故云爾也。至漢書西域傳稱爲鹽澤者，以其地層完全爲鹽殼所覆蓋，水經注所稱『地廣千里，皆爲鹽而剛堅，掘發其下，大鹽方如枕塊』是也。蒲昌，樓蘭，皆以地名海。樓蘭故國名，此湖屬之，故稱爲樓蘭海也。納縛波則爲隋唐以後之名詞，至今猶爲援用爾。

又羅布淖爾本爲湖水之名，今則以之名地。凡枯魯克達格以南，阿拉騰達格以北，南北三百里，東西六百里，土人皆以羅布淖爾呼之。實則羅布淖爾不過在羅布沙漠中之一海子而已。其次討論海水位置問題。

二，羅布淖爾海水之變遷。新疆南部大沙磧中間有一大河，名塔里木河。河水至鐵里木，匯海都河；轉南流，又匯車爾成河；東流入羅布淖爾，形成兩湖，東曰喀拉枯順，西曰喀拉布郎庫爾，在今婼羌之北，羅布莊之東。但中國舊時地圖，則繪羅布海子於北岸，即在枯魯克達格山麓，相差兩百餘里，如乾隆十三排地圖，及胡圖皆然。至光緒年間，俄人布里玆瓦爾斯基將軍(N. M. Prs Chenalski)至羅考查，發爲論文，謂中國地圖上大誤。德人地學家李希荷芬(Richthofen)力駁布氏之說，謂中國地圖亦曾經調查，並非臆造。後光緒二十二年（一八九六），瑞典斯文赫定博士到新疆旅行，重勘查羅布淖爾，證明古海子原在北岸，後漸南徙，遂至今海，將來亦有恢復故道之可能。此次西北科學考查團旅新考查，余擔任南路考古，民國十九年春余在吐魯番工作時，即聞羅布淖爾已有水，乃亟收束工作，前往考查。六日至六十泉，遠望羅布淖爾已海雲相接，極目無際。余大喜，南行三十里，畧過高仰土層地帶，即遇溢水。沿水東北行，水勢漸大，終乃達一較寬闊之水面，即古之所謂蒲昌海也。

但古海何時在北岸，何時南遷，其原因若何于欲討論此問題，求一眞確解答頗不可能。但吾人以地形學及古物學上之證明，亦可得其彷彿，蓋羅布海原爲河水所洩之尾閭，故海水之移徙必與河流有關。現枯魯克山南麓有一大乾河，名枯魯克河，爲回語，即『乾河』之義。中國地圖稱孔雀河，即孔雀達里雅之下流。蓋海都河入博斯騰淖爾，復溢出爲孔雀河，西南流至新平，轉東南流至哈拉墩，匯塔里木河，東流，傍枯魯克達格東行。又羅布海，中國舊地圖稱爲孔雀海，即古之樓蘭海，或名泑澤。現傍枯魯克山南麓，均爲泥層，即爲古海之海岸。又地上滿覆鹽売，故泥層亦爲古海沉澱之證。但在地面上聳起許多土阜，纙名爲雅爾丹，四週被風水所剝蝕，形成崖岸峭壁，高約三十餘呎，或百餘呎。在此土阜上檢查，時得古代紅陶片及石器，又嘗發見古墳，以古物學上證明，皆爲兩千年以前之故物。由此證明，在兩千年前，水必集於北岸，故在土阜上下均有居民，而此土阜之形成崖岸峭壁，則在其後也。又余曾在土阜上發現一殭尸，據醫學家證明，蓋由海水及沙質蒸炙而成，亦必有兩千年之歷史。由此，可知古海確臨枯魯克山南麓，即余所發現之土垠故址，亦係在古海之北岸也。余在古址，發現有黃龍，元延年號，則仍爲紀元前一世紀之故物也。故余斷定在紀元前後，海水集北岸，毫無可疑，至魏晉之際，即紀元後第三世紀，海水又南徙數十里，臨接斯文赫定所發現之樓蘭故址。今據其發現文書，有泰始二年（西紀二六六），爲晉武帝時事。又英人斯坦因爵士在此考古，所獲得文書中，有『乘船渡河中流船壞』之記載，是當時河中尚有大水也。又據日人橘瑞超氏在此故址發現古文書中，有『海頭』二字，則此城必臨海邊可知。那霖博士告余云：庫魯克河沿庫魯克山東北行時，中途又分一支河東南行，余乃恍然悟。枯魯克河在兩千年以前，沿山麓東偏北行，至紀元後三世紀又改道向東南行，故海水向南徙，而當時人民之沿河邊居住者乃亦向南遷。此則在余故址中及故海北岸，從未覓得一件漢以後之古物可證也。

其次海水何時移徙至婼羌以北，其移徙之跡何如，此問題頗難解答。因由樓蘭至阿不旦，缺乏古物之證明。但南徙必在隋唐以後，試以交通路線作證明。據魏略西戎傳所述，中西交往路線有三道：北道出五船，南道經婼羌，中道則過白龍堆到故樓蘭再詣龜玆。此路自西漢訖魏晉，均未荒廢，此一帶之古物可以證明。至北魏之際，中國記載缺乏，但魏書西域傳稱太武遣董琬使西域，還稱使西域有四道：自玉門西行至鄯善爲一道（南道），自玉門北行至車師爲一道（北道），又由莎車西行逾葱嶺爲一道，由莎車西南行逾葱嶺爲一道，此二道即漢南北二道之西段。名爲四道，實即兩道，則中道在魏太武時已無人行走。隋書裴矩傳稱自敦煌至西海凡三道：北道從伊吾經蒲類海，中道從高昌經焉耆，南道從鄯善至于闐。是隋書之南中二道即漢書之南北兩道，而隋書之北道乃新闢之道也。而魏略之中道，亦不見稱述。可證由玉門西北行，過白龍堆，至故樓蘭，直詣龜玆之道，自北魏至隋唐皆閉塞無人行走也。吾人相信，凡交通路線必須有居民，則此處之有無居民已成問題。現在據考古家之檢查，在此一帶現尚未發現隋唐以後之古物，亦可爲隋唐以後無有居民之證。但雖無居民，水有無有？吾想在稍明新疆情形及有地學常識者，皆知居民與水有互相因果之關係。固然，水道之變遷，多緣於自然與地理之變化，但間接亦關於居民之人工。如有居民之地，則人民謀水利之引導，開決啟塞，多有裨於水道之流通；且植樹平沙，亦可阻風沙之壅聚，則水益日旺，決不至乾涸。反之，若有水無居民，或有居民無水，均足以起地理之變化，使水道變更方向或乾涸。據此，則此地在隋唐時既無居民，則水道已變更方向可知也。

至何時南遷至婼羌以北之問題，仍當以道路爲證。玄奘歸路係遵南道。據大唐西域記稱，由且末東北行千餘里至納縛波故國，而對於海竟一字不提。元初馬哥孛羅東來，亦係遵南路，亦云曾經羅布鎮，但其遊記除記沙磧鬼魅外，對於海字亦未提及。故余疑由隋唐至元，海水當集於故海之南，今海之北。至明清乃移阿不旦之南，婼羌之東北矣。其次再述海水變遷之原因。

三，海水變遷之原因。海水變遷原因雖多，大約不出於四端。一，河流改道。蓋新疆南路河流之入羅布淖爾者，一爲海都河，一爲塔里木河，一爲車爾成河。在兩千年前後，孔雀河即庫魯克河，沿庫魯克山東行，轉東北行，故當時海子在北岸。其後河道壅塞，改向南流，匯塔里木河，車爾成河，轉東流形成二湖。因河流改道，故庫魯克山南麓之河道乾涸，而海亦隨之而枯竭也。今庫魯克河復回故道，故羅布海子亦廻復故道矣。二，風沙壅塞。羅布淖爾有一怪象，即風沙。余等在彼處工作時，每三四日必刮大風，風起時沙土瀰漫天空，此類風沙最容易使河道壅塞。三，羅布淖爾地勢，自庫魯克山以南，婼羌以北，地頗平坦，無顯著之高低足以障水道之變遷，故河水得任意改道，而海水亦可任意遊行。四，因樓蘭南遷至伊循城後，北岸遂空寂無居民。因風沙之結果，河水減少，不久此地遂變爲沙漠地帶矣。以上三者不過略舉其大概而已，詳細研究則有賴於專家也。

三國鼎峙與南北朝分立

谷霽光

自東漢帝國之崩潰，到隋之統一，中國陷於分裂與混亂的局面，大約四百餘年。明確的計算，隋統一爲開皇九年（西元五八九）；而東漢分裂，實從中平元年（西元一八四）黃巾起事開始，中間恰爲四〇三年。（註一）在四〇三年中，雖經西晉一度統一，但爲時甚暫，而南北朝長期割據的局面，也在統一的幾十年中醞釀成熟，這只能算是混亂中的一種轉變，歷史上無另爲劃分一個時期的必要。（註二）所以本文討論範圍，依舊包括這統一的階段。

分裂的原因，在近人著作中，可以看到種種不同的解釋。有着眼於社會經濟的，也有着眼於政治或文化的。權衡輕重，當以社會經濟說比較具體，比較有力量。不過從社會經濟立論，也不能忽略社會的地理基礎。特別是此時期之政治現象，包涵社會問題，種族問題，文化問題；如果從地理方面作解答，反而容易明瞭。所謂地理因素，當然不能離社會經濟而獨立，實際上也需要互相說明。甚至可以說地理的看法，也就是社會經濟看法的一種。

由統一而分裂，由分裂而復歸於統一，其中勢力之消長，局面之支持，與夫北方兼併南方和南北混一之必然性，似乎都可以從地理方面得到一種可能的解答。可惜材料太少，不能充分論証，文中所得結果，當請讀者批評指教，個人認爲這是研究歷史地理的一個重要問題，所以一爲嘗試。

（一）分裂與均勢

地方割據之長久支持，在於造成一種均勢局面。春秋戰國時代，列國競爭，大家都努力在維持均衡的狀況。後來秦國強盛，均勢破壞，天下又歸一統。（註三）到東漢季世，統一的帝國不能維持，又開始另一種形態的地方割據。混戰結果，是三國鼎峙。三國鼎峙，也正代表均勢之維持。

魏蜀吳三國鼎立的時期，以土地論，人口論，實力論，都是魏佔優勢，似乎不容易得到三者之均衡。然而三國鼎立，爲時亦長，其中理由，當爲互相牽制的關係。尤其是吳蜀聯合以抗魏，其情形又與南北朝時代相類似。三國志注引漢晉春秋：

是歲，（建興七年，西元二二九）權始稱尊號，其羣臣以並尊二帝來告。議者咸以爲交之無益，而名體勿順，宜顯名正義，絕其盟好。亮（諸葛）曰：「權有僭逆之心久矣，國家所以略其釁情者，求犄角之援也。今若加顯絕，仇我必深，便當移兵東戍，與之角力，須併其土，乃議中原。彼賢才尙多，將相緝穆，未可一朝定也……」。

當時蜀之勢力，比較單弱，故極力想維持均勢局面，鄧芝使吳，也明白說道：

吳蜀二國，四州之地。大王命世之英，諸葛亮亦一時之傑也。蜀有重險之固，吳有三江之阻，合此二長，共爲脣齒，進可兼併天下，退可鼎足而立，此自然之理也。（註四）

魏之人臣，亦深明此種均勢之難於破壞，黃初六年，（西元二二五）魏師征吳，鮑勳諫云：

王師屢征，而未有所克者，蓋以吳蜀脣齒相依，憑阻山水，有難拔之勢故也。往年龍舟飄蕩，隔在南岸，聖躬蹈危，臣下破膽，此時宗廟，幾至傾覆，爲百世之戒。……（註五）

吳蜀合而抗魏，實無異於南北勢力之均衡，此在南北朝時代，情勢更爲明顯。尤其是南北對峙局面的造成與分裂，很可以昭示我們一種歷史與地理相互關連的線索。南北朝分立，實始於東晉始建國的建武元年（西元三一七）。當時南北局勢雖未完全分曉，而對立的規模，已經建樹。（註六）東晉偏安江左，是根據歷史與種族的線索，當然以正統政府自居。而在北方呢？最初雖處于混戰狀態，而目的在取得歷代建都的長安和洛陽，可說是根據地理的線索，也自以正統政府自居，這是前趙劉淵和他的繼承人所代表的一種勢力。不過東晉和前趙外，尙有東北的後趙，（後趙石勒，石勒之前有王浚佔據在此）。西南的成，也自成一個系統，形成一四角對壘的局面。四角對壘中之政治中心，實際只能算有兩個：一是西北方面歷來政府所在，一是東南方面避亂遷去的。所以南北爭持的焦點，也只是山東與蜀。（註七）

山東與蜀之佔領，不獨關係南北朝之均勢；其對內求自存實很重要。重要的理由，有屬于經濟的，也有屬于軍事的。當時的長安洛陽，實與山東脣齒相依。長安

2

洛陽經過漢末到西晉長期戰亂，人口減少，土地荒蕪；又因人口減少，土地荒蕪，使得舊有溉灌事業，完全停廢，造成一種循環影響難於治療之症。(註八)所依賴的是在握有山東。一方面山東產物較富，兵卒較雄，可以輔助中原一帶之不足；另一方面山東不被其他野心家利用，中原方面也可減少內顧之憂。所以西晉帝國開始崩潰的時期，山東就成了北方羣雄爭奪的中心，(註九)後來更形成了佔領山東足以控制中原的局面。前趙的失計，是在忽略山東的重要，後趙成功，也由於以山東爲根據。(註一〇)石勒在葛陂之役失敗以後，(西元三一二)聽漢人張賓計策，佔據河朔，以奠基業。晉書石勒載記云：

張賓曰：「……鄴有三臺之固，西接平陽，四塞山河，有喉襟之勢，宜北徙據之。伐叛懷服，河朔既定，莫有處將軍之右者」。

其後張賓又勸石勒先平王浚，以定山東，晉書石勒載記云：

張賓進曰：「劉演衆猶數千，三臺險固，攻守未可卒下，舍之則能自潰。王彭祖劉越石大敵也，宜及其未有備，密規進據罕城，廣運糧儲，西稟平陽，掃定幷薊，桓文之業，可以濟也。……夫得地者昌，失地者亡。邯鄲襄國，趙之舊都，依山憑險，形勝之國，可擇此二邑而都之，然後命將四出，授以奇略，推亡固存，兼弱攻昧，則羣凶可除，王業可圖矣」。

石勒佔據山東之後，勢力驟增，他便利用山東地方的人力財力，再向中原發展，(註一一)既滅前趙，一時稱雄北方，只因後繼的人，不能恢宏先緒，又被山東方面新興的前燕(慕容氏)所滅。

至西元四世紀中葉，稱覇北方的爲苻秦，苻秦滅前燕，爲注意山東的第一聲，晉書呂光載記云：

堅既平山東，士馬強盛，遂有圖西域之志。乃授光使持節都督西討諸軍事，……以討西域。

後來苻丕鎮鄴，也在防止山東的變亂，晉書苻堅載記云：

(苻)洛既平，以關東地廣人殷，思所以鎮靜之，引其羣臣於東堂議曰：「凡我族類，支胤彌繁，今欲分三原九嵕武都汧雍十五萬戶於諸方要鎮，不忘舊德，爲磐石之宗。」……於是分四帥子弟三千戶，以配苻丕

鎮鄴，如世封諸侯，爲新券主。（註一二）

這是苻堅伐晉以前的軍事布置。北魏時代賦調收入，也以山東諸州爲多，魏書一五元暉傳云：

又上書論政要，……其二曰：……河北數州，國之基本，飢荒多年，戶口流散。方今境上，兵復徵發，卽如此日，何易舉動。……三曰：國之資儲，唯資河北，飢饉積年，戶口逃散，生長姦詐，因生隱藏。

北魏時代，如遇有戰事發，就在山東地方臨時徵調，所以看作國之基本。山東與中原的關係，實爲不可分離，故南北戰爭，山東亦佔重要地位。資治通鑑一〇二太和四年：

桓溫伐燕，燕求救於秦，許路以虎牢以西之地。羣臣不欲，王猛密言於堅曰：「燕雖強大，慕容評非溫敵也。若溫舉山東，進屯洛邑，收幽冀之兵，引幷豫之粟，觀兵淸澠，則陛下大事去矣，不如與燕合兵以退溫，溫退燕亦病矣……」，堅從之。

南方的見解，與此亦同，晉書六七郗超傳：

進策於溫曰：「淸水入河，無通運理，若寇不戰，運道又難，因資無所，實爲深慮也。今盛夏悉力徑造鄴城，彼伏公威略，必收陣而走，退還幽朔矣。若能決戰，呼吸可定，設若城鄴，難爲功力，百姓布野，盡爲官有，易水以南，必交臂請命。但恐此計輕決，公必務其持重耳。若此計不從，便當頓兵河濟，控引糧運，令資儲充備，足及來夏，雖爲賒遲，亦固克濟。若舍此二策，而連軍西討，進不速決，退必愆乏……」，溫不從，果有枋頭之敗。

劉宋與元魏的攻伐，也以山東爲重，魏書三五崔浩傳：

世祖聞赫連定與劉義隆懸分河北，乃治兵欲先討赫連。羣臣曰：義隆猶在河中，舍之西行，前寇未必可尅，而義隆乘虛，則失東州矣。世祖疑焉。問計於浩，浩曰：「……臣始謂義隆軍來，當屯住河中，兩道北上。東道向冀州，西道衝鄴，如此則陛下當自致討，不得徐行，今則不然，東西列兵，徑二千里，一處不過數千，形分勢弱，……」

宋之伐魏，成敗關鍵，亦在山東，宋書九五索虜傳云：

劉興祖建議伐河北曰：「河南阻饑，野無所掠，脫意外固守，非旬月可拔，稽留大衆，轉輸方勞，伐罪弔民，事存急速。今僞帥始死，兼逼暑時，國內猜擾，不暇遠赴，關內之衆，裁足自守。愚謂宜長驅中山，據其關要。冀州已北，民人尙豐，兼麥已向熟，資因爲易，向義之徒，必應嚮赴。若中州震動，黃河以南，自當消潰，」……上意只存河南，亦不從。

此山東之形勢如此。

益州爲古巴蜀之地，戰國時代，秦得之以制天下，漢時亦因資於此。三國時，蜀更據之抗衡吳魏，灋正勸劉備云：

今益州戶口百萬，土沃財富，誠得以爲資，大業可成也。(註一三)

隋代亦然，資治通鑑一七五：

隋奉車都尉于宣敏；奉使巴蜀還，奏請蜀土沃饒，人物殷阜，周德之衰，遂成戎首。宜建樹藩屏，封殖子孫，隋主善之。

益州之重要，尤在於形便之地，據此可以自保。江左不可無巴蜀，前人論之已詳，(註一四)東晉之急圖巴蜀，亦因均勢關係。東晉在未平巴蜀以前，實極單弱，葛陂之役，石勒殊有吞併江左野心，天時不利，故又退兵。所以佔據巴蜀的李雄，亦曾譏元帝無能，資治通鑑八九建興二年：

巴郡嘗告急，云有晉兵。雄曰：「吾嘗憂琅琊微弱，遂爲石勒所滅，以爲耿耿。不圖乃能舉兵，使人欣然」。

晉不得巴蜀，前燕（此時尙未稱燕）君臣亦感恐慌，咸康七年，(西元三四一)劉翔至建康即云：

今石虎李壽志相吞噬，王師縱未能澄淸北方，且當從事巴蜀。一旦石虎先人舉事，併壽而有之，據形便之地，以臨東南，雖有智者，不能善其後矣。中護軍謝廣曰：「是吾心也」。(註一五)

按石虎圖蜀，早有此野心，晉書石季龍載記：

先是李壽將李宏，自晉奔于季龍。壽致書請之，題曰：「趙王石君」。季龍不悅，付外議之，多有異同。中書監王波議曰：「今李宏以死自誓，若得反魂蜀漢，當鳩率宗族，混同王化。若遣而果也，則不煩一旅之師，而坐定梁益。」……於是遣宏，備物以酬之。

石虎不能兼併巴蜀，巴蜀亦卒爲晉有。晉書八三袁喬傳：

時桓溫謀伐蜀，衆以爲不可。喬勸溫曰：「……今天下之難，二寇而已。蜀雖險固，方胡爲弱，將欲除之，先從易者。今泝流萬里，經歷天險，彼或有備，不必可尅。然蜀人自以斗絕一方，恃其完固，不修攻戰之具。若以精卒一萬，輕軍速進，比彼聞之，我已入其險要，……蜀土富實，號稱天府，昔諸葛武侯欲以抗衡中國。今誠不能爲害，然勢據上流，易爲寇盜，若襲而取之，廣有人衆，此國之大利也」，溫從之。

桓溫取巴蜀，在永和三年（西元三四七），南北朝局面之穩定，可說從此時開始。日後苻堅雖一度佔領，但不久又恢復。均勢之局，仍未打破。

梁與東魏西魏鼎峙時代，梁之領土較廣。朝代更換後，成爲陳與北周北齊三國，北周握有中原和巴蜀，頗佔優勢。本來西魏入關，即在依賴巴蜀財富，周書一五于謹傳。

謹對曰：「關右秦漢舊都，古稱天府，將士驍勇，厥壤膏腴，西有巴蜀之饒，北有羊馬之利，今若據其要害，招集英豪，養卒勸農，足觀時變。」……太祖大悅。

既得巴蜀，財富益饒，周書三九辛昂傳：

時益州殷阜，軍國所資，經途艱險，每苦刼盜。詔昂使於梁益，軍民之事，皆委決焉。

北周係篡西魏而立的朝代，對立的陳和北齊勢力都較小，所以時有統一的企圖。在沒有兼幷北齊以前，就有意取陳，周書二六長孫儉傳：

及梁元帝嗣位於江陵，外敦隣睦，內懷異計。儉密啟太祖陳攻取之謀。於是徵儉入朝，問其經略。儉對曰：「今江陵既在江北，去我不遠，湘東即位，已涉三年。觀其形勢，不欲東下，骨肉相殘，民厭其毒。荊州軍資器械，儲積已久，若大軍西討，必無匱乏之虞。且兼弱攻昧，武之善經，國家既有蜀土，若更平江漢，撫而安之，收其貢賦，以供軍國，天下不足安也」。太祖深然之。

後三國均勢，極難穩定，隋之統一，亦肇基於此。

(二)統一之關鍵

魏蜀吳三國鼎峙，到西元二八〇年晉滅吳，算是臨時統一。南北朝分立，到西元五八九年隋滅陳，天下又歸統一。兩次統一，都由北方兼併南方，而統一的關鍵，又都在蜀。（註一六）一方面北方得蜀，足以破壞均勢，（註一七）而另一方面，則當日政治中心，仍在北方，北方既得蜀則統一易於着手。晉之平吳即取此種方略，資治通鑑七八景元三年：

昭欲大舉伐漢，朝臣多以爲不可，獨司隸校尉鍾會勸之。昭諭衆曰：「自定壽春以來，息役六年，治兵繕甲，以擬二虜。今吳地廣大而下濕，攻之用功差難，不如先定巴蜀。三年之後，因順流之勢，水陸並進，此滅虢取虞之勢也。」……鄧艾以爲蜀未有釁，屢呈異議，昭使主簿師纂爲艾司馬，以諭之，艾乃奉命。

蜀既平，鄧艾又倡議取吳。當時局勢，實已分曉，故鄧艾輩不惟不再阻撓，且挺身行之，三國志二八鄧艾傳：

艾言於司馬文王曰：「兵有先聲而後實者，今因平蜀之勢，以乘吳人，吳人震恐，席卷之時也。然大舉之後，將士疲勞，不可便用，且徐緩之。留隴右兵二萬人，蜀兵二萬人，煮鹽興冶，爲軍農要用，並作舟船，豫爲順流之事，……」。

利用蜀之財富，治舟積糧，當爲第一要着，伐吳之利亦即在此。(註一八) 另外尙有軍事上的理由，倡於羊祜，晉書三四羊祜傳：

至是上疏曰：「……今江淮之難，不過劒閣；山川之險，不過岷漢；孫皓之暴，侈於劉禪；吳人之困，甚於巴蜀；而大晉兵衆，多於前世；資儲器械，盛於往時。今不於此平吳，而更阻兵相守，征夫苦役，日尋干戈，經歷盛衰，不可長久。宜當時定，以一四海。今若引梁益之兵，水陸俱下；荊楚之衆，進臨江陵；平南豫州，直指夏口；徐青揚兗，並向秣陵；鼓旆以疑之，多方以誤之。以一隅之吳，當天下之衆，勢分形散，所備皆急。巴漢奇兵，出其空虛，一處傾壞，則上下震蕩」。

文選引晉中興書，孫楚爲石仲容與孫皓書亦云：

若猶侮慢未順王命，然後謀力雲合，指麾風從；雍益二州，順流而東；靑徐戰士，列江而西；荊揚兗豫，爭驅入衝；征東甲卒；虎步秣陵。

此均合圍形勢，防守自難。隋開皐中，崔仲方獻平陳之策，說得更爲扼要。隋書六〇崔仲方傳云：

「今唯須武昌以下，蘄和滁方吳海等州，更帖精兵，密營渡計；益信襄荊基郢等州，速造舟楫，多張形勢，爲水戰之具。蜀漢二江，是其上流，水路衝要，必爭之所。賊雖於流頭荊門……置船，然終聚漢口峽口，以水戰大決。若賊必以上流有軍，令精兵赴援者，下流諸將，即須擇便橫渡；如擁衆自衛，上江水軍，鼓行以前。雖恃九江五湖之險，非德無以爲固；徒有三吳百越之兵，無恩不能自立。」上覽而大悅。

這都是得蜀以後，軍事易於布置的關係，否則長江天險，攻取不易(註一九)，北魏之不能得志江左，其理由恐亦在此。

統一之另一關鍵，爲北方之強弱與衰。晉隋統一，均爲北方兼併南方，南北立國之終始強弱比較，則此種現象亦非偶然。即以南北朝論。後趙時代，冉閔之亂，中原紛擾，有志之士，都想乘機起事，擁戴晉室，(註二〇)然而桓溫北伐必竟一無成功。後來劉裕北伐，亦屬中道而廢。到梁武帝時，北魏分爲東西，互相攻擊，卒又不能乘機北略。凡此種種，都可說是積弱之勢所造成。

南方衰弱的原因，重要的大概有三點：(一)南方富源，尚未完全開發；北方則僅爲農村之復興問題。(二)南方文化程度不齊，人才亦少；北方則佔據歷代文化政治中心點，並能給予新的力量。(三)南方希冀在均衡局面之下苟且圖存；北方則另有強勁外族爲鄰，使得朝野士大夫，都發奮圖強。這三點相互影響，便形成南北兩方強弱異勢的局面。

上述三種原因，形成南方一不健全的政治機構；特別在南北朝長期對峙之下，可以看出。南朝的政治，仍然承襲西晉舊物，一批亡官失守之士，擁護了一個流寓的皇室親王，並不發奮圖強。連皇帝本人，也無意於報仇雪恥。資治通鑑八八，建興元年：

愍帝遣劉蜀至建康，詔睿進軍會中原，辭以方平定江東，未暇北伐。

祖逖請復中原。睿素無北伐之志，乃給逖千人廩，布三千疋，不給鎧仗，使自召募。

東晉元帝在這樣情形之下，勉強奠定南朝基業，在朝士大夫也苟且偸安。因爲各人地位與官爵，不因流亡而喪失，清談誤國的先例，又似乎早已忘却。這時候一班善於清談的士大夫，又重振旗鼓，爭奇奪異，以收時望。(註二一)他們一方面破壞法治的羈絆，(註二二)另一方面却極力排斥異己的人，晉書七一陳頵傳云：

頵與王導書曰：「中華所以傾弊，四海所以土崩者，正以取才失所，先白望而後實事，浮競驅馳，互相貢薦，言重者先顯，言輕者後敘，遂相波扇，乃至凌遲。加有莊老之俗，傾惑朝廷，養望者爲宏雅，政事者爲俗人，王職不恤，法物墜喪，……」。

這種種情勢之下，產生政治上一牢不可破的怪現象，是爲門閥。門閥本不始於東晉，但東晉時代，豪族已成極狹義的和片面的特殊階級。即亡官失守之士，可以把持政治，本土的人，反被擯斥。甚至於亡官失守士大夫當中又分等類，不讓大家都可以參預政治，實際上同於一部份有勢和捷足先得的人把持罷了。最可注目的兩次爭鬥：一是北士與南士之爭，資治通鑑八八建興元年：

吳興太守周玘，宗族強盛，琅琊王睿頗疑憚之。睿左右用事者，多中州亡官失守之士，駕御吳人，吳人頗怨。玘自以失職，又爲刁協所輕，恥恚愈甚。乃陰與其黨謀誅執政，以諸南士代之。事泄，玘憂憤而卒。將死，謂其子勰曰：「殺我者，諸傖子也」！

周勰果於次年作亂，實代表流寓人士與土著世家權位之爭。另一次是流寓士大夫內部的紛爭，資治通鑑一〇一：

(楊)佺期自以其先世，漢太尉震至父亮九世，皆以才德著名，矜其門第，謂江左莫及。有以比王珣者，佺期猶恚恨，而時流以其晚過江，婚宦失類，…… 9
桓玄愈自矜倨，揚佺期爲人驕悍，玄每以寒士裁之，佺期甚恨。

流寓士大夫內部衝突，層出不窮，最與政治有關的，莫如門閥與皇權之衝突。東晉本亦寄寓江左，而江左政權，實際又歸琅琊王氏把持。王敦事變，桓溫事變，都顯示門閥勢力與皇權不能兩容；後來劉裕以布衣篡位，爭鬥仍未停止，南朝政治可說是基於此種局面而開展。(註二三)

綜括的說：南朝的政治，完全分裂而不集中。無論中央與地方之間，官吏與民人之間，職掌之間，氏姓之間，處處都呈分裂現象。如是國家大事，人民福利，多因一人一姓之利益而犧牲。南朝的大政，北伐當亦重要事業之一。然而永和五年至十年(西元三四九——三五四)北伐之役，始而桓溫倡議，經略中原，而殷浩議其後，如是朝廷寢而不報，桓溫亦割八州士衆資調爲己有。既而殷浩北伐　桓溫亦沮其氣於喪敗之後。及溫興師再舉，又了無所獲。捨可乘之機，爲意氣之爭辯，俟胡人喪亂平，又屬自守之不暇矣。後來劉裕北伐，已達長安，然不久長安失守，全功盡棄。其失敗原因，如晉書赫連勃勃載記所云：

(王)買德曰：「劉裕滅秦，所謂以亂平亂，未有德政，以濟蒼生。關中形勝之地，而以弱才小兒守之，非經遠之規也。狼狽而返者，欲速成篡事耳，無暇有意中原……」。

此亦私利害公之證也。分裂局面之下，國家財政也是無法整理。本來過江初期，政府貧困不堪；後來雖漸漸轉好，然而地方之割據，(註二四)私人之專擅，(註二五)朝野之侈惰，(註二六)行政之浪費，(註二七)有加無已，財富莫由豐裕。人民方面，因大地主兼併而失業而流寓，(註二八)因賦稅之時常增加而逃亡，(註二九)社會上也無日不於紛亂中過活。大之如孫恩盧循之亂，唐寓之之亂，小之如王敬則部將之亂，均足以影響於國計民生。(註三〇)社會生產既不能大大增加，消費者糜費無已，這是經濟上不能制敵之又一原因。

上述情形，北朝當亦不免。尤其西晉滅亡至北魏成立之間，一爭一奪，紛紜不已，情形比南朝為劣。但北魏成立以後，一直到隋初，北朝政治，總較南朝為有生氣。北朝以外族入主中原，其困難本不下於南朝，然而北朝兩次大改革：(一)北魏孝文帝遷都洛陽，及其漢化事業之設施，(二)北周文帝之變法，都可以表示具有偉大的毅力魄力。諸如此類，比南朝之因循敷衍均強，所以北朝所遇到的困難問題，反而容易解決。

北朝士氣振作的原因，尚有北邊外寇的大敵在。始而高車柔然，繼而突厥，此外又有其他胡人勢力之潛伏，時時有侵入內地的可能，北朝又成為抵禦新興外族之最前線。北魏時代，時而北征，時而南略，治兵積糧，幾無暇日，何況南朝又有聯絡北方外族進攻北魏之可能？(註三一)揆諸情勢，實亦無苟且偷安之機會。

總此以論三國時代之強弱，魏居北方，為政治文化中心所在，土地廣，戶口多，人才盛，其規模仍漢代之舊，所事易於為謀。至於蜀有『南人』寇亂，吳有『山越』寇亂，(註三二)而劉禪之昏懦，吳皓之殘暴，實亦非繼志述事之主，蜀亡而吳亦不旋踵，固為必然。(註三三)

(三)統一之必然性

割據時期，政治上浪費，厥爲政府機關之增加與擴大。甚至同屬一系統之下，亦分裂不相爲謀，每至人力財力，同歸疲困。三國的蜀，可作一例，三國志法正傳：

計益州所仰惟蜀，蜀亦破壞，三分亡二，吏民疲困，思爲亂者，十戶而九。

又三國志諸葛亮傳：

今天下三分，益州疲弊，此誠危急存亡之秋也。

又三國志三五注引漢晉春秋：

自臣到漢中，中間朞年耳，然喪趙雲……等及部曲屯將七十餘人；突將無前，賨叟青羌，散騎武騎，一千餘人；此皆數十年之內，所糾合四方之精銳，非一州之所有，若復數年，則損三分之二也，當何以當敵。

(註三四)

梁代建康，亦經彫殘，資治通鑑云：(一六五至一六六卷)

上以建康彫殘，江陵全盛，意亦安之。

時建康虛弱，糧運不繼。

時四方壅塞，糧運不斷，建康戶口流散，徵求無所。

此因南朝歷代建都於此，所受損失太大的原故。(註三五)

重要的州郡，亦有同樣情形，宋書五二庾悅傳論州郡情形：

今江右區區，戶不盈數十萬，地不踰數千里，而統司鱗次，未獲減息，大而言之，足爲國恥。況乃地在無軍，而軍府猶治，文武將佐，資費非一。

當時有僑置州郡，又州郡割置無常，當爲糜費，如宋書六六何尙之傳云：

荆揚二州，戶口半天下，江左以來，揚州根本，委荆以閫外。至是幷分，(分爲郢州)欲以削臣下之權，而荆揚並因此虛耗。尙之建言復合二州，上不許。

經過變亂太多，地方上都會感到疲乏，心理方面亦如此，亂極思治，勢所必然。對峙之下，如一方有厭亂的心理，使雙方敵對行爲可以暫爲和緩，晉書三四羊祜傳：

祜出軍行吳境，刈穀爲糧，皆計所侵，送絹償之。每會衆江沔游獵，常止晉地。若禽獸先爲吳人所傷，而爲晉兵所得者，皆封還之。於是吳人翕然悅服，稱爲羊公，不之名也。……祜與陸抗相對，使命交通，……抗每戒其戍曰：「彼專爲德，我專爲暴，是不戰而自服也，各保分界而已，無求細利」。

北魏時君主亦深明抄掠之害，極力禁止。魏書七高祖紀，太和十八年詔曰：

比聞緣邊之蠻，多有竊掠，致有父子乖離，室家分絕，既虧和氣，有傷仁厚。方一區宇，子育萬姓，若苟如此，南人豈知朝德哉！可詔荊郢東荊三州，勒蠻民勿有侵暴。

明年又詔淮北之民，不得侵掠，這種愛護敵方心理，實與歷來反戰爭的論調，互相映照。(註三六)

從另一方面說，對敵的目標，久而久之，可以漸次喪失，甚至也可轉移。魏蜀吳三國鼎立，最初都有一爭正統的企圖，並且藉此互相號召；後來又冷淡多了。譙周主張降魏而不附吳，就從利害着眼，不復顧到「與國」的問題。(註三七)晉之平吳，也很容易；吳朝野士大夫，轉而事晉者亦不少，當然談不上有什麼亡國之痛。

隋的一統，可進而說到種族文化的混一。北朝經過二百多年的演進，漢化程度，已經很深，風俗習慣，也沒有大差異。一部份北人對於中國古代文化的了解，更是不減漢人，因之種族上的混一，尚不致發生大問題。

此外尚有一點，足以減少南北兩方的隔膜，即北魏用人方法之不同。北魏不獨起用疆域內的名士和世族，對於南方的士大夫，一樣尊重，並且特別優待。(註三八)而北朝使節，又多名士和世族為之，這在心理上令人不會感到絕大的差異，亦有由來。

又南北兩方的政治，都有趨于集權之傾向，北朝尤甚，這是內部一統初步工作。南朝梁武帝用人方式的改變，亦此種傾向之一方面。北周時代宇文護被誅，情勢尤為明顯。周書齊煬王憲傳：

昔魏末不綱，太祖匡輔元氏。有周受命，晉公(護)復執威權，積習生常，便謂法應須爾。……且近代以來又有一弊：暫經隸屬，便即禮若君臣，此乃亂代之權宜，非經國之治術。詩云：「夙與夜寐，以事一人」，一人者，止據天子耳。……

此即代表當時中央集權與皇權一元論者。又北周時，尚有外患威脅，自亦朝野之所惕目驚心，時當北周北齊相爭，突厥亦盛，北周雖利用突厥以伐齊，而突厥亦足為北周之患，隋書突厥傳云：

時佗鉢控弦數十萬，中國憚之，周齊爭結姻好，傾府藏以事之。佗鉢益驕，每謂其下曰：「我在南兩兒常孝順，何患貧也」！

隋文帝即位，亦深明此中利害，下詔云：

往者魏道衰敝，禍難相尋，周齊抗衡，分割諸夏。突厥之虜，俱通二國。周人東慮，恐齊好之深；齊氏西虞，懼周交之厚。謂虜意輕重，國民安危，非徒並有大敵之憂，思減一邊之防。竭生民之力，供其來往；傾府庫之財，棄於沙漠。華夏之地，實爲勞擾；猶復刼剝烽戍，殺害吏民，無歲月而不有也。……

天下分裂，則外族有可乘之機，內部又無以自存，故中國之復歸統一，理也，亦勢也！

(四)餘論

割據時期，全國元氣之損傷，前面已經說過。這種犧牲，有沒有代價呢？近人似有注意于境內文化之齊一者，(註三九)然此亦非正面之結果。專從境內開發情形立論，並未於此時完成，即云有所裨益，亦屬得不償失。歷代情形，類此者多，實爲中國歷史上一最大問題。

割據勢力之造成，始於民族之大流徙。(註四〇)民族流徙，中國向無應付方策。漢末人寡西北，而西北人民又多他徙，形成胡人雜居內地，進而至於擾亂內地的慘禍。至於境內流民，則又不思安置之法，反而壓迫他們，又釀成國內彼起此仆的大亂。研究魏晉南北朝史，此亦不能不注意者。

由分裂而統一，統一時期所看到的一切設施，是否比割據時期優良呢？中國史上似乎合久必分，一治一亂，循環的支配着。所以統一的期望，如循襲舊物，不有徹底改革，那也只是亂離中暫時的慰藉，終久又當失望的。西晉一統的局面，正可作爲後代殷鑒。研究中國歷史，此亦可深切注意。

(註一)東漢靈帝中平元年(184 A. D.)，黃巾賊起，地方軍隊，纔開始活動起來。割據形勢，也可說從此開始。後來曹操得勢，由於打敗黃巾，和收編黃巾的精銳。所以東漢帝國的崩潰，無論從社會經濟，或政治着眼，都可以用中平元年，作爲歷史轉變的一個劃分年代。

(註二)西晉滅吳，在太康元年，(280 A. D.)而李雄稱成，劉淵稱漢，同在永興元年(304 A. D.)。外表的統一，也只是二十餘年。八王之亂，實際上又爲割據局面，所以西晉一統時代，應當包括在長期混亂範圍之內。

（註三）春秋時代，均勢的維持，可以向戌弭兵爲例。原來晉楚爭盟，時起爭戰，齊秦兩國，無力向外發展，其他小國，又大都近晉的服晉，近楚的服楚，所以向戌主張小國並事晉楚齊秦不列入範圍內。天下和平，臨時又維持九年。

（註四）資治通鑑卷七〇，黃初四年。

（註五）資治通鑑卷七〇，黃初六年。

（註六）南北朝的起訖年代，尙無定說。資治通鑑以東晉宋齊梁陳隋相承，當不明示所謂南北朝系統。南史與北史，雖標明南北系統，但修史者謹依斷代史成規。南史實不過宋書梁書齊書陳書之綜合，北史實不過魏書周書北齊書隋書之綜合。所引用之起訖年代，亦不一致。普通用宋永初元年（西元四二〇）至隋開皇九年（西元五八九）爲多，亦有以北魏登國元年（西元三八六）爲始者。余以爲南北朝年代，應爲東晉建武元年（西元三一七）至隋開皇九年。在此期中，南北都有政治線索可尋，卽使東晉初期，北方情形，較爲混沌，然而前趙後趙前秦也可算一個系統。如强以此時爲五胡亂華，則後之北魏等朝，亦莫非胡人；如以東晉作爲西晉一統，則宋齊梁陳也同一例。所以南北朝，以自東晉建國爲始較當。

（註七）當日地理，依經濟政治，和其他一般情形，可以大別爲四個區域。一是西北，大致包括山西陝西河南一帶，而以長安洛陽爲中心。這是歷代國都所在，並且是文化中心地點，野家要企圖統治中國，就要奪得這可以左右天下，和號召人心的根據地。次是東南，以揚州荊州爲中心，包括今江蘇安徽湖北湖南江西浙江一帶地方。自漢以來，經營開闢，大有進步，尤其人文蔚起，參閱三國志，虞翻傳注引會稽典錄即可概見。到後來江淮成爲富庶之區．也在此時開始。再次是西南，西南一帶，以益州爲中心，包括今四川貴州湖北西部等地。因爲地勢險要，物產豐富，也可以自成一系統。最後爲東北，以冀州爲中心，包括今遼寧河北等地，山東省也可列入在內。自從漢光武以河北取得天下，後來又建都洛陽，地位上也重要起來了。東胡民族興起，東北又成爲邊防要地。漢末羣雄割據，係由東北向西北發展，西晉時代王浚，憑依幽州，亦足稱雄一時。自此以後，直到現在，國防上地位，不曾降低，這也是值得注意的一點。四個區域，不過概括的說法，就區域本身立論，更無獨立存在之任何條件。不過分裂局面中，野心家都憑着暫維持一己之勢力而已。

（註八）參閱志田不動麿晉代土地與農業。原文見史學雜誌卷四三，一至二期。

（註九）王浚憑依山東稱雄一時，後來石勒滅前趙，也是以山東作爲根據。至于慕容氏之累起累仆而不絕，也恃山東一隅，此均南北朝前後時代例證。漢末亦何嘗不如此。三國志和洽傳：洽以冀平民疆，英傑所利，四戰之地。又韓馥欲以州讓袁紹，荀諶曰：「冀州天下之重資也。」又李歷曰：「冀州帶甲百萬，穀支十年」。

（註一〇）劉淵極力向中原發展，東略部隊，尚留石勒的一部份兵力，與王浚周旋。國都仍在平陽，尚不失爲東北控制中原的形勢。劉曜遷都長安以後，東北勢力，都握在石勒之手。

（註一一）晉書石勒載記：「勒以幽冀漸平，始下州郡，閱實人戶，資二匹，租二斛」。又云：「時司冀幷兗州，流人數萬戶，在遼西，迭相招引，人不安業，……流人降者歲常數千，勒甚嘉之」。又云：「散諸流人三萬戶，復其本業，置守宰以撫之，於是幽幷冀州遼西巴西諸屯結，皆陷於勒」。

（註一二）苻堅注意山東，即因慕容氏勢力潛伏的關係，晉書苻堅載記，苻融上疏云：「臣聞東胡在燕，歷數彌久，逮於石亂，遂據華夏，跨有六州，南面稱帝。陛下爰命六師，大舉征討，勞卒頻年，勤而後獲，本非慕義，懷德歸化……，」後來後燕復國，也由於得到原來根據地。

（註一三）宋書八一劉秀之傳：「梁益二州，土境豐富，前後刺史，莫不營聚蓄」。南朝財政，雖不必取給巴蜀，然而巴蜀可以自給，以爲一方屏障，其助力已不小。

（註一四）王鳴盛十七史商榷五七，江左不可無蜀。

（註一五）資治通鑑九六，咸康七年。按邢惏有云：「成都建康，相去萬里，陸行既絕，惟資水路，西上，非周年不達」。故江左欲取成都，亦非易事，但既已收復，亦易防守。

（註一六）王鳴盛十七史商榷四四，大舉伐吳。

（註一七）資治通鑑九六，咸康七年，劉翔語胥公卿語。

（註一八）資治通鑑七九，「羊祜以爲伐吳，宜藉上流之勢，密表留王濬復爲益州刺史，便治水軍。……詔濬罷屯田軍，大作舟艦。別駕何攀以爲屯田兵不過五六百人，作船不能猝辦，後者未成，前者已腐。宜召諸郡兵，合萬餘人造之」。後來伐吳，即取給於此。

（註一九）太平御覽三〇九，引晉中興書：『苻堅率衆五十萬伺壽春，謂（苻）融曰：「晉人若知朕來，便一時還南，固守長江，雖百萬之衆，無所用之。今秘吾來，令彼不知，彼顧江東，在此必當戰。若其潰敗，求守長江，不復可得，則吾事濟矣」』。三國志魏志亦云：「文帝幸廣陵故城，臨江觀兵見江濤嘆曰：「此天所以限南北也」。參閱歐陽纓中國歷代疆域戰爭合圖。

（註二〇）資治通鑑九八：「高力督定陽梁犢，因衆心之怨，謀作亂東歸。衆聞之，皆踊抃大呼。犢乃自稱晉征東大將軍，帥衆攻拔下辨」。又晉書苻健載記：「時京兆杜洪，竊據長安，自稱晉征北將軍，雍州刺史，戎夏多歸之」。

（註二一）資治通鑑八八：『陳頵言於睿曰：「洛中承平之時，朝士以小心恭恪爲凡俗，以偃蹇倨肆爲優雅，流風相染，以至敗國。今僚屬皆承西晉餘弊，養望自高，是前車已覆，而後車又將尋之也」。可參閱世說新語。

(註二二)晉書四九，阮孚傳：「屬避亂渡江，元帝以爲安東參軍，蓬髮飲酒，不以世務嬰心。時帝旣用申韓以救世，而孚之徒，未能棄也」。

(註二三)作者另有六朝門閥一文，附論門閥與皇權之衝突，及其爭鬬之內幕，茲不具論。

(註二四)資治通鑑九二：「王敦旣得志，暴慢滋甚，四方貢獻，多入其府，將相岳牧，皆出其門」。又九九：「桓溫擁八州士衆資調，殆不爲國家用」。

(註二五)晉書八一，劉胤傳：「時資江州漕運，而胤以私廢公，商路繼路」。陳書一三魯悉達傳：「侯景之亂，……時兵荒飢饉，京都及上川飢死者十八九。」又荀朗傳：「時京師大飢，百姓皆於江外就食。」

(註二六)顏氏家訓涉務一一：「江南朝士，因晉中興，南渡江，卒爲羈旅。至今八九世，未有力田，悉資俸祿而食耳。假令有者，皆信僮僕爲之，未嘗目觀起一撥土，耘一株苗。不知幾月當下，幾月當收，安識世間餘務乎？故治官則不了，營家則不辦，皆優閑之過也」。資治通鑑八七：「何曾日食萬錢，猶云無下箸處；子劭日食二萬，綏及弟機蕤：汰侈尤甚」。又梁書梁勉傳：「送終之制，殯以莽日，澗屋棗家，乃或中晷。衣衾棺槨，以遠爲榮；親戚徒隸，各念休反……」均侈惰之例。

(註二七)宋書九，後廢帝紀：『虞玩之表陳時事曰：「天府虛散，垂三十年，江荊諸州，稅調本少。自頃以來，軍募多乏；其穀帛所入，折供文武。豫兗司徐，開口待哺，西北戎將，裸身求衣，委輸京都，益爲寡薄。天府所資，唯有淮海。民荒財單，不及曩日，而國度引費，四倍元嘉。二衞臺坊，人力五不餘一，都水材官，朽散十不兩存。備豫都庫，材竹俱盡，東西二堉，塼瓦雙匱，……」』其他各朝，大抵皆類此者多。

(註二八)晉書山遐傳：「時江左初基，法禁寬弛，豪族多挾藏戶口以爲私附」。世說新語注引續晉陽秋：「自中原喪亂，民離本域，江左造創，豪族兼併。或客寓流離，名籍不立」。又宋書九廢帝紀：「歲儲凋流，戎役惰散，遠鄉寓境，漸至繁積」。

(註二九)晉書七三庾翼傳：「時東土多賦役，百姓乃從海道入廣州」。又八〇王羲之傳：「自軍興以來，征役及充運，死亡叛散，不反者衆。虛耗至此，而補代循常，所在凋困，莫知所出。上命所差，上道多叛，則吏及叛者席卷同去……」，南朝苛捐雜稅甚多，已有專題論及，茲不贅。

(註三〇)晉書一〇〇孫恩傳，盧循傳，及南齊書二二豫章王嶷傳，四四沈文季傳，二六王敬則傳。

(註三一)宋書八九袁粲傳，魏書三五崔浩傳，一〇三蠕蠕傳，九五鐵弗劉虎傳。

（註三二）吳有山越冠亂，可參閱三國志賀齊傳及吳主傳，大抵吳郡會稽丹陽豫章廬陵等郡均有不附之民，非止一地。故資治通鑑七二云：「丹陽地勢險阻，與吳郡會稽新都番陽四郡鄰接，周旋數千里，山谷萬重。其幽邃人民未嘗入城邑，對長吏，皆仗兵野逸，白首于林莽。逋亡宿惡，咸共逃竄。山出銅鐵，自鑄甲兵，俗好武習戰，尙高氣力……」。蜀有南人寇亂，如雍闓是，可參閱三國志劉璋傳，張裔傳。時劉備死，南中諸郡皆叛，卽平時亦多抗命不賓，三國志呂艾傳「丞相諸葛亮，連年出軍，調發諸郡多不相救」。此種情形，大概因土民不受流寓人士統治而發生。

（註三三）吳蜀二國，其政治機構，本不健全，所賴在於一二人士之維持。吳之陸氏蜀之諸葛，最其明驗。曹魏規模較大，雖不免於司馬氏之篡，其情形要自不同。

（註三四）吳在江南，情形亦同。吳主孫皓昏暴，以致地方貧困，民生凋瘵，閱晉書三四羊祜傳「吳人之困，甚於巴蜀」一語可知。

（註三五）晉書六五王導傳：「蘇峻之亂，宗廟宮室，並爲灰土。嶠議遷都豫章，三吳之豪，請都會稽」。此建康再遷議之先聲。

（註三六）南朝反對北伐最有勢力者，有如王羲之孔稚珪輩。（見晉書本傳）又建康實錄一二云：「元嘉二七年十二月，魏太武率大衆至瓜步，……始議北侵，朝士多有不同。至是帝登石城烽火樓，極望，不悅，謂江湛曰：「向使檀道濟在此，虜敢犯我境耶？然使北之計，同議者少。今日士庶勞怨，豈得無慙？貽士大夫之憂，在予國矣！」甲申使餽百牢於魏」。大抵久居南朝人士，一方面耽於晏安，一方面亦感力弱而民貧，無暇及此，故因循不振。至外族統治下之中國人士，仍望收復中原，宋書八六劉勔傳：「元嘉以來，僑荒遠人，多干國議。負儋歸闕，皆勸討虜」。

（註三七）三國志譙周傳：蜀之臣下，多勸附吳，以吳爲與國，可以相助。譙周力主降晉，免禍再度降附之辱。

（註三八）北朝優待南士，如王肅王慧龍庾信王褒，可參閱魏書及周書本傳。其在疆域內人士，又多強之仕宦，可參閱魏書七高祖本紀及顏氏家訓終制二〇。

（註三九）桑原騭藏晉室南渡與南方開發可參閱，見藝文第五年第十號。

（三四〇）劉掞藜先生晉惠帝時代漢族之大流徙一文，（成大史學雜誌第一期，又見禹貢四卷十一期）可示一例。

『盟津』補證

童書業

客歲除夕前數日，楊拱辰（向奎）王樹民二先生聯袂過訪於寓所，王先生談及『孟津』問題，謂『孟津』之『孟』本應作『盟』，『盟津』因周武王盟諸侯於此而得名，因舉水經注之說以爲證，並謂禹貢錄『孟津』地名爲禹貢晚出之證。余深然其說，因舉逸周書文一段以爲王先生說之助證。逸周書商誓篇云：

昔我盟津，帝休，辨商其有何國。

此文實爲『孟津』原名『盟津』之鐵證，以此處之『盟』字係動詞，決不能謂爲『孟』之借字也。

嗣得讀第四卷第十期禹貢半月刊所載王先生『孟津』一文，見其引證詳確，益信是說不誤。除夕憙楊先生之召入城，同寓禹貢學會，徹夜討論古史上諸問題，楊先生對於王說仍有所疑，對余所舉逸周書之證據亦謂出於後世，不可深信。夫逸周書成於漢代，自無疑問，但商誓一篇其文甚古，與周誥各篇相印證，知決非春秋以後人所能僞作，蓋漢人輯逸周書者所收先秦之古文，非漢人所創作也。且『盟津』杜預謂近世以來呼爲『武濟』，『武濟』之義尤顯，蓋古人以武王盟津釋『盟津』者夥，故有此名也。逸僞泰誓曰：

太子發上祭于畢，下至于盟津之上。（尚書大傳引）

逸僞泰誓爲漢初之書，亦作『盟津』。今僞泰誓即作『孟津』矣。楊先生謂『八百諸侯不期而會』蓋無其事，此語自爲有識。然周書大誥篇開篇即曰：

大誥猷爾多邦。

又曰：

予惟以爾庶邦于伐殷逋播臣。

則周初之與國自多，（雖不必八百之數）不能謂于舉大事時無盟誓之事。詩大明篇亦曰：

涼彼武王，肆伐大商，會朝淸明。

天問云：『會鼂爭盟，何踐吾期』？此最古之訓詁。可見武王伐商，確有會諸侯其事也。（牧誓晚出，故不引證。）

二十五，二，廿八，夜筆記。

唐代驛名拾遺

姚家積

燕京大學史學年報第五期曾載陳君源遠所著唐代驛制攷一文，於李唐一代館驛之制，考證贍詳，嘗愛讀之。第嫌其於一代驛名，蒐錄不無缺略。因就平日翻檢所及，隨手摘錄。積以時日，所得稍多。特爲錄出，寄登禹貢。但恨讀書過少，自不免尙多遺漏也。

石猪驛　在鳳翔府岐山縣，見通鑑卷二百一十八唐紀肅宗至德元載六月己亥條。胡註云：『岐山縣……唐武德元年移於岐陽縣界張堡壘，七年移理龍尾驛城，貞觀八年又移理石猪驛』。

萬金驛　在相州，見通鑑卷二百二十一唐紀肅宗乾元二年三月壬申條下。考異引邠志云：『史思明輕兵抵相州，郭公率諸軍禦之，戰于萬金驛』。

常樂驛　在鄭孟之間，見通鑑卷二百九十一後周紀太祖顯德元年正月庚寅條下。文云：『先是河决靈河，魚池，酸棗，陽武，常樂驛，河陰，六明鎭，原武凡八口』。胡註不言常樂驛，惟云：『陽武在鄭州，河陰在孟州東南』，以次序推之，驛當在鄭孟之間。

大彭館　在徐州，見通鑑卷二百五十唐紀懿宗咸通三年八月條下。文云：『(王)式至大彭館』，胡註云：『大彭館在徐州城外』。

烏城驛　在太原府北，見通鑑卷二百五十三唐紀僖宗乾符六年十一月條下。文云：『康傳圭自代州赴晉陽，庚辰至烏城驛，張鍇郭昢出迎，亂刀斫殺之』。按張郭既出迎，則驛必在晉陽近郊矣。

壻水驛　在洋州興道縣，見通鑑卷二百五十四唐紀僖宗廣明元年十二月條下。考異引續寶運錄云：『戊子，帝至駱谷壻水驛』。稍後條胡註云：『九域志洋州興道縣有壻水鎭』。則驛當因鎭得名也。

銅臺驛　在魏州，見通鑑卷二百六十八後梁紀太祖乾化二年七月條下。胡註云：『因銅雀臺以名驛，然銅雀臺在鄴，不在魏州』。

漢源驛　在劍州，見通鑑卷二百七十七，後唐紀明宗長興元年十一月甲戌條下。考異引李昊蜀高祖實錄云：

『……從小劍路至漢源驛，出頭倒入劍門』。

班荊館　在汴州郊外，見通鑑卷二百八十一後晉紀高祖天福二年七月條下。文云：『……執（符）彥饒，令（方）太部送大梁，甲寅，敕斬彥饒於班荊館』。胡註云：『……此館必在汴州郊外』。

衛州驛　在衛州，見通鑑卷二百七十九後唐紀潞王清泰元年四月條下。文云：『……（石）敬瑭還見帝（閔帝）於衛州驛』。

白溝驛　在雄州北，見通鑑卷二百八十四後晉紀齊王開運二年三月庚申條下。胡註引宋人北使行程記曰：『雄州之北，界河之南，有白溝驛』。

宜化館　當在□州，見通鑑卷二百八十七後漢紀高祖天福十二年六月壬申條下，胡註引胡嶠入遼錄曰：『兀欲及述律戰于沙河石橋，蓋沙河之橋也，南則姚家洲，北則宜化館至西樓』。疑宜化館亦館驛之名。陳君已著錄宜化驛，在邕州，自非一處。

益昌驛　在利州益昌縣，見通鑑卷二百五十八唐紀昭宗大順二年八月吉柏津條下。胡註云『利州益昌縣有桔柏津，益昌驛有古柏，士人謂之桔柏，因以名津』。

迴車館　在濠州，見通鑑卷二百五十一唐紀懿宗咸通九年十二月條下。考異引彭門紀亂云：『……（龐）勛又令劉贊攻濠州，陷之，囚刺史盧望回於迴車館。』

清風驛　疑在泰州附近，見通鑑卷二百九十四後周紀世宗顯德六年十二月條下。文云：『契丹主遣其舅使於唐，泰州團練使荊罕儒，募客殺之，唐人夜宴契丹使者於清風驛，酒酣起更衣，久不返，視之，失其首矣，自是契丹與唐絕』。蓋泰州時已入周也。

富沙驛　在建州，見通鑑卷二百八十二後晉紀高祖天福六年正月條下。胡註云『建安唐置建州，州有古富沙驛』，是富沙之名不始於唐也。

南陳館　在台州寧海縣，見通鑑卷二百五十唐紀懿宗咸通元年五月條下。文云：『裘甫既失寧海，乃帥其徒屯南陳館下』。胡註云：『南陳館在寧海西南六十餘里』。

錢帛館　疑在循州博羅縣附近，見通鑑卷二百八十三後晉紀高祖天福七年七月條下。文云：『有神降于博羅縣民家，……縣吏張遇賢事之甚謹，時循州盜賊羣起，……共奉遇賢，……漢主以越王弘昌為都統，循王弘

2

杲爲副，以討之，戰于錢帛館』。以循王爲副，則必在其賜履之地，時嶺南屬劉漢，未詳館的在何處。

（以上見通鑑）

奉濟驛　陳君已著錄，所在未詳，今按杜甫有奉濟驛重送嚴公詩，楊倫詮註謂『驛去緜州三十里』。（見民國十年鑄章書局石印本杜詩鏡詮卷九頁八，下引杜詩卷頁并依鏡詮。）

青溪驛　杜甫有宿靑溪驛奉懷張員外十五兄之緒詩，註引輿地紀勝云：『靑溪驛在嘉州犍爲縣』。（見卷十二頁四）陳君著錄有靑溪館，在睦州靑溪縣，當非一。（陳君另著錄靑溪驛，亦在睦州靑溪縣，必一處二書，偶失檢也。）

白沙驛　杜甫有宿白沙驛詩，原注云：『初過湖南五里』，朱（當指朱鶴齡，有杜詩輯注）注云：『按湘中記云：白沙如霜雪，驛或以此名』。陳君據全唐詩謂驛在潭州湘陰縣北，則與原註所云初過湖南五里者稍有出入，未知孰是。

唐興館　杜甫有唐興縣客館記文，按唐興天寶初改名蓬溪，館名未詳即唐興否，待攷（見鏡詮附文集卷一頁十三）。

（以上見杜詩）

石頭驛　韓愈有次石頭驛寄王中丞詩，（見第十卷律詩，據乾隆刊本五百家注音辯韓昌黎先生全集，下同。）樊（疑爲東蜀樊汝霖澤之）注曰：『按水經注贛水西岸有盤石，謂之石頭，在豫章郡北，豫章郡，洪州也』。

層峯驛　陳君已著錄，未詳所在。今按韓愈有題層峯驛梁詩，孫（疑爲陽翟孫甫之翰。）注曰：『是歲正月公自刑侍貶潮州，二月至商州層峯驛，……』可補闕。

（以上見韓詩）

五松驛　白居易長慶集有自望秦赴五松驛馬上偶睡睡覺成吟詩，（卷八頁二，據上海中原書局影印一隅草堂藏本，下同。）李商隱亦有五松驛詩，朱（朱鶴齡長孺）注曰：『……此驛在長安東』。按陳君已著錄五松驛，云在池州義安縣，則非白李詩中所指矣。

楊梅館　白氏長慶集有冬至宿楊梅館詩云：『十一月中長至夜，三千里外遠行人，若爲獨宿楊梅館……』未詳的在何處（見卷十三頁十五）。

藍橋驛　白氏長慶集有藍橋驛見元九詩詩，不詳在何處（見卷十五頁十三）。

楚城驛　白氏長慶集有早發楚城驛詩。注引太平寰宇記云：『貞觀八年廢楚城縣歸潯陽，……即舊屬柴桑』（見卷十六頁十二)。陳君已著錄驛名，惟未詳所在，可補闕。

陽城驛　白氏長慶集有宿陽城驛對月詩，云『親故尋回駕，妻孥未出關，鳳凰池上月，送我過商山』(見卷二十頁一)。元氏長慶集亦有陽城驛詩，云『商有陽城驛』(卷一)，是驛在商州。

西陵驛　白氏後集有答微之西陵驛見寄詩(卷六頁一)。

茅城驛　白氏後集有茅城驛詩，云『汴河無景思，秋日又淒淒，……最是蕭條路，茅城驛向西』(卷六頁五)。按陳君已著錄茅城驛，云在蒲州平陸縣西南二里。然白氏詩中涉及汴河，則必不在平陸，是二驛名同而地不同矣。(按陳君著錄，據全唐詩，疑亦白詩，然手中無書，待攷。)

臨都驛　白氏後集有臨都驛答夢得六言二首，有云：『楊子津頭月下，臨都驛裏燈前』(卷八頁九)。又有臨都驛送崔十八詩，云：『勿言臨都五六里，扶病出城相送來，莫道長安一步地，馬頭西去幾時廻』(卷九頁十八)。按陳君已著錄臨都驛，云在濠州，殊與「臨都五六里」之句不合，待攷。(陳君所據爲全唐詩，待覆按。)

(以上見白詩)

盤豆館　陳君已著錄盤豆驛，未詳所在，當即此盤豆館。陳君所著錄者有青溪館青溪驛，皆在睦州；有青雲館青雲驛，皆在益州導江縣；又有層峯館層峯驛，幷未詳何在，要足明館驛本可互稱也。然有時亦未可互稱，如陳君著錄有青山館在壽州盛唐縣，而元稹集有青山驛，非一處也。今按李商隱有出關宿盤豆館對叢蘆有感詩，馮注云：『北周書太祖紀「帝率將東伐，遣于謹徇地至盤豆拔之，至宏農」，隋書楊素傳西至閿鄉，上盤豆。按盤豆館至今有其名，潼關外四十里矣』。又按李詩中有『思子臺邊風自急，玉孃湖上月夜沈』之句，馮注引漢書戾太子傳師古注曰『臺在今湖城縣之西，閿鄉之東』。又引王阮亭秦蜀驛程後記云：『過閿鄉盤豆驛，涉郎水，即義山所云之玉孃湖也』。則盤豆館所在非不可考也。(見卷二頁十八，據民國三年崇古山房石印馮註李義山集，下同。)

稷山驛　李商隱有戲題贈稷山驛吏王全詩。(卷二頁二十一)據元和郡縣志稷山屬絳州。

霍山驛　陳君已著錄霍山驛，云在壽州霍山縣。今按李商隱有登霍山驛樓詩，馮注引元和郡縣志云：『晉州平陽郡霍邑縣霍山。……』詩云：『壺關有狂孽，速繼老生功』(卷二頁二十一)。壺關晉地，老生事據馮引舊書紀亦屬霍邑，則驛必不在壽州也。陳君所據如卽此詩，則或因霍山而偶失核也。

興德驛　李商隱有寄和水部馬郎中題興德驛詩。馮注云：『隋書志京兆郡華陰縣有興德宮。元和郡縣志同州馮翊縣南三十二里，義旗將趨京師，次於忠武園，因置亭子，名興德宮。按忠武園新書志作志武里。同州與華陰縣接近，而隋與唐則異也。末聯(想更逢歸馬，悠悠嶽樹陰。)則指華陰……』(卷二頁二十四)。

冷泉驛　陳君已著錄，云在沙州；別又著錄一冷泉驛，所在不詳。今按李商隱有寒食行次冷泉驛詩，馮註云：『前明一統志冷泉在汾州孝義縣西南二十里，炎夏淸冷。本朝王阮亭秦蜀驛程後記抵介休，過冷泉關，關爲太原平陽要害，又抵靈石縣。按新書志汾州孝義縣有隱泉山，頗疑音近，卽後稱冷泉者』。又按詩中有『介山當驛秀，汾水遶關斜』之句。可補陳君未及。

故驛　陳君已著錄，云在幷州廣陽縣。今按李商隱又有故驛迎弔故桂府常侍(馮註謂指鄭亞)有感詩(卷三頁三十九)，馮訂義山年譜系之宣宗大中三年，謂義山以是年春返長安。時鄭亞貶卒循州，義山決無赴幷州迎弔之理。則此故驛非在幷州明矣。予謂此驛的地雖不可考，然與在幷州者皆爲前代所置，而唐仍之，故以「故」名也。

常樂水館　李商隱有雨中長樂水館送趙十五滂不及詩，馮註云：『按長安志長樂坡卽滻水之西岸，故有水館』(卷六頁二十)。予按陳君已著錄長樂驛，疑卽一處。其他所著錄者若淮陰水館揚州水館，皆以驛臨水涯而得名也。

(以上見李詩)

望苑驛　陳君已著錄(據文苑英華)，所在未詳。今按溫飛卿集有題望苑驛詩，曾益謙注：『東有馬嵬驛，西有端正樹』，顧予咸注引關中記云：『望苑驛卽博望苑舊址，在西安，漢武帝戾太子樂通靈臺卽此』(卷四頁十，據上海錦章圖書局石印秀埜草堂原本，下仝)。

(以上見溫詩)

梁州館　岑嘉州有梁州館中與諸判官夜集詩。

磧西館　陳君已著錄，所在未詳。今按岑嘉州有銀山磧西館詩，首聯云：『銀山磧口風似箭，鐵門關西月如練』。考新唐書地理志西州交河郡注謂銀山磧去焉耆界四十里。又採賈耽入四夷之路五曰安西入西域道，中云：『自焉耆西五十里過鐵門關（按新志稱焉州懷戎縣尚有一鐵門關，當非是）；又二十里到于術守捉城，則此館或在于術守捉附近也。

鐵關西館　陳君已著錄，云在夔州巫山縣西。然按岑嘉州宿鐵關西館詩（詩云：『馬汗踏成泥，朝馳幾萬蹄，雪中行地角，火處宿天倪，塞迥心常怯，鄉遙夢亦迷，那知故園月，也到鐵關西』。中所謂「地角」「天倪」「塞迥」「心遙」，似此館不應在夔州。予疑所謂鐵關即前磧西館詩之鐵門關，而非夔州之鐵關山。或夔州另是一館，而名稱偶同也。

（以上見岑詩）

蔡陽館　孟浩然集有蔡陽關詩，中云：『魯堰田疇廣，章陵氣色微』。考蔡陽縣漢置唐廢。後漢書光武紀光武南陽蔡陽人也，章懷太子注謂在今隨州棗陽縣西南。又詩中所謂章陵亦在棗陽縣東（後漢書城陽恭王祉傳云：『建武十二年，以皇祖皇考墓爲昌陵，後改爲章陵』，孟詩當指此）。則驛當因故縣得名也。

上浦館　陳君已著錄，（陳錄有上浦縣，所在未詳，縣當是館之誤。）所在未詳。按孟浩然有永嘉上浦館逢張八子容詩。

（以上見孟詩同文書局本孟浩然集）

中孚南館　韋應物有春宵燕萬年吉少府中孚南館詩，所在不詳。

（以上見韋詩四部叢刊本韋江州集）

駱口驛　陳君已著錄，所在未詳。按元稹駱口驛二首詩前有總序，題使東川。序中謂元和四年三月七日以監察御史使川，鞍馬間賦詩三十二首，白行簡爲手寫東川卷。今所錄者，起駱口驛，盡望驛臺云云。此二詩次章題清明日，自注云：『行至漢上……』。則以次序推之，當在漢川之北。又按新書地理志洋州興道縣云『有駱谷路，南曰儻谷，北曰駱谷』，驛當在駱谷北口。

漢川驛　元稹使東川詩有梁州夢詩，自注云：『是夜宿漢川驛，……』

白馬驛　元稹使東川詩有漢江上笛詩，自注云：『三月十五日夜於西縣白馬驛南樓聞笛悵然……』。按陳君已著錄西縣驛，（按元氏使東川詩中亦有題西縣驛一首）云在梁州西縣，疑即一處，而驛名實白馬也。（因在西縣，故泛稱西縣驛）又按陳君又著錄白馬驛，云在滑州白馬縣，則因縣而得名也。

青山驛　陳君所著錄有青山館，在壽州盛唐縣。今按元稹使東川詩中有郵亭月一首，自注云：『於駱口驛見崔二十二題名處，數夜後於青山驛翫月……』。則非壽州之驛也。

三泉驛　陳君已著錄，所在不詳。今按元稹有三泉驛詩，查新書地理志興元府屬有三泉縣，驛或以縣名也。

丁溪別館　元稹有通州丁溪別館夜別李景信詩。

（以上見元詩四部備要本元氏長慶集）

莫離驛　陳君已著錄，所在未詳。按新書地理志鄯州鄯城注云：『自振武經尉遲川苦拔海王孝傑米柵九十里至莫離驛』。

那錄驛　陳君已著錄，所在未詳。按新書地理志仝上條云：自莫離驛，『又經公主佛堂大非川二百八十里至那錄驛，吐蕃界也』。

衆龍驛　陳君已著錄（陳君據舊志作從龍驛，考其所錄自莫離至勃令凡十四驛，皆與新志次序合，則從龍必即衆龍也）。所在未詳。新書仝上條云：自那錄驛，『又經暖泉烈漠海四百四十里渡黃河，又四百七十里至衆龍驛』。

列驛　陳君已著錄，所在未詳。新志仝上條云：自衆龍驛，『又渡西月河二百一十里至多彌國西界，又經犛牛河，度藤橋，百里至列驛』。

婆驛　陳君已著錄，所在未詳。新志仝上條云：自列驛『又經食堂吐蕃村截支橋，……又經截支川四百四十里至婆驛。』

悉諾羅驛　陳君已箸錄，所在不詳。新志仝上條云：自婆驛『乃度大月河羅橋，經潭池魚池五百三十里至悉諾羅驛』。

鶻莽驛　陳錄所在未詳。新志仝上條云：自悉諾羅驛『又經乞量寧永橋，又經大連水橋，三百二十里至鶻莽驛。唐使入蕃，公主每使人迎勞于此』。

野馬驛　陳錄所在未詳。新志仝上條云：自鶻莽驛『又經鶻莽峽十餘里，……百里至野馬驛』。

閣川驛　陳錄所在未詳。新志仝上條云：自野馬驛『經吐蕃墾田，又經樂橋湯，四百里至閣川驛』。

蛤不爛驛　陳錄所在未詳。新志仝上條云：自閣川驛『又經恕諶海，百三十里至哈不爛驛，旁有三羅骨山，積雪不消』。

突錄濟驛　陳錄所在未詳。新志仝上條云：自蛤不爛驛『又六十里至突錄濟驛。唐使至，贊普每遣使慰勞于此』。

農歌驛　陳錄所在未詳。新志仝上條云：自突錄濟驛『又經柳谷莽布支莊…又經湯羅葉遺山，及贊普祭神所，二百五十里至農歌驛。邏些在東南，距農歌二百里；唐使至吐蕃，宰相每遣使迎候于此』。

卒歌驛　陳錄所在未詳。新志仝上條云：自農歌驛『又經鹽池暖泉江布雪河百一十里渡姜濟河，經吐蕃墾田二百六十里至卒歌驛』。

勃令驛　陳錄所在未詳。新志仝上條云：自卒歌驛『乃渡臧河，經佛堂百八十里至勃令驛鴻臚館，至贊普牙帳，其西南拔布海』。

積按以上十四驛，新志皆有詳記，蓋入吐蕃之路也。

望浮驛　新書地理志潭州益陽注云：『永泰元年，都督翟灌自望浮驛開新道經浮丘至湘鄉』。

羌浪驛　陳錄所在未詳。新書地理志巂州注云：巂州南『經沙野二百六十里至羌浪驛』。

俄準添館　陳錄所在未詳。新書地理志仝上條云：自羌浪驛『又經陽蓬嶺百餘里至俄準添館。陽蓬嶺北巂州境，其南南詔境』。

外沴蕩館　陳錄所在未詳。新志同上條云：『姚州又南九十里至外沴蕩館』。

佉龍驛　陳錄所在未詳。新志仝上條云：外沴蕩館『又百里至佉龍驛，與戎州往羊苴咩城路合。貞元十四年，內侍劉希昂使南詔由此』。又戎州開邊縣注云：『佉龍驛又六十里至雲南城』。

積按羌浪至佉龍四驛，陳君於驛程紀要章已引及新志，不知何以仍云未詳所在也。

賀蘭驛　陳君已著錄，云據新書卷四二在巂州，覆檢未得，疑有誤。按新志（卷四三）引賈耽入四夷道，三曰夏州塞外通大同雲中道，中載賀蘭驛。約在夏州北三百里，近大非苦鹽池。

濟濁館　新志引賈耽入四夷道，五曰安西入西域道，中云：『自撥換碎葉西南渡渾河百八十里，有濟濁館，故和平鋪也』。

謁者館　新志仝前條云：自濟濁館『又經故達幹城，百二十里至謁者館，又六十里至據史德城，龜茲境也』。

葭蘆館　新志同前條云：『一曰鬱頭州，在赤河北岸孤石山，渡赤河經岐山三百四十里至葭蘆館，又經達漫城百四十里至疏勒鎮』。

羯飯館　新志仝前條云：『一曰磧南州，又西北經苦井黃渠三百二十里至雙渠，故羯飯館也』。

晉寧驛　新志引賈耽入四夷道，六曰安南通天竺道，中云：『晉寧驛，戎州地也』。

（以上見新唐書地理志）

俞大綱附函

家積左右，奉到　大稿唐代驛名拾遺，拜讀佩服。　源遠兄原作，甚稱佳構，唯屬稿時日過短，遺漏殆所不免，故於稿端識署曰「初稿」，亦足徵君子多聞闕疑，慎言其餘之旨。今得足下爲補輯墜失，源遠之道不孤，更徵朋儕之類能好古敏學，乾嘉風習，不難振起，曷勝欣屬。承　詢鄙見各端，愧不敢當。綱意源遠此文，本爲發凡起例之作，欲求精審，不徒驛制尙須詳攷，驛名更待補綴。尙有數事，尤爲攷證唐驛當先之急務也。其一，驛之方位。驛者，綰交轂之衝要，總行李之往覆，辨其方位，可明當時輿地之經緯，驗一代人事之蹤跡，其重要不下於州縣分野之推攷。例若正史紀事，時舉驛名，不書郡邑。宋世陳橋之事，（陳橋爲汴州城東北第一驛）盡人知之，而或莫審其爲驛，與其方位之衝要也。又唐人集中，屢載驛名，求其行役之迹，要不可不詳攷其所在地。苟作唐驛攷而能悉辨方位，則不徒可以爲讀唐史唐集者之一助，亦可視爲唐代交通路線之總圖矣。其二，驛名之攷證。驛名紊亂，理最難詳，足下補源遠駱口驛，指其驛在駱谷口，是誠然矣。然源遠已著錄駱驛，云在盩厔縣西南者，亦即駱口驛也。駱谷當南山，逾此浮漢而東，爲長安至東川要道，而駱口則其北口也。元微之駱口詩，以白香山嘗有題句而發，樂天嘗爲盩厔尉，其與王質夫同游等詩，皆其時所作。其詩題屢云祗役駱口者，則以爲尉而有公事於駱驛也。又如　足下補源遠不錄之陽城驛，按杜牧之商山富水驛詩自注，驛本名與陽諫議同姓名，因此改爲富水驛。按元微之曾倡言易陽城驛爲避賢驛，白樂天從而和之，此元和時事也（見樂天和微之陽城驛詩）。今參以樊川詩，則其後爲改富水驛，牧之句云，『驛名不合輕移改，留警朝天者惕然』者是也。此亦驛名之掌故珍聞，未可忽視。沅遠但箸錄富水驛，足下重爲拈出陽城驛，實則兩者卽一。故愚意以爲驛名攷證，不可不愼。他如詩文中題作故驛舊驛等等，易滋誤會者，尤不可不出之以三思也。其三，驛之沿革。驛名之所自，有沿襲前朝，足爲輿地學攷證旁資者。例如馬嵬一驛，以太眞故事，豔傳古今，然考學圃蘇萱載馬嵬爲晉人避難，築堡於其地，其後因沿，遂爲驛名。類此可考者雖數目不多，要爲博古之士所不可得而略者。其四，屬於各驛之水土風物，有足紀者，不可忽去。連類及之，可以覘時人往返留連之跡，亦可爲唐集考訂之資。以上四端，粗陳愚意，不免漫弛之譏。竊以能綜此四事，倣徐星伯兩京城坊考之例，用作夾注卽可成書。首標各道，次別州縣，然後列驛爲大字，以所系材料並考訂所得作注。再附詳圖，以淸眉目。此亦就源遠舊有體裁，而略加新意也。若東西掇竄，隨意雜抄，終不足成茲大事，茲意念足下及源遠兄，當亦首肯者耳。近人好補折衝府名，誠以有新材料可增，然府名之關係于唐史，遠較驛名爲淺，諸君曷不同致力于斯耶。徐星伯兩京城坊考登科記考二書，精密愼重，最足矜式，其事雖甚有裨于治唐史者，然無以出唐驛考證之右，願與兩兄同力赴之。此復專頌

撰安。

弟俞大綱拜啟一月十八日。

記民國二十四年蘇北水災

孫媛貞

民國二十四年八月初乘津浦車南下過黃河時，看見半年前細流如帶的黃河，現在竟是波濤澎湃，浩浩洋洋的一條大河了。到濟南站，立刻就看見大批難民，狼狽擁擠在一起，男女老幼，個個愁眉苦臉，除了舖在地下的蘆蓆，拿在手裏的蒲扇以外，眞是連小包裹都沒帶得一個。黃河的改觀，對于沿岸的居民，竟發生了這樣嚴重的影響。

八月底再由江南來到徐州，正當是微山湖泛濫，銅沛各縣危急萬分的時際。每天晚上都聽得街坊上打鑼，保甲長挨門逐戶的去徵集民伕，出城搶險；人心惶惶，早不保夕。最可憐的還是農人，他們正在期待着收割田地裏的小麥與荳子了，驟然聽說洪水來到，那一個不拚命起來幫同築堤。但是堤埝一道又一道的潰決，不但吞滅了田裏的穀物，並且連房舍牲畜等等都也洗刼一空。他們呼寃無門，有些人祇得扶老攜幼，流離他鄉；有的還戀戀不捨家園，躲在屋頂上樹梢頭盼望着水退。更有水勢比較猛烈的區域，非但糧食衣被來不及搶出，就是連人帶畜一同溺斃也是常事。

被淹沒的莉山橋（圖一）

莉山橋淹沒後陸路交通斷絕，鄉人多藉舟楫往來。（圖二）

1

九月三日是星期日，爲了想看一看災區的眞相與築堤的情況起見，特地雇車到城北十八里的荆山橋。橋長三里，橫跨不牢河上（在銅山縣境內不牢河一名荊河），平時河水乾涸，橋下盡是農田，而現在不僅河槽平滿，並且急流奔馳，廣泛數里，連高高在上的荆山橋都淹沒了（參看附照一，二）。橋南有一條大堤，西起茅村車站，東止銅邳交界；近來因不牢河水勢激增，各處險象環生。據堤旁漁人說，最近幾天平均每日要上漲一尺左右，眞正險極了。所以那時堤上正有二千餘工伕，在那裏拼命的加高培厚，有好幾處滲漏潰壞的地方，也在設法修堵。只聽得工人們杭唷杭唷的呼聲，與洪流澎湃的冲擊聲一呼一應，似乎是在說：你死我活（參看附照三，四，五）。

銅山縣荊山橋築堤情形（圖三）

不牢河南堤比較的還算鞏固，底寬一丈五尺，頂寬四尺五寸，高約六尺。築堤的手續大概是：先在兩旁打下木樁，然後沿着木樁鋪上稭楷，堆上沙袋，再蓋上泥土，緊要的處所並且排上石岸，以防冲決。除了南岸的大堤之外，南半截的橋面上也築了一條堤，我們順着堤岸走到盡頭，四顧汪洋，僅祇有屋角樹梢，怪可憐的半露在水面，一任水流的衝擊；還有各處冲來的屍牲，腐爛什物，破殘器具，也都隨波漂流。大溜冲過橋面，穿過橋洞，侵吞了無數的田畝村莊，浩浩蕩蕩地向東流去，咳！分明是在高呼勝利。

銅山縣荊山橋決口後修堵情形（圖四）

追溯到這次水災的起源；並略述其經過。

2

自從二十四年七月十日，黃河在山東鄄城縣董莊決口以後，黃水大溜就轉向南方，經獨山南陽昭陽諸湖而注入蘇北的微山湖。董莊的口門一天一天擴大，微湖的水量就狂暴地飛漲，於是微湖西堤和套堤相繼潰決，不牢河房亭河先後泛濫，終於造成了銅沛等縣的災況。微湖下游的出口有二，就是不牢河與中運河。中運由湖口雙閘經山東嶧縣而入蘇北邳縣；不牢河由藺家壩橫貫銅山東境也入邳縣，在邳縣徐塘集與中運匯流。所以微湖泛濫以後，到八月下旬，中運水位竟漲至三十六公尺以上；九月以後，仍續漲不已，於是河水漫溢，邳宿兩縣又演成嚴重的水災。然而中運流量，並不因多處的漫決而稍減，勢必波及裏運。蘇省建設廳爲縮小災區與保護淮陰的導淮工程起見，早已在中運劉老澗五花橋兩處，各設束水壩一道，逼水東流，順六塘河入海。然而六塘河河身既窄淺，下游入海的水道又不暢通，結果六塘柴米叮噹鹽河砂礓軍屯諸河，一一泛濫，沭海灌各縣也同罹慘酷。

銅山縣堌台村連夜趕築堤岸情形（圖五）

現在再把各縣受災情況，分述如下。

豐縣

豐縣北界山東魚台縣。董莊決口以後，魚台差不多全縣陸沉，決水南流，因而侵入豐縣。先是在八月初，豐沛兩縣爲防止魯西黃水侵入起見，早已築起一條東西橫堤。然而新築的堤，土質鬆散，八

豐縣二區農民在水中以牛車搶取大豆之情狀（圖六）

月十四日，蕭堰義河口隄防就潰決了十公尺，急流奔突，豐縣東北隅首先淪沒。到九月十一日，終夜狂風助虐，東西橫堤又潰決了五六處，洪流汜漫，豐北二三兩區竟大部沉淪澤國（參看附照六，七，八，九，十）。統計全縣：

被災面積約	五〇〇・〇〇〇畝	
被淹田畝	一三〇・三九〇畝	（其中有六分之五尚未收割）
被災人口	三四・八六七人	
被淹房屋	一四・七四八間	
漂沒糧食	一・四四七石	（小麥佔大多數）
漂沒牲畜	一・二〇二隻	（猪羊全數淹沒，牛馬喪失十分之一）

豐縣二三區被水冲淹之村莊（圖七）

沛縣

沛縣北界魚台，東臨微山湖，受災很重。八月初，魚台決口的水像條大蛇似游入沛縣，水頭寬十四丈，高三尺，來勢洶湧，聲聞三里之外；霎時過沛境高莊，沖破了龍堌集大沙河堤；幸而修堵得快，災區未甚擴大。後來一區陳樓民埝又在十三日晚上潰決，新民等五鄉同時陸沉。九月十二日，狂風倏至，波濤大作，到夜半，小四段微湖西堤突然潰陷二十丈，急流奔突，堤內外頓時連成一片；滔滔北流，勢將侵襲縣城。於是城內官民急忙搶築南北橫堤，防水北流（參看附照十一，十二，十三，十四），縣城及北境各鄉賴以安全。不料到十月二十四日，東風大作，高小湖一帶的微西大堤又同時潰決四處，共長六百公

豐縣二區復新河壩堤決口後，縣府急僱蔴袋裝土從事堵塞（圖八）

4

蘇北橫堤潰決後豐縣三區頃時一片汪洋（圖九）

尺，水勢洶湧，無法堵塞，災區因此又大了一百零二個村莊；縣城也被水包圍，陸路交通完全阻絕；城內四門緊閉，嚴守城牆。然而各河口各洞門偷偷的滲漏，城內各河日益暴漲，漫溢路上；後來又連下幾天雨，於是低窪處盡成湖沼，城牆也倒坍了幾處，幸而修堵得快，未致鉅禍。然而危險的情景，到現在還是依然如故，萬一水勢經久不退，沛城的安全殊難樂觀。統計全縣：

被災面積約　一•〇〇〇•〇〇〇畝

被淹田畝　三九七•九二八畝（其中三分之二未收割）

被災人數　一七八•六二四人

被淹房屋　一五三•六五六間

漂沒糧食　一一•三八三石（豆類佔半數）

淹沒牲畜　三•六七〇隻

銅山縣

董莊決口以後，黃水南瀉，有直灌微湖的形勢。微湖東面依山，西岸全是平野；倘水位猛漲，勢必向西泛濫，所以七月十九日，銅沛兩縣同時開工，征調民伕，趕築微湖西堤（又名蘇北大堤）。八月二日銅山境內堤工一體完成。同時又拓寬藺家壩口門，修築景山橫堤，車道口堤。然而築堤的速度終趕不上湖水飛漲的速度，八月十四日，藺家壩一帶就漫溢成災。十七日張谷山迤南的民埝首先潰決，於是微水就從側面進襲微湖西堤，勢甚危急，官民雖拼死搶護，到十九日晚

攜糧逃避高處之災民（圖十）

上終于在狂風怒吼聲中，西堤潰決了。守堤官民在傷心之餘，祇得退後十里另築套堤，以資防守。到九月十二日，當沛境小四段潰決時，陳塢套堤又決口，淹掉數十村。再則蘭家壩漫溢以後，不牢河水勢猛漲沿塗泛濫，茅村車站，荊山橋，以及北岸諸鄉盡被淹沒。南岸幸有不牢河南堤阻擋，未波及。然在九月三日的清早，兔莊附近的南堤突然潰決二丈，鄉民堵塞稍遲，頃刻間又冲潰十餘丈。決水由北房亭河東南流，勢甚湍急，下午三時就漫入邳縣，當晚九時，河水（房亭河）就泛出兩岸，翌晨決口又擴大至七十餘丈。於是水勢益猛，泛濫益廣，不牢河以南，隴海路以北，頓時一片汪洋，平地水深三尺至六尺不等。災民多避居樹頂，或集隴海路兩旁，衣食絕之，慘不忍睹。（參看附照十五，十六）。總計銅山縣

沛縣小四段初潰決時災民猶登屋頂瞭望水勢，現在還種黃泥草屋，十之八九已冲倒了。（圖十一）

被災面積約	一•八〇〇•〇〇〇畝
被淹田畝	五三三•〇六〇畝
被災人數	四五六•一五〇人
被淹房屋	八四•五〇七間
漂沒糧食	三〇•二二六石
漂沒牲畜	三•五二九隻

邳縣

邳縣恰當不牢河與中運河交匯之區，所以受災特重。約自八月二十三日，中運水位，即漲至三十六公尺以上，高與堤齊。二十九日，聖陽山望母山兩堤忽被山洪災民掘潰，邳縣西北隅，首先成災。九月初，水勢續漲，不牢河南堤北堤在河灣廟灣等處紛紛潰決，致邳境

沛縣小四段蘇北大堤冲潰後僅餘木樁搖曳水面（圖十二）

6

隴海線以北，台趙線以西盡成澤國。九月七日，貓兒窩運河西堤潰決；九日，八義集鐵路涵洞障碍物又被冲破，於是運河以西，隴海路以南復被淹。十二日，運河東堤又在徐塘集附近決口，淹沒三十餘里，運河站鄉村師範校舍亦被冲坍。此後各堤紛紛漫決，全縣幾無乾土，災情之重，實爲蘇北各縣冠。統計全縣：

沛縣加高增寬小湖套隄以防水漲。（圖十三）

被災面積約	二•〇〇〇•〇〇〇畝
淹沒田畝	七六七•〇一〇畝（七分之五未收割）
被災人口	三〇七•四九九人
被淹房屋	六•三一〇間
漂沒糧食	三七•三五九石
漂沒牲畜	三•六四九隻

宿遷縣

宿遷受銅邳洪流影響，九月以後，各處險象環生，運堤一再潰決。堤西自皂河鎮以北，盡成澤國，堤東則運水倒灌落馬湖，湖水亦泛溢成災。而窰灣鎮恰在沂河入中運的口門，形勢更險，自從九月中旬運堤潰決之後，本已四面圍水，形如孤島。十月二日晚上十點，鎮北沂河南堤又突然潰決，急流灌注，頃刻間全鎮水深丈餘。鎮上男女老幼都從睡夢裏驚醒，嚇得小哭大喊，不及逃避而漂沒在水中的，不知其數。恰巧那天宿遷縣長和蘇省查賑處勘災委員在那裏視察，目覩慘狀，唯有立刻懸賞救

沛縣一區第三套堤，你看這麼高大的堤岸到後來也被洪水冲毀了。（圖十四）

命（救活一命賞洋一元）：數小時中共救出百六十餘人，然而汪洋大水中已是到處屍體漂浮，不知死掉多少了。至於存糧器物，完全沖毀一空，蘇北各地水災，以此處災情爲最慘。統計全縣：

被災面積約　九〇〇・〇〇〇畝

被災人口約　一〇〇・〇〇〇人

泗陽縣

泗陽以中運六塘兩河爲主要河流，中運得五花橋劉老澗兩處束水壩的保護，水勢很平穩。然而運水逼入六塘，勢極洶湧，十月初，六塘河到處泛濫，泗陽黑泥岡附近十餘鄉首先陸沉。

兎莊決口情形（圖十五）

被災面積約　一〇〇・〇〇〇畝

被災人民　一八・四八〇人

漣水縣

六塘河在漣水境內並未決口，不過九月二十日，沭陽周碼頭附近老堆地方潰決以後，洪水橫流，漣水縣周集等四鄉亦同時陸沉。

義和村災況（圖十六）

被災面積約　一〇〇・〇〇〇畝

被災人民　一一・三二〇人

沭陽縣

六塘等河的下游，河身既極淺窄，下流宜洩又不甚通暢，所以自從黃水入六塘以後，沭境六塘柴米軍屯諸河都同時猛漲。九月二十日，周碼頭陶碼頭錢圩湯灣等處的六塘河新舊各堤忽然同時潰決，洪流傾瀉，一日間淹沒六，七，八，九四區，共二百餘村莊。水勢浩大，無法修堵，祗得退守柴米河北堤。誰知二十四日，柴米北堤又在史莊平墩莊附近潰決了三十餘丈。二十七日晚上九時，湯山莊萬公河左堤又被沖決，從此沭陽東南半壁，差不多完全是一片汪洋了。十月九日晚上，軍屯河又全堤漫決，致沿河五十餘村莊，五百頃田畝，盡數淹沒，同時大澗河又氾濫成災，平地水深達七尺有餘，災情之重，可見一斑。統計全縣：

災區面積約　一•二〇〇•〇〇〇畝

被災人民約　二〇〇•〇〇〇人

東海縣

東海南界沭陽，當沭境六塘河在周碼頭決口時，東海縣長急徵集民夫幫同沭陽搶築柴米北堤；不久，柴米萬公相繼潰決，叮噹河告失守，於是縣南第二區南岡秦莊等處被淹。九月三十日，小伊山西李灣地方小伊河潰決，十月四日清晨，一區石東鄉鹽河西堤又決口二處，水流洶洶，頃刻淹田無算，沭海汽車交通都爲之阻絕。於是縣府急徵伕七萬多人，自新浦沿鹽河西岸接沭海汽車路以至龍苴，築堤長七十餘里。所以災區並未擴大，就是被災區域內，田間穀物也早已收割，損失較他處略輕。全縣：

被災面積約　四〇〇•〇〇〇畝

被災人民約　六〇•〇〇〇人

灌雲縣

灌雲地濱黃海，川流縱橫，爲蘇北黃水入海之要道；然境內諸河除灌河以外，大都淺窄淤塞，不能盡宣洩之能事。故自六塘河告急之後，灌雲一面協助沭漣各縣防守六塘，一面急調民伕及鹽區稅警各數萬人，搶築鹽河東西大堤。未幾，六塘柴米諸河相繼潰決，灌雲藉口保護鹽區，專一防守鹽河東堤，並于沿河各口門築水閘及東水壩數道，阻水東流；於是水流壅塞，鹽河水位猛漲。十月初，鹽河西堤潰決，大伊山以北，泊陽河以南河西等四鄉完全淹沒。十月二十一日，灌雲城西門外任窰地方鹽河大堤復潰，淹滅近郊數千戶人家。洪流滌盪，災區迅速擴展；至翌晨，城北已一片汪洋，桑田滄海矣。決水東流，經東陬山善後河入海，將東陬山以北鹽池完全沖毀。據云鹽田一經淡水浸入，即須停息一年，若浸水經久不退，勢必停隔四五年，始能復業晒

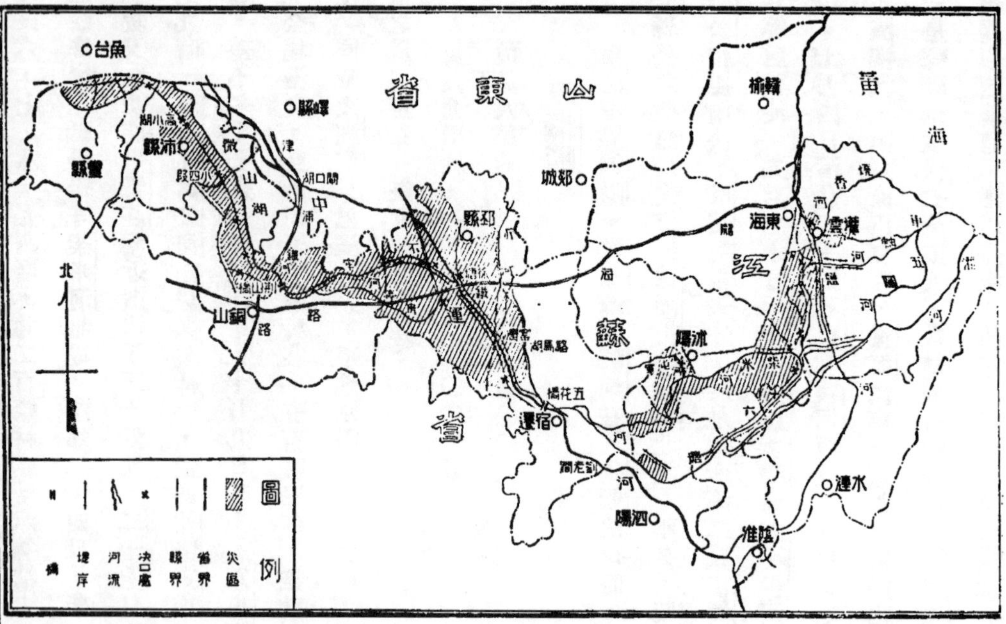

鹽，其損失重大如此。十一月四日，東北風大作，玉蟾鄉十家河南岸又潰決二十餘丈，浪高八尺，淹田無算。

統計全縣：

被災面積約　四五〇•〇〇〇畝

被災人民約　六八•〇〇〇人

綜上所述，此次蘇北水災，廣泛十縣，淹地八百餘萬畝，災民百餘萬口，時經半載，積水猶未降落；誠六十年來未有之鉅災也（查光緒元年河決河南侯家林注入蘇北，以後迄未發生重災）。蓋自董莊決口以後，口門愈冲愈大，黃水正溜，幾乎全部南瀉（查現在決口處流量達全流百分之九十九）。而蘇北各河淺隘淤塞，下流宣洩不通，至今各災區仍積水數尺，沉淪澤國。且入冬以來，天氣驟冷，水鄉凍成冰國。災民餐風飲雪，流離失所。老弱者死無葬身之地，少壯者忍饑耐寒，或避難他鄉，或困守孤島，冰薄水深，冒險履冰他遷者，輒多溺斃中流，種種慘聞，言之酸鼻。値此國事多艱，漢奸猖獗，百餘萬災民之善後處置誠屬刻不容緩，願各界速起注意焉。

新亞細亞學會綱領及總章

新亞細亞學會綱領

中華民國廿二年二月十五日　戴傳賢至誠撰定

第一條　新亞細亞學會是確實信行三民主義以復興中國民族發揚亞洲文化爲目的之同志所結合其事業範圍如下

一　研究亞洲各民族之歷史地理政治社會宗教藝術文字語言物產經濟等學術並發行定期不定期刊物

二　爲發展國內各民族之文化經營特殊教育事業經濟事業社會事業並爲來內地求學之學生謀各種便利對於邊地及內地人民之交通往來特爲之盡力幫助以求達到中國文化民族之融洽統一而鞏固民國之基礎

第二條　新亞細亞學會所經營之事業及發行之刊物永不得犯下列各事

一　攻擊任何個人

二　反對任何宗教

三　主張階級鬬爭及單純以鬬爭觀念爲基礎的哲學

四　發表有傷各民族道德感情之一切文字及圖畫

五　發表一切以挑撥人類之殘酷性及破壞民族道德社會風紀爲目的之文學作品

六　以學會之名義參與各種政治社會鬬爭之運動及爲選舉競爭宗教競爭之機關

七　受個人或團體有條件之扶助爲違反綱領之約束

第三條　新亞細亞學會會員相互間務求親睦見佩帶會章之人務必互相敬禮會員急難在合法可能範圍內務互相幫助

會員不限於中國人但外國人之入會必須先經大會通過

第四條　新亞細亞一切出版物以盡量爲著作者求得利益爲原則其價值極高而必定蝕本之出版物得經專家評定後予以報酬及獎勵

第五條　新亞細亞學會之財政必須公開會計必須用科學方法一切收支須載入月刊財產情況及事業情況每半年必須報告於會員並依法報告於應報告之機關

新亞細亞學會總章

（民國二十一年十二月二十四日第三會員大會通過）

第一章　總綱

第一條　本會定名爲新亞細亞學會

第二條　本會以信行三民主義發揚中國文化復興亞細亞民族爲宗旨

第三條　本會專門研究中國邊疆問題與東方民族問題並經營與此種問題有關係之各項文化事業其重要會務如下

一、研究與本會宗旨有關之各種學術

二、發刊雜誌

三、出版叢書

四、舉行學術演講

五、實行學術考察

六、經營與本會宗旨相合之各種文化事業

第四條　本會舉辦事業及發行刊物時應遵守下列之綱領

一、不得攻擊任何個人及反對任何宗教

二、不得主張階級鬬爭及單純以鬬爭觀念爲基礎的哲學或參與各種鬬爭之運動

三、文字圖畫不得有傷各民族之道德感情或挑撥人類之殘酷性破壞民族道德敗壞社會風紀

第五條　本會總會設於南京中國各地及亞洲重要都市得設立分會總會稱新亞細亞學會分會稱新亞細亞學會某地分會

第六條　本會以五月十日爲創立紀念日

第二章　會員

第七條　凡具有中華民國公民資格而合於下列兩款之一者由本會會員二人以上之介紹經董事會審查認可得爲本會會員

一、國內外專門以上學校畢業熱心於學術之研究者

二、對於復興亞洲民族文化及發展邊政鞏固國防有專門研究之著作及實際工作之表現者

第八條　本會會員應享之權利如左

一、會員有參與本會一切會務之權

二、會員有選舉及被選舉爲本會職員之權

三、會員有享用本會各種設備之權

四、會員有提議審核本會預算決算之權

第九條　本會會員應有之義務如左

一、會員有服從本會會章及議決案之義務

二、會員有維持本會及擴充本會事業之義務

三、會員有繳納會費並捐助特別費之義務

四、會員有互相砥勵尊重會譽之義務

第十條　會員有願退會者須聲明理由經董事會核議許可方得退會

第十一條　會員有損壞本會名譽之行爲者得由董事會或會員十人以上提交監察委員會審查決定後取消其會員資格

第十二條　外國國民信仰三民主義贊成本會宗旨且有事實表現者經大會全體一致之通過得爲本會會員

1

第十三條 凡對本會有學術上或經濟上之贊助者由董事會提出經評議會通過得爲本會名譽會員

第十四條、名譽會員之權利義務與會員同

第三章 組織

第十五條 本會設董事會以董事七人至十五人組織之綜理本會會務

第十六條 董事會董事由會員大會選舉之設常務董事三人由董事會互選之

第十七條 創立本會之領袖及有大功於本會之會員經大會全體一致之通過得推選爲本會之名譽董事

第十八條 本會設監察委員會以監察委員二人至五人組織之其職權如左

一、監察本會資產

二、審核本會預算決算並報告於會員大會

三、糾察本會會務及會員紀律

第十九條 監察委員會監察委員由會員大會選舉之設常務監察委員一人由監察委員互選之

第二十條 本會設評議會以評議員二十一人至四十九人組織之議訂本會一切進行計劃審核總會分會之會務報告

第二十一條 評議員由會員大會選舉半數餘由董事會聘請之

第二十二條 評議會設常務評議員三人由評議員互選之

董事監察委員及會員大會選舉之評議員任期三年但得連任連選

第二十三條 本會設幹事部以總幹事一人副總幹事二人幹事若干人組織之處理本會一切事務

幹事部之組織另以章程定之

第二十四條 本會總幹事副總幹事由董事會提經評議會通過聘任之幹事由董事會聘任之

第二十五條 新亞細亞月刊社由董事會管理其組織另定之

第二十六條 本會中董事會提請評議會通過後得經營各種文化及經濟事業其組織另以章程定之

第二十七條 凡中國各地及亞洲之重要都市本會會員人數在一百人以上者得設立分會

分會之設立及其章程須經總會之核准其綱領另定之

第二十八條 凡各地會員人數在十人以上者得設立會友通訊處辦理各地會務及總會委托事務

第四章 會議

第二十九條 本會會議分左列各種

一、會員大會

二、董事會議

三、監察委員會

四、評議會議

第三十條 會員大會爲最高機關議決本會重要會務每年舉行一次由董事會召集之

第三十一條 董事會每季開會一次由常務董事召集之

第三十二條 監察委員會每半年開會一次由常務監察委員召集之

第三十三條 評議會每季開會一次由常務評議員召集之

第三十四條 各種會議遇必要時得召集臨時會議

第三十五條 各種會議規程另定之

第五章 經費

第三十六條 本會基金由基金保管委員會保管其組織另定之

第三十七條 本會會員除名譽會員外納費如左

一、入會費二元

二、常年會費二元

第三十八條 本會遇有特別需用時由評議會議決臨時募集之

第三十九條 各分會及會友通訊處經費以各該地會員所納常年會費充之但每年終須造册報告總會

第四十條 本會經費每年由董事會造具預算決算表送監察委員會審核向會員大會報告

第四十一條 本會之董事監察委員評議員均爲義務職總幹事以下得支俸給其數額由董事會定之

第六章 附則

第四十二條 本總章如有未盡事宜得由會員大會議決修改之

第四十三條 本總章自會員大會通過之日起施行

新亞細亞學會分會設立綱領

一、本綱領依總章第二十七條訂定之

二、凡分會之設立須經總會董事會之通過

三、凡分會設立時須先推定籌備員函報總會備案

四、分會之章程按各地情形由籌備員擬定但須依據下列各原則

1設幹事部及監察委員會或僅設幹事數人

2須不抵觸總會總章之規定

3介紹會員須經總會董事會之通過

五、分會章程須經總會之核准

六、分會不得以本會名義向外募捐

七、分會須服從總會之決議案

八、分會每月向總會報告狀况一次

九、本綱領如有未盡事宜由董事會隨時修改之

房山遊記

李書華

民國十九年十月下旬，余與徐森玉徐旭生顧頡剛馬隅卿魏建功莊尙嚴常維鈞諸先生，同遊上方山，雲水洞，西域寺，石經山。十月廿五日由平動身，廿八日回平。此四日中，於遊覽時，同人均各隨處搜集許多材料。本擬將此行所獲，分別整理，纂成一書，其後各以人事牽掣，卒未果行。今年春隅卿逝世，同遊諸人，偶一聚談，輒相與感嘆。五年以來，久思重遊，以無相當時間，而未得如願。今年秋適有數日暇，乃與楊克強白經天汪申伯三先生約定同遊。克強因急須到周口店發掘，不及久待，已先行矣，但與余約定在周口店相見。余與經天申伯，於十月三十一日，由平出發，至十一月五日乃返。此六日中，計由北平而周口店；由周口店而西域寺，而石經山；由西域寺而上方山，而雲水洞；再由上方山，經琉璃河返平。行程所經，頗有足紀，成此一篇，聊供後之來遊者作一參考焉。

第一日　二十四年十月三十一日

由北平經蘆溝橋良鄉房山，至周口店，參觀化石採掘，晚宿地質調查所辦事處。

二十四年十月三十一日晨，天陰，先期由義和汽車行僱小汽車一輛，由北平起，送至周口店，車資國幣二十五元；余與經天申伯，同乘此車出發。晨八時二十五分，過西便門，八時五十五分，抵蘆溝橋，在橋旁略

蘆溝橋（圖一）

停，並參觀橋之建築。橋長約三百米，其下爲永定河，水自北而南，故橋即東西橫亘其上。按此橋爲金章宗明昌初建，橋東有康熙八年蘆溝橋紀事碑；及乾隆時之『蘆溝曉月』碑，碑陰鐫有淸高宗詩。橋西有康熙御筆詩碑；及乾隆五十一年御筆重葺蘆溝橋碑。橋之兩端，各

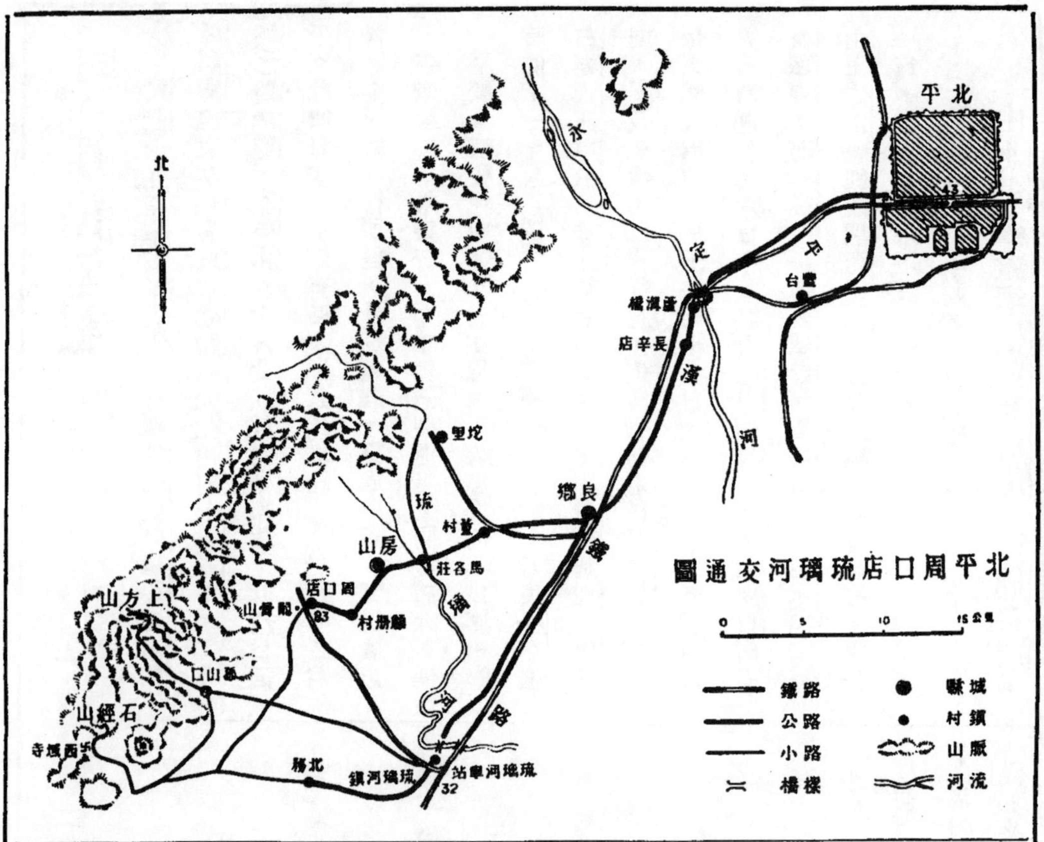

樹華表，而橋之石欄末端，又各有石象一，作鼻頂石欄狀。

九時二十五分，由盧溝橋動身，十時十分抵良鄉縣城之中山東門。余等即下車，步行進城，路事瀏覽。城中街道，頗爲潔淨。行至南街最熱閙處而返。旋在東街路南小學校大門前撮一影，此校大門之上，尙懸有舊時『小學堂』匾一方。余等仍由原路出中山東門，登汽車繞城至南門外，於十時三十五分，離良鄉向房山縣城而進。

由北平至良鄉之汽車路，爲土馬路，雖不甚平坦，但仍具馬路形狀。由良鄉赴房山，過良鄉縣城不遠時，乃並此土馬路而無之。凡汽車即在大車道上行走，更爲不便。加以車夫因不識路之故，進而復退者數次，故遲至十一時五十分始達房山縣城東門。余等入城稍事觀光，行至城之中心，乃覺有熱閙氣象。旋至北大街北海居進午餐。（按北平與房山間，有北平永通汽車行（北平煤市街南口路西六十四號）長途汽車每日開行：

2

房山遊覽路程圖

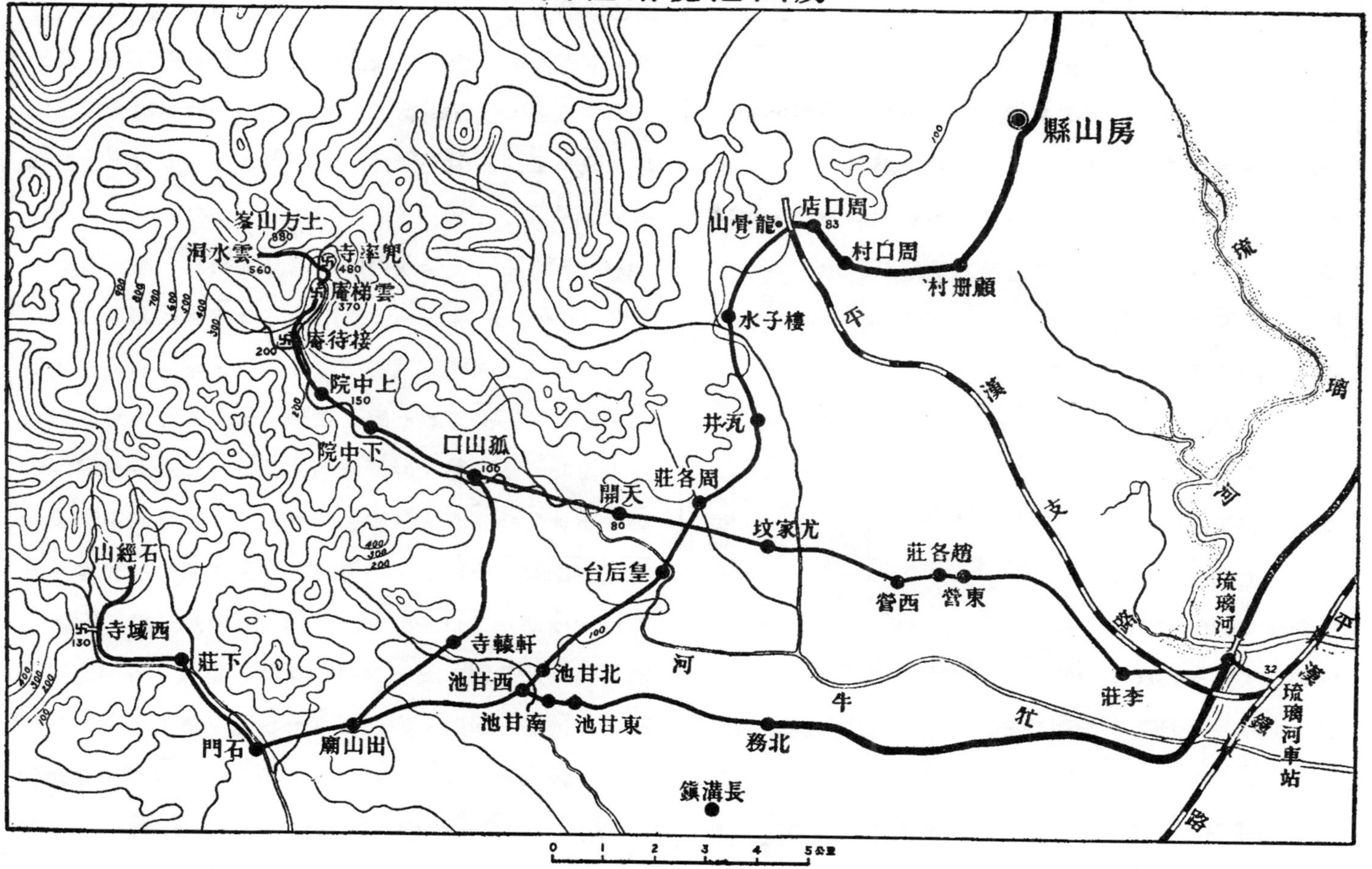
上方山峯
880
雲水洞
560
兜率寺
480
雲梯庵
370
接待庵
200
上中院
150
下中院
孤山口
100
天開
80
周各莊
亢井
樓子水
龍骨山
周口店
83
周口村
顧册村
房山縣
平漢支路
尤家坟
趙各莊
西營
東營
皇后台
石經山
西域寺
130
下莊
軒轅寺
北甘池
西甘池
南甘池
東甘池
出山廟
石門
北務
牤牛河
長溝鎮
李莊
琉璃河
32
琉璃河車站
平漢鐵路
琉璃河
0 1 2 3 4 5公里

每晨六時半由平開房山，每日正午十二時由房山開回北平。票價每人國幣一元三毛。房山汽車站，即在北海居之北。）午餐畢，已一時半，余等乃離房山向周口店前進；並由北海居舖掌代覓一本地人，隨車引路。距房山縣城不遠，經過一沙灘，車輪陷入細沙中，不能前進。余等乃下車，改由數人推車越沙而過，始再登車繼續前進；過周口村，至下午二時半，始到周口店。南行越過鐵道至龍骨山，地質調查所辦事處在焉。余等在辦事處稍息，少頃楊克強卞美年賈蘭坡諸先生亦由上方山同抵辦事處。旋由楊卞賈三先生導引至洞穴層採掘處，參觀一週；並承克強將採掘工作情形，詳爲講解，余等深覺獲益匪淺也。

周口店位於北平西南約五十五個仟米（公里），在西山山脚，爲平漢線琉璃河支綫之終點。其地高度（海拔）八十三米（公尺），（北平高度四十三米）原爲一小村莊，自光緒二十五年平漢支路築成後，始漸次發達。周口店附近有黑白兩種工業，一爲煤窰，一爲石灰窰。周口店低山山坡，從遠處遙望，凡呈白色者即爲石灰窰之所在。周口店附近煤窰，全用土法開採。其西北長溝峪煤量豐富，有高綫鐵路通長溝峪，長三十餘里。此外周口店尙有一家專事開採石灰石，以之供給北平市修理馬路之用者。地質調查所採掘化石之處則在龍骨山，因所掘出之化石，俗名『龍骨』，而山亦因以名也。按龍骨山在周口店之西北約半里許，此山最高點，高出海面（海拔）約一七〇米。（見地質專報乙種第五號及第七號楊鍾健裴文中論文）

周口店龍骨山發掘情形（圖二）

人類究竟如何發生，發源地在何處，雖經許多學者之研討，但迄未能得有確論；周口店洞穴層之採掘，對于事實上之貢獻，迄今已居初人研究中最重要之地位。周口店所得動物化石之豐富，猿人頭骨，齒牙之完備，粗製石器之衆多，皆遠在地質時代，約略可比之爪哇猿人，及英國辟爾當嘪人之上。（見地質專報乙種第五號翁文灝序）按周口店龍骨化石，爲民國七年瑞典人安特生最初發現；民國十年安氏又與師丹斯基谷蘭階同至該地，因本地人見告得知

在距車站不遠之地，有更多之化石堆積。師氏採得化石多件，曾在瑞典研究，發現二形似猿人之牙。自民國十六年起，採掘事由地質調查所担任，李捷步林步達生楊鍾健德日進裴文中卞美年陸續担任研究及實地採掘。計民國十六年曾發見極完備之左下臼牙，由其性質上，步達生得以確定此種猿人爲一新屬，名之曰『中國猿人』；生於五十萬年前至一百萬年之間。民國十七年，發現一年輕人之下顎，及一成年人之下顎。十八年裴文中在猿人地點發現完美之頭骨。十九年，又發現一頭骨。二十年，裴卞兩君在鴿子堂中，發現大批石器及用火遺跡。二十一年，亦發現石器多件及其他重要標本。二十二年，由山頂洞之開掘發現舊石器時代後期人類遺骸遺物及遺跡。（見地質專報乙種第五號第七號楊鍾健裴文中論文）今地質調查所諸人，在此仍繼續進行採掘。據克強相告：周口店已得之猿人頭骨牙齒等件，分屬于廿四個猿人。其中男女各十二；老幼亦各十二；亦云巧矣。按中國猿人，實爲科學中最重要之發現，周口店之採掘堪稱世界科學中一件大事，故附記之。

晚飯後即宿於地質調查所辦事處。

第二日十一月一日

由周口店至西域寺，宿。

本定今晨赴上方山，明日遊雲水洞，後日往西域寺。但今晨天陰有雨，未能成行；至午仍未放晴。若在周口店再住一夜，未免白費時間；若冒雨赴上方山，恐山路有水難行，不能連夜上山，勢必在山脚下之接待庵住宿一夜，亦覺不便。於是申伯提議，先到西域寺，因由周口店至西域寺之路較平坦也。余與經天頗然其說，遂僱驢四頭，經天申伯與余各乘一驢，其一則載運行李。午飯後，二時，冒雨動身，楊卞兩先生亦同乘驢，蓋轉道赴琉璃河，搭火車回平也。當出發時，經天騎驢在前，氣宇昂然，大有鵬飛萬里之勢。申伯騎驢居中，載行李之驢，在申伯後，余騎則在最後。驢夫四人，一爲六旬老翁，兩人爲十五六歲童子，惟余之驢夫，爲一中年人耳。途中與驢夫閒談，乃知此四人均未到過西域寺，僅老驢夫曾至石門一次而已。雨中遊山，別有樂趣，此中風味，亦惟吾輩遊者可知，非筆墨所能盡達也。時河北久旱，兩月未雨，致秋麥未能播種，今者得雨雖遲，究於農事有益，故余等衣帽雖濕，亦所甘心。

路經周口店車站，南行越一小嶺，過樓子水村，南至瓦井村。按民國十六年新刊房山縣志云：『村有古井，仿彿以甕去其底，自井下蟬聯而上，接至井口，村以此得名。元至元十年，魏必復撰重修天開寺碑文，有「瓦井閣黎」之名，知其由來遠矣』云云，則瓦井村之所以名可釋矣。

出瓦井村經周各莊而至皇后臺，按房山縣志天開村南龍王廟碑考之，知此爲隋妃避暑之臺。隋書煬帝紀，大業七年，四月庚午，帝至涿郡臨朔宮。八年正月辛巳，大軍集於涿郡。九年幸遼東，七月癸卯班師，九月庚辰至宋郡，斯時蕭皇后隨駕年餘云云，據此則后之避暑，當在此時矣。

再前進，爲北甘池西甘池，西行至出山廟。復前行，則山路漸崎嶇不平，且天色已昏，而雨復大，驢夫聲言，謂不識由何路可達西域寺。此時四顧無人，無法問路，因告知老驢夫，姑先引至石門村，再定辦法。比至村邊，適有一鄉人，因聞驢蹄聲，出門相視，余等於黑暗中在驢背上，請其引路至西域寺。彼初未允，余等允從優贈以酒資爲酬勞，彼方肯帶路。此時雨益大，路益難行，驢夫因路濕滑倒而復起者再，余等祇可在驢背上，任驢自由前進，上一坡又下一坡。斯際夜色更濃，無法逼視，故此段道路之危險與平坦，此時亦無從而知矣。

過下莊村，入樹林，過小橋，橋下流水聲甚急，蓋山洪順流而下也。此橋直對西域寺大門，既至寺門前，先令引路人及驢夫叩門，門內有人應聲詢以來自何處，並問姓名，索名片方始開門延入，時已晚七時半矣。由周口店至西域寺，約二十五公里之譜，因天雨路滑，驢行甚緩，至費五小時半之久，亦良苦矣。入室後方脫去濕衣，未幾寺僧進炭火盆，稍覺溫暖，余等略進晚餐即睡。

第三日 十一月二日

遊西域寺及石經山，晚宿西域寺

晨七時半起床，天尙微雨，進早餐畢，候至晨十時雨始稍停，遂遊寺內各部，及南北兩塔，下午遊石經山。

西域寺一名西峪寺，又名雲居寺，與北平直線距離爲六十五公里，距平漢路琉璃河車站二十八公里，距涿州三十一公里。寺前小溪環流，寺後高山拱抱，樹木甚

西域寺石經山

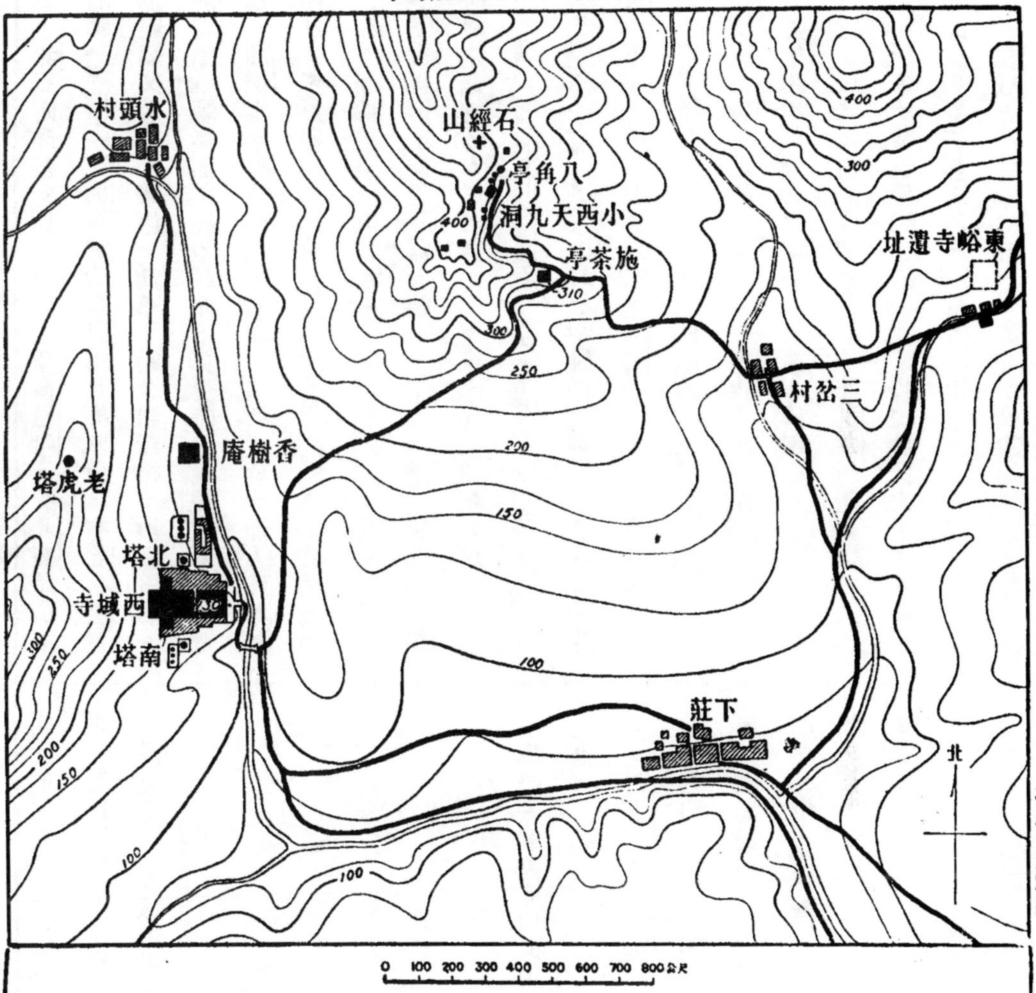

採用普意雅圖

多，風景絕佳，當歐戰時，西域寺爲拘留一部分德國人及奧匈國人之所。

北齊南嶽慧思大師，每慮東土藏教有毀滅之時，遂發大宏願，刻石經，藏諸岩壑中，以度人刼。其徒靜琬法師，秉承其囑，鑿石刻經。自隋大業迄唐貞觀五年，大涅槃經成。相傳是夜山爲三吼，生香樹三十餘株，六月水漲，爲浮大木千株，至山下構雲居寺。（見帝京景物略）所云：三吼生香樹浮大木云云，自屬齊東野人之語。考靜琬爲隋幽州智泉寺僧，（智泉寺在今北平宣武門外法源寺旁，建于東魏元象元年）乃石經山及西域寺之創辦人。按刻經風氣，北齊時頗盛。例如山西太原西風峪，有北齊時所刻石經（華嚴經），河南武安縣鼓山北響堂山，有北齊唐邕刻經願文及所刻華嚴，法華，維摩詰諸經，均極着名。靜琬雖秉師命而刻經，然亦不免受時代潮流之影響而起也。靜琬本發願造十二部石經，但所成就者僅大涅槃經而已，未幾即卒，時唐貞觀十三年也。其徒道公儀公暹公法公，相繼造經。其後唐明皇開元十八年，金仙公主曾奏上賞經四千餘卷，為石經本。（見房山縣志）後此則有劉濟以俸錢刻造大般若經，以唐憲宗元和四年功就。（見日下舊聞所載劉濟涿鹿山石經堂記）（按大般若經大約劉濟時僅刻一部分，至遼時始全部完成，見後。）自唐以降，未聞續造，至遼聖宗太平七年，涿州牧韓紹芳遊石經山，取出經碑，驗名對數，奏聞聖宗，乃命可元大師續鐫。其後興宗道宗各賜金續造，所刻之經，亦貯之石室內。至遼道宗大安九，十兩年間，有僧名通理者，又造小碑四〇八〇片。其徒善銳，於寺西南隅，穿地為穴，將道宗所造大碑一八〇片，通理所造小碑四〇八〇片，皆藏於此穴，上築臺建塔刻文以標石經之所在。（見日下舊聞及日下舊聞考）

西域寺初為靜琬所造，唐金仙公主復修之，迨明洪武及正統時，又屢加重修。寺身坐西向東，而略偏於北，地址極為宏大，正門外高度，（即海拔）為一三〇米，正門上題有『西域雲居禪林』額，門前左右有石獅各一，正門內為天王殿，正中祀彌勒佛一尊，左右為四大金剛。正門之北有大東門一座，寺中人出入均由此門，余等昨夕亦由此門入也。

西域寺大門（圖三）

天王殿後為毘盧殿，殿前有寬大之院落，左為鼓樓，右為鐘樓，中有牌樓三間。牌樓後左右方各豎旗杆一根，又各有白皮松一株，偏北修竹滿畦，清翠可愛。

西域寺第一院及牌樓（圖四）

8

正中為毘盧殿，殿前右邊稍南，有康熙三十七年范陽郡白帶山雲居寺溟波和尚碑，碑文中多白話。殿前右邊稍北，有康熙三十七年范陽白帶山雲居寺碑。

毘盧殿後循左或右行登石堦，入門為第二院。此院落亦甚寬大。院中有臥龍松一株，銅香爐一座，正面為大雄寶殿，內塑佛像極精細。

大雄寶殿後又登石堦，至第三寬大院落。正面為藥師殿。院中有丁香樹，左右各有康熙時石碑一座。殿內祀藥王菩薩八尊，及藥師將官十二尊，塑像甚工，寺僧謂此寺中塑像藝術，可稱全國之冠，非虛語也。

過藥師殿，殿後亦有石堦，登石堦前行為第四院，院中為彌陀殿。彌陀殿之南有一小院，中有祖師殿，奉本寺中各代和尚之名位。

彌陀殿後為第五層院，正中為大悲殿，左有戒壇，右有藏經閣。院中有咸豐元年涿州知州郭寶勳撰並書之碑。

西域寺中路有五大院落，殿凡六層。每院均較其前一院之海拔為高，寺正門外高度為一三〇米，大悲殿之高度則為一四三米。至各院落之旁，每多跨院，未及一一往遊。

南北兩塔，在第三層院落之中，南北峙立。南塔，亦名壓經塔，遼大祚帝天慶七年建（西曆一一一七年）。塔建于方形地基上，塔座為八角形，在蓮花座上之一層有四門及四假窗戶，再上為瓦頂十一層。塔基上有石幢三　一在東北角。一在北面，幢上刻佛像。一在西北角，上為七層，係遼幢，最完整，高約五米，幢上刻有遼天祚帝天慶八年五月十七日建之大遼涿州鹿山雲居寺續祕藏石經塔記，記中述刻經之始末甚詳。

西域寺南塔（圖五）

西域寺南塔之下部（圖六）

西域寺南塔旁之遼幢(圖七)

北塔亦稱舍利塔，或名羅漢塔，塔形甚奇特。塔建於方形地基上，下層五級爲方角形，再上三層，帶角無簷，再上爲圓球形，再上爲圓錐形，最高一層則爲塔頂矣。按北塔爲唐時所建。塔上雖未刻有修建年月，惟方形地基之四角小石塔，均有年代可攷，由此可以推知北塔本身之年代。又因此項小石塔之位置，更可推知小石塔年代或在北塔建築之後，或與北塔同時建築也。

西域寺北塔(圖八)

四小石塔爲石製，均呈方形，內空，高約丈許。每塔各有一門，門內壁上有造像。每小石塔上均有石刻，此種石刻對于塔之建築年代，爲極有價値之文献。現時小石塔之造像及諸石刻，與夫塔之全身，均極完整。

西域寺北塔旁四小石塔之一

(常維鈞攝)

(圖九)

東南角小石塔之西面，刻有唐睿宗太極元年四月知州歷陽丞王利貞文。

西南角小石塔之東面，刻有『大唐雲居寺石浮圖銘』，此銘乃太原王大悅撰，唐玄宗開元十五年仲春所建。

西北角小石塔之東面，刻有上騎都尉甯思道所書『石浮房記』，乃唐睿宗景雲二年四月八日建。

東北角小石塔之東面，刻有『大唐易州新安府折衝李公石浮圖之銘』，爲易州前遂城縣書助教梁高望書，乃開元十年四月建。

按此四小石塔，建築年代最早者爲景雲二年，（西曆

10

七二一年）最晚者爲開元十五年，（西曆七二七年）北塔本身建築年代，當在此期以前也。

北塔之前，有乾隆十一年大石碑一座。

西域寺附近西北山上，又有一塔，俗呼老虎塔，在寺前遙望可見也。余兩次來遊，均未登山一覩，引爲憾事。據法人普意雅（Bouillard）著『北京及其附近』書中西域寺一章所稱，謂此塔亦爲唐塔，以其下部之大磚，與北塔相同，則此兩塔必爲同時之物云。

遊西域寺及南北兩塔畢，時已下午一時半矣，乃急同寺用飯。食畢，余等三人往遊石經山。石經山又名小西天，本名白帶山，亦曰愁題山，因藏石經之故，名之石經山。山下東西兩峪，原有東峪寺與西峪寺，東峪寺已毀，遺址猶存。

石經山全景（常維鈞攝）（圖十）

下午二時半，余等步行出西域寺，過石橋，向東北而行，至石經山之南面登山。山路廻環尚易行，旋行至山之東面施茶亭舊址，高度爲三一〇米，尚存有明神宗萬曆時之『石經寺施茶碑』，又一爲明熹宗天啟時『小西天施茶亭新建石記』。由此向西復折而北行，多條石作階，計登石級約八十。又向北登一百級，至平坦處，乃見第一第二兩石

石經山石洞洞門之一（常維鈞攝）（圖十一）

洞，內藏石刻佛經。石經板乃層層相疊，石門固封，門上部以石爲窗，石經板之近窗而置者，遊人從窗隙內可窺見。從此繼續北行，再登五十級，進一門，此處爲看守石經山之僧人所居，高度三七〇米。時已下午三時有半，僧人早烹茶相候。余等少坐，即往觀雷音洞。

由僧人居處向南，登石級向西南行，在長而狹之平臺後，爲第三石洞，洞中滿藏石經，洞門固封，其形狀與前兩洞相似。在此洞之左方，有重要石碑二座，其稍

北者爲淸信女宋小兒金剛經碑，碑頭上鐫有造像三。其稍南者，爲袁氏金剛經碑。以上兩碑，高約一．七〇米，碑之四面皆刻經文，爲武則天時代之物。再向南行，至第四石洞，洞中亦藏石經，洞門亦固封。門上有『寶藏』二字，爲董其昌所書。

石經山宋小兒金剛經碑頭（常維鈞攝）（圖十二）

順平臺再向南行，至第五石洞，即雷音洞，俗呼千佛殿。此爲本山中最大石洞；蓋就天然之形勢，而稍加以人力之製造而成者。遊人可入洞，洞爲不規則之長方形，上幔覆，寬約十米，深亦如之。洞之中間，高約二．七〇米，洞之四壁皆嵌以石刻佛經，石塊有大有小，共一四五塊，大約皆唐時物。洞中有石柱四，皆鐫佛像，故有千佛石柱之稱，柱皆八角形，其高與洞等。四柱之中，二柱上各刻佛像二七二尊，又二柱各刻佛像二五六尊，此四柱共刻一〇五六尊，爲隋唐時所作。

再向南行，第六洞與第七洞在焉。此兩石洞亦皆滿貯石經。兩洞之間在石壁內有唐玄奘法師像一尊。再向南則爲天然石壁，迎面而立，遊人至此止步矣。乃由原路回，至僧人居所，向北行，至第八九兩石洞，內亦藏石經，門亦固封與前洞相同。在此兩洞之前，有八角亭一座，乃前淸末年所建。

由僧人住室過曝經臺，可登至山頂，山頂上有一小塔，名山頂塔，亦唐代之物，與西域寺北塔四角小石塔相似，余前遊山時，曾至此詳瞻，今因時間太促，未能重覩。下午四時三刻，余等由山上動身，順原路下山，回西域寺。

石經山山頂塔（常維鈞攝）（圖十三）

石經山各石洞，均在山之東面，坐西朝東。石洞左近，古柏甚多，枝幹蒼老，極爲奇特，除石洞附近外，則無樹木也。

西域寺門前稍北，河之對方，有唐時碑一座，余等由石經山回寺時，曾往觀之。此為『唐故建大德道行之碑』，乃唐懿宗咸通八年所立，碑之下段為土所掩，上段亦多剝落，其文字多不能識矣。

回西域寺時已五時三刻，少息，用晚膳。

石經山及西域寺南塔下所有石經板之數目，經名，及其所刻年代，自是一極有趣味之問題。但各書著錄，每多不同，頗難得一正確之結論。茲就日下舊聞及日下舊聞考中所記者，為之統記如下：

(甲)石經山共碑……二八七五塊

(一)據遼趙遵仁碑略所載：遼太平七年韓紹芳驗名對數時所得者：

(1)正法念經一部全七十卷，計碑……二一〇塊

(2)大涅槃經一部全四十卷，計碑……一二〇塊

(3)大華嚴經一部全八十卷，計碑……二四〇塊

(4)大般若經五百二十卷，計碑……一五六〇塊

(二)雷音洞妙法蓮花等經，計碑……一四五塊

(三)遼聖宗興宗道宗三朝，自聖宗太平七年至道宗清寧三年，可元等所續鐫者：

(1)大般若經八十卷(至是大般若經全)計碑……二四〇塊

(2)大寶積經一部全一百二十卷(至是四大部成)計碑……三六〇塊

(乙)西域寺南塔下共碑……四二六〇塊

(一)遼道宗賜金所刻大碑……一八〇塊

(二)通理所刻小碑……四〇八〇塊

(甲)(乙)兩項共計碑……七一三五塊

關於各碑所刻年代，可分為兩個時期如下：

(子)隋唐時期，自隋大業至唐元和四年(西歷六〇五年至八〇九年)

(一)靜琬及其幾代門徒所刻……二一三〇塊

(二)雷音洞中之石經……一四五塊

(丑)遼時期，自遼聖宗太平七年，至道宗大安十年。(西歷一〇二七年至一〇九四年)

(一)遼聖宗興宗道宗三朝，至道宗清寧三年所刻……六〇〇塊

(二)遼道宗賜金所刻大碑(約在清寧三年以後)……

……………………一八〇塊

(三)遼道宗大安九年，通理所刻小碑……………

……………………四〇八〇塊

總之石經山及西域寺南塔下所有石經板共計七一三五塊。至於所藏帙數據沙門志才涿州鹿山雲居寺續祕藏石經塔記(見日下舊聞)所載，謂：石經山七石洞內共計一八七帙，通理造經四四帙。又關于所藏石經字數，據王正燕山雲居寺碑(見日下舊聞)所載：九洞內有經四百二十萬言。想為揣測之辭，非實事調查所得也。

是晚晚膳後，八時半即睡

第四日十一月三日

由西域寺至上方山，晚宿兜率寺

晨七時半起，天晴，用早餐後往遊香樹庵。出西域寺大門，順河向北行，約四百米至香樹菴。此庵亦為坐西朝東者，庵前有老槐一株，門額題『古刹香樹菴』，殿前有康熙十一年『重修石經山香樹庵碑』一座。庵規模甚小，無可記述者，遊至此遂返西域寺。據寺僧與余等談，西域寺在北平之下院有三：(一)東城大佛寺，(二)阜外北驢市口慈明寺，(三)南橫街官菜園上街南口觀音院。

早九時，復由西域寺起程赴上方山。余與經天各乘四人肩輿，申伯騎驢，另一驢載行李。出寺門，過石橋，經下庄村，至石門村。沿路左右望，多梨柿等果樹，中雜楊柳，故葉色有紅色有黃色有綠色，燦爛眩目。道途所經，或沿溝而行，或跨溝而過，此時始知前夜冒雨至西域寺，所過如此等地方者俱甚危險。而前夜行時，固茫然不知，此時思之，不禁悚然。

早十時二十五分，至出山廟，少息，旋過軒轅寺而達孤山口。按宋太宗雍熙三年，李繼宣戰契丹于拒馬河上，追至孤山口，契丹引去，即此地也。此地高度一〇〇米，由此向西，則山更多，但兩山之間多平地，且有乾河溝，至兩面山坡上，時見有紅葉。

出孤山口後，仍復西行，經下中院村，至上中院村，此地高度一五〇米。按魏必復天開中院碑陰記中所謂：『建中院寺于南沙河』者，則中院在元以前實寺也。

由周口店至西域寺，及由西域寺至上方山，沿路各村，均利用村中街道，為造草肥之所。蓋此地農民，每將玉蜀黍等之幹葉切斷，置之街道中，上覆以土。迨來往行人及牲畜既行其上，有牛渡馬勃之下溉，則土與玉蜀黍之幹葉相混，經若干時日，即成肥料，取之爲田中使用，以代糞類。上中院村街道上尤多，故行人甚感不便，雨後尤甚汚穢，情形頗類猪圈，而村中人生活其間，幾與在猪圈中生活無異。

下午一時半，至接待菴，其地高度二〇〇米，爲入上方山之門戶。

上方山初名大房山，亦曰大防山，更名大房嶺，山上有寺名上方，故以此名。山之地層爲石灰岩所搆成，五代梁貞明三年，契丹圍幽州，晉李存勗遣李嗣源等趣救，至易州北，踰大房嶺，即此地也。

接待菴和尚妙智，對余等極爲招待。余等取出自帶食品，在此稍進午餐。同時妙智和尚代雇妥背夫，將行李背至兜率寺。臨行時，妙智和尚告以由此入山之二人轎，及赴西域寺與琉璃河之四人轎，以及入山之背夫，均有一定之價，並出示定價表。覩其定價，尚覺公道。

下午三時余與經天步行入山，申伯則乘二人肩輿而行。出接待庵山門左轉向北行，入山口。山路盤折於澗中，左右山巖聳立，頭上祇露天光一線耳。愈前行，則所見之山形，愈爲奇特。經發汗嶺，至雲梯下，抬頭仰望，則見雲梯菴者，立於絕壁之上，甚爲險峻。雲梯者乃鑿石爲磴，左爲高巖，右爲深澗，乃明太監馮保所修築，每級甚高，可攀扶兩旁之鐵索而上，凡歷二一二級，始達雲梯庵。其地高度三七〇米。

上方山雲梯之一段(圖十四)

上方山鄰近村莊，向例禁止村人潛行小道，以防竊盜。僧人出入，僅由雲梯總道通行，別無他路可供出入。雲梯菴僧名顯明者，乃太監而修行者，見余等至，烹茶待客。余等至此，略事休息，即鼓勇前進，經歎龍橋，入兜率寺山門，時已下午四時半矣，此處高度四八〇米。

兜率寺亦稱上方寺，爲上方山七十二寺之總匯，四面羣山環抱，樹木密布。立於寺前，則見前後左右，滿山紅葉，加以孤雲出岫，氣象萬千。正對兜率寺之一

上方山

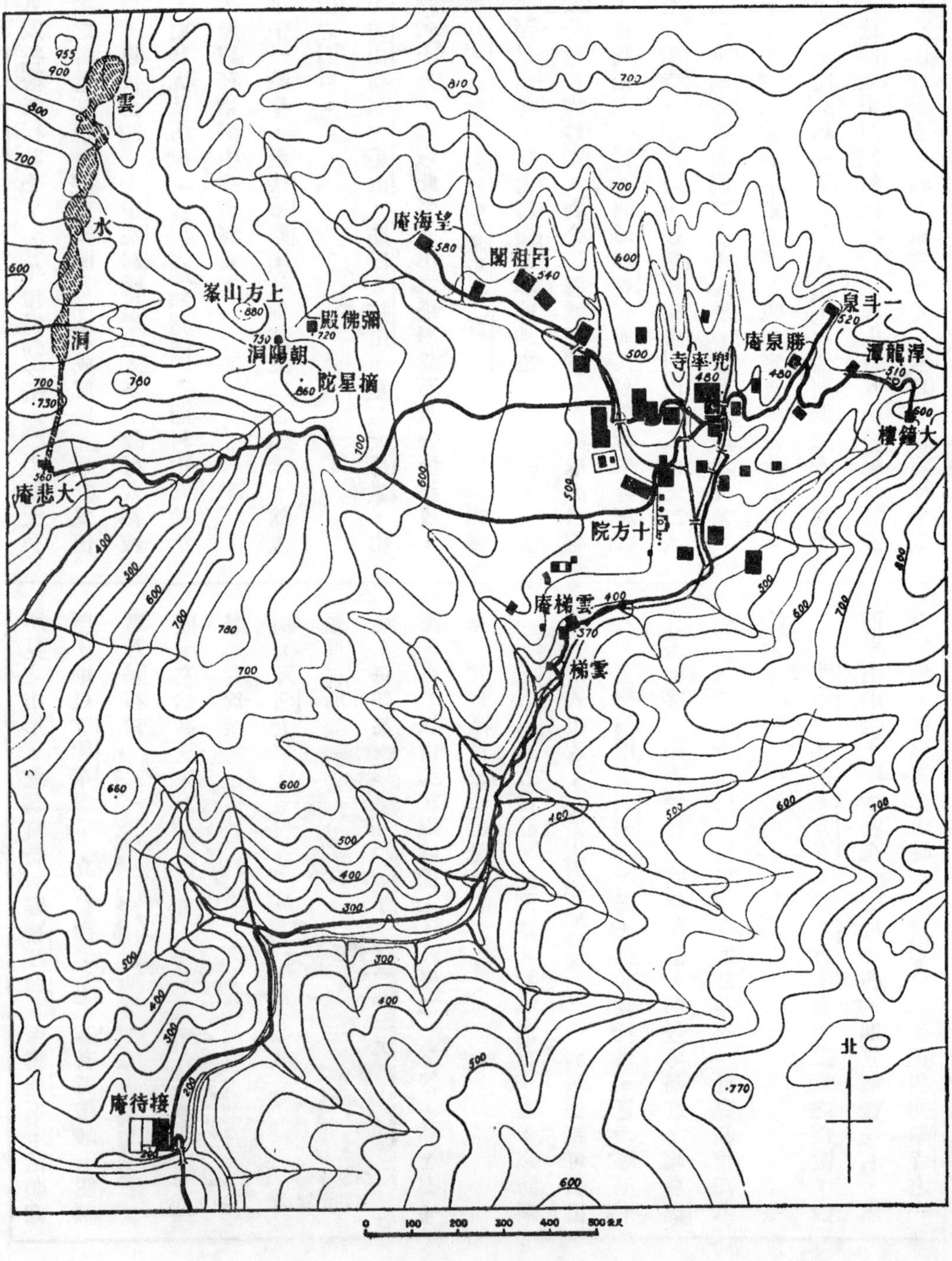

雲水洞
上方山冢
朝陽洞
彌佛殿
摘星陀
望海庵
呂祖閣
兜率寺
勝泉庵
一斗泉
浮龍潭
大鐘樓
大悲庵
十方院
雲梯庵
雲梯
接待庵
北
0 100 200 300 400 500 公尺

採用普意雅圖

峯，名爲齋星陀，又名摘星陀，唐僖宗光啟時，契丹入寇，幽州劉仁恭窮師蹤摘星山討之，即此陀也。其左有小峯，土人呼之曰『氣不憤』，其右即上方山峯也。

兜率寺西南，十方院中，僧塔甚多。其中一塔，有碑記，略謂：『師諱守常，曹姓，住持本山三十年，所度白黑四衆二十餘萬，以咸雍六年羽化，塔建於大安己巳（見日下舊聞）』，則此寺由來已久可知矣。歷金元明清，凡數修，殿前現存明清之碑四，其中最古者爲『重砌上方兜率寺天梯路記碑』，乃明孝宗弘治七年所建。寺南向，有殿三層，在第三層殿旁向東轉，過大厨房，再登石級，至殿後，有高臺，其上有客堂數楹，爲遊客寄宿之所，余等即留宿於此。寺中知客與貴，司房慶安，均出招待。五年前余來寺時，寺乃覺眞住持，今則爲智達，詢之與貴，始知覺眞已退老，不問寺事矣。是晚室外溫度十三度，（攝氏表）余等晚飯後，即睡。

第五日 十一月四日

遊雲水洞登上方山峯，晚仍宿兜率寺

晨七時起床，天晴，室外溫度，降至二度，蓋昨夜風，氣溫低降故也。經昨夕一夜大風，紅葉強半吹落。早餐後，八時四十五分動身赴雲水洞，經天與申伯各乘二人肩輿，余獨步行，寺中一年老之工人引路。由兜率寺至雲水洞，有新舊兩路，余等取道新路前往。山路多樹林，風景絕佳，繞至摘星陀旁高度六五〇米之處，再下坡，順山腰而行，路極曲折，及抵雲水洞口之大悲庵，時已上午九時四十五分矣。大悲庵東山神廟旁，有石碑一，爲康熙十四年，涿州房山縣禁止在上方山私行小路，只許由雲梯總路出入之曉諭。

大悲庵爲一小廟，廟南向，高度五六〇米，南房三間，爲大悲寶殿，就中東邊一間，新改爲接待室，西房爲僧室，雲水洞口即在庵內。五年前來遊時，洞口僅有磚門一座，半就傾圮。此次重遊，則見洞口已築房三間，中祀佛一尊，遊人須繞至佛像後進洞。菴中有『建立上方山雲水洞大悲庵碑記』，乃康熙時顯親王撰。

五年前之雲水洞洞門（常維鈞攝）圖十五

雲水洞為南北方向，洞口南向，蓋由接連不斷之六大廳而成。

現在之雲水洞洞門（圖十六）

每兩廳相接處，有狹過道或走廊接連之。此『廳』字名稱，乃採用尹贊勳先生所著『北平附近一大奇蹟——房山縣上方山雲水洞』文中之名詞。（見世界日報自然週刊六十五期）據普意雅氏測量全洞，自洞口至第六廳末端共長八六〇米，每廳長高各約百米左右，寬約四十至五十米之譜。洞之地基最高處，為第三廳之正中，高度五八三米。其最低處，為第五廳之起點，高度五六三米。以是觀之，則洞之地基各廳相差無多。（參看洞之正面圖及斷面圖）各廳之地基上及牆壁上滿為鐘乳石，有如人形者，有如佛像者，有類動物者，有類建築物者，奇形異態，不可捉摸，本山僧人為定有各種名勝，分別給以特別名稱。

余等于上午十時入洞，寺僧偕工人各持火把在前導行。火把乃山中硬草及木條所製，忽而有光，忽而盡滅，且烟氣甚大，甚不合適，余等則各持手電燈以行。初入洞口，高約三米許，寬約二米半，距洞口五十餘米處，左邊石壁上，有『西方接引佛』造像。再前行，則洞口漸狹，初須低頭而行，繼則須灣腰而行，乃達第一廳。余前遊此洞時，尚須屈膝摩石伏地行五十米之路，始達此廳。近人王庭五先生捐資，將此段須爬行之路，鑿寬甚多，現今遊人至此，祇須低頭灣腰，即可過去，便利多矣。

入洞時，洞外氣溫六度，（攝氏）洞內溫度則為一六度，故入洞後驟覺溫暖。

第一廳內有大鍾乳石，名『臥虎山』『半懸山』，第一廳與第二廳之間，路極狹小，經此時須灣腰。

第二廳中，有『胡桃山』，『柿餅山』，『石腸』，『石肚』，『石肺』，『獅子望蓮』，『鼓樓』，『鐘樓』，『石鑼』，『仙人過橋』，『帽盒山』諸奇勝。以木杆擊『石鑼』或『鼓』或『鐘』，確有鑼鼓鐘之本音。第二廳末端，有『白龍潭』。所謂『白龍潭』者，為一直角三角形之水池，一邊長約四米，一邊長約三米，水深約一米。潭水甚清，水之溫度為十二度。由第

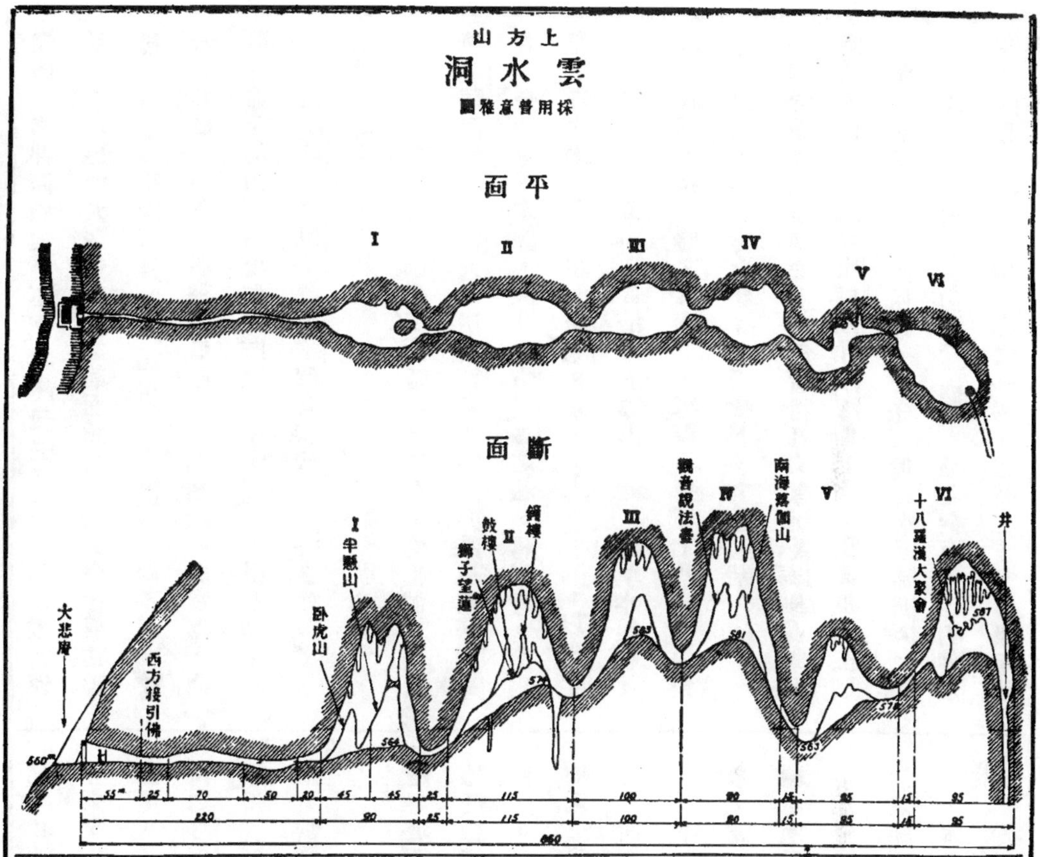

二廳至第三廳，則須經過高而短之走廊一段。

第三廳中之鍾乳石，有『欄路虎』，『將軍砲』，『華巖看西瓜』，等名稱。此洞由洞上向下滴水甚多，故地甚濕。由此廳至第四廳，亦有高而短之走廊一段。

第四廳中之奇景，則有『觀音說法台』，『南海落伽山』等，由此廳至第五廳，洞基下降，須經過『鷂子翻身』極窄而坡度極大之路，更須曲身或爬行也，此爲全洞現時最難行之處。

第五廳中有『雪花山』，『亂甜瓜山』，『白米山』，『菊花洞』等，由此至第六廳，經過窄路，地基乃漸高矣。

第六廳內，中間直立石筍甚多，極似佛像，名曰『十八羅漢大聚會』，全洞之鍾乳石，以此最爲宏偉。此石之後，爲廳之末端，亦即全洞之最末端。據普意雅所著，雲水洞章內稱『十八羅漢大聚會』之後，有一垂直之深井，一九一二年法國陸軍少校單開滿(Dinchelman)氏曾以繩繫身入井探尋，降至井口下三十五米深處，因井筒過狹，不能再降云云。余上次來遊，僅至『十八羅漢大聚會』處之前面而止。此次余曾至其背後，因下坡路險，且路又過滑，又電燈光亦不足，故未見井口，引路人則稱井口已塞，不知是否屬實也。全洞既盡，仍由原路出洞，時已正午十二時，計在洞中約二小時，明人曹學佺遊雲水洞有詩云：『遊玆如夢裏，記憶未全眞』，信然。

余等遊至雲水洞第二廳時，申伯即匆匆出洞，下山轉琉璃河回平，經天出洞後稍息片刻，亦乘肩輿回兜率寺。余則遊興未闌，決登上方山峯之後，再回寺。余與兜率寺之老工人，在大悲庵各吃小米粥數碗，以代午餐。寺僧敬以黃精，黃精乃上方山名產，爲草本植物，取其根蒸熟後，曝之日光下，再蒸再曬者七八次，根鮮時爲白色，經蒸曝之後，色乃變黑，其味甚甜。

余同此老工人於下午一時十五分由大悲庵動身，出廟門，由原路走至山神廟稍東，卽登山，至高度六五〇米處，攀崖而上，向西行，下午二時五分至彌佛殿，其地高度七二〇米。殿廡祗一間，座北向南，正對摘星陀，內有石鐫之小彌勒佛像一座。二時二十分，抵朝陽洞，其地高度七五〇米，洞略向西南，深約十米，高約五米。再西北行，于下午三時二十分達上方山峯，其地高度八八〇米，較摘星陀微高，上房山東之馬耳山及其西之白銀陀，則均高出上方山峯上。在此峯遠眺，遠爲涿州寶塔，近爲隣山寺院，皆歷歷在目。至是余遊興益豪，默笑申伯經夫無此眼福也。

下午三時半，由上方山峯下山，回兜率寺。下山小路，坡度甚大，近山峯處無樹木。由山峯向下行甚久，始抵橡樹林，因昨夜大風，地面所覆之橡葉甚厚，頗不易行。高度約六五〇米以上，橡樹葉均乾枯降落，高度約六五〇米以下，始見有橡葉之黃者紅者，蓋高度愈大，則氣溫愈低也。

下午四時四十五分，至望海庵，其地高度五八〇米，爲此山中七十二茅蓬之最高者。自此以下，漸多柏樹。過呂祖閣，其高度五四〇米。閣內有老柏一株，俗呼爲柏樹王，樹幹之周約三圍，(約五米)幹高亦約五米餘以之呼王，似有不媿，下午五時十五分回抵兜率寺。

本日遊山採得紅葉七種，附記於下：

(一)遼東櫟，北平西山亦稱小葉婆羅(Quercus liaotungensis Kaidz)。

(二)槲櫟亦名青剛樹。(Quercus aliena Blume)。

(三)槲樹，俗名槲婆羅，北平西山多稱婆羅樹(Quercus dentata Thunb)。

(四)黃櫨俗名黃蠟柴，(Cotinus Coggygria Seop Var. cinerea Engler)。

(五)槭樹，俗名楓樹(非真正之楓)，又有雞爪樹，爪子叉，元寶樹，色樹等名(Acer truncatum Bunge)。

(六)杏(Prunus Armeniaca Lim.)。

(七)楷木，北平俗名黃楝樹(Pistacia Chinenses Bunge)。

晚六時半與經天同進晚膳，因天冷，寺僧特備炭火盆。晚八時，以溫度表測溫度，知室中爲十三度，室外四度，晚與經天暢談甚久，後卽就寢。

第六日 十一月五日

遊上方山東部，下山後，經琉璃河逕返北平

晨七時起床，天晴，八時，室外溫度二度。因昨日所遊者爲上方山之西部，今日擬遊東部，遊畢，擬即下山至琉璃河，轉道搭火車回平。

早餐後，於八時十五分，與經天分乘二人肩輿，去遊山之東部。經觀音洞步行至勝泉庵，其地高度四八〇米。庵有二泉，泉水溫度爲十二度。再前行，路多石塊相阻，行多不便。至觀音廟，其地高度五二〇米。廟後爲天然之絕壁，矗立其間，廟下有泉，名一斗泉，在一筒道之盡處，筒道乃人工所建者，至此泉時爲八時四十分。旋回觀音洞，再乘肩輿，于九時十分至普賢殿，殿前置有道光十二年所鑄大鐵鐘一，高約二米。余等觀此鐘後，卽乘肩輿赴浮龍潭，此處高度五一〇米。

浮龍潭附近，樹木甚多，潭口略爲橢圓形，直經約三十米。潭之周圍如筒形，深約七八十米之間。潭底平坦，無水，草亦不多，大小與潭口相等，此潭之形狀奇特處，有非筆墨所能盡寫者。

九時五十分，至大鐘樓，其地高度六〇〇米。鐘爲銅質，高可二米半，爲新鑄者，上鑄有『民國十六年四月八日造』，『江夏傅獄盡敬署』字樣。此樓位於一高坡上，登坡遙望，風景極佳。

十時由大鐘樓循原路回寺。十時四十五分抵兜率

上方山大鐘樓(圖十七)

寺，略進午餐，於十一時十五分仍乘二人肩輿下山。寺僧送至廟門，告以如再來遊時，可先致函寺中，書面上寫：『涿縣長溝鎮天泰成轉』即妥，自當派肩輿至琉璃河相迎，情殊殷切。余等既出，乃由雲梯下山，十二時至接待庵，十二時半，改乘四人肩輿，赴琉璃河，行李仍由驢子運送。

經上中院下中院，於下午一時半至孤山口，二時至天開村，此地高度爲八〇米。村中廟前有元順帝至元三年所立之『大元六聘山天開禪寺重建碑記』一座。按六聘山爲晉時霍原隱居處，出村南望，可見天開寺廢塔半段。二時四十五分過尤家墳村。三時十五分抵西營村，此村門爲鐵絲網所構成，蓋用以防匪也。三時二十五分至趙各莊。三時半至東營村。東營，西營，趙各莊各村，均較上下中院及孤山口，富庶多矣。四時一刻過李莊。五時至琉璃河鎮。五時一刻至琉璃河車站。平漢車本應下午五時三十分到琉璃河，是日誤點，遲至六時餘始開到，余等即乘此車返平。

由琉璃河至上方山之汽車路，已修至天開村，惟修時係分段修築，中間尚有數段未修就也。

由北平至琉璃河有汽車路，余五年前與徐顧諸先生來遊時，係先雇妥大汽車，至琉璃河老爺廟前下車。先遊上方山，次遊西域寺，石經山，旋回琉璃河西之北務娘娘廟。再乘先期雇定之大汽車，經琉璃河返平。

按由琉璃河至上方山之接待庵，約二十四公里。由琉璃河至西域寺，約二十八公里。

餘論

此次遊山所見，如上方山風景之佳，雲水洞景物之奇，西域寺石經山古物之多，皆他方所無者。至於周口店中國猿人洞穴遺址，對于科學尤爲重要，惜此可遊佳點，知之者甚少耳。余以爲所應注意者，有下列兩項：

(一)交通極宜改善：由北平至房山各地，有三路可行：(1)由平乘汽車至周口店，或乘公共汽車至房山縣，再騎驢至上方山或至西域寺。(2)由平乘汽車至琉璃河，再騎驢或乘轎（須先期約定）至上方山或西域寺。（3）由平乘火車至琉璃河，再騎驢或乘轎至上方山或西域寺，或由琉璃河騎驢至周口店。（由琉璃河至周口店之支路火車，僅供運輸煤塊之用，亦可搭客，但開行時間無一定。）以上三路，除汽車火車可通行之一段路程外，其騎驢或乘轎之一段路程，行旅甚苦，故應從速完成由琉璃河至上方山及西域寺之汽車路，以利交通。再加修一支路，逕至西域寺。此汽車路一成，則由平至上方山及西域寺一帶，數小時可達，此地必成爲一重要遊覽區。蓋北平西山一帶風景，以此地爲最勝也。

（二）調查與研究：昔人關於上方山雲水洞西域寺石經山之記述，不乏佳篇，但寫景者多，寫實者少。法人普意雅所著法文『北京及其附近』一書中之石經山西域寺上方山雲水洞各章，（一九二四年北京法文日報出版）與日本東方文化學院京都研究所出版之東方學報內房山雲居寺研究，（一九三五年三月出版）則均有較詳之記述。故余深望吾國學者，對於前人記述，加以整理及考訂，同時對於現存之實物，注意實地調查與研究。余意時局稍定，宜將石經山洞內之石刻佛經，由洞中取出，拓出數份，以供研究。再將洞門用洋灰鐵筋從新修理，藉資保存。此事應由學術機關與中央及地方有關係機關，合組一委員會主持之。蓋此種石刻，于中國文化極有關係，非僅徒以古物爲寶也。 23

本文承顧頡剛先生校閱，張江裁先生整理稿件，李至廣先生繪製地圖，夏緯英先生代訂紅葉植物名稱，又所附照片除余攝製者外，承常惠先生惠贈數張。並以誌謝。

二四，十二月，三十，北平。

縮本四部叢刊初編

▼保存善本眞相　▼縮印廉價發行

商務印書館印行

敝館輯印四部叢刊初編．全書都三百二十三種．八千五百七十三卷．（四種無卷數）凡宋本四十五、金本二、元本十九、影寫宋本十三、影寫元本四、元寫本一、明寫本六、明活字本八、校本二十五、日本高麗舊刻本七、釋道藏本四、餘亦皆爲明清佳刻．發行以來．士林推重．**先後兩版．數逾五千．**一二八之變．再版存書．大半被燬．所留底版．同付刦灰．越今數載．全部者既已售盡．單行者亦幾無餘．嗜學之士．猶時時訪問不絕．愧無以應．因酌時宜．改製新版．**并合册葉．冀便取攜．保存行款．藉留眞面．**用上等瑞典紙影印．洋式裝訂．**國學要籍．具於一編．取價低廉．流通可廣．**茲已製成樣本．發售預約．欲以廉價購讀善本古書者．得此可無旁求矣．

目錄樣本　承索即寄

預約簡則

版式		册數	預約價 一次交	預約價 分次交	郵費	出書期	預約截止期
四開本 上等瑞典紙 膠版精印	平裝紙面	四百册	一百五十元	共一百六十五元 先交三十元 自本年四月至十二月 每月各交十五元	國內及日本十元	本年六月底 九月底 十二月底 分三次出齊	本年四月底止
	精裝布面	一百册	二百元	共二百二十元 先交四十元 自本年四月至十二月 每月各交二十元			

香河小志

張　瑨

一　建置沿革

香河，古燕國地。漢屬廣陽郡。六朝屬燕郡。隋以後屬幽州。唐天寶中，以幽州為范陽，尋復舊。遼太宗會同元年，石晉遣趙瑩奉表賀，以幽，薊，瀛，莫，涿，檀，順，媯，儒，新，武，雲，應，朔，寰，蔚十六州並圖籍獻。詔升幽州為南京幽都府，又曰燕京（見遼史太宗本紀及地理志）。聖宗開泰元年，又改幽都府為析津府。初，遼得晉之十六州，於京東新倉鎮（今寶坻縣治）置榷鹽院，居民聚集，漸成井肆，因於武清北鄙孫村度地之宜，置香河縣，分武清潞縣地屬之（寶坻置於金世宗大定十二年，遼時新倉鎮亦屬香河）。香河建置之年，遼史不載，順天府志明定為開泰元年，甚是。案遼幷晉十六州，以幽州為幽都府在太宗會同元年，其後因循不改，至聖宗易統和三十年為開泰元年（遼史聖宗紀：「十一月甲午朔，文武百官加上尊號，……大赦，改元開泰」），改幽都府為析津府，薊北縣為析津縣，幽都縣為宛平縣，改治建縣，當在此時也。

二　疆域與地勢

香河始置時兼領新倉鎮，地域較廣，其後金置寶坻縣，割香河縣地屬之，香河縣面積乃頓小，東西距僅四十五里，南北距五十五里，民國編縣入三等，蓋亦以其面積小也。大清一統志曰：

「香河縣在府東南一百二十里，東西距四十五里，南北距五十五里。東至寶坻縣界三十里；西至通州界十五里；南至武清縣界二十五里；北至三河縣界三十里。」

其地適當北京與天津之間稍東，右倚運河，全境為一平原。

香河縣之地勢甚平坦，然昔時似較今日為窪下。案縣地舊屬武清，武清本漢雍奴縣地。水經：「雍奴者，藪澤之名，四面有水曰雍，不流曰奴。」則在漢時武清縣地尚甚窪下也。又故籍載京東南有三角淀，延芳淀，皆廣數百里。畿輔通志：

「三角淀，在武清縣南，周帀二百餘里，或云即古雍奴地也。」

延芳淀遼時水尚甚盛，遼史地理志曰：

「漷陰縣本漢泉山之霍村鎮，遼每季春弋獵於延芳淀，居民成邑，就城故漷陰鎮，後改爲縣，在京東南九十里。延芳淀方數百里，春時鵝鶩所聚，夏秋多菱芡。」

水廣數百里，當甚可觀，然今日皆不見。古代之湖澤，皆逐漸淤平，亦地理上可注意之現象也。

三　河道

香河爲一平原，境內無山陵；僅於秋高雨霽時，北望可見山嶺蔥菁耳。縣志則載城北二里有黃土山，四里有沙陀嶺，亦聊舉近似之名，藉補缺憾，實則境內並無山也。

境內之水，圖書集成所載凡十八：曰北運河，王家務引河，香河，紙務河，駱駝港，菓清店河，扳罾口河，蒲池河，高駝子河，牛家港河，蒼頭河，鞬港河，牛濟河，七里莊河，劉宋河，百家灣，董家灣，龍灣，其中以運河爲最大，然經縣境甚少；其他則多名存實亡，如百家灣今爲一村名，而各地志猶載之：今擇其重要者略述其地域與源流，其實無水或水流甚小者從略。

1運河——運河爲南北交通要道，經縣之西境。沿河多沙，不宜種植，水漲決口時，縣之南部受其害。

2蒼頭河——在縣西北二十里，相傳卽蕭后運糧河。俗名漒漒河，又名窩頭河，今俗名五河，大清一統志謂，「水無源，伏秋水發，衆流會於窩頭。」常爲縣北之大害。

3香河——在縣東里許，俗名長溝，以其地種芰荷，多香氣，縣以此名。

4牛濟河——在縣東南三十里，東南入七里莊河。

5蒲池河——在縣東北十五里，又名蒲石河，渠河，渠口河亦入七里莊河。

6龍灣——大明一統志：

「龍灣，在香河縣南四十里，昔呼爲大龍灣，又南爲小龍灣，二水夏秋始合流，經寶坻縣界，入七里海，相傳遼時海運故道。」

案龍灣今名青龍灣，爲運河之支流，自武清縣河西塢北分注，運河水少則下閘，水多則提閘，故苦雨之年則常決口，苦旱之年又長無水，縣之南部及寶坻縣多受此河

2

之害。又今之靑龍灣在縣南四十里，與舊志合，然其南則無小龍灣，而有鎭名河北屯，案屯多爲明初所置，知明初此鎭之南尚有河，則舊志所載之小龍灣矣。

四　城鎭

香河縣治爲磚城，位縣境之西北部。其城牆建築之年畿輔通志曰：

「香河縣城，舊土城，明正德二年甃以磚石。周圍七里二百步，高二丈三尺，廣三丈；池深一丈五尺，闊二丈五尺。嘉靖四十二年知縣范經，隆慶二年知縣萬通，萬曆二十年知縣陳增美各增修；三十二年，河漲堤決，城垣半頹，知縣李垂衛重加修葺。」

縣城今尚完好，然池已不存。

縣所轄之鎭凡三：曰渠口，在城東二十五里；曰劉宋，在城東南三十五里；曰河北屯，在城南四十五里，皆居民聚集，小有商業。

城鎭皆有集市，爲有定期之貿易場。集市每十日四次或二次不等，視各地交易之盛衰而定。

五　教育與交通

香河縣教育落後。全縣共有完全小學五處，城內男小學一，女小學一，三鎭男小學各一。散佈於各村之初級小學不過幾十處，然以經費窘乏，辦理非才，皆奄奄欲息，故兒童求學之機會甚少，女子則尤少讀書者。

境內無平坦之大路，故交通之利器仍爲騾馬或舊式之大車，轎車。近年自行車漸多，多有以之代步者。

六　社會狀況

香河處平津二大都市之間，故經濟皆受此二地之支配。境內爲平原，宜於種植，故人民之職業以農爲本，亦有兼營小本商業者。農民以自耕農爲多，貧富之差別不甚。

香河全境地凡九千餘頃，皆可耕，每年春秋常苦旱，夏日又苦潦，然勞苦之餘，尚能得溫飽。近年農村經濟破產，一般農民亦漸不支，地價由每畝百許元降至五十元以下，然買者絕少，以是不能生活者多棄鄉村而就都市。

農地之生產，可分二季：收麥在五六月，曰麥秋；收穀，黍，玉蜀黍，粱，豆等在八九月，曰大秋。農人以此兩季爲最忙，九月以後，則無工可做，爲一年中之間暇時期。

社會之組織以家爲單位，一家中之個人應爲一家之利益奮鬭，努力。然以生活困難，大家庭絕少，同曾祖之同居者甚稀，祖死則父與伯叔析居乃最普通之現象。

縣境處二大都市之間，故常受戰爭之蹂躪，稅捐苛重，爲人民之大苦。有時軍隊過境，則十室九空。一二年來，以臨戰區，故政治上多生枝節，人民生活之不安，亦一大原因也。

七　民俗

古稱燕趙多慷慨悲歌之士，隋書地理志則曰，『自古言勇俠者皆推幽幷，然前代以來，多文雅之士。』此則古代之情形也，蓋民性因風土及環境而異，香河爲一平原，距山尚有百里，故民性質而不毅，加以境近都門，故重禮教而少進取心，其待人質樸敦厚，姁姁若故人，慷慨悲歌之古風，尚可想見。

婚嫁之俗，生子女三四歲，即由父母之主持，媒妁之說合，先行訂婚。訂婚之前，兩家各以子女之生辰年齡寫給對方，曰小帖，經推算合適後，交換大帖（龍鳳帖），是爲訂婚，俗曰拿帖。結婚之前，由男家擇期通知女方，曰通信。結婚之日，由男家備轎車往女家迎娶，新郎不親迎。

喪葬之事，凡幼年未結婚卽死者不得葬入塋地，死後卽埋。成年人死後，第二日或第三日裝入棺內，曰棺殮。第三日開弔，曰接三。葬期則平均在死後數月內，送喪必備子媳，子持幡杖行於前，曰打幡；媳抱升，坐車內行於後，曰抱罐。

元旦俗稱曰正月初一，是日晨起，鄉黨相賀，見面互道「見面發財」，曰拜年。以示和氣也。

正月初五爲破五。舊俗初五以前不得將室內土掃出，掃出謂之破財。

初七初八不許婦女做活，舊俗云，「初七初八，老鴰拔芽。」謂是日做活則烏鴉拔禾苗之芽也。

正月二十五爲塡倉，是日晨起，須放礮仗，謂可得豐收也。

二月初二日爲龍抬頭，是日應食餃子，以其象龍耳也。

清明祭祖，俗曰上墳。覆土於墓，以酒肉祭之。族有公田者則聚餐，曰吃祖宗。

五月五日爲端午，俗呼五月單五，家家剪蒲艾懸門首，謂可避邪。是日應食角黍，俗呼糉子。

中元節在舊歷七月十五日，是日晚以西瓜皮盛燭，燃置水中，曰撒河燈。

中秋食水菓，月餅，肉，暢飲一日。一年之節令，除夕而外，以此爲最重。

十二月初八日爲蜡八，猶爲古代蜡祭之遺。是日侵晨，以各種米合煮成粥食之，曰蜡八粥。

十二月二十三日祭竈，傳是日竈王上天，報一家之善惡於天帝，傍晚製草馬並竈王像焚之，並祝曰，「好話多說，不好話少說！」

除夕爲一年之末日，故於節令中爲最重，先十餘日卽籌備是日之食品及點綴。是日夜，街市徧懸燈火，人家不得閉門戶，室中亦皆張燈。兒童皆衣新衣，於街道鳴礮仗。出門一望，羅綺滿道，燈火萬家，所謂「百日之張，一日之弛也。」

此外農民之娛樂，則初春有春會，晚秋有社戲，春會之種類甚多，皆舞樂，夜間行之；社戲則雇人演唱，日以繼夜。以二者皆在閒暇之時，故每一舉行，則商賈輻輳，兒女心蕩，近年以年荒世亂，終歲勞苦，不得溫飽，故此僅有之娛樂，亦日就陵夷矣。

二十四年十一月於天津南開。

中國地理學會募集基金啟

吾華地理之學素極重視，誠以職方圖籍爲有國之常經，大師宿儒靡不究心於斯。水經注疏肇自北魏，郡邑志乘盛於南宋，歷朝修一統之志，分縣有風土之書，綜計卷帙，數已累萬。其間河渠利病，邊防要害之類，多由親歷，非徒空談。雖地形改易，人事遷移，而準古酌今，猶切實用。民國以來斯學愈盛，新進學者超軼前修。章炳麟氏有言：「獨苦晚近言地員者，皆詳於郡縣沿革，而山川經紀弗詳，略及天時物產，節解而言，又弗能成條貫。」此乃民國初年之舊聞，最近二十年來之成績，實已大有進步，至堪紀念。就山川經紀言，則如山脈構造，河流發育，海水運動，土壤性質，均有嶄新之貢獻，窺自然之秘奧。就天時物產言，則如季風眞相，旱潦成因，生物分佈，地下富源，亦有空前之發現，釋千古之疑竇。至于人文地理與歷史地理，亦各有其新材料與新問題，條理明暢，源委粲然。而新地圖之完成尤爲民國學術放一異彩。凡此皆賴公私機關多數學者從事於調查採集測候統計，以作有系統有規律之研究，開闢草萊，奠定基礎，使地理學躋於科學之林。科學之特長，在於分晰專精，力求確切，顧分工常賴於合作，專門尤貴於互證。中國之地理學既已表示其濃厚之興趣，與顯著之價值，不能不更進一步而有學會之組織。民國二十三年二月，中國地理學會遂在首都正式成立，基本會員四十人，多爲海內知名學者。以同年八月舉行第一次年會於廬山，次年八月舉行第二次年會於南寧，現會員增至二百餘人，分佈幾遍各省。網羅中國地學之人才，樹立學術救國之信心，此中國地理學會創辦之經過也。

董子曰，正其義不謀其利，明其道不計其功。科學精義要不外是。但純粹與應用，似爲一物之表裏，故科學精神尤在正其義而謀其利，明其道而計其功。今日中國言學術則當新舊交融之會，言政治則當內外交迫之秋，經世致用之務，任重道遠之責，同人又奚敢辭。先進各國地理學會對於國家之宣勞，茲請略舉數論，以徵已行之效。歐洲大戰時，英美德法等國，皆由地理學會廣徵專材，供職政府，或編製地圖，或預報天氣，或籌畫運輸，或贊襄戰略，有裨軍事，効力孔多。及和會既開，需要地理材料尤爲殷富，例如疆界之釐定，富源之分配，海陸孔道之要衝，民族特性之背景，均爲改善國際關係之先決問題，援据該洽，指掌瞭然，亦賴專家之研究有素。其在平時，則世界之商戰已深入腹地，資源之供求常遍及五洲，欲謀利用厚生之方，宜有知己知彼之明，故地理知識在經濟建設特爲切要。倫敦皇家地理學會尤當重於探險長征之事業，意在培養國民經營殖民地之雄心，鼓吹指導不遺餘力。我國雖不尙侵略，但大陸邊疆尙待發展，海外華僑亦應保護，版圖破碎，國權未復，凡屬地利人和之攻究，莫非地理學會之鵠的。知識即權力所寄，學會乃知識之匯。當茲國家棟崩榱折之日，正爲學者戮力效命之時。

總理著作建國方略實業計畫一書，宏綱細目，悉以地理圖志爲依歸，博觀約取，固深切詔示於吾儕矣。

本會會務首在編輯地理學報，每季刊行一册，爲集中之貢獻。自二十三年創刊，現出至第三卷，每期附有歐文節要，與歐美各國交換已逾六十餘處，甚爲海內外學者所稱許。二十三年又正式加入國際地理學會，是年在波蘭京城華沙舉行第十四屆大會，出席代表三十六國，以後每三年一次，輪流在各國舉行，本會當繼續派遣代表提出論文，以求文化上之溝通。其次當在首都設立專門地理圖書館，網羅公私之圖籍，廣蒐異國之寶書，並附設陳列館，以展覽模型儀器標本實物等，藉助研究之工作，兼供各界之參觀。查巴黎地理學會藏書達三十萬卷，地圖萬幅，照片三萬，爲世界最大地學儲藏之一。金陵古稱文獻淵藪，本會宏願當亦在此。此外若叢書之編纂，方志之整理，演講會之舉行，考察團之組織，地理教育之改進，特殊問題之討論，科學獎勵之設置，邦人問津之解答等事，均當按照會章規定，旁稽列國成規，一一求其實施。歷代方志浩如烟海，爲吾國地理知識之寶藏，極有參攷變通之價值，本會今後當發凡起例，詳加考訂，務使此極繁頤之材料，歸納爲極顯著之綱領，所謂溫故知新，而得因果損益之宜。本會欲以科學方法整理方志之工作，想爲留心民事者所樂聞。

攷近世西洋科學發達之歷史，學會與大學實有輔車相倚之勢，蓋一以民力爲主幹，一屬行政之系統，此倡彼和，各有貢獻。惟大學多仰給于國庫，學會則取給於基金，此亦世界之通例。巴黎地理學會創設於一八二一年，至一八二八年柏林地理學會成立，一八三〇年倫敦地理學會成立，一八三一年紐約地理會學成立。我國科學晚起，前後相距至一世紀之遙，追踪先進，不容稍懈。本會成立伊始，除會員會費外，僅恃各機關臨時捐助，限於經費，故先出學報以作導引。茲幸規模粗具，信譽漸著，念會所未建，事業未與，益自策勵，經理事會之議決，爰有募集基金之舉。其總額定爲五萬元。募得之基金當公推委員，妥爲保管。本會每年祇動用息金，由本會理事會核定供建築或設備或常年經費之用。果有較爲豐厚較爲穩固之來源以養本會，庶可專心致志，以謀地理學之猛進，深望政界領袖社會長者，鑒茲微誠，賜予贊助，或慨然解囊，或代爲勸募，慨同舟之誼，竟提倡之功。本會當永懷美意，勒諸金石，傳之不朽，誓竭全體會員之心力，以效忠於中華民族之復興。

以上撮述本會之使命，與此次募集基金之希望及用途，質直陳詞，謹爲緣起。

中國地理學會 會長 翁文灝　理事會代表 竺可楨　幹事 張其昀　會計 胡煥庸　同謹啟　二十五年二月

沈鍊之中國地方志綜錄正誤之正誤

1

朱士嘉

沈鍊之先生中國地方志綜錄正誤先後發表過兩次，第一次載地政月刊第三卷第十二期（民國二十四年十二月出版）。第二次載本刊第五卷第一期（民國二十五年三月一日出版）。內容大致相同。他所列舉出來拙作的錯誤有兩點比較最爲重要：第一，內政部收藏志書在一千種以上，不應該不收錄，第二，指出拙作內祇江蘇一省已有七十條的錯誤。

內政部藏有不少的志書，這個消息我在前一兩年也曾聽到的，但是直到現在，似乎還沒有見到那裏印行的目錄，同時我又因爲職務的關係，不能到南京去調查，所以那裏收藏的志書，一部都不曾收錄在拙作裏，這的確是一個缺憾，但在當時是絕對沒有法子可以彌補的。沈先生既然肯把那一部份的方志目抄出來，自然最好沒有了，希望不久就能夠把牠發表，使大家知道除了拙作所著錄的各家藏志之外，還有那麼許多新的材料。

沈先生依據了三部方志目錄（國立北平圖書館方志目錄，金陵大學圖書館方志目，江蘇省立國學圖書館志書目，油印本）與拙作校對，發現江蘇一省已有七十條錯誤，其中一部份我很樂於接受，但是大部分我還不能表示贊同。

沈先生批評拙作所著錄的方志，以藏於國學圖書館者居大多數，但他所根據的那一部志書目，（不載年月）就不可靠。我已竟把他批評拙作的幾點與江蘇省立國學圖書館圖書總目志部（民國二十四年十二月排印本）。校對一下，發現彼此著錄大有不同的地方，請參攷下面一個比較表：

中國地方志綜錄正誤（依原來次序排列）	國學圖書館圖書總目志部
3光緒重刊本江寧府志，國學有三部，一部殘缺。	國學有四部，一部嘉慶十六年原刊本，三部光緒六年重刊本。（內一部殘存三十一卷）
11同治蘇州府志，國學有一部。	國學有二部，一部殘存二十二卷。
20雲間志三卷續一卷……	國學有三部，一部嘉慶二

嘉慶沈氏刊本，又紹熙雲間志，觀自得齋本國學各有一部。	十年沈氏刊本，二部觀自得齋本。按綜錄正誤稱「雲間志…又紹熙雲間志」易使人誤爲兩種志書，不若稱雲間志…嘉慶沈氏刊本，又觀自得齋本」，較爲清晰。
32…又民國十□（油印字跡模糊）年（按地政月刊所載綜錄正誤作十四年）。…丹陽縣續志，國學有二部。	國學有二部，民國十五年刊本。
39光緒二十一年刊本鹽城縣志，國學有一部。	國學有二部。
40光緒三年刊本清河縣志，國學有二部。	國學有一部。

沈先生初次批評拙作是在民國廿四年十二月，應該知道江蘇省立國學圖書館要在同時印行一部圖書總目志部了，第二次發表那篇文章是在民國廿五年三月一日，應該已竟看見這一部目錄了，何以都沒有去把牠作爲根据而仍舊要去參攷油印本的志書目呢？（這部油印本的志書目，恐怕只有在南京可以見到，外間還沒有傳本。）我把牠來與拙作校對一過，祇江蘇一省已竟發見了可以增加的有七八十條，可以修改的有三十幾條，可以取消的有三條，一共有一百多條，一大半都是沈先生所不曾提到的，這樣看來，那一部目錄是如何重要而竟被沈先生那樣輕輕地忽略過去，是什麼道理呢？沈先生說『…南京的讀者本可以利用國學圖書館所藏的方志，可是打開朱君的綜錄一查，有許多志書不在上面，因此失了參攷的機會。』（其實別的圖書館如燕京大學圖書館最近幾個月添購了幾十種志書，事實上也都不能收錄在拙作裏，只有留待再版時增補了。）難道沈先生在去年十二月裡打開那一部油印本的志書目來，倒可以知道國學圖書館裏所藏的是些什麼志書了麼？

我很可惜沈先生竟虛擲了許多無謂的光陰，根据那不完備的書目來批評拙作，同時臆揣的地方也很多，現在我不客氣的逐條寫在下面：

（一）道光廿年刊本寶應縣志，綜錄明明著錄國學藏有一部，沈先生却說沒有著錄，而且說是道光廿二年刊的，不知有何根据？

(二)同治十三年刻本揚州府志，綜錄著錄北平藏有一部，沈先生却說沒有著錄。應該說北平藏有二部，綜錄僅載一部才對，說綜錄沒有著錄是不對的。

(三)松江府續志修于光緒九年，據原書衛榮光序及凡例。刋於十年。按拙作凡例第七條，凡版本與編纂時期相差不出五六年者不另注明。沈先生竟連這些地方都不細看，開口便說版本有誤，實在太粗心了。

(四)高郵州志修于隆慶六年，見涵芬樓直省志目與嘉慶高郵州志藝文門書目類州志攷。原書已搬至上海，現在不能查攷。沈先生連這兩部書都不去查攷，遽謂「將編纂時期斷定爲六年，不知有何根据」？也未免過于疏略了。

(五)光緒嘉定縣志，綜錄著錄金陵，「二1/缺」，即謂金陵大學圖書館藏有二部，其一有缺卷。符號舉例見拙作凡例第七條。沈先生却說該書並無殘缺，是已不知那個符號究竟代表什麽了。綜錄這一條是從金陵大學圖書館中文地理書目（民國十八年出版）參攷得來的，後來該館的方志目（民國廿二年出版）沒有把缺卷的那一部記載上去，或者也有遺漏罷？那只有到那裏去調查以後，才可以知道了。

(六)咸豐元年刻本重修興化縣志，北平圖書館藏有二部，其一缺卷八半卷。沈先生却說該館只藏有一部，不知如何校對的？

沈先生曾說過：『工具一類的書，首重正確，嚴格說起來，一個錯字都不應當有的』。是的，我很感謝這種公正的指導，但不知道對于工具書的「批評」，是否可以很隨便的不必求其正確？沈先生批評祇江蘇一省已竟有如許錯誤，如果批評全書，那錯誤恐怕正如沈先生所說的：『統加起來，我想一定是一個很驚人的數目字』。

沈先生最後說：『所以我很希望編者在最近的將來將這部書再仔細校勘一遍，重行付印，那麽這部綜錄才可以成爲一部有用的工具書，不會變成騙人的「指南」了！』前幾句話我是絕對接收的，而且我也早就有這個計劃的，至於末一句話未免太離奇了！所謂「騙人」是什麽意思呢？所謂「騙人的指南」又是什麽意思呢？指南者「喻言指引定向，使後學者不至迷惑」，既然藉以「騙人」，又怎麽能够說是「指南」呢？騙人或者是預先做好一個圈套，引誘別人去上當，而自己可以從中取利的一種說法吧？那末我編這部綜錄，究竟有多少人給牠上了當了呢？我自己又曾得到什麼便宜了沒有呢？老實說，拙作所著錄的每一部志書，無論書名，卷數，編纂人，編纂時期，版本，藏書者，以及備考等等，沒有一個字沒有來歷的，沈先生倘若能夠指點出來拙作所依据的材料有何僞造之處，或者證明拙作不是我自己做的，那末或者可以拿「騙人」兩個字來加在拙作上面，如果像閣下那樣很勉強地湊足了七十條錯誤，就可以橫加「非議」，我總認爲不是批評者應有的態度！

平心說起來，凡是對于拙作的一切批評指正我都非常歡迎，但是並沒有一一答覆的必要。這次沈鍊之先生居然不憚煩地，列舉出來七十條的錯誤，眞好像拙作是完全要不得的了，而不知他所批評的非常乖謬，不但這樣，他還要信口漫罵，不僅是「漫罵」，簡直是對於鄙人人格的侮辱，不知這種語句，是否可以出於智識階級如沈先生的筆端之下？

國內地理界消息

葛啟揚 楊向奎 張佩蒼 輯

各省鐵路狀況

上川交通公司展築川南鐵路

測量竣事開始鋪軌

【國聞社云】，上川交通公司，係於民國十三年由黃炎培，顧蘭洲等發起組織。資本共四十萬，築有上海至川沙之輕便鐵道，全長二十一公里；通車以來，業已十年。該路共有大機車三輛，小機車六輛，客車十六輛；全路員工共一百二十人；全年營業收入約二十萬元，除發給年息一分或八九厘，及職工薪俸，火食，辦公，煤炭，修理等費外，間有盈餘。本年起，經股東會議決，通過計劃，將原有之上川綫延長，經過南匯至大團鎮爲止，長二十八公里，經費定六十萬元；除由董事會及舊股東擔任一部分外，餘概招募新股。於本年三月開始測量，早經竣事，且已興工，土方工程已鋪至南匯縣之祝家橋。並向英德兩國，購有枕木十萬根，鋼軌百噸，約於本月內可到滬，即開始敷設路軌，今冬可望完成一段，即行通車。所有機車客車，暫用原有者，一俟將來營業發達時，再添購車廂，逐步擴充云。（廿四，十一，十六，申報）

浙贛路定期通車由杭州直達南昌

【中央社杭州三日電】浙贛鐵路南玉段現已將次完成。三日據路局局長杜鎮遠語記者，南玉段完成在即，現已决定二十日通車，由杭州直達南昌。至通車典禮日期，現局方亦已預定明年一月五日舉行，惟確期尚待曾養甫理事長返浙，作最後决定云。

【中央社南昌三日電】浙贛鐵路貴溪大橋二十日前竣工，元旦舉行通車典禮，以後由省至杭，二十餘小時可達。（廿四，一二，四，大公報）

【中央社南昌四日電】浙贛路南玉段三百公里，十八個月完成，打破國內任何鐵路工程紀錄。決於二十五日開始行駛工程列車：元旦在南昌行通車典禮，正式營業。自南昌北站至杭票價十元八角，需時二十四小時，將來可望縮短五小時云。（廿四，十二，五，大公報）

贛閩鐵路路線勘定

經費預算爲二千萬

【南京二十三日下午十時發專電】贛閩鐵路線已勘定，自上饒經浦城建甌而達南平，建築工程由浙贛路局及贛閩兩路局共同負責主持，經費預算爲二千萬。除已接洽發行公債外，餘由兩省府合籌五百萬，明年一月開始進行路基工程。（廿四，十一，廿四，大公報）

粵漢鐵路完成過半

【中央社香港二十一日電】省訊、路息粵路全段已完成過半，南段隧道十七，最長者百餘公尺，最短者四六公尺，均已完成。明年八月南北段可接軌，年底即通車。（廿四，十一，廿二，大公報）

滄石鐵路

將積極興修敷軌

【保定電話】河北省各界士紳近以本省建設事業進步遲緩，政府之計劃雖多，實際舉辦者殊屬寥寥。爲促進建設計，認爲對各種建設事業，應由民力自籌自辦，以期有顯著之進步。滄石鐵路爲本省橫貫東西一大幹路，於全省經濟之發展，關係至爲重要。乃自路基鋪竣後，數年來迄未敷軌行車，半已荒廢。故第一步計劃，擬依照晉省築路辦法，由政府與人民協力修築，以期早日完成。現計劃業經擬定，因商主席臥病醫院，故尚未呈請省府核示，俟商氏病愈後，即可開始進行。此爲河北民衆促進建設之先聲，極盼省政當局予以贊助云。（一日）（廿四，十二，二，大公報）

同蒲鐵路原平至風陵渡本月十日通車

行車時間三十九小時，平汾白晉線積極興工

【太原通信】同蒲路總指揮部，刻以該路南段永濟至風陵渡，及風陵渡口鐵道工程，及各部岔線，均已鋪設完竣。特令各該站負責人員及督修員等，於本月底迅速將風陵渡等站站台票房，及風陵渡機車庫水塔灰坑等，設備完整。對風陵口鐵路工程，經與隴海路接洽就緒；俟閻主任核定後，即可進行。現在仍以渡口以北爲限，依照近來調查客貨運輸情形，定下月十日，實行原平風陵渡直達通車，以利交通，而重客貨運輸。所有該項通車時間及價目等，同蒲路管理處，業於通車永濟時，分別規定：由原平至風陵渡，三等客車價目爲十元八角，行車時間爲三十九小時廿一分鐘。於第一日晨七時，由原平啓程，於翌日晚九時廿一分，即可到達風陵渡站。所有車務機務工務等設備，現已由管理處分別着手籌備。除機務設備，已由機車廠臨時撥機車外，其餘均須於本月底籌備就緒，以資應用云。又同蒲路平汾及白晉兩支線，奉閻主任諭於本年八月間實施土方工程以來，迄已數月；據聞工程進行情形，平汾路刻已及半，約於明年冰解後即可鋪軌。白晉路因路線較長，由太谷子洪鎮開工後，現在完成者已達三分之一，約於明年三月間，可分別興築完工，於端陽節前後，始可進行鋪軌工程云。（二十八日）

（廿四，十二，十一，大公報）

隴路西展敷軌限期達咸陽

咸建臨時車站已竣，建廳準備發展咸市

【中央社二十日西安電】隴海路十八日開始敷軌後，進展頗速，現已達三橋附近，路局限二十五天由西安敷達咸陽，咸陽臨時車站已建竣。又將來隴海及咸同兩鐵道通車後，咸陽必更有發展，建廳特派員勘查咸市區以備將來市政發展之準備。

（廿四，十一，廿一，上海晨報）

渭河鐵橋已開始鋪架鐵軌

【西安通信】隴海路西咸段渭河輕便鐵橋，自月前修建以來，工程進展頗速。路局茲爲趕期完工計，特於日前派員前往咸陽與該縣邵縣長接洽，調撥船隻，俾利工作之推進。昨據由咸陽工務所來省之某工程人員談，刻咸陽縣政府已撥到民船十餘隻，工程進行，效率倍增。現已將椿打竣，開始架鋪鐵道，下月十日前後即可竣工云。（二十六日）

（廿四，十二，一，大公報）

隴海路局展築咸同支綫

開發渭北各地產業，勘測工作業已開始

【西安通信】陝省各縣，地藴素極豐富，尤以渭北之同官耀縣一帶，煤產更多，且同官之古製黃磁，亦著稱于時，惜因交通不便，運輸艱困，以致陝省其他各地民間炊用，反多仰給于晉豫各省，即同官之磁業，亦因此種關係，日趨衰落。陝當局有見及此，爲謀開發該地煤產，及振興固有實業起見，昔曾商請隴海路局，計劃修築由咸陽至宜耀間之輕便鐵路，以期開發交通，促進工商。嗣以隴海灘西段鐵路，未克完成，故該項擬議，又中途而止。茲省當局以隴海路已展至西安，西咸段亦可在短期內完竣。又因各地市面，漸趨繁榮，人口頓形增加，關于煤炭一項，較前倍覺需要。復經省主席邵力子氏，與隴海路局長錢宗澤，迭次往返磋商；結果，決定由省局合作，共同修築咸(陽)同(官)路。並爲增加效率，一勞永逸計，決改變原擬興建輕便鐵道計劃，改築普通鐵道。現隴海路局方面，已先派工程師二人，率領勘測路工，於日昨由鄭抵陝，出發開始勘測工作，一俟路線勘定之後，即行設計，進行興築。聞省府方面，除電覆錢局長，盡力協助，一面電京報告邵主席外，並特電沿各縣，及同官縣長，務須妥爲協助，以利進行云。（十二日）

（廿四，十一，十七，大公報）

測量隊出發　修築咸同鐵道測量隊，已由省出發，分咸同兩綫勘測。俟與建設銀公司之借欵合同簽定後，明春可興工。（十七日中央社電）

（廿四，十一，十八，申報）

路線勘測完畢　咸同鐵道前分咸同渭同兩路勘線，兩勘線隊二十六日勘畢返省，兩線均繪就圖表，俟隴海路局審核決定擇修某線。又西漢路鳳翔經寶鷄至鳳縣段，已售票通車。

（廿四，十一，廿八，大公報）

本會地圖底本甲種圖分幅及已出版，新出版之各幅圖名表

	68°–76°	76°–84°	84°–92°	92°–100°	100°–108°	108°–116°	116°–124°	124°–132°	132°–140°
54°–50°			6 加達	5 烏素	4 伊爾庫次克	3 赤塔	2 漠河	1 瑷琿	
50°–46°			13 科布多	12 烏里雅蘇台	11 庫倫	10 克魯倫	9 龍江	8 海倫	7 伯利
46°–42°		21 伊寧	20 迪化	19 哈密	18 居延	17 烏得	16 赤峯	15 永吉	14 虎林
42°–38°	29 烏魯克恰提	28 溫宿	27 婼羌	26 敦煌	25 寧夏	24 歸綏	23 北平	22 平壤	
38°–34°	37 蒲犁	36 和闐	35 甘森	34 都蘭	33 皋蘭	32 長安	31 歷城	30 京城	
34°–30°		43 噶大克	42 西泥沙	41 昌都	40 成都	39 漢口	38 南京		
30°–26°		49 德里	48 拉薩	47 鹽井	46 貴筑	45 長沙	44 閩侯		
26°–22°				53 瓦城	52 昆明	51 番禺	50 廈門		
22°–18°				56 物朗	55 河內	54 瓊山			

附記 凡圖名下未加橫線各幅皆係正在校改而未付印者
凡圖名下加——橫線各幅皆係已出版者
凡圖名下加══雙橫線各幅皆係新出版者

定價 一色版淺紅及淺綠二種每幅售洋 一角
黑版套色每幅售洋 一角二分

本會地圖底本甲種圖之特色

（一）用經緯綫分幅，比例同大，這張和那張，分得開，合得攏，要大要小，得隨使用者的心意規定。

（一）每幅皆分印淺紅，淺綠，及黑版套色三種，使用者可以按着自己應加添之色而採購，免去色不顯之弊。凡購紅綠單色圖者，如更購黑版套色圖以作對照，便可一目了然。

（一）每幅於圖廓邊，將經緯度每度之分度，每十分畫一分劃，以便使用者根據此分劃，精密的計算經緯度而添繪各種事物。

（一）為免除地物繁密碍及添繪畫線之清顯，及預備使用者多量添繪起見，本圖除將天然地物及有關行政之界綫，城，市，關隘……列入外，他如道路，鐵道……概從省略。

（一）本圖對於行政區分註記，務期詳明。普通圖對於省會而兼市，且為縣治所在地；或既為縣治所在地，又為省隸市，……諸地方，皆僅註一名，而不備註其行政上不同性之諸名。本圖則對於一地而兼數治之地方，或以圖式之區分，或按字體之不同，舉凡該地行政上應有之名稱，俱各備註，以備參考。（例：四川省會成都，既為省會，又為省隸市，而成都，華陽兩縣治亦在該地。本圖則用省會圖式，註與省隸市同體同大之成都市，並附註與縣治同體同大成都，華陽兩縣治名。務使其既詳備，且簡明。）

批發簡章 凡寄售者一律七五折，現款批發七折，現款一百張以上者六五折，現款二百張以上者六折，現款三百張以上者五五折，本會會員無論零整一律六折。

發行所 禹貢學會 北平總代售處景山書社 北平景山東街十七號

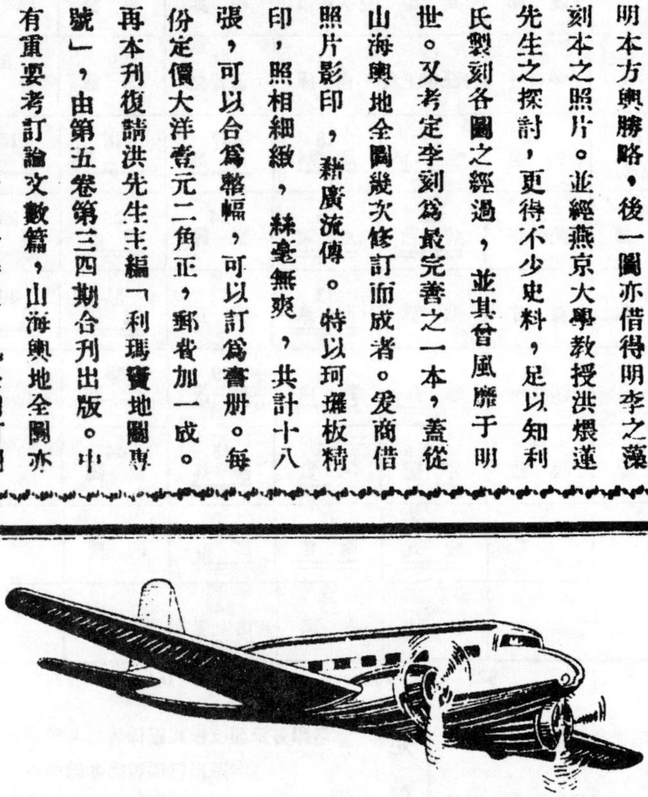

出版者：禹貢學會。
編輯者：顧頡剛，馮家昇。
出版日期：每月一日，十六日。
發行所：北平成府蔣家胡同三號禹貢學會。
印刷者：北平成府引得校印所。

禹貢

半月刊

價目：每期零售洋貳角。豫定半年十二期，洋壹圓伍角，郵費壹角伍分；全年二十四期，洋叁圓，郵費叁角。國外全年郵費貳圓肆角。

本期定價大洋五角

The Chinese Historical Geography

Semi-monthly Magazine

Vol. V, Nos. 3-4 Total Nos. 51-52 April 11, 1936

Address: 3 Chiang-Chia Hutung, Cheng-Fu, Peiping, China

第五卷 第三四合期（利瑪竇世界地圖專號）

民國二十五年四月十一日出版

（總數第五十一 五十二期）

內政部登記證警字第叁肆陸壹號 中華郵政特准掛號認為新聞紙類

本刊啟事

本刊本期係由本會會員燕京大學歷史學系教授洪煨蓮先生編輯，着手於去年夏季，原擬在第四卷中出版。嗣以分配題目，搜集材料，撰述論文，彌感工作之艱鉅，畢力赴事，至今春方得脫稿，遂改於本卷發表。此為本刊發行以來第一次有計畫之合作，亦為本會創造之際留一深刻之紀念。凡我會內外同志，幸鑒同人風雨雞鳴之苦心，不吝指導，俾他日本會工作有廣大之開展，學術幸甚。此啟。

本會紀事

本會自本年一月起籌募基金，藉謀永久維持之術，已見本刊第四卷第十期中。所有收到捐款，除存儲銀行生息外，當逐月報告，以徵信實。茲將三月分所收款項，具列下方，並致感謝：

于思泊先生捐國幣叁拾元正。

孫媛貞女士經手募捐國幣肆拾壹元正：

俞鈺女士捐五元
畢觀貞先生捐二元
鄭楓強先生捐二元
秦惟明女士捐一元
顧欽伯先生捐二元
李海曾先生捐二元
黃則民先生捐五元
錢淑儀女士捐二元
許鍾英先生捐一元
馮繼君先生捐三元
湯立章女士捐一元
韓時俊先生捐二元
殷曉帆先生捐五元
金陸珍女士捐二元
黃蘭翹女士捐一元
袁蔚哉先生捐二元
吳仲華先生捐二元
李圓妹女士捐一元

贈書志謝

自本年三月十六日至四月十日本會收到下列贈書，敬載書名，藉申謝悃。

國民政府行政院鐵道部贈：

國有鐵路勞工統計二冊　鐵道部總務司勞工科編輯
第一種一冊　民國廿二年出版
第二種一冊　民國廿四年出版
大運鐵路經濟調查報告書（鐵道部經濟叢書）一冊　鐵道部業務司調查科編　民國廿三年出版

濟南求是月刊社贈：

國術戰讀一冊　田弘毅　馬志然編輯　求是月刊社出版　民國廿五年排印本

中央古物保管委員會贈：

六朝陵墓調查報告（中央古物保管委員會調查報告第一輯）一冊　中央古物保管委員會編輯　民國廿四年八月出版

國立武漢大學贈：

湖北江河流域災情調查報告一冊　夏道平　張克明合編　國立武漢大學刊　民國廿四年出版

禹貢第五卷第五期目錄豫告（二十五年五月一日出版）

本刊總經售處：北平景山東街十七號景山書社　南京太平街新生命書局

本刊代售處

北平北京大學研究院楊向奎先生
北平燕京大學史學系侯仁之先生
北平輔仁大學史學系史念海先生
北平清華大學史學系吳春晗先生
北平北平圖書館王以中先生
北平隆福寺街文奎堂書舖
北平隆福寺街文殿閣書舖
北平琉璃廠寶德堂書舖
北平琉璃廠來薰閣書舖
北平琉璃廠邃雅齋書舖
北平琉璃廠新生命書局
北平琉璃廠人文書店
北平東安市場佩文齋書舖
北平東安市場新智書局
北平東安市場岐山書社
北平東安市場福華書社
北平西單商場知行書局
北平成府競進分社
天津法租界二十六號路世界圖書局
天津南開中學前會友書局
濟南濟南雜誌社
太原樓兒底覺民書報社
開封新書業街龍文書莊
南京中央大學門前鍾山書局
南京太平路正中書局
上海四馬路開明書店
上海五馬路亞東圖書館
上海棋盤街寶善里新生命書局
上海四馬路上海雜誌公司
上海福州路生活書店
蘇州五卅路國學小書堆
蘇州宮巷時代雜誌服務社
安慶安徽大學李貫英先生
廈門思明路生活書店
漢口湖北街良友公司史天行先生
南昌中山路南昌書局
武昌橫街頭新生命書局
武昌察院坡亞新地學社
長沙府正街金城圖書文具公司
重慶售珠市北新書局
重慶天主堂街重慶書店
重慶商業場西二街今日出版合作社
萬縣環城一馬路世界圖書局
成都少城祠堂街開明書店
廣州中山大學董紹良先生
廣州中山大學楊成志先生
廣州東山學海書院譚其驤先生
廣州文德路廣東省立編印局
廣州永漢路上海雜誌公司廣州支店
西安大公報西安分館
綏遠楊家巷十二號綏遠新聞社
日本京都中京區彙文堂書店

插圖一

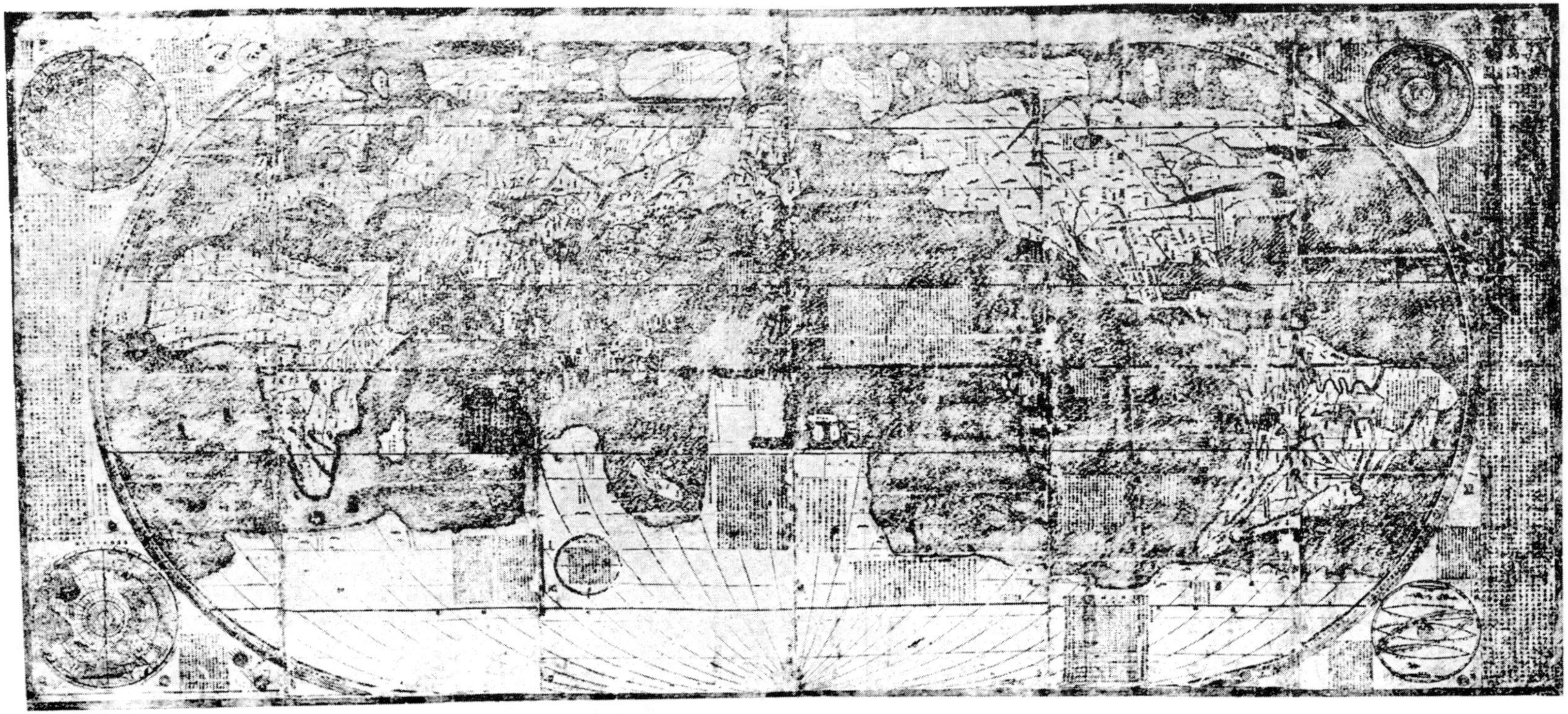

THE WORLD MAP BY FATHER MATTEO RICCI
in the Collection of the Royal Geographical Society
（出英文地理雜誌）

插圖二

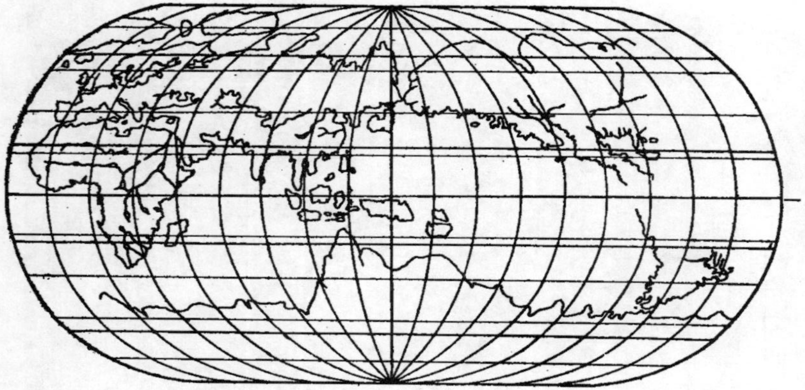

OUTLINE OF THE AMBROSIANA MAP

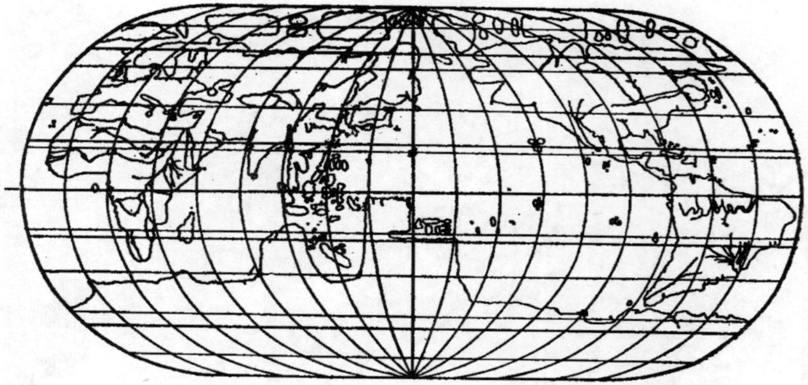

OUTLINE OF THE RICCI MAP OVERLEAF

（出英文地理雜誌）

插圖三

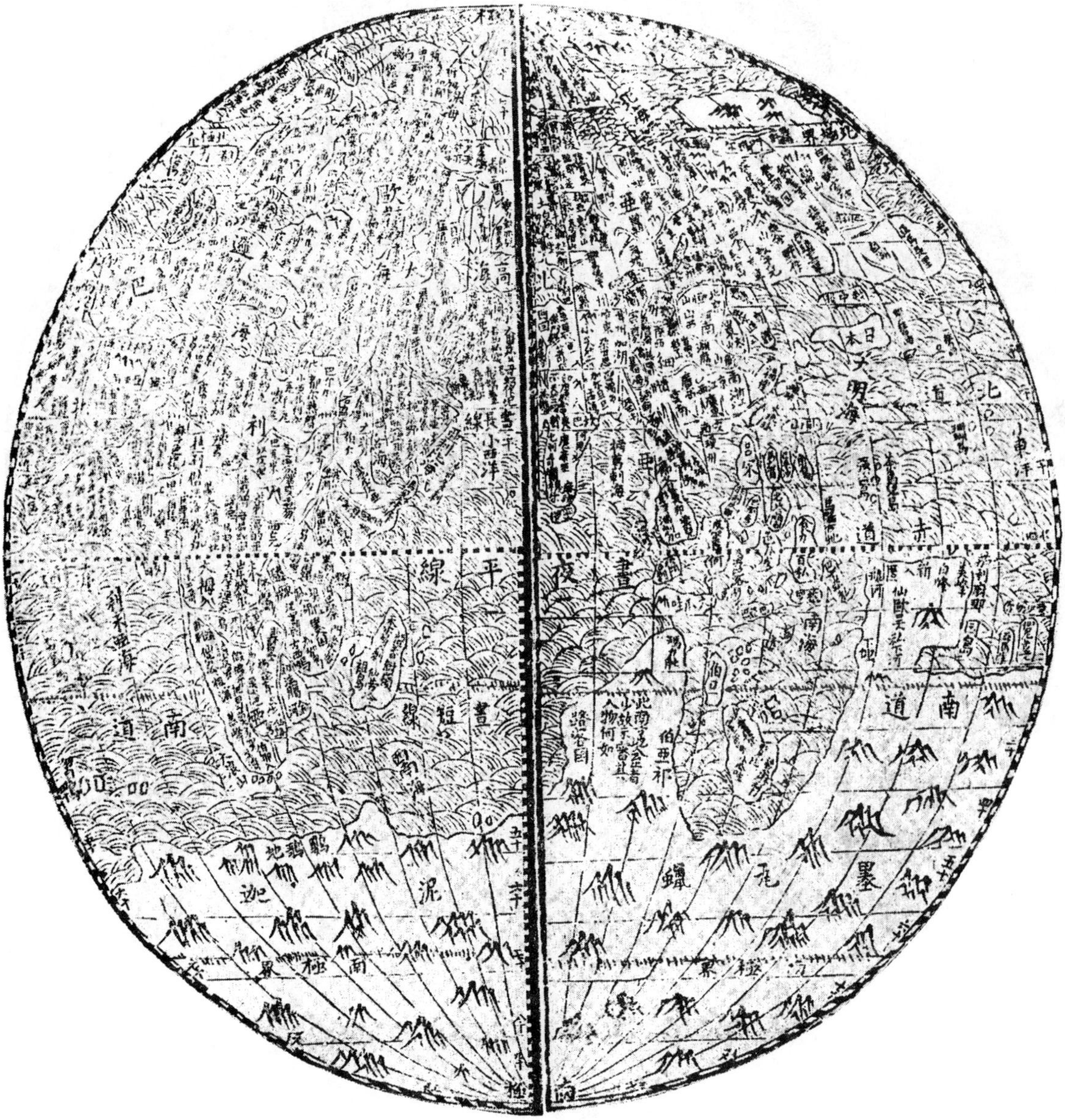

(出方輿勝略)

插 圖 四

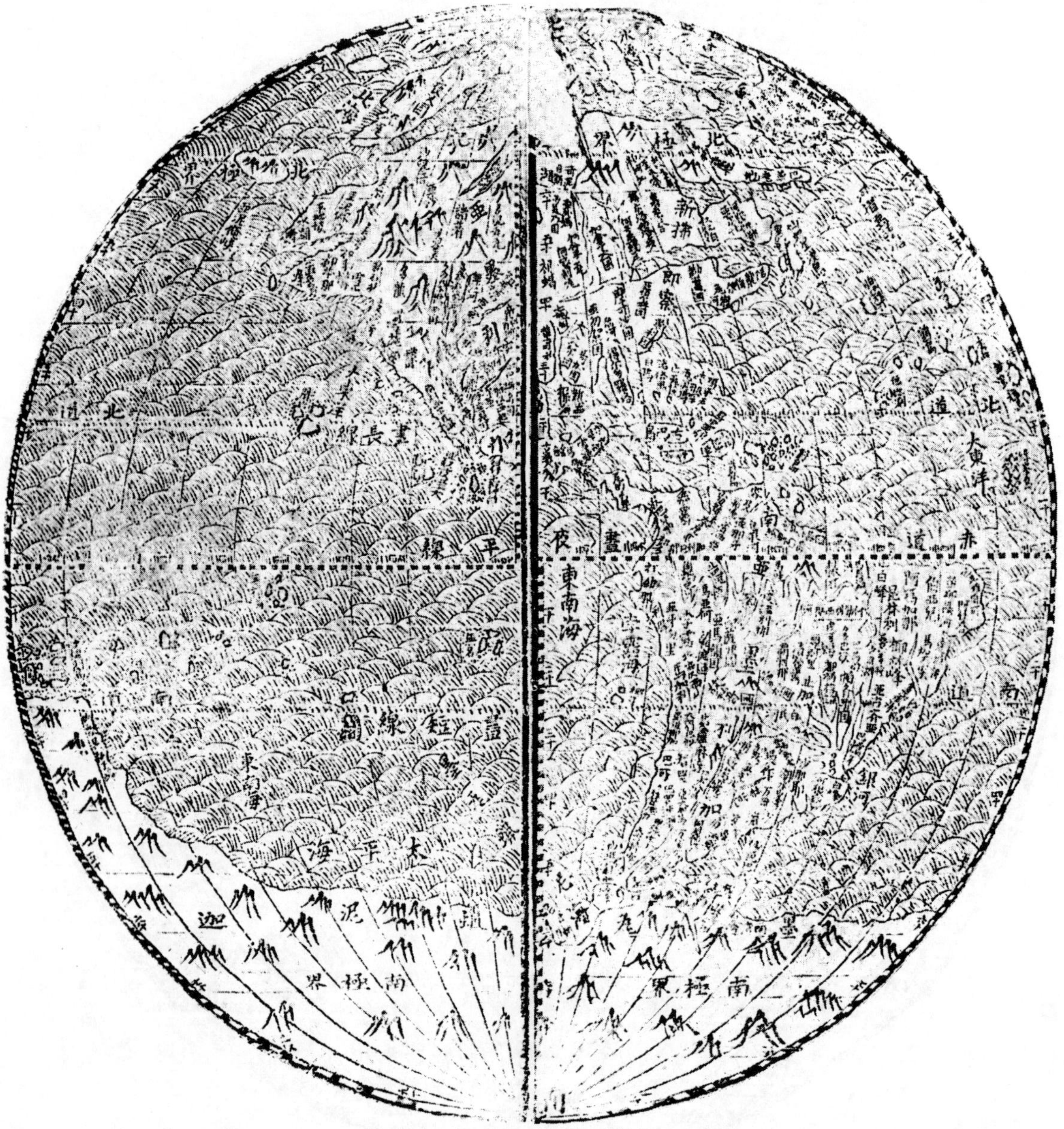

（出方輿勝略）

考利瑪竇的世界地圖

洪煨蓮

民國二十四年夏間，顧頡剛先生爲燕京大學圖書館，訪購圖書，遇見方輿勝略一部。此書，十八卷，而其後附外夷六卷。卷首有萬曆三十七年，三十八年，1609–1610 李維楨，焦竑，朱謀瑋，徐來鳳，南師仲諸家之序。卷十八末有「萬曆己酉 1609 冬日付鐫」字樣；好像其書卽刻成於萬曆三十八年者。據諸序，知原書的編纂開始於盱眙馮應京，籌畫於新建李鼎，踵成於新安程百二。

這部書不見於明史藝文志中。黃虞稷的千頃堂書目[1]，地理類，有「馮如京方輿勝覽，程百一方輿勝覽」。書名不相符，撰人之名又兩誤，且不記卷數，可知黃氏並未看見原書。我又稍檢今昔藏書家目錄數十種，除了徐乘義的培林堂書目[2]，和日本內閣文庫漢書目錄[3]，曾著錄此書外，其餘則還未檢著。就此，已可見此書不易多得。翻閱書的內容，最可驚異者，乃是外夷卷一。這卷一實有兩卷，板心葉數各自起訖。前個卷一共有四十一葉[4]。這裏面：有利瑪竇的山海輿地全圖爲東西兩半球各一圖；有山海輿地全圖解；有各國經緯度分表；有馮應京，吳中明，徐光啓，張宗元，程百二，徐時進，諸家的序跋文字。

關於現存利瑪竇的世界地圖，我們前此所知道的，國中有寫本三，國外有刻本四，或五，皆是六條屏幅連合起來成一橢圓形之大圖。這大圖的左邊上下兩角亦附有南北兩半球的圓形圖各一。但前此我們並不知利氏曾繪有東西兩半球的圓形圖。於是這兩小圖和各大圖的關係，很值得考究。

一年以前我曾答應了顧先生，允爲禹貢撰文一篇。現在顧先生要我借這個機會，幫他的忙，爲禹貢編一期紀念利瑪竇的專號。這是義不容辭的。諸位朋友所著譯的論文而外，我自己亦至少要寫一篇。我所自定的題目，就是要考利瑪竇的各種世界地圖的關係。

關於利瑪竇事蹟的史料，幸而不甚缺乏。在中文方面，最重要的要推明末意大利人艾儒略神甫（Giulio Aleni, 1582-1649）所著的利先生行蹟，其書大約撰成於崇禎三，五，年之間 1630-1632[5]。民國五年馬相伯先生（良）用上海徐家匯藏書樓所藏抄本，與英歛之先生（華）共同校讀；八年由陳援庵先生（垣）校後，付排印。這是印本之一。巴黎法國圖書館亦有舊抄本三本[6]；日本齋藤清太郎抄其一，後由中村久次郎教授（此君於昭和四年 1929 改姓中山）校錄，印於所撰利瑪竇傳[7]中。這兩個印本微有不同。本期禹貢中登載周一良君所譯的中山君全文，而中山君所錄的大西西泰利先生行蹟亦附印於內，以便學者校讀。中山教授所撰之傳，鈎稽舊籍，不遺餘力，雖於行文組織微嫌散漫，然其徵引廣博，頗可驚異。

又明史中的意大里亞傳敘述利瑪竇事蹟幾居全傳之半，也是很重要的史料。二年前，張維華君著明史佛郎機呂宋和蘭意大里亞四傳注釋[8]，既將尤侗，萬斯同(?)，王鴻緒，三家傳文與明史傳文勘校，又復遠徵博引，細加注證；這也是可喜的貢獻。讀者若看了張君的注釋和中山君所撰的傳，已可得利瑪竇事蹟之大略，故我於此文裏不更贅述。我所要詳敘的乃利瑪竇繪刻其各地圖之經過。

若專考利氏各地圖之經過，則前邊所舉的史料尚嫌不足。幸而我們現時尚可看見利氏自己著述的一部分。在萬曆二十二年 1594 的時候，利氏到中國已十二年了，他此時已打算編纂一部記述耶穌會在中國傳教的史書。大約是因忙於別事，直到萬曆三十六年 1608 —這是他未卒前兩年——他纔得如願動手，以意大利文編著此書。書分五卷，卷各若干章不等。第五卷後段關於北京以外各地傳教士之景況，乃以葡萄牙文寫下，這大約是照用各地報告的原文，不暇改譯，而寫到這裏的時候，利氏已病得厲害了。利氏卒 1610 後，金尼各神甫（Nicolaus Trigault, 1577-1628）將原書增減迻譯成拉丁文，再加上他自己所著的兩章，敘述利氏卒後喪葬事宜，綴於第五卷之末，合成一書，稱中華傳教記，以一六一五年在歐洲出版；其後各地翻本，及各國譯本，約共十種。[9]至於利氏原書，則由羅馬耶穌會總會收藏。大家不知利氏之意文原書故在，甚至有以拉丁文之中華傳教記譯成意文者；這是多麼可憐的工作！直到利氏卒後三百年紀念大會之後，原書纔得傳行於世；耶穌會汾居立神甫 Pietro Tacchi Venturi[10] 編訂利瑪竇全集二大册；上册出版於一九一一年，卽利氏之入華記錄原書，亦加有金氏所撰的兩章；下册出版於一九一三年，其內容則利氏的歐文信翰共四十四件又附錄二十九件多爲他人書信而於考證利氏事蹟有補益者。[11]這部書現時已不易得。承國立北平圖書館館長袁守和先生（同禮）的好意，慨然肯借給我；但我並未學過意大利文，幸而又得燕京大學同事美國劉兆慧先生(George Loehr)惠然助我譯讀；我相信這兩册是考利氏事蹟最好不過的史料了。

這兩册裏雖有好些敘到利氏地圖的文字，但對於地圖的本身，可惜只就羅馬瓦第剛 Va tican 圖書館所藏之全圖取其六幅之一，影縮而印其半，故所看得見的只是原圖的十二分之一。

北平歷史博物館原藏的彩色繪本，我雖從前看過，現却記憶不清。今此圖已遷到南方，此時不能再看。幸而館中尚有新摹繪本，承裘子元先生（善元）的好意，允禹貢學會攝下十二張的照片。以這些照片參對從前上海東方雜誌[12]和天津河北博物院半月刊[13]所披露之縮版全圖，總算可以勉強地代替歷史博物館所藏的原圖了。

北平交民巷台吉廠理格洋行之主人，意大利理格先生(G. Nicolas) 亦藏有彩色舊繪本一圖。承他示我以十分清晰的照片。我見得原圖第四幅的上端紙頗殘缺，然其圖中所寫的文字，所繪的地形，和船，魚，禽，獸，等等，全與歷史博物館之原圖一致。理格君且告我：他的原圖之尺寸，設色，盡與博物館本相同。因此，我姑定：這兩圖同屬一個時代，且同出於一源，不必請他費神去取原圖相示，亦未嘗向他借照片來研究。

在一八七四年英國的地理學專家玉爾 (Henry Yule, 1820-1889)曾想到利瑪竇的世界地圖應作如何狀態，於是依他自己的見解，試畫出一小張，登於英國皇家地理學會的地理雜誌中。他雖是皇家地理學會的一個重要會員，却不曾知道該會的圖書館裏當時適有利氏的刻本地圖一大張；其圖與玉氏所試畫的乃差得甚遠！這張原刻地圖直待到一九一七年，然後由英人巴德雷 J. F. Baddley 發見出來。在這個時候英國的學者已知道瓦第剛圖書館所藏的地圖。一九一零年意國米蘭安布洛茲 Ambrosiana 圖書館內還發見有一張當時大衆所疑以爲亦是利氏所刻的地圖。這也是英國學者所知道的。這三本地圖—米蘭，羅馬，倫敦—彼此之關係如何？於是巴德雷和另二位英國學者，一個地理學家希伍德 E. Heawood，一個漢學家翟理斯(Lionel Giles)，三人皆有考證的著作，載於一九一七，一九一八，一九一九，三年的地理雜誌中。[14]在這雜誌裏他們附印了三個圖。一是倫敦本全圖的縮影；底本微有殘闕，彩色間作黯黑，故影樣不甚清楚，然取顯微鏡觀之，尙約略可辨其大半。其餘二小圖則重摹米蘭，倫敦，二圖之投影；雖沒有字，然甚清晰，一望而可見二圖之不同。至於羅馬所藏的圖，翟氏僅據汾屠立所影印出的那一部分，來和倫敦本相比較。他發見：羅馬本之「大明」二字在倫敦本中或改爲「大淸」，或改爲「中國」。其餘之文字及圖形盡相同。因此，他斷定：這二印本乃出於同一刻版，不過滿淸入關後，版中稍有挖改而已。至於米蘭本的地圖，巴，希，翟，三氏的意見，各不相同。希氏以爲那是利氏的圖，不過刻時較早於倫敦藏本約十年。因爲兩時所用歐洲原圖的藍本各不同，故所刻之二圖亦不同。巴氏因米蘭本之圖既較倫敦本小得幾十倍，而圖上又無注釋，遂疑其爲中國人縮小而翻刻利氏某種原圖以附於書籍內，移圖上之注釋入書，故圖上僅有地名而已。翟氏因倫敦本中翻譯外國地名所用之漢字輒與米蘭本不同，遂斷米蘭本殆非利氏所爲。我讀了三家之文，覺得希氏之說有點勉強；而巴，翟，二氏之說尙可參合而取其長。巴氏所報告米蘭本圖樣之尺寸（直二四•三橫四八•五公分）；果似摺置於書內之地圖；然其圖中譯名既輒與利譯不同，則繪其圖者殆非不嫻歐文之明末中國學者。因此，我想到也許是艾儒略職方外紀中所附之萬國全圖。我從燕京大學圖書館借出天學初函；果然萬國全圖之尺寸正與米蘭本相同，而二圖之投影亦復相類。但我未見米蘭本圖樣，尙未敢固斷二圖必出於一版。後忽於日本石田幹之助，園下大慧，二君所輯之東洋歷史參考圖證[15]中見其第一零二五號爲縮影米蘭本之圖，蓋重影三百年紀念會錄[16]中所附者。影圖雖小，大字尙可辨識，取與萬國全圖相校，乃盡同不異。米蘭本一案可以斷決矣。可惜東洋歷史參考圖證第一零三五號亦縮影職方外紀萬國全圖之一部，石田，園下，二君乃未識前之所謂利瑪竇地圖者，實與此圖同出於一版。

其實，日本自有一本利瑪竇的大圖，而其發見且在羅馬，倫敦諸本之先。明治三十七年 1904 京都帝國大學圖書館以所藏之利氏六幅大圖付史料編纂展覽會陳列。越年青楓生學士爲簡略說明及說明補遺二文分載於日本歷史地理研究會所編行之歷史地理第七卷第一，二，兩號中；稍亦徵引西籍，略具始末；且以全圖之第四幅縮影，印附卷首。同年，研究會又影照全圖，複印若干份，有出賣廣告，亦登該雜誌第一號中。

北平歷史博物館原藏之地圖，據東方雜誌縮影本後之說明，乃該館購自北平琉璃廠某古玩鋪，而於民國十二年四月，懸掛展覽。民國十七年耶穌會法國裴治堂神甫（化行 Henri Bernard）以法文撰文一篇，題曰：北京歷史博物館所藏利瑪竇之世界地圖，由法文北京政聞報以小册子出版[17]；册子內亦附有一小張縮影歷史博物館藏圖。在這小册子內，裴神甫雖未討論歷史博物館藏本之圖，却細檢了西文的材料。他所作自一五八四年至一六零八年利氏地圖之年表，我現今雖未能完全同意，却從那裏得了不少有益的暗示。可惜這小册子印刷得太不佳；連裴神甫的名字都印錯了；且考證要點，輒漏其出處之注；眞叫我不樂。碰巧裴神甫一天從天津來，光顧到我，我和他談及此事；他慨然允寄與我應加之注及應修改之文。尤妙者，他竟得有日本京都帝國大學圖書館藏圖之影本全份，且亦慨允借給我用。他去了之後，果於十月九日由寧津把這些都寄給我，眞可感謝。我此文裏面所引利氏全集之文，幾乎全從裴神甫注文轉檢而得。他所增之注中有一條甚叫我愉快。他說米蘭本地圖不出於利瑪竇，而實同於艾儒略職方外紀中之總圖。這與我的意見正相同。他所寄借給我那十八張影片，十分清晰得可愛。有了這付影片，我纔能左校歷史博物館本之諸圖樣，而右校方輿勝略中之山海輿地全圖。若無這十八張圖片，也許我這篇文就做不成。

（二）

利瑪竇之來中國，是來傳天主教的。也許原先並未料及要爲中國畫世界地圖。然而後來他竟爲中國畫而屢畫世界地圖，這有幾個緣因。

歐洲的十六世紀是探險航行的世紀，是新陸發見的世紀，是地理學勃興的世紀，是新地圖屢出而屢變的世紀。利氏生於（1552）這個時代，受過高等教育，又復浮海遠行，越重洋而至當時地理學家所欲知而未能周知之中國，不管他處心養志之如何超世絕俗，但時代風氣之所薰陶，個人經驗之所適合，自能使他到處留心地理，「喜聞各方風俗，與其名勝」[18]，而其「積歲札記」[19]之中，就有地理的材料。後來他曾說[20]：

「且予自大西洋浮海入中國至晝夜平線，已見南北二極皆在平地，略無高低。道轉而南，過大浪山，已見南極出地三十六度。」

這也許即出於札記中之材料。其事乃遠在他未到澳門以前四年。當時在船上，他已注意到航海測量，可見他是帶着地理癖東來的。這是遠因。

利氏在印度之臥亞學習神學三年後，以萬曆十年七月二十日 7/viii/1582 到澳門。最重要的事是先學習中國的語言文字。然還要幫着范禮安神甫（Alessandro Valignano. 1538-1606）以拉丁文撰長文一篇，題曰：華國奇觀[21]。據說：原文附有一張中國地圖，乃利氏參照漢文圖籍而作的。這是利氏到澳門後不及一年，而即有地圖之工作。其後，他又把華國奇觀一文以西班牙文重新編訂於一函[22]中，以萬曆十二年八月初十日 13/ix/1584 由肇慶寄與一友人。此函中有幾句話關於中國地圖的：

「實今未能先寄奉西式中國全圖而繼以原式各省分圖，蓋尚未整理就緒也。然無論公何往，總期能於近中寄奉。公見此等圖樣，將謂一切省邑皆繪得精美。」

中國地圖，而云原式，西式，這是頗有意思。當時西人欲知中國地理，故中國人所自繪之地圖，有參考之價值。然漢文原圖與西式之圖，文字不同，繪法不同。要使西人看得懂，看得順眼，須以拉丁字母來拼譯地名，又須改用西式投影。要用西式投影，則中國某地某城應放在經線某度，緯線某度，必須有點把握。粗量某地之緯度，很容易辦。夜則可用利氏後來所謂量天尺 astrolabe 者，望對北極，晝則正午量日影而參照一張時令表以得之。[23]至於經度，則要等待日食或月食，然後以該地見蝕之時刻，參照葡萄牙之天文年鑑而得該地經度距福島之遠近。在萬曆十一年二月初二日 13/ii/1583[24]，利氏自澳門有函[25]寄西方友人。在這裏，他已說：澳門之經線在福島之東約一百二十五度，而其緯線在赤道之北二十二度半。這粗測數目中之經線，殆非利氏所定，因萬曆十年七月二十日及十一年二月初二日之間，澳門並未得見日月之蝕[26]。然在他寫萬曆十二年八月初十日那封信時，他已經過了兩個月食（十一年十月十六 29/xi/1583，十二年四月十五 24/v/1584)，在這兩個月食之時，他已在肇慶[27]，故他信內又說：曾借用一個月食而知肇慶之經線距福島約一百二十四度，且依據澳門及肇慶的經緯，更參考中國圖籍，而謂中國東西之廣，自一百二十度至一百三十七度之間；中國南部海線在二十度及二十八度之間；而中國北與關外之分在四十四度與四十五度左右。[28]要畫較爲準確的地圖，自然愈多定幾個地方的經緯線，愈好。然倘只定了一個地方，全圖亦勉強地大略可畫出來；因爲當時中國通行之地圖皆橫直爲線，方若干里，而散佈城邑於中，又統志及地方志輒具道里數目；若有了一處的經緯，則其餘各處可依方向及里數而粗定。他函中所說的「整理」大概就是這樣的工作。然則他初到中國卽有介紹中國地理於西人之貢獻，即對譯繪中國地圖發生興趣；何怪他亦轉過來，介紹世界地理於中國，而以中文譯繪世界地圖？這是近因。

這也是在萬曆十二年中的事。據他的入華記錄[29]中說：

「各神甫以一張西文世界地圖置大廳內。中國人聞所未聞。其智者欲得漢譯本以研究其內容。當時利神甫已稍知漢文，於是長官命利氏爲之，使盡譯原圖上之注釋；且擬刊印，以佈全國，而收衆譽。

「幸而利氏昔在羅馬時曾從克拉微烏神甫 Christoforo Clavio 學，粗通數理。遂與已相識之士人某共爲之。已而世界地圖製就，較原本爲大，而漢文注釋，對漢人立言，亦較原文爲佳。欲使中國人重視聖教事宜，此世界地圖蓋此時絕好，絕有用之作也。前此中國人亦自刊刻輿地圖誌多種，然僅以中國之十五行省[30]居圖之中部，稍以海繞之，海中置島若干，上列知聞所及諸國之名，合諸島之地，廣袤不及中國一小省也。彼等既以爲世界惟中國獨大，餘皆小且蠻野，則欲使彼等師事外人，殆無望而已。

「迨彼等既見世界之大，中國小而局處一隅，其愚者輒加此圖以譏笑。其智者反此，圖中經緯度，南北二分，赤道，五帶，整比齊列，地名繁多，國俗各異，既皆出於舊圖，而舊圖亦爲刻本，雖欲不信，不能也。

「此後若干年，無論在北京，抑在各地方，諸神甫輒修訂而改刻此圖，印而又印，傳行遍滿中國。其如何使吾人受榮甚多，如何使中國人對善於測繪之歐州學者深致欽仰，吾人將復叙及。且此圖表現海洋廣浩，而歐州諸國去中國至遠，彼等將不復虞歐人之東來侵略。此其堅拒信教要因之一，將不復存在矣。

「利氏製地圖，又製一鐘，同時並迄，遂皆送致長官，長官喜甚，温語致謝，且有饋贈。地圖，彼則令人並其一切注釋刻之。以印本遍贈彼省中之友，且有送往他省者。鐘，彼雖留數月，卒以不知如何使能準確，乃以還諸神甫。」

同年十月二十九日利氏有信寄羅馬耶穌會總監，中云[31]：

「寄奉漢文譯本之天主十誡，天主經，聖母經。此外又西式繪竃而漢文譯名，漢里，漢辰計算之世界地圖一張。此圖，肇慶城長官命竇編製，方就，彼即刊印。圖中頗有乖訛；誤半出於手民，半出於竇，初不知其刊印之急，故編製稍或疏忽；在歐州不足觀也。然長官甚珍視此圖，藏其版於所居，不顧以印本傳售，而乃以饋贈中國要人；此庶亦長者所樂聞者乎。」

在這兩段文字中我們可見得利氏之編製世界地圖，乃是應付中國官長之要求，乃是知其有爲傳教教士宣揚名譽之價値，乃是知其有消解一般中國人對西洋之疑慮的作用。且他的記錄中所謂對中國人立言之注釋而較原文爲佳者，亦頗可細味。金尼各的中華傳教記乃根據他自己所知聞，稍增刪利氏原文而成者。他直說[32]：

「利神甫曾從數學大師克拉微烏受業，故其精數理；遂從事編製此圖；利固深知殊方傳敎不可泥執一法，而此事適與彼傳佈福音之計相合也。誠然，以此爲餌，中國人頗多落入敎會網中者。此圖較原圖爲大，蓋漢字大於西文字母，且於原圖詮釋，利氏多相度中國人之脾味，及對彼等傳敎之便利而故增焉。叙及各國風俗，利氏輙述及吾敎聖典，俾藉圖而傳佈於中國，此中國人前此所未聞[33]者也。」

原來，世界地圖亦可爲傳教於中國之利器。這是重因。

肇慶刻圖之長官，利氏於記錄別段[34]曾舉其名爲 Guan-duon 云。艾氏所撰行蹟中作「王潘，浙紹興人」。然實是王泮。肇慶府志[35]云：

「王泮字宗魯，山陰人。萬曆二年 1574 進士，八年知肇慶府，十二年遷按察司副使，分巡嶺西，駐肇慶。慈愛和易，士民見者，語次尋繹，甚有恩惠，未嘗疾言遽色加人，而確然有執，雖門生故交無私也。好爲民興利，導後瀝水繇城東石頂洩潦入江，歲收畝一種，且束地脉爲橋曰躍龍，建浮屠於石頂上鎮之。…郡爲督府所駐，兩粵藩臬使者，若四方之賓，無日不至。顧節出，日昃不遑暇食，人人得其歡心，悉中窾，幕府甚重之。…泮性恬淡，自奉如寒士。居官廉潔，焚香靜坐，若禪室然。詩辭冲雅，書法遒麗，有王右丞之風，粵中文士皆來就正。十六年遷湖廣參政，高要，高明士民，遮留泣下，各建祠祀之。」

泮以萬曆十二年陞嶺西按察司副使，故當其年冬間西人信札中[36]即有以「嶺西道」(Lancitano) 稱之者，且亦叙及其以新刻地圖贈客云。耶穌會諸士之得居於肇慶，泮之力爲多。他們所居在西關江邊的地基，即泮所贈。新居築成之後，泮且爲書匾曰：「僊花寺，西來淨土」[37]；筆蹟甚佳，頗如府志所道。

試問利氏所繪而王氏所刻之世界地圖較諸神甫大廳中之西文原圖，究有多少出入？在昔西洋學者有以米蘭安布洛玆圖書館所藏地圖爲即萬曆十二年之圖者。如這所認的無誤，則如英國希伍德氏所爲，按照其圖所表現之地理，以考測其所據者應爲西文何圖，當亦是頗饒趣味的工作。但米蘭本圖乃出於艾儒略，而不出於利瑪竇，我們前邊已斷定了；不必再提。直到今日，我們還未聞眞的萬曆十二年之圖的發見。當時王泮雖不售其圖，然屢印不絕[38]，遍贈其友。卽利瑪竇等之寄回歐洲者，亦至少有幾張[39]；當時流行那樣多，難道現在便連一張都沒有了？這只可靜候將來的發見。至於其圖和西文原圖之異同，利氏和金氏已述其大概；現再引金氏的話一段[40]：

「有一事頗可注意者，利神甫之善於迎合中國人之心理也。彼等信天圓而地方，而中國居地之正中，故見西洋地理學家置中國於地圖之極東一角，則怒。雖以數理論之：地與海既合成球形，無所謂東西終始，然終不能曉也。利氏於是稍變更吾人繪地圖之常法，移福島及其零度經線，出圖之中央，而留之於圖之左右兩邊。如是，則中國竟移居至圖之中，而中國人遂大滿意。」

這裏金氏所說的，和前邊已引利氏入華記錄所說的，口氣有點出入。西人竟有根據金氏之言而謂利氏有諛媚中國士大夫虛榮心理之嫌。[41]在萬曆十二年的地圖中，利氏是否果有這樣的毛病？惜不得據其圖而論之。

利氏至中國，初居澳門，旋入肇慶，繼於萬曆十七年1589秋遷韶州；間於二十年春游南雄，與南雄州同知王應麟[42]相善；繼返韶州，而於二十三年1595春中北行，欲入北京；既至南京，不得志，復於夏間折回南昌。居南昌，三年餘。這十幾年所經過之事，大略見艾儒略所撰行蹟中。利氏在南昌頗爲江西巡撫陸萬垓[43]所善視。艾氏又道及利之獻交友論於建安王多𤊨[44]一事。然所獻者實不只此書，而我們所宜注意者，則如入華記錄[45]所云：

「【所獻諸物中】王所最喜者，爲二書，皆以日本硬紙依西式裝訂，甚美觀。一書爲世界圖誌，其中別有歐邏巴，利未亞，亞細亞，南北亞墨利加，墨瓦蠟泥加，各州分圖，而附畫九天，四行，及其他曆算之物，此中國前此所未見者也。皆以中文釋之。」

又一書，則交友論是已。書後自識萬曆二十三年1595三月望日，則其獻圖，當亦在此年。交友論傳本頗多；中山教授在所撰利瑪竇傳中，於單行本外，曾數七本；實尙未盡[46]。唯世界圖誌，至今不知下落何處。

裴治堂神甫[47]把這世界圖誌亦算做刻本之一。我恐怕這是錯誤。且巴德雷氏已曾討論此點，巴氏初疑這册子是以西文原圖附加手寫中文注釋而成的；繼又引而從希伍德氏的意見，謂全册內容都是寫本。我亦想希氏所猜的是對。

且我們知道，他在南昌所繪的地圖，還不止這一本。二十四年閏八月二十一日12/x/1596他有函寄羅馬友人，中云[48]：

「今年竇又爲晷儀若干，皆用漢字，竇以印本贈人，得者無不愛之。茲謹寄奉其適用於三十度者一份。竇又曾造二三球儀；今正編製如數世界地圖，即將刊印，越年或可就，當以數份奉贈。」

次日他別有一函寄耶穌會總監，中云[49]：

「日前往謁本地長官[50]，贈以石製晷儀二枚，彼酬竇以錢甚多，且請再爲製造他項巧物。因此，竇遂爲編製世界圖記，多附注釋，今尚未訖。好巧之人常來觀看，且謂此當爲中國人所極重者也，請必以付印。多年以前竇曾製一圖，然解釋既陋，而刻印主於他人，其工復劣，故尚不甚爲人所珍。今所爲圖若出，當遠過之矣。」

合這隔日兩函來看，後函中之世界圖記當即前函中所謂二三地圖之一。所謂多年前之地圖，當即萬曆十二年王泮所刻之圖，前後十三年中利氏知所曾刻之圖，僅此一本，可見獻給建安王那本圖不是刻本了。至於二十四年中所繪之圖，是否果於次年如願刊行？利氏的記錄和現在我們所看得見他的信札皆未道及。[51] 編訂利氏全集的汾屠立神甫曾說後來二十七年刻於南京的地圖，即二十四年在南昌所繪的[52]，此說我疑其誤，待述到南京本時再論。

利氏於二十六年1598夏天離開南昌，向北京行。這個機會是一個朋友，王弘誨[53]給他的。他們行到南京時：

「王忠銘尚書(Guanciunmin Guan Sciansciu)有貴友曰趙可懷[54](Ciao Cotai)，時爲應天巡撫，駐節於去南京約一日路程之句容[55](Chiugiun)。彼雖巡撫應天而官乃卑於南京之尚書及其他官長，該地列卿不僅可管轄應天官員，且亦兼管全國也。以此，應天巡撫不便居於南京。此君曾得廣東所印利神甫之世界地圖一張；蓋利氏之友人王玉沙(Guanuiscia)由南雄[56]陞爲鎮江府長官後，以贈彼者也。趙氏見此圖甚喜，遂於蘇州募鐫上石。且自著一跋，深美此圖，唯未道及原編繪者爲何人耳。王尚書安抵南京，趙氏照常例有饋贈，其中有此圖拓本，王公見之，訝其與利神甫所曾以相示者相類。遂召利至，示以拓本地圖，且嘗多士前揚言曰：『君昔於地圖中表示世界各部及其他各物，然中國固有人早知之矣。』利神甫一望其圖而知其出於己所作者，遂細爲王氏釋之；且告以原圖曾刻印於肇慶，實已所爲者也。」

「王忠銘聞而喜甚，喜名人如趙公竟如是賞識利神甫之工作也。蓋趙可懷者可謂近時中國最有聲望之一人，其人博學雄才善使人懾服，居官久而軼事多，膾炙於人口。越年[57]，即陞北京侍郎，以此也。後變亂起於湖廣，事關多數民衆，及皇帝所派往該處之太監。皇帝於是派趙可懷往理其事[58]；趙辦其事甚善。然竟以好任氣使才，卒爲居於該地之皇帝親族所慘殺。

「請還繼述舊事：王尚書急函趙公，告以繪地圖之人正在南都將赴北京。趙即覆王請代延利神甫，聞名已久，欲一見也。且遣一轎及輿夫以迎利神甫，別有人馬以荷行李焉。」

此下，利，趙，相見之事，艾氏已述其大略。然相會之地是句容，而非蘇州。趙可懷這個人當時名氣甚大，官作得不小，又死於王事；但明史却未爲他立傳。以他既與利瑪竇的地圖有關，我們且抄下四川通志[59]裏所載的：

「趙可懷（巴縣志）字寧宇，嘉靖乙丑1565進士。由汶上令擢御史，歷遷兵部侍郎。巡撫應天，興利除弊，吳民戴服。調撫保定，陝西，福建，入爲工部侍郎。稅璫陳俸【奉】暴於楚，激變，命往安輯之。晉兵部尚書，卒，贈太子太保，賜祭葬。可懷居官四十餘年，歷撫五省，清貧如秀才時。祀鄉賢。（蜀人物志）稅璫陳俸【奉】暴楚，激變，簡可懷往撫，遂定楚亂。以九載考績，晉兵部尚書，巡撫如故。無何，楚悍宗聚亂，鼓譟軍門。因開門出諭，申明祖訓國法，且戒標兵毋得入衛，計欲以靜鎮之。忽逆黨狂逞，擁入，遂遇害。上悼之，贈太子太保，賜祭葬。廕子中翰。（案）蜀人物志載可懷遇害事，不詳縣志，疑傳聞異辭也。」

關於他被殺的事，通志不敢遽定。其實那是無可疑的。明史[60]神宗本紀，萬曆三十二年閏九月辛丑15/xi/1604：「武昌宗人蘊鈐等作亂，殺巡撫御史趙可懷」，而楚王傳[61]亦說：「蘊鈐毆死可懷。」這都可證明曹學佺的蜀中人物志說得無誤，更可證利氏所聞而記的，大體也對。

趙可懷在蘇州把利瑪竇的地圖摹鐫於石。利氏當時未到蘇州，自然看不見這塊石頭。過年年頭他雖曾到蘇州[62]，但他的集裏沒有說到曾見世界地圖的碑碣。其實，那塊石當時還在蘇州。蘇州府志[63]說：

「山海輿地圖，中丞趙寧宇刻，在姑蘇驛。」

只說趙刻，不言利製，可證利氏所述的是實。據最近的吳縣志[64]說：姑蘇驛自成化九年1473至萬曆三十九年1611皆在今城西南胥門外；萬曆三十九年圮後，曾重修；但現時已沒有其驛了。試問：驛雖無，石是否還在？。吳縣志的金石考體例頗佳；所著錄的碑碣，或注訪拓，或注訪册，或注所出書名。至其著錄山海輿地圖，乃全同上邊所引的，下並無注，似只轉錄舊志而已。且並不知趙寧宇即趙可懷故序次於不知時代類中。這塊碑若還找得着，也許上面就有趙氏所記的年月。現雖不知其年月，然大約可猜其在萬曆二十三年與二十六年之間，因二十二年年底趙氏纔奉命巡撫應天，而二十六年的夏天[65]利氏已見地圖的拓本。拓本旣可以送人，而碑又在公驛，我想當時拓本或不少。趙琦美的脈望館書目[66]，雜碑類中，有「利瑪竇地圖」，也許即是其圖。我已托人寫信到蘇州去查訪原碑。原碑即找未着，我總盼望，將來也許有人能發見其拓本。這個本子旣是從肇慶本翻刻的，則其本必與肇慶本大約相同。蘇州府志，吳縣志等所著錄的名稱若無誤，則肇慶本和蘇州本的世界地圖，都叫「山海輿地圖」。

二十六年的夏天利氏在句容和趙氏盤桓了幾天後，即赶程北上，八月初七日 7/ix/1598 到北京；留約二月，不得志，又南返，先到蘇州，又折回南京。二十七年正月十一日 6/ii/1599 到南京，就在那兒住下，約一年零。據入華記錄[67]，到南京之後：

「不久，有達官吳左海（Uzohai）者，請利神甫修訂昔廣東所印之世界地圖，且增加注釋焉。吳氏擬重新公刻此圖於署中，凡人欲刷印者，皆許之。

「利神甫於是繪較前本更大之圖，專物注釋皆有所增加，吳左海喜甚，即延巧工刻之，且弁以美序一篇。

「新刻果較廣東本為完美，其為衆所賞識亦較廣，刷印更多，流傳遍各地。諸神甫亦有以寄往澳門及日本者。他人亦有從而翻印者。」

這位吳左海，徽州府志和明過廷訓的分省人物考[68]裏都有傳，大同而小異；現參合之，如下：

吳中明字知常，號左海，歙縣人。萬曆丙戌1586進士，授江西瑞州府推官，丁憂，復，除汀州府推官，陞南京刑部主事，轉南吏，禮，二部。權璫陳奉横三楚，言官莫敢誰何，中明備列奉暴横狀，時論韙之。陞廣東副使，調河南提學使，陞汝寧右參政，晉按察使。汝寧王縱奴張淪殺人，中明置淪於法。王急走愬於帝，中明劾王坐擅離城律，愬不得行。又全活饑民億萬。備兵薊鎮，邊墻壘堡，屹然改觀。陞陝西右布政，擢都察院右僉都御史，巡撫廣東，所至皆尙綜核。丁憂，起，南戶部侍郎總督糧儲。丁巳1617卒。贈戶部尙書。中明少勵淸節，登籍後，愈自砥勵。所至嶄然不染，而吏弊民情不啻燭照數計，到處多所樹立，又非僅以淸名著也。

利瑪竇說吳左海當時是南京達官。然左海在南京做官，不止一次；不止一官；當他刻地圖時，究是何官呢？。明史[69]宦官陳奉傳內說：「二十八年十二月武昌民變，南京吏部主事吳中明奏言奉嚇詐官民，」云云。萬曆甲辰1604徐光啟跋利瑪竇的二十五言[70]說：

「昔游嶺嵩則嘗瞻仰天主像，蓋從歐邏巴海舶來也。已見趙中丞，吳銓部，前後所勒輿圖，乃知有利先生焉。」

可見圖刻成時吳已爲吏部主事。利瑪竇後來自序萬曆壬寅 1602 刻成之圖並說：

「庚子 1600 至白下蒙左海吳先生之教再修訂。」

利氏到南京在己亥年，離南京在庚子四月初六日 18/v/1600；想修改地圖也許開始於二十七年，新刻成功當是在二十八年，故云庚子；而其時吳左海正作南吏部主事[71]。汾屠立，巴德雷，裴治堂，諸君，都把南京本的圖放在二十七年，唯翟理斯君根據利氏的序，改說是二十八年。這是對的。

汾屠立神甫又曾謂南京所刻的圖就是利氏於二十四年在南昌所繪的。[72]我們試看利氏所述的如何在南京修訂肇慶本，就可見這是重新改繪的，不是把在南昌所繪的來刻。

這南京本的地圖，直到現在，還未聞曾經有人發見。其內容如何，只可從後來改訂的圖裏，猜其大略。吳中明的序文一篇，亦只見於後來本子所引的。

利氏在二十八年四月初離開南京第二次向北京走。經過了不少的周折之後，終於其年十二月二十一日 24/i/1601 到北京。過三日，有表[73]，獻於闕廷，其中說所貢的有：

「天主圖像一幅，天主母圖像二幅，天主經一本，珍珠鑲嵌十字架一座，報時自鳴鐘二架，萬國圖誌一册，西琴一張，等物。」

說到他自己的本領則云：

「臣先於本國忝與科名，已叨祿位。天地圖及度數，深測其秘，製器觀象，考驗日晷，與中國古法吻合。倘蒙皇上不棄疏微，令臣得盡其愚，披露於至尊之前，斯又區區之大願，然而不敢必也。」

又經過了點周折，然後他得在北京長久住下。在北京他得着不少重要文人和他做朋友。在他最得意的朋友中，而復與他的世界地圖有關係者，有二人。一是馮應京，一是李之藻。

替利瑪竇刻地圖者有幾個達官名士。此中唯馮應京在明史[74]中有傳。應京字可大，又字慕岡，亦作茂岡，盱眙人。萬曆二十年 1592 進士，由戶部主事，督薊鎮軍儲，改兵部，進員外郎。二十八年擢湖廣僉事，分巡武昌，漢陽，黃州，三府；繩貪墨，摧奸豪，風采大著。二十八年十二月，稅監陳奉以恣橫不法的行爲激動民變。過年，應京抗疏劾奉九大罪[75]，奉亦誣奏應京撓命，凌勅便，皇帝大怒，命將應京貶雜職，調遠方；繼又將他完全革職，終又派緹騎到武昌捉他。這更激起民憤，數萬人要和陳奉拚命。奉逃匿起來，乃捉他的爪牙六人，投于江中溺斃。紛亂之中，並傷緹騎，又焚了巡撫的衙門。應京坐檻車內，曉以大義，然後稍稍解散。應京既被解離楚，楚民家爲位祀之。三郡父老相率詣闕訴寃。皇帝不僅不聽，而且把應京放入詔獄，拷訊久之，不釋。應京乃在獄中著書，朝夕不倦。直到三十二年 1604 九月，因爲星變釋囚，纔把他放出來，出獄三年卒。明史對他下幾句考語，說他：「志操卓犖，學求有用，不事空言，爲淮西人士之冠。」

利瑪竇在入華記錄[76]中亦稍說：馮慕岡(Fummocan)如何高才，如何好官，如何和太監衝突而下獄；大略與明史相發明。記錄所特詳的乃是馮氏和利氏的關係。據說：他們兩個雖未而見，却已神交。當馮被解到北京時，利氏即去看他，這兩個人彼此相持抱，若久別再見之友。談了約一句鐘之後，馮氏即入獄。在獄中三年，利氏雖未得見他，但彼此函件交馳，酬贈不絕，友誼更深。

「馮氏未嘗與吾等謀而即以利神甫之交友論付刻印，且自爲佳序焉。刻竣遂以版贈諸神甫。其後，又刻印利神甫之論四行，及其他數理事物；又世界與地二小圖，以及其他凡彼所能得者，且輒弁以美序。序中予利神甫以尊稱，有『博士』及『文人』dottore e letterato 之義[77]。

「此稱既出，他人所爲文之道及吾輩者，遂亦多沿用。貴而賢，而文，如馮氏，既開其端，他人不敢不從也。」

此下，又叙及馮既出獄後，如何虔心學天主教，徒以在北京要防人非議，擬到南京受洗；可惜未得受洗，竟卒。這些事姑按下不詳。

試問：馮氏所刻世界地圖，刻於何時？他所刻的交友論前面，有他的序文一篇，署曰：「明萬曆辛丑春正月八日 10/ii/1601 盱眙馮應京敬書於楚臬司之明德堂。序中有「付之剞劂冀觀者知京重交道，勿忍見棄。即顏未承，詞未接，願從神交。」云云。這好像其書即刻於楚中。然其時他正和陳奉衝突；三月[78]即被逮。大約不久檻車傳解到京。難道他竟把版片帶到北京送贈諸神甫麼？無論如何，入華記錄說及應京所刻利氏諸書，以交友論爲先，則世界與地二小圖，當是刻於二十九年1601正月以後。相度入華記錄的口氣，好像這二小圖的繪本和四行論的稿本等等，都是當他在獄讀書時，利氏贈他的。這所猜的若對，則其付刻又當在三月以後。[79]

可惜他所做的那篇序，我現時未能看見全文，但中山博士在所撰利瑪竇傳中從絕徼同文紀[80]所轉載的轉引一段：

「西泰子輿圖凡三授梓，遞增國土，而茲刻最後乃最詳。」

中山君並云：「又明言萬國二圈圖，及兩儀玄覽圖，爲利氏所作」，這似亦根據序文而說。我們先要注意「二圈圖」一辭和利氏所說的「世界輿地二小圖」一語頗相合。因此我們可姑定同文紀所轉載之此序，即馮應京序利氏所謂世界輿地二小圖者之文。其次，我們可注意馮氏序裏既云：「凡三授梓」，又云「茲刻最後乃最詳。」試問：「茲刻」是第三梓呢？抑第四梓呢？我看其用「凡」字及「而」字，疑前者爲強。然則所謂凡三次者當是：

第一次　王泮梓的

第二次　吳中明梓的

第三次　馮應京梓的

不過，我們接着就要敘述萬曆壬寅1602李之藻所刻的地圖。據其中所載利瑪竇的序，我們可以另排出一表來：

第一次　王泮梓的

第二次　吳中明梓的

第三次　李之藻梓的

這樣一來，就有兩個本子爭做老三。如何判決是好？我想與其說李本在先，而馮氏未之知，不如說馮刻在前。而利氏並未視以爲足以代吳本而行者，而已。況且，馮氏之序題曰「輿地全圖總序」，萬國二圈圖之外復有兩儀玄覽圖，而利氏且稱之爲小圖，且與四行論及其他，一併述之，頗使我疑馮氏之意在輯成一書，以代吳刻之圖。唯其要爲最完備之蒐輯，故敢云「最詳」；唯其未知李本，故云「圖凡三梓」。然則馮本之二圈圖，或刻於三十年七月之前，二十九年三月之後；折中而計之，姑說是在二十九年冬間，以待後考。

李之藻不僅在明史中無傳，而且八十九種明代傳記綜合引得中並無他的名。幸而阮元的疇人傳[81]中有傳一篇，專詳李氏對於曆算之貢獻。民國八年陳援庵先生更爲一傳[82]兼及李氏之宗教信仰等等。之藻字振之，又字我存，奉教後得教名良Leon，自號涼庵居士。萬曆二十六年1598進士，官終南京大僕寺卿，卒於崇禎三年1630。據利氏說[83]：

「李我存（Lingozuon[84]）浙江杭州人。吾輩至北京時，彼正官於工部，多才藝之博士也。

「彼於少年時曾爲中國十五行省圖誌，甚精確。然以爲天下已都在其齊內矣。及見吾人之世界地圖，始知中國與世界之比。彼本聰明人，故容易理會西洋學者所言：地爲圓形，及其大小，地有兩極，天有九重，日與諸星較地之大幾何，諸如此類，他人不易悉者也。於是與吾人深交，勤事此學，凡無礙於公務者，彼皆爲之。

「彼最先着手之事，則重刻世界地圖是也。此次所刻較舊者爲大甚，分六條，高過人身，可展可合，中國式，甚巧。此圖既較大，故利神甫能於其內容更有所增益，不僅新增之國頗多，且亦多具新注，稍述各國各地之奇物。又爲全圖作一較詳之序；並解釋數理，日及諸星。此圖刻印甚精美，故傳佈遍全國，爲人所珍。李我存自撰序文而外，又得其他學者多序，頗爲此作增色。版片既刻就，彼刷印多本，遍贈其友；他人亦有送紙來印者，合之不下數千本也，剞劂此圖之刻工又私梓一版，大小盡同；故一時而有版本二。然尚不足以應求者之多，故天主教徒某、以吾人之助，別爲一更大之圖，分列八幅；刻既就，遂以版售於印刷者。於是在北京共有三本焉。」

這裏說三本。教徒某之本還有點史料，此時暫按下不提。刻工偸刻之本，既與李之藻刻本盡同，亦暫不必分開特論。現且說李本之內容。

幸而此本現尚可見。日本京都帝國大學圖書館和羅馬瓦第剛圖書館所藏者，皆是此本[85]。此本每幅高約一七・九，寬約六・四二公寸[86]：六幅相合，然後一大橢圓地圖以成。第一幅之上下附有九重天圖，及天地儀圖。第六幅上下左角附有南北兩半球二圖。又日月蝕小圖，附於第六幅之上右角，其下右角則附有周天黃赤二道錯行小圖。這些圖皆在大橢圓地圖圈外的。圈以內，第六幅下部附有量天尺圖。大約是這大小各圖綜合起來，合稱「坤輿萬國全圖」，寫在第一幅之上右角。全圖中之文字，除地名以外，大約可分四種。一曰題識：利瑪竇的，李之藻的，吳中明的，濤陽陳民志的，蜀東楊景淳的，東郡祁光宗的，共六篇，都在大圈內。又「錢塘張文燾過紙[87]萬曆壬寅孟秋日」十四字刻於圈外，也可以算是一項題識。二曰說明：有全圖說明，九重天說明，四行論說明，晝夜長短說明，天地儀說明，量天尺說明，日月蝕說明，中氣說明，南北二半球說明，又答地球比九重天之星遠且大幾何。三曰表：有緯度里數表，有太陽出入赤道緯度表。四曰附註：如中國之下附註云：「大明聲名文物之盛自十五度至四十二度皆是，其餘四海朝貢之國甚多，此總圖略載嶽瀆，省道大

16

略，餘詳統志，省志，不能殫述。」矮人國附注云：「國人男女長只尺餘，五歲生子，八歲而老，常爲鸛鶴所食，其人穴居以避，每候三月出，壞其卵云。以羊爲騎。」諸如此類甚多。大圈圖之外有三處附刻有耶穌會圖章。在日本京都本上，這都已挖去。

在六篇題識中，吳中明的文似是自南京本上轉錄來的。其中云：

「利山人自歐邏巴入中國，著山海輿地全圖，薦紳多傳之，余訪其所爲圖，皆彼國中鐫有舊本，蓋其國人及拂郎機國人皆好遠游，時經絕域，則相傳而誌之……至所著天輿日月星遠大之數，雖未易了，其說或自有據，幷載之，以俟知者。」

據此，好像李之藻本中之各項說明，吳本中已有其一部份。

陳民志，楊景淳，祁光宗，的序跋多是稱獎利氏及李氏之語，可見其爲李本而作的。各文中無甚有關於考證諸圖之材料，故可按下不引。李氏長序中云：

「此圖白下諸公曾爲翻刻，而幅小未悉。不佞因與同志爲作屛障六幅，暇日更事殺青，釐正象胥，益所未有，蓋視舊業增再倍，而于古今朝貢中華諸國名尙多闕焉。」

從這幾句裏，我們可以得吳李二本詳略之比較。

利瑪竇的自序云：

「吾古昔以多見聞爲智，原有不辭萬里之遐，往訪賢人觀名邦者。人壽幾何，必歷年久而後得廣覽備學，忽然老至而無遑用焉，豈不悲哉！所以貴有圖史，史記之圖傳之，四方之士所親見，古人載而後人觀，坐而可減愚增智焉。大哉圖史之功乎！敝國雖褊而恒重信史，喜聞各方之風俗，與其名勝；故非惟本國詳載，又有天下列國通誌，以至九重天，萬國全圖，無不備者。竇也跧伏海邦，竊慕中華大統萬里聲敎之盛，浮槎西來。壬午 1582 解纜東粤。粤人士請圖所過諸國，以垂不朽。彼時竇未熟漢語，雖出所攜圖冊與其積歲札記，紬繹刻梓，然司賓所譯，奚免無謬。庚子 1600 至白下，蒙左海吳先生之敎，再爲修訂。辛丑 1601 來京，諸大先生曾見是圖者，多不鄙弃羈旅，而辱厚待焉 88。繕部我存李先生夙志輿地之學，自爲諸生，編輯有書。深賞茲圖，以爲地度之上應天經，乃萬世不可易之法。又且窮理極數，孜孜盡年不捨。歉前刻 89 之猶狹，未盡西來原圖什一，謀更恢廣之。余曰：此乃數邦之幸因先生得有聞於諸夏矣。敢不匿意，再加校閱。乃取敝邑原圖，及通誌諸書重爲攷定，訂其舊譯之謬，與其度數之失，兼增國名數百，隨其楮幅之空載厥國俗土產，雖未能大備，比舊亦稍贍云。但地形本圓球，今圖爲平面，其理難於一覽而悟，則又倣敝邑之法，再作半球圖者二焉。一載赤道以北，一載赤道以南，其二極則居二圈當中，以肖地之本形，便於互見。共成大屛六幅，以爲書齋臥遊之具，嗟嗟，不出戶庭，歷觀萬國，此于聞見不無少補。嘗闡天地一大書，惟君子能讀之，故道成焉。蓋知天地而可證主宰天地者之至善，至大，至一也。不學者弃天者也。學不歸原天帝，終非學也。淨絕惡萌以期至善，卽善也。姑緩小以急於大，減其繁多以歸于至一，于學也庶乎。竇不敏，譯此天地圖，非敢曰資聞見也，爲已者當自得焉。竊以此貂于共戴天履地者。

萬曆壬寅 1602 孟秋吉旦歐邏巴人利瑪竇謹譔。」

在此序裏他已簡述製圖之歷史。且云：「乃取敝邑原圖及通誌諸書，重爲攷定。」這當然是指西洋圖書。近年西洋學者頗注意要考：利氏當時究以西洋的那一張世界地圖爲藍本。據他們研究的結果：這圖內所用的投影，乃同於奧提力斯阿 Ortelius,1527–1598 的投影，而圖內所畫之地理，如墨瓦蠟泥加州新入匿爲一島抑爲大陸之未能遽定；北冰洋之以四大島排滿，等等；皆顯具十六世紀比利時地圖學派之色彩。然尙未能指出該派地圖中之某張的爲利氏所用之藍本，因而疑利氏乃參合麥克托 Mercator,1512–1594，奧提力阿斯，普蘭息阿斯 Plancius, 1552–1622 諸家之圖寫之；且其所畫海水波紋細緻，乃具意大利地圖家法。[90] 這樣從考究地圖而得的論斷，亦尙得一部份史料的佐證。萬曆二十八年十二月利氏所獻與皇帝的貢品內有萬國圖誌一册。據金尼各的中華傳教記[91]，這即是奧提力阿斯的輿圖彙編[92]；其中有各家所繪的地圖五十三圖[93]。至於意大利地圖家法，則利氏本是意大利人，況他亦得用魯瑟利 Ruscelli（卒1566）的地圖[94]。關於十六世紀意大利派或比利時派的地圖[95]，可惜我現今都未能得而將與利氏的地圖細校。

但利氏之不能死抄任何一張西洋人所爲之世界地圖，乃是甚容易理會之事。當時西洋式的兩半球合圖，全是兩美洲在左而歐亞二洲在右之圖。要爲中國人製世界圖，則兩美洲自應在亞洲之東；於是須自圖之西邊移到東邊來。利氏既要表現地是圓的，不是方的，則不可用麥克托氏的經緯平行的投影，而只可用奧提力阿斯氏的橢圓形投影；然在橢圓投影圖中，左右兩邊的移動，就要把地的形狀改變了不少。這是不能死抄的緣故一。況世界地圖中中國要佔一部分，而當時地圖學家對於中國地理，甚不了了，其中的重要錯誤，利氏自當依照中國圖籍，改正過來。對於西洋之部，他若繪錯誤了[96]，當時的中國人不易看得出來；但中國之部若繪得不對，則將全功盡廢。這是他不能死抄的緣故二。

他序裏說：「訂其舊譯之謬，與其度數之失。」我想這些訂正的工作，多是關於中國之部。當時歐洲繪地圖者多誤解馬哥孛羅游記而沿分亞洲東陸爲北契丹而南中國；而其地理之誤，至有以應帝亞之安義江[97]流入廣州灣者[98]。像這樣的錯誤，自必改正。其實關於中國之部利氏之圖不僅較當時其他歐人所繪的爲佳，而且卽較中國舊圖亦有勝處。我取當時之一統志[99]及廣輿圖[100]中之總圖來比較。若論所載地名的詳略，則利氏圖雖較廣輿圖爲略，然尙較一統圖爲詳。若論河嶽，則利圖較二圖都更詳。譬如：運河及贛水在二圖上都沒有；利氏親身走過這兩條水道，而在他的圖上，這兩條水幾乎要和江，淮一樣的鮮明。至於度數的問題，則當時歐人爲中國所姑定者，差得甚遠。卽就北京的緯度而論，歐人通常放在五十度。在萬曆十二年八月初十日信內，他已不肯承認這個數目，故猜中國與關外之分，在四十四度與四十五度左右。十三年九月二十八日他有函[101]寄羅馬耶穌會總監，中云：「竇欲以中國地圖奉寄，然苦未能定北京之緯線。」在二十三年他到南昌時，他測得南昌的緯線爲二十九度[102]。再過一年他推算自南昌北至北京之路程約走一月，日走二十二邁；更從此而斷北京不應在四十度以北[103]。二十六年他到北京後，果就證明北京的緯度爲四十[104]。在肇慶本的山海輿地圖內，他把北京放在何度，惜不可得而見；我想那也許在四十四度四十五度左右。但在南京本的山海輿地全圖內，北京一定是已放在四十度；不必待北京本之坤輿萬國全圖然後來改正。然自二十八年到三十年，他又多測量了幾個地方的經緯[105]，且多有參考中國圖籍的機會，自然對各地經緯之推算更較準確些。至於中國以外的地方，如西域，他所繪的亦錯誤得厲害。焉耆，車師，土魯蕃，各地名，乃放在撒馬兒罕之西南，而哈密，于闐在其南。且整個西域畫得太狹了，而今之康，藏幾乎無處可放得下[106]。諸如此類的毛病，大約是由西洋人所繪的地圖既太草率，不可從，而他所用的漢文圖籍，又語焉不詳。

利氏又說：李本的六幅地圖原翻二刻而外，又有教徒某別製八幅而更大的世界地圖。在別的地方[107]，利氏又說：「吾等教徒李保祿 Paolo Li 所刻更大的八幅」，可見這位天主教徒姓李而教名爲保祿。試問：這位李君的歷史如何？。利氏別有一段文字[108]詳述此君入教之經過：

「此時入教者有一要人，旣是貢士，復深於世故，尤熟於三敎[109]。此人於錦衣衛(Chiuigvei)有世襲之祿，其父曾爲長官焉。

彼於今雖無官守，然數年前固嘗爲一兵官往朝鮮禦倭。皇帝賜彼以重產於湖廣，世免其稅。彼湖廣人也，然生長於北京，今與其母，妻，及二子，居焉。

「此君溺於邪教，積習頗深 。…且精於壬課，星命，堪輿，擇吉，諸術；其名甚著，趨之者甚衆。將謂其僞乎?。然有時亦頗有驗，故只可告以此乃惡魔所爲，且諭以奉事惡魔之害。於是如夢初醒，幡然棄暗。學習既畢，遂於萬曆三十年八月初六日，即宗徒瑪竇節日，受洗禮。此君姓李。吾人呼之曰保祿。」

繼續着，又述如何保祿藏書甚富；乃揀出其凡不爲天主教所准許者，如星卜等書，共三箱，焚之；如何帶引其全家，母，妻，子，僕，婢，都入教；如何好對衆宣揚諸神甫之美德；如何說到自己得救之事，好像就說不完。可見他對天主教十分熱心。利氏且覺其有時太熱了，故反未能收全效。接着，又附譯了他的入教志願書一文。在這文裏：他自說當時年四十三歲110，又說他原名 Li Insci。

這樣拉丁字母所拼成的漢名：頗叫我爲難，幸而中山博士所引朝鮮李晬光芝峰類說中有云：「按其國人利瑪竇李應誠者亦俱有山海輿地全圖。」這「李應誠」三字中，有二字與李保祿原名之音相近，我故疑「誠」字乃「試」字之誤111。若作「李應試」則與拉丁二字三音，完全相符。更幸而明史112之李如松傳及朝鮮傳中皆偶道及李應試。據說：萬曆二十年十二月 1593 皇帝派李如松提督薊，遼，保定，山東，諸軍，到朝鮮。當時中國所派往與日本將領談判之沈惟敬回到軍前說欵。如松叱惟敬憸邪，欲斬之，參謀李應試曰：「藉惟敬紿倭封，而陰襲之，奇計也。」朝鮮戰事數年未了，萬曆二十五年 1597 皇帝又派邢玠爲兵部尙書，總督薊，遼，保定軍務，經略禦倭。玠到王京，「召參軍李應試問計，應試請問廟廷主畫云何。玠曰：陽戰陰和，陽勦陰撫，政府八字密畫，無泄也。應試曰：然則易耳。」於是替玠出幾個主意，玠皆照辦。從這裏看得李應試大概是個多謀好言之人。後來過了一年，豐臣秀吉死，日本退兵，朝鮮亂平。中國班師行賞的時候，李應試大概可得點好處，也許正如利氏所記的；但我尙未能於別的書中檢出113。然這已足以佐證李應試即刻利氏世界地圖之李保祿。可惜他所刻那八幅的地圖，現今還未聞有人發見。

以下所引的幾條，都是出於萬曆三十三年 1605 利氏的函件中：

「前所寄奉之世界地圖，不知已收到否。此圖印於北京，今已傳行中國，甚爲人所寶。近日中國人著作中多善稱吾人，及吾人所作之事。」（正二月間寄羅馬友人）[114]

「世界大地圖已在北京兩次印矣。去年貴州（Queicheo）巡撫以此圖爲一書，儼若托勒密 Tolomeo[115] 之地理。此君雖未曾與竇相識，然對吾人頗加善稱；在中國此項美觀之作，自吾人始也。彼並以其書寄來北京相贈。」（三月二十二日寄羅馬友人）[116]

「二年前寄回之世界地圖今已重印，不只十次。此中國人前此所未見者也，吾人頗得善譽焉。」（三月二十三日寄本籍族人）[117]

「數年前曾以在北京所印之漢文世界地圖寄奉。其文既爲漢文，恐無人爲君譯；不過供一看而巳。然此圖在此則爲吾人造益不淺。印而重印，過十次矣。今求購之者尙多。（三月二十三日寄羅馬友人）[118]

「從此類世界地圖，日晷儀，地球儀，量天尺，及他物，凡竇所製及所教者，竇竟得世界最大數學家之名。」（三月二十五日寄羅馬友人）[119]

「世界地圖彼等前此所未聞且未夢見者也。今則到處通行，重印過十次矣。貴人名士，且作文相讚，印於圖中。

「有巡撫十五行省[120]之一者素未與竇相識；縮小此圖而刻之於一書中。圖中原有國土山水之名，奇物之解釋，又說明，及序跋，彼則皆移入書中。彼自爲一佳序弁其書，頗以此作爲有裨實用。繼自設問：利瑪竇博士夷人也，何能辦此？。稍發揮數語，卽自爲結論曰：凡曾居中國二十年者，不可仍以夷人視之。中國人自大其國之心理如此。」（六月十一日寄羅馬友人）[121]

在這幾條中，我們可注意者兩點。一則貴州巡撫所刻之圖。一則重刻重印次數的問題。請先討論後者。

利瑪竇的兩件中，行文頗多疵累。這大約是因百忙中抽時間來寫信，故不暇修飾。或也因他寢饋於漢文既久，遂把西文荒疏了。就上六條中，他所用的「世界地圖」Mappamondo 這個名辭，實含有兩種意義：一則泛指他所繪之地圖，一則特指其圖之某本；我們須注意將此二義分開，毋使混淆。有時這竟不易辦到。又他所用之動詞「印」或「重印」stampato，ristampato 二字，亦含有兩種意思：一則「刻印」之意，是每印一次輒新刻一版；一則「刷印」之意，是一版可以數次付刷。以上六條中，第二條裏說在北京巳印兩次那一句話，頗可深味。我想他這裏所用的「世界地圖」一詞，乃具泛指之義，而所謂北京兩次印者，我們可據而猜：時到萬曆三十三年三月底，還沒有李應試本之八幅地圖[122]。兩次印者，殆是兩次刻印之義：李之藻刻一次，刻工偸刻一次。至於第三，第四，兩條中之世界地圖，那當是特指北京李之藻本，或刻工本，二者之一[123]，但帶着又說此圖已重印至十次以上，我想這是指刷印十次以上，不是說重刻十次以上。因爲此圖既是北京本，則當成於三十年秋間，或其後。從那時候，到寫信的時候，不及二年，如何外省便取其本而翻刻或改刻至十次以上？這於理論上非不可能，但利氏只告訴我們貴州巡撫在三十二年所爲者那一次，其餘何以不說124？故我以爲與其說新刻十次以上，不如說刷印十次以上。裴神甫說125：在萬曆三十三年時利氏數其地圖已有十種以上的板本。我恐怕這是把特指的地圖誤解作泛指的地圖，把「刷印」之「印」誤解作「刻印」之「印」了。

據上引各函件中之第二第六兩條：萬曆三十二年時有素未與利氏相識之貴州巡撫以世界地圖一本縮印於一書內。他所用的是世界地圖的那一本呢？參合諸條來看，好像北京二本中的一本。利氏的入華記錄126中亦記及此事，然頗有出入。我們須注意記錄所記的一段乃緊接着記南京與中明本那一段127之後：

「貴州巡撫 Cuocin 者，利神甫在廣東時已與相識。此君竟於貴州得此本世界地圖之一。彼遂縮小其圖以爲一書；並依利神甫之分世界爲五州而亦以五部分列各圖，繫注辭焉。「卷首有彼所撰之大序一篇，對於圖及其原編者頗稱善。此君著述甚多，爲中國大學者之一；此序可視爲大有助於吾等所爲之事也。」

看了這一段，我們就覺得三個問題。（一）此 Cuocin 者究姓甚名誰？（二）前於函件中好像所用的是北京本，此段所指的地圖乃似是南京本，究是何本？（三）前於函件中貴州巡撫與利氏並無一面之交，這裏何說：在廣東時早已相識？

第一個問題很容易解決。萬曆三十二年誰在貴州做巡撫，是不難查的。那是鼎鼎大名的郭子章128。這位郭巡撫號青螺。利氏殆把「螺」字的拉丁拼音忘記寫下，故稿裏的 Cuocin 只是等於「郭青」二字。

說起來，好奇怪，所謂萬斯同的明史稿129中本有郭子章傳，不知王鴻緒的明史稿及明史何故乃删去，不爲郭氏立傳。此君字相奎，號青螺，又自號蠙衣生，泰和人。隆慶辛未 1571 進士，由建寧推官，遷廣東潮州知府130，又累遷至福建左布政使，萬曆二十七年 1599 巡撫貴州，二十八年佐總督李化龍平了播州楊應龍之亂，越年又平定皮林苗亂，功與平播等。三十五年陳情終養，疏九上，許之。叙軍功，晉官銜至兵部尙書，蔭孫世襲錦

22

衣衛指揮同知。他在黔八年，習知民隱，獎拔士類，凡所設施，頗垂利澤。黔人感他的恩德，爲建生祠七所，又立建德祠將他和諸葛亮，關羽並祀。四十年1612卒，年七十。[131]可見他是能吏，又有武功。至於他的著作，我們試檢千頃堂書目[132]。見有：

蠙衣生易解十五卷　詩傳書例四帙　聖門人物志十二卷
童蒙初告六卷　聖旨日記五卷　黔中止権記一卷
西南三征紀一卷　郡縣釋名十六卷　古今郡國名類三卷
豫章大記一百六十卷　注豫章古今記一卷　豫章新記八卷
廣豫章災祥記六卷　吉志補二十卷　潮中雜記十二卷
四賢潮語四卷　黔記六十卷　黔小志一卷
阿育王山志十卷　官釋十卷　泉史十二卷
劍記一卷　馬記一卷　撫黔公移四卷
興國縣四賢傳一卷　蠙衣生書目二卷　諺語七卷
謎語七卷　讖語六卷　識語二卷
諧語七卷　韻語二卷　讖論四卷
疾慧編二卷　枝幹釋七卷　校定天玉經七卷
黔類十八卷　牛禁集五卷　老子解二卷
閩草十六卷　留草十卷　蜀草十四卷
浙草十六卷　晉草十卷　楚草十三卷
閩藩草九卷　家草八卷　黔草三十七卷
婺草七卷　苦草六卷　傳草三十四卷
撫黔奏疏十六卷　豫章詩話六卷　續豫章詩話十二卷

千頃堂書目的準確性，不是完全靠得住的。其書名卷數之誤姑不論，在這單子裏，我們知道，至少漏了[133]：

四書頗解二十四卷　書程類編十卷　撫闕則例志二卷
黔中平播始末三卷　鄉賢傳補　白下記三卷
瓜儀志十卷　粵草十卷

不必再求其他，這已足以證明利氏說他著作甚多之不誣了。

在這二單子裏，我只擬試檢其粵草，黔草，潮中雜記，及蠙衣生書目四種。然僅能得看國立北平圖書館所藏之黔草。幸而這裏[134]就有：

「山海輿地全圖序

予讀周禮：職方氏掌天下之圖，辨邦國，都鄙，四夷，八蠻，百越，九貉，五戎，六狄，之人民與財用，辨九州之國，使同貫利。以爲宇內之地，窮於斯矣。既閱河圖括地象，則云：夏禹所治九州四海，內地東西二萬八千里，南北二萬六千里，若八極之廣，東西二億三萬三千里，南北二億三萬一千五百里。山海經所載禹九州道里與括地象同，而海外四經，大荒四經，意者卽八極之廣也。翳衍以爲儒者所謂中國者，於天下乃八十一分居其一分耳；禹序九州之中國，名曰赤縣神州，中國外如赤縣神州者九，乃名九州，有大瀛海環其外，實天地之際焉。其說蓋出於括地象及山海經。而馬遷乃謂閎大不經。張騫窮河源，惡覩崑崙，桓寬，王充，議其迂怪虛妄，熒惑諸侯。比晉太康汲冢竹書出穆天子傳載穆王襲崑崙之丘，游軒轅之宮，勒石王母之山，紀跡玄圃之上，然後知騶子之語，似非不經，而馬遷所云，張騫未睹者，原非烏有。故郭璞云竹書潛出於千載，正以作徵於今日，其知言乎。雖然，猶以書證書也。不謂四千載後太西國利生持山海輿地全圖入中國，爲騶子忠臣也。則以人證書也。非若竹書之托空言也。利生之圖說曰：天有南北二極，地亦有之，天分三百六十度，地亦同之，故有天球，有地球，有經線，有緯線，地之東西南北各一週九萬里，地之厚二萬八千六百餘丈【里】，上下四旁，皆生齒所居，渾淪一球，原無上下。此則中國千古以來未聞之說者，而暗與括地象，山海經，合，豈非騶子一確證耶？予因其圖大，不便觀寬【覽】，乃規而小之爲册，而圖中細說分注於左。或曰：利生外夷人也，其圖，其說，未必一一與天地脗合，而子胡屢屢於茲？郭子曰：不然，郯子能言少皥官名，仲尼聞而學之，既而告人曰，天子失官，學在四夷。介葛盧聞牛鳴而知其爲三犧，左氏紀之於傳。孔，左，何心，而吾輩便生藩籬，不令利生爲今日之郯，介耶？且利居中國久。夫夷而中國也，則中國之矣。」

在這序裏，我們不僅可注意其可與利氏相佐證之言，而且更宜注意其序之標題，及序裏所含世界地圖之名稱。那就可見郭氏所用的，不是北京本之坤輿萬國全圖，而是南京本之山海輿地全圖了。這就解決了第二問題。

至於第三問題，那更容易解決。我們須記得前邊所引的函件，乃寫於萬曆三十三年中。入華記錄乃於萬曆三十六年纔開始寫。也許在這三年之間，利氏有機會知道他和郭青螺曾在廣東會過。不過人多時久，在寫信時未記得而已。

我們試計爲利氏刊刻世界地圖之人：刻工和李應試不計外，有兩個部官，一個知府，一個道臺，兩個巡撫。世界地圖的光榮若要登峯造極，那須得大明皇帝，也來湊熱鬧。果然：

「今年年初，有以世界大地圖獻皇帝者。皇帝欲印多本。然原板已不在京，而副版已毀。於是有旨召竇，命竇印若干本。諸太監既知竇無版可印，則大懼，恐皇帝不肯信也，竇告以如得一月期限，願別刻一更佳之本以應。諸太監具以覆奏。然皇帝不欲使竇破費，乃命彼等依照原樣，在宮中刻版。既就，印本遂滿全宮。

「此與吾等之事甚有益。圖中多處載吾人之名，各說明後，竇輒鈐以我會圖章，諸名士序中皆稱揚吾人，及吾等事業，此皆皇帝及諸皇子所可得而讀者也。吾等雖不得與彼交一語，蓋太監而外，宮外人均不得與彼相見，然彼既能讀圖中所有關於吾等之事，我聖敎及我國風俗，或將於一日召吾等而加問焉。

「凡天主敎徒及友人皆以此事爲喜，且望得佳果焉。又昔者在此圖尚未通行之前，淺陋之人以爲中國得天下之半，且因其不識地理測量，遂以中國之局居大地一角爲嫌；吾人恐皇帝亦將不樂覩中國在此圖中所佔位置之小。今可無此慮矣。天主至可讚謝。」

這是萬曆三十六年七月十三日利氏寄羅馬耶穌會總監督[135]內所寫的。在入華記錄[136]內，他寫得更詳細點：

「一日皇帝有旨召吾等，甚急。利瑪竇及龐迪我（Diego de Pantoja, 1571-1618）二神甫既至鑾臺諸太監[137]住所，見掌印太監及其他近侍等，頗甚張皇。皇帝自內廷下諭，令備六幅世界地圖絹本十二付，蓋指昔李我存在京所印之本。此圖利神甫所製，每付共六幅，幅寬如肘之長，高過其倍，印就，裝裱之如紙窗，繫其邊以帶，使可舒合，置於室中。圖中有利瑪竇神甫之名，太監之給役內廷者，或指以示皇帝，故命就利神甫取圖也。

「諸神甫曾以世界地圖多付贈太監若干人。此中不知何人竟以一付添繪彩色，而獻之於皇帝。皇帝見此佳製，繁列衆國，廣載異俗，中國人前此所未見者也，則大悅；故欲多圖，殆擬以分賜皇太子及其他親族者也。

「諸神甫未曾以此圖獻皇帝，且亦未嘗欲他人為之，蓋深恐皇帝或將誤會圖中中國所佔地位之小，而以為吾等有意侮辱中國也。中國人素以為中國佔天下之大半，中國士人且多謂吾等縮中國，伸外邦，而引以為憾者矣。然皇帝固自聰明，彼知此圖所繪者實得世界各地大小之眞，非有意輕視中國也。

「此本地圖曾兩度刻於北京，二本盡相同。一本為李我存所刻。李回籍時已將版片帶去。又一本乃刻工等所刻，印之以求售，所賣印本頗多，且得善價。然北京大雨之年此本版片適在一舊屋中，夜中屋塌，壓斃工人二，且毀其板焉。諸太監聞此，知不能應皇帝命，則又疑吾等言妄，既遣四人至吾等住所再詢，復派人至刻工處取零碎版片之尚存留者，以為證。

「吾人之天主教徒李保祿曾刻八幅而更大之地圖。吾等亦遣取此版至。然諸太監不敢以此本獻皇帝。皇帝所指索者非此本，而兩本中之注釋亦間有不同也。彼等不知所為，躊躇不決者兩三日。吾等乃告以願得一月期限，自費別刻一更佳之地圖，吾等意欲於圖中多加若干更有益於天主教之宣傳也。諸太監聞此，甚喜，即具以所聞奏覆。然皇帝雅不欲多擾吾等，遂命就舊有之板，補刻以成六幅之世界地圖，此事旋即辦妥；其後宮內所需之地圖，即在宮內印之。

「人尚多有謗詆此地圖者，不信，或不肯信，其內容之眞實，此亦圖中之宣揚天主教而攻異端有以致之也。然在此時乃得皇帝重視此圖，誠可慶幸。且圖既長留宮中，吾人可望皇帝或太子或皇室他人，他日或欲知聖法而垂詢焉。舍此，吾儕無與彼等通語之機會也。又彼等既見中國與衆國相較如是其小，或亦將稍殺其驕豪之氣，而願與外邦論交矣。」

函和記錄內所說的，微有出入。然所差的不甚重要，姑按下不提。我們現時要討論者，有兩點。（一）這二段所暗示給我們李應試本世界地圖刻成之時代。（二）皇帝刻本本身的問題。

關於李應試的刻本，我們前邊猜的是應在萬曆三十三年三月之後。現在看來，又必在三十六年以前。試問這兩年餘的期限還可縮短否？要辦這個，我們須先回頭再看利瑪竇所為關於李之藻本，刻工本，和李應試本，三本之記述。他曾說：「於是在北京共有三本焉[138]。」這句話若可解作：有個時期三付版本都在北京，則我們可進而問：刻工本的版片何時壓毀？更進而考：李之藻本之板，何時離京？利氏說：刻工本的板片，毀於北京大雨之年。汾屠立神甫謂[139]這是指三十五年的大雨。我們到明史[140]神宗本紀中去查：見得三十二年秋七月庚戌27/vii/1604京師大雨壞城垣；又三十五年七月庚子31/viii/1607京師久雨。若說刻工本之版毀於三十二年之雨，則是毀於李應試尚未刻圖之前，不合於我們推測的條件；故不如接收汾氏的說法；姑信其為三十五年七月之雨。然則李應試本之刻成當又在其前了。在萬曆三十一年中，李之藻曾奉令到福建去試士[141]，事畢又回北京；他的渾蓋通憲圖說即於三十二年在北京動手編著，因為書中所較的歲差乃以萬曆甲辰為率[142]，而書中設例的地所又在北京[143]。但在三十五年的秋天他已在浙江了，因為通憲圖說的稿子是他從浙西帶到處州給處州知府鄭懷魁去刻的[144]。相度上邊所引利氏在三十三年所寫的諸函，好像之藻所刻地圖的板子，在利氏寫信的時候，還在北京。因此我姑猜之藻帶板片回籍，乃是在三十四年左右之事；而當時李應試刻的地圖，當已刻成。

至於皇帝三十六年1608的刻本，我大膽懷疑其並未刻成。不錯，利氏曾兩度說此圖刻於宮中；而且天啓癸亥1623李之藻為艾儒略的職方外紀作序，亦說：

「萬曆辛丑1601利氏來賓，余從寮友數輩訪之。其壁間懸有大地全圖，畫線分度甚悉。利氏曰：此吾西來路程也，其山川形勝土俗之詳，別有鉅册，已藉手進大內矣。因為余說：地以小圓處天大圓中。…余依法測驗，良然。洒悟唐人畫方分里，其術尚疏，遂為譯以華文，刻為萬國屏風。居久之，有瀆呈御覽者，旋奉實索，因其版已攜而南，中貴人翻刻以應。」

但利氏，李氏，都未說宮內翻刻之本，刻得如何？而且並未說他們曾看見過宮內所刻的那一本。我恐怕宮中刻板之說，只是出於諸太監口中而已。明末有個太監名叫劉若愚，是很留心於圖籍掌故的一個人，著有一部酌中志，其中的卷十八，內版經書紀略[145]，記內府版片頗詳。但其中亦無坤輿萬國全圖的名目。因此我更疑宮中並無刊刻此圖之事。

神宗當時曾指索此圖，也許是眞的事。我疑：諸太監到末了只是摹繪若干份來供奉。歷史博物館舊藏的那本也許即是這樣的摹繪本之一，該本的內容與李之藻本，除了幾點之外，完全相同。在其相同中，如名稱之同爲坤輿萬國全圖，各序跋之完全相同，地形及注釋之相同，皆足以證：繪本乃以李之藻本爲藍本，而摹寫的[146]。至其不同之最顯明者，則繪本中獨有船隻，奇魚，異獸之圖。這殆是從他處摹抄來的。西人舊圖往往有這些玩意兒，可惜我現今不能證明其從何書，或何圖中搬來的。張文襄那兩行的識語，在摹繪本中沒有。這既是他人摹繪之本，自當用不着這識語。利末亞州，約當東十二半北二十，「吳沙兒兀蠟上」，繪本漏「吳」字。東七北十，繪本脫漏「彼多寧」。東八北九，繪本脫漏「墨力刻登」。諸如此類，可見其摹繪得頗疏忽。刻本中之海水波紋頗似摩登婦人之鬈髮，希伍德君所謂意大利人繪地圖者之家法如此，繪本乃變而爲較簡單之魚鱗式波紋，這是中國的畫法[147]。東五北四十之「波爾杜瓦爾」，繪本則改之爲「拂郎機」。西八（卽東三百五十二）北三十三之「木島」旁有注釋云：

「木島去波爾杜瓦爾半月程。樹木茂翳，地肥美。波爾杜瓦爾人至此，焚之，八年始盡。今種葡萄，釀酒絕佳。」

繪本則盡改其「波爾杜瓦爾」爲「拂郎機」。嘉靖四十四年1565時有禮部議奏佛郎機詭託「蒲麗都家」之稱的一椿公案。[148]爲摹繪本者大概自賣弄聰明，要人知道拂郎機國之所在而已。從這幾點來看，好像摹繪此本之事必是中國人所自爲，非在利氏指導之下而爲之者也。然摹繪者既不改「大明海」，「大明一統」，各項，可見其必繪於明未亡之前。而地中海西齊里亞島下注云：「此島有二山，一常出大火，一常出烟，晝夜不絕」；其中有二「常」字。北亞墨利加州約當東二百八十八北二十四，有「得尔勿羅洛」；其中有「洛」字。「常」，「洛」，二字不改避光宗之諱。利瑪竇序中有「再加校閱」一語；其中「校」字不改避熹宗之諱。可見摹繪的時候，必在萬曆三十年與四十八年之間。再參考利氏所說三十六年中的事，故我敢疑這就是當時太監所摹繪的地圖。

在此文的前段，我已說過：意大利人理格君所存之繪本和歷史博物館原藏之本盡相同。理格君藏本，我疑也是萬曆三十六年時諸太監所摹繪的。諸太監說：皇帝指索坤輿萬國全圖十二份。他們對此點若未撤謊，也許他們所摹繪以應命的地圖，不止一份了。近有李蔚那神甫作中國人的地圖學與利瑪竇一文[149]。其中偶道及理格君藏本。李君發見其本中之「鄱陽」僅有其名，而無其湖，且缺其西南之贛江那一條水。[150]因此，他疑理格君所藏之繪本乃出於萬曆十二年肇慶本之原圖，且謂當時利氏未走過贛江及鄱陽湖的水道，故不能畫上，直到萬曆二十四年之後，纔能補此遺漏，故李之藻刻本中有之云。這樣的說法好像理由很充足。但可惜李神甫未料到理格君藏本上也有萬曆三十年利瑪竇的那篇序。試問十二年的圖，如何能有三十年的序？然則鄱陽湖及贛江的脫落，也不過是萬曆三十六年時諸太監之疏忽而已。

（三）

以上所考出的世界地圖，都有利瑪竇自己的敘述爲根據。現將這些列一個表，凡於年代地點不能遽定者加問號。圖之漢文名稱尚未考得者，姑稱世界地圖，或譯西文所舉之名，亦綴以問號。圖之未嘗刻者，置之於括弧中。

山海輿地圖	萬曆十二年	1584	王泮刻版	肇慶	
（世界圖誌？）	萬曆廿三年	1595		南昌	繪贈建安王多㸅
山海輿地圖	萬曆廿三 六年	1595 1598	趙可懷勒石	蘇州	翻王泮本
（世界圖記？）	萬曆廿四年	1596		南昌	爲王佐編製
（世界地圖？）	萬曆廿四年	1596		南昌	繪得一或二本
山海輿地全圖	萬曆廿八年	1600	吳中明刻板	南京	增訂王泮本
輿地全圖	萬曆廿九年	1601？	馮應京刻板	北京？	二小圈圖等
坤輿萬國全圖	萬曆三十年	1602	李之藻刻板	北京	增訂吳中明本
坤輿萬國全圖	萬曆三十年	1602	刻工某刻板	北京	複刻李之藻本
山海輿地全圖	萬曆卅二年	1604	郭子章刻版	貴州	縮刻吳中明本
世界地圖？	萬曆卅四年	1606？	李應試刻版	北京	增訂李之藻本
（坤輿萬國全圖）	萬曆卅六年	1608		北京	諸太監摹繪李之藻本若干份

以上原，翻，增，縮，之版本，共有八本。然此外尚有利氏所未敘及，抑或未及知之本。此中請先討論方輿勝略中的東西半球二圈圖。

這兩個圓圈皆徑長二十六公分。經線起於福島，居東半球之極右。原圖似爲利氏所繪，不似是明人將他的兩半球合圖，如山海輿地圖，坤輿萬國全圖等改繪而成。當時的中國人似尚未能將橢形投影改繪圓形投影，可見那是外國人做的。兩半球之各國除了一條之外，全無注釋。那一條是關於如德亞，其下注云：「天主降生之國」。這可見繪圖的人是來行天主教的。方輿勝略既刻成於萬曆三十八年1610則原圖之繪成當更在其前。在萬曆三十八年以前，來中國傳天主教而繪地圖之外國人，我們所知者，只有利瑪竇一人。况勝略此卷中151附有廣陵張京元一跋，中云：

「西泰子歸心中夏，謁見今上152，以其圖懸之通都，眞是得未曾有。乃復殫思竭力爲兩小圖，遍貽海內。解不解，在乎其人，不能强也。」

這已足以證實原圖之果出於利瑪竇了。

此圖因尺寸甚小，故所載地名，遠不如萬曆三十年坤輿萬國全圖中所有者之多。取兩圖所共有者來互校，結果，可說：雙方的譯名，什九以上都相同；可使我們猜兩圖編製的時期很相近。然譯名中亦有若干條，彼此歧異，如：

坤輿萬國全圖(東二十北四六)　之路得棱亞　　二圈圖作路得濟亞
坤輿萬國全圖(東一九一南二四)之仙歐伍丁峯　二圈圖作仙歐吳私丁峯
坤輿萬國全圖(東二八北五七)之玉良氏　　二圈圖作禹爾地
坤輿萬國全圖(東二六六南五十)之寧海　　二圈圖作太平海

這又可證這兩個本子究非同時所繪的。這既是二圈小圖，而其繪製又復離萬曆三十年甚近，我們自易疑其爲馮應京所刻之二圖。况且勝略這卷裏果有應京的山海輿地全圖總序，其末段云：

「西泰先生云：神之接物，司記者受之，司明者辨之，司愛者感之；要歸事上帝爲公父，聯萬國爲弟兄。是乃繪此輿圖之意與？應京嘗備員職方，見其獻圖於上，倍蓰掌故，乃悉共蘊，序而傳之，以屬程生百二，纂四夷奉貢種落于後，用照咸賓之盛，且以資學者宏覽云。」

然這裏別有一層曲折。我們再細檢二圈圖中地名之與坤輿萬國全圖歧異者，就可見其中有很顯然的謬誤，如：

坤輿萬國全圖(東九北三六)之加西耶　　二圈圖作加思
坤輿萬國全圖(東八北四十)之多勒篤　　二圈圖作多勒
坤輿萬國全圖(東五北四十)之波爾杜瓦爾　二圈圖作度瓦爾
坤輿萬國全圖(東七北三七)之厄棘拔達　　二圈圖作拔達

又東半球圖中分經布緯雖大體無誤，然福島之經不爲三百六十而爲「一十」，極右之經不爲一百八十而爲「一百六」。利瑪竇原圖樣，自不至有此類的錯誤，而馮應京之刻本，似亦不當如此疏忽。這已使我疑勝略之二圈圖乃翻刻馮氏的刻本。况且勝略中之山海輿地全圖總序乃與絕徼同文紀中所載之輿地全圖總序，文字有異。中山教授所引的那幾句話，即不見於勝略中。可見序曾經改過。而其所以要改的原因，亦頗顯而易見。馮氏原本刻於李之藻本之前。故可有「凡三授梓：…而茲刻最後乃最詳」之語。今翻刻本成於萬曆三十八年，而改訂之

序，據其中所謂「以厲程生百二」一語，及南師仲方輿勝略序中

「盱眙公欲聯萬國爲弟兄，其志偉，其慮遠，而天不假之年，齎志以逝，爲有志者歎息。今幼輿氏以章布承盱眙公之面命，爰本山海輿圖，衍釋是書」

數語，似總序之改訂應作於萬曆三十五年，應京臨卒之年，是不僅在李之藻本之後，且並在李應試本之後；「最後…最詳」云云自當删去。

唯其爲翻刻本，故多謬誤。倘更從而翻刻焉，則其謬誤當愈甚。明末清初有一部書叫做輿圖備考，全書十八卷，關中潘光祖彙輯，邗江李雲翔參訂。書前有順治七年 1650 李長庚序，崇禎癸酉 1633 宗敦一序，李雲翔序。雖有順治七年的序，然書之刻成，當在崇禎中，故於明的國號輒改行提頭。這書卷一內之纏度圖一，纏度圖二，實即翻刻方輿勝略中之二圈圖，不過把圓徑縮爲二十三公分而已。勝略本中之「度瓦爾」在備考本中沒有了。「加思」及「多勒」變爲「加思多勒」。且把「以西把你亞」變作「把尔亞」。稍舉這幾條，已足以證書乃愈翻刻而愈壞。

輿圖備考目錄後有採錄書目。其中既有方輿勝略，復有利西來經緯略；好像這是二種書。書中153引了「山海輿地全圖各國經緯度略」一段，與勝略中所引者之前段相同。姑無論其是否即由勝略抄出，但其既將勝略及經緯略分列若二書，則勝略中之經緯略那一段和各國度分表是否亦翻刻他書而來，便成爲一問題。

勝略本中之「山海輿地全圖各國經緯度分略曰」那一段的末了有

「今將輿地入之書册（度分註明不紊矣。以亞細亞居首者，尊中華爲主也）爰分數層；上因各大州，布國，島，山，海，江，河，以其度分；下層筆其土產，風俗，則輿地圖愈明烺焉」

數語，好像這即後面各國度分表之序。這序和表是否即從利西來經緯略抄來的？序中既有「則輿地圖愈明烺」之語，則經緯略是否亦有輿地圖？今勝略中之二圈圖是否即經緯略中所附之輿地圖？

最後的問案是很容易否決的。表中一大部之地名不見於二圈圖中。若說：表既具列經緯度數，圖可只略具形體方位，不必多載地名；但圖中現有之地名又實可嫌其太多，多得擁擠不堪。就這一點來看，已可使我們疑

圖與表之無關。且：

圖中之 路得濟亞 表作 路得棲亞

圖中之 仙歐吳私丁峯 表作 仙歐扭丁峯

圖中之 禹爾地 表作 玉良底

出入如此，即可見圖與表並不相應了。然則表與坤輿萬國全圖之關係如何？表有「以西把泥亞」，「波尔杜葛尔」，「郎地那馬兒加」（東三十北五七）；而圖作「以西把你亞」，「波尔杜瓦尔」，「即第那瑪尔加」。諸如此類，已可見二者譯名所用的漢字時或不同。至於二者所注之土產風俗，如：

（坤輿萬國全圖）

意大里亞：此方教化王不娶，專行天主之教，在邏馬。歐邏巴諸國皆宗之。

羅馬

拂耶察

十三郡

諳厄利亞：諳厄利亞無毒蛇等蟲，雖別處携去者，到其地，即無毒性。

沙尔馬齊亞：兩沙尔馬齊極寒，人衣獸皮，不露面，只露口眼。食馬血。風俗朴實，犯竊者，即殺之。

（度分表）

意大利亞：地狹而豐厚，上下二海所圍，人民衆盛。古因羅馬爲四方鄰國總主之部，今教主居之，各國天主教人來往不絕。

羅馬：其王不娶，專行天主之教。歐邏巴諸國皆從之。

拂耶察：人長白，曾過地中海，伐回回，用大銃，故回回名大銃爲「拂耶機」。我朝今亦用之。

十三郡：十三郡俱無君，相盟詛，各管其地，有敵至，齊以軍馬相扶，兵卒勇且信，臨陣寧死，不退走。

諳厄利亞

井巴：井巴者，不入度數。其中數十萬人，至野而猛，不火食，無定土，以戕害爲生，到一國，盡食其國人，鳥，獸，蟲，蛇，草，野不留生物。爲利未亞之南諸國大害。

這就更可見度分表與坤輿萬國全圖之不相呼應了。意大里亞乃是整個半島，如表其度分當云，西起，東迄，南始，北至，各度，現在表裏僅云：北四東154三五。如此之例甚多，不勝枚舉。好像爲表者，僅取一張地圖，記下其地名所當之經緯，並抄錄其地名下所綴之注語。他所用的地圖，並非坤輿萬國全圖，現已明顯。

然究爲何圖？又他是誰？他不是利瑪竇，我們很容易證明，因他表155泥羅河於北十七東五六，而將泥羅河之注綴於巴尔加：

「巴尔加：天下惟此江至大，以七口入海。其國盡年無雲雨，故國人精於天文。其江每年[一]次泛漲，地肥澤多五穀種以一收百。」

可見得他並不懂得他所用之圖。其尤謬者，如：

「薩保德有七百洲，最大者，都未羅耶。其城行十日程，地產寶石，烏木。」

表既抄錄此注矣，乃又以注中之末了三字爲一地名，於是表上別出一地名「石烏木」處於北二四東五九。若是利瑪竇來做表，絕不至糊塗如此。

我曾設問：此表是否郭子章所做的？若是，則他所用的地圖乃吳中明所刻的山海輿地全圖。可惜我們現在看不見吳本之圖。但據坤輿萬國全圖，利瑪竇及李之藻二序中有「增國名數百」及「視舊業增再倍」諸語，而入華記錄中亦云「較舊者大甚」，我們可信吳本之紙幅小於李之藻本，而所載地名亦遜數百。今將李之藻本中之地名，就度分表內尋之；我雖僅較歐邏巴利未亞二州，然圖之多於表者不及一打。若比較鍵方之注釋，則表反較圖爲多。由此看來，則表所據之圖不能爲吳中明本，而其圖或較李之藻本更大，故能容其繁多之注釋。表所據之圖既不爲吳中明本，則製表者非郭子章了。

我們所已知者，僅有李應試之八幅地圖，較李之藻本爲更大，而注釋亦間有不同；我們自可疑度分表所根據之圖爲李應試本；但苦無確證。唯艾儒略之職方外紀，成於天啟三年1623。據他的自序，乃以龐迪我的遺稿增補成編。龐氏和艾氏的工作都在利氏已卒之後156，在編纂的工作中，他們自有參考利氏的世界地圖之必要。若說參考，則以理推之，當是取於最後又最詳之全圖爲多。最後最詳之全圖，據我們所考者，疑爲李應試刻本。今職方外紀中有如下的文字：

（意大利亞）地產豐厚，物力十全，四遠之人輻輳於此。舊一千一百六十六郡，其最大者曰羅馬古爲總王之都，歐邏巴諸國皆臣服焉。157

（拂郎察）中古有一聖王名類思者，惡回回佔據如德亞地，初興兵伐之，始製大銃。因其國在歐邏巴內，回回遂稱西土人爲「弗郎機」，而銃亦沿襲此名。158

（井巴）利未亞之南有一種夷狄，名曰井巴，聚衆十餘萬，極勇猛。又善用兵。無定居，以馬及駱駝乘載，遷徙所至，即食其人，及鳥獸，蟲蛇，必生命盡絕，乃轉他國。爲南方諸小國之大

32

害。[159]

這樣的紀載自以西文原書爲據。然其翻譯綴辭之斟酌，非參考李之藻本坤輿萬國全圖所能爲助，而頗似曾參考經緯度分略所根據之地圖。這只可算是旁證。可惜我們看不見李應試所刻的地圖，現只可記疑於此，留待後考。

照上面所考的，我們可疑方輿勝略這一部分，乃翻刻馮應京本之二圈圖，而綴以利西來經緯略中之度分表。試問：其餘的文字從那兒來的？「山海輿地全圖各國經緯度分略」那一段，我已說：似是經緯略之序。經緯略中的表既非利瑪竇所爲，則這篇序，亦不應出於利氏的筆；然其中云：

「初制全圖者歐邏巴與利未亞二大州士者，俱中華之西也。伊始察西海中福島乃至西也。即以是島之外竟爲海，而如東尋地也。」

此不似不懂得西洋史地之中國人所能言。故我疑此序中之文亦出於李應試本中之新增的說明。不過其序之末一段，「今將輿地入之書册」等語乃編經緯略者所加而已。這樣的推測若可取，則

「着爲圖者固以大邦爲主，故視大邦之左右名海，名地方也。…若中華者，必畫歐邏巴及利未亞於其右，而南北亞墨利加于其左。不爾，各方之名者棄焉」

數語，當亦出於利氏。原來利氏將西文原圖中之東西移易，而使大明居圖之中部，其動念在此。倘不如此，則大東洋，小東洋都要處於中國之西，豈不笑話？然則他之移易原圖，不必出於諂媚中國士人之心理，如後人所譏者。那也不過出於常識而已。

其次，山海輿地全圖解那一篇文出於那兒？這篇文頗似李之藻本坤輿萬國全圖中之第一說明。將此二文，細校其異同，我尚未敢固斷其彼此之先後。因此，我又稍到明末書中尋檢。碰巧，竟於乾坤體義[160]中得天地渾儀說一文，亦甚相似。旋又於三才圖會[161]，及圖書編[162]中，不僅得着類似此解之文字，而且並有世界地圖數種。於是，不僅因要知山海輿地全圖解之由來，而更因要考那幾種圖之原本的緣故，遂須先考這幾篇相似而多少不同之文。[163]

我們要比較者，共文五篇：簡稱之爲(一)圖解，(二)說明，(三)儀說，(四)圖會，(五)書編。這裏唯說明，我們有其原文，而知其時代；其餘則翻刻之訛漏，及編

輯者之删改，皆足以混亂其原文。然表列其重要之異同，而細察其痕迹，倘可以窺見其血統昭穆之關係。

說明：地與海本是圓形而合爲一球居天球之中誠如鷄子黃在靑內有謂地爲方者乃語其定而不移之性…

地之每一度廣二百五十里則地之東西南北各一週有九萬里實數也是南北與東西數相等而不容異也夫地厚二萬八千六百三十六里零百分里之三十六…

轉而南過大浪山已見南極出地三十六度，則大浪山與中國上下相爲對待矣…

其地甚熱帶近日輪故也…此二地皆謂之正帶…

若亞細亞者南至蘇門答臘…

大約各州俱有百餘國原宜作圓球以其入圖不便不得不易圓爲平反圈爲線…

此其大略也其詳備于圖云

圖解：地與海本是圓形而合爲一球居天球之中誠如卵黃有謂地爲方者乃語其定而不移之性…

地之每一度廣二百五十里則地之東西南北各一週有九萬里實數也是南北與東西相等而不容異也夫地厚二萬八千六百三十六里零三十六丈…

○○○…

其地甚熱則謂帶近日輪故也…此二地皆謂之正帶…

○○○…

今合各州萬國作二圈圖…

此其大略也其詳備于圖並後書云

儀說：地與海本是圓形而合爲一球居天球之中誠如鷄子黃在靑內有謂地爲方者語其德靜而不移之性…

地之每度廣二百五十里則地之東西南北各一週有九萬里實數也是南北與東西相等而不容異也夫地厚二萬八千六百三十六里零三十六丈…

轉而南過大浪峯見南極出地三十六度則大浪峯與中國上下相爲對待矣…

其地甚熱則謂熱帶近日輪故也…此二地皆謂之正帶…

○○○…

大約各州共有百餘國原宜作圓球惟其入圖不便不得不易圓爲平反圈爲線…

此其大略也其詳則備于圖並其後書云

圖會：地與海本是圓形而仝爲一球居天球之中誠如鷄子黃在靑內有謂地爲方者乃語其定而不移之性…

地每度廣二百五十里則地之東西南北各一週有九萬里實數也是南北與東西數相等不異天地厚二萬八千六百三十六里零三十六丈…

轉而南過大浪山已見南極出地三十二度則大浪山與中國上下相爲對待矣…

其地甚熱帶近日輪故也…此二地皆謂之正帶…

亞細亞南至沙馬大臘…

大約各州有百餘國圓球平圈爲線…

詳見全圖茲略載以覽攷

書編：地與海本圓形而仝爲一球居天球之中誠如鷄子黃在靑內有謂地爲方者乃語其定不移之性…

地每度廣二百里南至北東至西各七萬二千里是南北與東西數相等而異南北于東西者無據也夫地厚二萬二千九百零八里……轉而南過大浪山已見南極出地三十六度則大浪山與中國豈不相爲對待乎……

〇〇〇……

〇〇〇……

大約皆百以上此圖本宜作圓球以其入册籍不得不折圖爲平……

〇〇〇……

就以上所摘錄者來看，闕文若干段（我以〇〇〇代表之），「本是」之變爲「本」，「鷄子黃在青內」之變爲「卵黃」，等，皆顯然編輯者刪改竄易之迹。「天地」之爲「夫地」，「三十六度」之爲「三十二度」[164]則顯然手民之誤。此類除外，則其餘者，可分其枝幹之派別。就「合」與「仝」之分，則圖會與書編爲一系，而其餘三者中，因最末了那一句話的比較，遂見得圖解與儀說爲特別親近。就地一度廣若干里那幾句話來斟酌，則說明，圖解，儀說，圖會，四者皆屬於二百五十里那一族。而這一族裏，因「零三十六丈」那一語遂把圖解，儀說，圖會，又別爲一支。這樣合縱連橫的結合，可作一表解之：

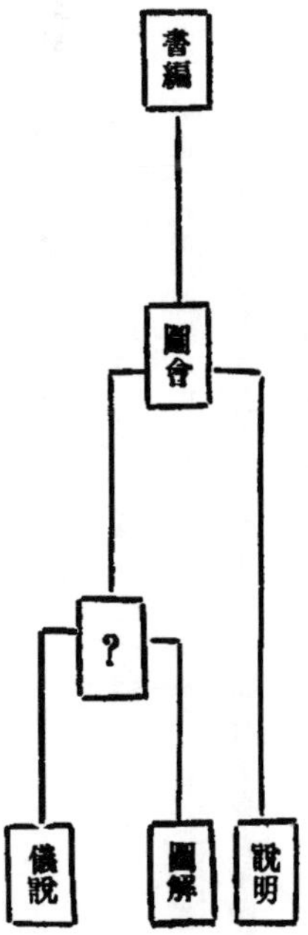

但這樣的表，有不準確之嫌，因說明刻於萬曆壬寅1602，而圖會成於丁未1607；說明何能居圖會之後？因此，我們更須顧到三才圖會，圖書編，等書，皆是類書，其中所具材料皆綴拾於他處；於是表應改正如下：

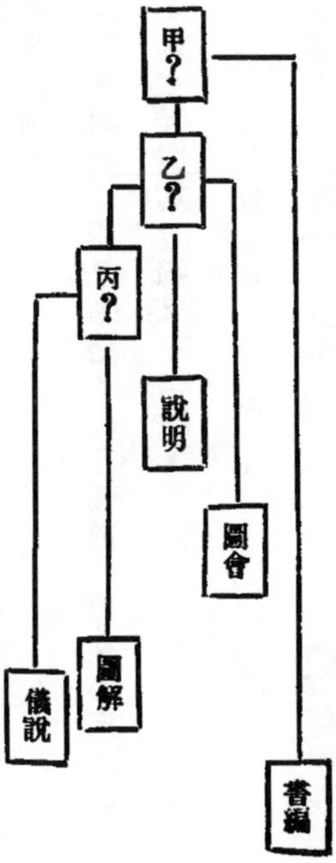

這樣的表好比是一個方程。其中我們要求的，乃甲，乙，丙，各是甚麼？請先討論乙與丙。我疑乙是吳中明本山海輿地全圖中之文，而丙乃馮應京原本輿地全圖所附之文。乙與說明之不同中，最足注意者，爲地厚的數目。利瑪竇所用的周率（π）爲三又七分之一[165]。以周率除九萬里應得地厚二八六三六·三六里。在萬曆二十八

年時，或因誤算，或因誤認，竟以〇・三六里為三六文。這裏相差得〇・一六里，雖為數無幾，然究是有誤，所以後來萬曆三十年在坤輿萬國全圖中改正了。

丙若果是馮應京原刻本地圖所附之解，則其時坤輿萬國全圖尚未出，馮氏只能就吳中明本抄錄其文，故地厚之數乃全同吳本，其後方輿勝略中之圖解，及乾坤體義中之儀說，皆抄錄而刪易此文，刪改得不同，故圖解與儀說亦彼此微異共若干條，不僅如上邊五文異同表中所具者而已。馮氏原刻本中，我疑還有別的圖樣及文字；而此中「並其後書云」後，別有一文，論「地球比九重天之星遠且大幾何」；其文亦上得自吳中明本之地圖，而下為乾坤體義及方輿勝略所取，亦刪改得不同。又乾坤體義及方輿勝略中皆有徐光啟之地圜論，亦大同而小異[165]。此論為贊同利氏之說而作，自不能載於吳中明本之地圖上，因徐氏先已見吳本之圖，而後知有利先生，而後在南京與相識[167]。我疑徐氏為此論以贈利氏，利氏後更抄錄，稍加注語[168]，以授馮氏，而馮氏遂以與二小圈之世界地圖，兩儀玄覽圖，山海輿地全圖解等等，同付刊刻。後來方輿勝略及乾坤體義所載者，我疑是抄錄刪易此本而成。

方輿勝略中也有吳中明的序文。我想這也有由原本到馮本，更由馮本而到勝略的可能。然其文較坤輿萬國全圖所轉錄者，微有刪節。我疑這刪節之事或是馮應京所為，在其所刻之本中已然；或乃李鼎，程百二，輩所為，唯在勝略中是如此；乾坤體義未引此序，故二者之間不易懸斷。

回過來再問：甲是甚麼？圖書編那一篇文名曰地球圖說。其文雖與其餘四文亦相似，然其出入較多。只就大浪山與中國位置之比較那一段來看，已足使我疑地球圖說文字之欠修潤，乃其作成較早之表示。圖書編中在這地球圖說之前有一橢形投影的世界地圖；不計其左右外圈，得高十四寬二十七公分，圖上署曰「輿地山海全圖」。此圖之前有一短篇的輿地山海全圖敘。照圖書編的體例，每項事物前例有一敘，殆皆編者所自撰。不過這裏有幾句話，值得留心：

「然自中國及小西洋道途二萬餘里，使地止于茲，謂之有窮盡，可也。若由小西洋以達大西洋，尚隔四萬里餘，矧自大西洋以達極西，不知可以里計者，又當何如，謂之無窮盡也，非歟？」

輿地山海全圖刻得甚不佳。所載的地名，寥寥無幾。「墨瓦蠟泥加」脫漏末了二字，而其靠南極一帶的地形，顯然翻刻得較利氏諸圖更有誤。此圖後之地球圖說似即解說此圖之文。文中明說：地周七萬二千里，而厚二萬二千九百零八里。然敘中乃有地無窮盡之意，可見撰敘者不但無地理之識，而且作文亦太疏忽了。然他又說：自中國至小西洋，二萬餘里；自小西洋至大西洋，四萬里餘；這幾句話的根據何在？陳民志之跋坤輿萬國全圖，說：利瑪竇「經行十萬里而至中國」。李之藻之序畸人十篇[169]，說：「利氏浮槎九萬里而來」。利氏之貢獻土物表，自說：「路經八萬餘里，始達廣東」。[170]若從輿地山海全圖敘的說法，利氏來華的路程也不過六萬餘里。記得李日華的紫桃軒雜綴[171]中有類似的話，因檢出，節抄於下：

「大西國在中國西六萬里餘而遙。…自古迄今，不知有中國。至世廟末年國人利瑪竇者結十伴航海漫遊，歷千餘國，經六萬里，凡六年，抵安南，而入廣東界。…余丁酉1597秋遇之豫章，與劇談，…贈之詩云：『雲海盪朝日，乘流信采霞，西來六萬里，東泛一孤槎。浮世常如寄，幽棲即是家，那堪作歸夢，春色任天涯。』[172]…」

當時航海尚無記里數的善法，六，八，九，十，萬里，實在都無準確把握。然當萬曆二十五年在南昌時，他只說來自六萬餘里以外。他離意大利亞，出巴爾得峽，繞利未亞，而至臥亞；再離臥亞，繞今之所謂南洋者而至廣東。這樣紆曲的海道，叫他覺得比環球一週也相差無幾。在這時候，他算得環球一週得七萬二千里，若他的路程比地周約遜萬里，則為六萬餘里。後來他把地周增至九萬里，故亦把他自己的路程增到八萬餘里。這兩項數目的澎漲，都是不幸的事。後來，聖朝破邪集中就有罵利氏，艾氏，等，「詐遠」[173]的文字；而淸初楊光先之不得已[174]中更舉湯若望（Johann Adam Schall von Bell, 1592-1666）八萬里航海東來之說，以為攻。雖詆毀者，實多胡說，然未始非八，九，萬里路程之奇遠，有以啟其疑。至於九萬里地周之說，起於利瑪竇，乃相承不改，幾至淸之中葉。這算法之錯誤，實較七萬二千里之說為甚。推其毛病，乃出於把每度二百里改為二百五十里。其實一度應為一百九十四里餘。這豈不是近於二百里之數，而離二百五十里太遠了？至於他何故而改二百里為二百五十里？我疑這是因多讀了點中國古書而受其影響。唐書175天文志有「三百五十一里八十步而極差一度」之言。折衷而姑定每度爲二百五十里，其數尙謙。誤讀中國古書，無益而有害，如此。

地球圖說之文較坤輿萬國全圖中之說明爲早。「輿地山海全圖」之稱，顯然非南京，蘇州，肇慶，諸圖之名。六萬里路程之說，傳於南昌。輯圖書編之章潢又是南昌人。這幾端的旁證，合起來，頗使我疑輿地山海全圖及其圖說之淵源出於萬曆二十三，四，五，年間利氏在南昌所繪各本世界地圖之一。因圖書編內之橢形全圖刻得甚劣，而地球圖說之文有刪節之痕迹，且竟誤至以泥邏河亦爲五州之一，故我疑章氏只翻刻別書，不是以利氏原繪本入版。又因地球圖說中有「入册籍」一語，遂使我疑原本殆是一書，抑原繪本亦是在一册子內，非如坤輿萬國全圖之合成一大張。原刻本之輿地山海全圖如在一書內，其書何名，惜今未能考。明末之圖籍，經過淸乾隆時禁燬大厄，存者無幾，且不易得。現只可存疑，而靜待將來材料之發見。

圖書編內地球圖說之後又有南北兩半球圖。不計其度數外圈，各徑寬二十四公分。這二圖的說明云：

「此二圖即前圖也。前圖因赤道其直如繩，故總爲一圖，而五方止列其槩。此圖圓形，以南北二極分之爲二，故各圖可因地以考其詳。」

據此，我疑這南北半球圖亦是輿地山海全圖册子內的一部分。這二圖內的地形，亦刻得不佳，地名亦有誤者。唯所載地名頗多，且過於坤輿萬國全圖所附二半球圖內所有者。

圖書編卷十六內，別有「昊天渾元圖」。據云：

「昊天渾元圖，雖古有此圖象，嘗求之，莫可覩也。近傳之胡洛巴圖，須合二圖，始見其全。始西瓜中只一蒂，分作四瓣，每瓣各分作九行。總之四九三十六，乃三百六十餘度之象。然必從而四之者，因一圖雖見其全，故分之爲二。如堯典以四仲分作四時，便覩察故耳。…」

此文中的胡說亂道，姑置不理；且觀其圖。圖即東西兩半球之圖，各徑寬十二半公分。圖中沒有一個漢文地名，然其內外摹刻西文若干字。壞得不可辨識。圖中之地形亦如之。圖後又有九天說符一文。其中有一段云：

「近接瞿大素，謂曾游廣南，覩一儕，自稱胡洛巴人，最精曆數，行大海中，惟覩其日軌，不特知時，知方，且知距東西南北遠近幾何。…」

這裏所道的瞿大素即序交友論之瞿汝夔。所謂胡洛巴僧，當即是利瑪竇。然章氏不舉其名，不云歐邏巴而云胡洛巴，不云山海輿地圖，不記得輿地山海全圖，而云吳天渾元圖，沒有漢字，而有不可辨識之西文，可見他並不識利氏；可見他之於世界地圖實不了了。輿地山海全圖得自他書。吳天渾元圖殆亦然。其書何書，現未能考。原撰者殆只從歐人某借得西文圖籍，草率摹繪其圖樣。誤至以地爲天，遑論其他？此可謂與利瑪竇所編譯的世界地圖全無關係，姑附記於此。

以上所述各種翻刻的利氏地圖，皆翻得不甚佳。然其最劣者，莫如三才圖會中之山海輿地全圖。此亦爲橢形圖，寬二十二半公分。高二十公分；翻刻得不夠扁，而太近於圓。圖中全無經緯度線，地形略具大概。海洋之名多於國名。歐洲諸國僅名佛郎察。南亞墨利加僅有食人國，而亞細亞大陸上大明及韃靼之東，狗國爲著。此圖後所附之文我於前面已說：疑出於吳中明本的地圖。現此圖之名適爲山海輿地全圖。圖中之地名雖少，然選其與輿地山海全圖中南北半球圖，及坤輿萬國全圖，有異同者，如：

(輿　地)	(山　海)	(坤　輿)
白露海	白露海	孛露海
亞蠟波海	亞蠟皮海	葛刺比海
溟宗	滄溟宗	滄溟宗
鸚哥地	鸚鵡地	鸚鵡地
盤羅它海	密羅陀海	默羅陀海
沙馬大剌	沙馬大蠟[176]	蘇門答臘

雖其中不免有手民之誤，然已足以見此山海輿地全圖之時代當居南昌與北京二本之間。然則此圖或即縮翻南京吳中明本而得之者；不過縮翻的技術太劣了。吳本原樣，必不如此之壞。

利西來經緯略中是否附有翻刻李應試本之地圖？翻刻得如何？我現皆未能懸斷。至於經緯略如果曾別刻而單行；我疑其有爲馮應京所編之可能。這不過以他之曾刻東西兩半球圖及圖解等爲例。此外並無其他明證。就方輿勝略外夷卷首那一卷來分，張京元，程百二，徐時進，三跋，王錫爵一序，除外，其餘可分爲三部分。(一)各國度分表及其序，殆出於利西來經緯略(二)二圜圖，圖解，答地球比諸星，及徐光啟之地圜論，殆皆出於馮氏原刻之輿地全圖。(三)馮氏山海輿地全圖總序一文乃刪改原序而成。新序只言及圖，未及經緯略，故經緯略之是否果出於馮氏之手，未可確定。

馮應京的著作，有六家詩名物疏五十四卷，月令廣義二十五卷，經世實用編二十八卷，皆見於四庫全書總目內[177]。此外，據盱眙縣志藁[178]尙有藩艾集，云見乾隆志。此書殆已佚。李維楨的大泌山房集[179]內又曾兩次說馮氏有方輿勝覽。我怕李氏或誤記方輿勝略爲方輿勝覽。不然，則馮氏的方輿勝覽中，也許即已有輿地全圖等項。

據南師仲的方輿勝略序，好像馮應京所給與程百二的材料，並非勝略的全部，故云：「爰本山海輿圖，衍綴是書」。我頗疑全部勝略除外夷卷一之首卷而外，皆李鼎，程百二，等，掇拾地志，類書，而編成的。其與馮氏之關係，最多也不過「面命」，「指授」，而已。當時有錢希言者，著一書名戲瑕[180]，中有「贋籍」一條；條中云：

「近吳中宦刻幾汗牛，爛用貴人手金，以馮觀察諸公言之，並是僞托者。余欲起而糾繆，聞者不腊其舌乎。」

我恐怕方輿勝略這一書，就是程百二借馮觀察之盛名而募貲刻成的。

李鼎字長卿，新建人。萬曆十六年 1588 舉人[181]。李維楨撰李長卿集序[182]中云：鼎有詩二卷，文十四卷，經詁四卷，偶譚二卷，解一卷，贅言一卷，借箸編一卷，杞說私評一卷，保泰策一卷。維楨於鼎之詩文頗致推崇。鼎殆是一個能文而未仕之人[183]。徐來鳳的方輿勝略引說：勝略「經始於盱眙馮公，籌畫於孝廉李長卿，而考其成則幼輿氏。」李維楨的方輿勝略序亦說：「新安程幼輿所爲方輿勝略，蓋本盱眙馮觀察指授，而與李孝廉長卿參伍之。」然今勝略各卷首葉，所列纂輯參校之人，程百二而外，尙得約三十人，而其中絕無李鼎姓氏。這豈不可怪？

那些纂輯參校之人，約有一半，尙可於各方志中得其履歷。唯獨新安程百二，我却未能於徽州府志找出其人。我疑他只是一個估人，借方輿勝略一書來謀利，或附庸於著作之林。其餘的三十人，我疑都是虛掛姓名，不曾參與工作。即舉山海輿地全圖那一卷爲例，前列：嘉定唐時升，秣陵焦尊生，豫章劉一燦，新安程百二，仝輯。這卷的內容，我們已瞭然；試問其何需四人來同輯？這四人中，我頗注意唐時升，因他是有名的「嘉定四先生」之一。我檢出三易集來細閱，絕未見他之於程百二有一時之投贈，抑一文之提及。原來，明人刻書，好侈陳姓氏，以資標榜。風氣如此，我們不必深責程氏。

至於他的世界地理之知識，我們只消看他那一篇短跋，便知其程度不在章潢之上。因此，我想到一個問題：利氏的各本世界地圖，原刻，翻刻，刷印，傳佈，如彼之多，當時中國人對於這一套新的地理知識，究竟了解得幾何？我想：與利氏相熟而爲他刻圖的人，如吳中明，馮應京，李之藻，等，也許會有一知。好奇務得而翻刻者，如王圻，章潢，程百二，之流，恐怕還不及半解[184]。至於收藏傳觀之人，我恐怕其所得者更少，甚至果如利氏所云有誤會圖意而有微言者，李維楨就可爲這樣的一個例。

我初看方輿勝略時見卷首有叙，前署：「大泌山人李維楨本寧甫譔」；其文佔二葉又一行，而後署曰「萬曆三十八年，庚戌歲，閏月，南洲朱謀㙔題」。細閱其文，覺得末一段的文氣不佳：

「抑余嘗觀司馬傳，騶衍作迂怪之談，列中國名山，大川，廣谷，禽獸，水土所殖，物類所珍，因而推之，及海外。勤勞亦足傳矣。」

更細察之，乃疑這裏應是兩篇序。李序草書，闕其第二葉以後；朱文行書，闕其第三葉以前。更疑此中有弊病，乃取大泌山房集校之。集中果有其序之文[185]而末段云：

「抑余嘗觀司馬傳。騶衍作迂怪之談，列中國名山，大川，廣谷，禽獸，水土所殖，物類所珍，因而推之，及海外，人所不睹；謂中國於天下，八十一分之一耳；王公大人奇其言而尊事之。頃有化外人利西泰爲山海圖，狹小中國，略與衍同。而馮盱眙稱之，無乃弔詭之過歟？第所云：神之接物，司記者受之，司明者辨之，司受者廣之[186]，實襲衍仁義，節儉，君臣上下，六親施始[187]之說，要以六合之外，聖人存而不論，今都抑之外夷焉，以尊中國；較諸言雖不軌，有牛，鼎，意者，何可同年語也。」

原來他老先生以利氏地圖之「狹小中國」，不慊於懷。以他閱歷之深，學問之博，猶如此，其他可知。

怪不得：利氏地圖雖繼續印刷至明以後；雖繼利氏而編譯世界地圖者，尚有龐迪我[188]，艾儒略[189]，湯若望[190]，南懷仁(Ferdinand Verbiest, 1623–1688)[191]，蔣友仁(Michel Benoist, 1715–1774)[192]，等，然中國士大夫尚有不了了於世界地理之基本知識者。偶檢光緒甲午1894

上海順成書局所石印之中外地輿圖說集成，中有萬國輿圖一卷，光緒丙戌1886新會陳兆桐所繪。前有袁祖志序云：「余初聞地球之說而疑之，及…歷游泰西各國…始歎西人之不我欺也。」陳氏譯繪天下五大洲方圖，旣爲麥克托投影，則地之左右移置，甚爲易事；乃不知改繪南北阿美利駕洲於亞細亞洲之東。陳氏之序及凡例自謂其所爲者，中國向所未有。然試問：「亞細亞」，「歐羅巴」，二名，誰始譯之？這是肇慶本山海輿地圖之後的三百零二年。魚未得而筌已忘。可歎。

（注）

1 通圖叢書本6/3a。

2 民國乙卯1915仁和王存善排印本，史部，葉25b。

3 大正三年1914頁98。

4 第四十一葉應居第四十葉之前。

5 陳援庵先生(垣)跋所校本謂：「篇末又有今相國吳公，今太僕李公之文。吳宗達以崇禎三年六月相。李之藻以崇禎三年十一月卒。此篇蓋作於宗達入閣後，之藻未卒前，崇禎三年秋冬之間也。」陳先生偶誤以吳宗達當吳道南（道南於萬曆三十七年二月以禮部右侍郎署部事。三十八年八月羸去。四十一年九月入閣。四十五年七月憂去，卒。見明史本傳，宰輔表，七卿表。）而中山校本之行蹟無兩「今」字，故其說未可遽定。節見行蹟中顯現撰書時代者有「大宗伯徐公玄扈」一詞。徐光啓於崇禎三年六月陞禮部尙書，五年五月入閣，見增訂徐文定公集（民國二十二年上海徐家匯排印本）中之年譜，行實，奏疏等。然 Rob. Streit, *Bibliotheca Missionum* (Veröffentlichungen des Internationalen Institute für Missionswissenschaftlichen Forschung, 1929), B.V, p. 701 謂艾氏有利瑪竇行略，1620印於北京。是當泰昌元年抑天啓元年。此錄若無誤，則其書必與今所見之二本不同。

6 Maurice Courant, *Catalogue des Livres Chinois*, etc. (Paris, 1902) t. I, nos. 1014, 1015, 1016/1。

7 歷史地理卷二十六號三，四；卷二十九號三，五；卷三十號一；1915，1917。

8 燕京學報，專號之七。

9 *De Christiana Expeditione apud Sinas suscepta ab Societate Jesu*. Ex P. Matheus Ricci commentariis libri V (Augsburg, 1615)；翻版，1616, 1617, 1623, 1684；德譯，1617；西班牙譯，1621；法譯，1616, 1617, 1618；意譯，1620。上見 Streit, *op. cit.*, V, 716, 717。我所用者，乃燕京大學圖書館所藏1615原本。

10 我此文中凡翻譯西名多從標準漢譯外國人名地名表（民國十三年，商務印書館）。附註西文不用括弧。其原有通行漢名者，則綴西文於括弧中。衆所共知之西名，及利瑪竇地圖上所用之譯名，不綴西文。

11 *Opere storiche* del P. Matteo Ricci, S. I., edite a cura del Comitato per le Onoranze Nazionali, con prolegomeni, note e tavole dal P. Pietro Tacchi Venturi S. I.; Vol. I, *I Commentarj della Cina* (Macerata, 1911); Vol. II, *Le Lettere dalla Cina* (Macerata, 1913)。

12 卷二十號九，民國十二年。

13 第四五至四七期，二十二年七月二十五至八月二十五。

14 J. F. Baddley, "Father Matteo Ricci's Chinese World-maps, 1584—1608", *The Geographical Journal*, Vol. L, no. 4, Oct. 1917, pp. 254—270. E. Heawood, "The Relationship of the Ricci Maps," *G. J.*, Vol. L, no. 4, Oct. 1917, pp. 271—276; Lionel Giles, "Translations of the Chinese World Map of Father Ricci", *G. J.*, Vol. LII, no. 6, Dec. 1918, pp. 367—385; Vol. LIII, no. 1 Jan. 1919, pp. 19—30。

15 東京，昭和三年 1928 第十三講。

16 Onoranze Nazionali al P. Matteo Ricci apostoto e geographo della China (1610—1910—1911), Atti e memorie del Convengo di Geografi-Orientalisti tenuto in Macerata il 25, 27 Settembre 1910, Macerata【1911】, p. 187。

17 Augstin Bernard, *La Mappemonde Ricci du Musée Historique de Pékin* (Collection de la *Politique de Pékin*), 1928.

18 坤輿萬國全圖，自序。

19 同上。

20 同上，說明。

21 *Admiranda regni Sinensis.* 利瑪竇全集 II/417, n. 2. Louis Pfister, *Notices biographiques et bibliographiques sur les Jésuites de l'ancienne mission de Chine* (Variétés Sinologiques, No. 59, Chang-Hai, 1932), I/14. Henri Bernard, *Aux Portes de la Chine, les Missionnaires du Seizième Siècle*, 1514—1588 (Tientsin, 1933), 206-207。

22 Bernard, *Aux Portes*, etc., 206—207。全集 II/36—49。此圖於三十餘年前纔發見。並得漢文之中國地圖一張。參 Streit, *op. cit.*, IV/530; Baddley, *op. loc.*, 265。此圖是否即利氏八月十日之圖，抑乃後寄之圖？其圖據云乃嘉靖三十四年十月中所刻者，Oct.-Nov., 1555，參 Giles, *op. loc.*, 383。近聞羅馬新發見利氏於 1588 以拉丁文譯注中國地圖一張。見 *Le Bulletin Catholique de Pékin*, Oct. 1935, p. 549。

23 見坤輿萬國全圖，四，五，三幅之下半。量天尺，可並參 Vincent T. Harlow, *Voyages of great Pioneers* (Oxford, 1929), facing p. xxxvi 之圖。

24 此時格理新曆尚未行於東方。參 Bernard, *Aux Portes*, etc., 167。

25 Macao, 13/ii/1583, al P. Martino de Fornari, 全集 II/27-32。

26 參 Pierre Hoang【黃伯祿】, *Catalogue des Éclipses de Soleil, et de Lune*, etc., (Variétés Sinologiques, no. 56, Chang-Hai, 1925), 87, 145. Bernard, *Le Frère Bento de Goes chez les Musulman de la Haute Asie* (Tientsin, 1934), 33 謂利氏以萬曆十一年四月十六日之月蝕算澳門之經線。然此次月蝕乃在利氏作函之後。

27 他以 10/ix/1583 至肇慶。我尚未考定這所用的是儒略曆，抑格理曆。故未以明曆譯之。

28 全集 II/38。

29 全集 I/141—143。

30 利氏蓋合二直隸，十三布政司而言。

31 30/xi/1584, 全集 II/51。

32 Pp. 182—183。

33 當時金氏未知明以前基督教曾深入中國，故云。

34 全集 I/134。

35 光緒二年 1876 重刻本 16/39b—40a 引萬曆志。過庭訓，分省人物攷（天啓刻本）51/74 與府志大略相同。

36 Frauceso Cabral, Macao, 5/xii/1584 al Alessandro Valignano, 全集 II/430。

37 全集 I/134 後之影片。

38 萬曆十三年十月初四日 24/xi/1585 利氏有函寄羅馬云：「地圖在中國屢印不絕。」全集 II/74。

39 萬曆十三年十一月十九日 28/xii/1585 范禮安神甫有函寄羅馬耶穌會總監，附寄此世界地圖二張，並請以其一獻教皇。全集 II/53。

40 *De Chistiana Expeditione*, etc., p. 183。

41 L'Abbé Huc, *Christianity in China, Tartary and Tibet* (London, 1857), Vol. II, p. 68. 此書原本法文，昔曾閱過，今一時未能得其本。

42 道光甲申 1824 重刻直隸南雄州志 3/20a：同知王應麟，萬曆十五年 1587 任，後陞鎮江知府。光緒丁丑 1877 漳州府志 29/42b：「應麟字仁卿…庚辰 1580 進士，授深陽令…調南雄郡丞，署郡篆，…壬辰 1592 擢潤州【即鎮江府】守。歷遷四川參政，再擢右方伯。…辛亥 1611 擢江西方伯。…癸丑 1613 拜京尹。…已復巡南畿。…秩滿乞歸。…」

43 吳廷燮，明督撫年表（鉛印本）4/102b引神宗實錄：萬曆二十一年七月癸丑，山西左布政陸萬垓巡撫江西。…二十六年八月甲寅…告病許之。

44 明史（五洲同文局影殿本）102/9a 諸王表：建安康懿王多㸅，萬曆元年 1573 襲，二十九年薨。

45 全集 I/265。

46 陳援庵先生，從教外典籍所見明末清初之天主教（國立北平圖書館館刊卷八號一，民國二十三年）全一類筆存本。我記得，圖書集成，交誼典中亦有之。

47 *La Mappemonde*, etc., p. 3。

48 全集 II/216。

49 全集 II/226。

50 Governatore di questa città。按利氏常以此辭稱知府，而全集 I/269 又云其人姓王 *Guan*。檢乾隆五十四年 1789 南昌府志 30/21b，見萬曆二十一至二十六年之間，鄞縣人，進士，王佐，任南昌知府，殆即其人。

51 裴神甫之刻本表中亦有此。然除了利氏有即將刊印之言以外，別無他證。

52 全集 II/126, n. 3, "Il *Mappamondo*, cui attendeva in quest' anno 1596, fu quello publicato nel 1598-1599", 這是指南京本。然他應把"1598—1599"改爲"1599"，因他於全集 I/317, n. 2 中已知南京本不刻於 1598，而刻於 1599。其實連這一個年，還不甚對。那本圖乃刻於二十八年，見下。

53 艾撰行蹟謂王忠銘。檢八十九種明代傳記綜合引得（引得二十四）知忠銘是弘誨字。弘誨廣東安定人。隆慶戊辰 1568 進士。萬曆十七年 1589 任南京禮部尚書。旋罷。二十六年再起，以考滿入京。幾入相矣，有阻之者，終南京禮部尚書。有尚友堂稿，又天池草。參朱國禎，湧幢小品（天啓三年刻本）26/21b—22a，千頃堂書目 23/57b。

54 明督撫年表 4/31 引實錄：萬曆二十二年十一月乙亥操江趙可懷兵

部右侍郎兼右僉都御史巡撫應天。…二十六年七月丁亥陞趙可懷工部左侍郎。

55 民國二十二年吳縣志29/1a引乾隆吳縣志謂：明時巡撫多駐節句容；蘇州但設行臺；至萬曆時始常川駐蘇。據利氏此處所述，則萬曆二十六年時尚未移節也。

56 全集I/286原文作南京，殆筆誤而已。應麟由南雄同知陞鎮江知府見上注42。玉沙殆是應麟號，見艾撰行蹟。

57 趙可懷陞工部左侍郎在二十六年七月，見上注54。大約利瑪竇於二十七年南回時，趙已去，故誤以爲趙陞官即在二十七年。

58 明督撫年表5/15b引實錄：萬曆二十九年四月辛卯趙可懷兵部侍郎巡撫湖廣，提督軍務。三十二年二月辛卯趙可懷九載給由，陞兵部尚書，巡撫如故。

59 嘉慶二十一年1816修本，146/35b。何出光等蘭台法鑒錄(萬曆二十五年序刻本)18/15a云可懷字德仲。並云隆慶四年由刑部主事改廣西道御史，五年巡按山西，陞陝西僉事，累陞兵部侍郎。通志引巴縣志謂可懷由應天巡撫，調撫保定，陝西，福建，有時代倒置之誤。可懷撫福建在萬曆十年至十三年；其撫陝西在萬曆十七年，十八年；見明督撫年表，4/130b—131a, 3/29b。其撫保定不見年表中。

60 21/5a。

61 116/17a。

62 全集I/301-304。

63 道光三年 1823 序本，130/39a。

64 30/21b-22b。

65 Baddley, *op. loc.*, p. 262 把利氏的南北路程看錯了，故把利氏看見蘇州拓本的時候放在1599陽曆二月。

66 玉簡齋叢書本65a。

67 全集 I/317。

68 徽州府志（道光七年 1827 本） 12/2/59a。分省人物攷 37/57b-58a。

69 305/9a。

70 天學初函本。

71 艾氏撰行蹟中云：「大司徒」，那是用中明卒後贈官之稱。

72 參上注52。

73 黃伯祿，正教奉褒（光緒三十年 1904 上海慈母堂第三次排印本）4b-5a。

74 237/7b-9b。

75 明史 305/9b 宦官陳奉傳內云：「十大罪」。

76 全集 I/391-393。

77 此殆解「西泰子」及「利子」等稱中之「子」字。

78 明史 21/3b 神宗紀：萬曆二十九年三月，武昌民變，殺陳奉參隨六人。

79 裴神甫疑此二圖乃刻於楚中，且云殆以吳左海刻本爲據，此說我不敢從。

80 日本內閣文庫漢書目錄 p. 268：絕徼同文紀，現存一卷，明龐迪我等撰。明版。

81 文選樓叢書本 32/1b-5b。杭州府志（民國壬戌 1922 盧永祥序，鉛印本）卷四十七有李之藻傳，即以疇人傳爲據。

82 與辨學遺牘，利先生行蹟，共排印1册中。

83 全集 I/394-395。

84 近某君著利瑪竇年譜初稿（磐石雜誌卷三期八，九），以「林閩秀」

三字回譯此拉丁譯名，注云：「見坤輿萬國全圖考」。既未云此考何人所撰，復未指見於何書。我稍檢尋後，得之於張宗芳君之利瑪竇坤輿萬國全圖考（河北第一博物館半月刊 46-48，50-55 諸期）中。張君以日人和田清君介紹英人巴，希，二氏之文（東洋學報，卷八頁 148-158，大正十四年 1925）爲據，而誤譯和田氏所轉錄之拉丁名也。年譜初稿中又有「胡作豪」，亦云見坤輿萬國全圖考。然張君考中固有吳左海，而無胡作豪。再事尋檢，乃得之於唐碧，利瑪竇坤輿萬國全圖考（石印本）即譯和田氏文也。吳中明，吳左海，Uzohai（利氏），Huzohai（巴，和田），胡作豪（唐）；其變如此。而某君注出處之法，尤不可爲訓。

85 倫敦本亦是此本，唯曾經挖改而後印耳。此外，利瑪竇全集後附有 Giovanni Vacca 教授所編的利氏著作目錄，中謂羅馬，意國圖書館亦有此本，存三幅。又謂巴黎，法國圖書館亦藏有此本，見 Couraut 目錄。我依檢此目錄，不獲。凡此諸本中我疑也許有刻工倫刻之本參雜其中。非將各藏本予細比較，恐不易辨出，影印的圖樣不足以辨此。刻工之版毀於萬曆中，而倫敦藏本印於明後，故其本殆出李氏原版之經挖改者。宜用此本以別其餘。

86 倫敦本與瓦第剛本同出於一版乃翟理斯君證明的。瓦第剛本與日本京都本相同，我乃從比較二本之影本而姑定之者。至於這三本之大小，惜各家所量的不相同。瓦第剛本 179 × 69 cm，倫敦本 179.9 × 64.2 cm；然巴氏（Baddley, *op. loc.*, p.264）謂倫敦本之高或量得不準確，且疑瓦第剛本之寬乃並邊而量者。京都本，據歷史地理 7/93 爲日尺 5.6×2.5，是爲 169.6×75.7cm。然又云縮小寸五分之一附卷首。我取其卷首所附者，量而計之，則原圖爲 164 × 61.5 cm。嗚呼取尺量物之不易，如此！

87 「過紙」二字不知何意。如可作刊刻印刷解，則張文燾即刻工。

88 在這裏可見世界地圖果是爲利氏揚名于士大夫間之工具。翟氏英譯此序，失却此意，且云：諸大先生深賞利氏地圖，而勸他留住京師。這是譯錯了。

89 這自是指肇慶，南京，諸刻本。翟氏英譯乃以爲李氏少年時所自爲之圖，蓋誤。翟氏摘譯李本中之文字，爲工甚勤。然時不免誤譯。不暇枚舉。

90 Baddley, *op. loc.*, p. 261; Heawood, *op. loc.*, pp. 272, 276; Giles, *op. loc.*, LIII/28。

91 *De Christiana Expeditione*, etc., p. 400。

92 Abraham Ortelius, *Theatrum orbis terrarum*, Antwerp, 1570; cf. Baddley, *op. loc.*, p. 260。

93 *Encyclopedia Britanica* (11th.ed.), Vol. 17, p. 646。

94 全集 I/470。Bernard, *La Mappemonde*, etc., p. 9。

95 我在北平找 Santarem, *Atlas composé de Mappemondes*, etc. (Paris, 1842-1853); Nordenskiöld, *Facsimile Atlas* (Stockholm, 1889); Coote, *Remarkable Maps*, etc., (Amsterdam, 1894-1897)，等舊圖書，皆未能得。僅能於其他書中見所附載者數小圖，如 Mercator's Chart of the World (1569), *Encyclopedia Britanica*, XVII/647; Plancius' map (1594), Ernest Scott, *A Short History of Australia* (Oxford, 1930), facing p. 4; Ortelius Map of 1569, Harlow, *op. cit.*, facing p. 144; of 1570, *The Time's Survey Atlas* (London, 1922), Pl. 1. 等。圖皆過小，僅見大略而已。

96 其實很有錯誤。翟氏 p. 378 說：「歐洲之部遠遜於中國之部。」這是很公道的話。

97 印度之恒河。此從利譯。

98 Bernard, *Le Frère*, etc., 30—31。

99 大明一統志，我用燕京大學圖書館所藏的天順五年 1461 本，又嘉靖己未 1559 歸仁齋重刊本。

100 萬曆己卯 1579 重刊本。

101 20/×/1585，全集 II/60。

102 全集 II/172。

103 全集 II/217-218。

104 全集 I/296。 Bernard, *Le Frère*, etc., 35 。

105 Bernard, *Le Frère*, etc.,35 。

106 參 Giles, *op. loc.*, 383 。

107 全集 I/578 。

108 全集 I/441ff 。

109 此殆指當時頗流行之三函敎。參利氏之天主實義(天學初函本) 55a—56b 。

110 據此則彼生於嘉靖三十九年 1560。又據 Streit, *op. cit.*, V/739 所具 Kirwitzer 28/xi /1620 函中節目，李氏殆卒於萬曆末年。此如無誤，則得年六十一也。李旣奉敎甚熱則當時諸神甫寄回歐洲之信必常道及其人，惜余未能遍檢 。 Athanasius Kircherus, *China Monumentis* (Amstelodam, 1667) p. 114 前之利瑪竇，徐光啓合圖，所注名誤徐保祿爲 Ly Paulus ，是乃與李保祿混矣。此圖翻印者甚多。

111 我未能得芝峯類說而閱之，故不知這是原書之誤，抑歷史地理之誤。據朝鮮圖書題解（大正八年 1919 朝鮮總督府印）441 ，此書二十卷，光海君六年 1613 成。又按九洲帝國大學圖書館目錄（昭和七年 1932 ）887，此書近有大正四年 1915 朝鮮古書刊行會之朝鮮書大系續輯本，又大正五，六，年 1916—1917 朝鮮研究會青柳綱之原文和譯對照本。

112 238/11b，320/15b，20a。

113 在宋應昌，經略復國要編（民國十九年，國學圖書館影印明刻本）5/15b，42a,43a 等處亦道及李應試。然只足以見其於二十一年在朝鮮亦被派帶有五百兵丁。

114 Feb. 1605 al P. Ludovico a Roma, 全集 II/25b。

115 西洋第二世紀地理學大師 Ptolemy。

116 9/v/1605 al P. Fabio de Fabj a Roma, 全集 II/265。

117 10/v/1605 a Messer Giovanni Battisa Ricci a Macerata ，全集 II/272。

118 10/v/1605 al P. Girolamo Costa a Roma, 全集 II/277。

119 12/v/1605 al P. Giovanni Alvarez a Roma, 全集 II/285。

120 參上注 30 。

121 26/vii/1605 al PP. Giulio e Girolama Alaleoni a Roma, 全集 II/296—297。

122 利氏說李之藻本時附帶着說李應試本，然並未說應試本成於何時。

123 汾屠立神甫在利氏全集 II/272, n. 1 中以第三函中所道之地圖爲指南京吳左海本。然三，四，兩函同作於一日，口氣復相似；合而觀之，則其同指北京本無疑。

124 所引諸函中唯第六函似可解作重刻十次。然其前段之世界地圖似泛指，而後段又特指一本，可見其行文之病。故我以爲應與第三，第四，二函參看而得其解。

125 Bernard, *La Mappemonde*, etc., p. 3。

126 全集 I/317。

127 參上注 67。

128 明督撫年表 5/87a—88b 引神宗實錄：萬曆二十七年三月丁亥。郭子章右副都御史巡撫貴州。…三十五年七月丁巳，貴州巡撫郭子章告病，許之。

129 國立北平圖書館藏抄本 333/17ff。

130 子章爲潮州知府在萬曆十年至十四年之間 1582-1586，見潮州府志（乾隆二十七年 1762 本）31/32b。

131 以上，萬氏明史稿以外，並參乾隆貴州通志 19/12，41/44—47，泰和縣志（光緒四年 1878 本）17/35。

132 1/9a，35a；3/8a，44b；5/9b，11b，12a；6/2a；7/14a，30a，44a；8/22b；9/1b，25a，25b，29b；10/8a，31a，52a；12/24b；13/17b，33b；15/11a；16/9b；15a；24/6a，6b；30/15b；32/4b。

133 泰和縣志 22/19b，20a，22b，24a，24b，26a，52a。

134 蠙衣生黔草（萬曆刻本）11/35b-37a。

135 22/viii/1608 al P. Claudio Acquaviva a Roma，全集 II/363-364。

136 全集 I/577-579。

137 原云 eunuchi del Collegio del Matematicio。此當是欽天監天曆星算之內官也。參劉若愚，酌中志（海山仙館叢書本）16/32a。

138 參上注 3。

139 全集 I/578，n. 4 汾氏據利氏 8/iii/1608 寄羅馬耶蘇會總監信內有去年大兩之語。

140 21/5a，6b。

141 渾蓋通憲圖說（燕京大學圖書館藏日本舊抄本），鄭懷魁序。天學初函本中闕此序及車大任序。

142 天學初函本，上，29a。

143 下，40b。

144 鄭懷魁序。

145 海山仙館叢書內有酌中志。內版經書記略又單刻在松鄰叢書內。

146 可惜我未得繪本之尺寸。據東方雜誌影圖後之說明云：「寬三尺，高六尺」。此尺如爲營造尺則是 192 × 96 cm。不知這是如何量的。我疑繪本和李之藻刻本大小相同。

147 參圖書編（一百二十七卷，明章潢撰，萬曆四十一年 1613 萬向烈序，天啓癸亥 1623 岳元聲序，自序）29/40a。

148 參張維華，明史佛郎機呂宋和蘭意大里亞四傳注釋，頁 59。

149 A. B. Duvigneau, "Cartographie chinoise, a propos de Matthieu Ricci," *Le Bulletin Catholique de Pékin*, 22 ème année, pp. 258—263, 304—310, 430—434, 482—488, Mai-Septembre, 1935.（近又重印於法文北京政聞報中）。這篇文多半是爲批評裴神甫對於利瑪竇的地圖學有過譽之嫌。然文中殊鮮發明，裴神甫將於輔仁大學所將出版之 *Monumenta Serica* 中有 "La évolution de la cartographie scientifique de la Chine et des pays voisins"，一文，此中也許有答辨之辭。聞此雜誌已付印，但尚未出版，故我未得見。

150 Duvigneau, *op. loc.*, 380—381。關於鄱陽湖及贛江之遺漏，歷史博物館藏本與理格君藏本相同。

151 12b-13a。

152 此所謂「謁見今上」者，與王應麟撰碑記（正敎奉褒 6b），艾氏撰行蹟中所謂「召見便殿」者，殆皆傳聞之誤。據利氏全集，彼未得見神宗也。

153 1/33a。

154 25a：「離福島以西」中之「西」字，顯爲「東」字之誤。

155 31b。

156 李之藻序云：「而是時利已即世。龐，熊，二友留京，奉旨繙譯。」

157 天學初函本 2/15b。

158 2/14b。

159 3/9b。

160 國立北平圖書館藏文津閣四庫全書本。

161 三才圖會（共一百六卷，明王圻撰，萬曆丁未 1607 自序，己酉 1609 周孔敎序），地理類，1/1b—5a。

162 29/34b—35b。

163 此文之見於他書者當尚多。輿圖備攷則抄方輿勝略。方以智，通雅（光緒庚戌 1880 桐城方氏重刻本）11/12b 殆出於三才圖會。魏源，海國圖志（光緒二年 1876 重刻本）74/1a—4a 殆直接或間接出於坤輿萬國全圖。此類茲不具論。

164 文後段復有三十六度之語，故知此爲誤字而已。

165 幾何原本（天學初函本）5/1/9a。就西洋而論，托勒密之後一千四百餘年；就中國而論，劉徽之後一千三百餘年；此亦乃開倒車的。

166 此文增訂徐文定公全集中未收。方輿勝略，外夷，首卷，11a-12b。乾坤體義，卷中 13b—16b。體義本中竄入論地球大於月球前後二段，又頗有訛字，幾不可讀。然以勝略校之，則原文可復得。乾坤體義，據艾撰行蹟，爲利瑪竇與李之藻所同譯以行世。然其書無李之藻序跋，又不具年月。而既以「太史」稱徐光啓，則當編於甲辰 1604 之後。當時李氏於數學已有深詣，何不改正其文中數理之乖舛？此不能使我無疑。參張文虎，舒藝室雜著甲編（覆瓿集本）卷下 26a。將來如得機會能將巴黎所藏之刋本（Courant, *op. cit.*, II/40-41）與四庫本細較，當再爲文論之。

167 參上注 70，徐跋二十五言。

168 乾坤體義本有注云：「地形之圓乃歐邏巴諸儒千年定論，非竇創爲是說。」

169 天學初函本。

170 正教奉褒 4b。

171 有正書局影印明刻本，1/25a—26a。

172 此詩，任光印，張汝霖，之澳門紀略（筆記小說大觀本）下，19a 亦引之，微不同，而九萬里則變爲六萬里。中山敎授之利瑪竇傳中亦引此詩，其不同者更甚，且亦作九萬里。我想詩舊作六萬里，當無疑。且李氏之恬致堂集（明刻本）5/12 雖亦竄易詩中數字，其作六萬里如故。

173 聖朝破邪集（八卷，明徐昌治輯，成於崇禎中；日本安政乙卯 1855 翻明刻本）3/33a，37a。

174 民國十八年南京中社影印本，下卷 73b-74a。

175 31/10b。參李之藻，坤輿萬國全圖序。

176 此不在圖中，而在其後之文中。

177 上海大東書局石印本，16/3b，67/2a，83/1b。我只檢閱了月令廣義及經世實用編，二書。廣義 1/44b 曾引「利瑪竇山海全圖」一條，然無實考證。廣義編得不佳，且多雜迷信之說，我疑其乃戴任所爲，非馮氏原書也。

178 光緒二十九年 1903 重校本，12/4a。

179 明刻本，13/26b—29b，拘幽書草序：17/45b—46b，繫世輿言序。

180 借月山房叢書本，3/24a。

181 南昌府志 39/15a，61/36b。

182 大泌山房集 12/23b—24b。

183 我只得見偶譚一卷，在寶顏堂秘笈中，皆聯語，頗佳。

184 劉獻廷，廣陽雜記（畿輔叢書本）25/3b 云：曾見三悟書，托名姚廣孝撰。其中悟穴一書乃堪輿家言，而附合地圓經緯度之說。此當是明末書。我想這類書中也許翻有利氏圖，然未暇尋檢。

185 15/1a-2a。

186 馮應京，山海輿地全圖總序作：「司愛者處之」。天主實義，下，42b 作：「司愛欲焉」。

187 史記 74/2b：「要其歸，必止乎仁義，節儉，君臣上下，六親之施。始也，濫耳。」自司馬貞已將斷句讀誤。

188 Pfister, *op. cit.*, I/73。職方外紀，李序，艾序：據云其圖未刻，然京紳有傳寫者。祁承㸁，澹生堂書目（紹興先正遺書本）統志類，有龎迪我，海外輿圖全說二卷。

189 天學初函本而外，福建重刻本（Courant, *op. cit.*, I/94），又守山閣叢書，墨海金壺，邊防輿地叢書，等本。

190 不得已，下，66a。Bernard, *La Mappemonde*, etc., 12—13。Alfons Väth, *Johann Adam Schall von Bell* (Veröffentlichungen des Rheinischen Museums in Köln, 1933)，367, no. 21。

191 坤輿全圖，近有天津工商學院翻印本。東洋歷史參考圖譜，第十三輯，no. 1033，縮影原刻東半球。坤輿圖說，有順治間刻本，又指海本。參 Pfister, *op. cit.*, I/355; II, "Addenda et Corrigenda", 31。Henri Cordier, *L'Imprimerie Sino-Européene en Chine* (Paris, 1901)，cf. Paul Pelliot 之批評，*BEFEO*, Vol. III (1903)，p. 115。Bernard, *La Mappemonde*, etc., 13。

192 坤輿全圖。地球圖說一卷（文選樓叢書本）。Pfister, *op. cit.*, II/817, 820—821; "Add. et Corr.", 42。焦循，易餘籥錄（木犀軒叢書本）6/2b。

一九三五，十二月二十八日燕大學生罷課之第十九日

利瑪竇對中國地理學之貢獻及其影響

陳觀勝[1]

明朝的末葉，中國境內忽然發生一個很可紀念的現象，就是當時的社會對於西洋地理有很濃厚的注意和興趣。即看當時人士對利瑪竇世界地圖之熱心歡迎就可以証明出來[1]。爲什麼當時有這種趨向呢？照我們看，大概有三大原因：（一）自明正德十二年（西曆一五一七）以後，西洋諸國如葡萄牙西班牙荷蘭等國的人民，繼續到中國來。他們的目的在來中國求貿易。這些外國商人的行爲，從許多方面看，也不能說是洽當的。因爲他們常用威嚇與武力以求達到他們通商的目的。在這種狀況之下，自然而然就會使一般中國人對他們的來意與動機，方法和手段，發生了不能避免的疑問，同時也喜歡知道他們自來國的國情。（二）當時耶穌會教士在中國的，有利瑪竇，艾儒略，龐迪我，湯若望，南懷仁等人，這些人對於當時的科學智識和技術，都有相當之認識和介紹。他們不僅是爲中國介紹最新的天文數學和地理學，同時也介紹許多許多關於他們祖國的事實情況。當時社會人士很願意對西洋各國作深一層的認識。這般傳教士，對他們的好奇和需要有積極的幫助。這個恰巧的機會來到，國內講述外國地理的書就應運而生了。（三）耶穌會諸教士們爲要達到傳教的目的，覺得他們先要得到當時學者的敬意；同時，他們深知中國人對學問的崇拜，所以就利用這種崇拜學問的心理，從介紹科學入手，以期達到他們傳教的目的。

當時出版的地圖和地理書，最早的就是利瑪竇的世界地圖。這地圖對中國社會眞算是一件開荒介紹品，是中國人歷來所未見過的東西，現在我們把這地圖的內容，細論一下。

我們先把利氏自撰的圖解說明，抄錄在這裏：

「地與海本是圓形，而合爲一球，居天球之中，誠如鷄子黃在青內。有謂地爲方者，乃語其定而不移之性，非語其形體也。天旣包地，則彼此相應。故天有南北二極，地亦有之。天分三百六十度，地亦同之。天中有赤道，自赤道而南二十三度半爲南道；赤道而北二十三度半爲北道。按中國在北道之北，日行赤道則晝夜平；行南道則晝短；行北道則晝長。故天球有晝夜平圈列於中，晝短晝長二圈列於南北，以著日行之界。地球亦設三圈對于下焉。但天包地外爲甚大，其度廣；地處天中爲甚小，其度狹；

此其差異者耳。査得直行北方者每路二百五十里，覺北極出高一度，南極入低一度；直行南方者，每路二百五十里，覺北極入低一度，南極出高一度，則不特審地形果圓，而並徵地之每一度廣二百五十里，則地之東西南北各一週有九萬里實數也。是南北與東西數相等而不容異也。夫地厚二萬八千六百三十六里零百分里之三十六分，上下四旁皆生齒所居，渾淪一球，原無上下。蓋在天之內，何瞻非天？總六合內，凡足所佇即爲下，凡首所向即爲上，其專以身之所居分上下者未然也。且予自大西浮海入中國，至晝夜平線，已見南北二極，皆在平地，略無高低；道轉而南過大浪山，已見南極出地三十六度，則大浪山與中國上下相爲對待矣。而吾彼時只仰天在上，未視之在下也。故謂地形圓，而週圍皆生齒者，信然矣。以天勢分山海，自北而南爲五帶：一在晝長晝短二圈之間，其地甚熱，帶近日輪故也。二在北極圈之內，三在南極圈之內，此二處地居甚冷，帶遠日輪故也。四在北極晝長二圈之間，五在南極晝短二圈之間，此二地皆謂之正帶，不甚冷熱，日輪不遠不近故也。又以地勢分輿地爲五大州：曰歐邏巴，曰利未亞，曰亞細亞，曰南北亞墨利加，曰墨瓦蠟泥加。若歐邏巴者，南至地中海，北至臥蘭的亞及氷海，東至大乃河墨何的湖大海[2]，西至大西洋。若利未亞者，南至大浪山，北至地中海，東至西紅海仙勞冷祖島，西至河摺亞諸滄[3]，即此州只以聖地之下微路與亞細亞相聯，其餘全爲四海所圍。若亞細亞者，南至蘇門答臘呂宋等島，北至新曾白臘及北海，東至日本島大明海，西至大乃河墨河的湖大海西紅海小西洋[4]。若亞墨利加者，全爲四海所圍，南北以微地相聯。若墨瓦蠟泥加者，盡在南方惟見南極出地，而北極恒藏焉。其界未審何如，故未敢訂之；惟其北邊與大小爪哇及墨瓦蠟呢峽爲境也。其各州之界，當以五色別之，令其便覽。各國繁夥難悉，大約各州俱有百餘國。原宜作圓球，以其入圖不便，不得不易圓爲平，反圈爲線耳。欲知其形，必須相合連東西二海爲一片可也。其經緯線本宜每度晝之，今且惟每十度爲一方，以免雜亂，依是可分置各國于其所。東西緯線數天下之長，自晝夜平線爲中而起，上數至北極，下數至南極。南北經線，數天下之寬，自福島起爲一十度，至三百六十度復相接焉。試如察得南京離中線以上三十二度，離福島以東一百廿八度，則安之於其所也。凡地在中線以上，主北極則實爲北方；凡在中線以下則實爲南方焉。釋氏謂中國在南瞻部洲，並計須彌山出入地數，其謬可知也。又用緯線以著各極出地幾何，蓋地離晝夜平線度數，與極出地度數相等；但在南方則著南極出地之數，在北方則著北極出地之數也。故視京師隔中線以北四十度，則知京師北極高四十度也；視大浪山隔中線以南三十六度，則知大浪山南極高三十六度也。凡同緯之地其極出地數同，則四季寒暑同態焉；若兩處離中線度數相同但一離于南一離于北，其四季并晝夜刻數均同，惟時相反，此之夏爲彼之冬耳。其長晝長夜，離中線愈遠，則其長愈多，余爲式以記于圖邊。每五度其晝夜長何如，則西東上下隔中線數一則皆可通用焉。用經線以定兩處相離幾何辰也。蓋日輪一日作一週則每辰行三十度；而兩處相違三十度，並謂差一辰。故視女直離福島一百四十度，而緬甸離一百一十度，則明女直于緬甸差一辰，而凡女直爲卯時，緬方爲寅時也。其餘倣是焉，設差六辰則兩處晝夜相反焉。如所離中線度數又同而差南北則兩地人對足底反行。故南京離中線以北三十二度離福島一百二十八度，而南亞墨利加之瑪八作離中線以南三十二度離福島三百又零八

2

度，則南京於瑪八作人相對反足底行矣。從此可曉同經線處並同辰，而同時見日月蝕矣。此其大略也，其詳則備于圖云。

利瑪竇撰』

地圖上還有好些論及天文和日曆的地方，但因爲這些材料與現在的總題沒有多大的關係，故不贅論。對於五洲各國的情形，圖上亦有附註描寫，雖然不很詳細，但是很值得我們注意的。我們先看關於歐邏巴洲的那一段，然後再把其餘的四大洲——利未亞，南北亞墨利加，亞細亞，墨瓦蠟泥加先後加以述說與批評。

I 歐邏巴洲：按利瑪竇的地圖，此洲共有三十餘國，重要的拂郎机，(Portugal)；以西把尼亞，(Spain)；拂郎察(France)；諳厄利亞，(England)；入爾馬泥亞，(Germany)；意大利亞，(Italy)沒斯箇未突，(Muscovite-Kingdom)；蘇亦齊(Sweden)；諾爾勿入亞(Norway)；厄勒齊亞(Greece)；羅馬泥亞，(Roumania)；波羅泥亞(Poland)等國。洲之西南北皆海，冰海，(Arctic Ocean)波的海(Baltic Sea)在北；大西洋(Atlantic)在西；地中海(Mediter anean Sea)墨何的湖，(Sea of Azov)，大海(Black Sea)在南。意大利亞南的西齊里亞(Sicily)有大火山，晝夜不滅。歐洲土地甚肥沃，產五穀百菓，所製葡萄美酒很享盛名，地藏五金，海中有琥珀。人民多信奉天主聖教，喜歡研究天文性理諸學。此洲商業也很發達，商人踪跡遍寰宇。但在這描述裏面，利氏同時說了幾件很怪的事情。如講地中海時，他說這海有一種怪魚，魚若貼在船後，船就不能駛動。又說歐洲北方有個矮人國，人民不過一尺高，五歲就生子，八歲就老了。以上是利氏講歐洲的大略，現在爲了方便讀者起見，我們不妨把利氏原文抄錄如下：

（歐邏巴洲）『此歐邏巴有三十餘國，皆用前王政法，一切異端不從，而獨崇奉天主上帝聖教。凡官有三品，其上主興教化；其次判理俗事；其下專治兵戎。土產五穀，五金，百果；酒以葡萄汁爲之。工皆精巧。天文性理，無不通曉。俗敦實，重五倫。物彙甚盛，君臣康富；四時與外國相通，客商遊遍天下。去中國八萬里，自古不通，今相通近七十餘載云。』[5]

關於歐洲幾個地方，附註也有點描寫。[6]

（A，地中海）『此海有一種咽机那魚，長尺許，周身皆刺，而有大力，若貼船後雖順風不能動。海濱產蠟里千樹，其木不畏火，可爲屯寨。』

（B，諳厄利亞，按即英國）『諳厄利亞無毒蛇等虫，雖別處攜去者，到其地即無毒性。』

（C，意大里亞，按即意大里國）『此方敎化王不娶，專行天主之敎在邏馬國。歐邏巴諸國皆宗之。』

（D，西齊里亞，按即西西利島）『此島有二山，一常出大火，一常出烟，晝夜不絕。』[7]

（E，入爾馬泥亞，按即德國）『入爾馬泥亞諸國，共一總王，非世及者，七國之王子中，常共推一賢者爲之。』

『入爾馬泥亞海出琥珀，生石上，如石乳，然多在海濱，金色者爲上，藍次之，赤最下。』

（F，矮人國　？）『國人男女長止尺餘，五歲生子，八歲而老。常爲鸛鶴所食，其人穴居以避，每候夏三月出壞其卵云。以羊爲騎。』

II利未亞洲：利氏圖於利未亞的描寫，不甚詳細。他說北方有大山大河：大山指亞大臘山（Atlas Mts.），高的被人稱爲天柱。大河指埃及的泥羅河（Nile River）。因爲這泥羅河每年泛漲一次，灌漑河邊兩岸流域至數十里之多，所以埃及就成爲非洲最富饒的耕地。此洲雨水不多。人民色黑。有一處地方的土人，男女皆裸體，僅掩其口。還有一處，土人睡時不會做夢。洲中怪禽獸很多，有一種還可出香汗，歐洲人往往設法來攫取這汗作爲香料之用。

以下是利氏原文：

（利未亞洲　按即亞非利加洲）『利未亞最多虎豹獅子禽獸之類，有貓出汗極香，以石拭汗收香，歐羅巴多用之。』[8]

（A，泥羅河　按即尼羅河）『天下惟此江至大，以七口入海，其國盡年無雲雨，故國人精於天文。其江每年次泛漲，地甚肥澤，如糞其田，故國人種之五穀以一收百，國稱富饒。』

『中有七百洲，最大者末羅郭有城沿河名門非（按即Memphis）此城爲天下極大，城行十日程，地產寶石烏木。』

（B，亞大蠟山　按即亞德拉斯山）『天下惟此山至高，四時天晴，無風雲雨雪；即有，皆在半山，下望之不見頂，土人呼爲天柱云。其人寐而無夢，此最奇。』

（C，亞寮那入　？）『亞寮那入，其人色帶青，囝背露體，惟掩其口，或以布，或以葉掩之，如我輩閉藏陰陽者然，一大異也，惟食時僅一露口耳。』

（D，蠟島　？）『此島無水泉，惟一大樹，葉恒不落。每日沒，即有雲抱之，日出即散。土人于樹根挖一池，雲降成水，人畜皆資焉。』

（E，馬拿莫　？）『馬拿莫有獸，首似馬，額上有角，皮極厚，徧身皆麟，其足尾如牛。』

（F，大浪山角　按即好望角）佛郎幾商曾駕船過此海，望見鸚鵡地而未就舶。』

（G，木島　？）『木島去波爾杜瓦爾半月程，樹木茂翳，地肥美。波爾杜瓦爾人至此焚之，八年始盡，今種葡萄釀酒絕佳。』

（H，研麻蠟　？）『此地俱近日，故國人身盡黧黑，不服衣

4

裳，髮皆捲短，土不產鐵，而產金，銀，象牙，犀角，寶貝之類。」

Ⅲ南北亞墨利加洲：利氏說，此洲的國家人民風俗還未經詳細的審定，所以關於這洲的各種情形，他不能多加描寫。但講南亞墨利加洲那一部份有些值得我們注意的材料。按利氏圖，此洲南部有孛露（Peru）；智里（Chile）；伯西兒(Brazil)；金加西蠟（Castilia Deloro）；坡巴牙那（Popayan）；巴大温（Patagonia）等國。洲內礦業頗富，以金銀礦爲最多。有蘇木，巴爾沙樹，菓蔬等品。土人文化未開，以結繩記事。有的不作房屋，鑿穴而居；有些還好吃人肉，但專吃男人，不吃女人。又有一處的土人差不多身高一丈。亞墨利加洲北部的人民，多數以漁獵爲生，深居山內；他們平時互相爭殺，吃魚和蛇，蟻，蜘蛛等虫，以獸皮作衣服穿。

以下是利氏的原文：

（南北亞墨利加洲）『南北亞墨利加幷墨瓦蠟泥加，自古無人知有此處。惟一百年前，歐邏巴人乘船至其海邊之地方知。然其地濶而人蠻猾。迄今未詳審地內各國人俗。』

（北亞墨利加）『自農地至花地，其方總名曰甘那托兒。然各國有本名。其人醇善，異方人至其國者，稚能厚待。大約以皮爲裘，以魚爲業。其山內餘人，平年相殺戰奪，惟食蛇蟻蜘蛛等虫。』

（A，墨是可）『墨是可地產各色鳥羽，人輯以爲畫，山水人物，皆妙。』

（B，冰海之島）『此處寒凍極甚，海水成氷，國人以車馬度之，鑿開氷穴，多取大魚。因其地不生五穀，即以魚肉充飢，以魚油點燈，以魚骨造房屋舟車。』

（南亞墨利加）『南亞墨利加，今分爲五邦，一曰孛露，以孛露河爲名；二曰金加西蠟，以所產金銀之甚多爲名；三曰坡巴牙那，以大郡爲名；四曰智里，古名；五曰伯西兒，即中國所謂蘇木也。其至南又有巴大温地方，其人長八尺，故謂之長人國。皆無文字，以結繩爲治。』

（A，伯西兒　按即巴西國）『伯西兒此言蘇木。此國人不作房屋，開地爲穴以居。好食人肉，但食男不食女。以鳥毛織衣。』

『此地有獸，上半類貍，下半類猴，人足梟耳，腹下有皮，可張可合，容其所產之子，休息其中。』

『此處人臥無床褥，但結繩爲網，旁高，中窪，兩頭以木椿掛之，偃臥其中，行即爲轎。』

（B，孛露　按即秘魯）『產香，名巴爾娑摩。樹上生油，以刀劃之，油出，塗尸不敗。其刀所劃處，周十二時即如故；如德亞國亦有之。』

『此地不知耕種，自多菓蓏，人皆仰給。』

『此山多銀礦。』

（C，巴大温　按即 Patagonia）『其國人長不過一丈。男女以各色畫面爲飾。』

（D，墨瓦蠟泥峽）『墨瓦蠟泥係佛郎幾國人姓名。前六十年始過此峽，并至此地，故歐邏巴士以其姓名名峽，名海，名地。』

Ⅳ亞細亞洲：按萬國全圖的內容，亞細亞的重要國家有應帝亞（India）；曷剌比亞，（Arabia）；如德亞，（Judea）；北地，（現在的 Siberia）；韃靼（Tartary）；女直，（即女眞）；古丘茲國；日本；大明；爪哇（Java）；蘇門荅剌（Sumatra）。重要的河流爲大乃河（Don River）；勿爾瓦河（Volga River）；歐法蠟得河（Euphrates River）；身毒河（Indus River）；安義河（Ganges River）；黃河，揚子江。洲之北部氣候非常寒冷，要用火燒化了冰才有水喝。極北的地方，一年中祇有半年可看見太陽，半年全不見太陽。南方島嶼甚多，歐亞往來的商舶，多經過這些島嶼的。在這巨洲之內，物產非常豐富，五穀五金皆備，海中有各種珍珠寶石。人民多以種田打魚開礦爲生。北方洲民因天氣太冷，故多以獸皮爲衣禦寒；南方如應帝亞等國的人民，則因地近赤道，多數不穿衣服；但有一處，人民却以魚皮爲衣。房屋有很多種，韃靼國的人，則以車爲室，隨時遷移；舊港的人，則在浮筏上，蓋木屋而居。關於各處的風俗，北地有一種土人，不埋死者，祇用鐵鏈把尸骸掛在樹上。這些人還有一個更奇怪的習慣，就是父母年紀老時，他們的兒子就把他們殺食。因爲做兒子的，寧願把父母的肉吃了，藏在自己的肚子裏，而不願意把他們棄在荒山，任鳥獸的啄食。還有一種人，專門在夜裏作事的；白天裏他們藏着不出來，到夜裏才起來作事。這種人長得很古怪：耳，目，鼻，都與人同，但他們的口却在腦袋上頭，而且吃蛇充飢。

這是利氏講亞細亞洲的大略。以下是他的原文：

（A，應帝亞　按即印度）『應帝亞，總名也，中國所呼小西洋。以應多江爲名，一半在安義江內，一半在安義江外。天下之寶石寶貨，自是地出。細布，金銀，椒料，木香，乳香，藥材青朱等，無所不有。故四時有西東海商在此交易。人生黑色，弱順，其南方少穿衣。無紙，以樹葉寫書，用鐵錐當筆。其國王及其各處言語不一。以椰子爲酒。五穀，惟米爲多。諸國之王皆不世及，以姊妹之子爲嗣；其親子給祿自贍而已。』

『此處有革馬良獸，不飲不食，身無定色，遇色借映爲光，但不能變紅白色。』

（B，曷剌比亞　按即阿拉伯）『乳香產于此地，其樹甚小，他處則無。又產一藥名乜爾剌，塗尸不敗。』

（C，如德亞之死海）『此海無所產，名爲死海，然水性常浮，人溺其中不沉。』

如德亞『天主降生於是地，故人謂之聖土。』

（D，女人國　？）『舊有此國，亦有男子，但多生男即殺之，今亦爲男子所併，徒存其名耳。』

（E，北高海　按即裏海）『此水甚浩蕩，不通大海，故疑爲海，爲湖。然其水鹹，則姑謂之海。』

（F，忽魯謨斯　按即Ormuz）『忽魯謨斯，地無草木，其牛羊駝馬，皆食海乾魚。山連五色，皆鹽也，取之鏇爲器皿之類，食物就用而不必加鹽。產珍珠，寶石，龍涎。』

（G，北地[9]　按即現在之西伯利亞）『爾沙爾馬齊極寒，人衣獸皮，不露面，只露口眼。食馬血。風俗朴實，犯竊者即殺之。』

『此國死者不埋，但以鐵鏈掛其尸于樹林。』

『人身牛足。水曰瓠廬河，夏秋氷厚二尺，春冬氷徹底。常燒器消氷，乃得飲。』

『其人夜遊晝隱，身剝鹿皮爲衣；耳，目，鼻與人同，而口在頂上，噉鹿及蛇。』

『此國俗：父母已老，子自殺之而食其肉，以此爲恤雙親之苦勞，而葬之于己腹，不忍棄之于山。』

『地嚴寒，水出大魚，又多黑白黃貂鼠，其人最勇。』

『上下濕，多霧氣而寒。人尙勇，不爲奸竊。』

『其人甚長而衣短，只有猪，無別畜。人輕捷，一跳三丈。又能浮水，履水浸腰，與陸走不異。』

『地多積雪，人騎木而行，以防坑陷。捕貂爲業，衣魚皮。』

（H，韃靼　按即Tartary）『韃靼地方甚廣，自東海至西海皆是。種類不一，大槪習非，以盜爲業。無城郭，無定居，駕房屋于車上，以便移居。』 7

『其人髡首，披皮爲衣。不鞍而騎，善射，遇人輙殺，而生食其肉。其國三面皆室韋。』

（I，古丘茲國　？）『古丘茲國，元曾分建諸王于此。』

（J，奴兒干都司　？）『奴兒干都司，皆女直（即女眞）地，元爲胡里改，今設一百十四衛二十所。其分地未詳。』

（K，關於北氷海中之島，有這樣的描寫），『此地之北極者，半年有日光，半年無日光，故以魚油點燈代日。寒凍極甚，人難到此，所以地之人物未審何如。』

『此處潮水甚急，天雖極冷，而水不及凝凍。』

（L，朝鮮）『朝鮮乃箕子封國。漢唐皆中國郡邑。今爲朝貢屬國之首。古有三韓，穢貊，渤海，悉直，駕洛，扶餘，新羅，百濟，耽羅等國，今皆併入。』

（M，日本）『日本乃海內一大島。長三千二百里，寬不過六百里。今有六十六州，各有國主，俗尙强力，雖有總王，而權常在强臣。其民多習武，少習文，土產銀，鐵，好漆。其王生子，年三十，以王讓之。其國大抵不重寶石，只重金銀，及古磁器。』

（N，大明國　按即中國）『大明聲名文物之盛，自十五度至四十二度皆是。其餘四海朝貢之國甚多。此總圖略載嶽，瀆，省，道，大略；餘詳統志，省志，不能殫述。』

（O，關於南洋群島，萬國全圖亦有說及）『大泥出極大之鳥，名爲尼蔞[10]，有翅不能飛，其足如馬，行最速，馬不能及；

羽可爲暨纓，膽亦厚大，可爲杯。孛露國尤多。』

『舊港地扼諸蕃之會，商舶合湊，富饒。其民沿海架筏，蓋屋而居，覆以椰葉，移則起椿而行。其土沃，倍於他壤。有尼白樹酒，比椰酒更佳。傍國如占城，大泥等，皆有之。』

『此處海島甚多，船甚難行。其地出柟香，丁香，金銀香，安息香，蘇木，胡椒，片腦。』

『滿剌加（即 Malacca）地常有飛龍繞樹，龍身不過四五尺，人常射之。』

『此地名爲新入匿（按即 New Guinea）因其勢貌利未亞入匿相同。歐邏巴人近方至此，故未審；或爲一片相連地方，或爲一島。』

『爪哇（按即 Java）元兵曾到擒其王，其地通商舶極多，甚富饒。金，銀，珠寶，琿渠，瑪腦，犀角，象牙，木香等俱有。』

『此島（按即蘇門答剌）古名大波巴那11，周圍共四千里，有七王君之。土產金子，象牙，香品甚多。』

（P，于闐　按即 Khotan）『于闐東磧石，又東爲流沙。人行無跡，故往返皆迷，聚骸以識道。無水草，多熱風。』

從以上的描寫，我們可以看出萬國全圖的內容未免有好些神話與傳說。像圖中對於歐洲矮人國，亞洲之北地，南亞墨利加之伯西兒之記載，大概都是神話傳說一流的東西。然而我們不能因這種的缺點而詬病萬國全圖。因爲這一類的缺點，並不是利瑪竇一個人憑空造出來的，而是當時普通社會所構成的。那時代，正是西歐科學開化之時，科學之智識還是很粗淺的，它的勢力還是很薄弱，就是說，它的勢力還不能夠打破當時社會一切普遍的神話與迷信。

但是，我們不要因這些不要緊的毛病而忘記了萬國全圖重要的貢獻。倘若我們把地圖中的附註仔細的研究一下，我們就可以了然這地圖實在是一個把西洋地理學介紹到中國來的先鋒，現在我想把這萬國全圖所貢獻給當時的中國的新地理智識，一一述之。

（一）實地測量：在中國地理學的歷史上，用近代新科學的方法和儀器來做實地測量的第一人恐怕就是利瑪竇。他沒到中國以前，對實地測量已經發生了興趣，所以他在航行中，沿路都測量當地應在的經緯線度，和注意赤道中觀望南北極與平地相較的現象。到中國後，他繼續做這種地方經緯考查的工作；他利用窺看月蝕以求當地應擱在地圖何方。他這樣把所得到的測量結果，和經緯的意義公開發表，以供給國內學者之參用，實是一個重要的貢獻。因爲當時中國地理界雖然略知國內大城的方位，但他們不知確定這些地方的經緯度數。西洋地

8

理界早已採用經緯度數來指定一個地方的位置，所以他們地圖上各處的地位與各地的互相關係，使人一看，瞭如指掌。利氏在圖內就把這經緯線的意義與用法介紹給中國地理界。他說：『……其經緯線本宜每度畫之，今且惟每十度爲一方，以免雜亂，依是可分置各國于其所。東西緯線，數天下之長，自晝夜平線爲中而起，上數至北極，下數至南極。南北經線，數天下之寬，自福島起爲一十度，至三百六十度復相接焉。試如察得南京離中線以上三十二度，離福島以東一百卄八度，則安之於其所也。凡地在中線以上主北極，則實爲北方，凡在中線以下則實爲南方焉。』試看利氏測量地方所得的經緯度數，與現在那地方的經緯度數互相比較後的相符性，就可知道利氏這個貢獻是怎樣的要緊了。

地名	利氏緯線	利氏經線	現在緯線	現在經線
北京	四〇	一一一	四〇	一一六
南京	三二	一一〇	三二	一一九
大同	四〇	一〇五	四〇	一一三
廣州	二三	一〇六	二三	一一三
杭州	三〇	一一三	三〇	一二〇
西安	三六	九九	三四	一〇九
太原	三七	一〇四	三八	一一三
濟南	三七	一一一	三七	一一七

（二）地名的譯定：利氏世界地圖第二個重要貢獻，我個人以爲是利氏關於地名，海名，和其他地理學專用名詞首次用中文加以審定；所以後來的地理學者得以採做沿用，一直到現在，還依樣的沿用不止。這可以算是中國地理名詞無形中得以統一，並且還省却許多地理學者重複的工作。以下的表，可以証明利氏當時譯定了多少的地理名，以供後人不斷的沿用：

利氏地圖	殷祖英世界地理	董文，高松岑外國地理	王鍾麒世界地理
亞細亞	亞細亞	仝上	仝上
歐邏巴	歐羅巴	仝上	仝上
亞非利加	阿非利加	仝上	仝上
亞墨利加	亞墨利加	仝上	仝上
地中海	地中海	仝上	仝上
泥羅河	泥羅河	仝上	仝上
羅馬尼亞	羅馬尼亞	仝上	仝上
羅馬	羅馬	仝上	仝上
那波里	那波里	仝上	仝上
古巴	古巴	仝上	仝上
牙賣加	牙買加	仝上	仝上
加拿大	加拿大	仝上	仝上
南北極	南北極	仝上	仝上

北極圈	北極圈	仝上	仝上
地球	地球	仝上	仝上
經緯線	經緯線	仝上	仝上
冰洋	冰洋	仝上	仝上
大西洋	大西洋	仝上	仝上
赤道	赤道	仝上	仝上

(三)歐洲地理學界當時最近的發現：在歐洲歷史上，十五與十六世紀常被稱爲探險的時期。因爲這兩世紀，正是歐洲航海家屢次冒險去尋找新大陸的時候。這種探險的趨向，大概有兩個重要動機；一是經濟的，一是宗教的。經濟的原因是這樣：在五大洲之中，歐洲是最小的；因爲它地窄人多，本洲自己不能出產足量的物品，所以在在仰給于外來品。例如絲，香料，金，銀，藥，綿花，寶石等物，在當時亞細亞出產的最多，歐洲人須仰求于亞洲。當時的歐亞交通還算不壞，有海陸兩條路線可走，商人多半是意大利亞與亞剌伯人，所以歐亞間的貿易，不難溝通。在十五世紀末葉，土耳其國慢慢併吞小亞細亞諸國，後來它又把兩條通商的路線阻塞了，使西歐無法去買他們所需要的東方物品。因此，西歐人民，當然努力去探求一條新的路線。其次，恰巧這時候，基督教正要往外發展。從歷史的立場上看，基督教可說是一個最要往外發展的宗教；它常常要進行它的宣傳的工作。到了十五世紀，歐洲各國可以說是完全基督教化了。南歐的回回教徒，在這時也都被趕走了。基督教的傳教士，也適逢其會的加入當時那種探險的工作，到新的地方去宣傳他們的教義[13]。在這個探尋新大陸期內，葡萄牙，西班牙，荷蘭，英國先後分頭派他們的航海家出去求新地域。經過一百多年的時間，南北亞墨利加洲，非洲南半部，及大海中的很多的島國，都被這些冒險家先後發現了。所以利瑪竇能把這些最近發現的地方，都列入圖上，而再加上大略的說明。

(四)世界地圖的認識：中國到那個時代爲止，沒有產生過一個具體的全世界地圖。雖有憑空揑造的，並不是一種具有科學根據的材料。同時，中國學者雖然聽過中國之外還有旁的國，但究竟不知道它們位在中國的何方，風土文物又如何。利瑪竇鑒於當時中國社會對世界地理學知識的缺乏，便趁機會把當時天下萬國的方域情況，文物，風俗，盡量的介紹過來，使中國社會大開眼光，了然中國和外國在地理上的關係，大陸和海洋的關係。

10

（五）五大洲的觀念：利瑪竇對這點在萬國全圖內說得很清楚。以下是他的說明。『……以地勢分輿地爲五大洲，曰歐邏巴，曰利未亞，曰亞細亞，曰南北亞墨利加，曰墨瓦蠟泥加。若歐邏巴者，南至地中海，北至臥蘭的亞及氷海，東至大乃河墨何的湖大海，西至大西洋。若利未亞者，南至大浪山，北至地中海，東至西紅海，仙勞冷祖島，西至河摺亞諾滄。……若亞細亞者，南至蘇門荅臘呂宋等島，北至新曾白臘及北海，東至日本島大明海，西至大乃河墨河的湖大海，西紅海小西洋。若亞墨利加者，全爲四海所圍，南北以微地相聯。若墨瓦蠟泥加者，……其界未審何如，故未敢訂之。』

（六）地球圓說：關於地球的形體是圓的一說，利氏用自己的經驗來証明。他說：『……且予自大西浮海入中國，至晝夜平線，已見南北二極皆在平地，略無高低。道轉而南過大浪山，已見南極出地三十六度，則大浪山與中國上下相爲對待矣。而吾彼時只仰天在上，未視之在下也，故謂地形圓，而週圍皆生齒者，信然矣。』同時他在地圖上也畫了幾個小圖，來形容他的說法。

（七）地帶的分法：萬國全圖還有一點可注意的，就是那段關於世界地帶的描寫。以下就是利氏解釋五帶的那一段。『……以天勢分山海，自南而北爲五帶。一在晝長晝短二圈之間，其地甚熱，帶近日輪故也。二在北極圈之內，三在南極圈之內，此二處地居甚冷，帶遠日輪故也。四在北極晝長二圈之間，五在南極晝短二圈之間，此二地皆謂之正帶，不甚冷熱，日輪不遠不近故也。』

以上就是利氏地圖所介紹與中國社會知道的西洋地理智識。然而，講到這裏，我們不能不指出利氏地圖有兩個很重要的毛病。第一，就是利氏論經緯線每度里數多少之錯誤。利氏最後算定謂每度爲二百五十里。但實際上每度祇有一百九十四里餘。這個錯誤的原因，洪煨蓮先生在本期所發表的考利瑪竇的世界地圖一文中已經提到了。第二便是利氏所承認的宇宙論之錯誤。圖上的說明中有謂『日輪一日作一週』。在大圖西北邊角，利氏又畫成兩個小圖來形容日蝕和月蝕的定律；而兩圖所表示的，地球位居宇宙中間，日月都是環繞地球而走的。這個日月繞地運行的宇宙論，是羅馬帝國時代一個著名的天文地理學者托勒米（Ptolemy）所創說的。在托氏以前四百多年，有一位希臘天文家亞力斯打格斯（Aristarchus)曾發表過地球繞日之論[14]，但一直就沒有人肯相信他，而托臘米的日繞地球說却獨霸於中世紀的科學講壇。一直到了十五世紀才有一個人開始重新作翻案的說法，這個人便是波蘭國的卡貝尼卡斯（Copernicus 一四七三——一五四三）。卡氏對托氏的宇宙論嚴加批評，並舉出很多的證據來闡明他所擁護的宇宙論。按卡氏的說法，地球和其他的星球皆環繞太陽而行，居宇宙的中間者不是地球而是太陽。卡氏當時深知他這個宇宙論一出，是不會受那些篤信聖經的天主教徒所歡迎的；所以他生前沒有怎樣公開發表過，而於臨死時，才把他的傑作，天星環行律（De Revolutionibus Orbium Coelestium）囑咐他一個門生去付印。這書出版時間是在一五四三年[15]。很奇怪的，就是利瑪竇雖則生在卡氏之後，但他的宇宙論則仍不出托氏之門。利氏本人的訓練，仍囿於當時天主教徒以地球為宇宙中心之成見，不信卡氏的地繞日行說，所以他未有把歐洲當時最新發明的宇宙論及早介紹給中國。不過我們也不必深怪利氏，就是歐洲自身，直至大半個世紀過了，加里利奧（Galileo）從他自創的精密的望遠鏡証明確定地繞日行之說時，還受時代不斷地痛詆為狂言妄說呢。

上面已經說明利氏地圖和所附帶着那一套地理智識的大略了。現在我們要問，這個世界地圖對中國當時和後來的地理學研究上有怎樣的影響？當時智識界的一部份對這圖曾表示過怎樣的態度？洪煨蓮先生本期發表的考利瑪竇的世界地圖一文已經很詳細地，很充分地告訴我們以那時的眞相。按洪先生所考得的史料，我們知道利氏大概無論到什麼地方，都有畫世界地圖贈送與人，和應承給人畫圖的事實。這些得他送圖或得他答應畫圖的人差不多都是當地的達官顯宦。在肇慶時，按察司副使王泮曾將利氏贈他的圖付刻多份來轉送友人。在那時，中國人得觀那樣新式的世界地圖還是第一次。而且看見的又不止王泮一人，可知世界地圖那時已經引起不少人的注意了。後來應天巡撫趙可懷從利氏在南雄相識過的同知後來做鎮江知府的王應麟那裏得見利氏的世界地圖，便生奇慕，立刻在蘇州把地圖摹鐫石上紀念。最可笑的，趙氏刻石時，並不道及畫圖的是利瑪竇；及趙氏把這地圖的拓本送給南京王忠銘尚書時，王氏忽然記起利

12

神甫也曾讓他看過一個類似的地圖；王氏於是對利氏說中國早已有人發表過他所介紹的地圖了。

趙可懷勤石的前後，利氏圖在南昌也許有過一次以上的摹刻和編製。不過這種工作的遺跡不甚明顯，因而影響考據的線索不大分明。然而利氏逗留南昌三年以上的時間，中間一度曾把交友論和世界圖誌獻與建安王多㸅是段眞事；可惜這本世界圖誌至今還不知下落。

到了南京，利氏巧識吏部主事吳中明，以吳氏的賞識，利氏的科學介紹工作立刻交了好運。吳氏請利氏把廣東刻本的地圖重加修訂；既增大篇幅，復添譯注釋。吳氏把這個修訂好的圖延巧工去刻，自己又費力氣去寫一篇序文；又將此圖置衙門中，任人參觀，欲印者不禁。因此，這圖當時便風行起來，賞識者的範圍也因之增大，就是澳門日本等處，也有人收到這些印本。

不過利氏到底要到北京來才算還了他的心願。頭一回的不得志使他折回，他在南京逗留了些日子他還是要入京。到京三日後，他有貢獻上皇帝，貢物之中有萬國圖誌一册。他在北京久居後結識了不少當時的權貴，而最熱心幫忙他做學問介紹工作的，李之藻而外有馮應京。

馮應京是當朝的重要人物，由戶部主事擢湖廣僉事，因太監陳奉案落難，由武昌被解到京下獄。入獄前利氏去見他，其後就成了很相契的摯友。世界輿地二小圖就是馮氏所刻的。從政治上說，馮氏的地位雖已失掉，然而以他人格之偉大，政績的賢明，大爲人心所歸。從學問的立場看，這位『學求有用，不事空言』的怪傑實有影響於利氏西學之介紹不少。刻書，作序，刻圖而外，馮氏且進一步而研究利氏所介紹的宗教。馮氏的聲望既不凡，則其文章對當時的化力自屬不淺了。

李之藻是一個本來有地理癖的才士，他年青時曾對中國本國地理下過一番用功的研究，做過十五行省的圖誌。以他這樣的志趣，得遇利瑪竇這樣一個有世界地理學識的人，正像魚之得水，無往非樂矣。李氏既得投所好，交所知，遂『勤事此學』。大概他對這個千載一時的機會不肯放過，對這套珍寶似的新地理學有作大規模介紹的計劃。所以他『先着手之事』則爲『重刻世界地圖』。他既以這個地理研究爲他公務之餘一件新消遣事業，又以他官居高位而交遊衆廣，則他的刻印地圖當然成爲那時一段絕好新聞了。據利氏本人的敘述，李本的圖樣較以前所刻的又增大些，內容又『更有所增益』。利氏之序文，於介紹地圖而外，對數理及諸星均有所解釋；李氏和他的朋友都有撰序。這樣一來，不只李氏本人將圖『遍贈其友』，『他人亦有送紙來印者』，鬧的『合之不下數千本』還不夠，因而惹起刻工『私梓一版』，乘機圖利。這樣還不足以應四方的需求，天主教徒李應試的版刻遂應命而生[15]。

現在我們討論李氏的原序：

李氏在這圖的序文上說什麼呢？他說，世界地圖有些記載與中國舊地理書的記載有互相彷彿的地方，如利氏所謂地是圓的，彷彿蔡邕釋周髀所說『天地各中高外下』，又如渾天儀注說：『地如雞子中黃孤居天內』等語。關於各處晝長夜短之說，他謂元人之書已經記載這道理了。然而李之藻自己也覺這萬國全圖和它的說明，有幾件是中國人向來不知道的。例如關於地海相附，地球上各處都有居民，他覺得是件很新異的事。他說『惟謂海水附地，共作圓形，而周圓俱有生齒，頗為創聞可駭。』同時李之藻覺得利氏將地形截畫南北半球是中國從所未見的畫圖新花樣。他說『別有南北半球之圖橫剖赤道，直以極星所當為中，而以東西上下為邊，附刻左方，其式亦所創見』。李之藻雖然說萬國全圖的內容有些地方彷彿中國古書的記載，又也曾指出元人曾經做過地勢測量的工作，但他亦深知這些記載和工作的缺點頗多，遠比不上西洋人那種用科學測量與實地觀察所得到的材料那樣確實可靠。所以他覺得利氏的地圖是很有價值的。他深敬西洋人『梯山航河，到處求測』，基於自身觀察實驗來做學問的那種精神。他很佩服利氏之為人，又曾瀏覽過利氏自歐洲帶來的天文地理書籍，自然也聽見過利氏本人和其國人的『遠遊』經驗。他覺得利氏的學問是有所本的。他說：『西泰子汎海，躬經赤道之下，平望南北二極，又南至大浪山，而見南極之高出地至三十六度。古人測景曾有如是之遠者乎？其人恬澹無營，類有道者，所言定應不妄。又其國多好遠遊，而曾習于象緯之學，梯山航海，到處求測，蹤逾章亥，算絕撓隸。所携彼國圖籍，玩之最為精備。夫亦奚得無聖作明述焉者！異人異書，世不易遘……』。由此可知李氏對利氏之敬仰，和對新科學之崇拜程度為何如了。

從以上的情形，我們不能不承認利氏圖在當時當地的影響勢力很不算小。從利氏所認識的朋友起，而當時的天主教徒，而當時的學者，而當時的政官，甚而至於當時的皇帝，都曾直接或間接地知道他所講的世界地理奇聞，和他畫作的世界地圖形樣。他們不祇多增世界地理的知識，同時對於本國的地域概況，和中國在世界地理上的地位，與乎對鄰邦的關係，都比從前作更深一層的認識。現在我們要問，利氏圖究竟爲什麼有這樣的勢力呢？我們在上文已提到幾樣環境的原因，說利瑪竇之來中國適逢其會。然而我們不要忽略利氏個人人格和他不斷的努力，有以使他的圖能夠在當代風行一時。他以一個傳教士出身，有他的宗教事業要做；但無論他怎樣忙，他不肯錯過一個可以介紹學問與中國人知道的機會。他於每次被人延請講學或畫圖時，都不以拒絕；無論他怎樣不能立即應請，他總是盡力找時間去幹的。故此我們順着利氏在中國經行的足跡，在在都可以找出他作地理學介紹的痕迹。如澳門，肇慶，南雄，南昌，句容，南京至北京——當時的京師——都有。還有當注意的是，利氏一方面努力於把西洋的新地理知識教人，同時也努力於自身對中國學問的研究。因爲他對漢學有相當的注意，他明白中國的需要更深。他有不自私的精神，所以他的工作是使人佩服的。他自身既是一個精細的人，又受過相當的科學訓練，故此他每次畫一個圖，都在那裏力求進步。對於以前的錯漏，他勤事改正；對於以前未知而後來發現的見識，他力求增添。因爲他抱着一個這樣認眞做學問的態度，我們不難明白他的成功不是偶然的。

很不幸的，利氏的影響，到了清初便大受打擊而中斷了。我們試看下列幾項証明便知道：

康熙癸亥年（西曆一六八三）陸次雲[17]著了八紘譯史。陸次雲大概是也曾見過利瑪竇及後來耶穌會教士所著的地理書的。因爲這八紘譯史講外國那一部份，完全是抄襲艾儒略的職方外紀，或職方外紀的副抄本或片段。陸氏書中的錯誤也很多，特別是論諸國地位那一段。陸氏並且也不用五洲之說，他分外國做三部份，一是西部，即歐羅巴，一是南部，即亞非利加，一是北部，即亞墨利加。此中的描寫也不以洲爲本位。所以他講亞細亞北部之後忽然插入南亞墨利加之孛露，而不說明孛露是在亞細亞洲之外。總之，這八紘譯史的著者雖然好像看見過利氏和其他教士們的地理書，但他完全不明瞭書中內容，以致不會利用書中的材料。四庫全書總目錄批評陸氏書曾直說『是書專錄荒外諸國古事，皆採撫史傳，複見不鮮；近事多據瀛涯勝覽職方外紀諸書，亦多傳聞失實。……後附譯史紀餘四卷，……亦皆耳剽之談，不爲確據。……』[18]

利氏地圖雖流行于一時，但不久就不受學者的注意了，所以後來有些著地理書的人簡直沒有用利氏所介紹的材料。像顧炎武那樣學問淵博的人，他就沒有利用世界地圖。他的天下郡國利病書裏頭講佛郎機國時說『佛郎機國在爪哇南，古無可考，……素不通中國，正德十二年駕大船突至廣州澳口，銃聲如雷，以進貢請封爲名……先年潛遣火者亞三假充滿剌加國遣禮使臣，風飄到澳，往來窺伺熟我道途，略買小兒，烹而食之。』[19] 從這一段，我們可知顧炎武自己不曾看過利氏的地圖。倘若看過，他也許還是覺得它不可靠；要不然，他那會說佛郎機國是在爪哇國南呢。

隨後出版的還有好些地理書，內容很顯然的表明著者沒有用過或沒有看過利瑪竇的作品。例如圖理琛的異域錄；陳倫炯的海國聞見錄；印光任，張汝霖的澳門記略等書，均屬此類。異域錄是在康熙五十四年寫成，雍正元年出版的。圖理琛是一個滿州正黃旗人，康熙五十一年出使七爾扈特[20]路程經過喀兒喀，(Kiakhta)；厄爾庫，(Irkutsk)；伊昂謝柏輿，(Yeniseisk)；蘇爾呼忒柏輿，(Surgut)；薩馬爾斯科，(Samarovskoe)；托波兒城，(Tobolsk)；圖敏，(Tumen)；素里喀穆斯科，(Solikamsk)；喀山，(Kazan)；西穆必爾斯科，(Simbirsk)；薩拉托付，(Saratov)；[21] 然後到土爾扈特國，[22] 五十四年回北京後才作異域錄，記錄他的出使時沿途的經驗。他說在俄國之西北有下述的國家。(見下表)從方向的立場看，這些國家實在俄國的西南。假如他看過利氏地圖的話，他一定知道俄國幅員之大小，和知道西歐諸國，那幾國是在俄國之西北，那幾國是在他的正西，那幾國是在他的西南，就不會把方向弄錯。再有，他寫西歐諸國的名時，一個也不採用利氏地圖的稱謂。証如下表：

異域錄	萬國全圖
雅爾馬尼牙	入爾馬泥亞
宜斯巴尼牙	以西把你亞

賀蘭斯寄	噶蘭地
付蘭楚斯	拂耶察
宜大里牙	意大里亞
布魯斯奇	〇
昂假尙斯奇	諳厄利亞[23]

從這兩方面的証明，我個人相信圖氏是沒有見過利氏地圖的。

還有一本後出的地理書，也可以證明作者沒有受過利氏世界地圖影響的。這就是陳倫烱氏的海國聞見錄。海國聞見錄是在雍正時代作成的，著者的父親曾在廣東福建臺灣做過官，著者自己也常跟着父親到沿海各省，並且曾和該處的商人與航海家常常談話。從這些商人和航海家的口中，倫烱得到很多關於外國的消息。後來他把他所聽見的話，和他親眼所看過的事情，寫成這部海國聞見錄[24]陳氏在書中亦畫了一個世界地圖，而這世界地圖完全不加入南北亞墨利加洲的。至於他提及歐洲國家的名時，是用英機黎[25]當英國，那嗎[26]當羅馬，是班牙[27]當西班牙，烏鬼國[28]當亞非利加洲，這都不是利氏地圖所用的名字。

以上所提到的幾個例，證明了那個時候作地理書的人，往往不用利氏所介紹的新地理智識。同時，朝廷中的幾個翰林學士，也開始對利瑪竇本人的來歷，和他作品，大加攻擊而不留餘地。

雍正乾隆時期，翰林學士們正在那兒搜集材料來作皇朝文獻通考，四庫全書總目，明史，大淸一統志，皇朝通典，廣東通志等書。假如我們想知道當時中國最有學問的學者對利瑪竇的批評，不難在這些書籍中找出來。這些批評，幾乎都是否認利瑪竇的貢獻與影響的。例如明史中有一段謂『其說荒渺莫考』[29]。又有一段說『……萬曆九年利瑪竇始汎海九萬里抵廣州之香山澳，其教遂沾染中土，至二十九年入京，……自稱大西洋人。禮部言，會典止有西洋瑣里國，無大西洋，其眞僞不可知。……且其所貢天主及天主母圖，旣屬不經，而所攜又有神仙骨諸物，夫旣稱神仙，自能飛昇，安得有骨，則唐韓愈所謂凶穢之餘，不宜入宮禁者也』[30]。

至於皇朝文獻通考的批評還要比這個厲害。它說『……至意達里亞人所稱天下爲五大洲，蓋沿於戰國鄒衍裨海之說。第敢以中土爲五洲之一，又名曰亞細亞，而據其所稱第五洲曰墨瓦蠟泥加洲者，乃以其臣墨瓦蘭輾轉經年，忽得海峽亙千餘里，因首開此區，故名之曰墨瓦蘭泥加洲。夫以千餘里之地，名之爲一洲，而以中國數萬里之地爲一洲，以矛刺盾，妄謬不攻自破矣！又其所自述彼國風土，物情，政教，反有非中華所及者，雖荒遠狉獉，水土奇異，人性質樸，似或有之；而即彼所稱五洲之說，語涉誕誑，則諸如此類，亦疑爲勦說躛言，故其語之太過者，今俱刊而不紀云。』[31]

根據這類的話，我們無疑地可以斷定這些書的作者或編者，或直接間接地參閱過利氏地圖。然而他們因爲本着一種自囿的成見，不甘下苦工去把牠當作眞正學問那樣去研究，故此對這圖和附說裏的智識，未能徹底認識清楚。所以他們自己對當時世界各國的描寫，不免弄出許多可以避免的錯誤。舉例說吧：

明史[32]，大清一統志[33]，廣東通志[34]都說『佛郎機近滿剌加』。明史[35]，大清一統志[36]都說『佛郎機產犀象信佛教』。最有趣的就是大清一統志，竟把大海的名字和地位弄得使人看了莫明其妙。有一段說『南渤利[37]境西北有山甚高，曰帽山，山西大海則西洋』[38]這就是說西洋在印度洋附近。但在別一段，又說西洋是在西南海中[39]，又說蘇門答剌[40]爪哇[41]，佛郎機[42]，荷蘭[43]，亦在這西南海中。但大清一統志的編者，無疑地知道有利氏其人，和他的地圖。因爲書裏有一段說，『……萬曆九年有利瑪竇者始汎海抵廣州之香山嶴；二十九年入於京師……』又說『……瑪竇有萬國全圖，其大略言天下有五大洲。……』又說『……據利瑪竇南懷仁等所記，歐邏巴洲之地共七十餘國……』[44]。

以上的幾項都是證明利氏的影響到了清初便受打擊而中斷了。現在我們就要問，爲什麼在那個時候利瑪竇的貢獻差不多完全被人忽略呢？按我們現在的眼光看，這裏頭大約有兩種原因，一是屬乎時勢的，一是屬乎人的。時勢的原因可分爲兩部：第一，因爲十八世紀中，中國與外國的關係正是相安無事的時候，國家的力量都集中用在統一本國的領土與整理文化上；恰巧在朝又有兩位聰明英哲的皇帝，所以在這一百多年中，中國的文化放着奇燦的光彩；而且邊疆諸國，如安南，緬甸，朝鮮等，都來進貢。在這種昇平景象當中，中國學者容易抱一種自負的態度，以爲中國在學術教化方面甲於世界各國，便以爲他邦絕對不會有什麼文化學術足以貢獻給中國的。其次，在這時期，耶蘇會教士已經不像從前那樣受龍恩寵待了。因而他們爲朝廷裏所任的使命大爲減少，很自然的，他們的勢力也沒有像從前那樣的廣被遐邇了。並且從那個「禮節爭端」(Rites Controversy)之後，各處的排耶蘇教運動也紛紛而起，那種壓迫傳教士的舉動，也屢屢發生[45]，在這種情形之下，中國學者不大願意或不敢公然參看耶蘇教士所寫的書，結果自然使教士們漸漸的失了他們的勢力。

在這種時勢的大勢力以外，還有幾個比較具體的，接近的關於人的原因。現在且把這些原因敘述如下：

第一，是利氏的死：利氏活時，常常畫圖，無形中推廣地圖流行的範圍，同時也可以就人就地解釋地圖的意義，隨時改正人家對圖誤會之處。但他一死後，雖有同會的天主教神甫可以繼續做這種工作，但總難比得上利氏親作親爲那般有效而引人注意了，故此萬國全圖的使命，因利氏之死而告一段落。

第二，是地圖和附帶着那一套的地理智識未能深入民間：我們知道，當時看見過利氏地圖的人，多半是士大夫階級和他們的朋友。利氏本人傳授地圖的一個目的，也是想先行獲取這些地位較重的人的信心，而由他們去推廣傳播的。以時間論，以學問的專門性質論，我們可以猜想地圖當時並沒有普遍地流行到民間去，說不到像民間小說神話那樣的家喻戶曉。在這種情形之下，地圖當然很難長久地支持它的命運。倘如世界地圖能夠如三國志水滸傳西遊記那樣普遍地深入社會的各層階級去，我們相信它後來的影響定不致那樣慘傷的。

第三，而又最重要原因的是當時的中國社會人士還沒有接受西洋科學之相當資格。利氏地圖雖然也曾幸而在上層階級中名噪一時，但能領會到地圖和附帶着那一套的地理智識是可貴而值得研究的，恐怕只有吳中明李之藻馮應京這幾個人。其他大多數的人，大約視地圖爲一件新鮮的玩藝兒，當它做奢侈品看；他們對於地圖的內容也許還是不求甚解的。因爲中國當時科學訓練未開，弄得文人學士中，對利氏地圖大加申斥指爲謬道的也大不乏人。例如李維楨就嫌利氏把中國範圍畫的太狹小；又嫌他不把中國地位放在世界當中而不滿意他。這就可見當時一部份看地圖的人，還沒有理會得地圖的意義和牠的用處。因爲這個緣故，一部份的文人學士沒有利用地圖所介紹的地理智識去作深一層的學問研究。

第四，是地圖與天主教的關係：從科學的立場看，世界地圖完全是一個學術品，本來不應該有什麼宗教的意味的。但利氏於傳授地圖時，情不自禁地也曾表揚過天主爲世界萬象生靈所依歸的暗示，又每每把耶蘇會的圖章印在圖邊。猜他的用意，是要引起社會對耶蘇會的注意。天主教是一個洋教，不奉洋教的人，或對洋教有偏見的人不喜歡洋教會的東西，不是奇怪的事情。何況天主教在當時既被士大夫們所痛斥，地圖當然也不能逃脫因帶宗教色彩而被人惡斥的命運了。

第五，是後來翻刻地圖者之胡說亂道：當利氏還活着的時候，對時人刻地圖的錯誤，他還可以指正。但他死後，一些圖利的商估們陸續所翻刻的圖中錯漏就漸漸堆積起來了。翻刻者又往往偸抄旁人的圖，雜引旁人的書，胡說論是，翻刻愈多而錯誤更多。如三才圖考，圖書編的內容，與利氏地圖原文之不同者，不勝枚舉。還可痛的，有些人於偸抄翻刻時，往往好借盛名互資標榜[46]，這種僞放空信，不負責任的刻書，往往使閱者不知究竟書出何人，圖出誰手。利氏地圖後來被社會人士所忽略恐怕這是一個重要的原因吧。

總觀以上的情形，我們不能否認利瑪竇所貢獻與中國地理學上新智識的質與量是同樣重要的。他的介紹工作實在是一種先鋒創業式的。我們一般對歷史有興趣的人，應該視這個地圖爲一種很寶貝很有價值的歷史遺蹟。但可惜清朝盛時，在朝得勢的學者，對世界地理學識遠不及耶蘇會教士們：而他們又不肯學人之長，舍己之短，一味自是。而且當時國內的情況，又不讓西洋科學有相當發展和普及的機會。因此利氏圖說不能護得充分的注意和敬仰，難怪這樣一個重要的介紹品不久也就被人遺忘了。結果，中國地理科學在康熙乾隆時期弄得沒有相當的進步。道光之後，中國和外國的關係具體化起來，影響到地理科學忽然又被重視而發達起來了。幾部講世界地理的重要書籍如林則徐的四洲志，魏源的海國圖志，徐繼畬的瀛寰志略等書，都在這時期陸續出版。不過，我們要明白，這個趨向的原動力，不是利瑪竇等人的工作影響使然，而是轟動全國的鴉片戰役的催促，當時中外貿易關係擴增的迫成，與及當時基督教教士的教育工作之注重，有以致之。

註

1 看這篇文章講利氏影響那一段，和Augustin,〔應作Henri〕Bernard' *La Mappemonde Ricci*, Pekin. 1928;7ff; 與 Louis Pfister, *Notices Biographiques et Bibliographiques sur les Jesuites de l'ancienne mission de Chine, 1552-1773*, Changhai, 1932, vol I, p. 39.

2 臥蘭的亞即現在的格陵蘭（Greenland）。大乃河（Tanais）即現在的頓河（Don River）。懇何的湖（Lake Maeotis）即現在的亞速海（Sea of Azov）大海即現在的黑海。大乃河與懇何的湖是羅馬帝國時代通用的名詞，（參看 William R. Shepherd, *Historical Atlas*, New York, 1929, p. 35）

3 仙勞冷祖島（St. Laurentius Is.）即現在的馬達加斯加島（Madagascar）。大浪山（Cape of Storms）即現在的好望角（Cape of Good Hope）。河摺亞諾滄，余疑是 Oceano，即海之意。關於這點，可參看，Carlton J.H. Hayes, *A Political and Cultural History of Modern Europe*, N.Y., 1935, vol. I, pp. 66-67.

4 新曾白臘就是 Nova Zembla.

5 這段關於歐洲的描寫，未免有誇大處。講宗教那一句，並且不全對，因為此時歐洲基督教的新教運動已經開始了。天主教座，發生了搖動，如英荷德等國不像作者所說的「獨崇奉天主上帝聖教」了。

6 地中海，英國，矮人國的描寫，近乎神話傳說之類，本無考。其餘的描述大抵較近事實。

7 這火山指埃得納峯（Mt. Etna）

8 關於貓出香汗的事，乍聞之，雖以教人相信，但事實已証明其說確乎不謬。在非洲有一種貓叫做 African Civet（Viverra Civetta）身體內有幾個腺可出香汗，貓尾端又有兩囊，香水流貯其中。人要取水時，就可以用一把特製木刀向囊裏把香水舀出來，大概一星期可舀兩次。（看 *Illustrated London News*, Dec. 21, 1935. p. 1126.

9 亞細亞北部在那時還是一個無名地，很少外人到過，所以這段關於北地的描寫，自然也不能脫掉神話的意味。

10 厄蟇鳥就是 emu.

11 利氏說蘇門答剌古名大波巴那，錯也。大波巴那（Taprobana）則指現在的錫蘭島。

12 利氏經線度數與現在經線度數不同的原因，大概是因他測量日月之蝕，計時不甚準確；抑以里計度，數復有誤，所致。

13 Hayes, *Op. cit.*, pp. 67ff

14 James H. Breasted, *Ancient Times, a History of the Ancient World*, Boston, 1916, p. 469

15 Edward M. Hulme, *The Renaissance, The Protestant Revolution and the Catholic Reformation in Continental Europe*, New York, 1915, pp 131-132.

16 本期洪煨蓮先生的考利瑪竇的世界地圖 *passim*.

17 陸次雲是錢塘人，康熙時召試鴻博，未遇；後來任江陰知縣，他的縣政辦得很好，還會作很好的詩。見中國名人大辭典，p. 1115。

18 四庫全書總目錄，78/6 b

19 顧炎武天下郡國利病書 119/53 ab

20 見圖理琛異域錄，提要，1 a

21 *Philips' Student's Atlas*, Map 25. Shepherd, *Historical Atlas*,

pp. 138-139.

22 按圖理琛所經過的路程而猜，我疑土爾扈特是 Itil Haji Terkhan. 即現在俄國的阿斯達拉干 Astrakhan. 土爾扈特與 Terkhan 的音有點相同。(參看 Shepherd, *Op. cit*, p. 92.

23 圖理琛異域錄 2/12 b

24 陳倫炯，海國聞見錄，序頁十以下。

25 仝上，1/34 b

26 仝上，1/33 b

27 仝上，1/33 a

28 仝上，1/31 b

29 明史，326/8 a

30 明史，326/8 a

31 皇朝文獻通攷，298/◆a

32 明史，325/8 b

33 大清一統志，424之20/1 a

34 陳昌齊，廣東通志，330/49 b

35 明史，325/10 a

36 大清一統志，424之20/1 a

37 我不知道南渤利究竟是指南洋那一個地方。按魏源海國圖志卷三中的一個地圖，南渤利大概是指蘇門答剌，因爲蘇門答剌的古名便是婆利。

38 大清一統志，424之12/1 a

39 仝上，423之11/1 a

40 仝上，424之11/1 a

41 仝上，424之12/1 a

42 仝上，424之20/1 a

43 仝上，423之2/1 a

44 仝上，423之4/1 a

45 Kenneth S. Latourette, *A History of Christian Missions in China* N. Y. 1929, chap. IX *passim*.

46 本期洪煨蓮先生的考利瑪竇的世界地圖，passim.

利瑪竇傳

中村久次郎著　周一良譯　1

（原文見歷史地理卷二十六號三，四。又續編見卷二十九號三，五；卷三十號一。）

美國美以美會傳教士有李佳白者（Dr. Gilbert Reid）久居於上海，號其堂曰尙賢堂，頗通中西政教事理。曾著中外聖賢事蹟叢談一書（西曆一九零八年上海發行），中國人中選孔子，朱子，淸康熙帝及曾國藩四人，西洋人中選馬可波羅（Marco Polo），利瑪竇（Matteo Ricci），戈登（Gordon）及蒲安仁（美國駐華公使 Anson Burlingame）四人，爲作評傳。其紀利瑪竇事多據西籍，似未留意於中國史料。今予根據漢文史料，旁參日本書籍，以傳利瑪竇之一生。苟於東西交通史上稍有裨補，則大幸已。

自明嘉靖三十一年（西曆一五五二年）中國耶蘇會衆所謂『泰西聖人範濟各沙未爾』（St. Francis Xavier）客死於距廣東不遠之南海之上川島後，約三十年，而生於義大利馬西勒太（Macerata）之利瑪竇抵當時西洋人在中國唯一根據地之澳門，時萬曆八年（西曆一五八零年）也。利氏時年二十九，其生年恰當沙未爾之死年——一五五二。尋至廣東肇慶府，時兩廣總督駐焉，受總督郭應聘等之款遇頗厚。遂築室而居，宣傳天主教。利氏有傳教內地之意，乃赴廣東省北部之韶州府。利氏初着僧服，至萬曆十九年始改儒服。後又至韶州府東之南雄州，是處爲士人所敬愛。留南雄州數年，遂入江西省，至臨江南昌二府。其游南昌府也，建安王嘗賓禮之。

自萬曆二十年日本豐臣秀吉征朝鮮後，神宗恐日本軍之侵入中國，召諸大臣至宮中議軍國事。時有一達官與利氏相親善，欲偕赴北京，利氏之得自廣東入江西者以此。途中曾遇破船之阨，幸免於難，然此後二人遂不復如前之相得。蓋當時明與日本交兵，達官恐與外國人同行之被嫌疑，遂不偕至北京，抵南京即留利氏焉。然前此南京未嘗居留洋人，故利氏亦不能久居，重返南昌。

利氏得安堵於南昌府，其信仰學術獲得南昌人士之注意，且受知於建安王等，疑其名漸達於宮廷即由是也。

利氏遂入北京，卒以明日之戰事未了，利氏覺被誤解爲日本人，不得已復南下，從事於浙江省方面之布教事業。既而又至南京，時豐臣秀吉已死，日本諸將皆離朝鮮返國，於是大安明人之心，而南京士人亦無復挾疑於利氏者，始獲安居，與士人相交往焉。利氏往來南京蘇州間，布教之外，兼盡力於新學之介紹，益得明人之信任。萬曆二十七年建立一會堂於南京，利氏居於南京正陽門外之西營中，見淸張庚國朝畫徵錄卷中焦秉貞條。

自是利氏名望漸高，萬曆二十八年許之入京，遂與西班牙人龐迪我（Didace de Pantoja）等八人携貢品出發，途中有中官馬堂（西洋人稱 Mathan）等爲之斡旋，於西曆一六零一年（萬曆二十九年）正月四日再入北京。晉謁神宗，上書自稱『大西洋國人』，述其履歷，並獻天主圖像一幅，天主母圖像二幅，天主經二本，珍珠鑲嵌十字架一座，報時自鳴鐘二架，萬國圖誌一册，西琴一張等，神宗嘉納之。

時禮部官吏中有以明會典無大西洋國名，而疑利氏之言者，且謂既在中國二十年，則不能視爲遠人來貢。又以爲所貢天主像等皆屬不經，指斥其所携『神仙骨諸物』云：

『夫既稱神仙，自能飛昇，安得有骨？則唐韓愈所謂凶穢之餘，不宜入宮禁者也。』（明史外國傳意大里亞條）

而排斥之。然神宗嘉其遠來，賜以邸宅等，遇之甚優渥。且許建立天主堂及譯經布教，又使從事於測量算術書表之著述，及天文器械之製造。朝廷公卿以下重其人，皆與之交，利氏安焉，遂留而不去。

利氏之賜第在北京城西南部之宣武門——一名承順門——內之東，天主堂則在其第之左。此即今宣武門內南堂之起源，今南堂之壯麗建築乃經同治元年（西曆一八六二年）大修理者也。

由是西洋耶蘇會士踵至，分別布教於各省，而萬曆三十四年來華之義大利人熊三拔（Sabbathin de Ursis）則居北京助利氏布教。利氏之事業日有進益，而竟於三十八年（西曆一六一零年）三月十八日病死，享年五十九，上下莫不悼之。尋以四月二十三日賜葬地於北京城西部之阜成門——一名平則門——外，且建堂宇以祀天主。是年十月葬焉，神宗勅使臨之。順天府屬京兆人王應麟以素與利氏友善，特爲撰碑文，載在正教奉褒上卷，爲中文敘利氏經歷之簡明者。

利氏墳墓在阜城門外二華里溝村滕公柵欄兒，今法國

2

人稱之爲 Chalaeul，蓋柵欄兒 (Cha-lan-êrh) 之訛，俗稱云石門，法人天主教會經營之醫院在焉。利瑪竇而外，又有湯若望(日耳曼人 Jean Adam Schall von Bell) 南懷仁(比利時人 Ferdinand Verbest)及其他耶蘇會士之墳墓，故頗著名。庚子之亂，義和拳匪徒曾攻掠其地。宸垣識略卷十三記利氏之墓云：

『嘉興觀，在阜成門稍北，而西北通白石橋。歐羅巴修士利瑪竇墓在白石橋西。』

帝京景物略卷五西城外之部在『利瑪竇』題目之下，有下列之記事：

『(上略)越庚戌(萬曆三十八年)，瑪竇卒。詔以陪臣禮，葬阜成門外二里，嘉興觀之右。其坎封也異中國，封下方而上圜，方若臺圯，圜若斷木。後虚堂六角，所供縱橫十字文。後垣不琱篆而旋紋：脊紋螭之岐其尾，肩紋蝶之矯其鬚，旁紋象之卷其鼻也。垣之四隅石也，杵若塔若爲。祔左而葬者，其友鄧玉函(日耳曼人約納司特倫司)。』

以上乃根據左列諸書所述利瑪竇傳之大要也。

明史外國傳　正教奉褒　帝京景物略

Johann Baptista du Halde: *Ausführliche Beschreibung des Chinesischen Reichs und der grossen Tartarey.*

Ljungstedt: *An historical sketch of the Portuguese settlement in China.* 3

Robert C. Jenkins: *The Jesuits in China.*

以下更分節略叙其事業及感化影響。

(一)宗教，道德 附利氏之漢文

利氏耶蘇會士，其天職固在布教，而成績亦頗可觀。利氏不唯具耶蘇會士所共有之熱烈的宗教信仰，且修道篤實，妙知入鄉從鄉之意。如其初來中國之着僧衣，後乃改儒服；如鑽研漢文經典，熟習中國語言，以接近中國上下流之社會皆是。其於儒佛二教則『力排釋氏』(四庫全書總目提要利瑪竇撰辨學遺牘提要中語)，『以附會儒理，使人猝不可攻較』(同利氏撰畸人十篇提要語)。又常『習見儒書，因緣假借，以文其說』(同利氏撰二十五言提要語)。且多剽竊佛書文句，取其意而變幻之。與佛家爭辨，而善遇儒家，皆可謂得布教於中國人之妙諦者也。又如采用中國式之姓名——利瑪竇，以及用『西泰』或『西太』字様，開西洋人在中國取漢名之先河，亦其一例。

利氏在所著天主實義中，附會六經中上帝之說，以合於天主；取論語『己所不欲勿施於人』，及中庸『施諸己而不願，亦勿施於人』諸語，與福音所謂金言者相比附；且似承認中國人之崇拜祖先者然，不得不謂爲初期布教之妙法矣。然此畢竟爲權宜之計，以基督教之本義嚴密觀之，利氏之從權乃功過相半。利氏歿後反對之者甚多，成西洋傳教士間之大問題，遂至仰待羅馬教皇之裁決焉。詳見前舉 Jenkins 之中國之耶蘇會士一書，玆不贅。利氏又力求接近儒家之說，使儒者抱好感，例之最著者，至使五雜組之作者謝肇淛稱：『其人通文理，儒雅與中國無別。……余甚喜其說爲近於儒，而勸世較爲親切』云。

利氏以漢文所著之耶蘇教書有天主實義，二十五言，畸人十篇，辨學遺牘。四庫全書利氏乾坤體義提要云：『利瑪竇兼通中西之文，故所著書皆華字華語，不煩譯釋』。不唯此也，且云：『其言宏肆博辨，頗足動聽』(畸人十篇提要語)焉。

利氏關於道德之著作，四庫全書總目提要西教部有：

『交友論一卷，明利瑪竇撰。萬曆己亥(即二十七年)利瑪竇遊南昌，與建安王論友道，因著是編以獻。』

雖被稱爲『醇駁參半』，然中國人姑不論，日本學者且不少參考引用其友道論者焉。如：

『利瑪竇曰：友也爲貧之財，爲弱之力，爲病之藥焉。是的亞之俗，多得友者，稱之謂富也。嗟夫，旨哉言也。余謂其切磋之輔，而能使己之德義進修以躋，則友是善之府也，亦非富而何？』(藤原明遠著潛進齋隨筆卷三言論部交道)

『友道甚重

聖經賢傳中，於朋友之際，蓋悉矣。太西人利瑪竇，著友論曰：友也者，爲貧之財，爲弱之力，爲病之藥焉。是的亞俗，多得友者，稱之謂富，予最愛此語，竊謂足補聖經賢傳之所無』云云。(細川潤次郎著吾園隨筆上卷)

四庫全書交友論提要末云：

『王肯堂鬱岡齋筆塵曰：利君遺余交友論一編，有味哉，其言之也。使其素熟於中土語言文字，當不止是，乃稍刪潤著於篇；則此書爲肯堂所點竄矣。』

是利氏雖頗嫺漢語漢文，自中國學者觀之，猶多未愜，此亦理所當然也。

要之，利氏留華三十一年中，遺留最大之成功及感化者，厥爲宗教方面。如徐光啓一家成爲最熱誠之信徒，盡力於不少可紀念之布教事業。雖然，釋氏之徒姑不論，儒家之非難天主教，即比較公平之四庫提要之撰者，其在天學初函提要中比較西學之長短猶云：『其短

4

則在於崇奉天主以炫惑人心』。蓋中國人自古以來受儒家思想之薰陶，思想上之排外的精神殆成第二天性焉。當時儒佛兩家與利氏等天主教徒之辨爭，見翻刻本闢邪集，闢邪管見錄，闢邪論諸書。

(二)測量，天文，算學

利氏為布教之方便，而與中國之知識階級——尤其學士大夫——相交游，當時明之士人最佩服於利氏者，乃其測量天文算學曆法之新知識。測算方面於中法之外西法之興起者，實利氏之功也。利氏此方面著述之最著者為幾何原本十三卷。四庫全書測量法義提要中言及此書云：

『自是之後，凡學算者，必先熟習其書。如釋某法之義，遇有與幾何原本相同者，第註曰見幾何原本某卷某節，不復更舉其言。惟幾何原本所不能及者，始解之。』

於幾何原本提要中亦稱贊其內容，末云：『其文句最為顯明，以是弁冕西術，不為過矣』。梅氏叢書輯要卷十一方程論敍云：『近代惟西洋幾何原本一書詳言立法之故，最為精深，其所用籌算亦最簡便』。此幾何原本即譯歐几里得之書而成者也。

幾何原本外，利氏又著乾坤體義一書，四庫提要謂：

『則皆前人所未發，……是以御製數理精蘊多採其說而用之。』

此外測量法義一卷，測量異同一卷，勾股義一卷，渾蓋通憲圖說，圜容較義，同文算指前編二卷，通編八卷等，其著者或為徐光啓，或為李之藻，實皆利氏譯授者也。明史天文志論贊利氏云：

『明萬曆間，西洋人利瑪竇等入中國。精于天文曆算之學，發微闡奧，運算制器，前此未曾有也。』

清阮元疇人傳卷四十四附錄近世西洋人，首舉利瑪竇，以利氏東來為『西法入中國之始』，解說其新說頗詳。其論贊云：

『自利瑪竇入中國，西人接踵而至。其於天學，皆有所得。採而用之，此禮失求野之義也，而徐光啓至謂利氏為今日之羲和云云。』

清代有名算學家如吳江王錫闡，宣城梅文鼎，皆學所謂西法者之長，而至精妙。曆數之學專尊西法之江永之弟子中，至有『恒曲護西人之短』者焉（國朝先正事略卷三十四錢竹汀先生事略）。

江永門下之最著者為錢大昕，戴震，兩家皆以曆算名，亦兼通中西二法之結果，不可謂非利氏之遺澤。利氏曆算之學當時公認爲新說，因樹屋書影卷一列舉萬曆癸酉（元年）以後天下有名學者及藝術家中，有『徐上海光啓利西士瑪竇之曆法』語，可以知之。

日本享保時代〔譯者注：清康熙五十五年至雍正十三年，西曆一七一六至一七三五。〕之建部賢弘作新寫譯文曆算全書敍云：

『迨朱明氏，西洋李瑪竇，以天學風靡一世。故弇州王子（世貞）有言，迨後世加詳者此技也，知言哉。』

亦贊利氏之學。

利氏之徒以曆算暨其他科學的新知識，接近中國士大夫，利用之求布教之方便，西政叢書敍文云：

『一利徐以來，西學始入中國，大率以天算格致爲傳教之梯徑。』

已道破之矣。

本節之末，請一述明人之出利氏門下者。李之藻，徐光啓，李天經三人最著，傳見疇人傳卷三十一三十二。其論贊云：

『西人書器之行于中土也，李之藻薦之于前，徐光啓，李天經，譯之于後。是三家者，皆習於西人，亟欲明其術而惟恐失之者也（李之藻論贊）。自利氏東來，得其天文數學之傳者，徐光啓爲最深。』（徐光啓論贊）

國朝先正事略卷三十三梅定九先生事略中，述清朝曆算進步之由來，謂：『崇禎朝徐李測驗改憲之功不可沒也』，即歸功於利氏之譯授新學。不唯此也，徐光啓之故鄉上海徐家匯，亦可視爲利氏間接影響，而値注意。徐家匯在上海西二里，乃徐氏塋地。又有法國天主教堂，宗教學校，圖書館，博物館，及有名之氣象台；是皆利氏以徐光啓爲介而遺留於東洋之善舉也。西洋人呼此處曰 Zi-ka-wei，即徐家匯之上海音。

要之，明清人之所好於利瑪竇者，端在本節所記之西洋新知識，四庫全書天學初函提要中稱：

『西學所長在測算，（李）之藻等傳其測算之術，原不失爲節取。』

遂至有利氏學之名焉（參看清張爾岐蒿菴閒話卷一）。

（三）地理

利氏授諸明人之其他新知識爲地理學。上述之乾坤體義，即兼講天文學與地理學者也。初傳地圖說，及初上地球全圖於明廷者，亦爲利氏；其坤輿萬國全圖，本會〔日本歷史地理學會〕曾翻刻之，有名於世，玆不贅言。

不惟當時之中國人受利氏影響，即如職方外紀一書——明治維新前日本人奉為傳授世界地理新知識之名著，雖是義大利人艾儒略所撰，實則本於利氏與艾氏之友龐迪我奉神宗命所作地球全圖（利氏献於神宗者）之說明書。艾儒略依據其書，更潤色增補之，非盡自作，四庫全書此書提要言之詳矣。當時中國人雖不好西說，如四庫全書天學初函提要中，對其書理編九種中有關天主教者明示排斥之意，而采錄職方外紀且推尊之者，蓋以廣異聞也。

（四）西洋畫

利氏更有意外之貢献，即傳中國人以西洋畫之新趣味是。利氏献天主像及天主母像於神宗；已如上述。此像似不惟作宮中御物，而與其他畫像俱供祀於北京宣武門內之天主堂。帝京景物略卷四：

「天主堂：堂在宣武門內，東城隅。大西洋奉耶蘇教者利瑪竇自歐羅巴國航海九萬里，入中國。神宗命給廩賜第此邸，邸左建天主堂。堂製狹長，上如覆幔，傍綺疏，藻繪詭異，其國藻也。供耶蘇像其上，畫像也；望之如塑，貌三十許人，左手把渾天圖，右叉指；若方論說次，指所說者。鬚眉，豎者如怒，揚者如喜。耳隆其輪，鼻隆其準，目容如矚，口容有聲，中國畫繪事所不及。」

可以見中國人之如何驚異於西洋畫。清張庚國朝畫徵錄卷中學西洋畫法之焦秉貞等條云：

「白苧村桑者（張庚別號）曰：明時有利瑪竇者，西洋歐羅巴人，通中國語。來南都，居正陽門西營中。畫其教主（和刻本刪其教主三字），作婦人抱一小兒，為天主像（和刻又刪為天主像四字），神氣圓滿，采色鮮麗可愛。嘗曰：中國祇能畫陽面，故無凹凸。吾國兼畫陰陽，故四面皆圓滿也。凡人正面則明，而側處即暗；染其暗處稍黑，斯正面明者顯而凸矣。焦氏得其意而變通之，然非雅賞也，好古者所不取。」

可知利氏之西洋新畫風被於明清畫家之影響為何如矣。又清袁棟書隱叢說：

「畫家佈置屋宇桌椅等，例用側筆以取勢，西洋畫專用正筆。用側筆者，其形平而偏，故有二面而四面具。用正筆者，其形直而尖，故有一面而四面具。在陰陽向背處，以細筆皴出黑影，令人閉一目觀之，層層透徹，悠然深遠。而向外楹柱，宛承日光，瓶盎等物，又俱圓滿可喜也；其法視古為獨出徵裁矣。畫鑒云：尉遲乙僧外國人，作佛像，用色沉着，堆起絹素。今所傳者，乃歐羅巴人利瑪竇所遺，畫像有坳突，室屋有明暗也。甚矣西洋之巧也，然豈獨一畫事哉。」

比之畫徵錄，更傾倒於利氏傳來之西洋畫焉。此外如無聲詩史卷七所謂利氏攜來之西域畫，小山畫譜，池北偶談，簷曝雜記等所見西洋畫之趣味，復初齋詩所載洋畫詞二篇，俱足以窺明淸人之欽服於利氏傳來之西洋畫也。

文晁畫談亦引畫徵錄之言，論泰西畫法。此又利氏西洋畫影響之波及日本者。淸汪啟淑水曹淸暇錄卷四曰：

『天主堂，在阜成門內東隅。西洋人奉耶蘇者，明利瑪竇自遐巴國航海九萬里，入中原。萬曆間，賜第於此居之。堂中佛像，用油所繪，遠望如生；器皿頗光怪陸離。』

亦示吾人以利氏與中國之西洋畫之關係也。

(五)音樂

利瑪竇朝明神宗，獻所謂西琴者一張，其所著畸人十篇二卷中附西琴曲意一卷，八章為始傳明人以純西洋式之音樂趣味者。但音樂非利氏本旨，故僅存曲意，以其旨有與十篇之本論相發明者，乃附錄之耳。

(六)自鳴鐘

自鳴鐘亦利氏始傳於明人，略與利氏同時之謝肇淛所著五雜俎卷二云：

『西僧利瑪竇有自鳴鐘，中設機關，每遇一時輙鳴；如是經歲，無頃刻差訛也，亦神矣。今占候家，時多不正。至於選擇吉時作事，臨期但以臆斷耳。烈日中尙有圭表可測，陰夜之時，所憑者漏也；而漏已不正矣，況於山村中，無漏可考哉。故知興作及推祿命者，十八九不得其眞也。余於辛亥春，得一子；夜中大風雪中，禁漏無聲，行人斷絕，安能定其為何時。余固不信祿命者，付之而已。』

其對自鳴鐘之觀察可謂頗得要領。尤可注意者，影響所及，可因此而打破祿命迷信之說也。然泊如運敝著寂照堂谷響集，第一之『元順帝宮漏條』贊美順帝自製宮漏，謂『神工巧思，千古一人而已』。且云『近代外國利瑪竇有自鳴鐘，亦其遺意也』。是則誤解利氏所傳自鳴鐘矣。

(七)利氏與中國人之交際

利氏與明人之交際，前已略略言及，而下列諸詩，更可見利氏之與明文士相交游及其被敬慕之一斑。

贈利西泰　李贄

『逍遙下北溟，迤邐向南征。刹利標名姓，仙山紀水程。回頭十萬里，舉目九重城。觀國之光未，中天日正明。』(李氏文集卷十八。李氏焚書卷六)

贈利瑪竇　李日華

『雲海蕩落日，君猶此外家。西程九萬里，東泛八年槎。蠲潔尊天主，精微別歲差。昭昭奇器數，元本浩無涯。』

過利西泰墓　　譚元春

『來從絕域老長安，分得城西土一棺。斫地呼天心自苦，挾山超海事非難。私將禮樂攻人短，別有聰明用物殘。行盡松楸中國大，不教奇骨任荒寒。』

贈西國諸子　　葉向高

『天地信無垠，小智安足擬，爰有西方人，來自八萬里。言慕中華風，深契吾儒理，著書多格言，結交皆賢士。淑詭良不矜，熙攘乃所鄙。聖化被九埏，殊方表同軌。拘儒徒管窺，達觀自一視，我亦與之遊，冷然得深旨。』

以上諸人中，李贄字卓吾，上述二書外，又著有藏書六十八卷，頗有名。葉向高乃萬曆時代之名相，爲神宗所推重。利氏得此輩名流之贈詩，被稱爲『結交皆賢士，……我亦與之游，冷然得深旨，』知其與明人之交際關係固非淺矣。

（八）利氏與日本

凡日本人之言天主教及西洋新學奇器之傳入日本者，殆皆不及利氏。萬曆中日構兵時，利氏被誤解爲日本人，不得安居於南京，木下眞弘著豐太閤征外新史第一 9

天文十九年條云：

『明東南地方，聞我軍大舉，人心洶洶，士民奔走道路，邊將乃聚艦要港徵兵自備。疑有間諜，檢覈異服者，至歐羅巴人利瑪竇亦爲見拖。』（支那韃靼西藏教聖史，近事叢說，帝京景物略）

而塚田大峰著隨意錄卷二曰：

『倭語謂疊扇爲加波保利，是蝙蝠之倭名，蓋以其形似爲名也。異邦素無疊扇，而今有之，做我方之製也。明馮時可蓬窗續錄云：聚頭扇即摺疊扇，貢於東，永樂間盛行于國。東坡云，高麗白松扇，展之廣尺餘，合之只兩指，倭人所製。余至京有外國道人利瑪竇，贈予倭扇四柄云云。又明陸深隨筆同焉。然則明世初行疊扇也。』

惜乎被誤認爲日本人之利瑪竇，與贈蓬窗續錄作者以倭扇事二者之間有何關係，今不得而詳焉。

明治以前之日本人中，喜西洋文物與不喜者，其於利氏固毀譽不一，然以山崎闇齋派之學者，西洋文物非其所好之谷秦山，其秦山集卷二十八戊己錄云：

『利瑪竇萬國圖，好看。』

所見可謂公平。又如太田錦城梧窗漫筆拾遺中因利瑪竇事而述基督教之傳入中國及大秦事；松岡恕庵之𤍠言卷上云：

『附於船底而行之アヤカシ魚，日本謂之小判魚，利瑪竇坤輿全圖作咽機郡魚。』

皆直接間接被利氏影響者也。關於明版五雜俎及日本翻刻本之異同，桂川仲良之桂林漫錄已指摘孟子携帶船覆溺奇說之有無一條，據平敬道天秩閣隨筆卷五利瑪竇條：

『天主教之事爲如何今無人知之，唐本【指明版】五雜俎稍稍言之，而不詳。和刊【日本刊本】雜俎則省去此事。以事見今事言要言玄【?】，記之於此。其人集卷十二引續耳談云……』

知關於利氏傳播天主教事日本版五雜俎與明版有異同，蓋在天主教禁書令嚴行時代，翻刻本中之刪去此條亦意中事也（惜草此稿時不暇校內閣文庫所藏明刊本及日本刊本）。杞憂道人輯闢邪管見錄卷下所收護法資治論，即收五雜俎中有關利氏及天主教之文。

（九）利氏與朝鮮人

與明朝有特別關係之朝鮮人中，自當傳有利氏事迹。然今僅得朴趾源燕巖集卷二續集銅蘭涉筆中：

『前明萬曆九年，西洋人利瑪竇入中國；留北京二十九年，中國無信之者。獨力主其曆法者，徐光啓一人。遂爲萬歲曆法之朝宗。則萬曆紀年，乃利瑪竇入中國之光。』

一條，及據蓬窗續錄之說，而考證明代摺扇乃模仿朝鮮扇，朝鮮扇出於日本一條。且言『中國人無信之者』，未得其實，姑附錄於此云爾。

（十）利氏之姓名

關於利氏之漢名，近藤正齋好書故事卷七十七書籍二十七禁書四之末謂爲明人交際酬對之便，因隨中國之風俗上姓而下名；且省略其語音，以便中國人之稱呼。清薛福成出使英法義比四國日記卷三：

『西人多以姓氏行，余略識之矣。亦有以姓繫名後者，如前明萬曆年間，意大里國人利瑪竇以傳教至中國。西人之顯名於中國者，自利瑪竇始。按瑪竇其名也，彼於其名去一稽字，而以冠於姓之上。名在前而姓在後，西人用此例者頗多。』

其說更簡明。

然利氏又號『西泰』及『西太山人』，見帝京景物略，李氏文集，藥房偶記等。普通寫作『利瑪竇』，或作『利媽竇』（護法資治論），或作『李瑪竇』（新寫譯本曆算全書享保十八年正月建部賢弘敍），或作『西泰之利ボ竇』（明良洪範續卷三），或作『利鳴竇』（文會雜記卷二上）；此等異字名稱，別無深意。然錢希言於獪園稱之爲『利夷』，釋行元於非楊篇謂『利艾等夷人』，則皆反對天主教者所加之惡稱矣。關於利瑪竇作奇異之傳說者，爲新井白石。

白石之西洋紀聞乃記與羅馬人問答之雜話，其下卷曰：

『問大明萬曆年間始倡天主教之大西洋人利瑪竇事，不知所答。再問之，答云我尙未詳其事。

按：如範濟各沙未爾者，自昔至今，凡大西人之來此，無不說其事。據明季諸儒之言，則凡大西之人應無不知彼利子者，而云未詳，是不可解。後見新刻大藏之闢邪集，謂利子生於香山嶼附近之僻鄕，載其事迹亦詳。……

如利子，生於香山附近地。其人穎悟，西去就學。終返中土，始倡其教。

縉紳書生爲其所惑，謂大西之人通中華聲音，熟讀三教之書，其說有與吾儒合者。實則彼旣係東土之人，大西人之不之知亦不足怪矣。』

白石不惟於西洋紀聞載此奇語，其跋采覽異言之書異言後文中亦有下列之記事：

『歐邏巴人未聞有利子之氏者也，美稱怪焉。嗣後適得金闔鐘始振闢邪論於新增大藏函中，因知竇本生於廣東旁近海島間，北學於中國者，實非西方人。』

以白石之學而謂利瑪竇爲中國人，頗可注意。何由而致如此之誤解，由上文已可窺知，而據尾張人牧墨仙所著一宵話卷二，知此種誤解之發生，亦由於利瑪竇之姓氏云。其文曰：

『天文生

明萬曆中，泰西有名利鳴竇者來朝，論天文學，自是天學一變而益精；明史及天學諸書皆載其事。然有謂此利鳴竇實非泰西人，泰西無所謂利氏；又有謂乃朱崖人者（蓋白石先生聞之於泰西之人），然而姓氏之事要不足爲證耳。意者豈由但氏之事而致誤會乎？明萬曆初年，學生但氏游於南海之朱崖，邂逅李生王生。二人皆古今英才，尤精天學，於是日夜從學。歸京及第時，對策數通，其末策即論天文。』

牧墨仙於上文之外，更有下列註文以辨利氏之爲西洋人：

『據明史利瑪竇義大利國人。龍華民，畢方濟，艾如略，熊三拔皆同。……來自西洋，雖唐人【謂華人】亦甘拜下風之學者也。此名猶呼小野妹子之爲蘇因高爾。』

以利瑪竇之姓名比之蘇因高，是也。

(十一)義大利與中國

請言義大利與中國之關係，以結此文。今日中國與義大利之關係，較與英俄德美法等國爲淺，而義大利在中國之勢力亦出諸國下。然最近世以前，中義之關係遠較此等諸國爲深，義大利人之著名於中國者甚多。古代中國與所謂大秦之交通不能即認爲中義之交通關係，姑不論。元代來華西洋人中，最著名之馬可波羅即義大利人，此外尚有蒙特．柯維諾等傳教士數人自義來華。迨明末清初，則利瑪竇外，若龐迪我，熊三拔，龍華民，陽瑪諾，王豐肅，艾儒略，畢方濟，罝雅各，陸若漢，利類思，潘國光，閔明我，李方西，畢嘉，殷鐸澤，潘國良等，皆義大利人。布教之外，兼以天文，地理，數學，醫學，自然科學，砲術，繪畫等新知識新技能顯名，甚至有登高位者。而義大利以外之西洋人，惟有名於明清之際之日耳曼人湯若望，比利時人南懷仁等數人而已。清雍正以後，一般西洋人咸少著名於中國者，不獨義大利而已。道咸以後中國開口通商，而義人活躍於中國者終不及其他各國，蓋人才之盛衰固有定乎？

前草利瑪竇傳多有不備處，今撰此以訂正增補之。首當舉出者，關於利氏之新史料—『西極耶穌會士艾儒略述』之『大西西泰利先生行蹟』是也。此爲法國巴黎國立圖書館（Bibliothèque Nationale）所藏寫本，東京帝國大學文科大學助教授文學士齋藤清太郎君留歐時傳寫來者。余獲覩齋藤君所藏諸耶穌會士史料，併得其俞允，轉載其全文而附以解說。此行蹟之作者艾儒略爲繼利瑪竇而來華，亦居於北京之義大利人 Julius Aleni，其記述當可爲典據。文中並言及豐太閤朝鮮之役，亦足備參考也。

『大西西泰利先生行蹟，西極耶穌會士艾儒略述。西泰利先生瑪竇者，大西歐邏洲（按萬國全圖天下總分五大洲，其在中國最西者謂歐邏巴。）意大里亞國人也（歐邏巴洲名邦三十餘，其最南屬敎宗所轄者謂意大里亞，其地度風俗工產詳見職方外紀）。其父居官，母有懿德，奉天主（卽天地萬物之眞主）甚虔；其受業之師孟尼閣者名賢也。利子得其賢親及師，從幼見聞，俱合正道。且穎異聰敏，十餘歲時，卽有志密修。父以科第期之，冀紹其家聲，送到邏瑪京都，就名師，習諸學之蘊奧。僅習三年，欲遂修道夙懷，不顧婚娶名利，求入耶穌經會，時年已十九矣。因致書於父，具言此意。父驟聞未之許也，欲往邏瑪阻之。比起程，忽得病，不果往。稍愈，又欲行，又病而回。如是者三，父迺翻然悟曰，是殆天主所默督，欲使其傳道于四方者與；吾安可使功名一途，加諸欽崇天主上乎。遂復書，具述屢往屢病之繇，諄諄加勉。利子入會，旣于文科理科，無不卓然。復于道科，日精月進。歷考七次，至撒責耳鐸德之尊品（太西諸科之詳載拙述西學凡與彌撒祭義書中）。嗣後立志航海，欲傳聖敎于東方。遂請命會長，面辭敎宗於天主降生後一千五百七十七年。閱數國，迺至大西海濱名邦波耳都瓦耳者；利子入見其王，王欵之厚。航海東來，歷怒濤狂沙掠人之國，不災不害。次年至小西泊舟，爲開示所學。又次年爲萬歷辛巳，始抵廣東香山墺，制臺陳公文峰（諱瑞，閩福州人）（以下缺十六字）移文澳內，請大西司敎者並治事之官，同商澳事。司敎者耶蘇會士羅子（諱明鑒，號復

12

初）代赴其招，事畢而歸。越明年癸未，利子始同羅子入端州（卽今肇慶府）。新制臺郭公，並太守王公（諱潘，浙紹興人）甚喜款留，遂築室以居。利子間制地圖渾天儀地球考時晷惜時之具，以贈當道，皆奇而喜，方知利子爲有德多聞高士也。利子素有謙德，以異邦甫居斯地，未免有侮，利子不較也。一日有踰後垣而盜其柴，家人與爭，利子命讓其柴曰，吾烏可以微物而與人競，且其來或爲貧也。躬負柴，就垣邊送之，其人慙謝而去。其居端州幾十載，初時言語未通，苦心學習。按圖畫人物，借人指點，漸曉語言，旁通文字，至如六經子史等篇，無不盡暢其義，始稍著書，發明聖教。日惟懃懇泣下，默禱天主，啓迪人心，端其信嚮，朝夕不輟，且多方誘掖，欲人人識認天地大主萬民之大父母也。時有鍾銘仁，黃明沙者，粵中有志之士也，慕利氏之天學，時依從之。端有一鄉人，夜過荒塚地，爲魔所憑，忽發顚狂。其父母延僧道巫覡之流，祈禱百端，俱無效。時有告其父曰，大西有利先生，崇奉天主正教，能驅魔立應，盍往誠求之。其懇祈利子，利子至其家，見諸魔像符籙，諭之曰，是皆邪魔之招也，悉取燬之。因代誦經，籲祈天主。且取自佩之聖匱付之，病遂立愈，自是一家之人無一不欽崇聖教。有居官梁姓者，過壯無子。利子命入聖堂，代爲祈求，因連舉二子，遂並二子奉教焉。其後，司馬節齋劉公開府端州，知利子欲進內地以廣宣其教，遂移文韶州府，命于南華寺居停。利子請附城河西官地，建天主堂棲止焉。其端州舊堂，則劉公取爲生祠，薄酬價于利子，利子力辭不受，劉公愈高之。姑蘇瞿太素者（諱汝夔），大宗伯文懿公之長子也，適過曹溪，聞利子名，因訪焉。談論間深相契合，遂願從遊，勸利子服儒服。時有同會郭子仰鳳者（名居靜），偕利子處。一日劇盜強人，剽劫貨物。當道嚴捕，賊黨下重獄。利子復哀矜之，力言諸當道，釋其獄，人咸服利子之德云。太素旣締交利子，遂揄揚利子之學于縉紳間，利子因請曰，公亦有所求乎？太素曰，吾年四十三，吾內四十有二，尙未有子，先生能爲我祈求天主乎？利子因代爲密禱，是年卽生一男，今名式穀者也。利子此時嘗將中國四書譯以西文，寄回本國，國人讀而悅之。以爲中邦經書，其能認大原不迷其主者乎。至今孔孟之訓，遠播遐方者，皆利子力也。厥後，偶到南雄府，時大京兆王公玉沙（諱應麟，蜀潼人）適官南雄，一見利子，深相愛慕。而少司馬石公者，適就任之京，亦敬愛利，遂携利子之南都。到贛州十八灘，渡瀧險惡，從行有溺者，利子雖無恙，心甚悲之，不禁淚下。比抵南都，未逢知己，殊爲悵然。一夜夢入一宮殿，莊嚴宏敞，有金扁額顏其上。醒而自思曰，是殆天主所默示者乎！今日雖鬱鬱于此，聖教終有興起之日也，乃舍南都而轉江右焉。時暫僦邸舍以居，適有醫官王繼樓者，過覩利子德容，心竊異之，遂延至家館利子。醫官入告中丞陸仲鶴公，邀見甚喜，談論數日。利子因傳含記之學，順逆皆誦之法，公益相敬愛。一日請觀大西奇物，其中彩石一枚，目【日？】上映光，五彩爛然。公把玩不忍去手，利子因以獻公。公堅辭不受，徐謂利子曰：此寶今長在先生處矣。利子問故。公曰：先生此寶非賢者不送，然爲賢者，必不受；故曰，長在先生處也。遂留駐利子于洪州，而同會蘇子瞻淸（諱如漢）羅子懷中（諱若望）等，亦自大西至，偕之共處焉。一日，上謁建安王，王禮賓之，設醴歡甚。王乃離席，握手而言曰：凡有德行之士，吾未嘗不交且敬之。西邦爲道義之鄉，願聞交有道何如。利子退而著交有論，獻

【上四字衍?】交友論，獻之于王。越二十六年戊戌，王太宗伯忠銘者（粵南海人），素聞利子名，將入京，欲携偕往。過韶州，遂郭子仰鳳共到豫章，偕利子之京師。而韶州聖堂 則後來會士麥子立修（諱安東）石子鐵予（諱芳栖）龍子精華（諱華民）先後居之。利子向在端州時，畫有坤輿圖一幅，為心堂趙公所得；公喜而勒之石，且加辯【弁?】語焉，然而尚未知利子也。是時趙公方開府姑蘇，而王宗伯偕利子至南都。趙公饋禮物，並輿圖以獻。王公奇之；示利子。因作書復趙公曰，向所畫坤輿圖之人今在玆矣。趙公喜出望外，即具車徒，邀利子，相得甚歡。利子出天主像，俾趙公瞻仰。趙公曰，是不可褻觀也；遂于常拜天之處，設高臺香燭，稽首而敬禮焉。乃顧謂利子曰，是像非常，眞為天地萬物之大主矣。嗣後遍請當道諸君，回【同?】為瞻仰。且留利子，談論旬餘不倦。而王公不能待已先行矣，趙公始命衙官護送利子之淮。利子到京師，適關白倡亂，朝鮮多事，未有求見之機，復同郭子南回。時冬月河凍，暫留郭子于山東，獨回蘇州；與故人瞿太素之南都。時王大宗伯正官南都，而大司寇趙公，大司徒張公，少司寇王公，少宗伯葉公（即相國文忠，公時為少宗伯）者群慕利子名，皆投刺通謁，迭為賓主。理學名儒李公心齋，禮科都諫祝公石林者，尤深相契合，雅有留駐意。而郭子始自山東回，相與共謀築室矣。適戶部劉公斗墟者，見利子。問曰，聞子欲卜宅居此，信乎?利子曰，然。公曰，昔於洪武崗嘗備數椽，不意為魔所據，吾子若不懼魔，甘心售子，毋論直也。利子曰，吾自少奉天地眞主，受庇良多，况天主聖像為魔所極畏者，魔害不必慮也。遂偕劉子往觀，殊愜意，乃捐資買之。是日，于廳事立臺，奉天主聖像其中。又以聖水灑淨一室，夜同郭子及鍾念江等居之，魔絕無影響。次日，相知諸公過訪問安，見其帖然無盖【恙?】，俱詫為奇。他日劉公會諸縉紳，論及此事曰，吾昔搆此居，其于堪輿尅應趨避之術，備極詳審，何以人不能居而魔居焉。今乃知邪不勝正，而堪輿擇日之俱謬也。毋亦此室將為至人居，故天主命魔守之，不容他【人?】處此爾。越數時，太史王公順菴者，博學多聞士也，尚未知利子東來意，然素有志于度數曆法之學，欲往從利子，乃先遣門下士張養默者就利子受業。張子故好學，久習利子，始知其東來意，實欲奉揚天主聖教，固不屑【以?】曆數諸學見長也。厥後，張子于渾儀度數之學既有通曉，始喟然歎曰，彼釋氏之言天地也，則云一須彌山，而日月遶其前後，日在前為晝，在背為夜。其言日月蝕也，則云羅渓以右手掩日而日蝕，以左手掩月而月蝕。其言地也，則云須彌山四面分四大部州而中國居其南。夫天地之可形像測者，而創為如是不經之談；况夫不可測度者，其空幻虛謬又可知也。今利子之言天地也，則有測驗可徵，毫髮不爽。則【即?】其粗可知其精，向【而?】聖教與釋教，孰正孰邪，孰眞孰偽，其必有辨之者矣。後之論者，多以張子之言為準。大司徒吳公左海者（諱中明，歙縣人），亦交利子。見坤輿圖而悅之。因請利子，更為攷詳。出吏部公帑，重梓以廣其傳，且序辨焉。溫陵卓吾李公，時在南都，過訪利子。談論間，深識天學之為眞，因賦詩為贈，具載焚書篇中。又汝南李公素以道學稱，然崇奉釋氏甚篤，門下多有從之者。一日，與諸公論道，多揚釋氏，而抑孔孟。時劉公斗墟在坐，矍然曰，吾子素學孔孟者也，今以佞佛而絀孔孟之上何也?不如大西利子奉天主眞教，航海遠來，其言多與孔孟合，又明辨釋氏之不正。李公于是始知有利，乃往邀焉。時有僧三槐者，已先在坐。而利子偕翟太素至，三槐岸然居上，利子以謙承之。三淮乃問利子曰，聞吾子知天文之學，有諸？利子曰，頗識其略。三槐曰，子之致日月也，或上天看日月乎，抑日月下而與心目接乎？利子曰，非我上天，亦非日月下也；我存日月之像于心，照此像可知日月矣。三槐欣然曰，若此則子能造日月于心矣，何人不可以造天地乎？利子答曰，是不然。有日月矣，而我見之；因所見而生是像于心，非無日月而我自能造日月也。譬之鏡然，懸之空中，物咸照焉，即天地日月亦入照矣。然必先有物而後照有像，非無其物而鏡自能造其物也。衆人稱善，三槐理屈不能對。時諸公復辨論心性善惡，反復不一，利子默不答，或謂利子未悉其義也。利子集合衆論，具言人性爲至善之主所賦，寧復有不善者乎？且破萬物一體之說，人嘖嘖深賞。其言備載實義篇中，茲不具詳。

萬曆二十八年庚子，遂與同會龐子順陽（諱迪我）者，以禮科文引躬詣闕廷，貢獻方物，稍効芹曝之私。諸當道欵接如禮，而山東開府心同劉公者，閱諸貢物，倍加優待。乃越黃河抵臨清，適督稅內官馬堂邀功攔阻。悉將貢物奏章自行上進，奉旨趣取赴京。利子始偕伴八人同入燕都，獻天主聖像，聖母聖像，天主經典，自鳴鐘大小二具，鐵絃琴，萬國圖等物。皇上欣念遠來，召見便殿，垂簾以觀，命內官習學西琴，問西來由意，利子始譯八章以進。復蒙賜問大西敎旨及民風國政等事。于時欽賜官職，設饌三朝宴勞，利子等固辭榮爵，受廩餼。上受聖像于御前，置自鳴鐘于几，復命畫工繪圖進覽。時大宗伯蔡公者，以屬夷貢獻必由本部，而利子乃從內官進，不無以此爲嫌。利子因述馬堂强留邀功之意，公始釋然。循舊例，留利子于夷館中。利子以族人浮海東來，觀光上國，原住中華二十餘年，頗識文字，于【與？】他夷來賓爲名利者不同，乃具疏請命。或兩京，或吳越，乞賜安插。禮部並爲覆題，未蒙報可。而內官出諭利子曰，幸勿固辭，主上方垂意，若固辭，則上心茲不寧也。于是禮部趙公邦靖周旋其間，利子始安京師，借顧子儆屋以居。至其日用所需，則取給于光祿，遵上命也。趙公後因他事去官，利子唁焉，對而爲之泣。趙公曰，吾儕友戚以冷情視，吾子獨爲我相知之深也，其異世俗交乎？嗣後趙公歸里，虔祀利子所著實義一部，朝夕拜奉，以證不忘。

相國沈公蛟門（諱一貫）時爲醮且饋資斧焉。而大宗伯馮公琢庵（諱琦）屢叩利子所學，深相印可，遂大有【志？】于天主正道。時求所譯經，復命速譯其餘。且數上疏，排空幻之流，欲以章明聖敎；竟賚志以歿，惜哉。于是相國文忠葉公，太宰李公，司馬趙公，少司冦王公，少宗伯祝公，僉都慕岡馮公（諱應京），都諫曹公（諱子忭），大參吳公，龔公，都水我存李公（諱之藻），相與質疑送難，著而成天學實義，而僉憲馮公令速梓以傳。利子以文藻未敷，未敢輕許。馮公曰，譬如垂死之人，急須藥療之，如必待包裹裝飾，其人已不可起矣。斯文爲救世神藥，烏可緩也。于是二十五言梓行世，馮公爲文弁其首。厥後諸書行世，人心漸明。大宗伯玄扈徐先生者（諱光啓，吳淞上海人）博學多才，欲透到生死大事，惜儒者未道其詳。諸凡藝學玄學及三敎等學，無不拜名師。然于生死事，竟無着落，心終不安。萬曆庚子（二十八年）到南京，見利子而略通其旨。回家得一奇夢，如見圓圓堂中設有三臺，一有像，二無像；蓋天主預默啓以三位一體降生妙義，然尚未知其解也。癸卯（萬曆三十一年）臘月，又

15

到南都，入天主堂，訪論天學，至暮不忍去。乃求實義詳略諸書于邸中讀之，達旦不寐，立志受教。羅子與講解經旨，覺十戒無難守，獨不娶妻，【妾?】一欵爲難。蓋先生獨有一子，而未得孫，意欲納側室以廣嗣也。利子不許曰，有子無子，一憑天命，爲可以此犯誡。先生躊躇久之，毅然堅決曰，嗣可無，誡斷不可犯，惟聽天主所賜。遂欣欣受洗，守誡甚堅。天主鑒其精誠，越年即得孫矣。至今諸孫遶膝下，追曾玄奉敎濟濟到堂如層觴然，愈知天主福善不獨于其身後也。

中州都會原有敎堂，乃如德亞國所傳天主古敎。適其敎中艾孝孫【?】計偕入京，造訪利子。利子請天主經典大全一部，係如德亞之原文，並翻譯太西文字示之。艾君誦讀其文，深喜而拜焉。艾之同袍張君同訪利子，謂汴梁昔有一敎，名爲十字敎，以奉天主爲主張。孝廉亦其奉敎之後裔也，奈百年來多不得其傳者。利子以所佩十字聖架示之。張君一見，不禁淚下。是後利子遣從者黃明沙，馳書訪其實，果如二君之言，但不得其初來傳之詳耳。是後張君選關中敎論，時有從大西到關中鄠本篤者，亦耶蘇會士也，夙聞東方禮儀文物之邦，人皆奉天地主爲宗。以爲與天主聖敎正符，欲得其實。隨行三年，經狂沙掠人之國，歷盡艱苦，徑到關中。乃知所聞之國即中國也。利子聞而遣人訪之，值其篤病。一見同會者，望外喜溢，遂安然去世矣。利子住京師凡十年，交遊益廣，著述亦多。時與諸名公論天學，旁及度數。因著時人十篇，及與徐宗伯玄扈所譯幾何原本測量等書，與李冏卿我存所譯同文算指渾蓋通憲乾坤體義等書，俱已行世。自是四方有道之士，多致意請問，利子率手自裁答。時又爲寓中國諸西士之長，即答諸會士書札，亦無【不?】縷縷長言之，而利子不倦也。利子生平樂于接引，所稱明鏡不辭，屢照清流，無憚惠風者，利子有焉。故每日除自躬瞻禮，存想省察，誦經，諸工外，【皆?】談道著書之候，而門有過訪，又亟倒屣出迎。且時患頭風，雖伏枕呻吟，一聞問道者至，即欣然延接，悉忘其苦，客退呻吟如此矣。於是從敎日廣，多喜與利子相親，利子率諄諄樂告之。即或有貴且賤者，利子亦作平等規【觀?】，其接見顏色，與見大賓無異也。

比庚戌歲（萬曆三十八年）上計名公，及省試孝廉，輪蹄相錯于門。而利子俱一一拔示，各慊其所懷。加以新到會士熊子有綱（諱三拔）費子揆一（諱奇規）初未習中國語言文字，利子又時與之指陳，殫其心力。遇大齋之期，雖日只一餐，而應接不暇，亦不得安然享之。且持齋甚嚴，絕不用非時飲食。諸會同居者，皆以利子春秋漸高，何以應接內外都無倦色，不可謂非天主默祐簡閱之身也。大僕我存李公久習利子，服其器識，凡有所行，多與相商；覺從利子之言則順，間有不從者，後必有悔也。厥後李公患病，京邸無家眷，利子朝夕床第間躬爲調護。時病篤，已立遺書，請利子主之。利子力勸其立志奉敎於生死之際，公幡然受洗；且奉百金，爲聖堂用；賴天主寵祐而疾頓瘥。

利子累積勞瘁，因躬自得病，首日即謂諸會士曰，玆吾去世之期也；遂依敎中善終諸規，一一行之。而諸奉敎者，先後往候，利子無【不?】喜容相接，且加慰勉焉。又時仰祈天主垂祐中華，俾人人盡識聖敎，得沾洪恩。復念皇上體恤柔遠，憾恩報答涓埃；惟望大【天?】主福祐默啓，得以闡揚大敎，此病中倦倦致意也。越數日，利子臨終再告解請領聖體，同會鐸德依禮捧之至寢，利子奮力强起，投地叩拜不已。同會以病篤，寬其安寢；利子竟不

16

敢纖毫褻越焉。有頃忽閉目，如有所思，而已安然座【坐？】逝矣，時萬曆庚戌年（三十八年）四月也。

大僕李公經其喪事，市堅木爲棺，會士阻之不得。匠人欲速其工，懼天災而體變。李公曰，勿亟也，子第加功焉，吾知利子雖百日不壞矣，越兩日始就木。前後諸縉紳奔弔者，无不極口稱賛。

先是，利子數月前嘗致書于郭子仰鳳，末有云，此吾盡頭之書，從此無書，永言別矣。及利子初病時，諸會士請其遺囑。利子曰，吾去後，開吾笥視之，具見之矣。至是開笥，果見遺囑數中事理種種畢陳。至諸名公往來書啓，去者去，留者留，無不先爲經理。蓋利子甫病即已無力及此，是必數月之前，預爲整頓，始知早識其善終之期。若夫利子一生至德，未易盡述，茲略提其一二。夫人萬善之根在默與上主神接，利子常默默對越，以沾神力。且每晨默道數時，所得上主默啓者，即下筆記之，以不忘主祐，漸而成帙。至今諸會士多喜熟玩，領其訓誨，即儒略讀之，亦時醒悟也。默道後處行彌撒禮，切祈所懷，務沾主祐。又每日讀經贊稱天主七次，昕夕嚴齋其私，毫不自恕。薊北天寒，臥不重褥，時用木枕。至所被之衣，不請更易亦不問。蓋其心惟道德是樂，故輕肉身而粗視之耳。其初傳教于中華也，未免多有艱阻。利子以謙忍，以寬俟，不以順事而傲，不以逆境而屈。或有面相獎贊者，則兩頰爲赤，目注于地。以故彼都人士咸相敬，願時時親炙焉。至于待諸會士，尤極温良。其在洪州時，一會士與之調自鳴鐘，蓋將以獻大廷者；忽誤破其機，會士憂形于色。利子詢知其故，怡然曰，無傷也。若無此進御，則別覓其他可也，何憂焉。故人盡服其德量。會士之入中華者多，利子取六經諸書，爲之講解。適熊子有綱講畢，熊子稱謝，利子遜不敢居，且曰，如講解不到處，並日常過疵，幸甚恕我，以此爲謝可矣。熊子感其眞切，不禁泣下。至有志學之【者？】，離家相從，或俗念復萌，就利子求解。利子一耳提之，亦無【不？】冰消霧釋者。利子向入中邦，諸昆仲亦有在本國羅瑪者，時寄家書回，並不及他事，只勸其修德行善仰答天主而已。諸兄弟感慕利子之意，自後書至，必頂禮而開讀焉。 17

利子歿後，中朝諸公議欲上請葬地，而龐子順陽，熊子有綱，始具疏奏請，命下禮部題覆。相國吳公（諱道南）適以少宗伯署部事，遂偕正卿林公（諱茂槐，福清人）員外郎洪公（諱世俊）主政韓公（諱萬象）具言其慕義遠來，勤學明理，著述有稱，伏乞收葬等情，上報可。于是吳公下牒京兆黃公（諱吉士）育籍沒楊內官私創二里溝佛寺，房屋三十八間，地基二十畝，畀葬利子，並爲龐熊諸子忝奉天主焚修祝釐之所，京兆玉沙王公立石爲文以記之。時內宦言于相國葉文忠曰，諸遠方來賓者，從古皆無賜葬，何獨厚于利子。文忠曰，子見從古來賓，其道德學問，有一如利子者乎？姑毋論其他，即其所譯幾何原本一書，即宜欽賜葬地矣。

自利子歿，人多有畫其像而景仰之者。太僕李公繪其像于聖堂左，而費太素夫人則請利子像爲聖牌，且珍藏其手書，以爲至寶。厥後張誠（閩晉江人）者，聖名彌克爾，奉教至虔，爲衆所仰，天啓癸亥三年從父孝廉張夏居（名賡，聖名瑪竇）掌教中州。臨終時，忽見天主聖容•審判其生平•尙加訶責。適宗徒聖瑪竇與利子共現天主臺前，爲之懇祈天主，許登化光天焉。爾時頓甦，具爲父言之，乃安然而逝。此亦利子之驗，介天主側爲中國祈求之一驗云。

向利子未歿時，見有道行之機，且爲熙朝曆法歲久而差，禮部具疏薦利－及龐子同修，旨報可。利子以道之廣傳及朝家重典俱未可一人獨任，因寄書本國，招一二同志，多携西書同譯。儒略始偕二三友朋如畢子今梁（諱方濟）史子建修（諱百度）等，浮海遠來，而利子是年歿矣。然雖不及一面，亦躬造燕京，瞻拜賜墳，感熙朝之仁厚也。於戲，利子挾天學東來，矢志宣揚正教凡三十年，余不敏略次先友行蹟，以待後之君子有志而願知者。』

以上艾儒略撰大西西泰利先生行蹟之全文也，此外齋藤助教授又藏『澹齋居士子環張維樞撰』之『大西西泰利子傳』，乃根據艾氏之文，而加節略者，茲不復載，僅就艾文加以解說。艾氏文『意大里亞國人也』一語，可引 N. Trigault 氏所著 *Histoire de l'Expedition Chrestienne au Royaume de la Chine* (Paris, 1617) 頁七之文注之，其文云：

"Le P. Mathieu Riccius Italien est né à Macerata en la Marche d' Ancone, de Maison noble, l'an 1552 le sixieme jour d' Octobre..."

謂『其受業之師孟厄閣者名賢也』，據 Trigault 書同頁，乃耶蘇會士 Nicolas Beniuegin 。艾氏又云利氏父『以科第期之』，亦與 Trigault 謂其父欲使之習法學（頁七）者同。『利子入會，旣于文科理科無不卓然』，所謂文科者，即艾儒略西學凡第一章歐邏巴諸國條所謂學業六科中之第一科勒鐸理加，文學之意。理科者，即第二科之斐錄所費亞，哲學之意；以下所稱之道科即西學凡之第三科徒錄日亞——神學之意也。

『歷考七次，至撒責耳鐸德之尊品』，撒責耳鐸德者，乃艾儒略彌撒祭義卷上品級第五所云：

『七試取錄，乃爲撒責耳鐸德。始司彌撒大祭，講經傳道，授人聖水聖體，代耶穌爲萬民祈禱解罪者也。』

即含有祭司，長老，或監督之義之 Sacerdotes 之譯音也。『大西海濱各邦波耳都瓦耳』云者，即葡萄牙。『香山墺』之『墺』當是『澳』字之誤寫。利瑪竇譯四書爲西文，寄送本國，『至今孔孟之訓遠播遐方者皆利子力也』云云一節，乃近世中國文物波及世界之一事實，且爲東洋影響於西洋思想道德之先聲，尤可注意。

賓禮利子之建安王，亦見於葡萄牙人 Semedo 之 *The History of China* (London, 1655)，作 Kien Gan Vam。

茲於利氏獻王之交友論尚須一敘。如前文所稱，此文對中日學界皆有特殊影響，明吳從先小窗別記卷三采錄之，而寬文十年日本刻本乃删去。恰如日本刻本五雜俎之删除利瑪竇條，皆拘於嚴禁耶穌教時之國法也。然德川時代之寫本，往往有鈔錄交友論者，有寬延四年敍文之唐本類書考卷上即載有寶顏堂秘笈廣集中之『友論一卷明利瑪竇』，內閣文庫亦藏一本。去年三月書肆文求堂（東京市本鄉一丁目）之漢籍目錄附錄中，有『利瑪竇友論』，附記之以備參考。

明代友論之單行刊本，至少有二種，即閩中欽一堂本（內閣文庫藏本）及朱廷策校本（文求堂漢籍目錄大正五年三月刊行）是。至明清兩代，叢書收之者，前文所記小窗別記之外，尙有山林經濟籍（明屠本畯編，內閣文庫本及東京高等師範學校圖書館藏本）之族訓第四，廣百川學海庚集，說郛續之第三十，堅瓠秘集，及寶顏堂秘笈廣集等第五種。寶顏堂秘笈之編者陳繼儒序朱廷策校本友論云：『此書眞可補朱穆劉孝標之未備』。以爲後漢朱穆論友道之絕交論，南朝梁劉峻（字孝標）之廣絕交論二文皆不之及。徐氏筆精卷八亦謂利子交友論『尤切中人情』。閩中欽一堂刊本友論有明馮應京瞿汝夔二人序文，皆盛贊稱之，瞿氏且自署名爲友人云。是皆利氏友論見重於中國人之事實也。

友論之影響於日本人中，除前文所記藤原明遠及細川潤次郎外，新井白石雖當德川時代嚴禁天主教時，其答朝鮮副使之質問猶稱利氏交友論收於百川學海說郛等書（江關筆談）。土岐政孝纂述之學藝叢談（明治十三年刊）第六編，亦從堅瓠廣集卷之一引用收錄之。 19

茲更述利氏之坤輿萬國圖。釋圓通佛國曆象編卷三取圖中諸國島嶼之位置，與佛教地理說相比較，辨論其異同。澁川春海則本於利氏之圖，縮畫一圓地球，以便於習地理之用，可謂善利用利氏之圖者（參考大日本教育資料九卷天文地理，天文後學春永子謹誌之澁川春海傳）。又春海傳『歐羅巴利瑪竇所著之坤輿萬國橫圖』語下子注云：『乃畫屛六幅』，當與本會翻刻流傳之原本相同也。又絕徼同文紀卷三明馮應京輿地全圖總序云：

『西泰子輿圖凡三授梓，遞增國土，而茲刻最後，乃最詳。』

知利氏萬國輿圖至少有三種刊本，且絕徼同文紀卷三又明言萬國二圜圖及兩儀玄覽圖爲利氏作。惜二圖止餘序文，不得見原圖，爲可憾耳。要之，利氏所製地圖有數種也。

關於艾氏文中『利子到京師，適關白倡亂，朝鮮多事，未有朝見之機』一節，『朝鮮多事』自指豐臣秀吉文祿年間朝鮮之役，前文已言之。Semedo 之 *The History of that Great and Renowned Monarchy of China*(1655)頁一七七亦云貪婪之宦官因不能得利氏之貢品，而妨害其進見，謂：『今日本軍攻朝鮮，中國亦將被侵，不宜為外國異人奏請於天子』！所記亦與『未有朝見之機』之言相符合也。

齋藤助教授又藏萬曆四十四年七月『具揭龐迪峩熊三拔等揭將利瑪竇等入貢居住等項緣由逐一開具於後』一文書，中有『一解招倭番海鬼』一條。蓋以利瑪竇等乃由廣東入中國，適當東南海邊多事之秋，遂被誤解為與倭寇同耳，亦足以見當時明人因倭寇故而一般人疑懼之心理也。

又聖朝破邪集（一名明朝破邪集，又名破邪集，安政二年翻刻，有水戶烈公撰書之序文）卷四許大受之聖朝佐闢自敍之一闢誑世條，闢於利氏之來廣東，引議處倭酋疏：

『其浙江福建廣東三省住居倭國之人，不論歲月久近，有罪無罪，但有歸志，詔令跟附差去使客船隻同還。則順逆之分明，華夷之防定。』

諸語，亦認利氏與日本人有關係者也。

次為利氏赴京入宮時事，艾文云：

『利子始偕伴八人，同入燕都，獻天主聖像，聖母聖像，天主經典，自鳴鐘大小二具，鐵絃琴，萬國圖等物。皇上欣念遠來，召見便殿，垂簾以覩云云。』

其他中國方面史料莫不記利子謁見神宗事，然據Semedo中國史第四章（頁一八三以下）所記利氏等諸耶蘇教士入居北京之始，則利氏等雖被召入宮，似未嘗得見神宗。今譯其一節如下：

『一千六百零一年一月四日，諸耶蘇教士入北京，受欵待，召入宮中，一宦官接待之。繼而彼等整理貢品，明日宦官備盛儀運之宮中，獻於帝，帝嘉納焉。帝贊美天主像與聖母像，感歎於鐵絃琴，即使宦官習其技。帝又欽服於時鐘之新奇精巧，命耶蘇教士入宮運轉機械。於是彼等遂入宮，許入第二室，（第三第四室非宦官及宿直禁兵不得入）太監承上命頗優遇彼等。留宮中三日，或運轉所獻時鐘，或授四宦官以時鐘之使用法，或應宦官之質問，而告以歐洲諸國之國俗民情，其後宦官皆奏之於帝。於是皇帝益喜耶蘇教士之言行，欲親召見，然以古來無皇帝召見外國人之例，遂不果。惟使畫彼等肖像，以察其容貌，終未得引見云。』

關於利氏及其後客死北京之天主教士之墳墓，Henri Cordier: *Bibliotheca Sinica*（第一卷頁四九六以下）亦記述之，而附以圖，利子之墓居其首焉。神宗賜利氏葬地事為反對耶蘇教者所最不滿，如南京禮部侍郎沈漼於萬曆四十四年十二月上『參遠夷三疏』，取賜利氏葬地事與永樂六年客死北京之渤泥王蒙賜葬建祠事相比較：謂當時渤泥臣民如以詣葬王葬爲口實，因緣入北京而散佈京省，成祖決不能漠視；今賜利氏葬地於北京城西後，西洋人不惟定居，且陸續有相繼入京者。他日恐有不測之患，故奏請速依律處斷王豐肅（意大利人Alphonsus Vagnoni）等。（參考聖朝破邪集卷一）

利子之本國固是意大利，然以其初來抵廣東香山嶼也，遂有謂之爲香山人者，或以爲生於香山嶼附近小國（參考新井白石西洋紀聞卷下，及白石遺文卷上書宋毓遺言後）。又有謂爲廣東西琵牛人者（參考司馬江漢春波樓筆記，琵牛即Pegu）。甚至稱『呂宋夷利瑪竇一派』（聖朝破邪集卷二所收崇禎十年十一月福建巡海道告示），謂爲呂宋人，謬亦甚已。蓋以其自印度方面來中國，遂誤解爲琵牛人；謂之爲呂宋人者，因西班牙人佔有呂宋，而推測利瑪竇爲自呂宋殖民地來華之西班牙人之徒類，遂斷爲呂宋人也。與上文所云因倭寇而疑利氏相同，乃西力東漸之初一種社會的恐惶，亦未嘗不可認爲神經衰弱者之妄想也。

斥邪漫筆斥邪二筆之著者深慨隱士——即釋超然——謂利氏等『明爲西洋之喇嘛僧』，『喇嘛』兩字旁用『ラウマ』注其音，似是羅馬僧之意矣。然其書凡Rome皆以『囉瑪』或『邏瑪』字寫之，無用『喇嘛』二字之例，則超然所云喇嘛僧之『喇嘛』非意大利之Rome，而爲喇嘛教僧之義。西洋無喇嘛，一謬也；誤解利氏爲喇嘛，二謬也，一語而兩錯焉。

此外天野信景所著鹽尻卷四云：

『梵僧以幻術誑人乃其國俗。……耶蘇之利瑪竇雖云西僧，要亦同類。』

雖非明言利氏即梵僧——印度人，然文政時仙台之古梁禪師於所著南屏燕語（有文政九年自序，明治廿一年刊）述印度風俗云：

『晝夜勤學，尤爲竺土之風俗。……幼童多聰明，往往一度聆教即能領解，唐義淨三藏渡梵時親見之云。其時有名伐倒者，尤號早慧，後世利瑪竇等之於天學亦爾。一行禪師之天文曆數亦全出梵學。』

是以利氏爲印度人，當時世界地理知識雖云淺薄，其誤解亦何甚也？

利氏於『西泰』及『西太山人』二別號外，亦用『清泰』字，（明虞淳熙天主實義殺生辨）前文已言之。利氏又自號『大西域山人』，世人因稱之爲『利山人』，自友論之署名及序文等知之。至『利公』『利先生』等稱，則與『利夷』『夷人利瑪竇』相反，乃對利氏表示善意之稱呼也。

關於利氏之容貌有下列記載：

『其人紫髯碧眼，顏如桃花。年五十餘，如二三十歲人。』堅瓠秘集卷四，及澳門紀略卷上官守篇

『利瑪竇，字泰西，大西洋人。虬髯碧眼，聲若巨鐘』。仁和縣志寓賢部

記王豐肅之容貌者云：

『面紅白，眉白長，眼深，鼻尖，鬍鬚黃色』。聖朝破邪集卷一，明吳爾成令審王豐肅等犯一案

記艾儒略之容貌者云：

『其人，碧眼虬髯』。聖朝破邪集卷五，明黃問道闢邪解

俱能傳西洋天主教士容貌之眞者也。其目西洋人爲『紫髯碧眼』『碧眼虬髯』，使吾人聯想及唐岑參胡笳歌送顏眞卿使赴河隴詩『君不聞胡笳聲最悲，紫髯綠眼胡人吹』之句，及高僧傳記達摩云：『眼紺青色，稱碧眼胡僧』。蓋碧眼，紫髯，虬髯，鬍髯等形容之詞，乃自來中國人加之於胡人或梵僧者；利氏既具如此之面貌，其被目爲胡僧或梵僧亦理所宜然矣。如堅瓠秘集卷四云：

『瑪竇不復作歸計，以天地爲階闥，死生爲夢幻；較之達磨流沙之來，抑又奇矣。』

逕以利氏與達摩倂論焉。

關於稱贊利氏之詞，前文已及之，茲更增補一二。疇人傳卷四十四利瑪竇傳，謂徐光啟等稱利氏爲『今日之羲和』。欽定四庫全書總目卷一百六子部天文算法類一總論云：

『洛下閎以後，利瑪竇以前，變化不一。』

以利氏劃天文算法學之新時代焉。又康熙帝欽定曆象考成提要云：

『案推步之術，古法無徵，所可考者，漢太初術以下，至明大統術而已。自利瑪竇入中國測驗漸密，而辨爭亦逐日而起。』

亦以利氏爲漢武帝時作太初曆之洛下閎後第一人。清張爾岐蒿庵閒話卷一云：

『時憲曆法，西洋人湯若望立，即利氏學也。利氏入中國，同至者數人，湯其一也。』

至立利氏學之名。清梅文鼎梅氏叢書輯要卷六十二操縵巵言中明史天文志論云：

『明萬曆間，西洋人利瑪竇等入中國，精于天文曆算之學，發

微闡奧，前此未嘗有也。』

皆稱揚利氏之最至者。若錢大昕潛研堂文集卷十七雜著一策問部述回回泰西曆法云：

『然九執未行於唐，而利瑪竇諸人，獨行於近代；意其術實有可補中土之所未備者乎？』

可謂最公平之論。京都學者服部天游所著蘇門文鈔附錄放言，其中孔子賢堯舜條論中國人之偏於媚古而貶抑後世及公人之弊，因舉後人優於古人之例，即謂：『利瑪竇之天文審於義和』云。

此外清陳庚煥著陳惕園文錄（又名惕園初稿）卷二地毬考云；

『地毬之有圖，始明萬曆中西士利瑪竇南懷仁所進也。』

劉獻庭廣陽雜紀卷二云：

『如地圓之說，直到利氏東來，而始知之。』

皆記事實，同時亦為贊揚之詞。但誤清初來華之南懷仁為明代人耳。

利氏與西洋畫法之關係，前文亦已稍稍言及，清魯駿宋元以來畫人姓氏錄卷廿九四寘利部云：

『明　利瑪竇

利瑪竇，西洋歐羅巴國人，通中國語。來南都，居正陽門西營中。畫其教主，作婦人抱一小兒，為天主像，神氣圓滿，采色鮮麗可愛。嘗曰，中國祇能畫其陽面，故無凹凸；吾國兼畫陰陽，故四面皆圓滿也。

凡人正面則明，而側處即暗。染其暗處稍黑，斯正面明者，顯而凸矣。』

引用張庚國朝畫徵錄卷中焦秉貞條之文，惟純以畫家目利氏，頗可注意，故錄於此。又清豁一道人編宋元以來畫史紀略（寫本）卷六記利氏，與魯書同，而有節略。

中國人關於利瑪竇之詩，茲又得一首。雖無新貢獻，以其為尤侗得意之外國竹枝詞之一，故介紹之：

『歐羅巴

天主堂開天籟齊，鐘鳴琴響自高低。阜成門外玫瑰發，杯酒還澆利泰西。　利瑪竇始入中國，賜葬阜成門外二里溝，曰利泰西墓。天主堂有自鳴鐘，鐵琴，地球等器。國中玫瑰花最貴，取蒸為露，可當香藥。』昭明叢書甲集，龍威秘書第九集，及藝海珠塵竹集等。

此詩題目曰歐羅巴，而一誦其內容，直是詠利氏也。

利氏留華之費用由本國支給，而中國人不之知，頗有引以為疑者。明沈瓚近事叢殘卷三曰：

『利瑪竇者，西洋國人也。……飲食居室交遊等費，亦不少。而不見缺乏，人以此異之。』

朝鮮人所記之利瑪竇，又見於李睟光芝峰類說卷二外國之部，及卷十九金宕之部。介紹利氏天主教義，交友論之主旨，及自鳴鐘。其關於地圖一節頗可注意，文曰：

「萬曆癸卯，余忝副提學時，赴京回還使李光庭權憘以歐羅巴國輿地圖一件六幅，送于本館，葢得於京師也。見其圖，甚精巧，於西域特詳。以至中國地方，暨我東八道，日本六十州，地理遠近大小，纖悉無遺。所謂歐羅巴國：在西域最絕遠，去中國八萬里，自古不通中國，至大明，始再入貢。他圖乃其國使臣馮寶寶所爲，而末端作序文記之。其文雅馴，與我國之文不異，始信書同文，爲可貴也。按其國人利瑪竇，李應誠者，亦俱有山海輿地全圖，王沂三才圖會等書，頗采用其說。」

文中萬曆癸卯即三十一年，而所謂歐羅巴輿地圖一件六幅者，當即前述分畫六幅之坤輿萬國全圖。而稱歐羅巴地圖者，葢因當時朝鮮人缺乏地理知識，惟記憶最珍奇詳盡之歐羅巴洲，故以稱此圖耳。

以上所述，初就艾儒略所撰傳文爲之解說，中間與傳文或即或離，終乃全離傳文，拉雜敍述，支離滅裂，讀者諒焉！苟能因此傳所記，得窺利氏事略及以利氏爲主之東西交通史之一節，且獲得最近世以前中日學者關於世界歷史地理知識之資料，則著者之大幸矣。

擱筆之前，當感謝以珍藏文書見假之齋藤助敎授，其所藏明末清初耶穌教會之文書，除本篇已介紹之大西西泰利先生行蹟外，猶有

（一）大西利泰西子傳　瀞齊居士子璟張維樞撰

（二）交有〔友?〕論（但有序文，本文缺）

（三）熙朝崇正集目錄

（四）崇禎三年西洋住澳勸義報効耶穌教掌教臣陸若漢等奏文

（五）萬曆四十四年龐迪峩熊三拔等開陳文

（六）利類思及不得已辨

（七）思及艾先生行蹟　李嗣玄德望撰

（八）思及艾先生語錄　李嗣玄摛述

（九）艾先生行蹟　不完本

（十）太僧天主教門都僧皇哂嘶嘟第五明師呈書

（十一）萬曆四十七年出土泉郡南邑西山古聖架碑式

（十二）徐光啓曆法改修上書

（十三）南懷仁行略

（十四）康熙四十七年調查耶穌會士姓名表，並天主敎會堂支那分布表

又載利氏事蹟之漢籍書目，近藤正齋好書故事卷七四書籍二四禁書一內凡舉三十一部，以德川時代之人，其博覽有足欽服者，此外如

絕徼同文紀（內閣文庫藏本）

二十五言（同上）

䄎敎紀原（東京帝國大學圖書館藏本中國哲學文學研究室藏本）

求己堂叢書䄎䛗（中村久四耶藏本）

俱足參考也。

漢代以前中國人的世界觀念與域外交通的故事

顧頡剛
童書業

在世界交通未大開的時候，一地的人類往往就把他們所居住的地方看作世界，這在地球上的民族差不多都是這樣的。所以印度人有印度的世界，日本人有日本的世界，希臘人有希臘的世界，羅馬人有羅馬的世界，歐洲中世紀人也有所謂中世紀的世界；直至最近幾十年來，歐洲人編纂世界史的還往往把遠東一隅屏諸世界之外，可見這種狹隘的觀念確是世界上人類的通病。說起我們中國的疆界來，在地理上本來就是一個獨立的區域：往西面去有高山，往北面去有大沙漠，往東南兩面去又是大海，四邊的牆壁這樣森嚴，怎不使人不信在中國以外還有什麼很大的世界！

在春秋以前，中國的內部到處都是獨立的國家和部落。所謂華夏文明只限於現在的河南，陝西，山東，山西，河北的幾省裏；這個區域就是當時所謂的『中國』，在這個區域以外的就是他們所稱的『蠻方』，這蠻方在那時的中國人觀念裏，已經是很遠，不必十分理會的所在了。

最古的人實在是把海看做世界的邊際的，所以有『四海』和『海內』的名稱。（在山海經裏四面都有海，這種觀念實在是承受皇古人的理想。）尚書君奭篇說：

海隅出日罔不率俾。（從鄭讀。）

立政篇也說：

方行天下，至於海表，罔有不服。

這證明了西方的周國人把海邊看做天邊。詩商頌說：

相土烈烈，海外有截。（長發）

這證明了東方的商國（宋國）人也把『海外有截』看做不世的盛業。左傳裏記齊桓公去伐楚國，楚王派人對他說：

君處北海，寡人處南海，唯是風馬牛不相及也；不虞君之涉吾地也。（僖四年）

齊國在山東，楚國在湖北和河南，已經是『風馬牛不相及』的了。齊桓公所到的楚國境界還是在河南的中部，從山東北部到河南中部，已經有『南海』『北海』之別了，那時的天下是何等的小？（孔子登東山而小魯，登太山而小天下，這個天下確是春秋時人觀念裏的天下）

周朝人把宇宙看做是禹所平定的，所以當時有『禹蹟』的名稱，如云：

其克詰爾戎兵，以陟禹之迹。（書立政）

豐水東注，維禹之績（蹟）。（詩文王有聲）

天命多辟，設都于禹之績。（詩殷武）

不顯朕皇祖受天命，鼏宅禹賁（蹟）。（秦公𣪕銘）

這『禹蹟』是廣被當時的天下的。他們又以爲禹曾把天下分做九個區域，就是所謂『九州』。楚辭天問說：

伯禹腹鯀，夫何以變化？……洪泉極深，何以窴（填）之？地方九則，何以墳之？……九州安錯？川谷何洿？

這是說禹把洪水塡平了以後，在地上造成了九州，給後來的人居住。古金文上記着說：

虩虩成唐（湯），……尃受天命，……咸有九州，處禹之堵。（齊侯鎛銘）

這是說成湯受了天命，便享有了禹的九州，住在禹的地方。九州就指湯的天下。這九州又名『九有』，『九圍』。詩商頌云：

方命厥后，奄有九有。（玄鳥）

湯降不遲，聖敬日躋，……帝命式于九圍。（長發）

武王（湯）載旆，……九有有截。（仝上）

逸周書嘗麥解也說，『蚩尤乃逐帝，爭于涿鹿之河，九隅無遺』（逸周書雖不甚可靠，但這段話似還保存着原始神話的意義）。這『九隅』與『九有』『九圍』互相發明。九州既可名爲九有（囿），九圍，九隅，可見就是九方（東，南，西，北，東南，西南，東北，西北，中央）的別稱，這『九州』實在是個很空泛的名稱。

自春秋迄戰國各大國努力開闢土地的結果，把中國越推越遠，把天下也越放越大，於是中國人的世界觀念便換了個樣子。就在那時，有一種具體的地方制度的九州出來；記載這種理想制度的書籍比較可靠的是呂氏春秋，我們且把它的話鈔出來看看：

河漢之間爲豫州，周也；兩河之間爲冀州，晉也；河濟之間爲兗州，衛也；東方爲青州，齊也；泗上爲徐州，魯也；東南爲揚州，越也；南方爲荊州，楚也；西方爲雍州，秦也；北方爲幽州，燕也。（有始覽）

看了這段話，九州制度出來的背景很是顯明，可以不待繁言而自喻了。越爲揚州，燕爲幽州，是字的聲轉；楚爲荊州，是沿用舊名；秦爲雍州，是因雍爲秦都（晉公盨銘有『口攻雝都』的話，指晉襄公敗秦的事，『雍都』與『雍州』更是一音之轉）；齊爲青州，是因齊在東方，東方色青，以青州名齊是五行說盛行後的玩意兒（五行說的起源地即在齊國）：這種州名決不是春秋以前所能有的。這個九州的疆域包括現在河南，山西，山東，江蘇，浙江，湖北，湖南，江西，安徽，陝西，甘肅，河北，遼寧一帶的地方，比殷周時的『中國』放大了一倍有餘了。九州的州名除見於呂氏春秋的以外，還有梁州，見於禹貢；并州，見於周官和逸周書的職方解；營州，見於爾雅釋地。禹貢說『華陽黑水惟梁州』，梁州就是指現在陝西南部和四川一帶的地域。職方說『東北曰幽州，河內曰冀州，正北曰并州』，并州是指現在河北山西之間一帶的地方（并州的州名似是暗射中山國的）。爾雅說『齊曰營州』，則營州就是青州的變名。拿梁州并州的地域來補呂氏春秋九州的疆域，便添出了北部一隅同四川一省，這個疆域已經差不多有宋明的中國領土的四分之三了。

3

四極有實在地點，這種觀念在戰國以前人是沒有的。楚辭裏所保存的較早神話對於四方的觀念還是很渺茫，我們且看看招魂和大招兩篇書裏所說的四方的情形：

魂兮歸來，東方不可以託些！長人千仞，惟魂是索些！十日代出，流金鑠石些！……

魂兮歸來，南方不可以止些！雕題黑齒，得人肉以祀，以其骨爲醢些！蝮蛇蓁蓁，封狐千里些！雄虺九首，往來儵忽，吞人以益其心些！……

魂兮歸來，西方之害，流沙千里些！旋入雷淵，爢散而不可止些！幸而得脫，其外曠宇些！赤蟻若象，玄蠭若壺些！五穀不生，藂菅是食些！其土爛人，求水無所得些！彷徉無所倚，廣大無所極些！……

魂兮歸來，北方不可以止些！增冰峨峨，飛雪千里些！……（招魂）

東有大海，溺水浟浟只！螭龍並流，上下悠悠只！霧雨淫淫，白皓膠只！魂乎無東，湯谷寂寥只！

魂乎無南，南有炎火千里，蝮蛇蜒只！山林險隘，虎豹蜿只！鰅鱅短狐，王虺騫只！魂乎無南，蜮傷躬只！

魂乎無西，西方流沙，漭洋洋只！豕首縱目，被髮鬤只！長爪踞牙，誒笑狂只！魂乎無西，多害傷只！

魂乎無北，北有寒山，逴龍赩只！代水不可涉，深不可測只！天白顥顥，寒凝凝只！魂乎無往，盈北極只！（大招）

他們看四方眞都是螭魅罔兩的世界。說到東方，是溺水漖漖，螭龍上下，有七百丈長的長人要把人的魂靈索了去（王注：『七尺曰仞』），有十個太陽接連着出來，連金石都會被融化了。說到南方，是炎火千里，有雕畫了頭額，塗黑了牙齒的人要把人肉當做祭品，把人的骨頭做成了醬，又有雄蛇長着九個腦袋，往來的找人當點心。說到西方，是流沙千里，有像象一般大的紅色的螞蟻，有像壺一般大的黑色的蜂，又有長着猪的腦袋，直的眼睛，披着頭髮，伸着長的手爪，露着鋒利的牙齒的怪人住在那裏。說到北方，是增（層）冰峨峨，有寒山，又有紅色的逴龍（燭龍）在那裏，那地方連天都會凍得發白。像這種地方當然同天上地下一樣，不是人類所能居住的了。

戰國晚年以來交通大開，一般人的地理智識進步了，於是就有一種『四極』的觀念出來。所謂『四極』，就是在當時的世界裏東南西北四方各尋出一個最遠的地點作爲那一方的極。這種『四極』說有許多不同的說法，這是因爲各時代各地各人觀念不一樣的緣故。最早的四極說似乎要推孟子所記舜罪四凶的地點。孟子萬章篇載萬章說：

舜流共工于幽州，放驩兜于崇山，殺（竄）三苗于三危，殛鯀于羽山，四罪而天下咸服。（今本堯典襲此文。）

流放凶人當然在最遠的地方，所謂『投諸四裔以禦螭魅』，用近代的話說起來，就是『發配極邊充軍』；可見這四個所在是極遠的地方了。但是幽州就是燕，在現在河北省的北部；崇山，據舊說在湖南一帶；三危，禹貢列在雍州，當也不出現在陝西甘肅兩省的地面；羽山，禹貢列在徐州，據舊說在現在海州一帶：這個四極的地點都在中國，實在並不甚遠。（禮記王制說，『西不盡流沙，南不盡衡山，東不盡東海，北不盡恒山』，是與孟子差不多的四極觀念）

呂氏春秋爲欲篇記着第二種四極：

北至大夏，南至北戶，西至三危，東至扶木。

大夏在現在山西北部一帶，北戶據舊說在現在安南北部(?)，扶木就是扶桑，在遼東一帶，這個四極除大夏三危外，比孟子的四極遠了：因爲當時的地域觀念又擴張了！（楚辭大招篇說，『北至幽陵，南交阯只，西薄羊腸，東窮海（?）只』；淮南子主術訓說，『南至交阯，北至幽都，東至暘谷，

西至三危』；大戴禮記五帝德說，『北至于幽陵，南至于交趾，西濟于流沙，東至于蟠木』；是同呂氏春秋一樣的四極觀念）

在禹貢裏，我們看見第三種四極：

東漸于海，西被于流沙，朔南暨。

『朔南暨』者，朔亦至于流沙，南亦至于海也（禹貢『導黑水，……入于南海』，可證）。流沙是指西北方的大沙漠。

史記始皇本紀載始皇琅邪碑說：『皇帝之德，存定四極。……六合之內，皇帝之土，西涉流沙，南盡北戶，東有東海，北過大夏，人迹所至，無不臣者』。又載始皇使將軍蒙恬北擊胡，略取河南地；發諸嘗逋亡人等略取陸梁地，爲桂林，象郡，南海；又西北斥逐匈奴，自楡中，並河以東，屬之陰山：這才眞能北至流沙，南至南海。所以禹貢所載的四極實在是秦始皇的四極啊！

在堯典裏，我們看見了第四種四極：

分命羲仲，宅嵎夷，曰暘谷。……申命羲叔，宅南交。……分命和仲，宅西，曰昧谷。……申命和叔，宅朔方，曰幽都。……

這個嵎夷就是朝鮮（與禹貢嵎夷不同），南交就是交阯，西就是西域，朔方就是漢武帝所立的朔方郡（在今河套）。這個四極是漢武帝的四極（說見頡剛所著從地理上證今本堯典爲漢人作，本刊第二卷第五期），在儒家的四極說中要算是最遠的一種了！

爾雅是一部拉雜抄成的書，釋地篇中有『四極，四荒，四海』等名目，其文云：

東至於泰遠，西至於邠國，南至於濮鈆，北至於祝栗，謂之『四極』。

觚竹，北戶，西王母，日下，謂之『四荒』。

九夷，八狄，七戎，六蠻，謂之『四海』。

岠齊州以南戴日爲丹穴，北戴斗極爲空桐，東至日所出爲太平，西至日所入爲大蒙。

爾雅裏的四極說，我們費了好多的考據功夫，到底摸不着它的頭腦。泰遠，邠國，濮鈆，祝栗，郭注只說了句很含渾的話，『皆四方極遠之國』。邢疏說『泰遠，邠國，濮鈆，祝栗，此四方極遠之國名也』。依舊是莫明其妙。據邵晉涵說濮鈆就是百濮，則在今四川雲南一帶地；祝栗是涿鹿的轉音，則在今察哈爾；泰遠邠國連邵晉涵也不知道實在是什麼地方了。觚竹就是孤竹，在今河北盧龍縣熱河朝陽縣一帶地方；西王母更是神話裏的名字（說詳下）；日下也不知究竟在那裏。至夷狄戎蠻則都是些泛名，並無實指。空桐本是西方的地名，大約在今甘肅東部，它把它搬到北方去，不知派在什麼所在；大蒙就是蒙汜，與丹穴同是神話裏的地名；太平也不知在何處。這四極，四荒，四海等，更看不出究竟是那個最遠。這篇書中弄到有四種四極說，無非是雜鈔的結果罷了。

以上所述『九州』『四極』的觀念，大致還是依據實際地理智識建立的。此外戰國秦漢人還有一種但憑想像而建立的世界觀念，代表這種世界觀念最完整的說法便是鄒衍的『大九州』說。

鄒衍是齊國人，大約生於耶穌紀元前三四世紀。齊國人因爲住在海邊，所以很能說『海話』，莊子逍遙遊篇說的大鵬的寓言就是引的『齊諧』。齊諧說，鵬飛往南冥時，它在水面上一拍就是三千里，它在雲中盤旋一下就是九萬里，一飛就要六個月歇一歇。這眞是孟子上所說的『齊東野語』了！鄒衍的著述，史記上說有十餘萬言，可惜都失傳了，只有在史記上的一篇小傳裏的還保存下來。這篇傳裏說他是喜歡從小物推到極大的，譬如看見一杯水，就可把它放大，放大，放成了一個海。他會從當世推到極古，從中國推到極遠。從當世推到極古的一項，現在暫時不談（說見頡剛所著五德終始說下的政治和歷史）。從中國推到極遠的一項，史記上記他：

> 先列中國名山大川通谷，禽獸水土所殖，物類所珍；因而推之，及海外，人之所不能睹。

這似乎就是山海經的來源。山海經五臧山經所記就是『中國名山大川通谷，禽獸水土所殖，物類所珍』；海外經以下所記就是『海外人之所不能睹』。（山海經是不是全出鄒衍，這當然是有問題的，這問題當然不是現在所能解決。）史記上又記他：

> 以爲儒者所謂中國者，於天下乃八十一分居其一分耳。中國名曰赤縣神州；赤縣神州內自有九州，禹之序九州是也；不得爲州數。中國外如赤縣神州者九，乃所謂九州也；於是有裨海環之，人民禽獸莫能相通者，如一區中者，乃爲一州。如此者九，乃有大瀛海環其外，天地之際焉。

這種大九州說分明是從禹的九州推了兩次推出來的。照他說來，禹的九州裏的一州僅僅占着全世界的七百二十九分之一了。這種世界觀念眞不能不說是一種很大胆的猜想！

鄒衍的大九州的州名，在史記裏我們除了赤縣神州一名以外，便不能知道什麼；但在淮南子裏還記着很整齊的一套大九州的州名。地形訓說：

東南神州，曰農土；正南次州，曰沃土；西南戎州，曰滔土；正西弇州，曰并土；正中冀州，曰中土；西北台州，曰肥土；正北泲州，曰成土；東北薄州，曰隱土；正東陽州，曰申土。

這是否就是鄒衍『大九州』說裏的『中九州』的州名呢？假若是的話，則我們可以說，他們所以把神州——中國——放在東南者，是因爲他們知道東南兩面有海（裨海）的緣故；他們所想像的西北海不知在那裏哩！『小九州』中有冀州，『中九州』中也有；小九州中的冀州在北面，中九州中的冀州却在中土，這是什麽道理呢？這個原因，我們放在下面再談。泲州的泲，分明就是河泲的泲（濟）字；原來中九州裏也有泲水哩！薄州的薄也就是亳字；台州的台恐怕即是邰字，邰是西北方的一個國名（詩生民『卽有邰家室』）；小九州裏的東北和西北的兩個地名，也可以做中九州的州名，這是雜湊到什麽程度？至陽州之名，大約是因近太陽而立，或許就是暘谷的化身。弇州之名，大約是崦嵫之變（『崦嵫』一作『[山弇]嵫』）。

在緯書的河圖括地象裏也記着一種九州說。它道：

東南神州，曰晨土；正南卬州，曰深土；西南戎州，曰滔土；正西弇州，曰开土；正中冀州，曰白土；西北柱州，曰肥土；北方玄州，曰成土；東北咸州，曰隱土；正東揚州，曰信土。（後漢書張衡傳注引）

這與淮南子不同的，除晨土，深土，揚州，信土，或因字形字聲字義的相近而傳誤外；至卬州，白士，柱州，玄州，咸州，似乎都是有意義的改變。正南所以作卬（卭）州者，因四川有邛水也。冀州所以曰白土者，因禹貢冀州『厥土惟白壤』也。西北所以作柱州者，因崑崙爲天中柱也。正北所以作玄州者，因北方色黑也。東北所以作咸州者，因日出湯谷浴乎咸池也。

河圖括地象裏還有一段記載說：

崑崙之墟下洞含右，赤縣之州是爲中則，東南神州，正南卬州，西南戎州，正西弇州，正中冀州，西北括州，正北濟州，東北薄州，正東陽州。（初學記引）

赤縣神州本來是一個整個的名字，它把它腰斬了，拿赤縣之州作爲中則（則就是疇，天問說『地方九則』。在這裏實在是拿赤縣同縣圃合一了，他們是把崑崙山看做天地的中央的），拿神州作爲東南的州。括州當是柱州的形誤，濟州就是泲州的今文（或作營州，則大九州說又偷取了小九州說裏的一個州名），薄州陽州也還保存着淮南子裏的州名：但是九州已變成十州了。

此外我們在周官賈疏裏還能看見兩個大九州的州名。賈疏道：

自神農以上有大九州，桂州，迎州，神州之等；至黃帝以來，德不及遠，惟於神州之內分爲九州。

這桂州迎州，據馬培棠先生說，桂州即柱州之形誤，迎州爲卬州之筆增（淮南九州之前身後影，本刊第三卷第五期）。則這兩個新出的州名仍舊不能算數。

緯書的龍魚河圖裏還有兩個洲名：

玄洲在北海中，地方三千里，去南岸十萬里。

流洲在西海中，地方三千里。（太平御覽五十九及三百四十四引）

這玄洲是否就是『北方玄州』的玄州呢？流洲則確是個新出的洲（州）名，大約就是流沙的化身罷？（十洲記也有這兩個洲名，當是取於此書，而改變其意義。）

王充論衡說：

鄒衍之書言天下有九州，禹貢之土，所謂九州也，禹貢九州，所謂一州也，若禹貢以上者九焉。禹貢九州，方今天下九州也，（案：這是王充拿禹貢九州比較鄒衍九州的話，不是鄒衍書中引有禹貢。史記『禹貢九州』作『儒者所謂中國』，『禹之序九州』，可證）在東南隅，名曰赤縣神州。復更有八州，每一州者四海環之，名曰裨海；九州之外更有瀛海。（案：王充實未見鄒衍的書，這裏敘述拿史記對勘，有誤！）此言詭異，聞者驚駭，然亦不能實然否，相隨觀讀，諷述以談，故虛實之事竝傳世間，眞僞不別也；世人惑焉，是以難論。

這段話與史記所記的稍有出入，大致還相合。看他說赤縣神州在東南隅，可見淮南子裏所記九州的州名，就是鄒衍的九州說。王充是不大信有這種九州的人，他接着根據山海經和淮南子地形訓來打破這種九州說。（但王充對鄒衍的大世界觀念是大致承認的，說見下）但他說：

淮南王劉安召術士伍被左吳之輩充滿宮殿，作道術之書，論天下之事，地形之篇道異類之物，外國之怪，列三十五國之異，不言更有九州。（談天篇）

這眞是奇怪了！淮南子地形訓裏明明記載着鄒衍的九州說（至少『東南神州』一語是王充所承認的鄒子之說），怎說『不言更有九州』呢？這不是今本淮南子曾經後人的竄亂，便是王充讀書太粗心了。（此節請參看補遺）

我們順便把大（中）九州說裏的冀州來源談一談：在墨子裏我們看見一種奇怪的冀州，兼愛篇說：

古者禹治天下：西爲西河漁竇，……北爲防原泒，……以利燕代胡貉與西河之民。東方漏之陸，……以楗東土之水，以利冀州之民。南爲江漢淮汝，……以利荊楚干越與南夷之民。

這個冀州是東土的代稱。到了後來，這個冀州一面變成禹貢裏的冀州，遷到北方去（這個原因很複雜，容另論）；一面竟變做中國的代稱了。楚辭九歌云：

> 覽冀州兮有餘，橫四海兮焉窮？（雲中君）

淮南子覽冥訓說：

> 往古之時，四極廢，九州裂，……於是女媧……斷鼇足以立四極，殺黑龍以濟冀州，……蒼天補，四極正，淫水涸，冀州平。

（注：『冀，九州中，謂今四海之內』。）

拿四海四極同冀州對舉，這冀州當然是指中國。（呂氏春秋本味篇說，『高泉之山，其上有涌泉焉，冀州之原』，注，『冀州在中央』。逸周書嘗麥解說，『是威厥邑，無類于冀州』。這冀州也是中國的代稱。）這個中國的冀州，後來一面在儒家的傳說裏變做豫州的代稱，如穀梁傳桓五年說：

> 鄭，同姓之國也，在乎冀州。

鄭在豫州，怎說在冀州呢？楊士勛疏云：

> 冀州者，天下之中州。

那末這個冀州實在是豫州了。另一方面則爲鄒衍一派人所取，作爲中九州中的一州，但是仍以『中土』屬之。

冀州之外還有一個齊州，也是中國的代稱。例如爾雅所說：

> 距齊州以南戴日爲丹穴，北戴斗極爲空桐，東至日所出爲太平，西至日所入爲大蒙。

僞列子湯問篇也說：

> 湯又問曰，『四海之外奚有』？革曰，『猶齊州也』。湯曰，『汝奚以實之』？革曰，『朕東行至營，人民猶是也，問營之東，復猶營也；西行至豳，人民猶是也，問豳之西，復猶豳也；朕以是知四海四荒四極之不異是也』。（按此一段全用爾雅）

> 吳楚之國，有大木焉，其名爲櫾，碧樹而冬生，實丹而味酸，食其皮汁已憤厥之疾，齊州珍之。

> 禹之治水土也，迷而失塗，謬之一國，濱北海之北，不知距齊州幾千萬里。

這個齊州就是指全中國而言。（湯問篇又有中州之名，即是齊州。）黃帝篇又說：

> 黃帝……晝寢而夢，遊於華胥氏之國。華胥氏之國在弇州之西，台州之北，不知斯齊國幾千萬里。

齊國就是齊州，也就是中國。（周穆王篇也說，『四海之「齊」，謂中央之國』。）史記封禪書說：

> 齊所以爲齊，以天齊也。

索隱云，『顧氏案解道彪齊記云，「臨菑城南有天齊泉，五泉並出，有異於常，言如天之腹臍也」。』『天齊』就是天的腹臍，齊之所以爲齊又是以天齊，則齊當然是中國了（以上略本劉盼遂先生齊州即中國解，本刊第一卷第五期）。這分明是東方人的觀念。爾雅釋言：

殷，齊，中也。

殷齊都是東方的大邦，又都是文化之區，在東方人看來，自然可爲天下之中了。（爾雅釋地把岱岳看做中央，也是這種觀念的表現）。齊州之名是起於東方的，冀州（指代表東土和中國的冀州）之名大約也起於東方。冀州齊州或是一名之變，所以大九州說裏有了冀州，就不要齊州了。

『大九州說』的起來，據我們的推測，大約有四項來源：第一是『四海』的觀念。一般人都叫『四海』，但是實際上只有東南兩海，這不叫人懷疑中國到西北海之濱還有很大的地方嗎？第二是航海事業的發展。戰國時燕齊一帶航海事業很發達，當然有發見海外島嶼的事，那時又有所謂『三神山』的傳說（敍述見下），『大九州說』的成立至少要受到一些這一方面的影響。第三是『小九州說』的擴張。這一點在上面已提過了。第四是哲學家玄妙一派的宇宙觀念。莊子上說，『計四海之在天地之間也，不似礨空之在大澤乎？計中國之在海內，不似稊米之在太倉乎』？（秋水）這種充其量的猜想，竟把四海與中國想得極小，『大九州說』似乎受到了這種大宇宙觀的影響而建立的。

『大九州說』以外，同時還有一種『大四極說』來同『大九州說』配對。天問裏開始問道：

東西南北，其修孰多？南北順墮，其衍幾何？

這是對于四極究竟有多少大的疑問。第一個答復這個問的是山海經。五臧山經篇末記着道：

禹曰，『……天地之東西二萬八千里，南北二萬六千里；出水之山者八千里，受水者八千里』。

這個里數還不大，不夠分配大九州。呂氏春秋有始覽也記着道：

凡四海之內，東西二萬八千里，南北二萬六千里；水道八千里，受水者亦八千里。

原來山經裏所記的東西南北的里數只是四海之內的里數（這比王制裏所說『四海之內方三千里』，皋陶謨所說『弼成五服，至于五千』的里數已大到了好幾倍），不是天地之間的里數，山經的作者記錯了。至於天地之東西南北的里數到底有多少呢？有始覽又說：

凡四極之內，東西五億有九萬七千里，南北亦五億有九萬七千里。

四極之內的里數要比四海之內的里數大到二十幾倍呢！海外東經又說道：

帝命豎亥步自東極至于西極，五億十選（郭注：選，萬也）九千八百步。……一曰『禹令豎亥』，一曰『五億十萬九千八百步』。

這裏五億下有十萬，則這個『億』不是『十萬曰億』的『億』了；如是『萬萬曰億』的『億』，則自東極至于西極的里數要比自東海至于西海的里數大到四十九倍多，就是有一百三十八萬九千一百九十四里弱，這種數字眞要把人駭昏了！

大概是這些數目字報得太大了些罷？出於漢初的淮南子在地形訓裏便改作：

禹乃使太章步自東極至于西極，二億三萬三千五百里七十五步；使豎亥步自北極至于南極，二億三萬三千五百里七十五步。

可是步走這樣的里數，若不是太章豎亥們有着神性的人物，也就辦不到了。緯書河圖括地象又載一說道：

極廣長南北二億三萬一千五百里，東西二億三萬三千里。（據宋本周禮疏引文）

這是本淮南子之說而少變其文。

二

自從天地和四海和四極有了實在的里數以後，於是統治天下的古帝王的疆域也便有了實在的里數了。春秋命歷序上記着說：

皇神農始立地形，甄度四海遠近，山川林藪所至，東西九十萬里，南北八十一萬里。（太平御覽七十八引）

河圖括地象說：

夏禹所治四海內地，東西二萬八千里，南北二萬六千里；出水者八千里，受水者八千里。（藝文類聚引，這是根據的呂氏春秋等書的文字）

這樣大的疆域除了皇神農夏禹們能享有外，後世帝王除了元代以外似乎沒有能仰攀他們的了。

出於晉代的竹書紀年上還有一條駭死人的記載，它說：

穆王（周穆王）東征天下二億二千五百里，西征億有九萬里，南征億有七百三里，北征二億七里。（開元占經引）

這除了一個觔斗就是十萬八千里的孫行者，和『甄度四海遠近』的皇神農，以及『步自東極至于西極』『步自北極至于南極』的太章豎亥之外，也恐怕只有周穆王纔能做出這樣偉大的遊歷事業來了！

這『大四極』的觀念是怎樣來的呢？我們以為有兩個

來源：第一便是『大九州說』的暗示。第二是天文學上的計算。我們在這裏順便把戰國秦漢間天文學進步的情形約略說一說。

我們知道古來的人看天是圓的，地是方的，這種說法在古書上証據不知道有多少，例如天問說：

圜則九重，孰營度之（天）？……地方九則，何以墳之（地）？

淮南子說：

天道曰圓，地道曰方。（天文訓）

周髀算經說：

方屬地，圓屬天，天圓地方。（卷上）

這本是很自然的觀察。戰國以來，天文學進步，便有人懷疑地方說的了。大戴禮記曾子天圓篇記：

單居離問於曾子曰，『天圓而地方者，誠有之乎』？曾子曰，『離而聞之云乎』？單居離曰，『弟子不察，此以敢問也』。曾子曰，『天之所生上首，地之所生下首，上首之謂圓，下首之謂方，如誠天圓而地方，則是四角之不揜也』。……

這當然不是曾子們的說話。這是戰國秦漢間儒家受到了天文學的影響以後，爲舊說彌縫的解釋。但即此可見那時候天文學的進步，和它勢力的廣被。

周髀算經這部書，從前人多認爲周公所作，這當然是不可信的。但這部書究竟出於什麼時候，也無法斷定。近人錢琢如先生（寶琮）考定這書是西漢之作（說見周髀算經考，科學雜志十四卷一期），然漢書藝文志不載此書，則其時代還以置之東漢爲宜。這部書裏雖還維持着天圓地方的說法，但是其中有幾句特別的話：

極下者其地高人所居六萬里，滂沲四隤而下。天之中央亦高四旁六萬里。

天象蓋笠，地法覆槃。

趙君卿注道：

滂沲四隤而下，如覆槃也。

（天）隨地穹隆而高，如蓋笠。

槃是種圓的東西（荀子君道篇，『槃圓而水圓，……盂方而水方』），笠也是種圓的東西，天好象蓋着的笠一樣，地好像覆着的槃一樣，都是中央高四面低的形勢。這種說法當是從實際推算來的。近人以爲這是地圓說的先驅，也頗有些理由。

周髀算經的說法叫做『蓋天說』（蓋天說也有說地是正方的，像一方棋局一樣），這種『蓋天說』大約是起於戰國秦漢間的。還有一種『渾天說』，不知起於什麼時候，據揚雄法言說漢武帝時落下閎等開始經營渾天儀，東漢時張衡也作『渾天儀』。晉書天文志載渾天儀注道：

天如雞子，地如雞子中黃，孤居於天內。天大而地小。天表裏有水，天地各乘氣而立，載水而行。周天三百六十五度四分度之一，又中分之，則半覆地上，半繞地下；故二十八宿半見半隱。天轉如車轂之運也。

天的體渾圓像雞子，地好像雞子中的黃，孤零零的居於天中，天的一半覆在地上，一半繞在地下。這種說法比『蓋天說』更近於近世科學家的話了。所異者近世科學家把天放得更大，把地縮得更小，把地只看成天中的一粒微塵，太陽的屬員，而古代的渾天說則把地看作天的中心，太陽和星辰的主人，這一點大不同。但在古時能有這種『渾天』的說法，自然也是文化史上的一個新紀元了。

最古的人大概是把天地都看作靜的。到戰國時，呂氏春秋才記：

天道圜，……圜周復襍，無所稽留。（注：『襍猶匝，無所稽留，運不止也』。）（圜道篇）

極星與天俱遊，而天極不動。（有始覽）

莊子也說：

天其運乎？地其處乎？（天運篇）

這是把天看作動的，地看作靜的。自後『蓋天』『渾天』等說均記天的運行。大約天動的說法是肇端於戰國時的。到了緯書裏，我們又看見地動之說。尚書考靈曜說：

地有四遊，冬至地上行北而西三萬里，夏至地下行南而東亦三萬里，春秋二分其中矣。地恆動而人不知，譬如人在大舟中，閉牖而坐，舟行而人不覺也。（太平御覽三十六引；文選張茂先勵志詩注，初學記引河圖語略同。）

此外春秋元命包，河圖括地象等書裏也有『天左旋，地右動』等話。這都是細心觀察天文的結果。

在這種天文學進步情況之下，天文家很會用算術去測量天地間的里數，在淮南子周髀算經等書裏記着這種方法很是詳細，因此我們才明白了山海經等書所記『四極』的里數的來源，它們並不全是隨意杜造的。

我們在這裏附論一則材料，王充論衡談天篇說：

極爲天中，方今天下在禹極之南，則天極北必高多民。禹貢『東漸於海，西被於流沙』，此則天地之極際也；日刺徑千里，今從東海之上會稽鄞鄮則察日之初出徑二尺，尙還之驗也；遠則東方之地尙多。東方之地尙多，則天極之北天地廣長不復訾矣。夫如是，鄒衍之言未可非，禹紀山海淮南地形未可信也。鄒衍曰，『方今天下在地東南，名赤縣神州』。天極爲天中，如方今天下在地東南，視極當在西北；今正在北方，方今天下在極南也；以極言之，不在東南；鄒衍之言非也！如在東南，近日所出，日如出時其光宜大；今從東海上察日，及從流沙之地視日，小大同也；相去萬里，小大不變，方今天下得地之廣少矣！雒陽，九州之中也；從雒陽北顧，極正在北；東海之上去雒陽三千里，視極亦在北；推此以度，從流沙之地視極，亦必復在北焉。東海流沙，九州東西之際也，相去萬里視極猶在北者，地小居狹，未能辟離極也。日南之郡去雒且萬里，徙民還者，問之，言日中之時，所居之地未能在日南也。度之復南萬里日（乃？）在日之南，是則去雒陽二萬里乃爲日南也。今從雒地察日之去，遠近非與極同也，極爲遠也；今欲北行三萬里，未能至極下也，假令之至，是則名爲距極下也；以至日南五萬里；極北亦五萬里也。極北亦五萬里，極東西亦皆五萬里焉。東西十萬，南北十萬，相承百萬里。鄒衍之言天地之間有若天下者九（案此語有誤，據史記應作『有若天下者八十一』）；案周時九州，東西五千里，南北亦五千里，五五二十五，一州者二萬五千里；天下若此九之，乘二萬五千里，二十二萬五千里。如鄒衍之書，若謂之多，計度驗實反爲少焉。（案鄒衍的大九州如照王充的計算法，當有二百零二萬五千里，已比王充所算出的天地間的里數大了。）

這是一段極重要的材料！王充根據了天文的學說來打破禹貢的世界觀念，並修正鄒衍的世界觀念。他說從東海之上看日初出的景象，可以知道東海之上離日尙遠，東方之地一定還多。這樣証明了大四極觀念與大九州觀念未可非。但是鄒衍說方今天下在地的東南，然而天極爲天中，如果方今天下眞在地的東南，那末看起極來當在西北；爲什麼天極在正北方呢？卽此可知方今天下實在是在天極的南面（就是在大地的正南）；鄒衍的話不對！又方今天下如在東南，則近日所出的地方，太陽出來的時候其光宜大，爲什麼從東海上同從流沙之地看起太陽來小大是一樣的呢？這樣看來，方今天下所得眞正的天下的地是很少的了。而且雒陽是九州之中，從雒陽向北看，天極正在北方；東海之上離開雒陽三千里，看起極來，也在北方；照此推測，從流沙之地看起極來也當在北方了。東海同流沙相去萬里，看天極都在北方者，這是因爲方今天下的地太小了的緣故。又日南名爲『日南』，其實並不能眞在日之南，推測過去，應該再向南一萬里，才是眞正的『日南』；那就是從雒陽向南二萬里才到太陽的南面。再姑且假定從雒陽北行三萬里可到天極之下，那末就是從天極之下到『日南』（眞正的『日南』）有五萬里遠。再拿這個天極以南的里數去推測天極以北的里數，假定它是一樣，那末把極北和極南的里數合起來就有十萬里。再拿這個數目去推測天極的東西的

14

里數，也假定它是十萬里；十萬里同十萬里乘一乘，共有一百萬里；這是假定的四極之間的里數。照鄒衍的九州說算起來，天地之間只有二十二萬五千里（這個數目實在是錯的）；所以鄒衍的天下觀念名爲廣大，實際測度起來，實在還太小哩！在這一段話裏我們可以看出當時人推算天下里數的一種方法。

除了『大九州』『大四極』的說法以外，在山海經裏還記着許多奇怪的國名。例如海外南經有：結匈國，羽民國，厭火國，戴國，貫匈國，交脛國，不死民，岐舌國，三首國，周饒國，焦僥國，長臂國等。海外西經有：三身國，一臂國，奇肱之國，丈夫國，女子國，白民之國，長股之國等。海外北經有：無䏿之國，一目國，柔利國，深目國，無腸之國，聶耳之國，博父國，拘纓之國，跂踵國等。海外東經有：大人國，君子國，青丘國，黑齒國，玄股之國，毛民之國，勞民國等。海內南經有：伯慮國，離耳國，彫題國，北朐國，梟陽國，氐人國，開題之國，列人之國等。海內西經有：流黃酆氏之國等。海內北經有：犬封國，鬼國，林氏國，蓋國，姑射國等。海內東經有：埻端璽㬇國等。大荒東經有：小人國，蔿國，司幽之國，夏州之國，蓋余之國，困民國，壎民之國，女和月母之國等。大荒南經有：卵民之國，盈民之國，蜮民之國，䖸姓之國，張弘之國等。大荒西經有：淑士國，長脛之國，赤國，先民之國，沃之國，寒荒之國，壽麻之國，蓋山之國，玄人之國等。大荒北經有：胡不與之國，始州之國，儋耳之國，中輻國，賴丘國，牛黎之國等。海內經有：壑市國，氾葉國，朝雲之國，司彘之國，禺中之國，列襄之國，鹽長之國，朱卷之國，玄丘之民，大幽之國，赤脛之民，釘靈之國等。這就是史記鄒衍列傳所說『海外人之所不能睹』的地方了。但看這些國名，已可知當時人對於中國以外的世界想像是怎樣的奇怪？這類國名的組成，大部分是根據神話，如結匈國，羽民國，厭火國等，事實上決不會有這樣的國家的。但似乎也有些實際地理智識在內，例如黑齒國，彫題國當是指南方一帶的民族；釘靈之國恐怕就是匈奴屬國的丁令；埻端璽㬇國或者就是敦煌（日本小川琢治說）。我們應該知道實際智識同想像夾雜在一起，這是古代民族各項學問的通例啊！

山海經是表現戰國秦漢人世界觀念最完全的一部書。這部書本來是有圖的，這種圖一定是奇形怪狀，同歐洲中世紀的地圖差不多；可惜遺失了，使我們看不到那時人的具體的世界觀念了。但是我們現在若照了經中所說，仍舊替它畫出一張圖來，雖不能說完全恢復舊觀，至少也可以多明白些那時人的世界觀念。可是這個工作現在還沒有人正式去做呢！

在古書上有兩個神秘的地名，這兩個地名實在包含着中國民族東西兩方域外交通的史實，那便是神仙家所盛傳的崑崙山與蓬萊山。『崑崙』這個名字最早出現於山海經同楚辭。山海經西山經說：

> 崑崙之丘，是實惟帝之下都，神陸吾司之：其神狀虎身而九尾，人面而虎爪。是神也，司天之九部，及帝之囿時。……有鳥焉，其名曰鶉鳥，是司帝之百服。……河水出焉，而南流東注于無達；赤水出焉，而東南流注于氾天之水；洋水出焉，而西南流注于醜塗之水；黑水出焉，而西流于大杅。是多怪鳥獸。

崑崙之丘是天帝在下方的都邑，有個神陸吾管着。這個所在是河水赤水洋水黑水發源的地方。海內西經說：

> 海內崑崙之墟在西北，帝之下都。崑崙之墟方八百里，高萬仞；……面有九井，以玉爲檻；面有九門，門有開明獸守之。百神之所在；在八隅之巖，赤水之際，非仁羿莫能上岡之巖。
>
> 崑崙南淵深三百仞，開明獸身大類虎而九首皆人面，東向立崑崙上。

崑崙之墟有方八百里大，七萬尺高；每面有九個井，拿玉做着欄杆；每面又有九個門，每門有一個開明獸守着；開明獸是一種身體大到像老虎，長着九個腦袋，人的面孔的怪物。這個地方是百神所在的天宮，不是仁羿就莫要想上岡頂去。大荒西經說：

> 西海之南，流沙之濱，赤水之後，黑水之前，有大山，名曰崑崙之丘；有神—人面，虎身，有尾皆白—處之。其下有弱水之淵環之。其外有炎火之山，投物輒然。有人戴勝，虎齒，有豹尾，穴處，名曰西王母。此山萬物盡有。

這裏出來了『弱水』同『西王母』的名字。這西王母是個長着老虎的牙齒，豹的尾巴，居住在山洞裏的怪人。西王母又見於西山經和海內北經。西山經說：

> 玉山，是西王母所居也。西王母其狀如人，豹尾，虎齒，而善嘯，蓬髮，戴勝，是司天之厲及五殘。

這西王母又住在玉山，她管着天上的厲鬼星同五殘惡辰，是個厲鬼的頭兒。海內北經說：

> 西王母梯几而戴勝杖；其南有三青鳥，爲西王母取食，在崑崙

虛北。

她仍不脫怪物的氣息。

我們應記着：在山海經裏，崑崙山是個神靈的地名，西王母是個神怪的人物。

楚辭天問裏問道：

> 崑崙縣（懸）圃，其居安在？增（層）城九重，其高幾里？四方之門，其誰從焉？西北辟（闢）啓，何氣通焉？

淮南子地形訓裏詳細的答覆這個問道：

> 禹乃以息土塡洪水，以爲名山，掘昆侖虛以下地，中有增城九重，其高萬一千里百一十四步二尺六寸；……旁有四百四十門，門間四里，里間九純，純丈五尺；旁有九井，玉橫維其西北之隅；北門開，以內不周之風；傾宮，旋室，縣圃，涼風，樊桐在崑崙閶闔之中，是其疏圃，疏圃之池浸之黃水，黃水三周復其原，是謂丹水，「飲之不死。河水，……赤水，……弱水，……洋水，……凡四水者帝之神泉，以和百藥，以潤萬物。崑崙之丘或上倍之，是謂涼風之山，登之而不死；或上倍之，是謂懸圃，登之乃靈，能使風雨；或上倍之，乃維上天，登之乃神；是謂太帝之居。

崑侖虛上有層城九重，這九重的層城高有一萬一千里零一百一十四步二尺六寸；旁邊有四百四十個門，北門開着以納不周之風；傾宮旋室縣圃等統在這崑崙的閶闔之中，這是崑崙山的疏（蔬？）圃；這疏圃的池子中有黃水，喝了能叫人不死。至由崑崙山發源的河水赤水弱水洋水四條水是天帝的神泉，天帝拿它來調和百藥，滋潤萬物的。從崑崙之丘再上去一倍的路。就是涼風之山，登了涼風之山就能不死；從涼風之山再上去一倍的路就是懸圃　登了懸圃人便靈了，便會使風喚雨；從懸圃再上去一倍的路就是上天了，登了上天，就成了神；這上天是太帝（太一—上帝）所居住的地方。 17

崑崙虛和懸圃等傳說，據近人徐球先生的研究，同巴比倫懸園（*Jardins suspendus*，舊譯空中花園）的傳說有很多類似之點（說見『黃帝之囿與巴比崙之懸園』，地學雜誌第十九年第一期）；這種傳說或許是從西方來的。（但不能因此便斷定中國民族來自西方，因爲傳說本身是會走路的，例如印度也有類似『大九州』的世界觀念，或許中國的『大九州』觀念也受到印度的影響，我們豈能因此便斷定中國民族來自印度？）我們因此想起史記大宛列傳裏曾說：

> 安息長老傳聞條支有弱水，西王母，而未嘗見。

或許弱水同西王母等傳說也是從西方傳來的罷？即此可証古代東中西亞交通之盛。山海經五臧山經所記的路線以西方爲最長，楚辭招魂也說西方『彷徉無所倚，廣大無所極』，這都足證古代人對於西方的想像很遠。

崑崙本是個神話傳說裏的地名，西王母本是個神話傳說裏的人物，我們已在上文証明了。不料到了後來崑崙西王母都變成近西的實在的國名或地名了。禹貢說：

黑水西河惟雍州，……織皮：崑崙，析支，渠搜，西戎即叙。

這崑崙在雍州，與析支渠搜等都是雍邊西戎的一國。漢書地理志載金城郡臨羌西有昆崙山祠，馬融王肅們注禹貢便說『崑崙在臨羌西』。（釋文正義引）崑崙在中國內地的西部，這個說法就這樣成立了。

逸周書王會解說：

伊尹……爲四方令曰，『……正西：崑崙，狗國，鬼親，枳已，闟耳，貫胸，雕題，離丘，漆齒，請令以丹青白旄紕罽江歷龍角神龜爲獻。』

雕題漆齒（黑齒）等本是南方的國名，到這裏也與崑崙狗國等湊成正西九國之數；而這些荒遠的國家對天朝居然也都有一定的貢物了。

荀子大略篇（這是荀子裏最晚出的一篇）說：

禹學於西王國。

這個『西王國』疑是『西王母』之誤（但新序亦作『西王國』）。如不誤，則西王母的變成國名，時代大約在漢初。大戴禮記少閒篇說：

昔虞舜以天德嗣堯，……朔方幽都來服，南撫交趾，出入日月莫不率俾，西王母來獻其白琯。

這西王母與幽都交趾等並列，確是一個國名了。（淮南子地形訓說，『西王母在流沙之瀕，』這個西王母也似一個國名或地名）爾雅釋地記：

觚竹，北戶，西王母，日下，謂之『四荒』。

西王母又被實定爲西方的『荒』了。

史記大宛列傳說：

漢使窮河源，河源出于寘，其山多玉石；采來，天子（武帝）案古圖書名河所出山曰崑崙云。

崑崙山本是一個不可究詰的所在，但是自從漢使窮了河源，因爲河源所出的山多出產玉石，與傳說中的崑崙相合，於是天子便案古圖書名河所出的山爲崑崙了。天子所案的是什麼古圖書呢？我們現在知道一部是山海經，還有一部叫做禹本紀。大宛列傳贊說：

禹本紀言『河出崑崙，崑崙其高二千五百餘里，日月所相避隱爲光明也，其上有醴泉，瑤池。』今自張騫使大夏之後也，窮河源，惡睹本紀所謂崑崙者乎？故言九州山川，尚書近之矣；至禹本紀山海經所有怪物，余不敢言之也。

太史公覺得張騫們所窮的河源與禹本紀等書所記的崑崙不符，於是便對這些記載大起懷疑；連天子所定的崑崙山之名也爲他所不信。他只肯抱着一本禹貢認爲古代的眞實記載，不知道眞實的禹貢正從不眞實的禹本紀一類書脫化而出的啊！

從漢代到魏晉，一面神話裏的崑崙山開始有了實在的地點，一面神話裏的西王母也漸漸的人化了。在史記趙世家裏記着一件故事道：

繆王（周穆王）使造父御，西巡狩，見西王母，樂之忘歸。

這是周穆王與西王母的第一次發生關係。這件故事在漢末三國時已被譙周否認了。史記索隱引他的話道：

余嘗聞之，代俗以東西陰陽所出入，宗其神謂之王父母（東王公與西王母，東王公詳下）；或曰地名，在西域，有何據乎？

這是根據了原始的神話來打破晚出的人話的。但是出於晉代的竹書紀年同穆天子傳却對於周穆王見西王母的故事着實描寫了一番。竹書紀年記穆王：

十七年西征崑崙丘，見西王母；西王母止之，曰，有鳥鵨人。
（穆天子傳注引）

西王母來見，賓于昭宮。（仝上）

原來不但周穆王西行去見過西王母，西王母也曾東行來見過周穆王哩！穆天子傳記穆王：

升于崑崙之丘，以觀黃帝之宮，而封□隆之葬，以詔後世。……北升于舂山之上，以望四野，……曰，舂山之澤，清水出泉，溫和無風，飛鳥百獸之所飲食，先王所謂縣圃。……曰，天子五日觀于舂山之上，乃爲銘迹于縣圃之上，以詔後世。……至于西王母之邦。……吉日甲子，天子賓于西王母，乃執白圭玄璧以見西王母，好獻錦組百純，□組三百純，西王母再拜受之。……天子觴西王母于瑤池之上，西王母爲天子謠曰，『白雲在天，山陵自出，道里悠遠，山川間之。將子無死，尚能復來』？天子答之曰，『予歸東土，和治諸夏，萬民平均，吾願見汝。比及三年，將復而野』。西王母又爲天子吟曰，『徂彼西土，爰居其野，虎豹爲羣，於鵲與處。嘉命不遷，我惟帝女；彼何世民，又將去子。吹笙鼓簧，中心翔翔，世民之子，唯天之望』。天子遂驅升于弇山，乃絕名迹于弇山之石，而樹之槐，眉曰西王母之山。

周穆王崑崙之丘也升過了，黃帝之宮也觀過了，縣圃也到過了，西王母也見過了，瑤池的酒也喝過了，不知道爲什麼沒有成仙，也沒有向西王母討些不死之藥來？西王母原來是帝女，並不是什麼『司天之厲及五殘』的怪神。她並不『善嘯』，她會唱歌。她同周穆王倆眞是一往情深，一個中心翔翔，希望他復來，一個也希望三年後再來見她；這樣的一個美麗的故事，眞爲我們民族交通史上增光不少啊！可是奇怪：戰國時的魏史對於周穆王征崑崙見西王母的故事記載得這樣詳細，而山海經的作者會不知道有這件事似的，竟一字不提。連記載故事最豐富的天問裏也只泛泛的說了『穆王巧梅，夫何爲周流；環理天下，夫何索求』幾句話；天問的作者也不知道周穆王有西征崑崙和見西王母的事。魏國的史官的學問何其博，山海經和天問作者的學問又何其陋？

西方有個奇怪的山叫做崑崙，東方恰巧也有一個奇怪的山叫做蓬萊的來同它配對。蓬萊也見於山海經，海內北經說：

> 蓬萊山在海中。

史記封禪書記：

> 自（齊）威宣燕昭使人入海求蓬萊，方丈，瀛州。此三神山者，其傳在勃海中，去人不遠；患且至，則船風引而去。蓋嘗有至者，諸僊人及不死之藥皆在焉；其物禽獸盡白，而黃金銀爲宮闕。未至，望之如雲；及到，三神山反居水下，臨之，風輒引去；終莫能至云。世主莫不甘心焉。

據它說：渤海裏有三座神山，叫做蓬萊，方丈，瀛州。這三座山上有金銀造成的宮殿，許多仙人和不死之藥都在那裏。這個地方是去人不遠的，就是可惜人坐了船去，沒有到的時候，望過去像雲彩一般，將要到時，這三座神山便沈到水底下去了，把船靠攏去，又被神風吹開，總是不能接近。所以這個地方雖說有人到過，世主也常常的派人去尋，但是不死之藥始終不能傳到中原來。

自從齊國的威王宣王和燕國的昭王開始派人到海裏去找那三神山，沒有找到。到了秦始皇統一天下，方士徐市們又去獻殷勤，說三神山是可到的，一定要帶了童男女去才能找到。於是始皇就派徐市們帶了幾千個童男女到海裏去找尋三神山；那裏知道找了幾年依舊是毫沒結果。方士們又有些逃走了，引得始皇發了憤怒，把許多儒士方士都在咸陽坑了。但是後來他還是上了方士的當，爲了避死去射海神，死沒有避成，他自己倒眞死了。這一場求仙的結果，弄到了一個很壞的散場。到了漢代，漢武帝不戒秦始皇的覆轍，又聽了方士的話派他們去尋蓬萊山（蓬萊山是三神山中最有名的一座，說了蓬萊山就可包括三神山了），也是沒有結果而散。但是蓬萊山這個名詞經過方士們幾番劇烈的宣傳以後，便也變成了一個實有的地方。我們現在知道蓬萊山實在是沒有這個地方的，然而這個名詞的後面却藏着一件古代域外交通的史實。

在西方的神話傳說裏有個西王母，在東方的神話傳說裏也有一個與她配對的人，那便是東王公。神異經（神異經也是一部綜錄古代神話的書，服虔左傳注已引神異經，則此書當是魏晉以前之作）說：

> 東荒山中有大石室，東王公居焉，長一丈，頭髮皓白，人形，鳥面，而虎尾，載一黑熊，左右顧望。恒與一玉女投壺，每投千二百矯；設有入不出者，天爲之噫噓，矯出而脫悞不接者，天爲之笑。（東荒經）

西王母住在西荒的山穴中，東王公住在東荒山中的大石室裏；西王母蓬髮，如人，虎齒，豹尾，戴勝；東王公頭髮皓白，人形，鳥面，虎尾，戴一黑熊：他們倆眞是天生地設的一對啊！神異經又說：

> 崑崙之山，……下有回屋，方百丈，仙人九府治之。上有大鳥，名曰希有，南向，張左翼覆東王公，右翼覆西王母；背上小處無羽，一萬九千里。西王母歲登翼上，會東王公也。……其鳥銘曰，『有鳥希有，碌赤煌煌，不鳴不食，東覆東王公，西覆西王母。王母欲東，登之自通；陰陽相須，惟會益工。』（中荒經）

崑崙山上有一隻大鳥名字叫做希有，它的左翼覆着東王公，右翼覆着西王母；它的身子大有一萬九千里。西王母每年上這隻鳥的翼上去一次，爲的是要到東王公那邊去，以便陰陽相會，而得到『益工』的效果；這似乎是把牛郎織女鵲橋相會的故事演染成的。

我們要明白，周穆王與西王母相會的故事，它的背景至少有一部分就是這個東王公與西王母相會的故事啊！

總結上文，我們可以說：戰國以前中國人的世界觀念是非常狹小的，他們不大理會四邊的情形；在那時只有一種空泛的『九州』和渺茫的『四方』的世界觀念。到戰國後才有具體的『九州』和『四極』說出現，這種『九州』和『四極』所包括的世界約同宋明兩代的中國差不多大。直到戰國晚年，才產生出理想的大世界說——『大九州說』和『大四極說』與『海外三十六國』等記載——來，那是受了域外交通和哲學思想，以及天文學等的影響而成立的。古代的域外交通以東西兩方爲盛，因域外交通而構成了崑崙和蓬萊兩個神話裏的地名，更因此而反映出上古西方交通的一件大故事——周穆王西遊的故事——來。這便是本文的簡略的結論。

讀者們讀了上面這一篇海闊天空的話，一定會發生許多疑問。第一先要質問我們這篇文章的題目只是『漢代以前中國人的世界觀念與域外交通的故事』，爲什麼不相干的瞎扯了許多漢以後的說話？我們的答復是：現在許多的先秦古書都經過漢以後人的編定，嚴格的先秦故事的敍述是不可能的。又古書裏所記先秦的故事大半殘缺不完，許多地方若不把漢代以後的記載來校補它，對勘它，便沒法看出它的時代性同整個的意義來。第二讀者們一定要質問我們這篇文章裏敍述多而考証少，許多古書古事怎能很自由地排定它的時代呢？我們的答復是：我們在寫這篇文章以前，對於文中所述各項古書古事已有大略的時代估定。這種考証的話都載在作者們的別篇文章裏，若一齊錄入本文，不是太嫌喧賓奪主了嗎？例如堯典禹貢我們都有專書專文考証它的著作時代，這兩篇書的出於秦代以後，我們是認爲無疑問的。又如晉本竹書紀年和穆天子傳，作者們不久也將有考訂的專文發表；這兩部書的成於晉代，我們也是認爲無疑問的（這兩部書裏當然確有一部分是先秦的古文）。還有山海經楚辭等書製成的時代雖然也不甚早，但是作者們認爲它的材料大致是不很晚的（我們也有專文考証）。至於十洲記等書，則連材料也是很晚的了，『十洲』的洲名等記載一部分是從緯書等書裏雜湊來的（如玄洲，流洲，瀛洲等洲名），一部分則全是杜撰，時代太晚了，作者們只好割愛。此外本文因問題聯帶的關係，敍述到範圍以外去的地方還很多，這確是沒法的事情。至於範圍以內應敍的問題和材料的遺漏，以及文中敍述的錯誤，那是因作者們的學力有限同撰稿時間短促的緣故；謹在這裏向讀者們道歉，並請讀者們指教！

二十五，三，四，草成。

補遺：淮南子地形訓云，『九州之大純方千里；（案淮南或取鄒衍大九州之州名作爲小九州，故王充謂淮南不言大九州。）九州之外乃有八殥，亦方千里；……凡八殥八澤之雲是雨九州。八殥之外而有八紘，亦方千里；……凡八紘之氣是出寒暑，以合八正，必以風雨。八紘之外乃有八極，……凡八極之雲是雨天下，八門之風是節寒暑，八紘八殥八澤之雲以兩九州而和中土』。這又是一種大世界觀念。這種世界觀念共有四層：最裏一層是九州，九州之外是八殥，八殥之外是八紘，八紘之外是八極。八殥有八澤，八極有八門，八殥八澤八紘八極八門等內容的名字都是從各種書裏湊來，加上一部分杜撰而造成的。（參看高注及山海經等書自明）

三，三十，記。

附錄　穆天子傳疑

童書業

穆天子傳一書自古疑信者非一。淸代疑古最悍之姚際恒曰，『穆天子傳本左傳「穆王欲肆其心，周行天下，將皆有車轍馬迹焉」，又本史秦紀，「造父爲穆王得驥，溫驪，驊騮，騄耳之駟，西巡狩，樂而忘歸」諸說以爲之也。多用山海經語。其體制亦似起居注；起居注者，始於明德馬皇后，故知爲漢後人作』。（古今僞書考）姚氏此說頗見攻於近世。自中國民族西來說興，穆天子傳被東西學者穿鑿附會，無微不至；要皆以周穆王見西王母事証古代東西之交通。覈按其實，姚氏之說未可非也。本書最可疑之點有四，玆略論如左：

一曰，西王母之人化也。西王母在山海經中本爲一面目猙獰之怪神。至漢世司馬相如爲大人賦，尙云，『低徊陰山翔以紆曲兮，吾乃今日覩西王母，暠然白首戴勝而穴處兮，亦幸有三足烏爲之使；必長生若此而不死兮，雖濟萬世不足以喜』。則鄙西王母之仙爲不足學也；此猶與山海經之觀念相近。自史記趙世家記周穆王『西巡狩，見西王母，樂之忘歸』，於是西王母乃與周穆王發生關係，而漸趨人化。穆傳所記穆王與西王母之唱酬，儼然賓主焉，西王母神怪之性乃爲之一洗。後世漢武內傳本之遂造爲『西王母天姿絕世』之語，陶潛詩更有『王母怡妙顏，粲然啟玉齒』之句。由怪神化而爲美人，僞史家之技亦神矣！

二曰，『膜拜』禮之晚出也。本書屢見膜拜之禮，郭璞注云，『今之胡人禮佛，舉手加頭，稱「南膜拜」者，即此類也』。是膜拜爲胡人禮佛之禮。案佛教自印度孔雀王朝阿育王後始傳至中亞一帶，其時約在中國六國將亡之時，即西元前二五九年以後；而本書之撰成時代則最遲不得過西元前二九九年（魏襄王二十年。或謂汲冢乃安釐王之墓，非！）；作者又安得知佛教之禮乎？即此一端，已足証晉人之僞造矣！

三曰，『皇后』一名之可疑也。本書云，『天子乃命盛姬□之喪視皇后之葬法』。（卷六）案尚書顧命云，『皇后憑玉几』，此皇后謂天子也；后者，爵位；皇，形容詞也；『皇后』猶言大天子也。本書之所謂皇后，則儼然秦漢以後之皇后焉。考古天子之妻稱王后，無稱皇后者；天子之妻之稱皇后，與皇帝配者也；而人王之稱皇帝始於始皇；（呂刑『皇帝』乃天帝也，本書中亦有『皇帝』，尚非天子之稱。）則本書固不能成於秦代以前矣！（又本書又以『淑人』稱天子之妃，此種『淑人』之稱亦非古。）

四曰，紀事與史漢之體例同也。案古稱天子多曰『王』，金文尚書等可以爲証。詩經雖較多稱『天子』，然亦屢稱『王』；其稱天子蓋多因協字與韻耳。左傳國語等戰國書稱周王亦多曰『王』，罕稱『天子』者。漢世以後，始多以『天子』或『上』稱皇帝，如史記漢書記武帝事之體裁每與穆天子傳合。取武帝紀封禪書郊祀志等與穆天子傳對勘，可以發見甚多之相同點焉。此穆天子傳晚出之証之最昭著者矣！

綜上四點，吾人疑穆天子傳爲晉人雜集先秦散簡附益所成。其間固不無古代之材料，然大部分皆晉人杜撰之文；如周穆王見西王母一節，以山海經等書校之，可決爲晉人所造無疑也！

本文乃作者讀書札記一段，初非考証之專文，聊取以補白而已。若夫博引詳徵，請俟異日。

漢以後中國人對於世界地理知識之演進

賀昌羣

先秦之世，中國本土東面臨海，三面連大陸，環伺於海陸之地，皆爲異族所據，而華夷之別，則隱然以山系爲區分（此所謂山系，指羣山所形成之種族疆界之大別而言，非地文上所謂山脈之意）。秦以前，中國人對於世界地理之知識，多受其四周山系之天然限制，越乎此天然限制之外，則荒渺難知，故自古中國民族以爲所居之地即世界之中，「中」外之世界，往往便以想像力構成之。

秦以前如山海經穆天子傳諸書，多基於此種想像而成，或根據其自身之經驗而推演之，或由於傳說，如五藏山經中種種奇禽異獸神怪之說，海內海外經中貫匈國，一臂三目之奇肱國，一首三身之三身國，長股國等，以今視之，其虛誕本無足怪；故司馬遷書大宛傳後謂：「言九州山川，尚書近之矣，至禹本紀山海經所有怪物，余不敢信之」。然十九世紀末以來，山海經穆天子傳爲東西學人所穿鑿附會，無微不至，而此二書遂爲治上古東西交通之鴻寶矣！

東方臨海一面，亦有種種傳說，如莊子所謂尾閭，列子所謂歸墟，抱朴子所謂沃焦，皆言百川匯海，注之不盈，因有尾閭隙之（子書之眞僞問題，又當別論），以及蓬島方壺爲仙家所居之說。或又謂先秦時，齊魯一帶，綰海上交通之樞紐，乃多齊東野語，然果有交通與否，則書闕有間也。始皇遣徐福事，近人頗疑其烏有，近時惟日本九州發現漢倭奴王金印一顆，爲東漢初年之物，此爲日本與中國交通最古之實證。可知先秦時即對於隔一衣帶水之扶桑三島，亦且惝怳迷離，難於捉摸，他可知矣。

自以上諸點觀之，古代對於世界地理之知識，可分爲二個系統：一爲以想像構成者，山海經穆天子傳十洲記一類書屬之；二爲史記大宛傳漢書西域傳以下官書所記，取材於曾經身歷其地者之目見耳聞。前一系統直延至清康乾間陸次雲八紘譯史，八紘荒史一類之書（此二書雖纂輯古書而成，但亦不少錄當時之傳說，信以爲眞者）。

今置山海經系統之想像的世界地理知識不論，此非本文主旨，亦非愚拙所可言。請就大宛傳以下所記中古時對於世界地理知識之演進，略而論之。

今何以首舉大宛傳？蓋漢以前第一手原史料，悉爲國家世襲史官所保管，私家不得修史，魏晉以後，此制始廢弛。大宛西南夷等傳之根據，自爲當時之官書檔案，一部分係據張騫所述，漢書西域傳則爲班勇所述也。自史記成書之時入漢書纂修之時，中國對於玉門陽關以西之世界，包括今撒馬耳干（Samarkand）及俄屬土耳其斯坦，更進而西北利亞波斯小亞細亞（Asia Minor），以至印度，通稱爲西域。前漢時，漢人足跡僅至烏弋山離，其地即今阿富汗南部 Ara-Chosia's Drangiana 之地。至後漢和帝間，班超遣甘英使大秦，抵條支，臨大海未渡而還，此爲漢代人所至葱嶺以西最遠之距離。近時考證，條支國當今 Tigris, Euphrates 兩河下流之地，即波斯語 Desht 之音譯，古 Mecène之地，大秦即羅馬共和國，其中心爲埃及之 Alexandria 城，凡希臘羅馬之地，皆謂之大秦，此爲漢代所知西方最遠之地。漢之北爲匈奴，匈奴之北，有丁零（或作丁令丁靈，顏師古謂匈奴之別種）與堅昆（Kirghiz）。自漢初冒頓北服丁零，遂掩有其地。武帝時，匈奴放蘇武於北海，即今貝加爾湖（Baikal）。按漢時今鹹海（Aral）亦謂之北海，前者漢唐間又稱瀚海，史記霍去病傳：封狼居胥山，禪於姑衍，登臨翰海。索隱曰：「案崔浩云，北海名，羣鳥之所解羽，故云翰海。廣志（按晉義恭撰）在沙漠北」。史記匈奴傳集解如淳曰：「翰海北海名」。魏書蠕蠕傳舊唐書鐵勒傳新唐書回鶻傳，皆稱此爲北海（翰與瀚同），而唐時又稱此爲俱輪泊，見新唐書室韋傳。今之瀚海，則指蒙古戈壁而言。此爲漢代史籍中所知最北之地。南方則迄於日南（今安南廣平？），由日南徼外循海道以通天竺大秦，則始於東漢永寧延熹間（公元一二〇——一六六），見後漢書西南夷傳。此爲漢時所知世界地理之最大範圍。自此以後，直至宋以前，皆無大異，惟關於西域南海之知識，時代愈後，愈較詳密正確。此則因商業交通及宗教之傳播有以促進之，故魏晉以後，地理學乃逐漸發達。商業一層不待多論，大抵漢時與外族之關係以武力接觸爲多，魏晉而後，西域與南海之商業交通始繁。此時交通工具皆不發達，如相傳起於黃帝或周公所作之指南車，實非後世所謂指南針（Magnetic Compass 一稱南指，又稱羅盤針或針盤），古今注諸書載曹魏博士馬鈞（一作均）始作指南車，殆爲一種遊藝品。指南針之確實紀載，始見於北宋仁宗時沈括夢溪筆談，其應用於航海之正式紀載，則始見於宋徽宗宣和時朱彧萍洲可談。據近時考證，至十三世紀初，元人始西傳入亞拉伯而及於歐洲。故此時海上雖有交通，自極感困難。晉隆安三年（三九九）法顯西行，過敦煌西之沙漠時，謂「上無飛鳥，下無走獸，遍望極目，欲求度處，則莫知所擬，惟以死人枯骨爲標識耳（玄奘大唐西域記卷一窣堵利瑟那國條及卷十二覩貨邏國條，所言情形，亦略同此）。法顯由南海歸航時，又謂「大海彌漫無邊，不識東西，惟望日月星宿而進」，此亦可爲魏晉隋唐間東西海陸交通，無用指南針之旁證，故表而出之。

惟地圖之學，漢以來已漸發達。漢書淮南王安傳：曰夜與左吳等按輿地圖，部署兵所從入。後漢書馬援傳：前披輿地圖，見天下郡國百有六所。則漢時用兵與郡國形勢，皆有地圖之置備。地圖之精疏直接關係於地理知識之正確與否，科倫布之發見美洲，據傳蓋因得一幅古地圖之刺激，及讀馬哥孛羅之書，利瑪竇來中土，李之藻見其壁間懸一大地全圖，畫線分度甚悉，利氏曰：「此吾西來路程也」（語見職方外紀李之藻序）！漢代地圖之樣式已不可知，惟晉書裴秀傳載秀作禹貢地域圖十八篇，其序有云：

今秘府既無古之地圖，又無蕭何所得，惟有漢氏輿地及括地諸雜圖，各不設分率，又不考正準望，亦不載名山大川，雖有麤形，皆不精審，不可依據。（中略）今上考禹貢，山海川流，原濕陂澤，古之九州及今之十六州，郡國縣邑，疆界鄉陬，及古國盟會舊名，水陸經路，爲地圖十八篇。制圖之體有六焉：一曰分率，所以辨廣輪之度也，二曰準望，所以正彼此之體也，三曰道里，以定所由之數也，四曰高下，五曰方邪，六曰迂直，此三者因地而制宜，所以校夷遠之險也。

裴秀所創之分率，即今縮尺，準望即今方位之義。自此以後，中國舊式繪圖，皆沿此法。今西安碑林所存劉豫阜昌七年（一一三七）之禹蹟圖，即爲方格，以至清乾隆朝修四庫全書及清末楊守敬等所繪，皆沿用此法。禹蹟圖中如黃河長江曲折之狀，與現代地圖，頗多彷彿之處。

地圖之學既直接影響於地理知識之正確與否，反之，地理知識愈精審，則地圖之製作自亦愈縝密。今請進而舉一例，即中國地理學上自秦漢以來已發生之「河源」問題。黃河流域本爲中國文化發祥之中心地帶，河患屢出不窮，古代對於黃河，多欲窮其究竟，在理二千年來當能獲得比較正確之知識，而自古談河源者，或以爲在新疆，或以爲在西藏，各持一說，千載莫定。禹本紀所言及山海經北山經所記，謂出於敦薨（敦煌？）水，西流注於泑澤（Lop nor），已爲司馬遷班固所駁斥（史記大宛傳書後，漢書西域傳贊），可不論。張騫出使西域，言河源出鹽澤（Lop nor），太史公又謂出于闐，天子案古圖書，名河所出山曰崑崙（均見大宛傳）。北魏酈道元水經注（卷二）河水條祖其說而廣之，後世多沿其說。晉書張駿傳：酒泉太守馬岌謂河源出於酒泉南山。新唐書吐谷渾傳（參閱李靖傳）載李靖與王道宗等破吐谷渾，次星宿川，達柏海上，登積石山，觀覽河源。玄奘大唐西域記序又謂河源出雪山（Himalaya）北之那婆得多池（Auavatapta 無熱池），潛行地下，出積石山即徙多河（Sita）之流，爲中國河源。又新唐書吐蕃傳：穆宗長慶元年，吐蕃遣使請盟，詔以大理卿劉元鼎爲盟會使，既盟，西觀河源，得之悶磨黎山（按吐谷渾傳云：虜曰崑崙山）。綜上考之，漢唐間關於河源之說，（1）爲今之羅布泊（史記漢書水經注），（2）爲今祁連山（晉書馬岌傳），（3）爲星宿海（新唐書吐谷渾傳。按此條考證，據萬斯同之說），（4）爲出於喜馬拉亞山脈（大唐西域記），（5）爲崑崙山（新唐書吐蕃傳）。則河源問題，由漢歷唐，皆未嘗得其究竟。至元世祖時，復有命達實（一作篤什或都實）窮河源之事。元史地理志載達實於至元十七年至吐蕃朶甘思之西地名鄂端諾爾，鄂端譯言星宿，有水百泓，望之如列星，謂之星宿海。自此以後，黃河發源於星宿海，殆成定說。但至清乾隆四十七年，有事於河工，乃命阿彌達西溯河源，繪圖具奏，謂星宿海西南三百餘里，有阿勒坦郭勒，水色獨黃，又西有阿勒坦噶達素齊老，流泉百道，入阿勒坦郭勒，是爲黃河眞源（事具欽定河源紀略，故宮影印本）。二千餘年來之河源問題，此爲最後之論。考其癥結，多在黃河源流所經之積石山與崑崙山之方位，古今無確指，間嘗合諸書所記，積石有二，崑崙有五，所指方位，各不相同，皆緣於地圖與地理之學兩不精確所致。又因黃河之源，伸出中國本土之天然界限以外，故從來史家輒以臆斷之。

魏晉以後，海陸交通漸繁，求法之僧徒與出使之官吏，每記其經行之地，著書行於世，而後中國人對於世界地理之知識，乃有實地之觀察。三國時孫吳遣中郎康泰從事朱應使扶南（Combodge），梁書諸夷傳序稱其所經百數十國，著有外國傳（亦稱吳時外國傳或康氏外國傳），朱應有扶南傳（亦稱扶南土俗志，新唐書藝文志有朱應扶南異物志一卷，或即此書），二書今皆不存；史記大宛傳注，水經注，藝文類聚，太平御覽諸書常見稱引，近未見有專為整理者；馮譯伯希和扶南考（在史地叢考續編中）所輯，亦未詳盡，此為史籍中所見正式通使南洋最古之資料。至晉隆安三年釋法顯與其同學慧景，道整，慧應，慧嵬等，由長安發跡渡流沙，歷鄯善（Lop nor）烏夷（Kar-ashar）于闐（Khotan）子合（Karghalik）竭叉（Kashgar）諸國；踰葱嶺，出北印度，遍歷中印南印，渡師子國（Seylon），由海道遄歸青州長廣郡之牢山（今之山東勞山），復陸行入建業（今南京），著佛國記（或稱法顯傳），此為現存旅行記中最古之著作。法顯傳中所經之地，皆記其道里，較兩漢書記西域地名方位以距長安之遠近為標準者，當為正確（漢唐間里之長短微異，漢一里約今四一四、五米，唐一小里今四五四、四米，大里五四五、五米）。如漢書西域傳謂安息國（Parthia）去長安萬一千六百里，同傳又言大月氏國（Indo-Scythae）去長安萬一千六百里，西至安息四十九日行，其里數顯然不確，積差自亦隨之而大，法顯玄奘所計，則鮮此弊。此即裴秀所謂準望，有準望而後可以定分率也。

康泰法顯等之旅行，影響於當時中國地理學者甚大。北魏太和間（四七七——四九九）酈道元撰水經注，即採錄康泰法顯之書（水經注中引魏晉間旅行記，除上舉二書外，尚有多種，今皆不傳），此酈氏敏博過人處。魏書本傳稱其「好學歷覽奇書」，大概指此而言，故其書較同時郭璞之注，得永其傳，至今猶為中古地理學上不朽之作，實當時對於世界地理知識之一大進步。

法顯而後，名僧大德之周遊西域諸國者踵接。偽秦弘始六年（四〇四）沙門法猛結同志十五人，發長安，歷鄯善，龜茲，出于闐，踰葱嶺，入罽賓（Kashmir）而至印度，以元嘉元年（四二四）由印度歸國。梁高僧傳卷三有傳。隋書經籍志載其遊行外國傳一卷，今不傳。北魏神龜元年（五一八），復有惠生宋雲等經吐谷渾，鄯善，于闐，朱駒波（Karghalik）漢盤陀（Sarikol）諸國；越葱嶺（Pamir）入北印度，過乾陀羅（Gandhara）留烏萇（Uddy-ana）二年，正光三年（五二二）還洛陽，其行記現存後魏楊衒之洛陽伽藍記卷五（本刊四卷一期有馮譯沙畹宋雲行紀箋注），水經注成書較早，未及採錄。此等佛徒記行之書，雖多載當時葱嶺東西諸國各地寺院僧侶之數額，佛教之學派儀式或傳說等，但其中所記道里山川種族風俗物產等，裨益於中國人對於世界地理之觀念，自較前代爲豐富。

魏晉以降，中國本土以外之世界，東南北三面已相當明瞭，惟西面雖交通頗繁，仍未能透澈，地中海以西，皆渺茫也。此可以正史各外國傳所列國名及種族名之逐漸增多而知之。中國本土東面之世界，後漢書惟烏桓鮮卑有傳，魏志則已增扶餘，高句麗，東沃沮，挹婁，濊，馬韓，辰韓，弁辰，倭人等傳，晉書又增肅愼，裨離，牟奴等十國。南方則秦漢之世，已隸中國版圖，秦於嶺外置桂林象郡，兩漢時於安南北部置交趾（河內）九眞（淸華？）日南（廣平？）三郡。至於與安南東岸林邑（Champa）南岸扶南（Combodge）之關係，正式紀載，始於漢末三國之時。吳志（卷十五）呂岱傳：吳大帝時岱爲廣州刺史，遣從南宣化，暨徼外扶南林邑諸王各遣使奉貢。至晉書始立扶南傳，則當時與南海以西之國，已有密切之交通。法顯傳謂從師子國（Ceylon）經海南行九十日許乃到耶婆提，近時考證，知爲爪哇（Java）。梁書諸夷傳序謂康泰使扶南所經百數十國。隋書南蠻傳赤土國條載大業三年（六〇七）屯田主事常駿，虞主主事王君政等使赤土（今馬來半島之南與蘇門答臘中部以東之地）時，其王遣海舶三十艘來迎。則魏晉以後，中國人所知於南海西部者與時俱進。北面亦較前代所知爲多，新唐書回鶻傳稱骨利幹晝長夜短，日入烹羊胛熟，東方已明。蓋今西伯利亞之地，五月夏至前後，實有此種情形，其地在今貝加爾湖（Baikal 唐時謂之俱倫泊或稱瀚海）之北，已較漢代人所知爲遠。故漢以後六朝隋唐間，東南北三面之地，中國人所知者，逐漸擴大而詳悉。惟地中海以西之世界，殆始終未能明瞭，雖新唐書地理志謂唐之版圖，「南北如漢之盛，東不及而西過之」，此蓋就領土屬地而言，至於唐人對於西方世界極西之地理知識，殆仍未度越漢代所知之距離。唐書西域傳中極西之國如拂菻（大秦 Roman Orient）大食（條支 Arabia），漢代人已知之，但影響模糊，不如唐代淸晰耳。

隋唐之際，政治宗教商業之發達，前古未有，東西海陸交通甚盛，因而中國人對於四境以外之知識，較魏晋時地圖上許多大空白已漸有着落，故唐代地理學較前代亦最發達，地圖之製作亦較精審，規模亦較大，隋書經籍志有：

隋區宇圖志一百二十九卷

隋西域圖三卷裴矩撰

隋諸州圖經集一百卷郎蔚之撰

隋志又有周地圖記一百九卷，冀州圖經一卷，齊州圖經一卷，幽州圖經一卷，不著撰人，亦不知是否爲當時之作（圖經一類，魏晋間已大行，章宗源隋書經籍志考證從文選輯出者，不下六七種）。新唐書藝文志有虞茂區宇圖一百二十八卷，或即隋區宇圖志。按隋書（卷七十七）崔廓傳，謂大業五年廓受詔與諸儒撰區宇圖志二百五十卷，帝不善之，更令虞世基許善心衍爲六百卷。太平御覽文部又載：大業初，勅內史舍人豆威，起居舍人崔祖睿等，撰區宇圖志一部五百餘卷，帝不悅意，勅學士虞士基等十八人撰修，成一千二百卷，卷頭有圖，別造新樣，紙卷長二尺，叙山川則卷首有山川圖，叙郡國，則卷首有郭邑圖，其圖有山川城邑。則區宇圖志（全國地圖），當時已有多種，以煬帝之好大喜功，自不惜屢爲改易，成一千二百卷之鉅著，而所謂卷首有圖，圖後爲志，可以窺其體制。隋諸州圖經集之著者郎蔚之名茂，隋書卷六十六有傳。至裴矩西域圖於當時西域諸國所記尤詳，隋書（卷六十七）本傳謂：其時西域諸蕃多至張掖與中國交市，帝令矩掌其事，矩知帝方勤遠略，諸胡商至者，誘令言其國俗，山川險易，撰西域圖記三卷。其序言新唐書（卷一百）本傳删之，玆節錄隋書本傳，以見當時對於外國地理撰述之大概：

皇上膺天育物，無隔華夷，率土黔黎，莫不慕化，風行所及，日入以來，職貢皆通，無遠不至。臣既因撫納，監知關市，尋討書傳，訪採胡人，或有所疑，即譯衆口，依其本國服飾儀形，王及庶人，各顯容止，即丹青模寫爲西域圖記，共成三卷合四十四國，仍別造地圖，窮其要害。從西頃以去北海（按即Aral鹹海），縱橫所亘，將二萬里，諒由富商大賈，周遊經涉，故國之事，罔不徧知，復有幽荒遠地，卒訪難曉，不可憑虛，是以致闕。（中略）其山居之屬，非有國名，及部落小者，多亦不載。發自敦煌，至於西海（Persian Gulf），凡爲三道，各有襟帶。北道伊吾（Hami），經蒲類海（Barkul nor）鐵勒部突厥可汗庭，度北流河水至拂菻國（Roman Orient），達於西海。其中道從高昌（Turfan）焉耆（Karashar）龜茲（Kucha）疏勒（Kashgar），度葱嶺（Pamir），又經鏺汗（Ferghana）蘇對沙那（Sutr shna）

康國（Samarkand）曹國（Kebud）何國（Koshania）大小安國（Bukhara）穆國（Merv）至波斯，達于西海。其南道從鄯善于闐朱俱波（Karphalik）喝（按當作竭或渴）盤陀（Gorband），度葱嶺，又經護密（Wakhan）吐火羅（Tukhara）挹怛（Ephthalites）帆延（Bamain）漕國（Jagrda），至北婆羅門（North India），達于西海。（中略）故知伊吾高昌鄯善並西域之門戶也，總湊敦煌，是其咽喉之地。

據此序觀之，裴矩西域圖記之範圍，實不限於葱嶺以東之地，所謂四十四國，蓋包舉地中海以東諸國而言，其內容分爲兩部，一爲各國人物之種族風俗服飾，一爲地圖，自敦煌至於地中海以東亞細亞之地，皆在其內，實爲當時一幅規模宏大之世界地圖。

裴矩序中所謂「訪採胡人」，其意亦有可說，考東西商業交通之發達，自漢以來已多正式記載，西漢史籍中，常見與胡人「通關市」之事，當時所謂「胡」，蓋單指匈奴而言，東漢以後，漸概括葱嶺以東之西域諸國，魏晉而後，則葱嶺東西之國，皆謂之胡矣。此時與西方諸國之關係，政治而外，宗教上商業上均較前代爲複雜。如涼州一帶，六朝時已爲粟特國（Sogdiana）商人麇聚之地（參看魏書西域傳）；粟特之地，在今黑海沿岸，即史記漢書之康居，故粟特文字隋唐時代甚爲盛行，幾爲當時一種國際語。輓近斯坦因在羅布泊，伯希和在敦煌石室，均有發現；和林回鶻九姓可汗碑中，據近時考證，亦有粟特語，多記貿易之事。又隋書食貨志載，北周時河西諸郡，或用西域金銀之錢，而官不禁，可見當時東西貿易之盛，最遠之地，已及於東羅馬。洛陽伽藍記（卷三）記：「自葱嶺已至於大秦，百國千城，莫不欵附。商胡販客，日奔塞下，所謂盡天地之區矣」。又卷四永明寺條記：當時佛法經象盛於洛陽，異國沙門三千餘人，西域遠者，乃至大秦國。則至隋唐間，因商業及宗教之故，中國人所知於葱嶺以西諸國之種族風俗物產等，自遠較前代加詳，因而對於地圖之範圍與對於當時世界地理之知識，亦必大異於前代矣。

自唐高宗以至玄宗朝七八十年間，印度之天文曆法醫藥藝術，皆陸續由海陸兩道輸入中國，而以陸路尤繁。高宗時李淳風作麟德曆，玄宗時僧一行作大衍曆，皆嘗參用印度曆法，爲吾國時人周知之事。天文醫藥方面，隋書經籍志載婆羅門天文曆數之書凡六種，醫藥之書凡七種。而唐之諸帝並多餌丹藥，太宗遣王玄策使中印度時，得印度方士那羅邇娑婆以歸，製「延年藥」（參閱新唐書西域傳上天竺國條），同時大秦醫術亦流行中國（通典卷一九三引杜環經行記）。蓋六朝隋唐間，西域胡人遠來中土，大抵亦如明末清初之耶穌會士，略能挾一藝之長以應世，尤以小乘教僧徒爲多。藝術方面，則敦煌雲岡龍門諸石窟佛寺之建造，頗多西域藝人從事其中，茲不能詳論矣。

隋唐與西域文明之關係，既較前代爲擴大而深切，則當時中國人關於國外之記載，自極感興趣，使節僧徒遠行歸來，多有所述作，是以紀行之書，殆如風起雲湧。僅據隋書經籍志新唐書藝文志著錄，前後有四十餘種之多，今雖失傳，但視其目，足以知隋唐間對於外國知識之活躍，其活躍之範圍，即可占當時所知於世界地理之大要。唐時於西方地理之新知，貢獻最大者，無過玄奘之大唐西域記。其遊蹤之廣，學識之博，皆前所未有。玄奘以貞觀三年（六二九）發長安，出玉門關，越莫賀延沙漠，至伊吾，入高昌故地；翌年過阿耆尼（Karashar）屈支（Kucha）跋祿迦（Aksu），越淩山（Pedal Pass），出熱海（Issyk-Kul）南岸，沿熱海西行至素葉水城（Tokmak），復經今之土耳其斯坦阿富汗而入印度。周歷全印度後，復越葱嶺，過怯沙（Kashgar），由斫句迦（Kargh.alik）瞿薩旦那（Khotan）而至納縛波（Navapa）即羅布伯之南，經南道諸國，貞觀十九年始還長安。故西域記一書，實爲中古時記行書中範圍廣大，內容豐富之鉅作，位置之高，猶不限於佛教史，而於當時西域印度史地之研究，所關尤爲重要。

西域記卷一序論有兩段記載，可以代表當時奘師遊學西方十數年歸來後，介紹於中國之一種世界地理之新知識。首段言日月所照有四大洲，皆在大海中，東毘提訶洲（Purva-Videha），南贍部洲（Jambu-dvipa），西瞿陀尼洲（Godhani），北拘盧洲（Kuru），皆爲金銀銅鐵四輪王所統治。鐵輪王統治贍部洲，贍部洲有四主，南爲象主，因其地暑濕宜象，西爲寶主，因臨海多寶，北爲馬主，寒勁宜馬，東爲人主，和暢多人。以今推之，象主蓋指印度南洋諸國，寶主或即波斯敘利亞等，馬主當指中央亞細亞之土耳其民族，人主謂中國，以人口衆多也。此種說法，固出於佛經。但在當時殆已非甚新奇之論，魏晉間中國人已略知之，司馬貞史記大宛傳索隱引

9

康泰外國傳謂：「外國稱天下有三衆，中國人衆，月氏馬衆，大秦寶衆，」正與此同，惟此以印度爲中心，加一象主耳。

較裴師稍後，銜國家使命，屢使西域印度者，有李義表王玄策等二十二人。王玄策之旅行記，今皆不傳，法苑珠林中多散見其鱗爪。所撰之書，似有多種：西域記，西國志，西域行記，西國行記，王玄策行傳，中天竺行記等，名稱各異，均見法苑珠林。馮子衡（承鈞）先生曾作王玄策事輯一文（清華學報四卷一期），考證詳贍，遠較烈維氏（Sylvain Levi）之作爲勝。馮氏考玄策奉使或在三次以上。其中天竺行記，新唐書藝文志著錄，其餘之書，皆不錄見。唐志另有：

西域圖志六十卷（原注）高宗遣使分往康國吐火羅，訪其風俗物產，畫圖以聞。詔使官撰次，許敬宗領之，顯慶三年上。

而法苑珠林卷一百十九（四部叢刊影明徑山寺本）載：

中天竺行記十卷

右唐朝朝散大夫王玄策撰。

西域志六十卷　圖畫四十卷

右此二部合成一百卷。唐朝麟德三年奉勅令百官撰。

同書卷九又云：

西國志六十卷，國家修撰，奉勅令諸學士畫圖，集在中臺，復有四十卷，從麟德三年起首，至乾封元年夏末方訖，余見【王】玄策具述此事。

據以上三條之記事，則唐志之西域圖志即法苑珠林之西域志或西國志，蓋一書之異稱，其材料當爲據王玄策出使所得，而勅令百官以許敬宗領撰之者也。此中即發生一問題，間接關係於王玄策出使事。法苑珠林之撰者道世，記西國志之撰修，自麟德三年迄乾封元年夏，書始成，自謂親見玄策爲之具述此事。且麟德三年之說，凡兩見，自非傳寫之訛。然考新舊唐書高宗本紀，麟德僅二年，次年正月卽改元乾封，非崩逝與卽位，何容一年有前後二種年號之淆；又非邊遠之地，道世不應不知；且以百卷之鉅著，一年之間，安能蕆事？則珠林之麟德三年必爲唐志顯慶三年之誤無疑，雖道世自謂親聞於玄策，吾人實不敢盡信，是唐志之西域圖志即珠林之西域志西國志，可以斷言。西域圖志之修纂既在顯慶三年，據馮氏引諸經集要卷一引王玄策西國行傳，「唐顯慶二年勅使王玄策等往西國送袈裟，於尼婆羅(Nepal)國西南，至頗羅渡來村」云云，定此為王玄策奉使之第三次，（馮氏考證第一次在太宗貞觀十七年，第二次在貞觀二十一年），但此次路線，明為由吐蕃（Tibet）出泥婆羅至印度，並非由葱嶺或經西域繞道。如今無反證以證唐志西域圖志原注之不可據，則在顯慶二年以前，高宗之世，王玄策當尚有一次奉使西域或印度之事。唐志原注謂「高宗遣使分往康國吐火羅，訪其風俗物產，畫圖以聞」，此所謂遣使分往，當指玄策等而言，然法苑珠林中所引西國志或西域志之文，皆為印度之事，並無一條言及康國或吐火羅者，當時此一帶國家，亦為佛教國，或者佛陀之靈蹟在印度，故不齒及於此歟？或本有之而珠林未及稱引歟？不可得而知也。馮氏文中於此點似未之辨，故略附所見於此，以俟大方之教。

唐時往西域印度歸而有成書者，高宗咸亨二年沙門義淨由廣州航行至印度，武后證聖元年還洛陽，著南海寄歸內法傳四卷。晚近敦煌石室發現之慧超往五天竺殘卷，為玄宗開元十五年沙門慧超歷中印南印西印各地，更遍遊中亞，踰葱嶺，出疏勒至焉耆，抵龜茲安西大都護府，所記多為各地政治宗教風俗及傳聞等。今收入敦煌石室遺書中，日本藤田豐八氏嘗為之箋釋，有錢稻孫氏刊印本。

玄宗天寶時，尚有張韜光及悟空等四十餘人赴印度，歷四十餘年之久，所記見於大唐貞元新譯十地等經記中，多記迦濕彌羅（Kashmir）之事。

此類僧徒使節之行記，當可視為中古時關於世界地理知識之教科書，其於中國社會之影響極大，宋以後稗官小說，如西遊記故事之演變，皆由此而來。

僧徒使節遠適西域或渡重洋之事，至唐代而極盛。唐代內因本國文化之成熟，外受西域文明之影響，政教昌明，種種學術進步甚速。玄宗開元十二年李淳風僧一行等之測定子午線，實為天文地理學上所可特書之事。因此地圖之繪法，自亦較前代為精密。唐書藝文志載當時撰作之地圖有九種之多，其中惟李吉甫元和郡縣圖志五十五卷今僅志存而圖已佚。凡此姑不具論，今獨舉唐代地理學上最有貢献之學者賈耽。

賈耽字敦詩，德宗貞元九年官至尚書右僕射同中書門下平章事。順宗立，進檢校司空左僕射，封魏國公。舊唐書（卷百三十八）本傳載：「耽好地理學，凡四夷之使，及使四夷還者，必與之從容訊其山川土地之終始，是以九州之夷險，百蠻之土俗，區分指畫，備究源流」。畫關中隴右山南九州等圖一軸，別錄六卷，黃河界錄四卷。貞元十七年又撰成海內華夷圖一軸及古今郡國縣道四夷述四十卷，舊唐書本傳載其献表，節錄於下，以見二書撰述之體制：

臣弱冠之歲，好聞方言，筮仕之辰，注意地理，究觀硏考，垂三十年。絕域之比鄰，異蕃之習俗，梯山献琛之路，乘舶來朝之人，成究其源流，訪求其居處。闤闠之行賈，戎貊之遺老，莫不聽其言而掇其要，閭閻之瑣語，風謠之小說，亦收其是而芟其僞。（中略）興元元年，復奉進止，令臣修撰國圖，旋即充使魏州汴州，出鎮東洛東都，間以衆務，不遂專門，績用尚虧，憂愧彌切。近乃力竭衰病，思殫所聞見，叢於丹青，謹令工人畫海內華夷圖一軸，廣三丈，縱三丈三尺，率以一寸折成百里，別章甫左衽，奠高山大川。縮四極於纖縞，分百郡於作繢，宇宙雖廣，舒之不盈庭，舟車所通，覽之咸在目。幷撰古今郡國縣道四夷述四十卷，中國以禹貢爲首，外夷以班史發源，郡縣紀其增減，蕃落叙其盛衰，前地理書以黔州屬酉陽，今則改入巴郡，前西戎志以安國爲安息，今改入康居。凡諸疎舛，悉從釐正。（中略）其古郡國題以墨，今州郡題以朱，今古殊文，執習簡易。臣學謝小成，才非博物，伏波之聚米，開示衆軍，竇侯之圖書，方知阨要。企慕前哲，嘗所寄心，輒罄庸陋，多慚紕繆。

海內華夷圖與古今郡國縣道四夷述二種，當爲唐代地理學上最大之著作。新唐書（四十三下）地理志稱：天寶中玄宗問諸蕃遠近，鴻臚卿王忠嗣以西域圖對，纔十數國。今視賈耽之圖，宜乎德宗獎賜優渥，時耽已屆六七十歲之高齡矣。表中謂前代志書誤以安國爲安息。按安息（Parthia）見於漢史，其地即唐時之大食（Arabia），今波斯阿拉伯一帶，唐時與中國商業極盛（故唐時波斯人來中土者，皆富商大賈，腰纏鉅萬，李商隱義山雜纂（唐代叢書本）中「不相稱」一條，謂屠家念經，先生不識字，老翁入娼家，窮波斯等，皆爲社會上不相稱之事，則當時波斯人必無窮者，可想而知）。唐代之安國即康居（Sogdiana），爲昭武九姓之一，其地在今撒馬耳干（Samarkand），賈耽以前，史傳中尚有未明瞭其地者，由此可知魏晉六朝以來，一般對於世界地理之實際知識，進步殊緩也。

海內華夷圖廣三丈，長三丈三尺，以一寸當百里，唐時，一里小程三百步（一步五尺，一尺〇·三〇五米），大程三百六十步，則此圖爲百五十萬分之比尺。今西安碑林所存僞齊劉豫阜昌七年禹蹟圖及華夷圖爲今日吾國最古之地圖，禹蹟圖標明「每方折地百里」，猶存裴秀賈耽之遺制。阜昌華夷圖下跋云：「其四方蕃夷之地，唐賈魏公圖所載，凡數百餘國，今取其著聞者載之」，則賈耽之原圖，當較此更詳。然觀阜昌華夷圖中所列四夷之名稱位置，多不甚正確，如「西域諸國」中將烏弋山離（Alexandria 魏略雖作烏弋，但不連山離），析而爲烏弋，山離二名；捐毒（India）既入西域諸國，而其下復重出五天竺；師子國（Ceylon）當入天竺範圍，而反入西域。「東夷海中之國」中獩貊在朝鮮東部，並非海國。惟大體尙正確，究竟猶略可窺唐代地圖之面目也。

貞元間，賈耽尙撰有皇華四達記二十卷，見新唐書藝文志，書佚不傳，新唐書（四十三下）地理志載耽有入四夷路程之書，殆即皇華四達記也。地理志謂其書從邊州入四夷通譯於鴻臚者，莫不畢述。入四夷之路凡七：一營州入安東道，二登州海行入高麗渤海道，三夏州塞外通大同雲中道，四中受降城入回鶻道，五安西入西域道，六安南通天竺道，七廣州通海夷道。此七道之交通，幾遍及亞洲之地，亞洲蓋當時之世界也。地理志又謂其山川聚落，封略遠近，皆概舉其目，州縣有名。淸末吳承志著唐賈耽記邊州入四夷道里考實五卷（嘉業樓劉氏刊印），僅考其三道，一爲營州入安東道，二爲登州海行入高麗渤海道，其安南通天竺道，則析而爲三，即安南至永昌，諸葛亮城至摩揭陀國（Magadha），及驩州至環王國水陸眞臘羅越。每篇先錄原文，後加考証。此外沙畹氏於其宋雲行紀箋注中，曾將至于闐之路程譯出；復在所著西突厥史料中，將焉耆至安西（Koutcha），安西至怛羅斯（Aoulieata）城之路程加以考証。伯希和氏亦曾將自交趾經雲南赴印度，與自廣州經南海至印度兩道作詳細之研究，民國二十二年馮承鈞氏譯名交廣印度兩道考（商務出版）。

入宋而後，羅盤針之發明，致於實用，海上交通更爲發達，宋改都汴梁，長安失其首都地位，宋之國威不振於西域，甘凉一帶，又爲西夏國所阻，陸路交通頓衰。自唐以來，執海上交通之牛耳者，初爲波斯人，入宋則大食人（阿拉伯人）漸取而代之。大食，唐書始有傳，古時通商，由陸路經中亞來中土，自宋仁宗天聖三年（一〇二三）乃令取海道由廣州至京師。南宋時陸路交通幾絕，大食人之來者皆由海道，故當時稱大食人爲南蕃人。宋時海上交通既如此之盛，於是中國人對於南洋之知識，乃大異於前。

宋以前，東西海上交通，以南洋之西部爲盛，南洋之東部則尙爲不可知之境地。宋以後，南海航路始有東西洋之稱。元汪大淵島夷誌略蘇祿條，及毗舍耶條始見東西洋之名。明張燮東西洋考（卷五）文萊條謂：「文萊國即婆羅國（Borneo），東洋盡處，西洋所自起也」。所謂西洋者，大約指廣州海口，沿大陸海岸至馬來（Malay）半島經蘇門答臘(Sumatra)，東轉 Java, Bali, Timor 等，更及婆羅洲(Borneo)西南海岸，皆爲古代所知。法顯由師子國(Ceylon)經南海歸航時，曾過耶婆提，近時考証，知爲 Java，隋唐間又稱闍婆，訶留巴或訶陵。義淨南海寄歸內法傳中之室利佛逝(Crivijava)即今蘇門答臘，宋明謂之三佛齊或佛齊（Samboja），爲隋唐間綰東西海道交通之樞紐。至於東折一路，指由福建海口過台灣彭湖列島而達呂宋(Luzon)，或由 Sulu 海南下，經 Mindanao 島，東折抵 Moluccas 諸島，西經 Sulu 羣島，而達 Boeneo，或由 Luzon 經 Palawan 而達 Borneo之 Brunei 港。此一帶羣島，除台灣彭湖外，爲中國人所知，皆甚遲晚，大約不過宋初之時（宋史卷四八九始有渤泥國傳，即今 Borneo）。蓋西洋一路，物產豐富，自來爲亞洲文明國交通之要道，東洋一路，孤立海表也。此可觀於交趾廣州，雖距中國內地較遠，而開發頗早，福建雖近內陸，而開發反較遲。隋唐時，廣州爲西洋交通之門戶，賈耽入四夷路程，南海一道即始於廣州。宋時泉州之地位，因阿拉伯人麕集於此，海船輻輳，廣州之地位，一度衰落，由此東洋一路，遂爲中國人所知悉。南宋時趙汝适提舉福建路市舶，著諸蕃志，於此一帶風土物產，記之甚詳，宋史外國傳實採用之；惟宋史詳事蹟而略於風土物產，趙書則詳於風土物產而略於事蹟耳。（關於諸蕃志，Hirth and Rockhill 爲之譯注甚詳，近北平有翻版。關於東洋一路之交通，桑原騭藏蒲壽庚考，我國有陳裕菁馮攸二種譯本，可參考）。

宋時與南洋之交通，略如上述，然宋人對於南洋地理之觀念，仍甚模糊。宋代地圖今存者，除上舉僞齊阜昌七年（當南宋紹興七年）之禹蹟圖華夷圖二種外，尙有蘇州文廟內所存淳祐七年王致遠之地理圖，以上三種而已。三種中惟阜昌華夷圖有西域南海諸國之名，但僅列其國名，未定準望，近見己未（民國八年）近人張宗祥氏，據宋本校明刊歷代地理指掌圖一卷，前有眉山蘇軾序，圖凡四十四幅，上葉爲圖，下葉爲解說，宋本卷末有「四川成都府市西俞家印」字樣。四庫全書總目提要（地理類存目一）引宋費衮梁谿漫志斷其必非東坡所作，固然，但未定爲誰氏之作。考陳振孫書錄解題謂蜀人稅禮安元符中上此書於朝廷，未及而死。則此書之著者原爲稅氏，在成都俞家刊印者也。據張宗祥氏所校明刊本中「古今華夷區域總要圖」一篇，與宋本僅差數字，而全圖山川形勢，全與阜昌華夷圖同，可知宋本亦必同出於賈耽華夷圖之底本，據此以觀宋人對於南海諸國之地理觀念，甚爲有趣。圖中將海中之蝦蛦國與溫州相對，三佛齊（蘇門答臘）與泉州相對，占城（Champa）亦繪入海中與泉州相對，闍婆（Java）與漳州相對，諸如此等，將所謂西洋之島名，全置於東洋海面中，則宋人對於南洋地理之實際知識，猶模糊若此也！

元以後亞歐兩世界始接觸而爲一。成吉斯汗以漠北一部落崛起，數十年間幾混一亞歐大陸之全部，元人兵力，西達波蘭，直越與匈國境，昔日亞歐幾經挫折未通之路，元時乃得直接通使，闢漢唐以來未有之新天地。故史家以爲馬哥孛羅（Marco Polo）之遊紀，對於世界文化史之影響，不遜於科倫布（Columbus）之西航美洲。元世祖之時，因亞拉伯天文地理曆算諸學之輸入，始作渾天圖地球儀（當時稱志理志）經緯線（參閱新元史曆志二）。而天文學家郭守敬地理學家朱思本，則又爲有元一代受亞拉伯文化影響之雙璧。至劉郁之西使，邱處機之西遊，其價值自在法顯玄奘王玄策之下也。其間因元兵之媒介，中國印刷術，紙，火藥，羅盤針，相繼傳入歐洲，開近世之世界文明，則可特書之事也。

元順帝以後，元政日衰，中原板蕩，西方突厥人與起，東羅馬帝國滅亡，波斯灣，紅海，裏海一帶之歐亞大陸通路，暫時中斷。至明成祖永樂宣德間，乃有鄭和之七下西洋，足跡至今非洲東部，明之海上霸權爲從古所未有。迨一四八六年（明憲宗成化二十二年）底亞士（Bartholo Mew Diaz）發見好望角，亞歐始有海上交通，此後遂有葡萄牙人西班牙人之經商南洋。至神宗萬曆間，耶蘇會士相繼來中土，意大利人利瑪竇（Matteo Ricci）始傳入坤輿萬國全圖（按當時傳來之坤輿圖，尚不僅利氏所攜者，余見天啓三年原刻本職方外紀，前有李之藻序，謂其時閩稅官獻地圖二幅，皆歐邏巴文字，得之海舶者，想今已不在人間矣！）天啟間，艾儒略

15

(Jules Aleni）復據利氏與龐迪我（Diago de Pantoja）舊本而撰職方外紀。清康熙間，南懷仁（Ferdinand Verbiest）撰坤輿圖說，圖理琛撰異域錄，利類思（Louis Buglio）安文思（Gabriel de Mugalhaes）撰西方要紀。自此以來，中國人初知世界有五大洲，然當時士大夫猶疑信半參，頗多反響。至於白晉（Joachin Bonvet）雷孝思（Regis）等之奉勅測繪全國輿地而成皇輿全覽圖，奠定此後中國輿圖之基礎，又因經度長度因緯度之弧曲而有差異，證明地形為扁圓之說，皆中國乃至世界文化史上千古之功業。及於乾隆間，亞歐交往，又復暫輟。咸同而後，海禁再開，乃復講求洋務，以至於今日吾人所認識之世界。悠悠數千年，世界乃得混而為一，人類知識之進步，蓋如是其難也。

明代四裔書目

朱士嘉

引言

明代自鄭和下西洋，永樂宣德間而聲教之盛，始及于南洋及天方諸國；繼之而有瀛涯勝覽，星槎勝覽，西洋番國志之作。自利瑪竇來華，萬曆十年而世界各國之風土人情，始昭著於天下；繼之而有萬國輿圖，職方外紀之作。彼二人者於灌輸地理智識，溝通中西文化，厥功甚偉，不可以無紀也。鄭和使西洋，中外學者已討論及之，獨於利氏則尚未有所聞，聞之而亦未爲詳盡焉。洪師煨蓮有鑒於此，特爲禹貢半月刊編撰利瑪竇專號，徵文於余，以明代四裔書目應，或者其於利氏來華前後國人對于世界地理智識演進之迹，得以有所稽考乎？

是篇以東西南北爲分，其不專記一族，一地，或未詳所言者附後，凡得百十六種；內朝鮮人著作九種，不知名日本人著作一種，意大利人著作二種。每種首列書名，卷數，次版本，次撰人名氏，仕履，間亦附以提要。凡未見或散佚之書，各注出處，以明所本。書名，卷數，撰人，各書所載互異者亦皆分注於下，并引他書以證其失，此體例之大要也。疏陋之譏，知所不免，大雅宏達，幸垂教焉！

朝鮮紀事　一卷

明鈔本，紀錄彙編本，國朝典故本，續說郛本，五朝小說本，文獻彙編本，見千頃堂書目十五玉簡齋叢書本，附奉使朝鮮唱和集四庫全書總目五十三有著錄。

倪謙撰。謙字克謙，別號靜齋，錢塘人，徙上元。正統四年進士，十四年奉詔使朝鮮，成化十五年卒。所著猶有玉堂稿百卷，上谷稿八卷，歸田稿四十二卷，南宮稿二十卷，遼海編四卷。是書殆即其使朝鮮時所作。

高麗史　百三十九卷四庫全書總目六十六作二卷，世系一卷，后妃列傳一卷。

鈔本，見四庫簡明目錄標注六朝鮮舊刊本，平津館鑒藏書籍記補遺，愛日精廬藏書志十四均有著錄。

高麗人鄭麟趾撰。景泰二年表進是書。凡分世家四十六卷，志三十九卷，表二卷，列傳五十卷，目錄二卷。曝書亭集有是書跋。

朝鮮史略 六卷 述古堂書目作十卷誤。也是園藏書目三，脈望館書目，絳雲樓書目一，讀書敏求記二，菉圃藏書題識三，適園藏書志四，日本訪書志六，朝鮮圖書解題均作東國史略，與千頃堂書目八異。訪書志稱此書有明萬曆丁巳（四十五年）刻本，……改稱朝鮮史略。又稱此書有二種，一爲國別體，十二卷，……一爲編年體，六卷。

朝鮮古刊本，趙淸常鈔本，校鈔本，傳鈔明刊本，四庫全書本，成都楊氏重刊本。

各書目均不著撰人名氏，惟朝鮮圖書解題謂高麗太宗命李詹撰。詹字少叔，號雙梅堂。日本訪書志六稱此書有國別體十二卷，題菁川柳希齡編，此本則無之，乃明代朝鮮人所作。景泰二年進於朝。所紀始檀君立國，爲唐堯二十五年，終高麗恭讓王明太祖二十五年。

朝鮮賦 一卷 國史經籍志三作使朝鮮賦。

明刊本，國朝典故本，精鈔本，四庫全書本，朝鮮刊本，日本刊本，豫章叢書本。讀書敏求記二有著錄。

董越撰。越字尙矩，寧都人。成化五年進士。官至南京工部尙書。孝宗（弘治）即位，奉使朝鮮。有集四十二卷。述古堂藏書目三作華越誤。澹生堂書目三又作董樾。按樾字子亨，鄞縣人，萬歷五年進士。見光緒鄞縣志三十七人物門，而不言其有使朝鮮事，當係別一人，澹生堂書目誤也。

使東日錄 一卷

天一閣書目卷末，萬卷堂書目二均有著錄。惟後者凡二見，一作董天錫撰。

董越撰。

朝鮮雜志 三卷 四庫全書總目七十八作一卷

千頃堂書目八，明史藝文志二，國史經籍志三，萬卷堂書目二均有著錄。

錢溥撰。四庫全書總目七十八作董越撰。並謂係後人自朝鮮賦註中錄出，僞立此名，非越又有此書。溥字原溥，明史分稿殘編作字原博。按光緒華亭縣志十四溥弟名博，字原博，號靜庵，知前書作溥字原博者誤，號遺庵，惟慶子。正統四年進士，授翰林院檢討，擢左贊善。弘治元年卒，年八十一。

使朝鮮錄 三卷 萬卷堂書目二作使朝鮮記二卷，國學圖書館圖書總目十四亦作二卷，國史經籍志三作一卷，與千頃堂書目八異。

嘉靖刊本，有「汪魚亭藏閱書」印 國學圖書館傳鈔本。

襲用卿撰。用卿字鳴治，別號雲岡，懷安人。嘉靖五年進士。十五年奉使朝鮮。三十八年避居建安，未幾卒，年六十四。所著猶有雲岡選稿廿卷，詩餘等若干卷。

朝鮮圖說 一卷

康熙刊本，鄭開陽雜著本，四庫全書總目七十八有著錄。

鄭若曾撰。若曾字伯魯，崑山人。事蹟詳乾隆崑新合志文苑傳。是書先圖後攷，次世紀，都邑，山川，古蹟，風俗，土產，天朝至朝鮮東界地理，本朝貢式，末附鄭忠肅公奏議一篇。

朝鮮志 二卷 周車所至本作一卷。

鈔本，四庫全書本，乾隆刊本，藝海珠塵本，周車所至本。

不著撰人名氏，書中稱大明一統志，知其成于明代。全書分京都，風俗，古都，古迹，山川，樓臺六門，略仿中國地志之體。

朝鮮國紀 一卷

學海類編本。四庫全書總目六十六有著錄。

黃洪憲撰。洪憲字懋中，號葵陽，秀水人。隆慶五年進士，官至少詹事掌翰林院事。萬曆十年以皇長子生，使朝鮮。二十八年卒，年六十。所著猶有易說，春秋左傳釋附，老子解蒙，莊獨契，秀水邑志，讀禮日抄 按四庫全書總目一九七有玉堂日鈔三卷 碧山學士集，皇明文憲。是書無序跋及目錄，略如紀事本末之體。

輶軒錄 四卷 國史經籍志三作三卷。

千頃堂書目八有著錄。

黃洪憲撰。

朝鮮沾化集

千頃堂書目八不著卷數。

李如松撰。如松字子茂，成梁長子。成梁自朝鮮內附。萬曆十一年，出爲山西總兵官給事中。以攻倭有功，加太子太保。

朝鮮世紀 一卷 絳雲樓書目一作高麗世紀。也是園藏書目三作十卷。

鈔本。讀書敏求記二有著錄。

吳明濟撰。明濟字子魚，會稽人。讀書敏求記二稱明濟於萬曆丁酉(廿五年)以客從司馬公贊畫，東援朝鮮，諸訪事蹟，撰世紀，記朝鮮始末最詳。

漢書朝鮮傳疏　一卷

千頃堂書目八有著錄。

邢侗撰。侗字子愿，臨邑人。萬曆二年進士。所著猶有來禽館集二十九卷。

朝鮮日記　三卷

千頃堂書目八有著錄。

許國撰。

朝鮮國三咨錄

絳雲樓書目四有著錄。

朝鮮日本圖說

絳雲樓書目一有著錄。

朝鮮國志　一卷

四庫全書總目七十八有著錄。

不著撰人名氏。明代朝鮮人所作。所存惟京都，風俗，山川，古都，古蹟五門。

東藩紀行錄　一卷

千頃堂書目八有著錄。丘濬爲作序。

金本清撰。本淸鄞縣人，仕履未詳。

輶軒紀事　一卷

豫章叢書本。

姜曰廣撰。曰廣字居之，新建人。萬曆末舉進士。天啟六年奉使朝鮮，因述所見聞，編成此書。有舒曰敬序(崇禎元年)稱曰廣曰燕及。事蹟詳明史本傳。

東國通鑑　五十六卷

印本。朝鮮圖書解題有著錄。

高麗成宗命徐居正，鄭孝恒等撰。居正字剛中，號四佳，所著有三國史節要，東文選，輿地勝覽。是書係編年體，敘新羅，高勾麗，百濟諸國四百年以來史事甚悉。

東國通鑑提綱　十三卷

印本。朝鮮圖書解題有著錄。

朝鮮人洪汝河撰。汝河字伯源，號木齋。

三國史記　五十卷

印本。朝鮮圖書解題有著錄。

高麗仁宗命金富軾撰。富軾號雷川。本書卷一至十二新羅本記，卷十三至二十三高麗本記，卷二十三至二十八百濟本記，卷二十九至三十一年表，卷三十二至四十志類，卷四十一至五十列傳。

三國史節要 十四卷

印本。朝鮮圖書解題有著錄。

高麗仁宗命盧思愼等撰。思愼字子眸，號葆眞齋。

東史補遺 四卷

印本。朝鮮圖書解題有著錄。

朝鮮人趙挺撰。挺字汝豪，號漢叟。

彙纂麗史 四十八卷

印本。朝鮮圖書解題有著錄。

朝鮮人洪汝河撰。

新增東國輿地勝覽 五十五卷

印本。朝鮮圖書解題有著錄。

高麗成宗命盧思愼等倣大明一統志之體，撰東國輿地勝覽。卷首有圖。記載京畿以下諸道沿革，風俗，廟社，陵寢，宮闕，官府，學校，物產以及孝子烈婦之行狀，名賢之事迹，詩人之題詠，至爲詳悉。

東國地理誌

印本。朝鮮圖書解題有著錄。

朝鮮人韓百謙撰。百謙字鳴吉，號久菴。

日本補遺

千頃堂書目八有著錄。

張洪撰。洪字宗海，常熟人。曾奉使日本。永樂元年預修永樂大典。洪熙元年陞翰林院修撰，致仕卒，年八十有四。所著猶有四書解義，周易會通，尙書補傳，詩經正義，春秋說約，禮記總類，歷代詩選，史記要語，琴川新志，南夷書等。

日本考略 一卷 天一閣書目二作日本國考略。千頃堂書目八作三卷。國史經籍志三，也是園藏書目三，絳雲樓書目一並作二卷。萬卷堂書目二作四卷。

國朝典故本，文獻彙編本見千頃堂書目十五得月簃叢書本，刊本。四庫全書總目七十八，浙江採集遺書總錄戊集均有著錄

薛俊撰。俊字梓山，定海人。官至常州訓導。定海知縣鄭餘慶鑒于嘉靖倭變，起于倉卒，以致不易收拾，

爲防患未然，特命薛俊編輯此書，以供禦邊將士究覽焉。書分沿革，疆域，州郡，屬國，山川，土產，世紀，戶口，制度，風俗，朝貢，貢物，寇邊，文詞，寄語十五略。其寄語略又分天文，時令，地理等十五類。凡日語之能以中文譯出者，各將其拼音舉出，附註意義于下，如乃乃子「ナナツ」註七，效子「ヤツツ」註八之類，尙稱詳悉，總計不下四百條。惜無原文可以對照，爲美中不足耳。然四百年以前國人已知通習語言，爲明瞭敵國政治，社會，經濟狀況之必要條件，必如是而後可以知己知彼，謀所以應付之道，其弘謀卓識，固非常人所能冀及者矣。鄭若曾日本圖纂取資于是書者甚多，其寄語類雜類與是書寄語略大略相同，所異者惟多出寄語島名一門。

日本寄語　續說郛本

薛俊撰。按是書實即日本考略中之寄語略一門，不知爲何人摘出，僞立此名，一若薛俊除考略外，尙有是書者。明人託名杜撰之風甚盛，即此可以知其一端。書中亦有數處，可補考略之缺，如「風」「雲」等字，此詳彼略，固不必以僞書廢矣。

南轝倭商秘圖

見四庫全書總目七十八日本圖纂條。

日本圖纂　一卷　千頃堂書目八作日本圖考二卷。國史經籍志三絳雲樓書目一亦作二卷。

鄭開陽雜著本。讀書敏求記二，四庫全書總目七十八均有著錄。楝亭書目二稱有龍溪王畿序，今本未見。

鄭若曾撰。據若曾自序，其書取材不外三端：(一)薛俊日本考略，(二)奉化人宋文復所示南轝倭商秘圖，(三)鄞人蔣洲，陳可願使日本後所述山川風俗情形。是書首列日本國圖二，日本入寇圖一，次日本國論，日本紀略，又次畿內部，畿外部，海曲部，驛，戶，課，鄉，風，寄語，倭好，倭船，倭刀，寇術，使倭針經圖說，國朝貢式，市舶，頒賜日本儀制，日本入貢賜宴儀制，歷代封號等類，而以宋徽宗御製跋，日本貢使詩，日本僧奝然表殿之。

日本考　五卷　國史經籍志三作四卷，絳雲樓書目一作日本考畧四卷。

明刊本。四庫全書總目七十八，浙江採集遺書總錄戊集均有著錄。

李言恭郝杰同撰。按郝杰四庫全書總目作都杰。浙江採集遺書總錄，北平圖書館善本書目二則皆作郝杰。查國朝歷科題名碑錄，（嘉靖丙辰科）及光緒蔚州志卷八選舉志，卷十四史傳，皆有郝杰而無都杰之名，知四庫全書總目作都杰者誤。言恭字惟寅，盱眙人。岐陽武靖王文忠之裔。以萬曆二年襲封臨淮侯。所著猶有青蓮閣集，貝葉齋集，游燕集。杰字彥輔，蔚州人。嘉靖三十五年進士。官至南京兵部尚書。是書于日本風俗，土音，字義，并詳著之。

東鑑 五十二卷 原名吾妻鏡。第四十五卷缺。

日本刊本：（一）慶長十年（萬曆三十三年）刊本，有兌叟跋。（二）寬永元年（天啓四年）刊本，未見，有林道春跋。（三）寬文元年（順治十八年）刊本。未見楝亭書目二，日本國書解題均有著錄。

不著撰人名氏。兌叟跋略謂自治承四年至文永三年八十七載之間，凡事之可資殷鑑者，無不旁搜博采，以爲之記。日本星野恒氏有評語，曾載史學會雜誌。年月未詳朱竹垞曝書亭集亦有跋。

日本風土記 四卷

千頃堂書目八，明史藝文志二均有著錄。

侯繼高撰。

備倭圖記 四卷 楝亭書目二作一卷。

千頃堂書目八，明史藝文志二均有著錄。

卜大同撰。楝亭書目二作小同輯。

日本高麗圖記

世善堂藏書目上有著錄。

鄧鍾撰。鍾字道鳴，晉江人。所著猶有籌海重編十卷。

日本受領之事 一卷

也是園藏書目三，讀書敏求記二均有著錄。

日本東夷朝貢考 一卷

四庫全書總目八十三有著錄。

張迪撰。迪字文海，華亭人。

使琉球錄 一卷 濮陽蒲丁李先生家藏目錄作琉球使略。千頃堂書目八作二卷。

嘉靖刊本，紀錄彙編本，國朝典故本，作琉球使略五朝小說本，同上無序跋及撰人姓氏，僅存頒賜與祭品三頁。

續說郛本 同上，文獻彙編本。見千頃堂書目十五 浙江採集遺書總錄戊集有著錄。光緒鄞縣志五十三載陳侃序。

陳侃 高澄跋（嘉靖十三年）稱陳思齊 撰。侃字應和，四明人。嘉靖初琉球國王尙眞薨逝，屬國請封世子淸德。十三年仲夏，中國遣正使陳侃，副使高澄齎詔往封爲琉球國中山王。十月歸國，因綴所見聞，撰成是書。首詔諭，嘉靖十一年八月 頒賜諭，祭文，祭品；次使事紀略，次羣書質疑，大明一統志，瀛蟲錄，星槎勝覽，集事淵海，杜氏通典，使職要務，大明會典 次貢物，次天妃靈應記，次夷語。夷語一門，又分天文，地理，時令，花木，鳥獸，宮室，器用，人物，人事，衣服，飲食，身體，珍寶，數目，通用等類，而以夷字殿之。夷字者日本字也，凡四十有八。日本字之見于我國載籍者，前此似尙未聞焉。

琉球錄 二卷

刊本。浙江採集遺書總錄戊集有著錄。

郭士霖李際春同撰。二人于嘉靖三十一年同出使琉球，既還，乃取陳侃書，重加編次，以成是書。

琉球圖說 一卷

鄭開陽雜著本。四庫全書總目七十八有著錄。

鄭若曾撰。是書首圖考，次世紀，山川，風俗，福建使往大琉球鍼路，土產，國朝貢式。末附鄭端靖公紀事一篇，體例一如朝鮮圖說。

使琉球錄 二卷

千頃堂書目八，國史經籍志三，也是園藏書目三，浙江採集遺書總錄戊集均有著錄。

蕭從業 按絳雲樓書目一下注蕭從景鞏珍西洋番國志 撰。從業臨安人。是書乃其萬曆間出使時所撰。

使琉球錄 六卷

千頃堂書目八，明史藝文志二均有著錄。

謝杰撰。

東行百詠 八卷

千頃堂書目八有著錄。

陳循撰。循字德遵，號芳洲，泰和人。永樂十三年進士。授翰林院修撰。曾修寰宇通志，爲總裁官。又預修三廟實錄，五經四書，性理大全等書。所著猶有芳洲集十卷。此書乃其謫遼東時所撰。

遼海編 四卷

明史藝文志二，國史經籍志三，世善堂藏書目錄上均有著錄。

倪謙 按世善堂藏書目錄上作倪岳誤。撰。

東南夷圖說 二卷 浙江採集遺書總錄戊集作東夷圖說一卷，圖像一卷。千頃堂書目八作東夷國考一卷。 **嶺海異聞** 一卷，**續聞** 一卷

四庫全書總目七十八有著錄。

蔡汝賢撰。汝賢字用卿，華亭人。官至兵部右侍郎，致仕卒，年七十有二。所著猶有諫垣疏草，披雲彙集。

東夷攷略 一卷

鈔本，明天啟刊本，傳鈔本，清初史料四種本。

茅瑞徵撰。瑞徵字伯符，號苕上愚公，歸安人。萬曆二十九年進士。所著猶有澹樸集。是書凡分女直通攷，海西女直攷，建州女直攷三門。後附遼東全圖，開鐵圖，開原控帶外夷圖，瀋陽圖二，廣寧圖，海運餉道圖，東事答問，苕上愚公傳。

東夷記 一卷

萬卷堂書目二有著錄。

東事始末 一卷

近古堂書目下，也是園藏書目四均有著錄。

東番記

世善堂藏書目錄上有著錄。

題一齋公撰，不知為何許人。

渤泥入貢記

續說郛本。

宋濂撰。濂字景濂，其先金華潛溪人，至濂乃遷浦江。生至大三年，卒洪武十四年，年七十有二。所著猶有潛溪集四十卷，蘿山集五卷，龍門子三卷，浦陽人物記二卷，翰苑集四十卷，芝園集四十卷。

百夷傳 一卷 乾隆紹興府志七十八經籍志作百國傳誤。

明鈔本，有「松石齋」「趙琦美」諸印。傳鈔本，廣說郛本，見千頃堂書目十五 國學圖書館影印明鈔本。汪璐藏書題識一，四庫全書總目七十八均有著錄。

錢古訓撰。千頃堂書目八，明史藝文志二俱作錢思聽撰誤。古訓號堅齋，餘姚人。洪武二十九年進士，官至湖廣布政使參政。洪武廿八年緬入來貢，為百夷所困，訴之

9

於中國，中國乃遣古訓與李思聰往諭之，歸而編撰是書，以記其國之山川，人物，風俗，道路。百夷者，玀夷譯語對音，在雲南西南數千里。其地方萬里，景東在其東，西天古剌在其西，八百媳婦在其南，吐蕃在其北，東南則車里，西南則緬國，東北則哀牢，西北則西番，回紇。

奉使安南水程日記 一卷 千頃堂書目八，明史藝文志二俱作安南水程日記二卷。

紀錄彙編本，文獻彙編本。見千頃堂書目十五

黃福撰。福字如錫，昌邑人。洪武中由太學生歷金吾前衛，陞刑部尚書，後改戶部尚書。永樂四年有事于安南，歸而述其經過，筆之於書。另有集十三卷。正統五年卒，年七十八。成化初，追謚忠宣。

南夷書 一卷

天一閣書目卷末，四庫全書總目七十八均有著錄。

張洪撰。洪仕履詳日本補遺條。是書乃其記載洪武初至永樂四年平定雲南各土司事。

使交錄 一卷 天一閣書目卷末作十八卷。

千頃堂書目八，明史藝文志二均有著錄。

錢溥撰。景泰三年奉使安南，貽書與其王，論郊禮甚詳。是書殆其歸後所作。

使交錄

千頃堂書目八，近古堂書目下，萬卷堂書目二均有著錄。

黃諫撰。諫字廷臣，別號蘭坡，臨洮蘭州人。正統七年進士，天順初出使安南。所著猶有使南稿，蘭坡稿。

使交錄 世善堂藏書目錄上作使交集。

絳雲樓書目一有著錄。

吳伯宗撰。伯宗履歷未詳。絳雲目稱其為明初名人。

南詔事略 一卷

千頃堂書目八，天一閣書目卷末，絳雲樓書目一，四庫全書總目六十六均有著錄。

顧應祥撰。應祥字惟賢，號箬溪，長興人。弘治十八年進士，十九年充輶軒使者，官至南京刑部尚書。嘉靖四十四年卒，年八十有三。所著猶有人代紀要 按獻徵錄四十八作人代紀，茲從四庫。惜陰錄，明文集要，唐詩類鈔，尚書纂言，歸田詩選，備查摘錄，授時歷

法，測圓海鏡，弧矢筭術，僧寓讀易愚得，崇雅堂集。

使交紀行

光緒華亭縣志二十藝文門有著錄。

孫承恩撰。承恩字貞夫，號穀齋，華亭人。正德六年進士，官至禮部尚書。嘉靖初奉使安南。

安南傳 二卷

紀錄彙編本。

王世貞撰。世貞字元美，自號鳳洲，又號弇州山人，太倉州人。嘉靖廿六年進士，官至刑部尚書。所著猶有弇州山人四部稿一百四十四卷，續稿二百七卷。

越嶠書 二十卷 千頃堂書目八，明史藝文志二均作粵嶠書，也是園藏書目三作三十卷。

鈔本。四庫全書總目六十六有著錄。

李文鳳撰。文鳳字廷儀，宜山人。嘉靖十一年進士，歷雲南按察司僉事。是書所記皆安南事。

安南圖說 一卷

鄭開陽雜著本。四庫全書總目七十八有著錄。

鄭若曾撰。是書體例略倣朝鮮圖說，惟增疆域僞制二門。末附鄭韶州紀略。

西南夷風土記 一卷

學海類編本。四庫全書總目一二八游宦餘談條謂末附西南夷風土記廿六條，今未見。

朱孟震 按世善堂藏書目錄上作朱明虹 撰。孟震字秉器，新淦人。隆慶二年進士，官至右都御史，巡撫山西。所著猶有河上楮談三卷，汾上續談一卷，浣水續談一卷，游宦餘談一卷，秉器集八卷，玉笥詩談四卷。

西事珥 八卷

鈔本。四庫全書總目七十七，浙江採集遺書總錄戊集均有著錄。

魏濬撰。濬字蒼水，松溪人。萬曆三十二年進士，官至右僉都御史，巡撫湖廣。所著猶有易義古象通八卷。是書卷一敍山川，地理，卷二敍風土，卷三敍時政，卷四，五敍故事，人物，卷六敍物產，卷七敍仙釋，神怪，卷八敍制馭苗蠻之始末。

安南圖誌 一卷

述古堂影明鈔本。

鄧鐘輯。按日本高麗圖記鄧鍾撰，不知是否亦即此人。

安南事宜

國朝典故本。

安南行記

世善堂藏書目錄上有著錄。

徐明善撰。

安南輯略

安徽藝文攷目錄有著錄。

江美中撰。美中婺源人。

滇緬紀事

明季遺事本。

鄧凱撰。

滇緬日記

徵訪明季遺書目有著錄。

鄧凱撰。

南翁夢錄 一卷

紀錄彙編本。

黎澄撰。

南歸紀行集

世善堂書目上有著錄。

張以寧撰。

入緬顛末

徵訪明季遺書目有著錄。

古地理西南夷補注 五卷

千頃堂書目八有著錄。

熊太撰。

占城國錄 一卷

世善堂藏書目錄上有著錄。

瀛涯勝覽 一卷

是書現有二本，一爲張昇删訂本，千頃堂書目八題作改正瀛涯勝覽。其板本之可攷者約有下列八種：(一)張文僖公詩文集附刊本，(二)紀錄彙編本，作瀛涯勝覽集 (三)寶顏堂秘笈本，(四)續說郛本、缺天方國一條，與他本異。(五)廣百川學海本，(六)天下名山勝概記本，(七)圖書集成本，(八)國學圖書館傳鈔本。作瀛涯勝覽集 删訂本幾失原書本來面目，無足觀者。一爲原本，今可攷者有：(一)紀錄彙編本，(二)國朝典故本，(三)勝朝遺事二編本，(四)

三寶征彝集本 此本不知現藏何處。

此外又有(一)鈔本，見澹生堂藏書目三。(二)百名家書本，同上(三)稗統續編本，見趙定宇書目。(四)國朝徵信叢錄本，見澹生堂藏書目十一，(五)吳方山手鈔本見汲古閣珍藏秘本書目。(六)馮承鈞校注本，民國廿四年上海商務印書館出版。是書係就各本互勘，文句有不同者于原文下注出，讀者得此可以窺見原書之眞面目。

紅雨樓題跋，四庫全書總目七十八，均有著錄。

馬歡撰。按張昇刪定本，大都皆作馬觀，四庫目同。惟各原本自序皆題馬歡，知刪訂本誤。兒溫達 J. J. L. Duyvendak 教授曾著重再訂的馬歡書 Ma Huan, re-examined. Amsterdam. 1933. 對于此名，有所攷釋。澹生堂藏書目三又作馬汝欽，不知是否卽歡號。歡字宗道，會稽人，履歷未詳。是書卷首附馬歡紀行詩。據歡自序，書成于永樂十四年。所記多鄭和出使時事，關于諸蕃者凡廿國：據馮承鈞校注本(一)占城國，(二)爪哇國，(三)舊港國，原目暹羅次第三舊港次第四。(四)暹羅國，原次第三。(五)滿剌加國，原誤滿葛剌國。(六)啞魯國，(七)蘇門荅 原作哈，從吳本改。按吳本卽勝朝遺事本。剌國，(八)那孤兒國，士嘉按勝朝遺事本作那姑兒。(九)黎代國，士嘉按續說郛本作黎伐。(十)南浡里國，(十一)錫蘭國，原次第十三。士嘉按勝朝遺事本作錫闌國，又檢本書錫蘭國後有裸形國一條，目錄缺。(十二)小葛蘭國，原誤葛蘭，次第十四。士嘉按勝朝遺事本「蘭」作「闌」。(十三)柯枝國，原次第十五。(十四)古里國，原次第十六。(十五)溜山國，原次第十一。士嘉按續說郛本作溜山滕幹。(十六)祖法兒國，原次第十七。(十七)阿丹國，原次第十九。(十八)榜葛剌國，原次第十二。(十九)忽魯謨廝國，原作忽爾沒廝，次第十八。(廿)天方國，士嘉按續說郛本缺，四庫目亦缺。各載其疆域，道里，風俗，物產，大抵為明史外國傳所本。

星槎勝覽四卷 世善堂藏書目錄謂卽大西洋記，作一卷。國史經籍志三，也是園藏書目三，絳雲樓書目一均作一卷。

紀錄彙編本，古今說海本，歷代小史本，百名家書本，稗統本，見趙定宇書目。舊鈔本，見汲古閣珍藏秘本書目。格致叢書本，國學圖書館傳鈔本，借月山房彙鈔本，後又易名澤古齋重鈔，種數較此本少。學海類編本。

費信撰。信字公曉，按千頃堂書目八作公曉。崑山人。乾隆崑山新陽合志二十四有傳。信自永樂宣德間從鄭和使西洋者凡四次，經歷諸蕃，曰占城國，曰靈山，曰崑崙山，曰賓童龍國，曰眞臘國，曰暹羅國，曰假馬里丁，曰交欄山，曰爪哇國，曰舊港，曰重迦羅，曰吉里地悶。以上卷一 曰滿剌加國，曰麻逸凍，曰彭坑，曰東西竺，曰龍牙門，曰龍牙加貌，曰九州山，曰阿魯國，曰淡洋。以上卷二 曰蘇門答剌國，曰花面國王，按學海類編本作花面國王誤。曰龍涎嶼，曰翠藍嶼，曰錫蘭山國，曰溜山洋國，曰大葛蘭國，曰小葛蘭國，曰柯枝國，曰古里國。以上卷三 曰榜葛剌國，曰卜剌哇國，曰竹步國，曰木骨都束國，曰阿丹國，曰剌撒國，曰佐法兒國，曰忽魯謨斯國，曰天方國 以上卷四，据古今說海本。歷覽風土人物之宜，采輯圖寫成秩，名曰星槎勝覽。按千頃堂書目八尚有星槎勝覽前集一卷，後集一卷，上虞羅氏曾依天一閣明抄本影印。國朝典故本，羅以智校本，廣州中山大學覆刻天一閣本均作二卷，疑卽此書。其目次與四卷本異，如占城國下接賓童龍國，原作寶童龍國 四卷本接靈山。又琉球國，三島國，渤泥國，蘇祿國四國亦爲四卷本所缺。其書體例先略述經歷所見，後附以詩，蓋別一書也。

西洋蕃國志 天一閣書目卷末作西洋國志。

鈔本。未見 四庫全書總目七十八，讀書敏求記二，知聖道齋讀書跋一均有著錄。

鞏珍撰。按得月樓書目作胡文定撰。珍應天人，仕履未詳。永樂初副鄭和下西洋，往還三年，所歷諸番，曰占城，曰爪哇，曰暹羅，曰舊港，曰啞嚕，曰滿剌加，曰蘇門荅剌，曰那姑兒，曰黎代，曰喃勃里，曰溜山，曰榜葛剌，曰錫蘭山，曰小葛蘭，曰阿枝，曰古里，曰祖法兒，曰忽魯謨斯，曰阿丹，曰天方，凡廿國。與馬歡所歷諸蕃同。所至無不詢其國之山川，疆域，人物，風俗，物產。是書卽其歸後所作，成于宣德九年，明史外國傳亦多本之。

西域行程記 千頃堂書目八作三卷，明史藝文志二，國史經籍志三均作二卷。

明鈔本，學海類編本。作使西域記 汪沆小眠齋讀書日札有著錄。

陳誠撰。汪沆小眠齋讀書日札稱與李暹同撰。惟本書序略稱有李達者與誠同使西域。達疑卽暹之誤。誠字子魯，吉水人，洪武甲戌進士，仕至吏部驗封司員外事蹟詳順治吉安府志卷十九列傳二。永樂中使西域，歷哈烈，撒馬兒罕，俺都淮，八答商，失迭里迷，沙鹿海牙，賽藍，渴石，馬哈麻，火州，柳城，土魯番，鹽澤，哈密，達失干，卜花兒罕等十六國按本書叙略作十七國，而土魯番後一條上缺數字，殆即所缺之國名。歸而略述諸國之風土，人情，撰行程記一卷。禹貢二卷三四期據北平圖書館藏明鄭端簡公（曉）抄本轉載，計西域行程記一卷，西域番國志一卷，附錄題跋一卷。

海語 三卷 也是園藏書目三，絳雲樓書目一均作一卷。天一閣書目卷末作二卷。

鈔本，寶顏堂秘笈本，四庫全書本，道光間吳蘭修刊本，學津討原本，嶺南遺書本，紛欣閣叢書本。

黃衷撰。衷字子和，別號鐵橋病叟，南海人。弘治九年進士。官至兵部右侍郎，正德初除戶部，卒年八十。所著猶有榘洲文集十卷，詩集十卷，奏議十卷，皆行于世。黃衷自序嘉靖十五年謂「余自屏居簡出，山翁海客，時復過從，有談海國之事者則記之。」又黃希錫跋萬曆十二年謂「偶一番僧，隨王入貢，經道吾羊，公延而禮之，令譯者詢彼曰風俗，曰物產，……

……証以時事，斷以獨見，遂援筆紀之成帙。」知是書係採撫傳聞，編撮而成者。凡分四類，三卷，卷一曰風俗，凡暹羅滿剌加二目；卷二曰物產，凡廿九目；卷三曰畏途，凡五目；曰物怪，凡八目。書中別有附注，乃其族子學準所增加。

前聞記

紀錄彙編本，國朝典故本。

祝允明撰。允明字希哲，號枝山，又號枝指生，長洲人。正統四年進士。嘉靖五年卒，年六十有七。所著猶有祝子通若干卷，祝子罪知，祝子雜，蠶衣一卷，浮物一卷，成化間蘇材小纂，野記，語怪，悟怪四編，江海殲渠記一卷，金石契一卷，興寧志五卷，祝氏集略三十卷。又有金縷，醉紅，窺簾，暢哉，擲果，拂絃，期期等集。

使西日記 一卷

天一閣書目卷末，四庫全書總目六十四均有著錄。

都穆撰。穆字玄敬，吳縣人。弘治十二年進士。嘉靖四年卒，年六十七。所著猶有壬午功臣別錄一卷，壬午功臣爵賞錄一卷，金薤琳琅二十卷，吳下塚墓遺文三卷，寓意編一卷，聽雨紀談一卷，都氏鐵網珊瑚廿卷，談纂二卷，南濠居士詩話 按獻徵錄七十二作南濠詩話 南濠文拔，玉壺冰，南濠詩略，文略，賓話，史外，類鈔，周易攷異。

西洋朝貢典錄 三卷 千頃堂書目八作二卷。國史經籍志三作一卷。

鈔本。別下齋叢書本，借月山房彙抄本，中有缺文 指海本，粵雅堂叢書本。讀書敏求記二，四庫全書總目七十八有著錄。

黃省曾撰。省曾字勉之，別號五嶽山人，吳縣人。嘉靖十年舉人。明史文苑傳附見文徵明傳中。所著猶有五岳山人集三十八卷，輿地經，老子玉略諸書。是書記西洋諸國朝貢之事，凡二十有三國，篇後各附論斷。卷一爲占城國，眞臘國，爪哇國，三佛齊國，滿剌加國，浡泥國，蘇祿國，彭亨國，琉球國。卷二爲暹羅國，阿魯國，蘇門答剌國，南浡里國，溜山國，錫蘭山國，榜葛剌國。卷三爲小葛蘭國，柯枝國，古里國，祖法兒國，忽魯謨斯國，阿丹國，天方國。其書「乃撫譯人之言，若星槎 按卽星槎勝覽 瀛涯 按卽瀛涯勝覽 鍼位 按此二字不知何意 諸編」而成。據黃省曾自序（正德十五年）四庫稱其尙有孫允伽趙開美二跋。惟各本俱缺。孫跋見讀書敏求記校證二。

坤輿萬國輿圖

北平歷史博物館摹繪本。其他版本詳洪師煨蓮考利瑪竇的世界地圖。

意大利利瑪竇撰。有自序。

殊域周咨錄 廿四卷 國史經籍志三，顧祖禹古今方輿書目均作殊域咨諏錄。

鈔本，萬曆刊本，北平圖書館藏，存一至八卷。民國十九年故宮博物院圖書館重印本。

嚴從簡「簡」千頃堂書目八作「諫」誤 撰。從簡字紹峯，嘉禾人。是書記述凡與中國通貢之國三十八，以東南西北爲分。卷一朝鮮。卷二至三日本。卷四琉球。卷五至六安南。卷七占城。卷八眞臘，暹羅，滿剌加，爪哇，三佛齊，渤泥，瑣里古里。卷九蘇門答剌，錫蘭，蘇祿，麻剌，忽魯謨斯，佛郎機，雲南，百夷。卷十吐蕃。卷十一拂菻，榜葛剌，默德那，天方國。

卷十二哈密。卷十三土魯番。卷十四赤斤，蒙古，安定阿端，曲先，罕東，火州。卷十五撒馬兒罕，亦力把力，于闐，哈烈。卷十六至廿二韃靼。卷廿三兀良哈。卷廿四女直。

東西洋攷 十二卷

明萬曆刊本，有「汪魚亭藏閱書」印 四庫全書本，惜陰軒叢書本。福建藝文志三十三，浙江採集遺書總錄戊集均有著錄。

張燮撰。燮字紹和，龍溪人。萬曆二十二年舉人。是書卷一至四爲西洋列國攷，以交阯，占城，暹羅，下港，柬埔寨，大泥，舊港，麻六甲，啞齊，彭亨，柔佛丁，機宜思，吉港，文郎，馬神，遲悶 按目錄作「池悶」，茲從本書改正。 諸國屬之。卷五東洋列國攷，以呂宋，蘇祿，貓里務，沙瑤吶嗶嘽，美洛居，文萊，雞籠，淡水諸國屬之。卷六外紀攷，以日本，紅毛番諸國屬之，卷七稅餉攷。卷八舟師攷。卷九稅璫考。按本書此門次第八卷，舟師攷次第九卷，目錄倒置。 卷十，十一藝文攷。卷十二逸事攷。

職方外紀 五卷卷首一卷

世善堂藏書目錄作四卷。澹生堂藏書目五作二卷。

鈔本，見郁松年宜稼堂書目 四庫全書本，天學初函本，明刊本，墨海金壺本，守山閣叢書本，外藩輿地叢書本。

意大利艾儒略撰。是書即約略增補利瑪竇萬國圖志而成，所紀皆異域風土物產，較其他地理書範圍尤廣。其敘次卷首爲萬國全圖，五大洲總圖。卷一爲亞細亞總說，韃而靼，回回，印第亞，莫臥爾，百爾西亞度爾格，如德亞，則意蘭，蘇門答剌，爪哇，渤泥，呂宋，馬路古，地中海諸島。卷二爲歐邏巴總說，以西把尼亞，拂郎察，意大利亞，亞勒瑪尼亞，法蘭得斯，按「斯」墨海金壺本作「所」誤。 波羅尼亞，翁加里亞，按墨海金壺本缺「亞」字 大泥亞諸國；厄勒祭亞，莫斯哥未亞，地中海諸島，西北海諸島。卷三爲利未亞總說，阨入多，馬邏可，弗沙亞非利加，奴米弟亞，亞毘心域，馬拿莫大巴者，西爾得，工鄂，井巴，福島，聖多默島，意勒納島，聖老楞佐島。卷四爲亞墨利加總說。南亞墨利加，孛露，伯西爾，智加，金加西蠟，北亞墨利加，墨是可花地，新拂郎察，拔革老，農地，既未蠟，按「既」墨海金壺本作「寄」新亞比俺，加里伏爾尼亞，西北諸蠻方，亞墨利加諸島。墨瓦蠟尼加總說。卷五爲四海總說，海名，海島，海族，海產，海狀，海舶，海道。是書天學初函本，有艾儒略序并李之藻，楊廷筠，瞿式穀，許胥臣諸序，墨海金壺本僅有艾自序，餘缺。又卷二有歐邏巴圖，卷三有利未亞圖，卷四有亞墨利加圖。墨海金壺本則皆列諸卷首，體例未爲允洽。總之凡欲研究艾氏之書者，要當以天學初函本爲依据。

皐槎萬里錄

世善堂藏書目錄上有著錄。

李蟠峰撰。

海外諸夷志 一卷

楝亭書目二有著錄。

海外遊記

安徽藝文攷目錄有著錄。

汪仲宏撰。仲宏休寧人。

夷俗攷 一卷

鈔本，說郛本，寶顏堂秘笈本，續百川學海本。

方鳳撰。鳳字時鳴，崑山人。正德三年進士，後拜御史。所著猶有矯亭存稿十八卷，續稿八卷。

夷俗記 一卷 世善堂藏書目錄作夷俗攷。楝亭書目二作夷俗系二卷。

明刋本，寶顏堂秘笈本，續說郛本，廣百川學海本。四庫全書總目七十八有著錄。

蕭大亨撰。大亨字夏卿，號岳峯，泰安人。嘉靖四十一年進士，官至兵部尚書。是書專紀韃靼風俗，分匹配，生育，分家，治姦，治盜，聽訟，葬埋，崇佛，待賓，尊師，耕獵，食用，帽衣，敬上，禁忌，牧養，習尙，教戰，戰陣，貢市，二十類。

明女直志 一卷 述古堂藏書目三作明女眞志。

鈔本。見述古堂藏書目三 也是園藏書目三有著錄。

北虜風俗 一卷 述古堂藏書目三作北虜風俗攷

鈔本。見述古堂藏書目三 絳雲樓書目四有著錄。

北虜事蹟 一卷

絳雲樓書目四有著錄。

王瓊撰。

北虜紀略 一卷

廣百川學海本。

汪道昆撰。

異域志 一卷

夷門廣牘本。四庫全書總目七十八有著錄。

不著撰人。千頃堂書目八作寧獻王權撰。四庫稱其書出于依託。所論諸國風俗，物產，土地，語甚簡略，頗與金銑所刻異域圖志相似，無足採錄。

異域圖志 一卷

四庫全書總目七十八，浙江採集遺書總錄戊集，知聖道齋讀書跋一均有著錄。

不著撰人名氏。後有明廣信府知府金銑序。其書係撫拾諸史及諸小說而成，頗多疏舛。

皇明四夷攷 二卷

吾學編本，民國二十二年國學文庫重印本。

鄭曉撰。曉字窒甫，海鹽人。生弘治十二年，卒嘉靖四十五年。是書所記自安南以迄韃靼凡九十一國，分上下兩卷。上卷安南，兀良哈，朝鮮，琉球，女直，三佛齊，占城，日本，眞臘，暹羅，蘇門答剌，爪哇。下卷古俚，渤泥，滿剌加，榜葛剌，錫蘭山，蘇祿，柯枝，祖法兒，溜山，南泥里，梨伐，哈密，赤斤蒙古，安定阿端，曲先，罕東，撒馬兒罕，天方，迭里迷，渴石，養夷，達失干，卜花兒，土魯番，黑婁，鹽澤，哈烈，默德那，俺都淮，八剌黑，于闐，火州，別失八里，魯陳，沙鹿海牙，賽藍，哈失哈力，亦力把力，阿丹，白葛達，國學文庫重印本「達」誤作「逵」 呵哇，瑣里，西洋瑣里，彭亨，百花，婆羅，阿魯，小葛蘭，拂菻，古里班卒，呂宋，合貓里，碟里，打回，日羅夏治，忽魯母恩，忽魯謨斯，甘巴里，麻林，古麻剌，沼納樸兒，加異勒，黑葛達，敏眞誠，八答黑商，覽邦，大剌札，討來思，吃力麻兒，失剌思，納失者罕，淡巴，甘把里，白松虎兒，答兒密，阿速，沙哈魯，西蕃，韃靼。余所見吾學編本女直篇附黏紙條，上書「四夷攷女直傳要抽燬」等字。其旁有「燬」字朱印，蓋爲檢閱官所加，則此書在淸代已目爲禁書之一，禁書總目有著錄 而竟能流傳至今，無稍損毀，亦云幸矣。

九夷古事 一卷

千頃堂書目八有著錄。

趙釴　按「釴」獻徵錄六十三作「鉞」撰。釴字子舉，一字鼎卿，別號八杜野人，桐城人。嘉靖廿三年進士，官至都察院右僉都御史。生正德七年，卒隆慶三年，年五十有八。所著猶有古今原始，無悶堂藁，鷃林子等書。

四夷攷

明萬曆刊本，民國廿三年國學文庫重印本

葉向高撰。向高字進卿，號臺山，福清人。萬曆十一年進士，官至東閣大學士，明史有傳。所著猶有說類六十二卷。是書凡分十二攷，一朝鮮攷，二日本攷，三安南攷，四女直攷，五朵顏三衛攷，六哈密攷　赤斤蒙古安定阿端曲先罕東罕東左沙州　七西番攷，八土魯番攷，九北虜攷，十鹽政攷，十一屯政攷，十二京營兵制攷。每類後各附斷語。

象胥錄　八卷　北平圖書館善本書目作皇明象胥錄

明刊本。

茅瑞徵撰。是書所記諸蕃事，迄萬曆間，頗足以補鄭曉皇明四夷攷之遺。

咸賓錄　八卷　國史經籍志三作四卷。

明萬曆刊本，明鈔本，舊鈔本，四庫全書本，豫章叢書本。

羅曰褧撰。曰褧字尚之，南昌人。萬曆十三年舉人。所著猶有雅餘集八卷。是書記列國之事，以東西南北爲分。卷一爲北虜志，韃靼兀良哈。卷二爲東夷志，朝鮮，女直，日本，琉球。卷三，四，五爲西夷志，哈密，高昌，土魯番，魯陳，天竺，婆羅，撒馬兒罕，亦力把力，佛菻，蘇門答剌，于闐，祖法兒，覽邦，哈烈，天方，默德那，古里，溜山，阿丹，南巫里，白虎松兒，阿速，乞力麻兒，牒幹，黑葛達，黑婁，哈失哈力，阿隆，麻林，加異勒，敏眞誠，八答黑商，須文達那，大剌札，失剌思，納失者罕，瑣里，西洋瑣里，吐蕃。卷六，七，八爲南夷志，安南，占城，眞臘，瓜哇，按「瓜」當係「爪」之誤。三佛齊，暹羅，柯枝，討來思，沙哈魯，投和，百花，答兒密，淡巴，滿剌加，錫蘭山，忽魯謨斯，啞魯，大唄南，小唄南，亦思把罕，甘把里，小葛蘭，古里班卒，呂宋，合貓里，碟里，打回，日羅夏治，賓童龍，交欄山，剌撒，彭亨，渤泥，古麻剌，蘇祿。南中諸夷，曲靖，鶴慶，金齒，緬甸，八百媳婦，木邦，老撾，播州，黎州，建昌，松潘，貴南，羅羅，犵狫，猙獰，仲家，宋家，蔡家，龍家，五溪，三江，黎人，蜒人，馬人，獠人，犹人，獞人，狑人。此條豫章叢書本缺。

四夷廣記

千頃堂書目八有著錄。

愼懋賞撰。

四夷館攷 二卷 述古堂書目作十卷誤。

明鈔本，民國十三年東方學會排印本。

不著撰人名氏。書分上下二卷。上卷爲韃靼館，兀良哈，回回館，撒馬兒罕，天方，土魯番，占城，日本，爪哇，眞臘，滿剌加，西番館。下卷爲高昌館，哈密，安定阿端，曲先，罕東，魯陳，亦力把力，黑婁，百夷館，孟養，孟定，南甸，干崖，隴川，威遠，灣甸，鎮康，大侯，芒市，景東，鶴慶，者樂甸，緬甸館，西天館，八百館，老撾，車里，孟艮，暹羅館。

四譯蕃書

知聖道齋書目二有著錄。

譯語

紀錄彙編本。

尹耕撰。耕字子莘，蔚州衛人。嘉靖十一年進士。所著猶有朔野集，塞語十一篇，兩鎮三關志，九宮私記。

耽羅志 一卷

朝鮮刊本，北平圖書館善本書目二有著錄。

瀛蟲錄 二卷 萬卷堂書目二作一卷。

千頃堂書目八，澹生堂藏書目四有著錄。作嬴蟲錄。

陳淸撰。

停驂錄 一卷 **續停驂錄** 一卷

稗統本，見趙定宇書目。明史藝文志二，國史經籍志三均有著錄。

陸深撰。

瀛槎談苑 十二卷

鈔本。

肅鎮華夷志 四卷

天一閣書目卷末題鈞瀛子撰，不知何人。

明萬曆刊本。

李應魁撰。

華夷譯語

一卷　也是園藏書目作二卷。

鈔本，見述古堂書目。涵芬樓秘笈第四輯影洪武十二年經廠本，日本東洋文庫本。萬卷堂書目二，讀書敏求記二均有著錄。

不著撰人名氏。是書凡分天文，地理，時令，花木，鳥獸，宮室，器用，衣服，人物，飲食，珍寶，人事，聲色，數目，身體，方隅，通用十七類。前有凡例六則。

大理入貢錄

世善堂藏書目錄上有著錄

周邦政撰。邦政錢塘人。

22

方輿勝畧提要

李晉華 1

上

方輿勝略十八卷（明程百二撰）。附韃靼兀良哈傳一卷（程百二撰）；朝鮮，女直，日本，琉球傳一卷（李蒙撰）；哈密，高昌，土魯番，魯陳，撒馬兒罕，天竺，婆羅門，亦力把力，佛森，蘇門答剌，于闐，默德那，天方，祖法兒，覽邦，哈烈，古里，溜山，阿丹，南巫里，白松虎兒，阿速，乞力麻兒，黑葛達，黑婁，哈失哈力，呵哇，麻林，加異勒，敏眞誠，八答黑商，火剌札，蘇文達那，失剌思，納失者罕，瑣里，西洋瑣里傳一卷（孫光寓撰）；吐番傳一卷（鄭本烈撰）；安南，占城，眞臘，爪哇，三佛齊，暹羅，柯枝，討來思，沙哈魯，百花，淡巴，錫蘭山，滿剌加，忽魯謨斯，啞魯，大唄喃，小唄喃，亦思把罕，甘把里，小葛蘭，古里，班卒，呂宋，合猫里，碟里，打回，日羅夏治，賓童龍，交欄山，剌撒，彭亨，渤泥，蘇祿，古麻剌傳一卷（胡邦直撰）；南中，猛密，木邦，老撾，播州，建昌，貴南諸夷，羅羅，犵狫，猺獞，仲家，宋家，蔡家，龍家，五溪諸夷，三江諸夷，黎人，馬人，狑人，獠人，犹人，獞人傳一卷（吳來鳳撰）。

程百二字幼輿，安徽新安縣人。其書勒成年月，據篇首朱謀㙔序署萬曆三十八年，焦竑序署萬曆己酉（三十七年），則在萬曆三十年以後無疑。朱謀㙔序其書謂：『本于盱眙馮觀察（應京）之指授，與孝廉李長卿之參伍，沿一統志易蕪爲雅，以新續故』。焦竑序亦云：『一統志義例猥繁，紀載無法，觀者病之，程君删繁就簡，勒爲一篇』，其書似不失爲簡潔者。今讀之，乃大不然，徒見其粗疏而不簡，蕪雜而不雅，朱焦之言失之矣。

有明一代無良史，而于輿地之學，尤少研精者，故二百餘年間無一完善之地理志，洪武初曾命儒士魏俊民等修大明志，其書今不傳，然觀實錄所記爲編類天下州郡地理形勢，及降附始末，則亦考輿地之沿革耳，未能包羅萬有也。他如大明清類天文分野之書，則按星次分配當時郡縣，兼述古今建置沿革；寰宇通衢書則類載天下驛程，俱簡而無當。至永樂中有命夏原吉等纂修天下郡縣志之舉，又以其時方有事于營建北京，未克成書。景泰中命陳循等修寰宇通志，書成頒行；至英宗復辟，再命李賢等重修，天順五年書成奏進，賜名大明一統志，即今所傳之本也。

查輿地之書，出自官撰者，自唐李吉甫之元和郡縣志始。至宋有王存等之元豐九域志，元則有岳璘等之大元一統志，惟岳璘等之書最稱繁博，永樂大典各韻中尙能見其斷章片辭，想其書至明初未亡也。至景泰天順兩朝修志，仍本元一統志之義例，故亦沿用其名。然當景泰中修志，陳循，高穀等預其事，旣非史才，又屬草剏，未能完善。天順初重修，纂修職官，多仍舊貫，亦未見改善，如以箕子所封之朝鮮爲在永平境，以唐之臨洮爲漢縣，顧炎武已糾其謬矣。其他紕繆處，不易縷述。惟以其爲一代職方所繫，闕之則無以見前後之因革，故至今仍得並傳于世。

私家地志稍足述者，有桂蕚之輿圖記敘二卷。其書于嘉靖八年六月奏進，計輿地圖十有七，每圖附以敘記，略具兵馬錢糧之總數。然敘記乃圖說之類，安能詳晰鋪敘，故並府州縣衛之名亦不具列，所述利病又多敷衍之詞。當時世宗降諭云：『覽圖敘明白切要，具見體國經濟至意，圖本留覽，還寫副本留內閣』。可知世宗亦無識者。明史桂蕚傳稱其所進禹貢圖，輿地圖說，有裨君德時政，不知何謂？厥後羅洪先有廣輿地圖四卷，洪先于嘉靖十八年拜左贊善，明年帝有疾，疏請朝皇太子于文華殿，帝怒切責放歸。史稱其歸家考圖觀史，自天文地志，禮樂典章，河渠邊塞，戰陣攻守，下逮陰陽算數，靡不精究，則其書必在其歸田後所作。蓋據桂蕚之書而廣之者，顧名思義，可以想見。再後張天復著皇輿考十二卷，其自序云：『文襄桂公（蕚）輿地圖志宮論念菴羅公（洪先）廣輿圖，司馬許公（論）九邊論，詞約而事該，故往往引三家之說，冠于篇端』。其大意在規明一統志之失，但貪列人物，依然挂一漏萬。至若四至八到，郡縣沿革，皆略而不詳，未爲善本。參見四庫提要地理類存目

茲查方輿勝略一書，大意亦以病一統志之繁博，而删繁就簡，故其卷帙較一統志僅十之三四，又以一統志載郡縣沿革，而不及賦稅軍馬之數，故于兩京十三省均略

2

敘兵馬錢穀之數。然兵馬錢穀之數，時有盈縮，將以何年爲準？使以當年之數著之，將何以舉一以概其餘？每府之下，不叙其建置沿革，不叙其四至八到，其名既無由考，並其方位亦無由辨，僅曰其域某，其星某，豈不失之疏略？府如此，州縣亦如此，殆類兩京十三省府州縣表，何以成爲輿地之書？

一統志記名勝古蹟，必詳叙其何時建置，何以得名，並載騷人墨客最著之題詠。今其書既名方輿勝略，應于名勝古蹟，特别留意，而乃遠遜于一統志所記，已乖其旨矣。

歷代人物，既云以道德文章爛然在人耳目者記之，則陸機，陸雲，名共喧于洛邑，豈非吳郡可稱之人物乎？何以不見于蘇州府之下？記物産既云擇其有關係者，則松江之蓴菜鱸魚，非擅盛名之地産乎？何以又不見松江府之下？是亦失之粗疎矣。

四夷風土殊異，略而載之，以見皇風柔遠。然記西北諸夷者，永樂中有陳誠等之奉使西域行程記，記西洋諸番者，有費信之星槎勝覽，馬歡之瀛涯勝覽，鞏珍之西洋番國志等書，程書附外夷六卷，特轉述以上諸書耳，並無精采，徒亂其體例。

河議，海運，海防，邊防，鹽政諸端，兼采諸家議論。然明代關于九邊及江防海防之論議甚多，著爲圖説亦多可考，程氏所采論議既無以見其大，又無以擇其要，亂雜無章，亦無足稱。

明代弘治以前，官私所修輿地書附圖者惟洪武京城圖志，其餘大率有志無圖。自弘治十四年五月命南北直隸及十三布政司各繪進地理圖，以備御覽（見孝宗實錄），嗣後桂蕚羅洪先輩爲書亦知附圖矣。程書稍可稱者，爲兩京十三省九邊黄河四夷俱有圖説，雖不甚明晰，尚便于閲覽。要之其書雖欲糾一統志之失，並無剏見，其所取材，全依據桂蕚之輿圖叙記，羅洪先之廣輿圖記，許論之九邊論，及張天復之皇輿考諸書，精采處既不能兼而有之；而諸書之病處則仍其舊，無所取裁。查正德間，國子監博士廖世昭著志略十六卷，四庫提要云：『其書前載周禮職方氏九州全文，其後每省爲一圖，而終以四夷，各略載其沿革山川人物古蹟土産，舛譌闕略，殊無可觀；其四夷一卷，傳聞附會，尤多失眞，地志中之最劣者也』。其所云云，乃與程書之病處完全相合，意者程氏之書即本之于廖氏志略，而割裂一統志之文入之而成者，亦未可知也。

啟禎間，侯官曹學佺撰輿地名勝志一百九十三卷，學佺因逆閹所排，罷官居家數十年，欲仿釋道二氏之藏書而修儒藏，采摭四庫書，因類分輯，有諸未就，其博洽可知。而詩文尤爲當時閩中領袖，錢謙益列朝詩集盛稱之，至許爲明詩人之第一，其所著輿地名勝志宜乎卓異一代。然四庫提要亦稱其『雜採而成，頗無倫次，時亦舛譌，又多不著出典，未爲善本』。以學佺之識力，所著書尚如此，無怪前此諸志書之粗疏猥雜無當也。輿地之學，信乎難矣。

千頃堂書目載：馮如京方輿勝覽若干卷，程百二方輿勝覽若干卷，江方度方輿勝略十八卷，誤以程百二爲江方度，又以程書本于馮應京之指授，故誤馮與程同有方輿勝覽，又誤應京爲如京，可知黃虞稷著千頃堂書目時，未見其書，故一誤再誤。此書流傳甚少，今不易見（當係列入禁書之故），其版式似爲明末刻本，清初重印書，苟以備參考，亦自有其價值也。

下

程氏方輿勝略外夷傳尚附有山海輿地全圖，未刊行。圖爲利瑪竇所作，附有圖說。盱眙馮應京，新安吳中明，上海徐光啟，廣陵張京元，及新安程百二均有序。利瑪竇（Matteo Ricci）爲意大利之耶穌會教士，于明萬曆中來中國。明史意大里亞傳云：

『意大利亞居大西洋中，自古不通中國。萬曆時，其國人利瑪竇至京師，爲萬國全圖，言天下有五大洲，第一曰亞細亞洲，中凡百餘國，而中國居其一；第二曰歐羅巴洲，中凡七十餘國，而意大利亞居其一；第三曰利未亞洲，亦百餘國；第四曰亞墨利加洲，地更大，以境地相連，分爲南北二洲；最後得墨瓦臘泥加洲爲第五，而域中大地盡矣。其說荒渺莫考，然其國人充斥中土，則其地固有之，不可誣也。大都歐羅巴諸國，悉奉天主耶蘇教，而耶蘇生于如德亞，其國在亞細亞洲之中，西行教于歐羅巴，其始生在漢哀帝元壽二年庚申，閱一千五百八十一年，至萬曆九年，利瑪竇始汎海九萬里，抵廣州之香山澳，其教遂沾染中土。至二十九年入京師，中官馬堂以其方物進獻，自稱大西洋人，禮部言：『會典止有西洋瑣里國，無大西洋，其眞僞不可知；又寄居二十年（萬曆九年至二十九年），方行進貢，則與遠方慕義特來獻琛者不同；且其所貢天主及天主母圖，既屬不經，而所攜又有神仙骨諸物，夫既稱神仙，自能飛昇，安得有骨？則唐韓愈所謂「凶穢之餘，不宜入宮禁」者也。況此等方物，未經臣部譯驗，徑行進獻，則內臣混進之非，與臣等溷職之罪，俱有不容辭者；及奉旨送部，乃不赴部審譯，而私寓僧舍，臣等不知其何意？但諸番朝貢，例有回賜，其使臣必有宴賚，乞給賜冠帶還國，勿令滑居兩京，與中國人交往，別生事端。』不報。八月又言：『臣等議令利瑪竇還國，候命五月，未賜綸音。毋怪乎遠人之鬱病而思歸也。察其情詞懇切，眞有不願尙方錫予，惟欲山棲野宿之意，譬之禽鹿久羈，愈思長林豐草，人情固然，乞速爲頒賜，遣赴江西諸處，聽其深山邃谷，寄跡怡老』，亦不報。已而帝嘉其遠來，假館授餐，給賜優厚，公卿以下重其人，咸與晉接，瑪竇安之，遂留居不去。以三十八年四月卒于京，賜葬西郭外。』

尤侗外國傳歐邏巴傳云：

『萬曆中有大西洋人利瑪竇，賚獻天主像，自鳴鐘，鐵琴，地球等器，皆巧異，神宗大悅，敕光祿日給廩餼。瑪竇聰慧，通中國典籍，著交友論，山海輿地全圖。嘗游南京，禮部侍郎沈灌奏逐之，曰：訪聞海利瑪竇本佛郎機人，其王豐肅原名巴里狠雷，先年同黨，詐行天主教于呂宋間，奪之，改號大西洋云。久之病卒，賜葬阜城門外二里溝，曰利泰西墓。』

綜合兩傳觀之，利瑪竇事蹟甚詳。明廷禮臣所上數疏，一則曰利瑪竇五大洲之說，荒謬莫考；再則曰會典所載止有西洋瑣里，無大西洋；又曰耶蘇生于亞細亞洲，西行教于歐羅巴，其始生在漢哀帝元壽二年庚申（西曆紀元始於漢平帝元始元年辛酉）；而沈淮疏復謂利瑪竇爲佛郎機人，均無識之言。蓋明代西洋諸國，入中國朝貢，多爲鄭和七使西洋所招徠，海外山川風土則本其時所記，後修會典据以載入，鄭和未經之地，無由備載，即疑天壤間無其地，何其陋也！其他不足辯。明史修于清初，尤侗等卽當時館臣，亦不能稍有辨正，可知其時猶囿于見聞也。

清四裔攷云：

『利瑪竇言天下有五大洲：一曰亞細亞洲，自中國至日本，安南西域等國是也。二曰歐羅巴洲，南至地中海，北至冰海，東至阿比海，西至大西洋，卽利瑪竇所生本國是也。三曰利未亞洲，南至大浪山，北至地中海，東至西紅海，西至阿則亞諸海是也。四曰亞墨利加洲，地分南北，中有一峽相連，峽南曰南亞墨利加，南起墨瓦蠟泥海峽，北至加納達；峽北曰北亞墨利加，南起加納達，北至冰海，東盡福海是也。五曰墨瓦蠟泥加洲，』相傳歐羅巴屬之；伊西巴尼亞國王念地爲圜體，西往可以東歸，命其臣墨瓦蘭者往訪，沿亞墨利加東偏，展轉經年，忽得海峽，亘千餘里，以墨瓦蘭首開此區，遂即其名命曰墨瓦蠟泥加也。』

此言五大洲疆域較詳，其界說雖不盡確當，要亦今日五大洲之椎輪也。

考利氏山海輿地全圖解，謂地球包于天球之中，地厚爲二萬八千六百三十六里零三十六丈，地面以大勢分山海，自北而南爲五帶。又以地勢分輿地爲五大洲，合各州萬國作二圜圖（即東西兩半球），畫東西緯綫以數天下之長，畫南北經綫以數天下之寬，以廣二百五十里爲一度，每十度爲一方，由是各州萬國位于何方何度，可按圖而索。各國經緯度分既明，凡國之大小，或居于南北，或于西東，言其度分，即能辨之矣。

中國未與西方文明接觸以前，曰「天下」，曰「九州」，其實均不出中國境，遑論世界有五大洲無從而知；即地形爲圓球，有南北二極之分，中國位于何方何度，亦矇然罔覺。自航海術進步之後，西方人好遠遊，好探險，以其所考察測驗著爲世界各國之圖志，然後各州萬國雖地大物博，可指諸掌上矣。當耶蘇會士入中國之時，以其學傳之中國人，不特使國人振聵發聾，亦中國智識界開一新紀元也。

利氏又論天有九重，星有六等，使有人在第六重天以上視地，必不能見等語，不盡可憑。然所定各州萬國經緯度分，大致不謬。科學進步，與日俱增，欲爲先知先覺已難矣，豈當望其必盡美盡善哉。

自利瑪竇入中國後，相繼東來者有王豐肅，陽瑪諾，龐迪我，龍華民，畢方濟，艾儒略，熊三拔，鄧玉函諸人，大都爲聰明特達之士，志在行教，不求祿利，其精通書算，善製火器，則于當時國家大有裨益焉。是以天啟崇禎間，東北用兵，數召澳中人入都，令將士學習，其人亦爲盡力。崇禎時曆法益疎舛，禮部尚書徐光啟請令其徒羅雅谷湯若望等，以其國新法相參較，開局纂修曆書，其法視大統曆爲密，識者有取焉。他如天學初函等書，尤爲當時天算之學之津梁也。

耶蘇會士中通天算之學者甚多，然能兼精輿地之學者亦不多見。今所知者惟利瑪竇之著萬國輿圖，艾儒略之著坤輿圖說及職方外紀，亦不知有無傳本，意者利氏之萬國輿圖即附于程幼輿方輿勝略外夷傳中之山海輿地全圖也。

本文係述方輿勝略提要，但下篇附述利瑪竇山海輿地全圖，拉雜甚多，似與本文不稱。惟本文原爲利瑪竇專號而作，故于利氏有關材料，述之不厭其詳，有未當處，尚乞高明正之！

6

方輿勝略中各國度分表之校訂

陳觀勝

這校訂包含四種工作：一是把程百二等所刻方輿勝略外夷卷中度分表所列各國名，與李之藻本利氏坤輿萬國全圖縮影所列各國地名互作對照比較。若兩處地名相同者，在萬國全圖項下加以(✓)號；其在勝略表內有而在萬國圖所無者，則在萬國項下以(無)字記下；若兩處地名相異者則在各該項下依原名記下。經過這番對照整理後，發現名字相同者居多。其異者有單字之異，如勝略中之別蒙哭，與萬國之別蒙突是。有地名長短之異者，如勝略中之亞私達闌，與萬國中之亞私大達闌是。有勝略中有而萬國所無者，如勝略中之非巴則萬國所無。有萬國有之瑪兒大和莫大未亞等爲勝略所無。更奇怪的是萬國裏地方風俗文物之附注文字之一部份，或地名和附注連接之文字，勝略居然以爲是國名，如萬國圖中描注埃及泥羅河沿岸一個城名叫門菲(Memphis)時，有這樣的附注，說：『……有城沿河名門菲，此城爲天下極大，城，行十日程。地產寶石烏木』。勝略則以石烏木是一個地名。又如萬國中附注丹麥國時這樣說：『大泥亞即第那瑪爾加』。而勝略則將這條附注分作兩個地名；一爲大泥亞，一爲郎地那馬兒加。

第二項工作是將勝略表內所列各地的經度分改爲現在天文地理學家通用的經度分。勝略表內所記的經度分所根據的零度起點爲非洲西北之福島，(Fortunate Islands)，而現在經度零度起點則在英國東南部的格林威治（Greenwich），二者相差爲十八度。又按勝略表內以福島爲零度起點算，是不分東西，而純以在福島東一至三百六十度算的。但照現時的算法，則經度有東西之分。遂譯之法，先將週度三百六十度分作東西各爲一百八十度。按格林威治在福島之東，若以週半之180度爲東經算，則現時之東經180度即在福島東198度。故勝略地名凡在198度內者，概屬東經線。凡在198度以上者，悉屬西經線。東經的算法，是從舊經線數內減去福島與格林威治之距離十八度，就得現行正確的東經度。如羅馬本在福島東34°30'，迻譯之，則用34°30'減去福格距離18度適得羅馬在東經16度30分。

$34°30' - 18° = 16°30'$

西經算法，則用倒數倒減方法，得其確位：

如南亞墨利加洲之利馬，在福島東292度，以292度減去198度為94度，此94度即西經末段倒數的數目。但西經總數為180度。故再以180度倒減西經末段之94度，即得該地在西經86度的正數。其他各地經度可類推。

292度－198度＝94度

180度－94度＝86度

第三項工作即將各地漢名加以推認，迻譯為現行的英名。幸而這些地方的大半，到現在為止，在中國地理書中，或通用指示地名習慣上，仍沿襲向來的名字。如古巴，羅馬，加拿大，不難推認其為 Cuba, Rome, Canada。又有些譯意的地名，如：福島，在歐洲中世紀地理文獻中稱 Fortunate Islands，即指非洲西北部之Canary Islands；綠峯島之為 Cape Verde Islands，和黑峯之為 Cape Negro，也不難認出。又有些由字音和經緯度的指示以推測其名其地即今之何地何名的。如以西把泥亞即西班牙之土名 Hispania，不難認為 Spain，又如入爾馬尼亞，為德國 Germania 即 Germany。如巴爾德峽在赤道北35度西經8度；按之地圖，赤道北36度西經5度為 Strait of Gibraltar。又如在福島東278度與赤道北31度有地名哥妙的，查 Mercators Chart 中，福島東285度赤道北30度有地名 Cossa. 是則漢名之哥妙似應作哥沙才對。像這樣漢名本身被人訛抄訛傳的也有幾處。

第四項工作是以勝略表中經緯線與現在經緯線比較。這比較的根據圖籍：一為劍橋近世史地圖集，(*Cambridge Modern History Atlas*)一為佘潑得氏歷史圖集(*Shepherd, Historical Atlas*)。這兩處的圖都有很清晰的經緯度可查，故此我根據英文地名來找一個地方，則該地方的經緯線活現眼前。不過在推認地名的時候，我也曾借助過好幾個十六，十七世紀的地圖；可惜這些所得的地圖，都沒有把經緯線畫上，却又有那地的英文名字。不想到我要作兩時代各地經緯線度數的比較時，在這些有經緯線的地圖上偏又不能找着這些地方。關於這點，另有附注說明，這裏不必再說。

至於查得的經緯線度數，我分別列在表上，讀者一看，便知勝略地度表所列各地經緯度數和近世科學進步後再經測量過的各地經緯線度數的互相消長為何如了。

歐邏巴洲

方輿勝略外夷卷地度表 地名	緯度 赤道以北	經度（福島爲0°）	校正經度（格林威治爲0°）	坤輿萬國全圖地名	現代英文地名	現代訂正經緯線度 緯度	經度
以西把泥亞	42°	10°	8°W	以西把你亞	SPAIN	36°-44°N	9°W-4°E[1]
波爾杜曷爾	40°	5°	13°W	波爾杜瓦爾	PORTUGAL	37°-42°N	2°-5°W
曷利襟	43°	5°	13°W	✓	GALICIA	43°N	8°W
多勒篤	42°	9°	9°W	✓	TOLEDO	38°N	6°W
加西郎	38°	9°	9°W	✓	CASTILIA	38°-40°N	2°-6°W
厄辣捺達	37°	7°	11°W	✓	GRANADA	37°N	4°W
俺大魯西亞	42°30′	11°	7°W	✓	ANDALUSIA	38°N	6°W
葛答籠亞	28°30′	13°	5°W	✓	CATALONIA	42°N	2°E
曷剌甕	41°	14°	4°W	✓	ARAGON	41°N	2°E-2°W
巴爾德峽	35°	10°	8°W	✓	ST.OFGIBRALTAR	36°N	5°W
馬岳里革	38°	17°	1°W	✓	MAJORCA	38°N	2°E
米諾里革	38°	18°30′	30′E	✓	MINORCA	40°N	4°E
拂郎察	45°	15°	3°W	✓	FRANCE	43°-50°N	5°W-5°E
那勿蠟	46°	13°	5°W	✓	NAVARRE	42°N	2°W
迷施葛亞	45°	14°	4°W	✓	…………	…………	…………
多羅薩	43°	16°	2°W	✓	TOULOUSE	44°N	1°E
曷計答尼亞	44°	17°	1°W	✓	AQUITANIA	45°N	0°
利昂	45°30′	15°	3°W	✓	LYONS	46°N	5°E
羅尺剌	47°	15°	3°W	✓	ROCHELLE	46°N	1°W
路德棲亞	46°	19°	1°E	✓	…………	…………	…………
際西里亞	43°	73°	55°E	際爾西里亞	MARSEILLES	43°N	5°E
瓦斯工	50°	19°	1°E	✓	…………	…………	…………
意大里亞	42°	35°	17°E	✓	ITALY	37°-46°N	9°-18°E
羅馬	42°	34°30′	16°30′E	✓	ROME	42°N	12°E
沙勿牙	43°	30°	12°E	✓	SAVOY	44°N	6°E
別蒙哭	43°	31°	13°E	別蒙突	PIEDMONT	45°N	8°E
勿搦茶	45°	31°	13°E	✓	VENETIA	46°N	12°E
那波里	40°30′	37°	19°E	✓	NAPLES	41°N	14°E
歩爾牙	41°	38°	20°E	✓	PUGLIA[2]	…………	…………
葛辣比	40°	40°	22°E	✓	CALABRIA	38°N	16°E
廝勒葛	43°	35°	17°E	✓	…………	…………	…………
西齊里亞	37°	40°	22°E	✓	SICILY	37°N	14°E
哥爾西克	40°	29°	11°E	✓	CORSICA	42°N	9°E
隆拔勒地亞	45°	29°30′	11°30′E	✓	LOMBARDIA	44°N	8°E

3

赫爾勿妻亞	46°	28°	10°E	√	HELVETIA	47°N	8°E
蘇亦微亞	47°	26°	8°E	√	SWITZERLAND	47°N	8°E
十三郡	45°	25°	7°E	（是蘇國的附注文字）			
突爾蜚諾	44°	24°	6°E	√	DAUPHINY	44°N	4°E
拂郎溉泥亞	49°	27°	9°E	√	FRANCONIA	50°N	10°E
波爾臥尼	50°	21°	3°E	√	BOULOGNE	51°N	2°E
百爾入革	52°	23°	5°E	√	BRUGES	51°N	3°E
非里西亞	51°	28°	10°E	√	FRIESLAND	50°N	6°E
帕襪利亞	49°	30°	12°E	√	BAVARIA	48°N	12°E
虎西亞	51°	29°	11°E	√	…………………………	…………	…………
物斯法略	53°	26°	8°E	√	WESTPHALIA	50°N	8°E
諳厄利亞	54°	15°	3°W	√	ANGLIA(ENGLAND)	50°-58°N	2°E-10°W
淩林日	52°	15°	3°W	（淩疑是婆）	PLYMOUTH	50°N	4°W
喜百泥亞	55°	13°	5°W	√	IRELAND	52°-55°N	6°-10°W
思可齊亞	55°	12°	6°W	√	SCOTLAND	55°-58°N	2°-7°W
則闌地	54°	23°	5°E	√	…………………………	…………	…………
暱闌地	54°30	25°	7°E	√	HOLLAND	50°-54°N	2°-7°E
肥良地亞	53°	30°	12°E	√	FLANDERS	50°N	2°E
鄂地那馬兒加	57°	30°	12°E	第那瑪爾加	DENMARK	50°-53°N	8°-15°E
玉良底	57°	28°	10°E	玉良氏	JUTLAND	55°N	10°E
大泥亞	58°	30°	12°E	√	DENMARK	50°-53°N	8°-15°E
入爾馬尼亞	50°	38°	20°E	入爾馬泥亞	GERMANY	45°-55°N	5°-20°E
沙瑣尼亞	53°	34°	16°E	沙瑣泥亞	SAXONIA	50°N	12°E
瑣利亞	48°	41°	23°E	√	SILESIA	50°N	16°E
波亦米亞	50°	34°	16°E	√	BOHEMIA	48°N	12°E
奧失突利亞	48°	35°	17°E	√	AUSTRIA	46°N	14°-16°E
大努混河江	50°	41°	23°E	大努毘河江	DANUBE RIVER[3]	…………	…………
翁阿利亞	49°	43°	25°E	√	HUNGARY	45°-50°N	15°-25°E
突浪西爾襪泥亞	49°	43°	25°E	突浪西爾襪尼亞	TRANSYLVANIA	45°N	20°E
大爾馬齊亞	46°	35°	17°E	√	DALMATIA	40°N	15°E
班諾泥	45°	40°	22°E	班諾尼	BOSNIA(?)	45°N	17°E
步爾葛利亞	44°	42°	24°E	√	BULGARIA	43°N	25°E
馬則多泥亞	43°	44°	26°E	√	MACEDONIA	42°N	24°E
厄勒齊亞	40°	46°	28°E	√	GREECE	36°-40°N	20°-25°E
莫勒亞	36°	48°	30°E	√	MOREA	37°N	23°E
甘的亞	34°	51°	33°E	√	CANDIA	35°N	25°E
溫白亞	38°	51°	33°E	√	…………………………	……… …	…………

蘭被禮	43°	50°	32°E	√	LAMBOLI[2]		
羅馬泥亞	44°	49°	31°E	√	ROUMANIA	44°N	24°E
波羅泥亞	50°	45°	27°E	√	POLAND	50°N	20°-25°E
墨亞泥亞	50°	50°	32°E	√	MORAVIA	46°N	16°E
魯西亞	52°	52°	34°E	√	RUSSIA	45°-80°N	20°-70°E
波多里亞	52°	55°	37°E	√	PODALIA	48°N	28°E
臥爾丁然	55°	48°	30°E	√			
契利末牙	53°	57°	39°E	√	ZEUERA[2]		
古馬泥	52°	59°	41°E	√	CUMANI	45°-48°N	40°-45°E
瓦茶里亞	48°	62°	44°E	√			
臥的亞	58°	35°	17°E	√	GOTIA	56°-60°N	15°-17°E
蘇亦齊	65°	32°	14°E	√	SWEDEN	55°-80°N	10°-30°E
蠟皮亞	64°	30°	12°E	√	LAPPIA(LAPLAND)	68°N	25°-35°E
勿匿爾湖	62°	28°	10°E	√	LAKE WENER	50°N	10°E
斯祁非泥亞	66°	23°	5°E	√	SCRI.:FINIA[2]		
非馬祁亞	66°	17°	1°W	√	FIN MARCHIA	70°N	25°E
羅多里	63°	20°	2°E	√			
諾爾物入亞	63°	17°	1°W	√	NORWAY	58°-67°N	5°-15°E
蘇亦齊界	65°	40°	22°E	√	SWEDEN		
沸泥剛突	70°	34°	16°E	沸你剛突	FINLINDIA (?)	62°N	25°E
北葛謎亞	68°	26°	8°E	比葛謎亞			
都力	66°	8°	10°W	√			
臥闌的亞大州	75°	1°	17°W	√	GRONLANDIX (GREENLAND)	60°-80°N	20°-70°W
匿覇峯	78°	1°	17°W	√			
納峯	78°	353°	25°W	√			
沙得	76°	352°	26°W	√			
何个	72°	354°	24°W	√			
佛多爾河	72°	353°	25°W	√			
斯可何爾丁	73°	343°	35°W	√			
來河	76°	345°	33°W	√			
飛私得島	72°	347°	31°W	√			
甘峯	68°	347°	31°W	√			
香峯	68°	342°	36°W	√			
依加里亞島	61°	3°	15°W	√	ICELAND	68°N	15°-23°W
加臥亦勿	77°	17°	1°W	√			
新曾白臘	79°	46°	28°E	新曾白臘	NOVA ZEMBLA	70°N	50°E
新勿剌	75°	49°	31°E	√			
莫西那	75°	46°	28°E	√			

5

松杷法	81°	36°	18°E	V	………	………	………
勿耳瓦	76°	41°	23°E	V	………	………	………
露的剌斯	75°	45°	27°E	V	………	………	………
諾爾京	73°	40°	22°E	V	………	………	………
葛勒施葛	68°	41°	23°E	V	………	………	………
禮勿泥亞	63°	48°	30°E	V	LIVONIA	56°N	24°E
孛漏生	57°	50°	32°E	V	………	………	………
葛爾葛波利	64°	51°	33°E	V	………	………	………
諾勿瓦的亞	64°	53°	35°E	V	NOUOGARDIA	59°N	31°E
各勒利亞	62°	58°	40°E	V	CORELIA	62°N	30°E
縛羅得沒	64°	58°	40°E	V	VOLOGDA	59°N	40°E
瓦郎尾可	64°	54°	36°E	V	………	………	………
縛羅得抹爾	63°	69°	51°E	V	………	………	………
勿歛	60°	67°	49°E	V	………	………	………
沒斯個未突	57°	65°	47°E	V	MUSCOVITE (RUSSIA)	45°-80°N	20°-70°E
迷色狣	57°	63°	45°E	V	………	………	………
勒贇	56°	60°	42°E	V	………	………	………
瓕色曷爾迷	51°	74°	56°E	V	………	………	………
孟曰力里亞	48°	75°	57°E	孟日力里亞	MINGRELIA	40°N	40°E
伯帝兀爾祁	47°	73°	55°E	V	………	………	………
蓋大期	50°	70°	52°E	V	CATTACHI[2]	………	………
額索各答耶	53°	76°	58°E	V	ABKHASIA	44°N	42°E
加巴爾地亞	56°	71°	53°E	V	CABARDI[2]	………	………
麥兒吐雅	55°	76°	58°E	麥兒杜雅	………	………	………
南幹牙	56°	78°	60°E	V	………	………	………
大乃河	58°	75°	57°E	V	TANAIS (DON RIVER)		
一目國	48°	80°	62°E	V	………	………	………
女人國	44°	74°	56°E	V	………	………	………
兀贇耶	57°	79°	61°E	V	………	………	………
亞私大蠟甘	35°	82°	64°E	V	ASTRAKHAN	46°N	48°E
葛尔莫奇	52°	85°	67°E	V	………	………	………
公多辣	64°	74°	56 E	V	KONDORI[2]	………	………
杜亦攀	63°	71°	53°E	V	………	………	………
莫奕	64°	76°	58°E	V	………	………	………
合多蠟	68°	78°	56°E	V	………	………	………
木島	34°	352°	26°W	V	………	………	………
鐵島	30°	358°	20°W	V	………	………	………

6

第三杷島	35°	348°	30°W	……	……	……	……
鵲島	37°	346°	32°W	……	……	……	……
(無)	……	……	……	瑪兒大	MALTA	36°N	14°E
(無)	……	……	……	莫大未亞	MOLDAVIA	45°N	25°E
(無)	……	……	……	亞爾百泥亞	ALBANIA	40°-43°N	20°E
(無)	……	……	……	比産齊何	BYZANTIUM	41°N	29°E
(無)	……	……	……	傅羅答	……	……	……
北　亞　墨　利　加　洲							
夜义國	83°	……	……	√	……	……	……
流瓦	75°	214°	164°W	流鬼	……	……	……
亞泥俺國	60°	225°	153°W	√	ANIAN	60°N	180°-200°[4]
水潮峯	59°	213°	165°W	√	……	……	……
平地坡	56°	215°	163°W	√	……	……	……
白吳爾	60°	234°	144°W	√	……	……	……
沙兒倍	58°	243°	135°W	√	……	……	……
亞沙	57°	249°	129°W	√	……	……	……
何皮六河	65°	263°	115°W	√	……	……	……
孟多齊峯	47°	218°	160°W	√	……	……	……
都茶那	50°	224°	154°W	√	TUCHANE	45°N	195°[4]
新未蠟	47°	229°	149°W	√	QUIVIRA	40°N	195°[4]
雪山	45°	221°	157°W	√	……	……	……
私樹林	45°	237°	141°W	√	……	……	……
多籠	49°	242°	136°W	√	TOLM	45°N	220°-230°[4]
支古訝	39°	240°	138°W	√	CICUIC	30°N	220°[4]
第瓦施	37°	242°	136°W	√	TIGUEX	40°N	220°[4]
止會	36°	244°	134°W	√	……	……	……
弟克凰	33°	248°	130°W	√	DE CRUZ	30°N	225°[4]
曚山	29°	251°	127°W	√	……	……	……
亦安農峯	28°	250°	128°W	(是曚山之別名)	……	……	……
角利弗爾森	25°	254°	124°W	√	CALIFORNIA	23°-35°N	110°-120°W
十字山尾	23°	257°	121°W	√	……	……	……
多朶德亞國	38°	251°	127°W	√	TONTONTEAC	40°N	230°[4]
多朶德亞河	39°	253°	125°W	√	TONTONTEAC RIVER	……	……
亞沙河	44°	254°	124°W	√	AXA RIVER	40°N	225°[4]
多兒美	49°	258°	120°W	√	……	……	……
諸耆	53°	259°	119°W	√	CHUCHO	N40°	235°[4]

多兒瓦瓦	55°	263°	115°W	√	…………	…………	…………
沙瓦乃國	58°	273°	105°W	√	SAGUINAI	55°N	295°[4]
祖瓦蠟	49°	268°	110°W	√	…………	…………	…………
亞哈庫	44°	263°	115°W	√	…………	…………	…………
媽刺大	37°	256°	122°W	√	MARATA	35°N	240°-250°[4]
亞私達闌	34°	259°	119°W	亞私大達闌	ASTATLAN	30°N	245°[4]
知閤	30°	261°	117°W	√	CHINAO	20°N	265°[4]
火吒蠟瓦	33°	261°	117°W	√	…………	…………	…………
突爾利其祁默奇國	39°	263°	115°W	√	TERLICHICHIMA-CHI	30°N	260°-270°[4]
加巴斯祈國	37°	269°	109°W	√	CAPASCHI	30°N	275°[4]
帝靜河	43°	265°	113°W	√	…………	…………	…………
祁蠟	43°	271°	107°W	√	CHILAGA	45°N	290°[4]
蘇亞蠟山	48°	270°	108°W	√	…………	…………	…………
亞外媽	55°	278°	100°W	√	…………	…………	…………
加那瓦	54°	280°	98°W	√	…………	…………	…………
加拿大國	53°	284°	94°W	√	CANADA	50°N	305°[4]
何寮刺瓦	47°	278°	100°W	√	HOCHELAGA (MONTREAL)	45°N	75°W
七城國	39°	272°	106°W	七城國	SEVEN CITIES OF CIBOLA	35°N	109°W
摩可麻國	44°	288°	90°W	摩可沙國	MOCASA	40°N	300°[4]
何多亞蠟瓦	51°	292°	86°W	√	…………	…………	…………
得爾洛勿洛多	58°	300°	78°W	√	…………	…………	…………
翁陀苔	52°	301°	77°W	√	…………	…………	…………
新拂耶察	49°	304°	74°W	√	NEW FRANCE	40°-50°N	70°-85°W
奴龍伯	57°	310°	68°W	√	…………	…………	…………
亦利多的闌地	65°	323°	55°W	√	ESTOTILANT	65°N	340°[4]
巴革老地	64°	334°	44°W	√	BACCALOS	45°N	330°[4]
泥德	75°	348°	30°W	√	…………	…………	…………
斯可何爾丁	37°	343°	35°W	√	…………	…………	…………
飛斯得島	72°	347°	31°W	√	…………	…………	…………
8 甘棠	68°	347°	31°W	√	…………	…………	…………
香棠	68°	342°	36°W	√	…………	…………	…………
可爾得勒亞爾地	56°	318°	60°W	√	CORTE CREALIS	55°N	320°-330°[4]
如里漢島	50°	328°	50°W	√	…………	…………	…………
鬼島	50°	324°	54°W	√	…………	…………	…………
諾龍伯爾瓦	45°	315°	63°W	√	NOROMBEGA	45°N	310°[4]

狗骨	43°	312°	66°W	狗河	……	……	……
勒革氏國	44°	299°	79°W	√	……	……	……
革利國	37°	293°	85°W	√	……	……	……
亞伯爾耕國	37°	287°	91°W	√	APALCEN	35°N	300°4
訐巴剌亦爾	31°	288°	90°W	√	……	……	……
得爾勿羅洛	27°	285°	90°W	√	……	……	……
衆仙河	32°	284°	94°W	√	……	……	……
亞勿加爾國	37°	282°	96°W	√	AUACAL	40°N	295°4
大入爾國	35°	277°	101°W	√	TOGIL	35°N	290°4
哥妙國	31°	278°	100°W	(妙疑是沙)	COSSA	30°N	285°4
沙瓛丁諸	35°	272°	106°W	√	……	……	……
林濱	30°	273°	105°W	√	……	……	……
革哥私	31°	270°	108°W	√	GACOS	30°N	275°4
多勿國	29°	269°	109°W	√	TOUA	25°N	270°4
新瓦利柰	30°	265°	113°W	√	NEW GALICIA	21°N	104°W
墨珠亞甘	27°	265°	113°W	√	MECHUACAN	20°N	260°-270°4
沙里思可國	27°	262°	116°W	√	XALIS	25°N	250°4
知加土蠟	23°	263°	115°W	√	ZACATULA	18°N	103°W
固列	26°	263°	115°W	√	CULIACAN	25°N	108°W
多皮蠟	27°	365°	113°W	√	TOPIRA	25°N	260°4
新以西把你亞	24°	266°	112°W	√	NEW SPAIN	25°-40°N	95°-120°W
亞如的私的	26°	269°	109°W	√	……	……	……
墨是可	25°	265°	113°W	√	MEXICO	20°-25°N	95°-105°W
古數沙	29°	271°	107 W	√	……	……	……
馬金色	18°	273°	105°W	√	……	……	……
哇的麻剌	17°	278°	100°W	√	GUATAMALA	15°N	91°W
宇革堂	20°	280°	98°W	√	YUCATAN	20°N	90°W
大哇識个	18°	279°	99°W	√	TOBASCO	18°N	94°W
鄙度蠟	13°	282°	96°W	√	HONDURAS	15°N	85°W
瓦的馬革	13°	283°	95°W	√	……	……	……
詣柯	12°	285°	93°W	√	……	……	……
里浹	12°	286°	92°W	里漢	……	……	……
對島	19°	313°	65°W	√	……	……	……
色氏側島	27°	335°	43°W	色氏測島	……	……	……
怕露打島	42°	336°	42°W	√	BERMUDAS	32°N	64°W
瑪牙瓦那	25°	299°	79°W	√	MAYAGUANA	22°N	73°W
哇那罕	25°	298°	80°W	√	GUANAHANI	25°N	305°4
瓦尼瑪	26°	296°	82°W	√	GUANIMA	25°N	305°4

9

止瓦投	28°	293°	85°W	√	GUATEA (SALV DOR)	24°N	75°W
路格愚	29°	292°	86°W	路格禺	LOS CAYOS	25°N	75°W
白赫瑪	29°	290°	88°W	√	BAHAMAS	25°N	75°W
古巴島	21°	292°	86°W	√	CUBA	22°N	75°-85°W
牙賣加	17°	293°	85°W	√	JAMAICA	18°N	77°W
曷彌亞那	21°	298°	80°W	√	…………	…………	…………
小以西把你亞	18°	299°	79°W	√	…………	…………	…………
曷勿沉勿	19°	302°	76°W	曷勿洗勿	…………	…………	…………
仙如漢島	18°	306°	72°W	√	SAN JUAN (PORTO RICO)	18°N	66°W
得光得白	16°	261°	117°W	√	TECOANTEPEC	15°N	270°[4]
亞怒皮亞大	17°	352°	26°W	亞奴皮亞大	ANUBLADA	20°N	240°[4]
別山	26°	331°	47°W	√	…………	…………	…………
			南亞墨利加州				
	赤道以北						
坡巴牙那	7°	293°	85°W	√	POPAYAN	2°N	77°W
祁蠟正瓦斯	5°	294°	84°W	祁臘正瓦斯	…………	…………	…………
加利巴那	2°	293°	85°W	√	CARIBANA	5°N	300°-320°[7]
祁多	1°	291°	87°W	祈多	QUITO	0°	78°W
金加西蠟	8°	295°	83°W	√	CASTILIO DEL ORO[5]	…………	…………
荅尼懋	4°	297°	81°W	√	…………	…………	…………
小勿樗茶	6°	301°	77°W	√	…………	…………	…………
新庵大晉西亞	4°	303°	75°W	√	NEW ANDALUSIA	8°-13°N	72°-76°W
亞那牙	6°	307°	71°W	√	GUIANA	5°N	50°-60°W
容皮	9°	307°	71°W	√	…………	…………	…………
烏水河	1°	309°	69°W	√	ORINOCO RIVER(?)	…………	…………
富令那國	7°	301°	77°W	√	…………	…………	…………
渴里白那	3°	320°	58°W	√	GRAN PARA	5°S	55°W
漁人地	1°	319°	59°W	√	…………	…………	…………
10 脊珠島	12°	308°	70°W	√	TRINIDAD	10°N	62°W
仙如漢島	17°	307°	71°W	√	SAN JUAN ISL.	18°N	66°W
	赤道以南						
打勒那	4°	290°	88°W	√	…………	…………	…………
巴吳亞那	3°	293°	85°W	√	…………	…………	…………
角蠟巴沙	5°	297°	81°W	√	…………	…………	…………
盤幾	7°	298°	80°W	√	…………	…………	…………
馬亞柯	1°	299°	79°W	√	…………	…………	…………

止巴泥瓦	5°	302°	76°W	√	……	……	……
口鷸喎	2°	310°	68°W	喎鷸哇	……	……	……
皮諾利那	8°	314°	64°W	√	……	……	……
弟私那大	1°	317°	61°W	√	TISNADA	5°S	330°7
巴利孤打	2°	321°	57°W	√	……	……	……
何勒利西那河	7°	324°	54°W	√	……	……	……
馬良温河	2°	327°	51°W	√	MARANON RIVER (AMAZON RIVER)	……	……
白峯	2°	331°	47°W	√	……	……	……
毘麻刺	3°	333°	45°W	√	……	……	……
椰林峯	2°	325°	53°W	√	……	……	……
阿瑪加那	2°	337°	41°W	√	……	……	……
伯西兒	5°	339	39°W	√	BRAZIL	0-30°S	35°-75°W
巴兒雖伯可	7°	347°	31°W	√	PERNAMBUCO	8°S	35°W
阿林荅	12°	346°	32°W	√	OLINDA	8°S	36°W
革那非所河	11°	344°	34°W	√	……	……	……
打巴砑勒	15°	341°	37°W	√	……	……	……
達坡那	18°	343°	35°W	√	……	……	……
麻爾碍曷突	19°	341°	37°W	√	……	……	……
馬加大突	18°	339°	39°W	√	……	……	……
金魚湖	12°	327°	51°W	√	……	……	……
多巴欲	11°	323°	55°W	√	……	……	……
巴烏的	17°	325°	53°W	√	……	……	……
皮可蠟	15°	321°	57°W	√	……	……	……
題別里	11°	318°	60°W	√	……	……	……
渦祭革馬	15°	317°	61°W	√	……	……	……
覇刺那	17°	315°	63°W	√	PARANA	25°S	50°W
億大盤窪	11°	312°	66°W	√	……	……	……
麻刺加私	10°	309°	69°W	麻刺加岳湖	……	……	……
哥吒麻	12°	306°	72°W	√	……	……	……
氏蘸那國	13°	304°	74°W	√	……	……	……
亞馬鑽國	12°	302°	76°W	√	AMAZONES	0-10°S	65°-70°W
孛露	10°	290°	88°W	√	PERU	0-20°S	70°-80°W
亞牙勿里	10°	294°	84°W	√	……	……	……
利禡	10°	292°	86°W	√	LIMA	12°S	77°W
馬利加	15°	295°	83°W	馬加利	……	……	……
乾摅國	23°	299°	79°W	√	……	……	……
北度西山	22°	298°	80°W	√	POTOSI	20°S	66°W
亞彼那加	28°	297°	81°W	√	……	……	……

大刺巴箇	27°	298°	80°W	√	…………	…………	…………
意里加	25°	300°	78°W	√	ARICA	18°S	70°W
茄虜廓達	25°	303°30′	74°30′W	茄盧廓達	…………	…………	…………
故私哥圖	20°	304°	74°W	√	CUXCO	14°S	72°W
白底河	28°	313°	65°W	白氏河	…………	…………	…………
雞加國	21°	315°	63°W	√	CHACO	20°S	60°W
止加	23°	319°	59°W	√	CHICA	40°S	320°7
寧瓦大	22°	321°	57°W	√	…………	…………	…………
都柄稽詣	32°	323°	55°W	√	…………	…………	…………
帕齊那國	20°	325°	53°W	√	…………	…………	…………
半島	25°	328°	50°W	√	…………	…………	…………
吳路漢河	28°	329°	49°W	√	URUGUAY RIVER	…………	…………
摩勒被蠻	27°	333°	45°W	√	…………	…………	…………
亞古齊亞	22°	332°	46°W	√	…………	…………	…………
莪勿大葛特	21°	334°	44°W	√	…………	…………	…………
多兀彼那	22°	337°	41°W	√	…………	…………	…………
巴臘牙	33°	331°	47°W	√	…………	…………	…………
黑江	32°	329°	49°W	√	…………	…………	…………
伯剌那大江	30°	326°	52°W	√	PLATA RIVER	…………	…………
可狠底	36°	326°	52°W	√	…………	…………	…………
白峯	38°	320°	58°W	√	…………	…………	…………
沙那耶	34°	323°	55°W	√	…………	…………	…………
潮水峯	38°	323°	55°W	√	…………	…………	…………
如路馬大	32°	327°	51°W	√	…………	…………	…………
邁哥	39°	321°	57°W	√	…………	…………	…………
瑪八作	32°	313°	65°W	√	…………	…………	…………
其箕山巴	39°	317°	61°W	其其山巴	…………	…………	…………
加默眞瓦泥	35°	312°	66°W	√	…………	…………	…………
喃未近曷㽞	33°	308°	70°W	√	…………	…………	…………
巴大温	32°	304°	74°W	√	PATAGONIA	40°-53°S	70°W
亞大加馬	35°	300°	78°W	√	ATACAMA	25°S	70°W
智里	32°	298°	80°W	√	CHILE	20°-50°S	70°-75°W
巴羅謎那	38°	299°	79°W	√	…………	…………	…………
巴可	34°	297°	81°W	√	…………	…………	…………
徑德力	37°	296°	82°W	√	…………	…………	…………
卑沙加家	42°	297°	81°W	卑沙家	…………	…………	…………
金特突	47°	294°	84°W	√	…………	…………	…………
何剌佛江	44°	301°	77°W	√	…………	…………	…………
無氐澳	47°	305°	73°W	√	…………	…………	…………

三角	44°	311°	67°W	√	......	......	......
苦峯	43°	314°	64°W	√	......	......	......
沙濱	41°	317°	61°W	√	......	......	......
萬室女	47°	300°	78°W	√	......	......	......
祁勒國	48°	299°	79°W	√	......	......	......
仙如里亞諾	52°	299°	79°W	√	......	......	......
第一角	53°	298°	80°W	√	......	......	......
仙瑪利亞峯	51°	296°	82°W	√	......	......	......
椰子島	21°	285°	93°W	√	......	......	......
亞 非 利 加 洲（利 未 亞）							
	赤道以北						
福島	30°	0	18°W	√	FORTUNATE ISL	28°N	18°W
馬邏可國	30°	9°	9°W	√	MOROCCO	32°N	0-10°W
亞大蠟山	29°	6°	12°W	√	ATLAS MTS	30°-35°N	10°W-10°E
黑牙數	26°	3°	15°W	√	......	......	......
查那瓦	25°	4°	14°W	√	CANAGA[5]	......	......
亞察那臥	21°	2°	16°W	√	......	......	......
刻剌可	18°	3°	15°W	√	......	......	......
息懸瓦河	16°	1°	17°W	息匿瓦河	SENEGAL RIVER	......	......
赫雅	21°	4°	14°W	√	......	......	......
曷爾烏闍	22°	6°	12°W	√	......	......	......
突曷薩	22°	8°	10°W	√	TAGHAXA	24°N	16°W
瓦蠟大	19°	7°	11°W	√	......	......	......
曷我突	16°	4°	14°W	√	......	......	......
葛那葛	17°	8°	10°W	曷那葛	......	......	......
巴瓦諾	15°	8°	10°W	√	......	......	......
息惹瓦國	14°	3°	15°W	息匿瓦國	SENEGAL	15°N	15°W
綠峯	14°	2°	16°W	√	CAPE VERDE	15°N	18°W
綠峯島	14°	......	......	√	CAPE VERDE ISL.	15°N	22°W
感白蠟	13°	355°	23°W	√	......	......	......
入匿	9°	3°	15°W	√	GUINEA	9°N	0°-15°W
彼多寧	9°	6°	12°W	√	......	......	......
臥臥	10°	9°	9°W	√	GOGO	15°N	5°W-5°E
訝藥福	5°	8°	10°W	√	SAO JORGE DE MINA	6°N	0°-10°W
墨利國	5°	11°	7°W	√	MELLI	11°N	9°W
色匿客	8°	13°	5°W	√	......	......	......
墨力刻登	9°	17°	1°W	√	......	......	......

一七七

13

得米漢	10°	15°	3°W	√	…………	…………	…………
得斷	10°	11°	7°W	√	…………	…………	…………
勿突伊	14°	11°	7°W	√	…………	…………	…………
洞布多	13°	13°	5°W	√	TIMBUCTOO	17°N	3°W
曷䌫特	14°	15°	3°W	√	…………	…………	…………
巒定曷	11°	17°	1°W	√	…………	…………	…………
孤曰爾	11°	18°	0°	孤白爾	…………	…………	…………
熱土利亞	20°	11°	7°W	√	GETULIA	20°-30°N	15°-25°[6]
訐喜廣野	20°	3°	15°W	√	…………	…………	…………
亞入新巴	17°	15°	3°W	√	AGISYMBA	10°N	20°-40°[7]
亞察那入	18°	16°	2°W	√	…………	…………	…………
亞無音	26°	16°	2°W	√	…………	…………	…………
粗痕齊瓦	27°	14°	4°W	√	…………	…………	…………
德利非	29°	15°	3°W	√	…………	…………	…………
沸沙國	33°	11°	7°W	佛沙國	FESSO (FEZ)	34°N	5°W
貌利大泥亞	32°	16°	2°W	√	MAURETANIA	20°N	10°W
得奧甑	28°	21°	3°E	√	…………	…………	…………
奴米德	33°	24°	6°E	√	NUMIDIA	36°N	5°-10°E
曷熱爾	30°	26°	8°E	√	…………	…………	…………
巴爾巴里亞	33°	28°	10°E	√	BARBARIA[7]	30°N	20°-40°
沙爾	26°	28°	10°E	√	…………	…………	…………
大爾瓦國	27°	25°	7°E	大兒瓦國	…………	…………	…………
蠟河	24°	24°	6°E	入蠟河	…………	…………	…………
吳沙兒瓦蠟上	21°	24°	6°E	√	…………	…………	…………
色則爾沒	19°	22°	4°E	√	…………	…………	…………
葛那	15°	20°	2°E	√	…………	…………	…………
吳巴湖	14°	19°	1°E	√	…………	…………	…………
荒野	13°	21°	3°E	√	…………	…………	…………
小利未亞	18°	27°	9°E	√	…………	…………	…………
廓色嶺	19°	29°	11°E	√	…………	…………	…………
伯怎	12°	29°	11°E	伯恁	…………	…………	…………
14 黑江	14°	26°	8°E	√	…………	…………	…………
側僩	11°	23°20′	5°20′E	√	…………	…………	…………
七力日突	7°	22°	4°E	乜力日突	…………	…………	…………
道馬	8°	25°	8°E	√	DAHOMEY	10°N	2°E
必寧	8°	27°	9°E	√	BENIN	7°N	6°E
默大入剌	4°	30°	12°E	√	…………	…………	…………
波耳加	4°	30°	12°E	√	…………	…………	…………
雷地	2°	33°	15°E	雷池	…………	…………	…………

漫多蠟	3°	34°	16°E	√	……	……	……
馬習剌	3°	36°	18°E	√	……	……	……
訝德	5°	39°	21°E	√	……	……	……
墨大蠟	9°	37°	19°E	墨大臘	……	……	……
皮亞法爾	8°	32°	14°E	√	BIAFRA	5°N	10°E
偕法洛	12°	33°	15°E	√	……	……	……
這阿安	15°	38°	20°E	√	……	……	……
辣葛	19°	35°	17°E	√	……	……	……
泥里德湖	22°	32°	14°E	√	……	……	……
瓦約瓦	22°	39°	21°E	√	……	……	……
齊私	23°	16°	2°W	√	……	……	……
者納	14°	13°	5°W	√	……	……	……
奇斯	25°	19°	1°E	√	……	……	……
馬爾馬利加	27°	34°	16°E	√	MARMARICA	31°N	25°E
皮利土爾	28°	32°	14°E	√	……	……	……
訝沙登	28°	37°	19°E	√	……	……	……
堵泥素	33°	31°	13°E	√	TUNIS	37°N	10°E
小亞非利加	27°	42°	24°E	√	AFRICA	……	……
都爾熱層	24°	48°	30°E	√	……	……	……
瓦和瓦	22°	49°	31°E	√	……	……	……
嗷瓦	20°	45°	27°E	√	……	……	……
怒皮亞	17°	43°	25°E	√	NUBIA	20°N	30°-35°E
皮亞法蠟	14°	41°	23°E	皮亞法臘	……	……	……
巴瓦米	14°	45°	27°E	√	……	……	……
齊入德	14°	48°	30°E	√	……	……	……
諳變千地勿	7°	48°	30°E	√	……	……	……
亞嫣僧	8°	41°	23°E	√	……	……	……
革剌漫的亞	5°	45°	27°E	√	……	……	……
罔兀	3°	47°	29°E	√	……	……	……
帝曷辣耶	3°	43°	25°E	√	……	……	……
岸辨叔旺	3°	40°	22°E	√	……	……	……
呀麻蠟	1°	55°	37°E	砑麻蠟	……	……	……
入曷謎的里	5°	53°	35°E	√	……	……	……
黑湖	3°	58°	40°E	√	……	……	……
亞毘心域	6°	57°	39°E	√	ABYSSINIA	5°-15°N	35°-45°E
帝入勒那翁	10°	56°	38°E	帝入勒卯翁	……	……	……
多拔西	7°	59°	41°E	√	……	……	……
西力	9°	51°	33°E	√	……	……	……
波爾諾湖	13°	56°	38°E	√	……	……	……

15

拔爾捺曷速	15°	58°	40°E	√	…………	…………	…………
泥羅河	17°	56°	38°E	√	NILE RIVER	…………	…………
石烏木	24°	59°	41°E	(不是國名)	…………	…………	…………
七衣山	28°	50°	32°E	乜衣山	…………	…………	…………
巴爾加	28°	53°	35°E	√	BARCA	33°N	22°E
薩係德	24°20′	62°	44°E	√	…………	…………	…………
巴皮羅泥亞	22°	62°	44°E	√	…………	…………	…………
伯六	19°	60°	42°E	√	…………	…………	…………
大非力	18°	63°	45°E	√	…………	…………	…………
黑地兀皮亞	14°	62°	44°E	√	ETHIOPIA	0°-20°N	10°-40°E
瓦兒大付峯	11°	70°	52°E	√	CAPE GUARDOFUI	12°N	50°E
訝德兒	8°	66°	48°E	√	…………	…………	…………
多亞剌	6°	66°	48°E	√	…………	…………	…………
馬加大作	7°	65°	47°E	√	MAGADOXO	2°N	45°E
黨各理	7°	65°	47°E	黨各哩	…………	…………	…………
下黑地阿皮亞	5°	64°	46°E	√	ETHIOPIA	0°-20°N	10°-40°E
淸入	4°	62°	44°E	√	…………	…………	…………
沙哥多剌島	10°	73°	55°E	√	SOKOTRA ISL.	12°N	53°E
伐底曷爾	4°	6°	12°W	√	…………	…………	…………
	赤道以南						
默令德	2°	58°	40°E	√	MELINDA	4°S	40°E
門巴薩	5°	57°	39°E	√	MOMBASA	4°S	40°E
奨陸	5°	56°	38°E	√	QUILOA	8°S	40°E
干只入闕	5°	55°	37°E	√	…………	…………	…………
鳳入湖	3°	52°	34°E	√	…………	…………	…………
熱亞	2°	50°	32°E	執亞	…………	…………	…………
黑人國	9°	54°	36°E	√	…………	…………	…………
門沙皮剌	15°	55°	37°E	√	MOZAMBIQUE	14°S	40°E
氐露	14°	52°	34°E	√	…………	…………	…………
布部曷	11°	51°	33°E	√	…………	…………	…………
離非濵	8°	51°	33°E	√	…………	…………	…………
磕辣	4°	48°	30°E	√	…………	…………	…………
泥羅河泉	8°	48°	30°E	(不是國名)	…………	…………	…………
古西媽	12°	49°	31°E	√	…………	…………	…………
曷娶撒利	14°	50°	32°E	√	…………	…………	…………
初法蠟	20°	48°	30°E	初法臘	SOFALA	20°S	35°E
臥訝墨	12°	45°	27°E	√	…………	…………	…………
革得法	7°	43°	25°E	革法得	…………	…………	…………
馬拿莫大巴	16°	41°	23°E	√	MONOMOTAPA	21°S	35°E

16

搨大吡齊	16°	44°	26°E	繭大吡齊	……	……	……
只伐	22°	44°	26°E	√	……	……	……
金河	24°	47°	29°E	√	……	……	……
步都牙	26°	44°	26°E	√	……	……	……
仙露寫	28°	45°	27°E	√	……	……	……
那大兒	32°	43°	25°E	√	NATAL	30°S	30°E
美灣	34°	41°	23°E	√	……	……	……
未慈答	29°	42°	24°E	√	……	……	……
大摩速突	3°	39°	21°E	√	……	……	……
兀曷兒	7°	37°	19°E	兀兒曷	……	……	……
請波羅	12°	34°	16°E	√	……	……	……
把曷末多羅	16°	36°	18°E	√	……	……	……
假佛爾	15°	38°	20°E	√	……	……	……
月山	19°	38°	20°E	√	……	……	……
伯那人	21°	39°	21°E	√	……	……	……
伯路臥	28°	40°	22°E	√	……	……	……
占美沙	32°	39°	21°E	古美沙	……	……	……
羅經正峯	34°	39°	21°E	√	……	……	……
大浪山角	35°	35°	17°E	√	CADE OF STORMS (CAPE OF GOOD HOPE)	34°S	18°E
井巴				(無)			
嬰方德河	29°	37°	19°E	√	……	……	……
創齊巴爾	22°	36°	18°E	(地位不對)	ZANZIBAR	5°S	40°E
仙多默峯	25°	34°	16°E	√	……	……	……
簪西拔爾	29°	35°	17°E	√	……	……	……
長山	19°	32°	14°E	√	……	……	……
亞爾加	17°	33°	15°E	√	……	……	……
黑峯	17°	32°	14°E	√	CAPE NEGRO	16°S	12°E
仙勞冷祖濱	13°	33°	15°E	√	……	……	……
莫臥刺	9°	33°	15°E	漢臥刺	ANGOLA	15°S	15°-20°E
馬泥工哥	5°	32°	14°E	√	MANICONGO	0°-10°S	40°-50°7
大摒	1°	37°	19°E	√	……	……	……
仙勞冷祖島	20°	63°	45°E	√	ST. LAURENTIUS ISL. (MADAGASCAR)	15°-25°S	45°-50°E
未曷爾六刺	13°	67°	49°E	√	……	……	……
曷叭布刺	25°	63°	45°E	√	……	……	……
仙多默島	1°	24°	6°E	√	ST. THOMAS ISL.	0°	7°E
勿自島	38°	4°	14°W	√	……	……	……
仙衣力那島	16°	9°	9°W	√	ST. HELENA ISL.	16°S	5°W

墨瓦蠟泥加洲

	赤道以南						
墨瓦蠟泥峽	54°	300°	78°W	√	ST. CF MAGELLAN	…………	…………
南灣	59°	326°	52°W	√	…………	…………	…………
白峇	58°	320°	58°W	√	…………	…………	…………
其三嶺	57°	315°	63°W	√	…………	…………	…………
大江	61°	316°	62°W	√	…………	…………	…………
火地	56°	290°	88°W	√	…………	…………	…………
加里私	58°	290°	88°W	√	…………	…………	…………
師峯	60°	290°	88°W	√	…………	…………	…………
小島濱	60°	272°	106°W	√	…………	…………	…………
沙島	52°	288°	90°W	√	…………	…………	…………
無名島	13°	263°	115°W	√	…………	…………	…………
無福島	5°	239°	139°W	√	…………	…………	…………
沙魚島	14°	208°	170°W	√	…………	…………	…………
竹香島	18°	202°	176°W	行香島	…………	…………	…………
沙蠟門島	17°	190°	172°E	√	…………	…………	…………
仙歐桎丁峯	52°	191°	173°E	仙歐桎丁島	…………	…………	…………
水島	18°	183°	165°E	√	…………	…………	…………
仙尼苦老	18°	177°	159°E	√	…………	…………	…………
意沙勿爾	15°	178°	160°E	√	…………	…………	…………
亞馬止法	16°	172°	154°E	√	…………	…………	…………
員島	10°	169°	151°E	圓島	…………	…………	…………
加利麻那	2°	167°	149°E	√	…………	…………	…………
白人島	2°	163°30′	145°30′E	√	…………	…………	…………
美峯	4°	168°	150°E	√	…………	…………	…………
白峯	4°	164°	146°E	√	…………	…………	…………
新入匿	4°	160°	142°E	√	NEW GUINEA	0-10°S	130-150°E
仙歐吳私丁河	5°	154°30′	136°30′E	√	…………	…………	…………
瓶河	5°	151°	133°E	√	…………	…………	…………
蓋南	3°	145°	127°E	√	…………	…………	…………
巴布亞私	5°	142°	124°E	√	…………	…………	…………
棱羅島	7°	136°	118°E	√	…………	…………	…………
地木島	13°	133°	115°E	√	…………	…………	…………
巴亞巴	10°	128°	110°E	√	…………	…………	…………
止男巴洛	4°	126°	108°E	√	…………	…………	…………
皮馬	7°	123°	105°E	√	…………	…………	…………
下地	18°	149°	131°E	√	…………	…………	…………

伯旦	23°	122°	104°E	√	……	……	……
弗爾色	27°	125°	107°E	√	……	……	……
香蘇爾	29°	129°	111°E	√	……	……	……
把西蠻	31°	128°	110°E	√	……	……	……
小爪哇	32°	131°	113°E	√	JAVA MINOR	……	……
覺北	32°	133°	115°E	覺比	……	……	……
娑麻刺	34°	135°	117°E	√	……	……	……
伯亞祁	32°	117°	99°E	√	……	……	……
瑪力肚	21°	116°30′	98°30′E	√	……	……	……
大爪哇	9°	115°	97°E	√	JAVA MAJOR	10°S	5°·20°E
把拏路葛	9°	119°30′	101°30′E	√	……	……	……
稚龍牙	9°	114°	96°E	√	……	……	……
板淡	8°	113°	95°E	√	……	……	……
盼盼	8°	111°	93°E	√	……	……	……
路客國	2°	98°	80°E	√	……	……	……
鷲歐地	47°	33°	15°E	鶚鶚地	……	……	……
			亞　細　亞　洲				
	赤道以北						
那多里亞	40°	57°	39°E	√	NATOLIA[8]	……	……
沙爾加龍	40°	53°	35°E	√	……	……	……
葛八多胥亞	40°	56°	38°E	√	CAPPADOCIA	39°N	34°-38°E
利細亞	43°	53°	35°E	√	LYCIA	33°N	30°E
區大亦	43°	54°	36°E	√	……	……	……
闘突色	41°	57°	39°E	√	……	……	……
亞爾的瀰里	41°	59°	41°E	√	……	……	……
曷捺多勒	40°	60°	42°E	√	ANATOLIA	35°-40°N	26°-36°E
加臘馬瀰	40°	61°	43°E	√	……	……	……
阿爾西亞	42°	61°	43°E	√	……	……	……
波里六泥	41°	62°	44°E	√	……	……	……
蘇薩斯	41°	65°	47°E	√	……	……	……
波促	39°	65°	47°E	√	……	……	……
入縛	40°	67°	49°E	√	……	……	……
搬壤	38°	67°	49°E	√	……	……	……
亞馬西亞	43°	68°	50°E	√	……	……	……
西入斯僘	35°	70°	52°E	√	……	……	……
亞利土利	35°	72°	54°E	√	……	……	……
歐法蠟得河	35°	68°	50°E	√	EUPHRATES RIVER	……	……

耶辣覺	31°	72°	54°E	√	JERUSALEM	32°N	35°E
如德亞	35°	65°	47°E	√	JUDEA	32°N	35°E
西利牙	31°	67°	49°E	√	SYRIA	35°N	37°E
罐爾突牙	32°	67°	49°E	√	…………	…………	…………
曷入曷野	28°	64°	46°E	√	…………	…………	…………
兒葛諦夫	28°	68°	50°E	√	EL KATIF	27°N	50°E
扼落野	25°	69°	51°E	√	EL YEMAMAH	24°N	50°E
尼人雜野	24°	65°	47°E	尼入雜野	…………	…………	…………
耶蔗曷尸	23°30′	65°	47°E	√	…………	…………	…………
赫曷抹	20°	36°30′	18°30′E	√	…………	…………	…………
抯爾名	20°	69°	51°E	√	…………	…………	…………
默德那	18°	68°	50°E	√	MEDINE	24°N	40°E
亞登國	14°	67°30′	49°30′E	√	ADEN	13°N	45°E
斐畢	14°	69°	51°E	√	ZEBID	14°N	43°E
墨加	16°	68°	50°E	√	MECCA	22°N	40°E
法勒達	16°	70°	52°E	√	…………	…………	…………
曷藕西利弗丁	20°	70°	52°E	曷藕西力弗丁	…………	…………	…………
赫力	19°	72°	54°E	√	…………	…………	…………
喻密	23°	71°	53°E	√	…………	…………	…………
五伯麻尹	21°	74°	56°E	√	…………	…………	…………
曷剌比亞	23°30′	73°	55°E	√	ARABIA	15°-30°N	35°-60°E
亞衣漫	24°	75°	57°E	√	…………	…………	…………
馬伐	23°	78°	60°E	√	MUSCAT	24°N	58°E
不敗	25°	71°	53°E	(不是國名)			
曷西麗	34°	74°	56°E	曷西麗牙	…………	…………	…………
亞爾默泥亞	28°	73°	55°E	√	ARMENIA	40°N	35°-45°E
帝曷兒伯	39°	77°	59°E	√	DIARBACH[8]	…………	…………
路勒私且	35°	78°	60°E	√	…………	…………	…………
巴爾齊亞	30°	77°	59°E	√	BASRA	30°N	48°E
古亞思且	30°	80°	62°E	√	CUSISTAN[8]	…………	…………
20 忽魯謨斯	26°	80°	62°E	√	HORMUZ	27°N	56°E
剌路斯	27°	80°	62°E	√	…………	…………	…………
瓦得爾	27°	81°	63°E	√	…………	…………	…………
溪爾漫	29°	83°	65°E	溪爾曼	KIRMAN	21°N	57°E
沙勿私	30°	82°	64°E	√	…………	…………	…………
赤蠟蓋亞	28°	85°	67°E	√	CIRCAN[8]	…………	…………
亞的伯讓	33°	84°	66°E	√	ISPAHAN	33°N	52°E
波斯	35°	81°	63°E	√	PERSIA	25°-35°N	50°-60°E

色縛利	35°	85°	67°E	√	……………………	…………	…………
加私	37°	87°	69°E	√	KESH	39°N	66°E
入蘭	39°	88°	70°E	√	IRAN	25°-35°N	50°-60°E
得力利大伯里私旦	38°	90°	72°E	√	TOBARISTAN (?)[9]	…………	…………
陀拔斯單	40°	83°	65°E	√	TABRIZ (?)	38°N	46°E
曷爾打蘭	40°	80°	62°E	葛爾打蘭	……………………	…………	…………
惹西斯突	31°	88°	70°E	惹西斯突	……………………	…………	…………
甘打曷	32°	90°	72°E	甘打喝	KANDAHAR	32°N	66°E
伊西帝宜入	33°	92°	74°E	伊西帝宜入	……………………	…………	…………
哥蠟作泥	27°	90°	72°E	√	GEDROSIE (?)[10]	…………	…………
身毒河	27°	90°	72°E	√	INDUS RIVER	…………	…………
奥茶蠟	26°	91°	73°E	√	CATCH	24°N	68°E
梧作剌得	28°	93°	75°E	√	GUZARAT	33°N	74°E
回回	38°	92°	74°E	√	……………………	…………	…………
蠟大私	40°	92°	74°E	√	……………………	…………	…………
鐵門關	36°	92°	74°E	√	TIRMIDH	36°N	67°E
覩貨邏	36°	94°	76°E	√	TUHARA[9]	…………	…………
款羅	30°	97°	79°E	√	……………………	…………	…………
莫臥爾	30°	95°	77°E	√	MOGUL EMPIRE	20°-25°N	75°-85°E
葛步爾	29°	94°	76°E	√	KABUL	35°N	69°E
應帝亞	17°	95°	77°E	√	INDIA	8°-32°N	64°-88°E
西天竺國	26°	93°	75°E	√	SINDHU	26°N	70°E
印度斯當	25°	96°	78°E	√	HINDUSTAN	24°N	72°-88°E
坎巴夷替	23°	95°	77°E	√	CAMBAIA	23°N	73°E
阿利沙彈	22°	98°	80°E	√	……………………	…………	…………
巴辣瓦得	20°	95°	77°E	√	……………………	…………	…………
剎兀爾	20°	93°	75°E	√	……………………	…………	…………
七利客	19°	93°	75°E	乜利客	CAUL[8]	…………	…………
伊達爾幹	17°	95°	77°E	√	DECAN	16°-24°N	72°-84°E
臥亞	15°	93°	75°E	√	GOA	16°N	74°E
葛正	13°	93°	75°E	√	COCHIN	10°N	76°E
哥爛	11°	93°	75°E	√	KAULAM	9°N	77°E
麻辣襪爾	13°	96°	78°E	√	MAILAPUR	13°N	80°E
那心瓦國	13°	97°	79°E	√	NARSINGA[8]	…………	…………
巴羅襪斯	15°	97°	79°E	√	PALLAVA[10]	…………	…………
毘私那亞	18°	99°	81°E	√	BISNAGAR[8]	…………	…………
錫耶島	7°	96°	78°E	錫狼島	CEYLON	8°N	80°E
萬島	9°	90°	72°E	√	MALDIUAR ISL.	10°N	75°E

2
1

何里沙	22°	101°	83°E	√	ORISSA	20°N	86°E
葛肺爾	30°	100°	82°E	葛剌原	……	……	……
懸度山	33°	100°	82°E	√	……	……	……
高葛婺山	34°	100°	82°E	√	……	……	……
喝盤陀	37°	97°	79°E	√	……	……	……
淵悉多	37°	95°	77°E	√	……	……	……
地布蠟	37°	98°	80°E	√	……	……	……
耶塞拔	40°	97°	79°E	√	……	……	……
何加入	43°	97°	79°E	√	……	……	……
大革里思且	40°	99°	81°E	√	TACALISTON[8]	……	……
打喇巴	42°	100°	82°E	√	……	……	……
沒善土	40°	100°	82°E	√	……	……	……
朱俱波	36°	100°	82°E	√	……	……	……
大葱嶺	35°	102°	84°E	√	……	……	……
小天竺	33°	102°	84°E	√	……	……	……
加爾且且	38°	103°	85°E	√	……	……	……
伐刺拿	32°	104°	86°E	√	……	……	……
詔納僕兒	29°	105°	87°E	√	……	……	……
亞蠟敢	25°	106°	88°E	√	ARAKAN	20°N	94°E
孟道	24°	104°	86°E	√	MENDAO[8]	……	……
三國	60°	84°	66°E	√	……	……	……
黑其泰	57°	85°	67°E	√	……	……	……
勿爾瓦河即亦得	52°	91°	73°E	√	VOLGA(IDE)RIVER	……	……
杜沒那	52°	94°	76°E	√	……	……	……
亞力山的	50°	97°	79°E	√	……	……	……
大斯耕篩	52°	98°	80°E	√	……	……	……
爲耆	46°	99°	81°E	√	……	……	……
察瓦泰	47°	95°	77°E	√	ZAGATAI[8]	……	
土魯番	43°	100°	82°E	√	TURFAN	43°N	89°E
葉爾耕	43°	102°	84°E	√	YARKAND	38°N	77°E
火州	44°	102°	84°E	√	……	……	……
古伊州	44°	103°	85°E	√	KUCHAR	41°N	85°E
哈密	43°	104°	86°E	√	HAMI	43°N	93°E
陽關	40°	107°	89°E	√	……	……	……
撒馬兒罕	48°	103°	85°E	√	SAMARKAND	40°N	67°E
白釁	50°	101°	83°E	√	……	……	……
亦力把力	49°	106°	88°E	√	……	……	……
漠泥彼	51°	109°	91°E	√	……	……	……
陰山	51°	107°	89°E	√	……	……	……

天方	53°	102°	84°E	√	....	....	....
鵝鈌	55°	100°	82°E	√	....	....	....
土兒客私堂	54°	96°	80°E	√	TURKESTAN	35°-45°N	80°-95°E
意覩山	56°	105°	87°E	意覩山	....	....	....
轄戞	56°	109°	91°E	√	....	....	....
是的亞	58°	109°	91°E	√	SCYTHIA	40°-45°N	60°-70°E
意覩外	59°	108°	90°E	√	....	....	....
黑車子	59°	100°	82°E	√	....	....	....
是的亞	59°	95°	77°E	√	....	....	....
意覩內	59°	94°	76°E	√	....	....	....
大曠野	58°	93°	75°E	√	....	....	....
覩力那亦兒	57°	90°	72°E	√	....	....	....
白爾米雅	63°	85°	67°E	√	PAMIR	35°-40°N	70°-75°E
哥兒墨	62°	90°	72°E	√	CAMUL[8]	....	....
牛蹄突厥	63°	97°	79°E	√	....	....	....
其爾目西國	67°	90°	72°E	√	....	....	....
鬼國	70°	90°	72°E	√	....	....	....
曷利國	68°	101°	83°E	√	....	....	....
漠爾拔	68°	109°	91°E	√	....	....	....
路骨莫路耶	65°	109°	91°E	√	....	....	....
忌塔意西葛	63°	108°	90°E	√	....	....	....
阿尺里	56°	115°	97°E	阿只里	....	....	....
乞里吉里	63°	102°	84°E	√	....	....	....
商阿利牙	60°	113°	95°E	育阿利牙	....	....	....
賀喜河	64°	115°	97°E	√	....	....	....
嫗厥律	60°	120°	102°E	√	....	....	....
烏洛侯	63°	125°	107°E	√	....	....	....
蘺山	65°	130°	112°E	√	....	....	....
支河兒察	64°	134°	116°E	√	....	....	....
大室韋	63°	138°	120°E	√	....	....	....
區度寐	67°	148°	130°E	√	....	....	....
門臥爾	67°	154°	136°E	√	....	....	....
羅荒野	68°	162°	144°E	√	....	....	....
狗國	65°	174°	156°E	√	....	....	....
白兒吳	66°	168°	150°E	√	....	....	....
登都國	64°	155°	137°E	√	....	....	....
深末但室韋	65°	150°	132°E	深末怛室韋	....	....	....
鉢室韋	60°	155°	137°E	....	....	....	....
胡布山	60°	163°	145°E	....	....	....	....

獸室韋	60°	165°	147°E	√	…………	…………	…………
亞馬是亞	52°	173°	155°E	亞馬是里	…………	…………	…………
白湖	49°	160°	142°E	√	…………	…………	…………
北室韋	57°	155°	137°E	√	…………	…………	…………
黑入瓦牙	59°	149°	131°E	黑入瓦牙	…………	…………	…………
黃頭室韋	53°	153°	135°E	√	…………	…………	…………
野作	48°	152°	134°E	√	…………	…………	…………
東金山	53°	149°	131°E	√	…………	…………	…………
奴兒干	48°	144°	126°E	√	…………	…………	…………
西金山	51°	140°	122 E	√	…………	…………	…………
襪結子	55°	139°	121°E	√	…………	…………	…………
室韋	58°	131°	113°E	√	…………	…………	…………
潮兒吳	52°	135°	117°E	√	…………	…………	…………
靺鞨	52°	133°	115°E	√	…………	…………	…………
唐吳	51°	130°	112°E	√	…………	…………	…………
地豆于	57°	127°	109°E	√	…………	…………	…………
女直	46°	139°	121°E	√	…………	…………	…………
長白山	48°	137°	119°E	√	…………	…………	…………
五國城	46°	135°	117°E	√	…………	…………	…………
黃龍府	45°	134°	116°E	√	…………	…………	…………
泰寧	46°	103°	85°E	√	…………	…………	…………
福餘	44°	132°	114°E	√	…………	…………	…………
臨潢	45°	131°	113°E	臨潢	…………	…………	…………
西樓	45°	130°	112°E	√	…………	…………	…………
北樓	47°	130°	112°E	√	…………	…………	…………
慶州	47°	128°	110°E	√	…………	…………	…………
朶顏	44°	128°	110°E	√	…………	…………	…………
應昌	44°	127°	109°E	√	…………	…………	…………
大寧	43°	130°	112°E	√	…………	…………	…………
開平	44°	125°	107°E	√	…………	…………	…………
迷雲磧	46°	125°	107°E	√	…………	…………	…………
榆木川	46°	124°	106°E	√	…………	…………	…………
蒼松峽	45°	123°	105°E	√	…………	…………	…………
威寧	45°	124°	106°E	√	…………	…………	…………
興和	43°	123°	105°E	√	…………	…………	…………
九十九泉	44°	121°	103°E	√	…………	…………	…………
東勝	42°	121°	103°E	√	…………	…………	…………
雲內	44°	120°	102°E	√	…………	…………	…………
遠安鎮	48°	121°	103°E	√	…………	…………	…………

24

清虜鎮	47°	119°	101°E	V	…………	…………	…………
飲馬河	49°	118°	100°E	V	…………	…………	…………
威虜鎮	48°	116°	98°E	V	…………	…………	…………
韃靼	53°	118°	100°E	V	TARTARY	40°-50°N (不確)	90°-120°E (不確)
撒里怯兒	50°	115°	97°E	V	…………	…………	…………
殺胡鎮	51°	113°	95°E	V	…………	…………	…………
瓦剌	48°	115°	97°E	V	…………	…………	…………
闊百	47°	110°	92°E	V	…………	…………	…………
花渡	47°	110°	92°E	V	…………	…………	…………
和寧	45°	112°	94°E	V	…………	…………	…………
沙漠	45°	115°	97°E	V	…………	…………	…………
銀宥	41°	118°	100°E	V	…………	…………	…………
等州	41°	117°	99°E	(不是地名)	…………	…………	…………
河套	42°	116°	98°E	V	…………	…………	…………
賀蘭	40°	110°	92°E	V	…………	…………	…………
西凉	40°	111°	93°E	V	…………	…………	…………
甘肅	40°	110°	92°E	V	KANSU	35°-40°N	100°-105°E
沙州	41°	108°	90°E	V	SHACHOU	40°N	95°E
赤斤	40°	108°	90°E	V	…………	…………	…………
苦峪	40°	107°	89°E	V	…………	…………	…………
罕東	38°	111°	93°E	V	…………	…………	…………
曲先	39°	110°	92°E	V	…………	…………	…………
阿端	37°	109°	91°E	V	…………	…………	…………
地今毀	?45°	111°	93°E	(不是國名)			
宣慰司	35°	110°	92°E	(不是國名)			
榜葛剌	23°	109°	91°E	V	BENGAL	25°N	85°-90°E
大古剌	25°	108°	90°E	V	…………	…………	…………
孟養	25°	110°	92°E	V	…………	…………	…………
金沙江	27°	109°	91°E	V	…………	…………	…………
緬甸	23°	110°	92°E	V	BURMA	20°-25°N	90°-100°E
木邦	21°	113°	95°E	V	…………	…………	…………
耆牛	20°	111°	93°E	V	PEGU	17°N	96°E
道明	20°	113°	95°E	V	…………	…………	…………
馬兒大芥	18°	113°	95°E	V	…………	…………	…………
眞臘	18°	112°	94°E	眞臘	…………	…………	…………
盤盤	14°	113°	95°E	V	…………	…………	…………
三佛齊	12°	113°	95°E	V	…………	…………	…………
丙東	10°	115°	97°E	丙東	…………	…………	…………

彭亨	9°	115°	97°E	V	…………………………	…………	…………
大泥	7°	115°	97°E	V	…………………………	…………	…………
馬大邦	7°	113°	95°E	V	…………………………	…………	…………
藥兒	4°	116°	98°E	V	…………………………	…………	…………
古哥羅富沙	3°	113°	95°E	V	…………………………	…………	…………
滿剌加	3°	114°	96°E	V	MALACCA	2°N	102°E
暹羅	16°	114°	96°E	V	SIAM	10°-20°N	98°-105°E
名婆羅刹	14°	116°	98°E	(暹羅附注)			
古赤土國	15°	117°	99°E	(暹羅附注)			
布丈跋羅	16°	117°	99°E	V	…………………………	…………	…………
披支布里	17°	116°	98°E	V	…………………………	…………	…………
蒲甘	16°	118°	100°E	V	…………………………	…………	…………
占城	15°	120°	102°E	V	…………………………	…………	…………
即古林邑	15°	119°	101°E	(占城附注)			
甘波牙	13°	120°	102°E	V	CAMBODIA	13°N	105°E
闌白道	13°	118°	100°E	V	…………………………	…………	…………
星宿海	29°	110°	92°E	V	…………………………	…………	…………
麗江	26°	112°	94°E	V	…………………………	…………	…………
烏思藏	29°	113°	95°E	烏思	…………………………	…………	…………
長河西	39°	114°	96°E	長河	…………………………	…………	…………
				西藏	…………………………	…………	…………
董卜	35°	114°	96°E	V	…………………………	…………	…………
洱海	24°	112°	94°E	V	…………………………	…………	…………
百八	20°	115°	97°E	八百	…………………………	…………	…………
老撾	20°	115°	97°E	V	…………………………	…………	…………
(無)				熱阿入亞那	GEORGIANA	40°N	45°E

校訂完畢，作者要說兩句話來結束斯文：第一，是要答覆這個問題：方輿勝略度分表所列各國的經緯度數為什麽和現代的天文地理界測定的各該地經緯線相差的那麽遠？當然，當時的科學測量不及現代的精密詳細，所得的結果自有分別。不過，按作者個人的猜想，此中還有一個重要的原因，就是勝略的著者或編者沒有世界地理的常識——或者可以說是沒有受過世界地理學的科學訓練，因而弄出許多不必有的錯誤。例如他把圖中某國的附注文字，勉強解譯為一個國名，一若原有那麽一個國似的一回事，可謂荒謬之極。再則，圖中各國的分界無明顯的線道，勝略的作者或編者乃僅就那個國名寫在什麽地分，就依那地方來做該圖在地球上的天然位置。

依這樣毫無科學根據的方法去定各國的度分，其有不錯誤者幾希！

其次，是要答覆關於地名不能在古今的英文世界地圖推認出來的問題，就是說，勝略中有好些地名是在古今英文世界地圖中無可考認的，是什麼緣故。作者竊以爲除了訛傳訛抄之外，尙有李之藻於增訂地名時就留下些錯誤的漏洞。用李氏自己的話說是這樣：『……此圖白下諸公曾爲翻刻，而幅小未悉。不佞因與同志爲作屏幛六幅，暇日更事殺青釐正象胥，益所未有。蓋視舊業增再倍，而于古今朝貢中華諸國名尙多闕焉。意或今昔異稱，又或方言殊譯，不欲傳其所疑，固自有見，不深強也……』李氏所增這些『古今朝貢中華諸國名』的來源，自有所本而固其所見，以增益之；不過他同時也承認『今昔異稱』，『方言殊譯』的可能。從我們今日的歷史眼光來批評，李氏所增入的許多國名，亦不過是爲學步驟中之假定而已。旣是假定，自不能和成立了的眞理混爲一談。聰明的讀者，自然會知道一個學問之能成立到眞理的程度，是不免要經過假定的，我也不用多說了。

註

1. 緯線以 N 爲北，S 爲南，經線以 E 爲東；W 爲西。

2. 這些地名是從 Hayes, *Political and Cultural History of Modern Europe*, vol I, front end papers, 一個地圖名 "Europe in the 16th Century," 找出來的，可惜這地圖沒用經緯線，而且現代的地圖也沒有這些地名，所以它們的經緯線度數目，不能列在這表上。

3. 江河的流身連延不等，經緯線度，不容易決定，故未列入此表。

4. 北亞墨利加洲的地名，差不多完全是從 Mercator's Chart of the World, 1569, 找出來的。這可證明利氏畫地圖時，得到這 Mercator's Chart 的借助不少。但是我們在中國無法可找着一個很好的 Mercator's Chart, 只有別的書把他的圖縮影插入，如 *Encyclopedia Britannica* 14th Edition, vol 14, p. 844, 的 Mercator's Chart of the World, 1569; 和 Paulin, *Atlas of the Historical Geography of the United States*; plate 15, Mercator's Chart, 1569. 在二者中，Paulin 氏的 *Atlas* 的圖比較大而清楚。但還是太小，Mercator 的經線起於福島（Fortunate Islands），利氏萬國全圖的經線亦然，所以兩圖的經線有相同的地方。然而 Mercator's Chart 所用的地名，多數是當地原來的土名，這些土名，都不見於現代出版的其他地圖，結果我們無法知道這些地名實在是指現在什麼地方。因此，我們只能把 Mercator's Chart 原來的經緯線度數目，列在此表，不加改易。

5. 參看 Hayes, *loc. cit.* "Sixteenth Century Map of the World," pp. 66-67. 此圖無經緯線度。

6. 參看 *Enc clopedia Britannica* 14th Ed. vol. 14, p. 838, "Ptolemy's Map." 經線度是按

Petolmy's Map 的原來的數目，未加改易。 Ptolemy 亦以福島爲起點。

7. 參看 Bartholomew, *A Literary and Historical Atlas of Europe*, p 1, "Ortelius Map of the World," 經緯度是照 Ortelius 原圖的度數，以福島爲起點。

8. Hayes, *op. cit.* pp 76-77. "Sixteenth Century Map of Asia." 圖無經緯線度。

9. Groussét, *Histoire de L'Extreme Orient*, vol. II, pp 432-33. "Carte de l'Eurasie ver 1210", 圖無經緯線度。

10. Grousset, *op. cit.*, vol. I pp. 174-175, "Carte archéologique et historique de l'Inde." 圖無經緯線度。

參考書

A 歐邏巴洲

I. HAYES, *POLITICAL AND CULTURAL HISTORY OF MODERN EUROPE*, Vol. I, 1935.

Maps: (a) "Sixteenth century map of Europe," front end papers.

(b) "Sixteenth century map of the world, from *Geographia Cl. Ptolemy*," between pages 66-67

II. SHEPHERD, W. R.; *HISTORICAL ATLAS*. N. Y. 1929.

Maps: (a) "Gentral Europe about 1477", pp. 86-87.

(b) "Europe in 1490", pp. 104 D

(c) "The Expansion of Europe, 1340-1600," pp. 107-110

(d) "Europe about 1560", pp. 118-119.

III. ROBINSON, J. H., *HISTORY OF WESTERN EUROPE*, 1902,

Maps: (a) "Europe about AD 1000," pp. 152-153.

(b) "Europe in the Sixteenth century," pp. 358-359

IV. *CAMBRIDGE MODERN HISTOY ATLAS* 1924.

Maps: Map I, "Europe, 1490 A. D."

Map 41, "Europe. 1643 A. D."

V J. G. BARTHOLOMEW, *LITERARY AND HISTORICAL ATLAS OF EUROPE*. 1923.

南北亞墨利加洲

I. J. G. BARTHOLOMEW, *LITERARY AND HISTORICAL ATLAS OF EUROPE*.

Reproduction of Ortelius map of the world, 1570, on p. 1.

II. *ENCYCLOPEDIA BRITANNICA*, 14th Edition, 1929 Vol. 14.

Maps: "Ptolemy's map. p. 838".

"Mercator's Chart of the world, 1569," p. 844.

III. PAULIN, CHARLES O., *ATLAS OF THE HISTORICAL GEOGRAPHY OF THE UNITED STATES*, CARNEGIE INSTITUTE, WASH. 1932.

Maps: (a) Plate 11B, "Ortelius Map, 1589."

(b) Plate 13, "Verrazano's Map, 1529."

(c) Plate 14B, "Hakluyt's Map, 1587."

(d) Plate 15, "Mercator's Map, 1569.

IV. *CAMBRIDGE MODERN HISTORY ATLAS*. 1924.

Maps: "Map. 2; The Age of Discovery"

"Map. 66; North America, European Colonization to 1750."

"Map. 106; America; Spanish and Portuguese Settlements."

V. SHEPHERD, W. R; *HISTORICAL ATLAS*. 1929.

Maps: (a) "European Exploration and Settlement in the Untied States, 1513-1776," pp. 190-191.

(b) "The West Indies and Central America, 1492-1525." p. 105.

(c) "The Expansion of Europe, 1340-1600," pp. 107-110.

VI. HAYES, *POLITICAL AND CULTURAL HISTORY OF MODERN EUROPE*. Vol. I. 1935.

Maps: (a) "Sixteenth Century Map of the World", between 66 and 67

(b) "Seventeenth Century Map of America" between 80-81.

(c) "Contemporary Map of America in the first half of the Eighteenth Century," between 404-405.

利未亞洲（亞非利加）

I. *CAMBRIDGE MODERN HISTORY ATLAS*. 1924.

Maps: "Map 2, The Age of Discovery"

"Map 65, Africa in the 17th and 18th Centuries,"

II. SHEPHERD, W. R., *HISTORICAL ATLAS*. 1929.

Map: (a) The Expansion of Europe, 1340-1600." pp. 107-110.

III. *ENCYCLOPEDIA BRITANNICA*, 14th Edition, Vol. 14, 1929.

Maps: "Mercator's Chart of the World, 1569," p. 844.

"Ptolemy's Map," p. 838.

IV. HAYES, *POLITICAL AND CULTURAL HISTORY OF MODERN EUROPE.* Vol. I. 1935.

Map: "Sixteenth Century Map of the World" bet. pp. 66-67.

V. BARTHOLOMEW, J. G., *A LITERARY AND HISTORICAL ATLAS OF AFRICA AND AUSTRALASIA.* (EVERYMAN'S LIBRARY)

亞細亞洲

I. HAYES, *POLITICAL AND CULTURAL HISTORY OF MODERN EUROPE.* Vol. I, 1935.

Map: "Sixteenth Century Map of Asia," bet. pp. 76-77.

II. *WEBSTER-KNOWLTON-HAZEN EUROPEAN HISTORY MAPS*

Map MMS: "Mongol Turkish Conquest."

III. SHEPHERD, W. R., *HISTORICAL ATLAS.* 1929.

Maps: (a) "The Mongol Dominions, 1227-1405", p. 92.

(b) "The Expansion of Europe, 1340-1600," pp. 107-110.

(c) "Medieval Commerce, (Asia)" pp. 104B-104C.

IV. RENE GROUSSET, *HISTOIRE DE L'EXTREME ORIENT* 2 vol., 1929.

TOME PREMIER: Map, "Carte Archeologique et Historique de L'Inde," pp. 174-175.

TOME DEUXIEME: Maps: (a) "Carte de L'Eurasie vers 1210," pp. 432-433.

(b) "Carte de L'Eurasie vers 1260-1280," pp. 494-495.

V. BARTHOLOMEW, J. G., *A LITERARY AND HISTORICAL ATLAS OF ASIA.* (EVERYMAN'S LIBRARY)

Maps: (a) "Asia; 13th Century," p. 16.

(b) "Asia about 1740," p. 17.

30

附錄

一　方輿勝略外夷引

太原王錫爵曰：軒轅氏方制天下，得百里者萬區；而禹貢，周官，言九州，固在今天子幅幀內耳。及古所稱諸戎，亦多稟正朔矣。漢通西南夷，唐置安西四鎮，皆去中國萬餘里，則古帝王所無有也。而耶律德光遣人窮大地所盡，凡五年而歸，開闢所未嘗至。今利西泰親見南極出地三十六度，是與中國之戴履正相直矣。昔張騫見邛竹蒟醬，知去巴蜀不遠，遂有鑿空之事。後有知地球之可繞而徧也，將無令東出蟠木而入於流沙，北自幽陵而歸以交趾，觀天地之貪方，驗星宿之遠近者乎？爰程生幼輿刻之成帙，故贅數語於簡端若此。

二　方輿勝略外夷卷一

秣陵　焦尊生　嘉定　唐時升　仝輯
豫章　劉一燦　新安　程百二

【甲】

山海輿地全圖總序

盱眙馮應京曰：謹按西泰先生輿圖，大都以天度定輪廣，以日行別寒燠，以五大州辨疆界，物產民風之瓌奇附焉。於戲，天下之觀此圖者衆矣，或供臥遊之興，或廣經略之謀，或銷蠻觸之褊心，或驚塵芥之虛見，倘亦有進于道者乎？記稱至聖德業施及天地之所覆載而莫不尊親，盛矣。崇伯子作禹貢，伊尹作獻令，姬公作王會，毋亦惟是誕敷文德以恢無外之仁。乃周職方氏掌天下之圖，四夷八蠻七閩九貉五戎六狄止爾。延及我明，多方砥屬，東南際海若朝鮮暹羅爪哇，凡十有七國；西南夷若婆羅滿剌加，凡二十九國，其由天方通者又二十八國；西域則泥剌朵甘凡七國，其由哈密通者又二十八國；北虜種類繁夥，僉受羈縻，視古聲教爲尤盛，視此圖僅五之一耳，所稱無遠弗屆，是耶非耶？天下勢分有限，心量無窮。心者，上帝所降衷，宇宙同之，隨分所及以盡此心，遞相爲唱和，遞相爲感應，擬議一室之中，流行八荒之外，果且以時地限哉！諦觀殊方風土， 1

尙有穴處者，不粒食不火食者，衣蟲魚皮者，結繩刻木葉者，食人者，食子者，爲驢鶴食者，死而掛之樹葬之腹中者；其知宮室，佃漁，耕稼，衣裳，文字，網罟，棺槨，人倫之制，匪賴有聖人之教不及此。聖人立教綏猷，代天以仁萬國，夫亦順人心以利導；而吾徒顧瞻寰宇，儆法前修，各以心之精神明道淑世，薪火相傳，曷知其盡。即如中國聖人之教，西土固未前聞，而其所傳乾方先聖之書，吾亦未之前聞。乃玆交相發明，交相裨益，惟是六合一家，心心相印，故東漸西被不爽耳。夫物非吾所有者，玩之喪志，悠悠方儀，萬象咸載，吾道放之而皆準，詎忍遐遺，直當視如家園譜牒，油然與併包之思焉。西泰先生云：『神之接物，司記者受之，司明者辨之，司愛者處之，要歸事上帝爲公父，聯萬國爲弟兄，』是乃繪此坤輿之意與？應京嘗備員職方，見其獻圖于上，倍蓰掌故，乃悉其蘊，序而傳之，以屬程生百二纂四夷奉貢種落于後，用昭咸賓之盛，且以資學者宏覽云。

【乙】

新安吳中明曰：鄒子九州裨海之說閎大不經，世傳崑崙山東南一支入中國，顧水皆東流而西北一支仍居其半，亦莫能明也。地廣且大矣，齊州之見，東西南北不踰萬里，囿于所見，或意之爲小；放浪于所不見，或意之爲大，意之皆妄也。利山人名瑪竇，號西泰，自歐邏巴入中國，著山海輿地全圖，薦紳多傳之。余訪其所爲圖，皆彼國中鏤有舊本，蓋其國人好遠遊，時經絕域，則相傳而誌之；積漸年久，稍得其形之大全，然而南極一帶亦未有至者，要以三隅推之亦無謬也。山人淡然無求，冥脩敬天，朝夕自盟，以無妄念，無妄言動。至所著天輿日月星遠大之數，未易了然，其說自有據，并藏之以俟知者。

【丙】東半球圖，西半球圖。【四卷禹貢封面曾影印，今移置卷首插圖三，四。】

【丁】

山海輿地全圖解曰，地與海本是員形，而合爲一球，居天球之中，誠如卵黃，有謂地爲方者，乃語其定而不移之性，非語其形體也。天既包地，則彼此相應，故天有南北二極，地亦有之；天分三百六十度，地亦同之；天中有赤道，自赤道而南二十三度半爲南道，赤道而北二十三度半爲北道。據中國在北道之北，日行赤道則晝

2

夜平，行南道則晝短，行北道則晝長，故天球有晝夜平圈列于中，晝短夜長二圈列于南北，以著日行之界。地球亦有三圈對于下焉。但天包地外爲甚大，其度廣，地處天中爲甚小，其度狹，此其差異者。查得直行北方，每路二百五十里，覺北極高出一度，南極入低一度；直行南方，每路二百五十里，覺北極入低一度，南極出高一度。則不特審地形果圓，而並徵地之每一度廣二百五十里，則地之東西南北各一週有九萬實數也，是南北與東西數相等而不容異也。夫地厚二萬八千六百三十六里零三十六丈，上下四旁皆生齒所居，渾淪一球，原無上下。蓋在天之內何瞻非天，總六合內凡足所佇即爲下，凡首所向即爲上，其專以身之所居分上下者未然也。以大勢分山海，自北而南爲五帶：一在晝長晝短二圈之間，其地甚熱，則謂帶近日輪故也。二在北極圈之內，三在南極圈之內，此二處地俱甚冷，則謂帶遠日輪故也。四在北極晝長二圈之間，五在南極晝短二圈之間，此二地皆謂之正帶，不甚冷熱，日輪不遠不近故也。又以地勢分輿地爲五大州，曰歐邏巴，曰利未亞，曰亞細亞，曰南北亞墨利加，曰墨瓦蠟泥，各國繁夥難悉。今合各州萬國作二員圖，其經緯線本宜每度畫之，茲且惟每十度爲一方，以免雜亂，依是可分置各國于其所。東西緯線數天下之長，自晝夜平線爲中而起，上數至北極，下數至南極，南北經線數天下之寬。自福島起爲十度，至三百六十度復相接焉。試如察得南京離中線以上三十二度，離福島以東一百廿八度，則安之于其所也。凡地在中線以上，主北極，則實爲北方；凡在中線下，則實爲南方焉。釋氏謂中國在南瞻部州，並計須彌山出入地數，其謬可知也。又用緯線以著各極出地幾何，蓋地離晝夜平線度數與極出地度數相等；但在南方則著南極出地之數，在北方則著北極出地之數也。故視京師隔中線以北四十度，則知京師北極高四十度也。視大浪山隔中線以南三十六度，則知大浪山南極高三十六度也。凡同緯之地，其極出地數同，則四季寒暑同態焉。若兩處離中線度數相同，但一離于南，一離于北，其四季並晝夜刻數均同，惟時相反焉，蓋此之夏爲彼之冬焉耳。且長晝長夜愈離中線愈長也。余以式之惟計于國濱每五度，其晝夜長何如，則西東上下隔中線數一，則皆可通用也

小圖不能盡載，大圖詳悉。用經線以定兩處相離幾何辰也。

3

蓋日輪一日作一週，則每辰行三十度而兩處相遠三十度，並謂差一辰，故視女直離福島一百四十度，而緬國離一百一十，則明女直于緬國差一辰，而凡女直爲卯時，緬方爲寅時也。其餘倣是焉。設差六辰，則兩處晝夜相反焉。如又離中線度數同而差南北，則兩地人對足氐反行，故南京離中線以北三十二度，離福島一百二十八度，而南亞墨利加之瑪八作離中線以南三十二度，離福島三百零有八度，則南京于瑪八作人相對反足氐行矣。從此可曉同經線處並同辰，而同時見日月蝕矣。此其大略也。其詳備于圖。並後書云。

【戊】

若地球比九重天之星遠且大幾何？曰：余嘗留心于量天地法，且從太西庠天文諸士，討論已久，茲述其各數以便覽焉。夫地球既每度二百五十里，則知三百六十度爲地一週九萬里，又可以計地而至其中心隔一萬四千三百一十八里零十八丈，地心至第九重謂月天，四十八萬二千五百二十二餘里。至第八重謂辰星即水星天，九十一萬八千七百五十餘里。至第七重謂太白即金星天，二百四十萬零六百八十一餘里。至第六重謂日輪天，一千六百零五萬五千六百九十餘里。至第五重謂熒惑即火星天，二千七百四十一萬二千一百餘里。至第四重謂歲星即木星天，一萬二千六百七十六萬九千五百八十四餘里。至第三重謂塡星即土星天，二萬五百七十七萬零五百六十四餘里。至第二重謂列宿天，三萬二千二百七十六萬九千八百四十五餘里。至第一重謂宗動天，六萬四千七百三十三萬八千六百九十餘里。此九層相包，如葱頭皮焉，皆硬堅，而日月辰星定在其體內，如木節在板，而只因本天而動。第天體明而無色，則能通透光如琉璃水晶之類，無所碍也。若二十八宿星，其上等每各大于地球一百零六倍又六分之一。其二等之各星大于地球八十九倍又八分之一。其三等之各星大于地球七十一倍又三分之一。其四等之各星大于地球五十三倍又十二分之十一。其五等之各星大于池球三十五倍又八分之一。其六等之各星大于地球十七倍又十分之一。夫此六等皆在第二重天也。土星大于地球九十倍又八分之一。木星大于地球九十四倍又一半分，火星大于地球半倍。日輪大于地球一百六十五倍又八分之三。地球大于金星三十六倍又二十七分之一；大于水星二萬一千九百五十一倍；大于月輪三十八倍又三分之一。則日大于月六千五百三十八倍又五分之一。自此可徵，使有人在第六重天巳上視地，必不能見之，則其徵比天者不啻如點焉耳。而我輩乃于一微點中分采域爲公侯，爲帝王，于是篡奪稱大業，竊脫隔隣疆碑而侵地疇，日夜營求，廣闢田地，埴己封境，于是竭心劇神，立功傳名，肆彼無限之貪欲，殆哉殆哉！

【己】

山海輿地全圖各國經緯度分略曰：凡國大小，或居于南北，或于西東，皆以其度分也。蓋地與海既成員形如球焉，其南北似軸二頭，對天南北極，謂地二極是一定，各離赤道九十度，則赤道上下爲地緯線之數原明矣。夫日月星麗天，環地球，晝夜不息本無出入焉，惟此國遇日之照爲晝，見月星爲夜，于所視太陽升爲東，于所視其降爲西耳。然此國之西必爲他國之東，而地球本無正西東也。既而地之經綿于何處，爲起數乎？初制全圖者，歐邏巴與利未亞二大州士者，俱中華之西也。伊始察西海中福島，乃至西也，卽以是島之外覺爲海，而如東尋地也。見東之地廣濶難窮，且爲所交之國一總圖，自北極因福島至南極畫一線，以此線爲橫路之度數之根焉，則福島結三百六十度之本末也。或問地球無西東，爲圖也有西東海洋地方，奚非謬歟？荅曰：善爲圖者固以大邦爲主，故視大邦之左右名海名地方也。且歐邏巴以亞墨利加爲西，以亞細亞爲東，則畫亞墨利加在其右，而亞細亞在其左。若中華者，必畫歐邏巴及利未亞于其右，論度分則利未亞又在歐邏巴之右。而南北亞墨利加于其左。不爾，各方之名者紊焉。爲圖當爾。今將輿地入之書册，度分註明不紊矣，以亞細亞居首者，尊中華爲主也。爰分數層，上因各大州布國島山海江河以其度分；下層，筆其土產風俗，則輿地圖愈明烺焉。

【庚】

上海徐光啟曰：西泰子之言天地員體也，猶二五之爲十也。或疑焉，作正戲別三論解之。正論曰：古法北極出地三十六度，此自中州言耳。唐人云，南北相去每三百五十一里八十步而差一度。宋人云：自交南至于岳臺六千里而差十五度。此定說也。夫地果平者，即南北相去百億萬里，其北極出地之度宜恒爲三十六，不能差毫末也。猶山高千尺，以周髀量之，自此山之下稍移之平地數十里外，宜恒爲千尺，不能差毫末也。以郭若思之精辨，南北測驗二萬里，北極之差至五十度，而不悟地爲平體，移量北極之不能差毫末，何也？又因而抑札馬魯丁使其術不顯，何也？戲論曰：嵩高之下，北極出地三十六度，自此以北，每三百五十一里八十步而差一度，則嵩高之北一萬八千九百六十六里正當北極之下矣。近世渾天之說明，即天爲員體無疑也。夫天爲員體，地能爲平體，北極又能爲遞差，則以周髀計之，北極之下自天至地裁一萬三千八百二十九里而已。次以弧矢截員法計之，則北極之下更北行四千四百七十六里有奇，而地與天俱盡也。合計之，即自嵩高以北二萬三千四百四十里有奇，而地與天俱盡也。倍之則東西廣，南北袤各四萬六千八百八十五里有奇，而地與天俱盡也。此三者以爲可不可也？別論曰：楊子雲主蓋天，桓君山詘之，是也。然蓋天能知地平，則北極不能爲差，故云北極之下高于中國六萬里。但如其說者又不能爲員天，爲員天則高于中國六萬里之處，旣與天相及矣。故曰天之北極高于四周，亦六萬里斜倚之，今天與地不相及也。然言員天而不言員地，政不足以周服髀。

【辛】

廣陵張京元曰：譬地如一丸，爲氣所乘，在員天之正中，正如卵黃在白中，世寧有員白方黃之卵哉！吾中國人足不履戶外，執泥局曲，耳目所未經，與之言輙大駭，西域至人多泛大海，涉重溟，多者數十載，少者數載，積百年來實閱實見畫而成圖。西泰子歸心中夏，謁見今上，以其圖懸之通都，眞是得未曾有。乃復殫思竭力爲兩小圖，遍貽海內，解不解在乎其人，不能強也。

【壬】

新安程百二曰：西泰子有云，欲圖方域，須精天文。弗達天文，何以知其圖或在赤道下乎？或赤道之南之北乎？離赤道南北幾里，違福島西東幾度乎？于此地何星恒見，何星恒伏乎？其各處夏冬晝夜長短幾刻乎？若非一一鑿然有據，何以圖焉！故是圖如卵斯員，凡九萬里，五州分瀦。周垣其外，是爲九天。然地分與天相應，南北西東各國各島無不中度分也。

【癸】

古鄞徐時進曰：其言天地形皆圓如瓜，無所謂四旁上下，地在天中，水介地中，脈理浮絡，常而不遷。就中差次爲南北，北極爲蒂，南爲底。日月運於中央，爲赤道。從赤道岐而南北各二十三度半，爲南北道。按中國在北道之北，故日行南晝短，行北晝長。佛氏南瞻部州，就佛所產言也。天都程百二幼輿氏纂錄。

三　方輿勝略中各國度分表所附注釋

【編者按：各國度分表，在方輿勝略中，程百二跋之後，徐時進跋之前。本期禹貢既有陳觀勝君爲校訂其地名及經緯度分；玆僅轉錄其表中所附注釋，可與坤輿萬國全圖所載者相比較也。】

亞細亞各國度分：

亞細亞者，南至蘇門答蠟呂宋等島，北至新曾白蠟及北海，東至日本國島大明海，西至大乃河墨河的湖大海西紅海小西洋。亞細亞地比歐邏巴利未亞兩方多兩倍云。

曷剌比亞產乳香，其樹甚小，又產一藥，名乜爾刺，塗尸不敗。其南有二海島，男人住居一島，女人住居一島，每年男女會合二三次卽別，剛【別】後不數相見。

巴爾齊亞產玉石金剛鵶青石。

應帝亞，總地名也，中國所呼小西洋。以應多江爲名，半在安義江內，半在安義江外，天下之寶石寶貨自是地出，細布金銀椒料木香乳香藥等物，故四時有西東海商到此交易，以樹葉寫書，以鐵錐當筆，以椰子爲酒。其國之王皆以姊妹之子爲嗣，其親子給祿自贍而已。

意貌山，此一山極高大，登此山看星覺大。

意貌外，此國俗，父母已老，子自殺之而食其肉，以此爲恤雙親之苦海而葬之于己腹，不忍棄之于山，此極惡俗也。

哥兒墨，死者不埋，但以鐵鏈掛其尸于樹林。

牛蹄突厥，人身牛足，夏秋氷厚二尺，春冬氷澈底。

鬼國，其人夜遊晝隱，身剝鹿皮爲衣，耳目鼻與人同，耳口在項上，噉鹿及蛇。

區度寐，此地國人甚?而衣短。只有猪，無別畜。人輕捷，一跳三丈。又能浮水，履水浸腰，與陸走不異。

北室韋，地多積雪，人騎木而行，以防坑陷。捕貂爲業，衣魚皮。

韃結子，其國三面皆室韋。其人髭首，披皮爲衣，不鞍而騎，善射，遇人輙殺而生食其肉。

大明，聲名文物之盛，自十五度至四十二度皆是朝貢屬國。此略載撫濵京省度分，餘悉具各省勝略部中。

波爾匿河卽浮泥國，炎熱多風，有藥木，淅膏身，兵刃不傷。無筆札，以刀刻貝多葉行之。俗好事佛。

歐邏巴各國度分

歐邏巴者，南至地中海，北至臥爾的亞及氷海，東至大乃河，墨何的湖，大海，西至大西洋。一切異端不從，獨崇天主上帝聖敎，不信輪廻而極信天堂地獄之說。古國人多去家脩行，即巨家貲，棄而不顧。男人三十以外乃娶，無二室者，百姓如此，君公亦如此。有三十餘國，各國有國主統之，另有敎主，其敎主不娶，即國主尊師之。官有三品，其上主興敎化，其次判理俗事，其下專治兵戎。土產五谷金銀百果，酒以葡萄汁爲之。工皆精巧。通天文性理。俗敦五倫。人好遠遊。

拂郎察人長色白，曾過地中海伐回回，用大銃，故回回名大銃爲拂郎機。我朝今亦用之。

意大里亞地狹而豐厚，上下二海所圍，人民衆盛。古因羅馬爲四方鄰國總主之都，今教主居之。各國天主教人往來絡繹。

羅馬，其王不娶，專行天主之教。歐邏巴諸國皆從之。

勿釋茶在海中，作石磚高房，城墎堅美。其國無君主而國治。每年大家衆人選賢者管事，事畢則爲平人。富庶之地，手藝絕巧，土產上等玻璃。

西齊里亞，此島有二山，一常出火，一常出烟，晝夜不絕。十三郡俱無君，相盟詛各管其地，有敵至齊以軍馬相扶。兵卒勇且信，臨陣寧死不退走。

則闌地，偈闌地，西洋布，惟此二島爲最。

入爾馬泥亞諸國共一總王，其國之王于中常共推賢者爲之。出琥珀，金色者爲上，藍次之，赤最下。

突泿，此國在大松林中，松林有數百里廣。其松珠重數斤，落即能殺人，故人行林下，必戴兜鍪以備之。

波羅泥亞國主卒而嗣子賢，則大臣立之爲君。否則請他國之賢者立而君之。

臥的亞人衆而猛。

臥蘭，海中大州 其冷，冬三月太陽不出地，夏亦三月不入地，則六月中不分晝夜。以巧器分時，六辰臥，六辰起。冬以魚油點燈，代日光。

新曾白蠟，海潮極急，冬不凍冰。

沒厮個，地甚冷，不產菓木。

女人國，舊有此名，但若生男子即殺之。今亦爲男子所併，徒存其名耳。

木島，樹茂翳，去曷爾莫奇半月程。曷爾人焚其樹，八年始盡。產葡萄酒。

鐵島無水泉，惟一大樹，葉恆不落，每日沒即有雲抱之，日出即散。土人于此樹下跑一池，雲降成水，人畜皆資焉。

利未亞各國度分

南至大浪山，北至地中海，東至西紅海仙勞冷祖島，西至河摺亞諸滄，即此洲。只以聖地之下微路與亞細亞相聯，其餘全爲四海所圍。利未亞在赤道之下，或赤道之比。赤道之南，爲太陽直晒，故其人多黑而髮卷。其土多曠野，無水，有金礦寶石，最多怪獸。有猫，出汗極香。以石拭汗收香，歐邏巴多用之。其俗五倫大都亂。

福島，海有飛魚，不能高舉，掠水平過，遠至百餘丈。又有白角兒魚，能噬之，行水中，比飛魚更速。善于窺影，飛魚畏之遠遁。然能伺其影之所向，先至其所，開口待啖。海濱人常以白練爲餌，飄搖水面，如爲飛魚捕之，百發百中，烹之味美。

亞大蠟山，天下至高山，四時天晴無風雲雨雪，即有，皆在半山下，望之不見頂。土人呼爲大山云。其處人寐而無夢。

呀麻蠟地近日，故國人身黎黑，不服衣裳，髮卷。土產金銀而不產鐵。

巴爾加，天下惟此江至大，以七口入海。其國盡年無雲雨，故國人精于天文。其江每年次泛濫，地肥澤，五穀種以一收百。

蘇係德有七百洲，最大者都未羅耶，其城，行十日程。地產寶石烏木。

馬拿莫有獸，首似馬，額上有角，徧身皆鱗，足尾如牛，疑為麟云。

井巴者不入度數，其中數十萬人，至野而猛，不火食，無定土，以戕害為生。到一國，盡食其國人鳥獸虫蛇草，野不留生物，為利未亞之南諸國大災。

亞墨利加各國度分

南北亞墨利加四圍皆海，然其地廣濶而人蠻猾，各國人俗迄今未詳。

夜义國，地不產穀，寒極，水凍成氷，土人開氷穴取魚，以魚肉充飢，以魚油點燈，以魚骨造房屋舟車。

流瓦人穴居皮服，不知騎。

沙兒倍地廣，故多生野馬山牛羊，而牛背上皆有肉鞍，形如駱駝。

革利國自農地至花地，總名曰甘那把兒，然各國有本名。其人醇，以皮為裘，以魚為業。異方人至其國者，推能厚待。其山內餘人，平生相殺戰奪，惟食蛇蟻蜘蛛等虫。

墨是可產各色鳥羽，人用以為畫。

南亞墨利加

今為五邦：一曰孛露，二曰金加西蠟，三曰坡巴牙那，四曰智里，五曰伯西兒。其至南又有謂長人國。

毘廝剌有獸，上半類貍，下半類猴，人足梟耳，腹下有皮，可張可合，容其所生之子休息于中。

伯西兒無房屋，開地穴居。好食人肉，但食男，不食女，以鳥毛織衣。

亞馬讀國不知耕種，仰給菓蔬。產香名巴爾撒摩樹，上生油，以刀劃之，油出，塗尸不敗。其刀劃樹處，周十二時如故。德亞國亦有之。【如德亞國】

北度西山多銀礦。

巴大温人長不過一丈，男女以各色畫面為飾。

墨瓦蠟泥加各國度分

盡在南方，惟見南極出地，而北極恒藏焉。其界未審何如，故未敢訂之。惟其北邊與大小爪哇及墨瓦蠟泥峽為境也。

無福島，墨瓦蠟泥人曾過此島，見無人跡，名之曰無福島。

瑪力肚地惟廣闊，無所產。

大爪哇，元兵曾到此，擒其王。其地通商，是以富饒。多有金銀，珠寶，瑪瑙，犀角，木香等物。

本會地圖底本甲種圖分幅及已出版，新出版之各幅圖名表

	68°–76°	76°–84°	84°–92°	92°–100°	100°–108°	108°–116°	116°–124°	124°–132° (321°)	132°–140°
54°–50°			6 加達	5 烏棗	4 伊爾庫次克	3 赤塔	2 漠河	1 瑷琿	
50°–46°			13 科布多	12 烏里雅蘇	11 庫倫	10 克魯倫	9 龍江	8 海倫	7 伯利
46°–42°		21 伊寧	20 迪化	19 哈密	18 居延	17 烏得	16 赤峯	15 永吉	14 虎林
42°–38°	29 烏魯克恰提	28 温宿	27 婼羌	26 敦煌	25 寧夏	24 歸綏	23 北平	22 平壤	
38°–34°	37 蒲犁	36 和闐	35 甘森	34 都蘭	33 皋蘭	32 長安	31 歷城	30 京城	
34°–30°		43 噶大克	42 西泥沙	41 昌都	40 成都	39 漢口	38 南京		
30°–26°		49 德里	48 拉薩	47 鹽井	46 貴筑	45 長沙	44 閩侯		
26°–22°				53 瓦城	52 昆明	51 番禺	50 廈門		
22°–18°				56 勃朗	55 河內	54 瓊山			

附記：
凡圖名下未加橫線各幅皆係正在校改而未付印者
凡圖名下加——橫線各幅皆係已出版者
凡圖名下加═══雙橫線各幅皆係新出版者

定價：
一色版淺紅及淺綠二種每幅售洋一角
黑版套色每幅售洋一角二分

本會地圖底本甲種圖之特色

（一）用經緯線分幅，比例同大，這張和那張，分得開，合得攏，要大要小，得隨使用者的心意規定○

（一）每幅皆印淺紅，淺綠，及黑版套色三種，使用者可以按着自己應加添之色而採購，免去鎔色不顯之弊○凡購紅綠單色圖者，如更購黑版套色圖以作對照，便可一目了然○

（一）每幅於裏圖廓邊，將經緯度每度之分度，每十分畫一分劃○以便使用者根據此分劃，精密的計算經緯度而添繪各種事物○

（一）爲免除地物繁密妨碍添繪及畫線之清晰，及預備使用者之多量添繪起見，本圖除將天然地物及有關行政之界綫，城，市，關隘……列入外，他如道路，鐵道……概從省略○

（一）本圖對於行政區分註記，務期詳明○普通圖對於省會而兼市，且爲縣治所在地；或旣爲縣治所在地，又爲省隸市……諸地方，皆僅註一名，而不備註其行政上不同性之諸名○本圖則對於一地而兼數治之地方，或以圖式之區分，或按字體之不同，舉凡該地行政上應有之名稱，俱各備註，以備參考○（例：四川省會成都，旣爲省會，又爲省隸市，而成都，華陽兩縣治亦在該地○本圖則用省會圖式，註與省隸市同體大同之成都市，並附註與縣治同體大同成都，華陽兩縣治名○務使其旣詳備，且簡明○）

批發簡章　凡寄售者一律七五折，現款批發七折，現款一百張以上者六五折，現款二百張以上者六折，現款三百張以上者五五折，本會會員無論零整一律六折○

發行所　禹貢學會　北平總代售處景山書社　北平景山東街十七號

地質論評

中國地質學會發行

▲第一期要目

發刊辭……謝家榮
幾個地質學的大師……翁文灝
中國中生代晚期以後地殼運動之動向與動期之檢討並震旦方向之新認識……章鴻釗
論錯誤……楊鍾健
河南南陽獨山之玉石……李學清
王顯謨先生事略……王竹泉
書報述評
地質界消息（內載本會第十二屆年會紀事及地質機關最近新聞）

發行所：南京西華門水晶台地質圖書館，北平西城兵馬司九號圖書館

定價：零售每册四角預定全年二元學生八折

新蒙古月刊

◀第四卷第六期▶

民國二十五年三月十五日出版

蒙古在遠東的地位與局勢……志雄
蒙古三大問題……雲之御
清廷對蒙政策之檢討……郝瑞臣
蒙古喇嘛教之今昔觀……新新
庫倫最近之情況……木鐸譯
外蒙古的經濟現狀……趙如圖譯
歐洲的風雲……譯上海字林西報
內蒙台站組織……轉載大公報
溫情（小說）……舒年譯
蒙古青年園地
喬門的結果……守業
蒙事輯要

編輯兼發行者：北平旃壇寺西大街當舖胡同二號新蒙古月刊社

定價：每期一角五分全年十二期訂價一元五角郵費本埠六分外埠一角二分

蒙古前途

第十三期

民國二十五年一月一日出版

本刊二十五年之願望……薛興儒
復興蒙古民族與蒙古青年心理之改造……關生智
現代青年應有之條件……楊潤霖
綏境各盟旗設自治委員會……
對綏境蒙政會設立之意見……武汗泰
九個蒙文習見名詞詳釋……李永年
非獨蒙古民族之損失亦中華民國之損失……守業
飄泊者的漫寫……陳維賢
蒙事紀要

出版者 蒙古前途社 南京和平門外曉莊

邊事研究

第三卷 第三期

民國二十五年二月出版

邊疆鐵道建設之重要性
新疆問題與國際政治……王潔卿
雲南的過去現在與將來……馬中俠
偽「滿」鐵道建設之實況……李英標
甘珠爾廟市的概況……張覺人
西康建省運動的檢討和展望……周儒海
熱河……林定平
近百年來中國邊事史……周馥昌
由政治上觀察香港之過去與現在……江鐸
俄日在遠東之格鬥形勢……余漢華
中日關係惡化中之日本應有之返省……邱懷瑾
蘇俄農業之集團化與機關化……中寧譯
一月來各方之邊訊……編者
編輯後記……編者

第三卷 第四期

民國二十五年三月出版

挽救危亡在實現國族主義
漢蒙民族團結之辦法
刊發蒙古問題專刊之感言……黃慕松
怎樣解決蒙古問題……馬鶴天
日俄睥睨下之蒙古問題……郎德沛
綏境蒙政會自治區域現狀之檢討……邊衡
蒙政會改組之後與前瞻……張次和
內蒙自治運動之總檢討……余漢華
內蒙前後套之水利及其改革討論……金林
內蒙之經濟的研究……瑞濤
叛我獨立新外蒙古共和國實況……邱懷瑾
赤俄操縱下之外蒙之政治文化的透視……韋英傑
外蒙的文化與藝術……儼平
蒙古民族的史的考察……張覺人

編輯兼發行者：南京成賢街六十九號邊事研究月刊社

定價：每册二角全年十二册二元八角國內郵費在內國外郵費二元四角

地學雜誌

民國二十五年第一期目錄

民國二十五年第二期目錄豫告

編輯兼發行者：北平北海公園團城內中國地學會

定價：每季一期 報紙二角五分 道林紙三角五分
全年四期 報紙一元 道林紙一元四角

白眉初先生所著書

中華民國改造全圖

吳稚暉先生題簽定價二元五角

此圖係十八年暑假後出版製繪既清密新全附說尤精實美備極適學校教育之用出版以來風行一時膾炙人口人人稱贊初印二千册業已售罄故於本年四月精訂再版較初版尤爲精詳誠恐遐方或未週知謹爲說明於後

中國領土三千五百萬方里即四百萬方英里佔全球十二分之一江山複雜國體繁縟頃復變爲二十八省增廢改革日不暇給試思國民生命奚恃國運發展奚賴將億萬斯年寄託於其上而猶不知廬山眞面寧非憾事敝館積三載精力製印新圖全部二十八幅中插圖二百餘幅新地名儘量收入附說三十二巨頁都三十萬言分爲地文綱要人文綱要社會綱要國恥紀要更旁搜主要有興味之新材萃於一欄曰隨筆漫錄每一圖邊線外皆精附主要距離暢論形勢而揭其沿革悉心閱覽興味盎然手此一編左圖右史國家要項巨細靡遺隨所欲知流盼可得縮全國大環境於掌中而備我計畫啓我神智清我印象輔我學業噫生於其上者安可不知其物欲知其物須購斯圖青年爲强國之要素斯圖爲教育之利器洵不可不人手一册也

中國地理教授全圖 全套二十四幅

各校地理教師注意

君欲永除在黑版畫地圖之煩勞否

請犧牲三元六角購一全份地理教授挂圖

其故安在

A 地理課着常說是萬萬不會明白的學生直觀在乎地圖

B 在黑版上畫地圖費時勞神終不精工這有多苦

C 若購置一全份教授挂圖用那一張挂那一張省時省力何等便利

D 引致學生印象鮮明聽講之下興會淋漓

E 有這們大的利益費錢多少只費三元六角

F 購一全份存之巾箱足迹所至隨時取用

本館特製一種經濟的地理講授挂圖每幅長二尺六寸寬一尺七寸五分符號擴大山水疏朗彩色悅目全套二十五幅計中國各省二十四幅外附總圖一幅定價五元不久付印茲爲特別提倡起見發行預約每一套只收三元六角郵費照加倘祈台端勿失機會

北平全市詳圖

北平有八百年國都之史名實俱居中國五都之首紫皇內外四城坊巷櫛比積什北中南五海首尾縈御河而斜拂如帶確爲中國第一名勝第一文化第一歷史古蹟之典重都市世界各國名人貴族莫不懸北平地圖於其洋房之粉壁吾不知中國國民對此具如何感想敝館不惜工本製成此圖既詳且清瀏悅觀覽旁附會館旅館公寓公署學校新改巷名一覽清表並附全市電車簡明路線圖凡我全國署校軍人各學校貴族世家均宜購置一張懸諸案側以備研究計畫之用固不備旅行者所必需也

寫眞中國地理教本

定價八角 郵費每册一角

此書爲初中最良教本內分四編一緒論略述具體之中國二概論全國地貌之大勢三分論納政治區劃與社會狀況於十四個天然流域中四括論結束要項總之精括簡備易於印象最適初中之用教課極爲合宜

代售處 禹貢學會

地理哲學

定價一元二角 郵費七分

今世中小學皆重地理唯教者學者莫不厭其枯燥少興味宜有津津之理論隨意援引情趣橫生然後講者聽者樂而忘疲本書即因此而作全部共十二章一界說二特性三答客難四人類地理慾五六七八繞述地理之生養殘殺範圍涵養四大覺力九地理構造之微意十人類對於地理之利用抵抗兩力十一人生地理結局十二理想末世狀況任人檢閱披覽名言新意觸緒紛來曲暢旁通導人入勝爲教員學生不可不備之品

民國地誌總論之部

此係民國十年原版今存共有數部每部分兩厚册內容廿卷國界山脉水道湖泊海岸地勢氣候地質政治面積人口民族禮俗宗教教育軍備財政實業即物產交通外交史略附地圖若干幅材料較詳存書無多購請從速每部定價五元布皮加四角不折不扣郵費一角五分

中華民國省區全圖

定價二元二角 郵費一角三分

此圖係十七年統一以前所出版每省皆分道染色實爲考察最近沿革必備之品製繪精工採入地名詳簡適宜購備一册自有相當利益存圖無多倘祈速購

中國國恥圖

一大幅 定價四角

吾國自鴉片戰役以還幾於每戰必敗今日失一地明日租一界今日撤一藩明日割一島日俄英法環伺來侵東南沿海脣亡齒寒欲國民觸目驚心莫如隨處懸挂國恥圖以寓明恥教戰之精意本圖於中國全圖上用各種顏色表明各國侵佔之迹並附國恥一覽表凡學校公署書房住室均宜懸之屋壁以作座右銘觀

勘誤表

頁	格	行	誤	正
1	下	2	張宗元	張京元
17	下	3	必歷年久	必歷年久遠
17	下	15	未畫西來	未盡西來
42	下	18	括孤	括弧
43	下	15	Musulman	Musulmans
47	下	8	P. Ludovico	P. Ludovico Maselli
47	下	16	Girolama	Girolamo
48	上	20	參上注3	參上注83
64	上	17	而周圓	而周圍
70	下	8	不能護得	不能獲得
		17	與及當時	以及當時
84	下	4	歐邏洲	歐邏巴洲
86	上	1	王太宗伯	王大宗伯
90	下	10	各邦	名邦
91	上	12	等第五種	等五種

頁	格	行	誤	正
102	上	7	地理智識	地理知識
110	上	10	(乃?)	(或?)
111	下	16	地理智識	地理知識
129	下	3	羅布伯	羅布泊
137	上	5	地理智識	地理知識
		10	地理智識	地理知識
167	左數2	8	28°40′	38°30′
170	2	30	35°	53°
172	2	28	37°	73°
175	2	14	12°	11°
182	2	18	52°	25°
185	2	27	17°	17°30′
189	3	7	113°	112°
	4	7	95°E	96°E
		末	該圖在	該國在

The Chinese Historical Geography Semi-monthly Magazine

Vol. V, Nos. 3-4, April 11, 1936

Address: 3 Chiang-Chia Hutung, Cheng-Fu, Feiping, China

Matteo Ricci's World-map Number

Annual subscription (24 uumbers) $3.00

Postage............$0.30

Annual postage for foreign Countries............$2.40

Single number $0.20

P ice for this special number $0.50

出版者：禹貢學會。
編輯者：顧頡剛，馮家昇。
出版日期：每月一日，十六日。
發行所：北平成府蔣家胡同三號禹貢學會。
印刷者：北平成府引得校印所。

禹貢
半月刊

價目：每期零售洋貳角。豫定半年十二期，洋壹圓伍角，郵費壹角伍分；全年二十四期，洋叁圓，郵費叁角。國外全年郵費貳圓肆角。

The Chinese Historical Geography
Semi-monthly Magazine

Vol. V, No. 5, Total No. 53 May 1st 1936

Address: 3 Chiang-Chia Hutung, Cheng-Fu, Peiping, China

第五卷 第五期
民國二十五年五月一日出版
（總數第五十三期）

內政部登記證警字第叁肆陸壹號　中華郵政特准掛號認為新聞紙類

本會紀事（十一）

本會印行利瑪竇地圖及專號，需費孔多，力有不足。去年承國立歷史博物館慨捐百元，指定專作地圖印刷費，業已公告。茲復收到張石公先生捐國幣壹百元，陶元珍先生捐國幣貳拾元，亦即移作補助該項印刷費之用，敬此鳴謝，並抽出什一，購書存儲學會，永作紀念。計為張石公先生購入者：

江蘇海運全案十二卷十二冊　道光六年賀長齡等纂輯　官刊本

江蘇海運全案續編八卷八冊　同治十一年官刊本

長江圖說十卷五冊　馬徵麟者　同治十年崇文書局刊本

民國八年度各部各省歲出歲入豫算表五十冊　財政部編　鉛印本

為陶元珍先生購入者：

皇清地理圖三冊　同治十年俞守義重刻「胡錫燕重刻董方立地圖」　廣州木刻本

大清一統全圖一幅　光緒庚子石印本

淮河流域地理與導淮問題一冊　宗受于者　民國二十二年南京鍾山書局出版

本會紀事（十二）

本會承石衡青先生續捐國幣五十元止，除依照新章推為贊助會員外，特提出款項一部分，為石先生購買書籍，存儲本會，永作紀念。計開：

巴塘鹽井鄉土志兩卷一冊　段鵬瑞著　清宣統元年排印本

吉林地誌兩雞林舊聞錄一冊　魏聲龢者　民國二年排印本

雙山鄉土志一冊　牛爾裕編　民國十三年重印本

東游日記一冊　袁大化者　清宣統元年重印本

壬子回程記一冊　袁大化著　民國元年排印本

征西紀略四卷一冊　曾毓瑜者　清光緒二十年排印本

鮮虞中山國事表疆域圖說一冊　王先謙者　清光緒九年家刊本

蒙古山脈志三卷一冊　谷思愼著　排印本

帕爾米爾叙例附英人楊哈思班游記俄人康穆才甫斯基游記英人戈登游記一冊　清許景澄著　清光緒十八年石印本

本會紀事（十三）

本會前以印刷經費不敷甚鉅，曾由會員于思泊先生提議，就會員中集合三十人，每人每月捐國幣五元，藉資彌補。當時集得十六人，業於四卷十期本會紀事中宣布。嗣以他種關係，改為十四人。茲又接得孫媛貞女士，吳其昌先生，張維華先生函，願亦加入，定自二十五年三月份起開始捐納，熱忱維護，不勝感紉。至於各員特捐總數，俟將來作一結束時再行宣布。特此公告。

禹貢第五卷第六期目錄豫告（二十五年五月十六日出版）

清代之土司制度

佘貽澤

1

(一)清代以前西南少數民族與中國之關係

本文所謂「西南少數民族」，係指今日黔，滇，桂，川等省中之苗，夷，番，猺等民族而言。土司制度之所以成立，即為中國中央政府應付此種少數民族之對策也。

西南一帶，古代與中國關係，無信史可考。「春秋以來，吳起為楚名將，始開百粵。秦始皇并天下，置桂林，南海，象郡」(見曾廉撰元書卷八十七)。是桂，粵已早為中國內屬。但滇，黔一帶，亦在楚威王時，遣莊蹻領兵西上，與中國發生關係。莊蹻曾到滇池，留於西南，後代史家論開發西南夷者皆宗之(如前漢書西南夷傳)。漢元狩元年帝遣使者出西南夷以求身毒國，乃至滇與夜郎國，並問「漢與我孰大」(見前書卷九十五)。可見漢以前，此滇黔地方為少數民族所自組之獨立部落與國家。漢武帝雄才大略，誅且蘭王，降夜郎，各部落皆為震動；請臣置吏，乃設牂柯，越嶲，沈黎，文山，武都諸郡。元封二年滇王降，又置益州郡。並平南越，置九眞，日南，交趾諸郡。是前漢之時，西南一帶皆為中國版圖，各地之少數民族亦均內附，置吏設郡，與內地無異矣。

三國時，蜀漢丞相諸葛亮雖以七縱七擒之苦功，降服南蠻，而師退時乃不設一官，不留一兵，使蜀漢無南顧之憂。但在今川滇黔邊界地方，亦曾置有建寧，雲南，興古等郡(見華陽國志)。晉時又分置寧州等地。至梁大同以後，始為東西爨蠻所據。至唐天寶末，雲南亡於南詔蒙氏，其他東謝，西趙，牂柯等蠻，亦復先後作亂。宋時國事較弱，不但漢時所置九眞等地失去統治，而雲南亦由後理國及六詔等自立；幸對於諸溪洞蠻稍有羈縻，如元祐初南江舒氏，北江彭氏，梅山蘇氏，誠州楊氏，皆納土歸降。然梅山，唐溪，南丹州，撫水，廣源等蠻，終宋之世，時叛時服，雖置不少之羈縻州，亦無補於治理也(上見宋史卷四百九十三)。

至於此時，凡漢所開闢之領土，在徼外者已無力統治，各自獨立。荊黔湘川等蠻夷，僅能羈縻。於是漢唐所能駕馭之力量，日漸衰退，而所謂「蠻亂」，遂開始矣。

元朝起自漠北，世祖未定鼎中國前，先滅大理，後乃招降八番各溪洞，大理金齒，廣西上下江，車里，四川溪洞，及西番等少數民族。元人以蒙古民族統治中原，其在政治上之待遇，於多數之漢民族，及少數之西南民族，並無大差別。土司制度，實際在此時已成立。元代官制中直接爲土官者，爲各溪洞之長官司，其品秩如下等州(從五品)。當時並有宣撫司，安撫司，招討司等官，均設於邊境，專事撫綏者。此等官制本皆爲流官，但其後明代以之授投降之大小土酋，遂列爲土官名稱。元雖已有土司，土官，並無一定之制度，又因統治者爲外來民族，對本地之多數少數民族待遇略同，故無多大問題發生。按元之影響於後代土司制度者，一爲其職官之名稱，二爲西番之喇嘛教中兼掌土職。

明太祖起兵後，即有荆蠻土酋來降者，太祖因欲羈縻之，多授以世職。亦有元官或元之土官來降者，亦給以世職，土司土官乃漸增多。西南各地有漢，唐，宋時隨兵征討有功，封土其地者，大半與土民同化而有勢力，亦或投降，或招兵從明軍征伐，有功者一一受封。于是此種封建之土司土官，各據一方，自割其地。但明既以漢族統治中國，此西南方面各少數民族亦各分封統治，在政治慾望與待遇上，自不免發生問題。因之土司土官，在明內政中成爲一大問題。

明各藩王與中央政府之間，經過不少之糾紛與爭殺；土司土官與中央政府之關係亦然。此雖可諉爲中央政府之對策不善，而實則此種畸形之制度，既非完全爲外藩屬國，又非純粹爲內政上之行政機關，衝突固不可免也。故明之土司誠猖獗，而若自當時朝廷之對策言之，在此制度下亦惟有如是耳。(關於明代土司大略情形，見愚作明代之土司制度，本刊四卷第十一期。)

清代以前西南少數民族與漢族之關係，由上略述，可知其最初爲獨立之部落，漢唐時乃降爲臣屬；晉宋以後，在雲南者獨立，在川，黔，桂等省者則仍隸職方。元明以來，始有土司制度。今日盛倡開發西南，然苟往開發，恐將處處與土司發生糾紛。如欲對於現有之土司定應付之策略，即須明其過去之情形。是以作者願將個人知識所及者貢獻於世，幸讀此文者多賜教焉。

(二)清代土司之職銜

元代土司只各蠻夷洞長官司參用土人，長官司之品職如下等州則從五品（不及三萬戶爲下等州），設達魯花赤一員（元官名，即斷事官也），副長官一（見新元史卷六十二）。土司中常有宣撫，安撫等名。今爲說明此等官名之沿革：

宋設有安撫司，宣撫司，及元之宣慰司，皆大半以朝廷大臣領任，統理軍民，總轄郡縣。尤以宋之宣撫司，爲督視軍旅，事畢即撤；但元則置之邊境，專爲撫綏。安撫使始於唐宋，唐爲「奉詔巡省」，宋爲「統制軍旅」，元亦置於邊境，職掌與宣撫使同。宣慰司爲元官，「掌軍民之務以統郡縣」，明則用爲土官武職。而安撫宣撫等使，明亦授諸土官。招討使在宋時亦以大臣充之，有征討則置；元則多置於邊境要地，明亦授諸土官（見欽定續通志卷一百三十）。

清之土司職銜，半因明制，但比較更完全。其武職隸於兵部，文職隸於吏部，職衡如下：

兵部所屬：

（一）土弁　土游擊（從三品）　土都司（正四品）
土守備（正五品）　土千總（正六品）

（二）土司　土把總（正七品）　指揮同知（從三品）
指揮使（正三品）　指揮僉事（正四品）
宣慰使（從三品）　副宣撫使（從五品）
宣撫使（從四品）　千戶長（正五品）
安撫使（從五品）　百戶（正六品）
副千戶（從五品）　副長官司（正七品）
長官司（正六品）

吏部所屬：

土知府（從四品）　土同知（正五品）　土通判（正六品）
土經歷（正六品）　土知事（正六品）　土知州（從五品）
土州同（從六品）　土州判（從七品）　土推官
土吏目　土知縣　土縣丞（正八品）
土主簿　土典史　土巡檢（從九品）

以上各官，除邊境上之土司未改流者外，大半低級於高級官並無直接服從之義務。如依正式官職而論，同知通判經歷隸屬於府，則知府對於彼等有直接管轄權。然土官則不盡然，如一土府，已經改流，而土知府之官銜仍在，此爲朝廷施恩准其世襲，僅一名義，故對於本府之土同知土通判等無直接指揮權，蓋彼此同爲閒職也。

(三)清代土司之統計

清初凡明時土司來降者，皆授原職世襲。至康熙，雍正兩朝改土歸流者甚多；光緒，宣統間停襲者亦不少。下表所列爲康雍以後之土司統計，從此可知一大概情形。

清代土司表

省	封地	官職	清初封者	原籍	最初設置年
滇	*景東府	土知府	陶斗	景東人	元爲千戶
	*蒙化府	土知府	左星海	羅羅人	元時同知
	孟定府	土知府	罕宋	百夷人	元至元間置
	永寧府	土知府	阿鎮麟	西番人	明洪武置
	*廣南府	土同知	儂鵬		宋時設
	*富州	土知州	沈崑端	本州人	同
	灣甸州	土知州	刁先哲	孟定人	明永樂設
	*鎮康州	土知州	刁達	擺夷人	元至元年設
	北勝州	土知州	高斗光	僰人	
	蒗蕖州	土知州	阿尚義	蒙古人	元時置
	*麗江府	土通判	阿木懿		同
	鶴慶府	土通判	高應星	本府人	明洪武間置
	順州	土州同	子祿祥	羅羅人	
	姚安州	土州同	高晶	江西人	元時設
	武定州	土州同	那天寵	夷人	明設
	鎮南州	土州同	段光贊	大理人	元末設
	鎮南州	土州判	陳昌慶	楚雄人	同
	開化州	土經歷	周應龍	猓玀人	清初設
	新興州	土州判	玉鳳	土人	清康熙間設
	○楚雄縣	土縣丞	楊春盛	僰人	元末設
	雲南縣	土縣丞	楊岳	同	唐時爨酋
	平彝縣	土縣丞	海闊	土人	元時設
	新平縣	土縣丞	楊宗周	夷人	
	蒙化廳	土縣丞	刁志經	土酋	明時設
	○景東廳	土知事	姜啓濱		明初
	祿豐縣	土巡檢	李楚南	羅羅人	元設
	○羅次縣	土巡檢	李文秀	縣民	同
	○浪穹縣	土巡檢	楊爭先	大理人	明設
	趙州	土巡檢	李齊斗	本州人	元設
	○上江觜	土巡檢	楊康國	夷人	明設
	鳳羽鄉	土巡檢	尹德明	同	同
	雲龍州	土巡檢	字題鳳	縣民	
	○下江觜	土巡檢	何應福	夷人	明設
	臨安府	土巡檢	龍天正	土人	同
	○鎮南州	土巡檢	者光祖	土酋	同
	廣通縣	土巡檢	楊忠藎		元設
	○鎮南關	土巡檢	楊繼祖	僰人	明設
	順寧州	土巡檢	罕紫芝		同
	沙矣舊	土巡檢	蘇鑾	土人	同
	鶴慶州	土巡檢	王印光		同
	大猛麻	土巡檢	俸新命		同

三岔河	土巡檢	楊鴻緒		同
景東廳	土巡檢	陶承宣		同
鄧川州	土巡檢	楊應鵰	湖邑人	明初設
湯耶馬	土巡檢	金有儀		清初設
○觀音山	土驛丞	郭朝柱	鶴慶人	明設
在城驛	土驛丞	田珍	同	同
雲南縣	土主簿	張維	僰人	蜀漢時置
○板橋驛	土驛丞	阿聯柱		明設
定遠縣	土主簿	李世卿	撒摩徒人	元設
○浪穹縣	土典史	王鳳州	鄧州人	明設
芒市	安撫司	放愛衆	江西人	同
潞江	安撫司	線有功	土會	同
猛卯	安撫司	衎瑄	南京人	同
遮放	副宣撫	多爾忠		同
干崖	宣撫司	刁成勳	江南人	同
南甸	宣撫司	刁呈祥	同	同
車里	宣撫司	刁穆禱		元設(？)
盞達	宣撫司	刁思韜		元設
隴川	宣撫司	思照寧		
耿馬	宣撫司	罕闆掁		明設
孟連	宣撫司	刁派欽		同
虧容甸	長官司	孫大昌		元設
納樓茶甸	長官司	普寧		同
戶撒	長官司	賴國瑄	重慶人	明設

臘撒	長官司	蓋朝選	重慶人	明設
十二關	長官司	李括森	直隸人	元設
蠻海	土守備	石朝龍		清咸豐間設
大稚口	土都司	李芝龍	普洱人	光緒十三年設
八百大甸	宣慰司	景線吶賽		元設
(清乾隆分爲二)		整賣召納提		
大山	土守備	石麟	土會	同治間設
孟養	宣慰司			
雲龍州	土千總	段德壽		
六庫	土千總	段復建		
○漕澗	土把總	左文燦		順治年設
稿吾卡	土把總	龍在渭		康熙年設
奔子欄	土千總	之神翁(？)	夷人	雍正年設
奔子欄	土把總	別馬(？)	同	同
阿墩子	土千總	禾良斗		嘉慶年設
阿墩子	土把總	桑上達		同
臨城	土把總	王仁		雍正年設
瀾滄江	土把總	趙謨	土人	乾隆年設
其宗喇普一	土把總	七里吉布	夷人	雍正年設
倚邦	土把總	曹當齋	(車里十三版納之一)	
猛遮	土千總	刁思闆	(同右)	
易武	土把總	伍乍虎	(同右)	
猛臘	土把總	召儒	(同右)	
六順	土把總	刁國輔	(同右)	

猛阿 土把總 叭占 （同右）
猛篭 土把總 叭先 （同右）
橄欖壩 土把總 喇鲊齊 （同右）
普籐 土千總 刁猛比 （同右）
猛旺 土把總 召猛剛 （同右）
整董 土把總 召音 （同右）
○儒林里 土把總 施膩勒 雍正年設
○定南里 土把總 龍那戛 康熙年設
猛戛 土千總 刀希錦 乾隆年設
猛憂 土把總 刀成秀 同
猛班 土把總 周靖 同
大塘隘 土把總 劉鳳羽（？） 江西人 明設
明光隘 土把總 楊建國 湖南人 同
茨竹寨 土守備 左正邦 四川人 同
卯照 土把總 啓聯甲 乾隆年設
羊坪 土千總 李萁 康熙年設
登梗 土千總 段聯弟 乾隆年設
瞀掌 土千總 茶向慶 同
壩竹隘 撫夷 （無考，由盞達土司保人管理）
黃草嶺 撫夷 （無考，由南甸土司保人管理）
猛豹隘 撫夷 （無考，由地方官擇人管理）
杉木籠 土千總 劉國仁 江西人 乾隆年設
濵灘隘 土目 柴德尊 乾隆年重設
止那隘 撫夷 金顯國

古勇隘 土把總 楊德深 江西人 明設
他旦 土把總 普宏亮 土人 雍正十年設
老是達 土把總 李張保 土人 雍正年設
斗門嚩沙 土千總 邱國良 夷民 同
喇博 土把總 普應祥 土民 同
黃草嶺 土千總 李綱霖 土人 嘉慶年設
永豐里 土把總 方山蘇 康熙年設
東河 土把總 張文科 土酋 光緒年設
賢官寨 土把總 石成義 土人 嘉慶年設
圈糯 土千總 李先春 光緒年設
猛角 土千總
下猛引 土把總 刁金華
拖車阿朶 土千戶 祿阿茂 夷人 雍正年設
阿興 土千戶 安永長 土夷 康熙年設
巖旺 土把總 李顯智 土人 雍正年設
木朗古 土千戶 祿承恩 乾隆年設
（此外土外委三十一名）

黔

中曹 長官司 謝正倫 應天府人 明洪武間設
養龍 長官司 蔡瑛 隆容縣人 唐置
白納 長官司 周爾齡 廬陵人 明初設
白納 副長官 趙啓賢 眞定府人 同
虎墜 長官司 宋繼榮 定州人 同
程番 長官司 程民新 柳城人 唐末
上馬橋 長官司 方維新 同 同

小程番	長官司	程登雲	同	同
盧番	長官司	盧大用	同	同
方番	長官司	方正綱	同	同
韋番	長官司	韋至璋	同	唐時
臥龍番	長官司	龍國瑞	歙縣人	同
小龍番	長官司	龍象賢	南寧人	同
金石番	長官司	石如玉	柳城人	同
羅番	長官司	龍從雲		同
大龍番	長官司	龍登雲	歙縣人	同
木瓜	長官司	石玉林	大都人	元時
木瓜	副長官	顧大維	滁州人	同
麻嚮	長官司	得志	上元人	明時
乖西	長官司	楊瑜	盧陵人	唐時
乖西	副長官	劉國柱	同	同
大谷龍	長官司	宋之尹	桃源人	元時
小谷龍	長官司	宋景運	眞定人	元時
羊場	長官司	郭天章	貴州人	明時
平伐	長官司	李世蔭	灌縣人	唐時
大平伐	長官司	宋世昌	鍾離人	蜀漢時
小平伐	長官司	宋天培		唐時
新添	長官司	宋鴻基		同
底寨	長官司	蔡啓程	隆容縣人	同
底寨	副長官	梅朝聘		同
西堡	副長官	溫捷柱	南昌人	明時
康佐	副長官	于應鵬		同
頂營	長官司	羅洪勳	江西人	同
募役	長官司	禮廷試		同
沙營	長官司	沙裕先	土酋	同
盤江	土巡檢	李桂芳		同
楊義	長官司	金榜		唐時
岩門	長官司	何仕洪	重慶人	明時
重安司	土吏目	張威鎮	江南人	同
草塘司	土縣丞	宋運鴻		唐時
甕水司	土縣丞	猶登第		同
餘慶縣	土縣丞	毛鵾程	鍾離人	同
	土主簿	楊墩	播州人	元時
都勻	長官司	吳玉	廣東人	明時
都勻	副長官	王應祖	四川人	明時
邦水	長官司	吳昌祚	應天府人	同
樂平	長官司	宋治政	眞定人	同
平定	長官司	吳士爵		同
獨山州	土同知	蒙一龍	鳳陽人	同
豐寧上	長官司	楊懋功	江西人	同
下	長官司	楊威遠	同	同
爛土	長官司	張威遠		同
鎭遠府	土同知	何大昆	長安人	宋時
	土通判	楊龍圖	陝西人	同
	土推官	楊秀璋		同

偏橋	長官司	安顯祖		同
左	副長官	楊通聖	陝西人	明時
	副長官	楊毓秀	同	宋時
邛水	長官司	楊勝梅	同	元時
	副長官	袁洪遠	江西人	明時
思南府	長官司	田仁溥	陝西人	宋時
蠻夷	長官司	安于磐	同	同
	副長官	李際明		元時
沿河祐溪	長官司	張承祿		同
	副長官	冉鼎臣	陝西人	同
朗溪	長官司	田養民	同	同
朗溪	副長官	任進道		宋時
安化縣	土縣丞	張試	陝西人	元時
	土主簿	楊天植		同
	土巡檢	陸陽春	印江人	明時
印江縣	土縣丞	張應璧	陝西人	元時
石阡	副長官	楊敬勝	山西人	同
都平	2長官司	何學政	陝西人	同
都素	2長官司	何起圖	江西人	明時
黃道	2長官司	黃金印	同	同
施溪	長官司	劉師光		同
省溪	長官司	楊秀銘	陝西人	同
	副長官	戴以正	江西人	宋時
提溪	長官司	楊通正	山西人	明時
	副長官	張體泰		宋時
烏羅	長官司	楊洪基	陝西人	唐時
	副長官	冉天臣	同	元時
平頭	長官司	楊昌續	同	明時
	副長官	田茂功	同	同
潭溪	長官司	石玉柱	江南人	同
	副長官	石巖	直隸人	同
八舟	長官司	吳遇主	江西人	漢時
龍里	長官司	楊勝梯	同	明時
中林	長官司	楊應詔	江西人	明時
古州	長官司	楊雲龍	同	同
新化	長官司	歐陽瑾	同	元時
歐陽	長官司	陽運洪	同	明時
	副長官	吳登科	同	同
亮寨	長官司	龍文炳	同	同
湖耳	長官司	楊通乾	同	同
	副長官	楊大勳	同	同
洪州	長官司	李煦	同	元時
	副長官	林起鵬	同	明時

（此外於康雍間改土流者有三十六司。）

桂

⊘永定	長官司	韋盛春		明時
永順	長官司	鄧世廣	全州人	同
	⊘副長官	彭希聖	益都人	同
⊘那地州	土知州	羅德壽	土人	同

8

Q	南丹州	土知州	莫自乾	同	宋設
×	忻城縣	土知縣	莫猛	宜山縣人	元設
×	白山	土巡檢	王知綸	建康人	宋時
	興隆	土巡檢	韋萬安	鄒縣人	明時
Q	定羅	土巡檢	徐朝佐		同
	舊城	土巡檢	黃世勳		同
Q	下旺	土巡檢	韋際紘	東蘭州人	同
	那馬	土巡檢	黃天倫	直隸人	明時
	都陽	土巡檢	黃周	漢陽人	同
Q	古零	土巡檢	韋恩錫	山東人	同
Q	安定	土巡檢	潘應璧		同
	田州	土知州	岑廷鐸	土人	
×	上林縣	土知縣	黃國安		明時
×	歸德州	土知州	黃道	山東人	同
×	果化州	土知州	趙國埛	同	同
Q	忠州	土知州	黃光聖	同	同
×	太平州	土知州	李開錦	同	同
×	安平州	土知州	李長亨		同
	陽萬州	土州判	岑潔		清分置
×Q	萬承州	土知州	許嘉鎮		
×Q	茗盈州	土知州	李應芳	山東人	元時
×Q	全茗州	土知州	許家麟	同	
×	龍英州	土知州	趙廷櫓		元時
×	佶倫州	土知州	馮家猷		
×Q	結安州	土知州	張邦興	山東人	
Q	鎮遠州	土知州	趙秉業	同	
×	都結州	土知州	農廷封		
	思陵州	土知州	韋懋遷		
×Q	江州	土知州	黃廷傑	山東人	
×	思州	土知州	黃戴乾		宋時
	東蘭州	土州同	韋光祚		
×Q	下石西	土知州	閉承恩	思明府人	宋時
×Q	上下凍	土知州	趙應錩		元時
×	憑祥州	土知州	李維藩	土蠻	
Q	羅白縣	土知縣	梁徵鰲	山東人	
×	羅陽縣	土知縣	黃啓祚	同	
	上龍	土巡檢	趙祿奇		
×	向武州	土知州	黃嘉正	田州人	宋時
×	都康府	土知州	馮太乙		同
	上映州	土知州	許國泰		同
Q	下雷州	土知州	許文明		同
Q	遷隆	土巡檢	黃元吉		

（此外改土歸流者二十五司）

川

	拈佑革塞	土百戶	個個柘	西番人	康熙間設
	熱務寨	土百戶	甲檟仙	同	同
	栽眉喜寨	土千戶	官布笑	猓夷	同
	七布寨	土千戶	巴弄日記	同	同
	麥雜寨	土千戶	安布笑	同	雍正間設

毛革按寨	土千戶	王作	同	同
包子寺寨	土千戶	㖸竹	西番人	康熙間設
阿思㠞寨	土千戶	立架	同	順治間設
羊峝寨	土百戶	甲利	西番人	雍正間設
下泥巴寨	土百戶	林青	同	康熙間設
寒盼寨	土千戶	古巴笑	同	同
商巴寨	土千戶	剛讓笑	同	同
祈命寨	土千戶	龍盼架	同	同
踏藏寨	土目	甲六笑	同	同
阿按寨	土目	六笑他	同	同
㫘藥寨	土目	且折笑	同	同
押頓寨	土目	拈爭笑	同	同
中岔寨	土目	揑盼月	同	同
郎寨	土目	郎那亞	同	同
竹自寨	土目	札布吉	同	同
臧咱寨	土目	出亞	同	同
拜王亞寨	土目	點進笑	同	同
達弄惡壩	土目	達喇笑	同	同
香咱寨	土目	轄六	同	同
吞馬寨	土目	由仲笑	同	同
八頓寨	土目	革甲	同	同
上包坐	土千戶	札卜盼	同	同
下包坐竹	土千戶	本布笑	同	同
川柘寨	土千戶	桑仲	同	同
谷爾壩	土千戶	郎借	同	同
雙則紅凹	土千戶	郎那笑	同	同
木路惡寨	土百戶	學額	同	同
（中路）	土百戶	隆笑	同	雍正間設
（下路）	土百戶	追帶	同	同
谷讓寨	土百戶	札務革柱	同	同
生納寨	土百戶	郎刁	同	同
上勒按寨	土百戶	借勒	同	同
下勒頓寨	土百戶	林革秀	同	同
班佑寨	土千戶	獨足笑	同	同
住壩寨	土百戶	連柱笑	同	同
柘弄寨	土百戶	哈脩	同	同
爾革寨	土百戶	轄頓	同	同
辜雜寨	土百戶	谷六笑	同	同
轄漫寨	土百戶	額旺	同	同
下作韋寨	土百戶	郎納他	同	同
物藏寨	土百戶	郎加蚌	同	同
熱當寨	土百戶	拆找架	同	同
磨下寨	土百戶	的那	同	同
甲凹寨	土百戶	革柯	同	同
鵲個寨	土百戶	羅六	同	同
郎惰寨	土百戶	阿出	同	同
甲多寨	土千戶	折達架	同	同
墨倉寨	土千戶	革杔亞	同	同

阿强寨	土千戶	頓嚈	同	同
車木塉寨	土百戶	嘱頓	同	康熙年設
揷落寨	土千戶	丹增	同	同
納卡寨	土百戶	彭錯	同	同
銀達寨上	土百戶	卜架亞	同	同
宗個寨	土百戶	卜他康	同	同
銀達寨下	土百戶	耶加割	同	同
小阿樹寨	土百戶	達爾吉	同	同
丟骨寨	土千戶	沙乍漢	同	同
雲昌寺寨	土千戶	革都判	同	同
呷竹寺	土千戶	七谷	猓夷種	同
（以上土司屬松潘廳）				
大姓寨	土百戶	郁姓	湖廣人	唐時
小姓寨	土百戶	郁姓	同	
沙壩寨	土千戶	蘇忠明	四川人	
大黑水寨	土百戶	郁孟賢	湖廣人	明末
小黑水寨	土百戶	郁從學	同	唐時
松坪寨	土百戶	韓騰	陝西人	明末
（以上土司屬茂州）				
陽地隘	長官司	王熇	江南人	宋時
龍溪堡	土知事	薛兆選	山東人	同
松岡	長官司		土番	
卓克基	同	良爾告	同	乾隆間設
梭磨	宣慰司	戛素沙甲布		雍正間設
瓦寺	宣慰司	曲翊伸	藏人	明時
黨壩	長官司	阿丕	土番	乾隆間設
靜州	長官司	董懷德		順治
隴水	長官司	何裴之		宋時
岳希	長官司	坤𨉷		唐時
沙壩	安撫司	蟒答兒		明未
水草坪	土巡檢	同		同
竹木坎	副巡檢	孫應貴		同
牟托	土巡檢	温壞忠		唐時
實大關	副長官	官士詮		明時
鄂克什	安撫司	巴碧太		順治年設
綽斯甲布	宣撫司	資立		康熙年設
（以上土司屬松茂道）				
河東	長官司	安泰寧		元時
大石頭	土百戶	𠯌車	土番	清初
長村	土百戶	余車		同
繼事田	土百戶	沈旺		同
（河東長官司轄十三土目）				
阿都	長官司	結凋	（轄四土目）	
阿都	副長官	賒𠯌	土番	雍正間設
（阿都副長官屬十一土目）				
沙鴑	宣撫司	安韋威	（屬五土目）	
邑州	長官司	盧尼古	大理人	康熙間設
普濟州	同	吉榮秋	貴州人	明時

威龍州　同　張照遠　雲南人　同
×河西　土千總　安承引　康熙間設
（屬四土目）（以上土司屬建昌道）
邛部　宣撫司　嶺安盤　（屬十一土目）
煖帶密　土千戶　嶺安泰　江南人　（屬八土目）
煖帶田壩　土千戶　嶺部則　江南人
松林地　土千戶　王德洽　（屬土百戶六）
（以上土司屬越嶲廳）
木裏　安撫司　六藏塗都
瓜別　安撫司　玉珠迫　麼些夷
馬喇　副長官　阿世忠　擺夷
古柏樹　土千戶　郎後位　麼些夷
中所　土千戶　喇瑞麟　同
左所　土千戶　喇世英　同
右所　土千戶　八璽　同
前所　土百戶　阿成福　同
後所　土百戶　白馬塔　同
（以上屬鹽源縣）
酥州　土千戶　姜喳
架州　土百戶　里伍
苗出　土百戶　熱即
大村　土百戶　也四噶
糯白瓦　土百戶　紐咔
大鹽井　土百戶　布涇喳
熱即哇　土百戶　牙卓撒
中村　土百戶　歪即噶
三大枝　土百戶　甲噶
河西　土百戶　那姑
窩卜　土百戶　藍布甲噶
盧郎　土百戶　濟布
白路　土百戶　倪姑
阿得轎　土百戶　慕庚
木木凹　土目　那咱
瓦尾　土目　瀘沽
七兒堡　土目　穆貴原設
迷易　土千戶　安文
會理村　土千戶　祿沙克
者保　土百戶　祿阿格
普隆　土百戶　任玉康
紅卜苴　土百戶　刁安氏
苦竹壩　土百戶　祿姐
通安舟　土百戶　同
（以上土司屬冕寧縣）
披砂　土千戶　祿應麟
冷邊　長官司　阿撒亂　西番人　清初設
穆坪董卜　宣慰司　丹紫江楚　明時
韓胡
沈邊　長官司　余期拔　江西人　同

黎州　土百戶　馬奇英
大田　副百戶　吉計
松坪　土千戶　馬比必
明正　宣慰司　甲木參沙加　明時
（明正司屬四十七土百戶）
韋什咱　安撫司
巴底　宣慰司　工噶烏金
喇嚨　安撫司　策旺卓爾嗎
霍耳　安撫司　（屬千戶一百戶一）
章谷　安撫司　（屬百戶四）
納林沖　長官司
瓦述色他　長官司　那林策凌
瓦述更平　長官司　葛爾藏策凌
瓦述餘科　安撫司　袞布蘊木珠布
霍耳孔撒　安撫司　嘉爾參羅　（屬土百戶二）
霍耳甘孜　安撫司　那林卡旺　（屬土百戶三）
×德爾格忒　宣慰司　策旺多爾濟　（屬土百戶八）
霍耳白利　長官司　袞卜盆錯克
霍耳咱　安撫司　丹津旺木　（屬土百戶二）
霍耳東科　長官司　澤登班交
×春科　安撫司　結中羅布藏勒定
×春科高日　長官司　阿克旺拉布丹
×上瞻對茹　長官司　索諾布諾爾布
峪納　土千戶　沙克嘉布木

蒙葛結　長官司　阿珍查什
林蔥　安撫司　袞噶索諾木
上納奪　安撫司　烏堅袞　（屬千戶一百戶三）
×下瞻對　安撫司　工布桑珠　（屬土百戶二）
撒墩　土千戶　索諾木
×裏塘　宣撫司　阿策
副司　阿彩登丹
瓦述毛了　長官司　白甸崇慶
崇喜　長官司　汪甲
瓦述曲登　長官司　工布羅布
瓦述嗣朧　長官司　多金工布
（以上屬裏塘司）
×巴塘　宣撫司　札什加木親　（屬六土百戶）
（以上土司屬打箭鑪廳）

甘

臨洮衞　指揮司　趙師范　土族
河州　指揮同知　何永吉　同
同　土千戶　韓世英　同
指揮司　韓千貫　同
岷州　土百戶　馬國棟　同
同　土百戶　石永慶　同
同　土百戶　趙應臣　同
洮州　指揮僉事　楊朝傑　同
同　指揮司　昝承福　同
永魯割　土百戶　子新　同
西寧縣　指揮使　祚賓廷諫　同

同	指揮司	陳師文	同
同	指揮同知	李珍品	同
同	指揮僉事	納元標	同
同	指揮僉事	汪陞龍	同
同	指揮僉事	吉天錫	同
循化廳	土千戶	韓愈昌	同
同	土百戶	韓沙班	同
乩藏	土百戶	王國柱	同
大通縣	土千戶	曹氏	同
碾伯縣	指揮同知	祁國屏	同
同	指揮同知	李天俞	同
同	指揮同知	趙瑜	
同	指揮同知	阿鎮	同
同	指揮僉事	甘繼祖	同
同	指揮僉事	朱秉權	同
同	指揮僉事	冶國器	同
同	土百戶	李化鼇	同
同	土百戶	辛偉鼎	同
同	指揮僉事	喇光耀	同
平番縣	指揮司	魯宏	同
同	指揮僉事	魯典	同
同	土百戶	魯大誥	同
同	指揮司	魯之鼎	同
同	指揮同知	魯培祚	同
同	土千戶	魯大謨	同
同	副千戶	魯三奇	同
同	土百戶	楊茂才	同
同	土都司	何進功	同
同	指揮同知	楊國棟	同
同	土百戶	魯璽	同
同	指揮僉事	海洪丹	同
永昌縣	土千戶	地家太	同

有*號者後已改土歸流。

○號者後因亂逃散無考。

⊘號者光宣間令其停襲。

×號者仍有土官，但設流官吏佐之。

（此表根據續雲南通志稿，貴州通志，廣西通志，四川通志，甘肅新通志，羅繞典黔南職方紀略，及土官底簿等書所編成。）

上表關於各土司之原籍，不能完全查出。就所知之三〇九個土司中，屬於本地人或土族者約六十三人，爲全體百分之二〇•三八。屬於番夷蠻子土夷等爲一〇九人，佔全體百分之三五•二七強。屬於漢人者爲一三六人，佔全體百分之四四•〇一。不過，在四川土司中有若干未註明籍貫者，凡在打箭鑪一帶者大半均西番土人。故土司之中，以籍貫論，漢人與番夷之數相差不多。在漢人中以江西省爲最多（約二十九人），陝西次之（十八人），山東第三（十三人）。彼輩大半爲其祖先從軍有功而受封者，尤以封於貴州者爲最衆。彼輩世有其土，有享祚數百年至千年者。然至於今日，則已大都與土人同化矣。

表中最末一項，關於各土司最初設置之時代，亦可以使我儕認識各朝之土司情形。表中能知最初設置之土司共有三百二十九處，其中在漢已設立者有三，在唐已設立者有二十九（約爲全體百分之八・八），在宋已設立者有二十三（佔百分之六・九），在元已設立者爲四十五（占百分之一三・六强）。至於在明設立者有一百十二處（占百分之三四强）。清朝設立者亦不少，有一百一十七處（占百分之三五・五强）。由此可知，清代康雍之間雖厲行改土歸流政策，而事實上則同時新封之土司亦不少。不過新封者大半在新闢之邊境方面，如西康，青海等處，可知土司制度在新闢之境實有利用之必要也。

就上表中，將各朝所設立（就清代所存在者）之土司數目，分省另列如下表：

省	漢	唐	宋	元	明	清
雲南	1	1	2	22	38	39
貴州	2	24	10	18	44	
廣西			8	4	18	1
四川		4	3	1	12	77

（甘肅各土司因設置年不詳，故略。）

我國自青海沿西南以至廣西，此五六省（四川西部現爲西康）之地方，有五百餘處之土司土官，統治其地數百年以至千年，此誠不能不視爲重要之局面矣。在過去歷代帝王之統治之下，一方面僅示羈縻，但得不鬧亂子卽可不干涉其統治權；同時中國過去政治總是消極的保守平安，故對之無有建設與改進。但當今日却成爲我民族復興之關鍵，當然須籌一妥善應付之策略。

（四）清代土司之承襲，銓選，貢賦，職責等

「自古苗亂，起於土司；土司之亂，起於承襲」，此爲注意苗防與土司之人所共知者。其實此二語用於明代最爲切當；清時則因承襲而造成爭亂之事，較之明時大少矣。蓋清廷亦知有此禍患，故對於土司承襲之規定甚爲完全也。

凡土官承襲，隸於吏部驗封司；土弁土司承襲，隸

於兵部武選淸吏司；但其辦法則相同。

土官文職「承襲，由部給牒；書其職銜世系及承襲年月，名曰號紙。應襲職者督撫查覈，先令視事。令司州縣鄰封土司具結及本族宗圖，原領號紙送部，具疏請襲。嫡庶不得越序。如無子者准弟襲。本族無可襲者，或妻或壻爲夷衆信服者亦許襲。子或年幼，督撫題明註册，選本族土舍護理。俟其子年十有五，方准請襲。年老有疾，請以子代者聽。」（見欽定吏部驗封司則例卷五）

「凡土官病故，該督撫於題報時，即查明該故土官應襲子嗣，限六個月內具題到部，辦理承襲。如有逾限到部者，查明議處。」（見同上）

此爲土司承襲之正式律文。此固與前明之承襲則例類似，但在其他方面，則淸之慣例爲多。例如「號紙」爲土司承襲之憑據，在康熙十一年規定：

「……每承襲世職之人，給與鈐印號紙一張，將功次宗派及職守事宜塡註於後，遇子孫襲替，本省掌印都司驗明起文，或由布政司起文，並號紙送部。查覈無異，即與題請襲替，將襲替年月頂輩塡註於後，塡滿換給。如遇有水火盜賊損失者，於所在官司告給執照送部查明補給。如有犯罪革職故絕等事，都司布政司開具所由，將號紙繳部註銷。如宗派冒混，查出參究。」（見大淸會典事例）

因此，號紙成爲土司享受榮祿之根本。最易因承襲引起爭端者，莫如宗支嫡庶之鑒別。有一土司出缺，其宗親各系派均欲得此世襲之位，將如之何而可釋爭？按順治十六年貴州巡撫趙廷臣曾想出一補救之法，其奏書云：

「……其次又莫如豫制土官。夫土舍私相傳接，支系不明，爭奪由起，遂致釀成變亂。今後每遇歲終，土官各上其世系履歷及有無嗣子，開報布政司，三年當入覲。則豫上其籍於部，其起送襲替時有爭論奏擾者，按籍立辨。斯方策旣明而釁端豫杜。……」（東華錄順治朝）

自從此法實行之後，土司因承襲而起之爭端，的確減去不少，此爲淸代土司制度較明進步之處。

土司承襲之「世系」，亦當明定。不然，一土官死去而無子嗣，妻壻伯叔，究竟誰先誰後？若任督撫題奏，當然易引起不少弊端。按清之規定如下：

「或土官故，或老年有病請代，准以嫡子嫡孫承襲；無嫡子嫡孫，則以庶子庶孫承襲。無子孫則以弟或其族人承襲。其土官之妻或壻，有為土民所服者，亦准承襲。如有子孫幼者或其族或其母，能撫孤治事，由督撫揀委，至其子及十五歲再令承襲。」（見光緒己亥年京師書局印大清會典）

此種對於承襲先後次序之規定，為明代所未有。清廷除此以外，又規定「土官應襲年十三歲以上者，令入學習禮，由儒學起送承襲」（見東華錄順治朝）。蓋清廷見明代土司承襲之混亂，故於承襲一事之規定遂特別完全。雖在事實上亦有因承襲之事而互相爭鬥者（如光緒時雲南納樓土官事），但較之明代已大減少，況此全係疆吏不負責不執行法律之錯誤乎。但弊端亦非無有，則出於清代吏治之貪汚。按雍正元年九月雲貴總督高其倬奏關土司承襲事，云：

「竊聞雲貴兩省土司承襲之事，皆有規禮，上下各衙門，往往借文結之舛錯，假駁查之名，為需索之地，故事多遲滯；而土司亦習為故常，每遣頭人，串通棍蠹，行賄營求，經年住居省城，名為打幹，所費銀錢，皆兩倍三倍，派之夷民。……」（見硃批諭旨第四十五冊）

同時彼又云「已嚴令禁止」。凡知清代之吏治者均可明瞭此言，蓋其有效惟限於其在任時而已。

關於土司銓選之事，因係世襲，無甚可說。其議叙亦較簡單，土司縱有天大之功，終是一個土司，不過加些虛銜頂戴而已。

「凡土司有功則叙，經徵錢糧一年內全完者，督撫獎以銀牌花紅。能嚴行鈐束擒剿盜賊一應案件於一年內全完者，加一級。完結過半者，督撫加獎。軍功保列出衆者，加銜一等。……兇犯盜首逃匿土官境內一年內查解五口以上者，紀錄一次。……」（見大清會典）

土弁土司之議叙，最高至指揮使（土司之一）而止，給銜則無定。雍正四年之規定如下：

「准土官土目有隨師效力應議叙之人，就原職加銜，如宣慰使司宣撫使司安撫使司，則有各司使副使同知僉事等銜；招討使司副招討使司長官司，則有招討長官副長官等銜；指揮使司，則有指揮使同知僉事正千戶副千戶百戶等銜。次原官品級以次陞授，遞加至宣慰使指揮使而止。如有餘功，准其隨帶，仍以本職管事。及襲替時，亦止於原世職承襲。」（見皇朝政典類纂卷二百五十）

如此則土司只可終身爲土司，與明代習慣又不同。在明代中，曾有幾個土官做到中樞各部大臣，如洪武時土官宣慰使鄭彥文升工部左侍郎，永樂時交州府土知府阮均爲刑部左侍郎，建昌府土知府同參翊爲刑部右侍郎，景泰時廣西都指揮同知黃竑爲前軍都督府同知（見明會要卷四十二）。此並非明代之政權特別開放，實則明代之土司，其實力大者眞有尾大不掉之勢。淸代立此限制，或欲使土司死心塌地，不令儘向上爬，故但以虛銜饜其欲望耳。至於處罰方面，約舉如下：

「土官處分罰俸，按品計俸罰米，儲常平倉備賑。應降三級以內者，皆降一級留任；五級以內者，皆降二級留任；革職者降四級留任。如有貪婪等罪者，潛往外省及縱容土人潛往外省者，土民有犯盜搶掠爭訟等案，准州縣移會，徇庇不解者，承緝兇犯盜犯，議以降級留任；至五案上者皆革職，擇其子弟之賢者承襲。如隱匿逸犯逃人，查獲之日審係土官受賄者革職，不准其子承襲，擇本支伯叔兄弟子孫之賢者承襲。」（大淸會典）

其餘罰降與議叙之規則甚多。如擒拿往苗疆之漢姦，縱容土人爲不法事等，不必一一舉。其中足值吾人注意者，即懲罰規則較流官爲輕，頗有放縱姑息之疑。實則當明代時，即此種正式懲罰之條文亦不見，蓋以彼輩爲封土受官，可不加以苛細之干涉也。所謂罰俸以「計俸罰米」，每俸銀一兩罰米一石。蓋有若干土司本無俸給，甘肅有土司有俸者亦罰米，只有廣西土官須交銀兩耳。（見欽定戶部則例卷七十四）

歷來中國開闢邊境荒地，對於邊境少數民族並不苛征糧賦。蓋因准其投降封土，乃聖天子之皇恩使其霑恩天朝，並不於財政賦役着想。苟不爲邊防起見，恐將永不理會矣。本文係專論土司制度，故對於淸代向番夷蠻戶之徵額，恕不多述。至於土司之貢賦亦甚輕，在甘肅者貢馬，在四川者貢馬牛貝母狐皮，廣西貢馬，貴州貢馬與黃蠟，亦有繳糧者。但此種貢物方法，並非眞於每年貢幾匹馬，只將馬牛等物折作銀兩，如每馬一匹折銀八兩計算。然則此種貢賦法是否爲苛征乎？今試舉一實例：

「四川木裏安撫司（現在仍強有力，曾與劉文輝興訟）轄地四至共二千二百里，所管夷民三千二百八十三戶。年納蕎糧一百二十石折米爲六十石，每石折銀一兩二錢四分共折銀七十四兩四錢；貢馬三匹，每匹折銀八兩共折銀二十四兩。」（見四川通志）

夫擁有二千二百餘里之土地，逾萬人口之土司，每年貢納只九十八兩四錢銀子，是必不能詆爲苛征矣。至於俸祿，大概土官土司有之者絕少，而土弁則有之，蓋以彼輩（土千總土把總土守備之類）爲軍制中之一種也。彼輩之俸給以其世襲之爵位爲準，如世襲雲騎尉則歲給贍養銀二十四兩之類。關於養廉銀則惟四川省裏塘土司有之，每年爲四百四十八兩五錢。

最後談到清代土司之職責。關於其職守責任既無明文規定，更無一律之習慣，大概彼輩即爲封建之小皇帝，對於其人民，談不上有何責任；對於清廷之義務亦極有限。土司輩唯一之職責，即是保境安民。所謂保境是不使外人，盜匪，逃犯，漢姦等入其領地爲非。所謂安民則是使其下民不作亂，不出外搶劫，不背叛清廷而已。能如此者，是即好土司矣。

我國西南各邊省之少數民族，並非都受土司統治。例如康雍時代湖廣貴州之生苗，以至現在雲南徼外之猓子，野人等，蓋絲毫不受土司之管轄，然卻受土司之影響，所以說邊亂由於土司者即因此也。自從康雍以後，有貴州之苗亂；雲南之回，夷之亂；廣西之猺亂；四川大小金川之亂等；每於亂後，清廷即設立不少治苗，治夷，治猺，治番之規則。最重要者如禁用軍火，嚴拏漢姦，編戶立甲等，土司鄉約負有執行此種禁例之責（詳見戶部則例卷三卷四，及吏部則例卷二）。其他，土司個人須受道德上之責任，倘爲不法之事，清廷即嚴厲處罰之。此外則常帶兵供徵調以減少土番苗人之亂。

(五)清代土司之專橫不法與宗教

以道德之力量統治其領土，其效力可信爲比較薄弱。然而中國之政治則向來注重倫理，所以好政治之希望較少，何況封建於化外之土司？土司專橫不法之原困，有一篇文章說得最切實際：

「……彼之官世官也，彼之民世民也，田產子女，唯其所欲，苦樂安危，惟其所主，草菅人命若兒戲，莫敢有咨嗟嘆息於其側者！以其世官世民，不得於父，必得於子於孫，且數倍蓰，故死則死耳，莫敢與較者！……漢人苦於所司，動輒鳴於上官；此則不敢鳴，即鳴之彼固有所恃而不恐。……」（劉彬永昌土司論，經世文編）

土民對於土司，直自承爲奴隸牛馬，供其宰割。亦惟土司爲世官，土民無從伸訴，只得一任其所爲，故時有比待牛馬爲更酷者：

「苗民受土司荼毒，更極可憐，無官民之禮，而有萬世奴僕之勢，子女財帛，總非本人所自有。愚聞黔省土司，一年四小派，三年一大派；小派計錢，大派計兩。土民歲輸土徭，較漢民丁糧加多十倍。土司一日爲子娶婦，則土民三載不敢婚姻。土民一人犯罪，土司縛而殺之，其被殺者之族，尙當歛銀以奉土司，六十兩四十兩不等，最下亦二十四兩，名曰玷刀銀。……聞昔年闔村離散呈請地方大吏改土籍爲流官；……曾未幾時而土司輩賂屬說，又復改土屬，丁壯舉家屠戮，妻子沒賣爲奴。其他土部不得不啼聲飲泣。……」（見藍鼎元論邊省苗疆事宜書，鹿洲初稿）

此種殘忍手段，眞是聞之悚然。此文雖專說黔省土司，又說「曾聞」，其實各省之土司固莫不然，或將有更甚於此之眞事實。

上所言者爲貴州土司之不法，試再看雲南何如？雍正三年雲貴總督高其倬奏：

「雲南姚安府……所屬有苴却十馬地方四週三百餘里，民戶極多，土田饒衍。現今姚安府土同知高厚德之祖……吳(三桂)逆時始行侵占，至高厚德又賄囑流官，將地方斷歸伊管，錢糧斷令伊徵。於康熙四十七年以進京費用爲名，派苴却十馬銀五千兩。民不能措，遂揑寫賣契，令土目帶衆持械壓民照寫，……乃於各村安設土巡檢一員，名曰經管地方，實係暗察各民財產子女，任意取攜，派累百端。尤堪髮指者，流官即爲鈐蓋印信，土官遂爾稱爲血產。……」（見硃批諭旨第四十五册）

此為雲南土司霸佔民田之事。其他兇惡者，如鎮沅土知府「人本兇詐，性嗜貪淫，……強占田地，阻撓柴薪，威嚇竈戶，擅打井兵」，及霑益土知州「恃勢豪強，心貪擄掠，視命盜為兒戲，倚賄庇作生涯，私占橫征，任其苛索」（上見鄂爾泰奏章，硃批諭旨卷二十五冊）。

更徵之廣西土司。趙翼粵滇雜記中曰：

「……粵西田州土官岑宜棟，……其虐使士民，非常法所有。士民雖讀書，不許應試，恐其出世而脫籍也。田州與鎮安之奉議州，一江相對，每奉議州試日，田民聞礮聲，但遙望太息而已。生女有姿色，本官輒喚入，不聽嫁不敢字人也。有事控於本官，本官或判不公，負寃者惟私向老土官墓上痛哭，雖有流官轄土司，不敢上訴也。」（見小方壺齋輿地叢鈔第七帙）

再察四川土司之情形，此為屬於另一種族者。「其間亦有貪縱淫虐者，百姓至死不敢貳。……：無論土司，即以頭人論，百姓莫不敬如神明，無一言敢稍拂，居家妻不敢與抗禮，或自遠行歸，其妻必率家屬及百姓男婦跪迎數里外，觀此可見一斑」。「……其有規避徭役，不遵土司飭遣者，例最嚴酷，籍沒其家，將其人並家屬分賣各部落為奴」。「小金川逆酋有臥牀，雕刻龍鳳狀，繪彩陸離，形製巨甚，可臥數十人。土人中有曾侍僧格桑者，云土司居中，妻媵環臥其內，僭侈淫縱為何如」。上見李心衡金川瑣記，小方壺齋輿地叢鈔第八帙）

此只是土司之淫暴，尚有多少土司以武力擴充勢力者，如：

「思陵州（廣西）鄧橫等寨強暴恣橫，積惡多年，通計不過一百九十餘戶，丁壯不滿千人，聚集兇徒，專事劫殺。左有雷蓬，右有那練，暗為黨羽，互相勾結。密竹層柵，陽當外衛；深濠險坎，陰設內坑。築土如城，建臺安礮，鎗箭能出不能入，兵役敢近不敢前。……」（見鄂爾泰奏硃批諭旨第二十八冊）

四川有一酉陽土司，其勢力亦極大。「擅敢設立五營，副將五人，守備五人，千總二十人，把總四十人。衙門大旗書崇文振武四大字，地分十二里，恣意徵派。隣司受其壓制，士民被其苛虐。間有赴省控訴者，即遣土弁半路截殺」（見同上）。

此等在腹地不法專橫之土司，大概當清之盛時，已制服不少，尤於鄂爾泰嚴行改土歸流之策略時爲多。但在邊地接近外夷者，仍然存在，此爲今日邊地土司強暴之行所由來。至於清之保留彼輩地位者，乃是想利用之，下章將提出討論。

然所有土司非均不法專橫也，亦常有懦弱之土司爲其屬下（土舍，把目，土目）所挾持，依其勢而爲非者。有好處則屬下享受，鬧出亂來則由土司承當。雍正四年鄂爾泰曾有一奏，說到土目把持之害，土司中無識者多，「往往將所管有糧之田，作爲無糧之土，賣於紳衿商民，以致完糧無資，每至派累苗民」（見東華錄雍正朝）。故在嘉靖年間台布曾因廣西土司典出田甚多，無力備價贖回，提議開官典當之事（見皇朝政典類纂）。足見土司中原非全爲侈淫不法，不過侈淫不法者終佔較多數而已。

現在凡至雲南邊境及四川西康等處游歷者，即知彼處地方喇嘛教實力之偉大。尤其在西康與四川邊及青海之土司中，有不少同時又是喇嘛教之活佛；神權政權統於一人，其威力之大，更非一般土司所能想像。說到此事之起源，又不得不提出元朝。當元朝平定西番之後，

即有一種土教，以八思巴爲首領，元人更信奉之，尊爲國師，其時：

「世祖經歷土番，知其地廣而險遠，既重其教，又思因其俗而柔其人也，乃盡郡縣其地，設官分職而統之以帝師（卽八思巴），爲之立總制院，後更名宣政院，使之職掌釋徒僧徒。及土蕃境有事，則爲分院往鎭，亦別有印。……其用人則自爲選，僧俗並用，而軍民統攝。於是帝師之命與詔敕並行於西土云。」（曾廉元書卷八十七）

經元朝如此規定以後，喇嘛教在西南少數民族中之力量一天加增一天。及至清代，又利用喇嘛教以爲安輯邊民之策略，遂更使其得勢。

（六）土司與邊防，及清廷之對付策略

西南各邊省之少數民族，自唐宋元明清以來歷有叛亂。明代之猺亂，清代之苗亂與回亂，都足引人注意。而清咸豐同治間貴州之苗亂，影響遍川湘桂滇各省，時間幾及二十年。苗漢彼此互相慘殺，殘忍之狀，尤盛於歷代叛亂，西南各省因之元氣大傷。各少數民族之叛亂原因甚多，本文只注意其與土司有關者，其他因果當俟

異日另爲文以述之。

「但土民之頑順，惟視土司。土司多頑冥不法，坐縱其行兇殺奪，而因以爲利。即使事跡敗露，大吏督責，無參罰處議之加乎其身，是以無所忌憚而敢於無所不爲也。」（見皇朝政典類纂）

土司究如何「縱其行兇殺奪」耶？原來：

「苗原隸於土司。熟苗不法，土司無處分之條；生苗不軌，土司有推諉之巧。虛名生熟，實爲狼狽。要知生苗藉熟苗爲勾引，熟苗倚生苗爲聲援……。」（見火運升之說帖，辦苗紀略卷二）

土司又如何「因以得利」？

「土司之設原爲衞民馴苗計耳。今者……一切事宜，反委之於苗把。陽稱禦苗，出入營壘；陰則通苗害人，全無顧忌。苗獲戶口，彼爲說贖烹肥；所得牛馬，彼爲賤買獲利；甚至私販硝磺，通同巢穴。即獲眞眞逆苗，彼爲多方掩飾，不曰哨民，即曰洞民。勾引作禍，安用若輩爲也。」（見劉元之說帖，辦苗紀略卷二）

雍正四年鄂爾泰辦苗疆時，亦曰「乃仍以夷治夷，遂致以盜治盜，徒令挾土司之勢，以殘虐羣苗，隨復逞羣苗之兇，以荼毒百姓」（見硃批諭旨第二十五册第二十九頁）。此言誠然，不少貴州苗亂，大半由土司引起。水西之亂，播州之變，更爲其中之最著者。

言及四川之土司與邊亂，在清乾隆時即有盡人皆知之大小金川之亂。此大爭伐之起因，原由金川土司索諾木與章什咱土司拉旺斯布登不合而起。最近西康之大金與白利兩土司之爭鬥，又引起康藏糾紛。清末中藏之糾紛，雖與土司無大關係，然彼處土司，除受清廷封土外，又爲西藏宗教下之屬地，可見其與邊防關係之重要矣。

廣西之猺亂，與青海之番亂，在清代都只有一二次較大之征討。猺亂起於江華土官趙金隴，爲害並不甚大，消滅亦速。青海之番亂，第一次爲年羹堯平定，第二次在道光時代，爲那彥成平定。平定後將土番頭目封建不少土司，此可知清廷利用土司制度以綏邊防之深意。

至於雲南之邊患，大半來自外地。乾隆時征緬甸，隴川一帶土司頗爲雙方必得的人物。車里一帶，其地有十二版納，光緒二十一年被法人佔去幾個。宣統元年猛遮土司刀正經曾想自主，鬧過一次亂子。雲南之土司，清廷另有利用之作用，所以不甚去干涉，因此彼此之權威大。然大亂雖少，外患却難免，此已成爲今日極大之問題矣。

清廷對於土司有兩個統治的策略，第一是分襲，第二是改土歸流。

分襲當康熙年間，曾由給事中陳允恭提出，其法爲以降職分襲於諸子，分割地方，蓋圖次第分散其他位與權勢。是時兩廣總督趙弘燦反對之，以爲「若令長庶降襲分管，恐將來勢均力敵，弟不遜兄，互起爭端。雖田土有肥磽不一，然皆納賦輸糧，諸子分割，各管各業，則必各懷猜忌，從此互相爭奪不已，何暇按數册報」（見皇朝政典類纂卷二百五十），於是遂作罷論。

及至雍正朝，天子頗注重於制服土司之法，以爲「從來統馭外滿以衆建諸侯而分其勢爲善策」，故在楊宗仁（湖廣總督）之反對此議之奏摺上批云：「朕謂其勢既分，心即離異，日後縱欲鴟張，其中必互相掣肘，或畏懼相誡，則其邪謀自息矣」（見硃批諭旨卷二）。當時廷議不贊成者多，直待後來岳鍾琪之奏請，乃得實行。分襲之規定如此：

「土官支庶子弟，有馴謹能率衆者，許本官申請督撫題給職銜，令其分管地方事務。其所授職銜，視本官降二等；分管疆土，視本土官或三分之一或五分之一。再有子孫可分者，分土如前例，授職降一等。」（見欽定吏部驗封司則例卷五）

此是無形中弱小各土司之法。不過，因又有改土歸流之法，此策略之使用乃甚少。

清代學者批評前代之土司制度云：「王者治四夷之法，太上變化之，其次制馭之。宋羈縻專撫綏，則高爵厚賞不饜欲。明備苗專防範，則築哨屯兵不遏釁。終宋世威不振，終明世苗不服」（魏源苗防論，見小方壺齋輿地叢鈔第八帙）。清代改土歸流之法，蓋欲變化之，而又振威服苗。在朝廷着想，不過因此而使數千年來之苗患猺亂得以安輯。但以中國爲政者不願多事傳習，反對者自不少。大半謂「言語不通，嗜好不同，衣服異制，五味異和，器械異宜」，又「何必臣其民，拿其稅，裂其廬，郡縣此區區之地，竟欲改土歸流以爲得哉」（王履階改土歸流說，小方壺齋輿地叢鈔第八帙）。王履階對此說澈底反駁一番，茲錄於下，以明瞭當時贊成派之意見：

苗疆犬牙相錯於數省中，惟與四川雲貴毗連者，獨多膏肥之地，四隅準測，幅員幾及二千里，……扼險要建城池踞其險，彼失所恃，駐以兵使其所憚，以地形言宜改者一。峻嶺巉層霄，箐深窮百里，輪囷大木，生自鴻荒，竹箭琅玕，一望蒼碧，此中土美利也，彼第視爲薪蒸之物，不甚愛惜，倘能節取而材木不可勝用，宜改者二。天地精英所聚，久則必宣，山川淸淑之華，積而必發，苗鐵固推重一時，銅銀備國用，藥餌資養生，他省珍寶視之，彼民泥沙賤之，徵其物產，亦少助庫藏於微芒，宜改者三。至信可格豚魚，盛德可感異物，苗雖頑固是人耳，人同此心，心同此理，父兄亦知親，長上亦知戴，悉意撫綏，忍自甘化外哉，宜改者四。苗俗雖悍，苗情則直，官吏於正供外，不取絲毫，亦知感戴之不能忘，昔趙翼知鎭遠府，貸穀出入加一，即滿路謳歌，有成效也，能數年潛移默化，詎天良之不發於中哉，宜改者五也。」（見同上）

此所舉之五個理由，並不見傳誦一時，實以此事在當時士大夫心中並不感覺爲大事，只以爲一般邊省疆吏之反覆駁難而已。淸廷雖行此政策，而在表面上並不根據上面之理由說話，更不根據因此而安邊防以爲藉口，所發表者仍是一套施恩之老話。淸世宗雖甚贊成此策略，但彼之改土策略非亂施者，彼以爲：

「若各處土司等，因他處已改爲流，不得已而傚效呈請者，朕皆不准。若被漢奸唆使控告，俾土司獲罪而改土爲流者，朕更不忍。該督撫等當以朕內外一體之懷，通行曉諭，俾土司等守土奉法，共受國恩，不必改土爲流始爲嚮化。」（見東華錄雍正十三）

由此可知，並不欲將所有土司都改土歸流。在皇帝之諭旨中，只要守土奉法，原不必改土歸流。不過此是面子上之話，依實行之結果看來，內地土司大半都先後改流，而邊境上者則不但舊有者多保存，而新闢領土之加封者亦不少。所以說淸代對改土歸流之策略，比明代爲進步，其實也並不以此爲確立對小民族之政策。然則何以改土歸流又有邊腹之分耶？

「竊以爲在內地之土司可裁也，雖在沿邊而實同於內地之土司亦可裁也。……顧使侏儒異類，深根固蒂，分踞郡縣中，豈國家久安長治之善策乎？且考此輩先人，受職之始，皆非有開疆闢土不世之勳，治亂扶危非常之績也。夫茅土分封，河山結誓，猶有不能保其終者，此輩何功何德反得子孫世守其官，世虐其民？……若沿邊之土司，則宜存也，彼既不在我腹裏之地，與我土地不相錯雜，城郭不相逼近，無事則藩籬之用，設或有事，猶可一面禦之，非若內地者一有不虞，即在心腹之間也。」（劉彬永昌土司論）

保存沿邊土司，作爲藩籬之用，此爲清代大半爲政者所贊成。以當時海通情形而論，自是中國傳統政治之上策。可惜今日時事不同，其遺毒於後人者不淺。現今雲南沿邊之土司，與緬甸安南之關係，正是外交重要問題。至於貴州廣西一帶，實行改土歸流不少。今日雖有土司，而以虛名職銜爲多，蓋在改土時賞給世襲者。回想明代土司盛時情形，深有滄海桑田之感矣。

改土歸流之策略，畢竟依據何等情形始可實行？凡「守土奉法」之土司必不能隨便改流；依所有歸流之原因看來，大概以下列數種情形爲最普通：

（一）因專橫強惡而改流者，如烏蒙，鎮雄，達昌之宣慰，宣撫等司及鄧橫。

（二）因暴虐不仁動輒殺下等不法事而改流者，如桑植，保靖，容美，施南，酉陽等及西固，岷州。

（三）因事革職及革職後無襲者，如歸順，泗城，思城，猛緬等。

（四）因承襲爭殺而改流者，如廣西田州。

（五）自請改流者，如永順，黃螂，忠峒，松坪等。

（六）久欲內向乘機改流者，如石耶，邑梅，地壩，平茶。

（七）爲保境治夷而改流者，如雲南之威遠，及清末趙爾豐之在川邊改流事。

至於改流後之土司土官，朝廷仍給以相當世職，俾其得有虛名而不思作亂，有時並給賞銀。對於自請改流之土司，賞給尤優。關於此點，可舉一例以概其餘：

永順土司彭肇佗自請改流，「着授爲參將，即於新設流官地方補用；並賜以拖沙喇哈番之職，世襲罔替；再賞銀一萬兩，聽其在江西祖籍地方安插，俾其子孫永遠得所。」（見東華錄雍正十二）歸流之地，建城池，設漢官，教士民編戶立保甲，按丁徵糧賦（大半免徵），其他則爲剃頭改裝等。

不過改土歸流以後，並不能使士民即薰陶於王化。漢官駐兵之貪汚，常藉事苛求。如鎮沅府改流後，以劉洪度爲知府，其家人「踢打人民，苛索銀兩，今日要草料，明日要薪柴，終朝苦打，每日謝銀三四五錢不等」（見硃批諭旨第二十五册），於是士民憤而燒衙門，殺死劉洪度。此爲改流後漢官苛遇土民之一例。

又原來土官土目之勢力，並非一經改流即可消滅。固有幾個大土官可以移居內地各省，但移居者實佔少數，而一般土舍土目等平日爲土民所憚服者，仍各據有勢力。且改流之後，即以彼輩爲甲長里保，其爲害於土民，較之以前且更利害。例如：

廣西田州早已改流，而其「四十八支子孫爲頭目如故，凡有征徭，必使頭目簽派，輒頃刻集事，流官號令不如頭目之傳呼也。猓人見頭目，答語必跪，進食必跪，甚至捧盥水亦跪。頭目或有事，但殺一雞，瀝血於酒，使各飲之，則生死惟命。……」（見趙翼粵滇雜記）

如此類事，必非例外，雲南四川均有之，故土民在改流之後，並不能享有比在土司治下更好之待遇。

清廷對於土司土民，尙有施以禮教之對策，即是使土司子弟及土民中資質較佳者向學，開科舉之門。每於改流地方設立學院，每省有苗舉名額。此事高其倬（雍正朝）與劉長佑（光緒朝）等主張最力。結果，小民族中的確拔出幾個人材（如岑毓英等）。但此只是少數個人之利益，對於整個西南小民族本身殊無多大影響耳。

（七）尾語

其他清廷對付土司之策略足以提及者，如覲見之規定，使其得知天朝之威嚴；鄂爾泰使土司貧窮之方法（彼在雲貴總督任上所實行者），徵賦役以減富勢。更規定無論何等高爵之土官，見流官即低一級。此類方法，固不能不歎其設計之周密，但猶不澈底。

土司制度已有千百年之歷史，以前無論中原如何興衰存亡，土司總是據有其地位，而保存其封建之威勢。明時彼輩氣燄，可謂達到極點。但清代以來已略略受到教訓，惟其所受到之教訓僅爲不敢背叛耳，而其封建割據之局勢，則在邊地固依然也。若用現在之眼光，批評清代之司土制度，自可舉出多少不妥善之處，但此是不公正而且不必者。即如改流一事，清廷對於邊腹之分別，實爲今日有國際智識之人所不了解者；而在彼時則爲唯一之上策。又如改流後地方之施設，在今日看來，可批評者甚多，然彼時所謂政府功能，到此種程度已爲止境，彼時政府所想做者，與內地各省並無差別。就對策上說，清代土司制度已無苛責之必要。

清廷之罪過，乃在流官之貪汚，苛索，依勢虐人，及種種不良陋規。是固清廷所知者，且知其爲不善者，何以不設法取締？清高宗自可謂一英主，彼亦知如欲收取歸流地方之糧，胥吏即有種種陋規之苛索，彼固有力量剷除此種陋規者；然而不然，彼只根本免去改流地方人民之納糧，以爲如此胥吏即不作貪汚之事矣。免糧固然對少數民族爲施恩，然亦不過造成皇帝個人之恩典，對於國家（即以彼時之政治思想來說）不見其即盡職責。清廷此種消極抵制貪汚行爲之觀念，結果遂至不敢有何新的施設，事實上貪汚仍在邊地邁進不已。西南少數民族處於土司流官雙重壓迫之下，若處於十八層地獄之中。此是清廷對土司之最大失策處，且是今日所感覺到而不易自拔者也。

至同治中興以後，一般爲政者對於國際情形已有相當認識，依情理說，應對雲南，川邊各土司（趙爾豐曾改流不少，然只是懾於其軍威而已）改革整頓一番。但亦不能厚責爲政者，蓋中原之地已是朝不保夕，豈復有心思籌慮於數千里外之邊境土司乎？

本社接到佘先生此文後，知魏青鋩女士亦正研究土司問題，因將此文寄讀。嗣得來書，略有商榷。茲將原函錄後：

佘貽澤君大作，已詳細拜讀數過，條理井然。但原稿述明代有土官數人任各部大臣，因而推論明代土司實力大者有尾大不掉之勢一段，似有未安。蓋明代土司固有仕宦中朝參與機密者（如思恩之岑業以山東布政司參議在內閣制敕房辦事，見明史卷三一八），亦有以土人而出入禁闥者（如弘治間有忻城土人韋保爲內官，陰主革流官之議，見明史卷三一七），其入仕之原因似因其嚮化，而非以勢力雄厚即引爲中朝官也。（蠻司合誌卷之二載成化十七年貴州程番知府鄧廷瓚奏本府學校中有土人子弟在學者宜分別處置以示獎勵，上曰，「蠻夷嚮化，其意可嘉。旣已建置生徒，有同內地，則一體相視，原無分別。祗科舉文義，未易猝辦，先應歲貢生員一人，俾觀光上國，相勸於學，以稱立賢無方之意」云云，可以參證。）至黃竑則自度禍及，謀迎合景泰意，奏請易儲，緣此進秩，係虛銜而非實職（見明史卷三一八）。惟公等裁之。

——編者。四月二十一日。

明初之屯墾政策與井田說

王崇武

1

元末以君主昏愚，有司貪瀆，民間窮苦，火熱水深。因而農民之流離散徙，亦較歷代爲甚：白蓮教倡亂，聚衆豈止數千？黃河興工，役民不下十萬。自玆而後，各地起兵，若張士誠，陳友諒，朱元璋，明玉珍，芝麻李……等，皆割據一方，與元抗衡。衆者多至數萬，少者亦不下千人，糜爛所及，廣被於大河南北，江淮各區，北及於朔漠，南達於貴川，則人民之死於兵燹，逃處窮荒者，爲數當甚夥矣。

朱元璋崛起濠梁，興師弔民，以「不嗜殺人」相號召。凡師旅所至，居民安堵，因而於數年之間，救平內亂。惟當時土田既多荒穢，戶口又半流亡，行軍所需，不能盡取諸民，於是不得不行屯墾政策。屯墾之法有三：曰軍屯，曰民屯，曰商屯。軍屯領於衞所，民屯領於有司，商屯則納粟中鹽，所以濟軍屯之不足者。三者設施之細則雖殊，組織之方法亦異，要其爲調和土地力與勞動力，增加生產以維持稅收則一也。

朱元璋既恃屯墾以得天下，後更嚴立科則，督其勤惰，慘淡經營之餘，不三十年，而屯政大舉。惟時忽有一奇特之現象，即井田學說之盛行是也。深識遠慮之士，每持此以建議當局，若方孝孺，解縉等，皆其選也。方孝孺於井田之實施，主張最力，惜今明史本傳，於此乃忽而未舉，僅於王叔英傳（明史卷一四三）云：

> 建文初，孝孺欲行井田，叔英貽書曰：「……事有行於古，亦可行於今者，夏時周冕之類是也。有行於古，不可行於今者，井田封建之類是也。可行者行，則人之從之也易，而民樂其利，難行而行，則從之也難，而民受其患。

透露出有孝孺欲行井田之事實。惟吾人讀方孝孺遜志齋集（卷十一），載其「與友人論井田書」云：

> 僕雖不才，亦嘗三思而熟究之，（指井田），非偶爲是談也。

則知其於此籌思極熟，信仰甚篤，史館諸臣，不諳經國大計，又以孝孺經濟之才，爲其文章，道德所掩，故於其死義前後，淋漓痛書，而於此等經國宏略，反不著一字，知人論世之難，有如此者！

次爲解縉，解文毅公集卷一「太平十策」，有云：

一曰參井田均田之法，本無難事。但以江南地狹田少，不可井治溝洫，勞民而不易成……爲今之計，參井田均田之法而行之，不以拘拘于方里而井，勞民動衆，設溝治途，而事事合古也。合民二百丁爲一里，里同巷……每丁受田若干畝，樹藝各隨其所宜，山林牧畜之地亦如之。民年二十受田，老免及身後還田。賣買田地，則有重刑。……有地狹人稠，土地磽瘠之鄉，有司資以舟車，給其衣食，徙之江淮之間，閑曠之地，孰不懽然以相從哉！

又「大庖西封事」（同書同卷）云：

土田之高下不均，而起科之輕重無別，或膏腴而稅反輕，瘠鹵而稅反重……欲拯困而革其弊，莫若行授田均田之法……

是於方孝孺所提之井田制度，本極贊同，惟於施行時上，變通細目耳。

即對方孝孺持反對態度之王叔英，亦嘗嘆：

……自唐以後，恒產之制不行，富強兼併，至有田連阡陌者。貧民無田可耕，故往往租耕富民之田，亦輸其收之半。繇是富者愈富，貧者愈貧，此恒產未制之害，是以貧富不均也（皇明經世文編卷十三，王叔英：「資治策疏」）。

然則王氏亦同此分配不均之慨。故所謂「不可行於今者」云云，僅係反對將天下土地，一依周法，分成方板式之井字，而於平均地權，限制地主之意，則初無二致也。明史卷二二六載海瑞（萬歷時人）嘗言：

欲天下治安，必行井田，不得已而限田，又不得已而均稅，尚可存古人之意。

是所謂井田也，限田也，均田也，貌異神同，皆不過方法上之稍有差異。後人不諳此意，遂據王叔英傳，指方孝孺爲疏闊迂緩，而並此一代井田運動風氣，亦泯而不彰，寧不可惜！

然則明初何以有井田學說？而此學說，何以能高唱雲漢？斯固有待於急切申明者。蓋當時以戰亂經年，流亡未復，土地荒廢，州里蕭條，斯則凡讀明太祖實錄者，類能知之。如山東於南北交通，要地也，但洪武三年，濟南知府尙謂：「北方郡縣，近城之地，多荒蕪，宜招鄉民無田者墾闢」（洪武三年六月實錄）。開封於控制中夏，亦重都也，但開封流民，未即復業，於洪武四年，始置柘城，考城（見洪武四年八月實錄）。和州向爲物產富庶之區，至洪武二年，歷陽知縣復謂：「人多流亡，地盡荒穢」（見洪武二年九月實錄）。漢中亦爲文化較高之所，在洪武八年，人民猶藏處深山，不來平地，大部田土，仍「灌莽彌望，虎豹所伏，暮夜輒出傷人」（見洪武八年三月實錄）。斯雖爲明初之社會狀況，然至宣帝嗣位，楊士奇復以「流亡未歸，瘡痍未復」對（見明史卷一四八楊士奇傳），則在建文之世，當亦荒涼。土田荒廢，則其重新分配也易均，且承洪武努力於屯墾之餘，貧富尙未懸殊之際，其限制土地之集中也亦易行。故方孝孺於此，曾深切言之：

今天下喪亂之餘，不及承平十之一，故均田之行，莫便於此時。

利用喪亂之餘，因生井田之議，此其一。

次則歷代戰亂，雖原因各殊，然推原其故，莫不由於分配不均。富者可連田千畝，而貧者乃身無立椎。又

3

復被搾取，受壓迫，無法自存，於是不得不挺而走險，從事革命。「不患寡而患不均」，正不只孔子所嘆也。元代胡人專權，舉凡良田牧場，盡爲所據，漢人流離失所，始相率起師。方孝孺曾親歷其境，故道其故亦最詳，其言曰：

僕鄙固之意，以爲不行井田，不足以行仁義者，非虛語也。仁義之行，貴人得其所。今富貴不同，富者之威，上足以持公府之柄，下足以鉗小民之財。公家有散於小民，小民未必得也，有取於富家者，則小民已代之輸矣。富者益富，貧者益貧，二者皆亂之本也。……使陳涉韓信有一廛之宅，不仰於人，則終身爲南畝之民，何暇反乎？僕故曰：「井田之廢，亂之所生也」。

其意蓋謂設使元代財產均衡，閭里小民，相安無事，則朱元璋必不至於窮困爲僧，問卜起事；張士誠操舟貿利，必不至於見辱富室，憤而起兵；方國珍販鹽爲業，亦不至於亡命海上，聚衆倡亂。……種種爭端，均由分配，一治一亂，如環無端。明初，賞賜均以田土，親王皆使墾荒，土地之利有限，而侵佔之慾無窮，勢非

至擴人之田，據爲己有不止。是貧富懸殊之亂，又漸啟矣。爲防蹈胡元故轍，安定將來之社會計，井田之議，因以產生，此其二。

又屯田施行，固至洪武晚年爲最盛，而諸種弊端，亦於斯時而漸萌。將領得擅役軍士，得私扣軍糧。軍士得納賄逃亡，得不事田作。而逃亡者之租稅，復分配於未逃亡之兵丁，逃者固流離失所，而居者更無法自存。於是軍官漸成地主，而兵士不復如佃戶矣。井田之議，乃所以濟屯田之窮，此其三。

具此數因，故井田說之產生，殊非無故。而自來人士，每不諳斯義，幾視方孝孺之行井田，乃泥古不化，一若王莽之倣周禮者，則皮相之談也。

日人清水泰次，曾評方孝孺之立論，形式淺薄，內容亦復空洞（見氏之「明初開墾與莊田發生」文，十八年五月，天津益世報學術周刊）。不知明初主行井田者，並不止孝孺一人，且孝孺之施行井田，亦非如想像劃天下爲方板式者比。孝孺不其言乎？

> 流俗之謂不可行者，以吳越言之，山溪險絕而民稠也。夫山溪之地，雖成周之世，亦用貢法，而豈強欲堙卑夷高，以盡井哉？但使人人有田，田各有公田，通力趨事，相救相恤，不失先王之意則可矣。而江淮以北，平壤千里，畫而井之，甚易爲力也。

是則所謂井田，不過平均地權之意，而仍斟酌人情，依據地勢，又豈淺薄空洞者，所克從事！

又清水泰次以爲方孝孺井田說之得名，不過假日知錄之推重。查顧亭林本無推重孝孺之說，日知錄卷十「開墾荒地」條謂：

> 明初承元末大亂之後，山東河南多是無人之地，洪永中，詔有能開墾者，即爲己業，永不起科。

其下有自注，僅云：

> 是時方孝孺有因其曠土，復古井田之議。

於孝孺並無諛辭。凡一學說之有無價值，往往在其本身能否補偏救弊，是否有益當時。井田之議，所以濟屯田之弊，防貧富之爭者，初不待亭林之推許而增價，況並未推許乎？故清水之說殊不值一哂。

然亦有於井田原則，倍加推崇，而欲以屯田代之者，則清初之黃梨洲是。此則防分配不均，適所以倡貧富懸異，所謂以火濟火，治絲而棼者也。黃氏謂：

余蓋於衛所之屯田，而知所以復井田者，亦不外是矣。世儒於屯田則言可行，於井田則言不可行，是不知二五之爲十矣。每軍撥田五十畝，古之百畝也，非即周時「一夫授田百畝」乎？五十畝，科正粮十二石，聽本軍支用；餘粮十二石，給本衛官軍俸粮，是實徵十二石也。每畝二斗四升，亦即周之鄉遂貢法也。天下屯田見額六十四萬四千二百四十三頃，以萬曆實在田土七百一萬三千九百七十六頃二十畝律之，屯田居其十分之一也。授田之法未行者，特九分之一耳……況……官田者，非民所得而自有者也。州縣之內，官田又居其十之三，以實在田土均之……每戶授田五十畝，尙餘田一萬七千三十二萬五千八百二十八畝。……吾故於屯田之行，而知井田之必可復也（明夷待訪錄田制二）。

豈料軍豪可以權踰地主，而士兵反勢不及佃農？故井田與屯田之分配土地法，貌同而神異，吾人亦可譏梨洲爲「知其一而不知其二」！

明成祖靖難功成，屢黜建文功臣，一反當時之議，因而準舊法，師成規，遂奠明朝二百餘年施政之基。自此以還，於土地分配之流弊，亦有可得而言者：

其一曰軍豪之占田。軍屯之權，出自衛所，故軍豪得擅權墾荒。又下詔能開墾者，即爲己業，永不起科，墾田遂漫無限制。於是塞下腴田，全歸權貴，軍士利益，盡被剝削。

其二曰屯政之荒廢。以土田之分配不均，軍豪之權勢過重，爲士兵者日驅使於軍豪之門，職打柴燒炭等賤役。又以重徵苛斂，一飽無時，因而相繼流亡，屯政荒廢。

其三曰邊防之不修。屯田固所以墾地，而其要尤在於防邊。明初行「且耕且守」，其後易爲「分守分屯」，視地勢之險夷，因敵情之緩急，而定爲三七，二八，四六等比例。自軍豪跋扈，屯者固苦於苛斂，而守者亦疲於力役，於是相繼逃亡，而邊陲蕭瑟矣。明中葉以降，邊塞苦兵，韃靼長驅，幾無寧歲，其弊蓋源於此。

其四曰莊田之發生。自墾田制行，權貴有力之家，漸成地主。更以經界不正，賦稅不均，而彼此告訐投獻者，遂所在多有；王府勳戚，因得從中取利，是曰「莊田」。後則皇家亦別立田地，名曰「皇莊」。是直以天子爲地主，兼併之弊，至此極矣。弘治時，尙書李敏謂：「皇莊共地萬二千八百餘頃，管莊中官莊田三百三十有二，共地三萬三千餘頃。管莊官校，招集羣小，稱莊頭伴當，占土地，斂財物，汙婦女，稍與分辨，輒被誣奏，官校執縛，舉家驚惶。」後雖歷革舊弊，然積重難返。世宗初，承天六莊二湖地，尙有莊田八千三百餘頃，後又增八十頃，合計又不下九千餘頃。至神宗嗣位，賚予過多，求無不獲。潞王壽陽公主，得賞甚渥。而福王分封，括河南，山東，湖廣爲王莊，至四萬頃。後雖羣臣力爭，得減其半（見明史卷七七食貨志），然爲數亦至驚人矣。則農民之被剝削侵擾，當何如耶？

其五曰流民之聚亂。貧富懸絕，窮者無法圖存，於是相率爲盜。如晚明之張獻忠，李自成等，流刧各地，到處燒殺。以其痛憤地主縉紳之剝削，故報復之手段亦最慘。如：

> 張獻忠進陷成都……大索全蜀紳士。至成都，皆殺之。旣而懸榜試士，諸生遠近爭赴，獻忠以兵圍之，擊殺數千人，咸挾筆握策以死，蜀中士類俱盡（明史紀事本末卷七七「張獻忠之亂」）。

農民於壓迫之餘，已深識弱者苦況，於此等階級式之騷亂，自亦表相當之同情。如朱之馮守宣府：

> 俄賊（李自成兵）且至……將士皆散，之馮登城太息，見大礮，語左右：「爲我發之！」默無應者。自起爇火，則礮孔丁塞，或從後掣其肘，之馮撫膺嘆曰：「不意人心至此！」仰天大哭。賊至城下，(王)承允開門入之，訛言賊不殺人，且免徭賦，則舉城譁然皆喜，結綵焚香以迎（明史卷二六三朱之馮傳）。

吾人固非稱許此等流寇，對於財產分配即有何等主張，亦非承認此等飢民，對於社會革命，將有何等貢獻，要之爲明季貧富不均，懸殊甚巨，則於上述故事中，頗可透露出若干消息。設自成祖以來，即注意社會間之財力均衡，使張獻忠，李自成等，「有一廛之宅，不仰於人」，亦將「終身爲南畝之民」，則晚明流寇之勢，烏克有此！是以恍悟前此二百四十餘年之井田提議，乃有其相當背景，非盡爲書生迂闊之談也。

二十五年，二月，二十三日，於北平。

明代之漕運

（原文載日本昭和三年三月出版之史學雜誌第三十九編第三號）

日本清水泰次著
王崇武譯

一　序言

語云：「江浙熟，天下足」。又曰：「蘇常熟，天下足」。此非空諺也，實則東南富饒之區，常運米於江北寒瘠之地。如唐玄宗時，年輸江南米二百五十萬石，宋太宗時，驟增至五百五十萬石；元時年輸江南米三百萬石，明清大約爲四百萬石（註一）。而此等糧米，一時未屆，則京華荒飢。唐德宗時，以漕運不通，長安瀕多餓死；後江淮轉運使韓滉運至江南米三萬斛，德宗與太子至相慶曰：「吾父子得生矣」（註二）！又元末以戰亂頻仍，漕運杜絕，大都之米，殘餘無幾，每斗貴至值銀六兩，勳戚權勢之家，至有着錦繡，抱珠玉而餓死者（註三）。

由是觀之，漕運一事，殊爲重要。隋煬帝開鑿運河，雖蒙詬千載，乃以其奢侈淫樂使然，而其開河功績，並不足泯。實則中國出米區與荒瘠區，懸殊甚巨；而首都所在，又非產米之所，故即非煬帝開鑿，而有爲之君，亦當設法溝通之也。然則在煬帝以前，或早有小規模之運河，煬帝以後，又屢經開濬。惟元一代，以黃河氾濫，淤塞運河，而開掘疏通，又需款甚巨，反不若從海路輸送之爲便，海運因之以起。明初開國，尚承元遺制；至永樂徙都，始改河運。沿至有淸中葉，猶行此法；及中葉以還，則以海道大通，當然又改爲海運矣。

有明一代之漕運，可依明史所述之漕運——見卷七十九食貨志——按時代而分類觀察之。洪武時爲海運；自永樂元年以後，海運與陸運兼行；至永樂十三年時，始易爲河運。河運爲余所定之名辭，即明史所謂「漕運」也。漕運在吾人今日，可解爲河運，亦可解爲海運，故不如易作河運之爲佳。明之河運凡三變：（一）洪熙元年爲支運法。支運爲軍民分擔之運米法。（二）宣德六年易爲兌運法。兌運多爲以軍人運輸，民出資以供其運費，但民欲自運者，亦聽之；故亦稱爲兌運支運兼用之時代。（三）成化七年易爲改兌法，即改良兌運之義也。軍人輸運，遠至長江之南，民運之路程減短，而軍運之距離加長，故亦名長運。吾人可列一表如次：

洪武——海運

永樂元年——海運陸運兼用

永樂十三年——河運
- 洪熙元年——支運
- 宣德六年——兌運支運併用
- 成化七年——改兌

然明史所述之漕運，平心衡之，記叙之中，雜有議論，唯今姑依之說明而已。

註一　每年運米若干，頗不易考。元史叙海運，每歲輸米若干，何時達到，皆有詳細記載。明史謂：「初運糧，未有定額；成化八年，始定四百萬石，自此以後爲常」。故元明之運米數目，大略可考。至唐宋之時，則議論紛如，蓋彼時常有變改也。新唐書食貨志卽主此說。玄宗時河南尹李傑爲水陸運使，三歲運米二百五十萬石，又京兆尹裴耀卿兼江淮都轉運使，三歲之間，運米七百萬石。觀此可見運米之重要。惟米之運輸，與督運者之能力，關係頗大，故李裴死後，而數量大減。後崔希逸爲河南陝運使，能運米百八十萬石。宋史叙漕運事，謂太宗時運米五百五十萬石，雖以水旱而蠲免民租，但此數未減。至眞宗時，定歲額六百萬石，然有運四百萬石或七百萬石之時；仁宗時從六百萬石橫減五十萬石，以後又漸漸減少。本文所引用之數量，想係最妥當者也。

註二　見通鑑唐紀德宗二年。

註三　見大學衍義補卷三十四，「漕輓之宜」。

二　海運

在明史所述之漕運中，關於洪武時海運之記事，僅不過如次：

中書省符下山東行省，募水工，發萊州洋海倉，餉永平衛；其後海運餉北平，遼東爲定制。

此因未載年代，故不悉其確爲何時，但從記事之前後與夫中書省之存在觀之，——中書省於洪武十三年廢止——當爲洪武初年。在洪武實錄初年有如下之記事：

三年正月，命中書省符下山東行省，召募水工，於萊州海倉，運糧以餉永平衛。時永平軍儲所用數多，道途勞於輓運，故有是命。

六年四月，詔以蘇州府糧十二萬石，由海道運赴定遼，十萬石運赴北平，以時方用兵遼左及迤北故也。

由是可知在洪武初年，永平（河北省東部）固不必論，由北平（卽今北平）至遼東之兵糧，亦專賴海運輸送也。

惟名山藏之「漕運記」謂：（註一）

> 高帝始有天下，用海運，顧以給遼左一方而已。

明史謂海運兵餉，以給北平遼東，名山藏謂太祖時之海運，僅爲供給遼左，兩書之記事不同。名山藏爲明末何喬遠所著，修明史時，嘗據爲底本，所言非爲無稽。吾常反覆考之，洪武初年之海運，固亦運餉於北平。蓋洪武之初，征元甚急，故不得不從南方運糧。迨征伐旣已，始無運糧之必要，前所引用明史之記事，正指洪武初年，盛行討伐之時，非謂洪武晚年也。恐燕王所都之北平，因無討伐軍屯駐，故亦失其固有之都市繁榮而漸即蕭索。反之，遼東方面，因洪武二十年，元遺臣納哈出來降，遂不斷運輸兵餉。而北平方面，或可從運河送米。但遼東方面，則只能從海道運輸，並無他途。此海運不指北平，而係供給遼東之謂也。名山藏之「海運遼左一方而已」，蓋指此而言。

然則所謂遼東海運，果何如乎？明史之漕運，於海運方面幾無記載，已如上所述；僅名山藏之「漕運記」謂：

> 所給遼東軍士，一用海運，而舳艫侯朱壽，航海侯張赫常掌之。

明史卷百三十，有張赫傳；卷百三十二藍玉傳之後附有朱壽傳。朱壽傳謂「與張赫督漕運有功，洪武二十年封舳艫侯」。張赫傳之敘述，則稍詳盡，曰：

> 會遼東漕運艱，軍食後期，帝深以爲慮。以赫習海道，命督海運事。久之，封航海侯，予世券。前後往來遼東十二年，凡督十運，勞勩備至，軍中賴以無乏。

此段最可注意者，爲「往來遼東十二年，凡督十運」句，於詳確計算之年代，並無記載。然朱壽旣以漕運之功，被封舳艫侯，事在洪武二十年，意者張之被封爲航海侯，亦爲是歲耳。今觀洪武實錄，幸記其被封之年。故張赫之「往來遼東十二年」亦應自洪武二十年起算。但若以「久之」遙置於督海運之後，而封爲航海侯，以讀解之，則余之解釋，或不無錯誤。然吾人細玩此文，「久之」即「久而」意，漢文以「之」代「而」，亦爲常例。意即以其督航海久，而封爲侯也。若此假定不誤，則張赫之初往遼東時，從洪武二十年逆推上十二年，即洪武八年也。在八年與二十年之間，張赫往來遼東，凡十次（註二）。

要之，吾人可綜合名山藏及明史所載，而得一假定曰：掌海運者爲朱壽與張赫，而其掌管之年代，則係從洪武八年至洪武二十年。惟明之經營遼東，至遲必始於洪武四年；自四年至八年之兵餉，當亦由海運輸送。至其經營者爲誰，此則非爲朱壽張赫，而全爲另外之人矣。

明經營遼東之始，全邊略記「遼東略」謂起自洪武三年：

> 洪武三年春，故元遼陽行省平章劉益藉其軍馬錢糧之數，幷遼東州郡地圖，遣使奉表求降。上嘉其誠，斷事吳立持詔往諭，置遼東指揮使司，以益同知指揮事。

洪武實錄則以經營遼東在洪武四年：

> 四年二月，故元遼陽行省平章劉益，以遼東州郡地圖，幷藉其兵馬錢糧之數，遣右丞董遵，僉院楊賢奉表來降，其辭曰：「……愚衷實劒買牛，乞放歸於田里」。上覽表嘉其誠，詔置遼東衛指揮使司，以益爲指揮同知。詔曰：「……朕甚嘉焉，今特置遼東衛指揮使司，授爾益同知」。

遼東志卷一地理志，亦謂「洪武四年置定遼都衛」，故洪武四年之說，或不誤也（註四）。然則全邊略記何以誤爲洪武三年乎？蓋洪武四年二月入太祖之手；而出發自遼東，則在洪武三年。全邊略記爲叙述上之便利，從吳立之爲使，至衛之設立，一氣叙下。而太祖實錄即以太祖之受降在四年，故在四年條下，叙盡此事之原委。二者所記之年代不同，而實無差誤。由此觀之，並未隔年，於太祖五年時，卽以海運送米遼東矣。

弇山堂別集有總督漕運兼巡撫鳳陽等處都御史年表（註五），謂：

> 太祖有天下，漕東南粟於海，以餉遼東；五年屬靖海侯吳禎，後卒，乃遣都督朱壽張赫領之。

從遼東海運之始，迄朱壽張赫爲侯，吳禎實與其役。在洪武實錄中，可反覆見出，海運初興，始自五年；但吳禎與朱張之間，又有數人，每年互相更替，以從事海運。如：

> 五年正月，命靖海侯吳禎率舟師運糧遼東，以給軍餉。

4

六年三月，命德慶侯廖永忠督運定遼糧儲，仍以戰衣皮襖各二萬五千，給其軍。

七年正月，戶部言定遼諸衛，初設屯種兵食未足，遂詔命水軍右衛指揮同知吳邁，廣洋指揮僉事陳權，率舟師出海，轉運糧儲，以備定遼邊餉。」

總之，自洪武五年迄七年，司航運者，歲歲易人，並無人負完全海運之責。至洪武八年，朱壽張赫等出，始有專司海運，略具有永久性之負責者也。

註一　見名山藏河漕記。

註二　十二年中，十次航海，確爲一相當之時日。從江南運米遼東，至遠須十個月，遲則一年有餘。如洪武實錄五年，載吳禎正月出發，十一月歸還。又在他處（一時不易檢得確在何年）見有運米北平，需時至一年以上，深爲太祖所不滿。故十二年中，十次航海，確爲一相當之年限，時朱壽張赫，恐專致力於航海也。

註三　全邊略記卷十。

註四　明史百三十卷，有仇成傳：洪武三年，僉大都督府事，鎮遼東；久之，以屯戍無功，降永昌衛指揮使，尋復官。

觀此則遼東經營，似始於洪武三年。又洪武實錄五年六月：遣使賚勅至遼東，諭都督僉事仇成曰：吳戊遼陽，已有年矣。

此可與明史仇成傳互相發明。然成爲都督僉事，在洪武三年，鎮守遼東，或在其後，亦未可知。且即仇成於洪武三年赴遼東，亦非大規模之運輸，故未書於史冊耳。實際言之，調查海運而經營遼東，當始於劉益之降明。（劉益之降，恐非自動的，或爲仇成所勸說，亦未可知。）

註五　見弇山堂別集卷六十一卿貳表。

註六　通觀洪武實錄，關於遼東海運，本文已揭舉略盡。茲再舉片段數事列下：

七年六月，定遼衛都指揮使馬雲等運糧一萬二千四百石出海，值暴風，覆四十餘舟，洒米四千七百餘石，溺死官軍七百十七人，馬四十餘匹。

十五年五月，命靖海侯吳禎，督浙江諸衛舟師運糧，往給遼東軍士。

三十七年二月，命江陰衛指揮僉事朱信等率軍士，運糧往遼東。

洪武七年，運米二次——正月一次，六月一次——此爲特別之例。自五年至七年，每歲漕米一次，大約均爲正月，至運爲三月。自八年至二十年，朱裔張赫等掌航運，則五月航運，亦不爲例外矣。

三　海運陸運之併用

普通以海運陸運之併用，肇自永樂元年，此本爲便利上之說法，非在永樂以前，海運陸運，截然無有也。惟在永樂以前，北平非爲首都，對於運米之需要程度，自與後來不同，即如前節所言，海運僅注重於遼東而已。陸運爲饋餉於長城一帶，特指名北平而運者不多。今之侶以北平爲運輸目的者，實不足道也。蓋永樂間運輸之事甚多，遂溯至永樂初年，亦爲海運陸運併用耳。茲將海運與陸運之變化，分別說明之：

海運——名山藏河漕記謂：

太祖都金陵，餉悉仰給于南：江西湖廣之粟，江而至；兩浙吳會之粟，浙河而至；鳳泗之粟，淮而至；河南山東之粟，黃河而至。

依此觀之，江西，湖廣之粟，固無論矣，即鳳泗河南山東之米，尙由河運運往金陵，可見於海運並不十分重視也。但自成祖嗣位，徙都北京，則情勢大變，蓋北方農產不豐，不得不倚江南之米，且運輸上，亦必從海路也。名山藏河漕記所謂海運極便，即指此時。其略曰：

成祖治京於燕，自上供以及百官六軍，悉仰江南粱稻，則用海運法。兩浙自浙入於海，吳會自三江入于海，淮北河南自河淮入於海，山東各濱海州縣入于海，皆會直沽，達于天津，……輸京師。

將此文更具體證明者，爲明史紀事本末。紀事本末之河漕轉運謂：「永樂初，北京軍儲不足，以陳瑄充總兵，帥舟師海運，歲米百萬石，建百萬倉於直沽尹兒灣，城天津衛，籍萬人戍守」，即上述意也。

陸運——亦昉於永樂以前。前旣言之，陸運係運兵餉於長城一帶，非僅指北平一處也。明史述漕運，有如左之記載：

洪武元年北伐，命浙江江西及蘇州等九府，運糧三百萬石於汴梁，已而大將軍徐達令忻轉代堅臺五州，運糧大同。

由浙江江西等地，運赴汴梁之米，與徐達命山西五州運向大同之米，同米歟？抑別米歟？雖言之不明，恐此三百萬石之米，非僅從汴梁運至北平，且亦運於大同。即由文章上言之，「已而」似亦有聯絡上下文之意。且從當時之情勢考之，北京尚未屯兵六衛三萬人，非後世之繁昌北京者比。三百萬石之米，即使一部運赴北京，其餘之大部分，當亦運向山西各地。況大同於洪武元年時，即有戰亂，兵燹之餘，徵租匪易；因使山西太原府五州之民，運米於大同，以紓其難，但並不僅限於大同而已也。明史續謂：「其西北邊則浚開封漕河，餉陝西，自陝西轉餉寧夏河州」，名山藏漕運記亦謂：「憲宗末年，以河淮以北之八百萬石供邊境」，皆可以補上說之不足。

自永樂徙都北平，始直向北京運米，明史「漕運」尚述及此事：

永樂元年，納戶部尚書郁新言，始（註二）用淮船受三百石以上者，道淮及沙河，抵陳州潁岐口跌坡，別以巨舟入黃河，抵八柳樹，運赴衛河，輸北平。

陳州在開封之南，八柳樹即明史「黃河」之新鄉八柳樹，新鄉在河南衛輝府，可見陸運達於河岸。

此路之特色，在以陸運使黃河與衛河溝通。惟陸運之距離，則說者不一：名山藏河漕記謂長百七十里；明史河渠志載嘉靖時之上奏，論元之漕運，謂此段百八十里；又明史紀事本末河漕轉運永樂元年之條，引用瀋陽中屯衛軍士唐順之上奏，謂五十里；彼此之差，數目甚巨，恐名山藏及明史所載爲陸運之實際距離，而明史紀事本末所載者，或爲黃河與衛河之地理的距離，前者就事實立論，而後者則希望改善而便利者也（註四）。

以上所述之海運陸運，永樂以前固亦有之；永樂元年以後，更有一海運陸運並稱之新意。明史「漕運」每謂「海運與陸運相參」，「淮海運道凡二」，而實則海運危險，陸運糜費，前者有倭寇與海賊之虞，有覆沒遲延之患；後者於百七八十里之間，設八遞運所，而必苛使山西河南之民，故不得不易爲河運也。

註一　見明史紀事本末卷二十四永樂四年。

註二　海運在洪武時既已存在，陸運當亦非昉自永樂元年，故此「始」字係指始用淮船受三百石以上，決非與道淮河以下相連。

註三　明史卷八十三河渠志一，黃河。

註四　明史記黃河：

是時（嘉靖）光祿少卿黃綰，詹事霍韜，左都御史胡世事，兵部尚書李承勳，各獻治河之議。……元人漕舟涉江入淮至封邱北，陸運百八十里，至淇門入御河，達京師，御河即衛河也。

然明史又謂：

永樂元年，瀋陽中屯衛軍士唐順上言……衛河……南距黃河五十里，若開衛河……受南京所運糧餉，轉致衛河交運，則公私交便也。

從文章之內容比較之，可證知余意不誤。

四　河運

河運亦非突然起自永樂十三年，自永樂元年以來，海運陸運並稱，已有小規模之運河輸送。名山藏漕運記云：

文皇作都於燕，初仍海運之故，爲一運；則起淮儀展黃衛，水陸灌輸，遞抵都下，爲一運；其北則德倉所儲爲一運。

明史及明史稿之纂修，嘗以此書爲底本，故亦有類似之記述。明史稿謂淮海運道凡二，而臨淸倉亦以輸北平，合而計之，爲三運。明史爲使臨淸倉儲內容之具體化，復加河南山東之粟。即改二運爲三運，而第三運爲以河南山東之粟集於臨淸倉，再由河運（註一）。運河自元代以來，即早淤塞，只自山東北部，至天津一段，可以利用，故第三運之用處，實際甚微，而海運陸運則較爲重要。迨至海運危險，陸運耗費，運河開濬之聲遂起，而河運始爲重要也。

關於運河之開濬，有高學士曾撰「元代海運與大元海運記」一文（註二），謂成祖永樂九年及十三年，濬治運河，並謂會通河在山東之北半部。此文於元代海運解釋殊詳，惟關於明代河運，則說明未盡。永樂九年開濬，未見於史籍；而永樂十三年之開濬，名山藏有之。名山藏謂：「十三年會通河成，海運暨衛罷」，大明會典：「永樂十三年濬復會通河，奏罷海運」，此記載海運與陸運之廢止，而並記其理由者。海運陸運之廢止與會通河之濬復，恐非起自永樂十三年也。

以文史無徵，吾人與其空言，不如直接穿鑿其事實。第一，明史宋禮傳謂永樂九年之開濬，二十旬成，其年八月（註五）宋禮還都，論功行賞。夫既云論功行賞，則會通河必確已開濬成功，至於十三年之再行開濬，關於開濬之情形，不能無詳細之記載，特名山藏及明史未詳爲記敘耳。

8

第二，大明會典記漕運：

永樂十二年令湖廣造淺船二千隻，歲於淮安倉支糧運赴北京；其舊納太倉糧，悉改納淮安倉收貯。又令北京，山東，山西，河南，中都，直隸，徐州等衛俱選官軍運糧。（此漕運之始）

由此觀之，則永樂十三年之開始漕運，並不可據；最早漕運之始，當為永樂十二年。永樂實錄十二年正月「命北京，山東，山西，河南，中都，直隸，徐州等衛，不分屯守，各選軍士，以指揮千戶百戶率領，都指揮總率隨軍運糧」，亦可證明其無誤也。自十二年始運至揚子江口太倉州（即今江蘇淮安府之倉），再運至江蘇淮安府之倉庫，又使軍人以淺船運赴北京；故普通謂十三年行河運，實則自十二年即已開始矣。通常之書，皆謂永樂十三年，海運陸運並廢，河運獨行；後世遂以海運陸運之廢，為河運推行之原因。然實際考之，河運之行，並無原因。海運陸運如先已廢除，而單靠河運，此為冒險之策；聰慧如永樂帝，深謀遠慮如陳瑄，必計不出此。蓋於十二年試行運輸，十三年正式河運，海運陸運遂斷然廢除。不然，貿然從事，恐京華之民有饑荒之虞也。

註一　河運非指黃河運輸，而係以運河輸米之稱也。海運陸運，各有其名稱，而河運則否；為利便計，與上相對，設此一辭，即水運之意。

註二　見東洋學報七卷三號，頁四二二，大正六年九月出版。

註三　明史卷百五十三，宋禮傳，於會通河有極簡要之敘述：永樂九年，命開會通河。會通河者，元至元中，以壽張尹韓仲暉言：自東平安民山，鑿河至臨清，引汶絕濟，屬之衛河，為轉漕道，名曰會通。即從山東兗州府東平縣，至山東東昌府臨清縣間之運河。

註四　見大明會典卷二十七。

註五　明史宋禮傳謂永樂九年開濬，二十旬而工成。又「是年」本指作一事之開始，此後八月還京師，論功行賞第一；二十旬後，疑為永樂十年；但以是年之前行詞為永樂九年，故仍暫定為該年也。

五　支運

關於支運之意義，則似可解，似不可通，殆成一含混籠統之詞。明史漕運志謂：

支運之法，支者不必出當年之民納，納者不必供當年之軍支，通數年以爲衰益，期不失常額而止。

如斯說明之，或可解其意義，即軍人之支給者，不必出其年之民納，通數年以平均之，不失其常額而已。是支運者，即「支給」或「輸送」之謂也。但大明會典則作如次之解說：

凡漕運，先年俱民運淮徐臨德四倉，軍船接運入京通二倉，名爲支運。

名山藏漕運記載：「陳瑄復言，支運法，民與軍均勞，甚善」！蓋先民運，次軍運，成爲聯合的運輸。辭源：「支，支離分赴」，亦有分擔意。「支運」之名，蓋以此。

在以上所引之解釋，——大明會典，或名山藏——均甚洽當。今更由河運之變遷史上考之，初海運以官家運輸，陸運由民間運輸。依明史漕運志，即可知海運爲官運；依大明會典漕運，名山藏河漕記，即可知山西河南之車夫丁夫，爲陸運。再後，則爲兌運，亦爲官運。故由海運陸運之併用時代，易爲兌運時代，中間必有官運民運聯合之支運產生，蓋否則已用之官軍與丁夫，勢必有一方面放棄不用，此政策中之最下者也。

上述支運之字義如無錯誤，則官運與民運如何接運不得不提出討論之。然此亦實際問題，如何說明則殊爲費解。且照最完善的配列順序求之，恐亦不易觀也。初以承陸運民運之餘，在通州有河運之支運，官軍運輸之。尋改由淮安，徐州，德州，通州等倉，官軍各自輸送。而最後則改爲由淮安倉，徐州倉，臨清倉，通京二倉，輸送。總之，即使民間運輸之距離漸短，而使軍人輸送之距離增長。以今史料證之，頗不難考見此等趨勢。大明會典漕運：

永樂十三年，……令浙江：嘉，湖，杭，與直隸：蘇，松，常，鎮，等府秋糧，除存留幷起運南京及供給內府等項外，其餘盡撥運赴淮安倉。揚州，鳳陽，淮安三府秋糧內，每歲定撥六十萬石，徐州幷山東兗州府秋糧內，每歲定撥三十萬石；俱運赴濟寧倉。以淺河船三千隻，支淮安糧，運至濟寧；二千隻支濟寧糧，運赴通州倉；每歲通運四次。其天津幷通州等衛官軍，於通州接運至北京。

河運之始，肇於永樂十三年，當時支運情形如此。但大明會典續此段之紀事，則有截然不同之記載：

10

又令浙江都司幷直隸衛，分官軍於淮安運至徐州，置倉收囤；京衛官軍於徐州運糧至德州，置倉收囤；山東河南都司官軍於德州運糧至通州交收。

此則非起自通州，而從德州，徐州，淮安，均以官軍運送。大明會典雖爲永樂十三年以後追記，但終屬時代較早；後在明史漕運志，亦有類似之文句。恐自永樂十三年，迄於後世仍行之也。

自濬會通河，帝命都督賈義，尚書宋禮，以舟師運。禮以海船大者千石，工窳輒敗，乃造淺船五百艘，運淮，揚，徐，兗糧百萬，以當海運之數。平江伯陳瑄繼之，頗增至三千餘艘。時淮，徐，臨淸，德州，各有倉，江西，湖廣，浙江民運糧至淮安倉，分遣官軍就近輓運：自淮至徐，以浙直軍；自徐至德，以京衛軍；自德至通，以山東河南軍；以次遞運，凡四次，可三百餘萬，名曰支運。

此言宋禮陳瑄督漕運時均行此策。此文前半謂淮，徐，臨淸，德州各有倉，共指四倉；而後半則謂淮安，徐州，德州，通州四倉，無臨淸倉矣。又明史漕運志於另一段之記事，則謂淮安，徐州，臨淸與京通二倉，無德州倉矣。依時代之前後，其亦可考見漕運盛衰之故歟？今錄其另一段記事如左：

宣德四年瑄及尚書黃福建議復支運法。乃令江西湖廣浙江民運百二十萬石於淮安倉；蘇，松，寧，池，廬，安，廣德民運糧二百七十四萬於徐州倉；應天，常，鎮，淮，揚，鳳，太，和，徐，民運糧二百二十萬石於臨淸倉；令官軍接運入京通二倉。民糧旣就近入倉，力大減省。……惟山東，河南，北直隸則徑赴京倉，不用支運。

支運之施行，自永樂十三年至宣德四年，其間之演變已如是不同，不得謂非驚人矣。故所謂支運，並不能簡言之爲洪熙元年始有之事；在明史中，與前所述相印證之史料甚多。即在實錄及其他史料中，亦無決定支運在洪熙元年者。

六　兌運支運之併用

兌運者，兌換之謂，交易之意。名山藏漕運記：

……是曰兌運法，兌之爲言易也，軍與民交易也。

然則如何兌運乎？蓋以民運之路程，使軍人運之，使人民擔其運費。再具體言之，即民運至淮安，徐州，臨淸等較遠之處，頗荒農事，不便殊甚，故改使運至最近之淮安或瓜州，由此以北，則全爲軍運矣。名山藏漕運記，於此曾加說明，——民往返殆歲，不無病舍穡——但嫌太疏略耳。茲復引明史漕運志說明之：

> 江南民運粮諸倉，往返幾一年，誤農業；令民運至淮安瓜州，兌與衞所官軍，運載至北。

所謂諸倉，當即指淮安，臨清，徐州等倉。又瓜州在大明一統志卷十二揚州府瓜州鎭中謂：

> 在府城南四十五里，蓋揚子江之沙磧，其狀如瓜；居民稠密，商賈畢集，鎭有瓜州渡，以通鎭江。

想即此也。

次於費用一節，亦加以說明。所謂費用，實不僅指旅費，而尙有耗米。明史漕運志：「給與路費耗米」，陳瑄傳：「量給耗米及道里費」，皆兼指二者而言。

旅費——洪武間，此等旅費由民自籌。洪武實錄載：

> 詔天下……歲解諸稅課赴京者，無問遠邇，皆給鈔二十錠，爲道里費。

惟此不能僅拘字面上之解釋，所謂道里費者，恐係特賜之恩賞，且細推敲此記事之內容，則知爲自措旅費甚明。蓋此等之史料甚少，故不得不將實錄之文加以活用也。

耗米——積米不運，猶可傷耗，況運輸乎？運輸米時，自不無毀棄覆沒之虞，然亦由人民負擔，是謂耗米。僅洪武實錄中有一例外，則爲僅見之貴重史料也。

> 長淮泰州衞軍士，運糧至淮安，遇風覆舟，漂沒米二百七十餘石。戶部請責其償，上曰：「軍士遇風濤覆舟，豈得已也！」令勿償。

此則因爲風濤之險，故完全免除。然細玩「戶部奏請」之意，則免除不過一時之權，而照米賠償，則爲經常狀態也。

觀此，則知旅費及耗米，概由人民負擔。但如視此爲明代之虐政，則亦大謬。蓋明代之粮米，其運向指定地點者，爲若干斗，若干石；佃戶小民，據地無多，其運入倉，數目遂亦甚少；故旅費及耗米，令人民負擔，並不甚重也。洪武實錄十四年三月載，運船有置私物轉市，以償路費者：

> 蘇州民以官船運米入京，而附載私物，有司請罪

之，上曰：「運米勞苦，以私貨易爲路費耳」，釋之。

此後民運廢除，易爲軍運，人民所出旅費與耗米遂變爲糧米之附加稅。明史漕運志：

> 民有運至淮安，兌與軍運者，止加四斗。

後以民甚便之，行之者遂多。

然民既以兌運之不便，往往自己運輸，至此遂變爲兌運支運并行時代矣。至其比例，名山藏漕運記謂兌居十六，支居十四；明史漕運志則謂：

> 正統初，運糧之數，四百五十萬石，而兌運者二百八十萬石；淮，徐，臨，德四倉支運者，十之三四耳。

至其施行之年代，在明史中則謂昉自宣德，而於其他之記載中，則殊多違異。明史紀事本末河漕轉運載：

> 宣德五年三月，陳瑄言：支運法，軍民均勞甚善，但民病舍穡往還，不若益耗兌軍便。帝是其議，改爲兌運法。

大明會典則溯源於永樂之末：

> 永樂末，始令民赴淮安瓜洲，補給脚價，兌與軍船便運，名爲兌運。

其他記載，亦有不詳著其實施年月者。恐此種制度仍爲自然的演變而來，如斷定何年，想無此理，惟爲便利上遂規定爲宣德六年耳。

七　改兌

從字義上觀之，改兌者，即將兌運改良之謂。但如何改良乎？依明史稿漕運志：

> 成化七年應天巡撫滕昭令瓜淮官軍過江兌運，加耗之外，復添脚米。

明史滕昭傳中，雖無此等記載，但此解釋或大體不誤。今以淮南瓜洲至江北之民運，易爲軍運，即在江南亦行軍運也。因此，附加之米外，更添脚米。

明史漕運志，於此曾有較爲具體的記載：

> 至成化七年，乃有改兌之議，時應天巡撫滕昭，令運軍赴江南水次交兌，加耗外復石增米一斗，爲渡江費。

成化實錄七年九月條，則變爲六升：

> 戶部會官，議巡撫漕運官所陳事宜……一瓜，淮二處糧米，聽官軍過江各就水次交兌，每石除加耗

外，再加脚米六升。

余從史料之性質上考之，則贊成每石增附加稅六升之說。從此，前之所謂民運者，均改爲軍運，輸送糧米，可一舉而達之矣。明史中雖無此等記載，惟就史稿觀之，則明甚。史稿中將改兌釋爲長運之意。改兌乃指將兌運手續改良之謂，兌運指從淮瓜改爲江南而言。明史稿漕運志：

> 由是兌運悉變爲改兌，而官軍長運，遂爲定制。

又續謂：「先是成化間，行長運之法」，故從表面上觀之，雖名辭不同，實則二而一者也。

改兌既行，支運或兌運遂廢。初，兌運施行時，支運尚有殘存；及行改兌，遂完全廢止。明史漕運志：

> 帝乃命淮，徐，臨，德四倉，支運七十萬石之米，悉改水次交兌，由是悉變爲改兌。

明史稿漕運志亦謂「自兌運變爲改兌」云云。綜合兩志觀之，知支運，兌運，殆已立即廢止也。

然則改兌之行，昉於何時乎？明史漕運志，謂在成化七年，亦猶謂支運昉自洪熙元年，兌運肇自宣德六年，皆前此即有存在之史實，不可據爲信史，改兌亦然。改兌雖云肇自成化七年，但有史料證明其前此即有。他書無論矣，即在明史（註一）自身中，便可獲得若干反證。陳瑄傳及漕運志中有論及改兌者，皆在成化七年以前，將改兌誤混於兌運。陳瑄傳：

> 宣德六年，瑄言：「……又江南之民運糧，赴臨清淮安徐州，往返一年，失悞農業，而湖廣，江西，浙江，及蘇松，安慶軍士，每歲以空舟赴淮安載糧。若令江南民撥糧與附近衛所官軍，運載至京，量給耗米及道里費，則軍民交便」。帝命黃福及侍郎王佐議行之。更民運爲兌運，自此始也。

漫不經意讀之，覺此爲一堂堂之論兌運策也。但若細心考之，則知其言頗多漏洞。蓋江南之民運赴臨清，淮安，徐州者，乃支運也；軍士從淮安載糧者，乃兌運也。而以江南附近衛所運米，則變爲改兌；況又量給以耗米及道里費，更知其爲改兌無疑。漕運志中所載，亦同樣含混：

> 宣德六年，瑄言：「……江南民運糧臨清倉，往返幾一年，誤農業，令民運至淮安瓜州，兌與衛所官軍，運載至北，給與路費耗米，則軍民兩便，是爲

14

兌運」。命羣臣會議，吏部蹇義等上：官軍兌運民糧，加耗則例，以地遠近爲差。每石湖廣八斗，江西浙江七斗，南直隸六斗，北直隸五斗。民有運至淮安兌與軍運者，止加四斗。如有兌運不盡，仍令民自運赴諸倉；不願兌者，亦聽其自運。

陳瑄流中所謂：「江南民運糧臨清倉往返幾一年，誤農業，令民運至淮安瓜洲，兌與衛所官軍，運載至北」云云，本指兌運。蹇義等所議，前半段爲輸米細則，後半段係補充瑄疏所未及。前半段之「湖廣八斗，江西浙江七斗，南直隸六斗，北直隸五斗」，豈非指由附近衛所輸米之兌運乎？又與下之「民運至淮安，兌與軍運」，豈非對立之文？故前半段非指改兌，而後半段亦非指兌運也。如以此作爲成化七年以前之改兌，則極恰當明晰，恐係以明史引用各種史料，漫無決擇區分，因而相混。夫一一究明分晰之論文，猶難免有誤，況編纂官書者，於此等處又不注意者乎？

余既以陳瑄及蹇義之疏，殊無理由，故不主以上之說。今從運米設倉上，可得一旁證。漕運糧米，至行支運或兌運時，交通當已甚便，大倉庫之設置已極良美，至行改兌時，江南各地之小倉庫更不得不星棋羅置。然此等小倉庫，何時始置之乎？王圻續文獻通考（註二）謂：

宣德元年八月，巡撫侍郎周忱奏，置蘇松等府濟農，水次倉，以備賑恤。

是在宣德時，水次倉已漸建置。單有水次倉，與本文原無關係，惟水次倉實亦即各地之小倉庫。明史漕運志：

先是成化間，行長運之法，江南州縣運糧至南京，令官軍就水次兌支，計省加耗輸輓之費，得餘米十萬石有奇；貯預倉，以資緩急之用。

其所謂預備倉，即水次倉也。然而水次倉與改兌有不可分離之關係，而從水次倉記事之內容上與夫字義上，皆一望而知爲建築於水旁之倉庫。倉庫之建，原所以貯運輸之米者，故各鎮市中均有之。今將此等倉庫均置於水濱，蓋輸米於距水遠處，既不方便，且耗運費，與江南之實行舟運者，殊多不適也。

然則如斯便利之水次倉，早已肇建於宣德時，何以至成化間始漸發達乎？蓋以運輸軍人不足耳。宣德實錄：

五年三月，平江伯陳瑄言餽運四事：一，南京及直隸衛所運糧官軍遞年選下西洋，及征進交趾，分調北京，通計二萬人。又水軍右等衛官軍，今年選下西洋者亦多，俱無軍撥補。

斯可解釋一半之原因；其餘一半原因，則以也先入寇，許多軍士均開赴北京，因致無人運米。明史漕運志：

景泰六年，瓦剌入貢，乃復軍運。

也先之瓦剌於景泰始入貢，因以警備之軍士，使之漕運。

註一　在明史成書前之名山藏，其漕運記云：

宣德六年，瑄復言：支運法，民與軍均勞，甚善，然民往還殆歲，不無病稼，湖廣等軍船遠艘就兌，勞費亦虛，稱請令民益耗附近兌軍便章。

明史所記，殊嫌敷衍簡略，今姑仍就正史述之。

註二　王圻續文獻通考卷四十一，國用考，賑恤。

八　結語

漕運之制，雖逐漸改良，但其弊害亦隨之而生，除索取旅費及耗米外，尚增索極多之附加米。故明史紀事本末河漕轉運謂：

行之既久，耗亦納官，失初意矣。

旅費及耗米，本應歸於運輸之軍人，今反納於政府之倉庫，其失原意何甚！又明史稿漕運志記官吏之剝削：

聽選官陳倫言：「兌運加耗已增至六七斗以上，而官吏糧里，又索他費，多者至三四斗，且俱淋尖收之。計納正稅一石，通用二石三斗，朝廷之取於民也廉，而下人之刻剝也甚。宜令都察院榜示禁止」—從之。

明史漕運志亦有同樣之記事：

軍與民兌米，往往恃強勒索，帝知其弊，敕戶部委正官監臨，不許私兌。已而頗減加耗米，遠者不過六斗，近者至二斗五升，以三分為率，二分與米，一分以他物準。正糧斛面銳，耗糧俱平槩。

皆言官吏剝削之甚也。明史漕運志載禁止官吏勒索，即使遠者不得過六斗，以三分為率，一分得以他物準，即史稿中所謂「以物折之」也。其所謂正糧斛銳，耗糧平槩，即史稿中所謂「正糧尖斛，耗糧俱平斛」也。

夫一種制度之漸即崩潰，決非政府法令所克牽挽，敗壞之程度愈深，江南之租粮愈重，而官吏之誅求亦愈甚，終必釀成社會變亂而後已也。今姑述之至此。

一九二七，一一，二三作

一九三五，一一，一二譯畢。（本文翻譯有節略處）

天問『阻窮西征』解

童疑

楚辭天問云：

阻窮西征，巖何越焉？……安得夫良藥不能固臧？

『阻窮西征』二句，王逸解曰，『阻，險也；窮，窘也；征，行也；越，度也；言堯放鯀羽山，西行度越岑巖之險，因墮死也』。洪興祖補註云，『羽山東裔，此云西征者，自西徂東也；上文言「永遏在羽山，夫何三年不施」，則鯀非死於道路，此但言何以越巖險而至羽山耳』。『安得夫良藥』句，王逸解曰，『臧，善也；言崔文子學仙於王子僑，子僑化爲白蜺，而嬰茀持藥與崔文子，崔文子驚怪，引戈擊蜺，中之，因墮其藥，俯而視之，王子僑之尸也；故言得藥不善也』。今案，此三語非言鯀與王子僑事，實言羿事也。

『窮』，窮石也；離騷云，『夕歸次於窮石兮，朝濯髮乎洧盤』。淮南子地形訓云，『弱水出自窮石』，注：『窮石，山名也，在張掖』。則窮石本西方之地名也。『阻』，徂之通假字也；後漢書西南夷傳朱輔上疏曰，『詩云，「彼徂者岐，有夷之行」，傳曰，「岐道雖僻，而人不遠」。……今白狼王唐菆等慕化歸義，……路經邛來大山零高坂，峭危峻險，百倍岐道。……』則以僻險釋『徂』。韓愈岐山操亦云，『彼岐有岨』。岨即阻也，則阻徂本通。徂，往也；『徂窮西征』者，謂西征往窮石也。史記大宛列傳云，『安息長老傳聞條枝有弱水，西王母，而未嘗見』，淮南子以爲弱水出窮石，則『徂窮西征』者，即言羿往窮石見西王母也（山海經大荒西經謂崑崙山下有弱水之淵，西王母穴處）。『巖何越焉』者，山海經海內西經云，『海內崑崙之墟在西北，……非仁羿莫能上岡之巖』，則言羿越崑崙之巖也。『安得夫良藥不能固臧』者，『臧』即『藏』也，淮南子覽冥訓云，『譬若羿請不死之藥於西王母，姮娥竊以奔月，悵然有喪，無以續之』，則此言羿得良藥而不能固藏爲姮娥所竊也。張衡靈憲云，『嫦娥，羿妻也，竊西王母不死之藥，服之奔月，將往，枚筮之於有黃，有黃占之曰，「吉！翩翩歸妹，獨將西行，……」』此尤可證『阻窮西征』之義，知神話中之羿嫦娥與西方固有密切之關係也。

自東漢初年人讀天問此文，已不能解其義，乃造爲『后羿自鉏遷於窮石，因夏民以代夏政』之文，而竄之入左傳（左傳后羿代夏少康中興二節文乃東漢人竄入，說另詳夏史考），不知天問所云『帝降夷羿，革孽夏民』之『夏』當讀爲『下』，左傳僖公二年虞師晉師滅下陽，公羊穀梁皆作『夏陽』，山海經海內經云，『帝俊賜羿彤弓素矰，以扶下國，羿是始去恤下地之百艱』，則『革孽夏民』者，即言帝降夷羿於下國，爲下民革除憂患也。不然，窮石極西之地，羿何得據之以代夏政乎？知『阻窮西征』之爲『徂窮西征』，『革孽夏民』之爲『革孽下民』，則左傳之僞又不待論矣。

附志：羅苹毛奇齡並以『阻窮西征』二語爲說羿事，讀『阻』爲『鉏』，但『鉏窮西征』，說不可通。

二十五，二，六，草。

附函

一，楊拱辰致童疑書

疑兄如握：

大作『盟津』補證及天問『阻窮西征』解，已拜讀。盟津問題，關係尚小，因僅一字孤證，對禹貢全篇問題無多大幫助也。今弟於此不願多所評論。『阻窮西征』解一篇，誠屬吾兄之偉論，石破天驚之語，非凡夫所能道；引山海經淮南子作天問注脚，自王逸以來之注家未有如兄者也。弟之私意，置兄此文於觀堂集林史林中實無愧色。但弟亦非無條件之贊成，仍有部分之保留，卽弟仍不承認左傳襄四哀元二段文字爲東漢初年人所加入也。西方有窮石，東方亦何嘗無窮石，東方之窮石乃夏代之政治中心，則謂后羿自鉏遷于窮石非無根据也。弟在夏地理考（卽夏民族考）中曾有考窮石之文曰：

水經河水注謂『平原鬲縣故有窮后羿國』。蓋羿入窮石後乃名有窮也。鬲縣今山東德縣境，窮石與此不能相遠。近傅孟眞先生謂窮石即窮桑，未聞傅先生詳說，不得知其證。但我則甚贊成傅先生此說，蓋「石」與「桑」爲同紐字，又陰陽可對轉也。既知窮石爲窮桑，則窮石之地望易求矣。左傳昭二十九年有云『少皞氏有四叔，曰重，曰該，曰脩，曰熙，實能金木及水。使重爲句芒，該爲蓐收，脩及熙爲玄冥；世不失職，遂濟窮桑，此其三祀也』。杜預注謂『窮桑少皡之號也，四子能治其官，使不失職，濟成少皡之功，死皆爲民所祀。窮桑地在魯北』。而帝王世紀有云『少皞氏自窮桑登帝位，後徙曲阜，於周爲魯；窮桑在魯北。或云窮桑即曲阜也。黃帝自窮桑登帝位，後徙曲阜』。是窮桑既云在魯北，卽非曲阜，相距亦當不遠。蓋窮桑亦即空桑也，淮南子本術訓：『共工振滔洪水，以薄空桑』，高誘注『空桑地名，在魯』。蒙文通先生古史甄微有云，『……見窮桑少昊之虛，實二渠九河之地，爲古代馳逐之場，而建都則於曲阜，蓋九河水草豐美爲耕牧之鄉』。則知夏之都於窮石，非無因也。

由以上考證則知『自鉏遷於窮石，因夏民以代夏政』之文非必出於東漢也。如謂『阻窮』不辭，則古來以地爲氏者多有，即以『阻窮』代稱后羿亦無不可，猶之今日之稱張南皮李合肥也。

竊思左傳襄四一段非無可疑，但非出自東漢，乃戰國晚年編輯左傳者加入之文。此項加入材料，與凡例書法爲同一來源；蓋左傳之原料乃取自各國策書，左傳編者融會而貫通之，比坿于經，加入書法凡例，又雜引古史詩書卜筮以炫其博。弟近來尤有大背康崔之說法，卽主張左傳本傳春秋者，此觀于韓非子及韓詩外傳引左傳作『春秋之記曰』，而引國語作『記曰』可知。

兄謂東漢人加入此兩段文於左傳爲證明『一姓可再興』之例。但何必取證於此，周宣平事皆可爲證也。況史記吳世家之引用，兄亦能如崔氏史記探源之悍，斷爲後人所竄入乎？拉雜寫來，即弟對於后羿西征之故事，已因兄文得其解；而兄之目的，即用以證左襄四年文爲東漢人所加入，則弟仍不贊成也。

吾兄以爲弟說如何？

弟楊守敬。三，十八。

二，童疑復楊拱辰書

拱辰吾兄：

接讀來示甚佩，以雜事牽纏，久未作答，歉歉！后羿代夏少康中興事之爲東漢人僞造與否，弟對此問題已積半載探索之心力，迄今仍認此史迹爲東漢人所僞造也。左傳襄四年哀元年兩節文字首尾橫決，語無倫次，僞證昭昭，即吾兄亦謂其爲後人加入所，是否非左傳原文一問題似可不必更討論。（但襄四年所錄之虞人之箴確有所本，其册家蓋爲辛甲百官箴，在此箴中羿祗爲夏代之帝，非夏室逆賊也。）茲請再述其鈔襲舊文割裂不通僞迹之一斑：左傳后緡『歸于有仍』一段語本揚雄宗正卿箴『少康不恭，有仍二女，五子家降』之文（少康既不恭，尙得謂爲中興之主耶？案『少康不恭』本初學記及岱南閣叢書重刊宋淳熙本古文苑本作『太康不恭』，章本前人譏其『移易篇第，增竄文句，夐非舊觀』；章樵注古文苑『太康』無訛『少康』之理，且有仍二女與有虞二姚應合，『太康』之文殆章氏所妄改者，今著其失）。但彼以有仍女爲少康妻，此則以爲后相妻，而其爲敗國亡家之后妃則同（張超誚青衣賦亦云，『有夏取仍，覆宗絕祀』，僞古文尙書五子之歌襲下一句）。『少康爲仍牧正』一段語本天問『該秉季德，厥父是臧，胡終弊于有扈，牧夫牛羊』之文，但彼乃述商代王亥事（說見王靜安先生殷卜辭中所見先公先王考），此則以之加於少康之身；王逸楚辭章句此節下注云，『有扈，澆國名也；澆滅夏后相，相之遺腹子曰少康，後爲有仍牧正，典主牛羊，遂攻殺澆，滅有扈，復禹舊績，祀夏配天也』。可見東漢人對天問此節文之誤解。少康『有衆一旅』語本天問『康謀易旅』之文（『康』舊作『湯』，據朱熹說正），但彼所謂易乃指有扈（『扈』『易』通用，吳其昌先生說），謂少康謀澆事也；此乃易『易旅』爲『一旅』，通乎不通？『使女艾諜澆』語本天問『惟澆在戶，何求於嫂？……女歧縫裳而館同爰止』之文，但彼以女歧爲澆之嫂，此則以女艾爲少康之間諜（女歧女艾一人之變），則涉上文『何少康逐犬而顚隕厥首』之語意而誤也。凡此數點，稍細心讀天問本文，以之與左傳對勘，即能發見其僞迹矣（左傳襲天問語尙多，詳証見夏史考）。至史記吳世家之錄少康中興語，明明乃後人所加入（吳世家被後人竄亂處最多，請參看梁玉繩史記志疑及崔適史記探源與拙作史記吳世家疏証）。不料讀書細心如吾兄者乃亦被其迷惑。試問史記原文若確錄左傳之文，何以敘少康事後之伍員語又不從左傳而掇之他書？吳世家此節所錄子胥語全與子胥列傳越世家同，獨多出少康中興一節，與左傳合，而其上下文又與左傳異，此其故可長思矣。蓋後人讀史記見所錄子胥語不全，乃代爲錄全之於吳世家，以見史記之周密；而上下之文又忘以左傳校改，遂變成太史公錄一人一節語本兩部書矣。又改史記者非必有意作僞，故不自掩其竄入之迹。至夏本紀之無少康中興事，則以東漢後史記流傳漸廣，讀本紀者自較多，夏本紀無少康中興事已爲學界周知之事，不必爲之增補。子胥列傳越世家所以亦不加入者，以文繁避複耳。至於鉏窮之名決不能作爲后羿之號，『鉏窮』爲后羿之號，特吾兄之自我作古耳。毛奇齡之尤又何足效邪？且鉏窮乃兩地名，豈可合之爲一號？『帝堯先居陶，後居唐，故號陶唐』，乃魏晉以後人之謬說，深思精考如吾兄，當亦弗以爲然也。總之，后羿代夏少康中興事若確出於戰國以前，如此可寶貴之夏史僅存碩果，覺從無人稱引，而太史公既曾見左傳亦不錄之入夏本紀，不亦太可怪邪？且夏人又何以不報少康而報杼乎？種種疑點不能盡釋，則吾人惟有終信少康中興史迹乃東漢人僞造之說耳。（周宣平與夏少康漢光武事大不相同，不能取相比附。）忽復，敬請著安，並乞再教！

弟疑拜復。三，二十三。

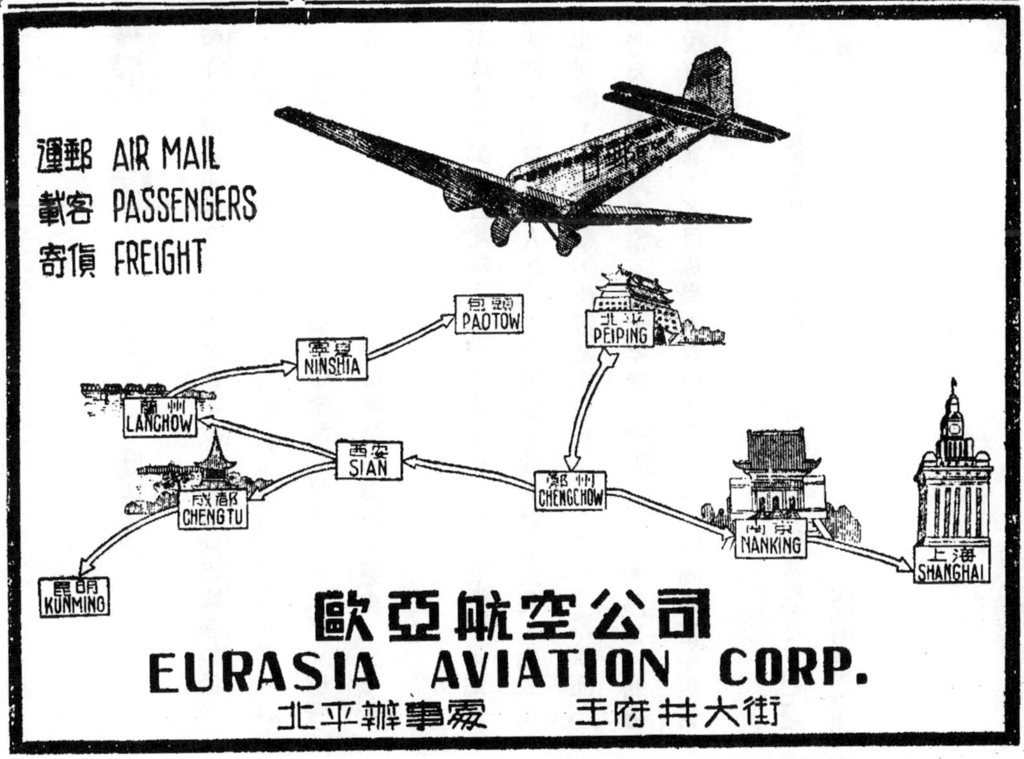

「十七世紀南洋羣島航海記」序

顧頡剛

本書所收十七世紀荷蘭人所撰東印度航海記兩種，在西洋久成歷史名著，其所述當時歐人經營南洋羣島經過，不僅記載翔實，親切有味；且足覘其征服土人，攘奪政權，經營地方，組織軍隊之種種權術。我國僑胞之赴南洋者，時代之早，人數之衆，遠過歐人；徒以不能團結組織，反爲後來者所排擠，數百年來淪於異族統制之下，備受摧殘。今此書之迻譯，可爲吾政府及國人之關心僑胞事實者之借鑑而知所警惕，固不僅爲歐亞海道交通史上之重要材料已也。

抑吾人讀是書而重有感焉。自十六世紀以來，歐人犯不測之風濤，冒絕域之鉅險，拓土營商，以求殖民地之發展。先自南洋，漸及中土。足跡所履，悉以當地土著爲蠻族，而自居於人類主人之地位，故必奴其人民，滅其文物，搜其貨殖，奪其政權，叛者戮之，順者狎之，遂能恃其利器，以寡制衆，使當地之民族永永淪亡，萬劫而不復其自由。洎乎清末，南洋之瓜分殆盡，遂轉舵東向，以老大之支那爲對象。數十年來，中國之不亡者倖也。藉通商之美名，攫殖民之實利，今之所謂「勢力範圍」，「關稅政策」者，名目雖異，其目的與動機，則固與當年經營南洋無二致也。譯是書者，殆有深意存乎？

按本書爲英譯本 Voyages to the East Indies 之譯本，原書包二種：第一種爲佛蘭克氏 (Fryke) 之「東印度之航海及軍事紀實」，第二種爲適威恩爾氏 (Schweitzer) 之「航行東印度六年間日記」，首冠有英國法義耳氏 (C. Ernest Fayle) 之「導言」。全書已由黄素封姚枏兩君譯出，商務印書館列入世界名著叢書，不久即將出版。

招遠概況

楊效曾

（一）

招遠是一個不出名的小縣，位於山東半島的中部，西連掖縣，東接棲霞，南與萊陽為界，北與黃縣相鄰，西北則臨渤海。面積約六十四萬方里。古為萊國地，漢時叫做曲城，北魏併入掖縣，金時改為招遠，至今因之。境內多山，惟西北一隅較平坦。山之大者有羅山，馬山，靈山，架旗山等，蔓延境內。河流則有老界河，鍾流河，老翅河等皆北流入海。山脈河流，佔全縣面積二分之一以上，但山上皆可種植松木，故雖在嚴冬，出門一望，觸目一片蒼翠之色。而山陵土質，亦宜種植，山地開墾者甚多。因之，招遠雖被山水佔去很大的面積，耕地徵糧者猶四十三萬餘畝（每畝合官畝二畝，西北鄉有一畝合三畝者。實際耕墾數，當在官畝百萬畝以上）。全縣共有七百六十九莊，大莊三四百戶，小莊四五十戶，亦有三四戶者，但殊少見。全縣人口，約在二十萬以上，無大家庭，普通每戶有五六人之數。

因為招遠僻處於山谷間，交通不大發達，近幾年來，西境有了烟濰汽車路，自前年又有青黃汽車路通過縣中。道路亦加修築，交通才日形便利。但較之鄰近的掖黃兩縣，仍是望塵莫及。

縣中出產品有粉條，花邊，花生油等，尤以粉條為大宗。在北鄉的村莊中，每村都有幾家製作粉條的粉房。普通工藝品有磚，瓦，瓦盆，條簍，箕，斗及一切農具，如犁，鐖頭。這些農村副業，後面再行敘說。

教育在前很不發達，民智極閉塞。在中國史上，招遠從未有過出頭露臉的人物（招遠之無大地主，這是一個重要的原故罷？），就是好的証明。現在雖有一處縣立初級中學及十餘處完全小學，但都辦得不見出色，比從前雖見好些，可是沒有什麼表現的。在每一村中，差不多都有一處小學，惟教員不大懂教學方法，與從前私塾相差無幾，兒童讀上三二年書，亦認不清日用的文字，不識字的人仍是很多。至於婦女，幾全不念書，城中有女子小學一處，人數寥寥，鄉間則直無女校，女子教育，連起碼的程度還不夠。

其他習慣風俗等，與華北各地大同小異，不贅。

（二）

招遠土地，大致可分爲三等：窪地（靠近河流地），山地和山河之間的溝地。以窪地最肥饒，山地最磽瘠。以全縣說，西北鄉地肥饒，東南鄉則爲薄瘠之區。縣中無大富亦貧，大半是小自耕農。普通人戶，有山四五畝，最貧者亦有自己的房子，俗所謂「要飯的亦有放棍的地方」是也。在招遠是沒有完全「耕地主之地，住地主之屋」的佃戶的。所謂富有之家，係指有田四五十畝的人戶，有百畝以上的富家，簡直寥若晨星，全縣不過十餘戶而已。招遠的土地分配，無大懸殊，這雖無正確的統計，然就作者附近的村莊情形來說，小自耕農是占有百分之九十以上的。

農業經營的形式，有下述幾種：

一，自耕農　是自己有五畝至十畝的土地，自耕自種的人戶。這種人戶約佔百分之七十。他們於農作之暇，也兼營一點副業，如當木匠，瓦匠或賣鄉村應用物品等。他們田地的生產可以足食，副業所得則幫助日常的零用。

二，半自耕農　這是有田一畝至五畝，有餘力耕種他人土地的人戶。他們租種他人土地，並非迫於不得已，非租地無以爲生，乃是有餘力而爲之。他們的副業，是出傭爲日工及操鄉村的手工業，或作小本營生，藉以賺得日常用費。這種人戶，約佔百分之二十以上。

三，自耕地兼地主　這種人家比較富裕，除自己耕作外，還有餘地租借與人。他們土地耕種，除自己參加外，多僱長工，在夏秋農忙時，還僱用月工或日工以幫助之。通常僱長工一人，亦有僱至三四人者。近來因爲製粉業的發達，僱四五人者亦不少見，但重心移於粉房，以農耕爲副，僱人的作用，已轉換方向了。這種人戶約佔百分之五六。

四，地主　這是指自己不勞作，坐食租課的人戶說的。這種人戶，全縣只有數家，都是曾經做過官（縣長之類）的後裔。他們的家事，如土地的耕種，收租，糶糧等，都委之於「把頭」（即幹人）管理，自己有時檢閱一下。年來爲糧賤與其自身的奢侈，都差不多將土地賣光了，沒落的官僚後裔，有似於滿清滅亡後的旗人！

（三）

其次，再談耕種的方法。

土地耕種是休耕制，即今年春種穀或高粱玉蜀黍及黍子之類的土地，秋收後種麥子，第二年收了麥子之後，就種豆子或玉蜀黍(俗名包米，春種者曰春包米)及地瓜(俗名蕃瓜，因取地瓜莖栽的緣故。春種者曰芽瓜，因以地瓜芽栽植也)之類，至秋收後不再種植，使地休息一冬，至次年再種高粱穀子之類的種法。這種週而復始的種法，為明瞭計，可表示如下：

第一年

春	麥	高粱，穀，黍，玉蜀黍，地瓜，甜瓜等
夏	地瓜，玉蜀黍，豆子，蘿蔔等	
秋		
冬	休耕	麥

第二年

春	高粱，穀，玉蜀黍，黍，地瓜，甜瓜等	麥
夏		地瓜，玉蜀黍，豆子，蘿蔔等
秋		
冬	麥	休耕

第三年

春	麥	高粱，穀，黍，玉蜀黍，地瓜，甜瓜等
夏	地瓜，玉蜀黍，豆子，蘿蔔等	
秋		
冬	休耕	麥

種植穀物的比例，若以種十畝田為標準，則如次：

麥——五畝。麥收後大半種豆子，約為四畝。其他一畝則種蘿蔔，玉蜀黍，地瓜之屬。

高粱——二畝(玉蜀黍春種者極少，併入此類，約二畝之數)。

穀子——二畝

地瓜——半畝

黍子——半畝(其地少者不種黍，大半種花生，甜瓜，或種蔥韮之類)

近來因為粉業的發達，「推粉」之家，休耕地比較少了，即在麥收之後，少種黃豆，多種綠豆，玉蜀黍，以便收穫後再種麥子。惟因不能不種植穀及高粱等，休耕地仍不能沒有的。

至於種作的方法，是：先將土地用犂耕好，分散肥料於地面，再用犂把肥料翻於土內，然後以耬(二腳耬)下種。迨苗既出，以時鋤治，至於收穫，使地中不生莠草。這大致與各地相同，不贅。惟招遠於禾地常加肥料，許與他處不大相同耳。蓋招遠人口稠密，土地的耕作，多為集約的，肥料施用很多。例如在種高粱時已施肥料(每畝肥料的價值約三四元)，而「推粉」之家，因有許多「粉漿」，不惟所施加倍，且在夏秋之間，禾將秀時又施肥一次。以故招遠近年來的生產量較前大增，聞老人言，在前每畝產六斗穀，即爲豐年，今則風調雨順，每畝總在一石四五斗了。

招遠的南鄉，因土地瘠薄，多種花生，產量亦頗不少，花生油就出在南鄉。

（四）

現在我們再考查一下勞動的關係。自耕農完全爲自己勞動，在這裏無述的必要，我們所要說的，是：

一，佃農勞動——在招遠沒有純佃農——即完全種地主的土地住地主的房屋的佃農，前面已說過。這裏所說的佃農，是指有餘力佃租他人的土地的人戶說的。他們自己有土地房屋，只是佃租地主的土地，對於地主除約定應納的租課（大都爲二分之一）外，什麽責任也不負的。佃戶與田主完全平等，租約可以隨意解除，沒有一點兒限制。

租地有兩種，一種是約定納若干租課。在早都是現物地租，現在亦有用貨幣的了。其次是「分種」，即佃家種地主之田，將田中收穫與地主平分。

二，傭雇勞動——這可以分爲長工，月工，日工三項來說：

A.長工　長工的期約都是一年。普通工資爲三十元至四十元，其工作能力很低之童叟，亦有二十左右者。至有製作粉條技藝之粉匠，上手可得百元，下手亦可得五六十元。又在粉房之長工，工資比普通農家爲多，因粉房工作比普通農家爲苦也。

長工多住於雇主之家（與雇主爲鄰者則回自己家中），雇主除供給飲食外，於夏秋時還須給以手巾，雨帽，緋（即豬皮縫成之鞋，普通爲一雙，亦有講明爲兩雙者）及小帶等零用物品，並有給與褲料者。此外如節日（如秋節冬節等）亦有食物的給予（此爲本村或近村之長工始有之，遠則無矣），但多在訂約時講明。

長工與雇主之間，並無什麽文契，只是口頭的契約。普通由中人介紹，約定工資，長工即到雇主家中試工三日（如熟知者即無須試工），試工期間無工資，試工滿意，約即成立。如雇主認爲不合，或長工以爲活重或飯食不好，原約即可宣告失效。若約定而中途發生意見，亦可解約，視兩方曲直而斷定給予長工之工資，但大半是雇主吃虧，長工得點小便宜的。

長工在主家作工，應受雇主指揮，但在法律地位上則完全平等，沒有什麼軒輊。長工在閒暇的時候，可回家住幾天（最多一星期），如因疾病或他事曠日過多，則必須找人代替或扣若干工資。

B.月工　月工與長工的情形同，惟雇月工者多在農忙之際，工資較高，每月約爲五六元。粉房雇用，則須七八元。

C.日工　日工的工資，約爲二角至四角之數，在麥秋忙時，亦常增至一元，但一年中不過一二日耳。日工有市，俗名「工夫市」（即作日工者聚集待雇之所）。欲爲人作日工者，於天將明時至工夫市，以待雇者，工資當面議定。其無工夫市處，則雇用鄰人之有閒暇者。

日工與長工月工不同之處：日工只作農地工作，雇主家中的雜事，如餵驢馬，挑水，担土等一概不管，長工和月工則必須作這些雜事的。如欲日工作這些雜事，必須先行講明。

（五）

農村副業，在招遠有下述幾種：

一，粉業　粉業是製造粉條的作業，俗名「推粉」。製造粉條的作房，叫做粉房。粉房至少須三間屋子，因爲房子間數少了，就按排不下粉磨，粉缸等等粉房應用的器具。一個粉房的組織，簡單的說，有粉匠和貼作經常在內工作。但家庭中的男女老幼須常參加，如六七歲之小孩，本不能作什麼事情，可是在粉房中却常使之於晒粉時檢拾碎粉的。所以擴大一點說，粉房的主要工作者，就是家庭中所有的人員。

粉房中的主要工作人員爲粉匠和貼作。粉匠掌管粉房內一切精細些的工作及指導和監視其餘人員的工作的，粉條製得好壞全在他一人身上。粉匠大都是雇的，亦有業主自己擔任的。粉匠的雇傭多是論季，即春季或秋季。每季約爲三月，工資上手四五十元，下手三四十元。

貼作就是徒弟，粉房中一切苦的勞動多由其担任，他的工資與普通長工相似。其所以苦而得錢不多，因想從粉匠手中學推粉的手藝的緣故。他絕對須聽粉匠的指揮，從事各種工作，但無如中世紀的師徒關係，可以隨意脫離的。粉房工作多時，如漏粉，晒粉的時候，家庭中的人都須參加工作。例如漏粉時，家人必須幫助「理粉」，燒火，「抓千子」就是。

年來粉業非常發達，其發達的原因，一方可以賺錢（最高利潤每包賺至十元，雖有賠錢的時候，但普通一包是可賺一二元的），一方則在賺「粉漿」肥地。又「推粉」餘下的「粉稭」，「油粉」等，既可以充腸，復可以餵養猪騾，省下豆餅。並且，在農村中，不「推粉」也無他事可圖，「推粉」者常言：「推粉是莊家買賣，莊家人能幹什麼？推粉就是不賺錢，也可賺點力量（肥料）的。閒着是白閒，工夫不打錢，總比閒着好的」。

由於粉業的發達，土地的經營亦日趨集約化了。凡「推粉之家，肥料很多，土地肥沃起來，生產量大增，比普通人家的產額增至一倍以上。因此有一報上曾這樣載過：

『招遠粉條業產量：二九六，〇〇〇包，價值四，一一四，〇〇〇元……近來農村破產，各處皆然，但在招遠一帶農村生活程度及經濟情形極為景氣。招遠每年所產粉條收入約四，一一四，〇〇〇元，除去原料綠豆價約二，五〇〇，〇〇〇元，雇工費用約二〇〇，〇〇〇元，器用薪炭耗費及一切雜用約二六〇，〇〇〇元外，純收益約一，〇五四，〇〇〇元。故招遠農村經濟饒裕，皆粉條之賜也。』

我們雖不能說「皆粉條之賜也」，但粉業在招遠經濟方面之作用，農村生活之改進上，都有重大的意義，則為事實。

影響於招遠農村經濟的農村副業，除粉業外，還有——

二，花邊業　粉業的影響大都在比較富有及有人力之家，花邊業則在比較貧困的人戶婦女。在招遠的農村中，很容易見到兩種現象：一是滿街臭水，（由粉房流出的污水），一是街頭巷尾三三兩兩一簇一簇的婦女在工作。這些婦女，就是在織花邊。

花邊織的方法有兩種：

A.織格網——將線結成二分或三分見方的網。

B.織花邊——在織成的網上綴各種各樣的花。

結網或綴花的原料，都由花邊莊（專作花邊買賣的商店）供給，織好後，按手藝的高下，論碼給結織的工資。大約中等手藝，每日十二小時，可得洋一角之數。這種婦女都是在家工作，原料及成品的送取，都由花邊莊的店員負之。但終日勞動，賠上衣食，只有一角的工資，亦云苦矣。惟因在鄉間無事可做，故皆趨之如鶩，尤其十歲上下的小女孩，幾無一人不做的。

據調查，招遠有花邊莊五十家，工作人數約五六萬人，每年成品約有六十餘萬碼，價値約六四六，〇〇〇元，每年純工資約收入二十餘萬元。總然工資甚微，但於貧家的補助，却實非淺鮮。

三，油坊　即製造豆餅業者。在粉業未發達前，此業甚盛，但近來凋零了。凋零的原因，一方爲東三省的豆餅進口，奪其銷路；一方則由於粉業的刺激，油坊多改爲粉房了。現在有油房五百餘家，較之粉房（三千餘家），眞是小巫見大巫了。

四，工匠　即木匠，瓦匠，鐵匠等。他們於農隙出外工作。木匠瓦匠的工資約爲二角四分。鐵匠則係按件論價，如一張鋤一把鐮其價爲若干是，平均每日亦有二三角的收入。這種手藝工人，因受粉業的影響，多不願學習，現已衰微了。

五，脚販　在農隙中亦有許多人到龍口販賣魚，米等用品的。而南鄉花生油的出口及由龍口向縣中搬運綠豆，又需要許多脚力。因之，近來載貨的大車甚多，全縣約有五百餘輛，絡繹於途。脚販每日所得，大約二角至四角之數，大車一輛，日可賺洋一元。

六，其他　其他如編箕，斗，燒窰，鑄鑊頭等比較稀少及不重要的副業，這裡不贅述了。

（六）

在招遠因爲農村副業的發達，得錢比較容易的原故，高貸利的情事，這幾年來幾乎是沒有了。在他縣，借錢的利息，據說至少是三分，招遠則不然。如果有抵押品的話，一分五厘算是高的利率了。若相熟悉，一分利即可借到錢的。——這原因大概在有錢者多投資於買賣或買些土地，而貧窮點的人，只要勤苦總可維持生活，而且無大富亦貧，無有力之家在操縱金融的原故。

（七）

招遠雖因農村副業的發達，農村經濟頗見活動；但其衰落的現象亦有不可掩者在。如作用於農村經濟最大的粉業，在民國十六七年時倒閉的很多。鄉人只知道外邊的買賣不好，那知粉條暢銷地的香港，因爲省港罷工，斷條了，影響到他們的粉條業呢？僻處在山谷間的招遠的粉業，握在香港帝國主義者的手中，這是人所夢想不到的罷？然而這是事實。所以近二三年的興盛，只是一時的現象罷了。現在大戰的序幕已開了，香港將如何呢？豈「經濟提攜」眞能使中國經濟來繁榮一下嗎？中國早已不是中國的中國，關心中國問題的人們，放開眼睛，正視着全世界罷！

〔一九三五，十，十七，抄於臨中。〕

8

測量山東青島省市新界經緯度簡略報告

劉朝陽

青島市與山東省即墨縣毗連，向有疆域，皆沿用德人租借時之舊址，以嶗頂及南北高阜爲北界。著名之嶗山即被此界綫分割爲東西兩部。前年冬間，青島市政府爲便於推進政治及保護水源起見，商得山東省政府之同意，並請得行政院之准許，將嶗山全部劃歸市政府管轄，疆域旣改，省市界址自須從新加以勘定矣。

即於勘定新界之後，余與徐君滙平奉命携帶S.O.M.之小型等高儀，W. Brooking 1463 恒星時計及無綫電收報機前往測量此界址之經緯度。按照預定計畫，從新界之西端開始，沿着界河，自西向東，順次在郝家營，歇佛寺，後莊，西葛家夼，峽门廟，姜家土寨六處先後實行測量。計自二十四年九月二十四日起，迄十月十六日止，都凡二十一日。回來後整理推算，又數閱月，現已完全竣工。茲將所得結果列表如下：

	緯度	經度
郝家營小學校院內	$+36^\circ 16' 47''$	$8^h 1^m 48^s.7 = -120^\circ 27' 10''$
歇佛寺北貫通卽墨大路與界河交點	$+36^\circ 18' 58''$	$8^h 1^m 54^s.1 = -120^\circ 28' 32''$
後莊偏東貫通卽墨大路與界河交點	$+36^\circ 19' 22''$	$8^h 1^m 59^s.2 = -120^\circ 29' 48''$
西葛家夼小河與貫通卽墨大路交口	$+36^\circ 20' 6''$	$8^h 2^m 10^s.7 = -120^\circ 32' 41''$
峽口廟院內	$+36^\circ 19' 20''$	$8^h 2^m 19^s.5 = -120^\circ 34' 53''$
姜家土寨河岸	$+36^\circ 18' 54''$	$8^h 2^m 29^s.6 = -120^\circ 37' 24''$

案據青島市工務局所用藍底白線五萬分之一青島市區域全圖，同此六點之經緯度似應如下表所列：

	緯度	經度
郝家營小學校院內	$+36^\circ 16' 43''$	$-120^\circ 26' 31''$
歇佛寺北貫通卽墨大路與界河交點	$+36^\circ 18' 33''$	$-120^\circ 28' 33''$
後莊偏東貫通卽墨大路與界河交點	$+36^\circ 18' 54''$	$-120^\circ 30' 36''$
西葛家夼小河與貫通卽墨大路交口	$+36^\circ 19' 41''$	$-120^\circ 33' 23''$
峽口廟院內	$+36^\circ 18' 49''$	$-120^\circ 35' 22''$
姜家土寨河岸	$+36^\circ 18' 41''$	$-120\ 37' 48''$

此圖經緯度皆以一弧分爲單位，據今所知，殆爲青島市地圖之最詳盡者。就青島市觀象台所在之地點而言，地

圖所標示者頗與向來測用之經緯度密合。惟將上列兩表對照比較，即知彼此相差，為值頗大。計：

	緯度差數	經度差數
郗校	−4"	+39"
歇界	−25"	−1"
後莊界	−28"	−48"
葛界	−25"	−42"
峽劇	−31"	−29"
姜界	−13"	−24"

夫地理學之需要精密地圖，人盡知之。吾國地域廣闊，有計畫之經緯度測量，乃僅於前清康熙朝曾經舉行一次。然測量之儀器與推算之方法，皆古疏而今密，且據現在之理論，經度與緯度二者，在頗長之時間內，皆須發生相當之變化。故觀於上述地圖與實測之相差數值，即知殊有提倡測量以校核通行地圖之必要也。

至於此次測量之詳細經過，整理推算之各種情形以及或然之誤差等等，則將著錄於報告專書內，此書現正編纂中，不久即可付梓矣。

1

國內地理界消息

各省公路狀況

葛啟揚
趙惠人 輯

湘川黔滇公路

—由展築以至改善—

【貴陽通訊】吾國幅員廣袤，對於道路建設，雖年來經朝野人士之努力，頗有突飛猛進之勢。然據最近調查，全國僅有公路八萬四千餘公里，與總理建國方略規定，全國應築碎石路一百萬英里，（合一百六十萬公里）相差甚遠。尤以西南各省地處邊陲，交通阻梗，一切蘊藏之天然富源，不惟未由開發，坐守窮困；而前年朱毛赤匪，利爲淵藪，幸中央軍跟踪追剿，得以漸次蕭清。當時蔣委員長鑒於開發西南交通之重要，刻不容緩，乃在軍次電飭行營公路處，首先趕築湘黔公路，以期逐漸推進，現湘黔路已告完成，更令續築黔滇公路，並整理川黔路之貴北段，及湘黔路之貴東段，爰將各該路工程情形，暨修築計劃，略述如下：

湘黔公路

路線之勘定　查湖南公路局，原定有湘黔湘川兩線，湘黔線自湘潭，經寶慶，辱洪江，而抵芷晃。湘川線自桃源，經沅陵，繞保靖，而至里耶司。前者偏於東南，後者側於西北。且路線所經，山嶺重疊，建築更屬不易。嗣經行營公路處派總工程師李育親往踏勘，並考查其農礦工商各業情形，詳加研究。乃於兩線之間，選得適當比較線，即今自常德，經桃源，沅陵，辰谿，芷江，直達晃縣之線是也。惟常桃間尚有二次渡河，行旅殊感不便，復於傍沅水東岸，重闢新線以避免之。故此次所勘之線，較諸原定路線，優點殊多。

籌劃之經過　該路路線勘定後，行營公路處，即移設沅陵；依據勘定路線，分別測量，估造工程預算，約需洋二百一十萬元，除呈准行營撥補三十萬元外，餘由湖南省政府以建設公債票面三百萬元，向上海銀行團抵借一百八十萬元應用。經費既定，即組織湘黔公路工程處，委湖南建設廳長余籍傳爲主任，一面向湘浙兩省借調技術人員，積極進行。全線共分八段開工，自常德至桃源曰德桃段，桃源至沅陵曰桃沅段，沅陵以上六段，則以數目依次紀之。惟湘西地瘠民貧，對於一切材料及工人食米，採辦運輸，均極困難，乃復在長沙設立辦事處，沿線再添設轉運所，以資接濟。

工程之進行　湘黔公路，自常德之德山起點　以訖玉屏鲇魚舖止，全長四百五十八公里。除石方橋涵招包承做外，土方工程，概以民工爲之，給予津貼，沿線所經，由各縣長兼任督工員，負管理徵工之責。同時動工人數逾萬　佈滿全線，按照程序，次第進行，自去年四月底開工，至同年八月底，全部即告落成。

黔滇公路

今昔之概況　由貴陽經清鎮，平壩而達安順，計程約九十公里，路基路面，均已築成通車。由安順至黃菓樹，約五十五公里，路基已成，路面則大半損壞，在黃菓樹附近一段，坡度甚爲峻急，非人加修整不能通車。由黃菓樹經永甯安南達盤縣　計長約二百五十公里，雖間有曾經修築之處，惟根據工程師勘測報告，不能利用者，居百分之六十五以上，均須另闢新線。卽可利用部分，亦須重加整理。乃由行營公路處，委定黔省建設廳長謝湛溪，兼充黔滇路主任，另行成立兩總段工程事務所，委許名杰鄒岳生兩工程師分主工務，隨測隨築，以圖迅速。土方工程，依照湘黔公路辦法，由沿線及附近各縣徵工辦理，酌給津貼。開山工程，已調北籍工兵隊進行。橋樑涵洞，分別招工承包，預算本年三四月：可完成通車。至羅縣以上，由滇省政府負責修築，亦期於同時完成。

工程及經費　滇黔路為京滇國道之一段，關係重要，修築不容稍緩。惟其路綫，橫跨苗嶺山脈，叢山峻嶺，峭壁巉岩，工程之艱鉅，非其他路綫所可比擬。該路自去年十月間，開始勘測，十一月下旬分段開工，現除盤江以西，尚有三十公里未測完外，餘均已測畢開工。至建築費若照嚴格之公路標準設計，每公里約需一萬元。現因時間短促，經費困難　估擬工程概算，約需洋共九十一萬元。惟黔省財力支絀，此項建築費，大部份須請求中央撥補，中央又因財力困難，僅核准補助四十萬元。故該路工程，只能以經費範圍內計劃施工，現行營公路處及黔省府，均擬設法增補經費，庶得如期完成。

整理各路

東路之整理　貴東路，即湘黔公路黔境一段，除貴陽至平越甘巴哨一段，早經完成通車外。現僅自平越甘巴哨至玉屏之鮎魚舖，與湘黔路湘段啣接，計長四百七十五華里，約有二百五十公里。原由剿匪第二路軍總指揮部成立湘黔路貴東段工程處及督察處，負責修築；劃分四工程處，三十八分段，以軍工，普通工，時工，三種承做。原預算為六十六萬元，由行營直接核發應用。自去年三月興工，至八月三十一日全部趕成。惟因時間急迫，經費不充，對於路綫之選擇，坡度灣道之配置，及橋樑涵洞之設備，均欠完善。故路基雖成，而車行危險　嗣經行營公路處派員勘察，以施秉段之鷄翅膀，鎮遠段之文德關鎮雄關，三穗段之盤山搿水，清溪段仙人橋等處，路綫急坡之大，恒在百分之十五以上至百分之二十五。山坡間廻環綫（俗云電光綫）之灣道，如其半徑之小，則多在五公尺以下至二公尺，實成為一角綫。在銳角灣道之路綫，既帶急坡，而五公尺半徑以下之灣道，其坡度又在百分之十以上，其緊鄰之廻環綫之陡坡側坡陡岸等　在在危險，有改善之必要。至其餘橋涵管溝，須修理之處亦多。乃組織整理貴東路工程事務所　並派北籍石工，先將最危險之文德關，鎮雄關，鷄翅膀，望城坡，各處，着手整理。估計預算，約需十三萬元，現已完竣通車，正繼續測量施秉以西應改路綫，逐步改善。

整理貴北路　貴北路，即川黔公路黔境一段。前貴州省主席周西成，為軍事關係，成立路政局，修築貴赤馬路。路綫由貴陽經息烽，遵義，桐梓，鰼水，以至赤水，修至桐梓後，因黔省政變中止。迨毛光翔主黔，欲溝通川黔兩省交通，乃派前建設廳長竇居仁，與川省會勘路綫，以崇溪河為交點，委公路局副局長劉節光，督修桐崇段工程，以鹽稅附加為經費。去年春蔣委員長急欲完成川黔路，仍委劉氏負責桐崇一段；又由參謀團委派參謀陳克明監修，由陳參議估計預算，轉呈批准，共為十萬餘元。後劉因故羈獄，即由陳參議主持，其中烏江一段，則由駐黔綏靖公署兵工修築，至去年六月，桐崇段土路完成，同時川境一段亦竣，於是由貴陽可以直達重慶。

整理之狀況　本路由貴陽至崇溪河，共長約三六零公里。因地勢險峻，山陵重疊，又以修築過程複雜，工程多不合標準，行車每多危險。嗣經行營公路處，派工程師吳國允踏勘，茲將其報告現狀，節錄如次：（一）貴桐段　該段原未詳細測量，大多依原地形為之，故平地亦多灣道，坡度起伏不定。且路基崩壞過甚，凹凸不平；山坡路綫，多仄狹陡峻，電光綫尤甚，車輛不能轉灣，每須開倒車二次，始能前進。且急峻之灣道，每有峭峻之坡度，乘客過此，無不提心吊膽。至橋涵水溝亦過少，不足排洩水量，其已有者，又多數朽壞。（二）桐崇段，此段係全綫工程最困難處，雖僅一六〇餘華里，而山勢陡峻，道路崎嶇，凡困難之處概未完工。坡度有數處，竟大至百分之二十五，其百分之十七八者，比比也；且大坡度處多急灣，而下山路綫中，又有上坡，益令坡度增大，故根本修理，非加改綫不可。其山勢陡峻，外面無法填土處，所砌駁岸，堆砌頗不合法，致一經大雨，多遭坍塌，至洩水設備之不完全，較貴桐段尤甚。路面僅少數鋪設，橋樑最重要者，為三叉河橋，全長二十公尺，甫經完工，即為大水冲毀無遺，現以木便橋聯絡之，觀此，可約略知其危險情形矣。蔣委員長以此路非急謀改善不可，嚴令行營公路處，及黔省政府，負責改修。乃於去年十月間，組織整理貴北路工程事務所，委貴州建設廳長諶湛溪兼主任，工程師吳國允副之。先修改貴陽桐梓間之烏江北岸路綫，及碼頭與橋涵水溝等工程，則先組測量隊，從事測量，逐段施工。至貴桐段整理工程，自開工後，由諶廳長駐桐督催，數月來，該路工程，已成十分之八九，不日即可全部竣功。

杳西南交通，素稱不便，黔滇兩省，號稱山國，交通更感困難。顧交通建設，不外鐵路航空公路三項。航空運輸，去年京滇綫，雖已開航，但限於載重，不適於一般普通社會之需要，兼之黔滇間氣候不良，雨霧瀰漫，航路常皆梗阻，且常發生危險。公路亦只能便利軍事，及輕工業品之運輸。至於根本之圖，仍有賴於鐵路，邇者川南鐵路，已由當局積極籌備，甚望國人努力協助，促其實現焉。

二五，三，廿八，廿九，申

貴州公路

貴州的公路，最近才開始動工，交通已漸次便利起來了。蔣介石氏鑑於公路之修築，為剿匪的重要條件之一，更積極地加以督促和獎勵，特派行營公路處長曾養甫氏駐貴陽監督道路的事業。依全國經濟委員會的統計，有已完成的汽車道一千八百八十五公里，着手工事的道路一千七百五十三公里，預定線二千八百七十八公里。預定開通的幹路及支路合計三十線左右。

根據民廿四年七月三十日的中華日報，貴州的公路建設狀況如次。

一．貴南幹路（貴州—廣西）自貴陽經龍里、貴定、平越、麻江、都勻、獨山而達廣西，全長二百五十公里。從貴陽到南甯，在本路未完成以前，約需二十餘日，現在縮短為兩天了，此外，有自貴陽到定番的支線約四十公里。

二、貴北幹線（貴州—四川）自貴陽經雜佐、息烽、遵義、桐梓、而至松坎，更通四川的邊境，全長二百六十五公里。貴陽，桐梓間，雖以前已可通車，但自桐梓，松坎至四川邊境，地勢傾斜度大，工事極困難，直至民廿四年六月下旬，汽車才能通行。本線的支路，計有（一）由遵義經紫溪、長幹山、而至仁懷的百十五公里。（二）自遵義經湄山而至溪陽的七十公里。（三）自遵義經火燒，舟潭而至永興場的百十公里等。

三、貴東幹線（貴州—湖南）自貴陽經龍里、貴定、平越、鑪山、黃平、施秉、鎮遠、三穗、清溪、玉屏、出至大魚塘而至湖南邊境，全長三百八十公里。貴陽鑪山間，早已通車。鑪山至湖南邊境的一段，是廿四年七月底才完成的。這一線的支線，計有（一）自馬坪場經平越，甕安而至餘慶的百五十公里。（二）自鎮遠經三穗，天柱，至甕洞的百六十公里。（三）自天柱經錦屏，黎平而達榕江的二百三十公里。

四、貴西幹線（貴州—雲南）由貴陽經清鎮、平壩、安順、而至鎮甯。於此復分為二、其一為自鎮甯經永甯、安南、普安、盤縣、亦資、而至平彝的所謂「貴盤路」。其另一為經募役、貞豐、興義、而通羅盤的所謂「貴興路」。全長七百十餘公里，沿線多高山河流，工事極感困難。在民廿四年十月的時候，僅貴陽、鎮甯間，百卌公里始能通車。本線的支線。計有（一）自者相至貞豐，白層渡的五十公里。（二）自斷橋經關嶺、永甯、安南、普安、盤縣而至勝景關的二百七十公里。（三）自項效經龍廣至安龍，及自安龍至巳林的百四十五公里。（四）自普安經羊場、水城至威甯的二百二十公里等。

湘川公路積極興築

全路分兩段已測量完畢

湘段經費中央已允補助

【長沙特訊】湘川公路為西南腹地，交通幹線，自中央決定興修後，進行甚為積極。路線之在川境者，係由重慶起，經彭水，龔江，潛江，酉陽，秀山，迄湘川之茶洞，現該段已由川省負責測量興工。至路線在湘境者，係由沅陵晉箕壽，經永綏，至茶洞，與川段相合。此段共長二百一十餘公里，約計九十餘萬土方。沿線工程，因高山峻嶺過多，備極艱難，歷經湘省公路局並全國經濟委員會派遣工程師從事測量，

測量完畢　於上月測量完畢，並於沅陵組設湘川路工程處，主持興工事宜。土方一項，由鳳凰，乾城，綏寧，古丈，保靖，永綏六縣徵工辦理，各該縣均甚瘠苦，且壯丁甚少，經人民請求，由原定七十八萬五千個工，減征一半，計三十九萬二千五百個工。

兵工助築　此外尚指定駐防湘西之三十四師陳渠珍部，六十二師鍾光仁部，十五師王東原部，以兵工協助築路。計自本月初開工以來，各縣民工到路工作者，約近萬人，不久即可增到兩萬。該路工程中最艱險之處，為永綏縣屬之矮寨，該地山脈綿亘，此寨較矮，故以矮

名，地勢高出地面一千六百尺，懸崖絕壁，人馬難行。如趙鑿崖石，以取捷徑，則工費需用過多，現改爲順依山勢，從事開鑿，盤旋曲折，約繞十六匝，方可逾越而過。刻工程處正指揮工人，以火藥轟炸，隆隆之聲，震澈山谷。

全部經費 查湘段全部經費，約需二百五十萬元左右，除湘省自籌三分之一外，其餘三分之二，中央允爲補助。現在工程積極進行，當局已迭電中央，從速頒發，以利工事。此外關於工米及食鹽兩項，因沿線均磽薄之區，又交通不甚便利，一旦開工，均感缺乏。現當局除由長沙方面陸續運米前往接濟外；食鹽一項，亦擬減輕稅率，運往救濟云。（四月八日棧）　二五，四，一四，北平晨報

川湘公路

四川段現開始測量

【重慶三日下午七時發專電】川湘公路四川段長約六百公里，測量總隊長張習光率隊離渝赴綦江，預計十一月底完成測量工作，明年四月全段通車。　二四，一〇，四，大公

鄂公路施耒段將先施工

【漢口】鄂省遵蔣令趕修京川公路，除漢宜巴施兩段已通車外，施利施耒兩段亦測勘完竣。茲又奉蔣令，着先修施耒段，巴宜間山險暫出水道運輸。（二日專電）　二四，一二，三，申

川鄂公路

萬縣以下暫利用輪運

【成都航信】川陝・川黔・川康・川湘五大幹線公路，因行營督修綦殷，積極趕築，工程日益緊張。茲聞川鄂公路，原定計劃，係由渝直築至鄂西，接連利川之公路。惟因經費不濟，乃變更原定計劃，四川公路局現已奉到蔣委員長命令，築至萬縣截止，萬縣以下之交通，則仍暫時利用輪運。至於此五大幹路之工程，據悉以川康・川湘兩路所程爲最大，川湘公路原定二百萬元即可修出川境；現在測量竣事，公路局方面據報告，約需五百萬元左右方能完工。因由渝東去，所經綦江，南川，江陵，西陽，秀山，黔江，彭水等縣，多屬崇山峻嶺，工程甚爲艱鉅也。（二月二十七日）　廿五，三，四，大公

宜巴輪渡

鄂省決籌鉅欵辦理啣接漢宜巴施兩路

【武昌通信】鄂建設廳以巴東至恩施一段公路，瞬將全部竣工，施（恩施）利（利川）公路，即將繼行修建，以與川境路線啣接。惟宜昌至巴東一段工程，至爲艱鉅，目前決難興築。現爲謀川鄂公路早日通行起見，決將宜巴一段，暫利用水道，以輪渡聯絡。並決定籌欵三十萬元，建巴宜輪渡，於宜昌巴東兩處，建造碼頭，倉庫，客舍，設置躉船。並向上海訂購每小時速率十三海里之鋼殼輪渡兩艘，以資上下接駁，俾漢（口）宜（昌）巴（東）施（南）兩路，可於短期內，由水道打成一片。刻上項建造輪渡工程，已派員馳往查勘設計，即可實現云。（五日）　（廿四，十一，十，大公報）

四川公路里數表及公路圖

成都至重慶	一・一二七里	成都至中壩	三七〇里
成都至彭縣	九八里	成都至灌縣	一二〇里
成都至崇慶	九〇里	成都至名山	三〇五里
新津至嘉定	二七〇里	廣漢至綿竹	一一〇里
廣漢至遂川	二八三里	綿陽至太和鎮	二六〇里
清川至南部	三六〇里	富順至威遠	一七五里
簡陽至南充	五二〇里	安居壩至安岳	九〇里
遂寧至潼南	一二〇里	西充至廣安	二九五里
綦江至趕水	一〇〇里	萬縣至分水	九〇里

編者案此表見四川月報第二卷第二期，并附有四川汽車公路圖，是民廿二年二月編製的，雖然是昨日黃花，究屬是一個有系統的文字，研究四川現在公路的情形，當然還要以他爲根據的。茲將原表照錄，惟該圖極爲了草，各地位置亦有不符，如潼南置於涪江與嘉陵江合流處因用本會出版地圖底本爲底，轉繪如下：

四川汽車公路圖

研究地理類的文字而沒有地圖，簡直是瞎子沒有了馬杵，雖然也能摸索着走幾步，終究是不能行遠的。本刊最初的宗旨，就決定每期必有幾幅地圖，只以本會編繪的地圖底本沒有印好，現畫起來，太以費事，所以有志終未能行。現在則已印好不少，此後當儘量使用之。本圖即係把甲種第四十號成都幅，及第四十六號貴築幅拼合起來而取其一部分的。比例尺與原圖無異。

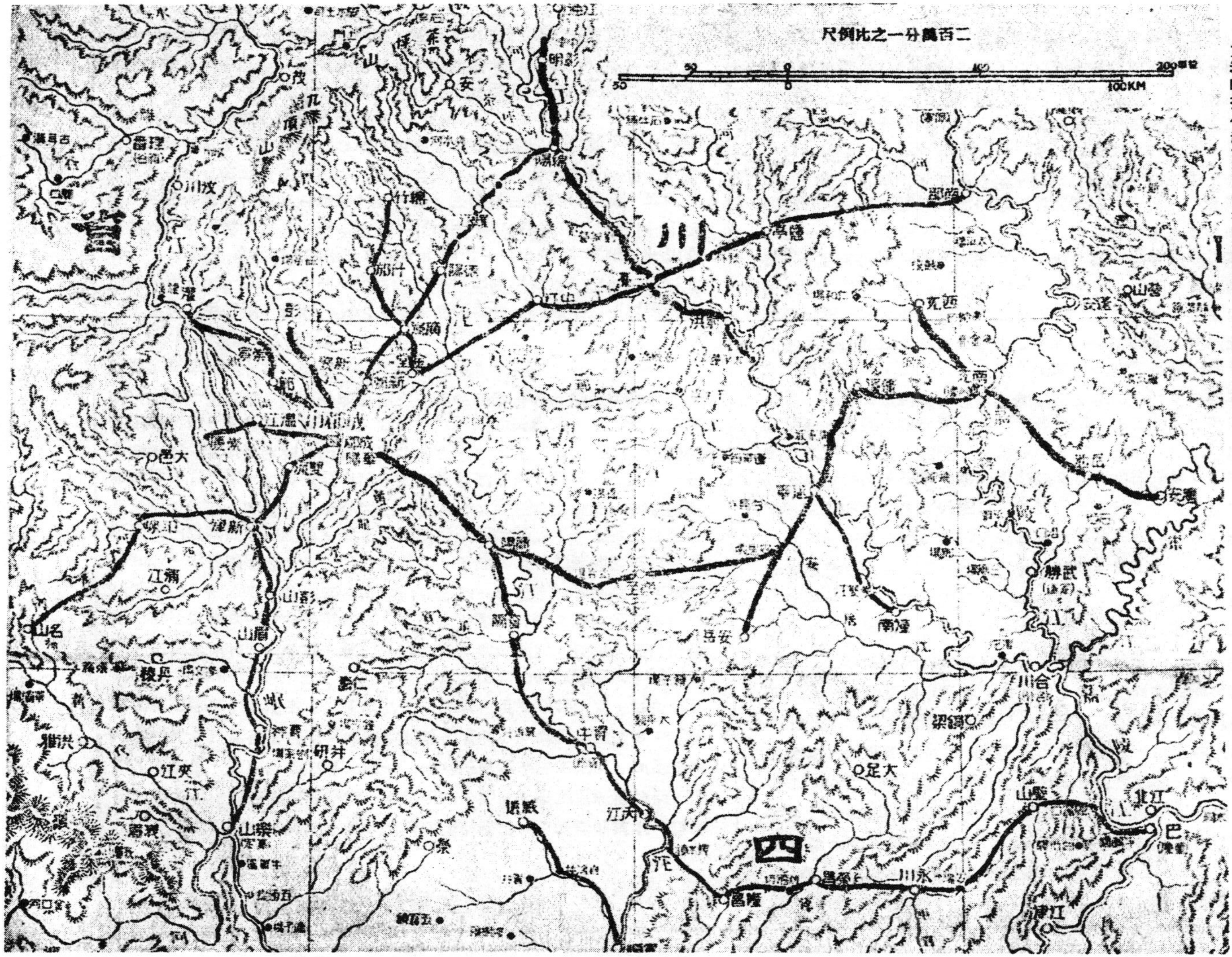

皖公路建設回顧與前瞻

一，前言

安徽已往交通，素稱不便。以皖南徽屬而論，由歙縣至杭州，動輒需十月左右；即由蕪湖至歙縣，亦非數日不達。故徽屬雖素稱富庶，而因交通梗塞，物產不能暢銷，其人民老死不與外界相往來者，更屬數見不鮮之事。不惟皖南如此，其他各地亦大致皆然。最近三載以來，皖省建設當局鑒於交通不便，有礙於地方之開發，故首注意及此，而以全力赴之。其興修路線之決定，係根據三省公路及七省公路兩次會議議決案，先從規定之幹支各線，與毗鄰各省同時着手施工。中間復因軍事關係，迭奉蔣委員長電令加修各路，亦均一一興工修築。至省內縣與縣間之聯絡線，與各縣各鄉公路，亦經考察需要，計劃興修。至負各路修築之責者，另由建設廳設立安徽省公路局，以專責成。重要路線則由公路局派遣工程師組織工程處，會同各縣政府征工修築路基，由省方斟酌情形，予以補助。至橋涵路面等重要工程，非征工所能舉辦者，則由工程處設計自行興修。各縣鄉縣公路，則由建設廳核定路線及工程標準，由各縣興築，間於事先派員督導，事後派員驗收。無論省縣公路，全部工程一經完竣，即分別設立車務管理處招商承租行車營業，其未設管理處及未招商行車公路，軍用車及民營汽車亦常通行。此為皖省修築公路及辦理行車事宜之大概情形也。

二，公路之概況

皖省已成公路，截至二十三年度開始之時止，已鋪路面正式通車之路線，共長五百五十三公里，已成土路通軍用車之路線，共長三千二百七十九公里，總共完成路線計長三千八百三十二公里。迨至二十三年度由省興修路線已成者計長四百七十六公里，未成者計長二百三十一公里，其由省督飭各縣征工自修土路便橋，以備軍用行車之路線，計長六百二十公里。此外尚有業經通車之土路，二十三年度復經省方督飭各縣加工培修者，計長九百零八公里，曾經測勘尚待興工之路線，計長七百八十六公里，茲將各路狀況分別撮述於下：

一，全部完成設站行車各路計有：(1)京蕪路。由京自蘇皖交界經采石，當塗，至蕪湖，長五十四公里，全路橋涵路面均已完成，由商辦汽車公司承租營業。該路東接首都，南連蕪屯路而達皖南重鎮之屯溪，轉屯景路又可直達贛境。(2)宣長路。自宣城經十字舖，廣德縣城至浙皖交界之界牌，計長八十六公里。橋涵路面全部完成，宣廣一段，貨運由宣廣長途汽車公司營業；廣界段客運由浙江公路管理局承租，貨運由廣泗汽車貨運公司承租，分別行車，建廳並擬於二十四年度收回由公路局自辦。該路為宣廣兩縣至浙江要道，商務繁盛，往來貨物頗多。(3)杭徽路。自歙縣經大阜至浙皖交界之昱嶺關，為浙皖兩省聯絡公路，計長六十一公里。橋涵路面完成，為押路修路起見，抑與杭徽路歙昱段汽車公司，貨運由該公司鴻飛公司辦理。該路東接浙省杭昱段公路而至杭州經蕪屯景路而達贛省景德鎮，北經蕪屯路而達蕪湖，關係皖南與浙省交通至鉅，茶葉木材米糧之輸出，食鹽及百貨之輸入，徽屬人士往來滬杭等處，悉以該路為捷徑。(4)京建路。自蘇皖交界之望牛墩經郎溪縣至宣城縣屬之十字舖，為蘇皖聯絡路線，計長三十七公里。橋涵路面全部完成，由蕪屯路車務管理處兼辦行車事宜。(5)屯淳路。自歙昱路大阜接路線至浙皖交界之街口，為浙皖兩省聯絡公路，計長三十七公里。橋涵路面完成，由蕪屯路車務管理處兼辦行車事宜。(6)蕪屯路。由蕪湖經宣城，寧國，績溪，歙縣而達屯溪，計長二百七十三公里。橋涵路面完成，由蕪屯路車務管理處行車。該路為蕪湖至徽屬重要道路，所經各地，均係富庶之區，關於開發皖南，功效至大。屯淳，京建兩路及殷屯路車湯段，（即至黃山一段）屯景路屯祁段，在全路未通車以前，亦由蕪屯路車務管理處暫行兼辦行車。(7)安合路。由安慶至合肥，一百八十五里，高河埠至潛山支線，長四十七公里，由安合路車務管理處行車營業。該路為皖省中部幹道，與省垣繁榮，皖中北貨與長江聯運，及皖西與省會軍運，關係甚鉅。(8)合蚌路。自合肥至蚌埠，一百七十七公里，合肥至巢縣七十三公里，由合蚌路車務管理處行車，嗣因淮南鐵路通車，營業銳減，已將合蚌長途汽車停止，定，鳳兩縣區間車，交各該縣自辦，合巢一段行車事宜，擬於二十四年度歸併安合路車務管理處兼管。(9)合六路。自合肥至六安，長一百零二公里，由合六路振興商辦汽車公司承租營業，最近擬收回自辦，該路沿線人口繁盛，貨甚旺，餘如六安茶，蔴，米糧之出口，布，廣貨之輸入，及皖中剿匪軍事運輸，悉利賴之。(10)殷屯路。自殷家匯經貴池，青陽，石埭，太平至屯溪計長二百五十一公里，北與省殷路啣接，可渡江而達省會，南與蕪屯歙，杭徽，屯淳等路相連而通京，滬，杭及江西景德鎮，爲皖省主要幹道，亦皖南各縣重要聯絡路線，橋涵路基完成。屯溪至貴池路面二百二十四公里，亦經鋪竣，因該段交通重要，急待通車，貴殷段二十七公里路面暫緩鋪築。現已連同省殷路合併組設省屯路車務管理處籌備通車。(11)省殷路。自安慶對江大渡口至殷家匯，計長三十三公里，橋涵路基完成，因該路交通重要，提前通車，路面擬於最近逐步修鋪，已連同殷屯路合組車務管理處設站通車。(12)屯祁路屯祁段。自屯溪經休寧至祁門，長七十公里，路基橋涵完成，路面因軍用緊急，先鋪二分之一厚度，提前通車，現正繼續加鋪足式，暫由無屯路車務管理處行車。

二，土路通車培修通車各路及各軍用路。土路通車各路，計有自蘇皖界之烏江蘇和縣含山至巢縣，自六安經大固店至豫皖交界之葉家集，自滁縣至定遠（滁境尚有十七里在赶修）自六安經青山至霍山；自泗縣經靈璧至固鎮，自臨淮關經鳳陽，蚌埠，洛河，壽縣至正陽關；自滁縣經全椒至和縣；自舒城至霍山，自霍山至諸佛庵；自六霍路之青山至獨山；自宿縣經蒙城至阜陽；自霍邱至葉家集；自來安至滁縣；自六安至石婆店；自蕭縣至宿縣；自阜陽經張村舖至渦陽；自蒙城經張村舖至太和；自懷遠經鳳台至正陽關；自蒙城經界溝集至鳳陽；自阜陽經三里灣至鳳台；自渦陽經佛鎮集至鳳台縣境之啓家橋；自六安由王河至毛坦廠；自舒城桃溪鎮至三河鎮；自豫皖交界宋顏集經亳縣，太和，阜陽，潁上，正陽關至六安；自蚌埠經懷遠，蒙城，渦陽，亳縣，至豫皖交界之亳廟；自宿縣經白善站至豫皖交界之鐵佛寺；自阜陽至豫皖交界之三河尖；自合肥之店埠經梁園，定遠，臨淮關，五河，泗縣至蘇皖交界之許大莊；自正陽關經霍邱至豫皖交界之河口集；自蒙城經龍山鎮啣接渦永路路線，至皖豫交界郭步口；自渦陽經石弓山至豫皖交界之郭步口；自阜陽至豫皖交界之劉興集；自天長經蘇皖交界之象鼻橋而達揚州。以上共計三十三路。軍用路計有：自阜陽經臨泉至豫皖交界之渦陽城；自宿縣至渦陽龍山鎮；自渦陽至新興集；自宿縣至蘇皖交界張家集；自阜陽經臨泉縣境滑集至方家集；自阜陽至臨泉縣境油店集；自臨渙集經白善站至濉溪口；自大固店經麻埠至流波疃，自阜陽至地里城，自臨泉縣經老集，滑集至方家集，自臨泉縣經油店集至艾亭集，自太和經稅子舖豫皖交界首集至豫省周家口，共計十二路。二十三年度培修已通車各路，計有：自正陽關經上至阜陽，自阜陽經太和，亳縣及豫皖交界宋顏集至豫省歸德，自宿縣至蒙城，自蒙城經渦阜兩縣境至太和，自蚌阜經懷遠蒙城渦陽縣境至阜陽，自蒙城至渦陽，亳縣至豫皖交界之薛廟集，自蒙城經渦陽境及郭步口至豫省永城，自蒙城至鳳台，自渦陽至河南永城，自渦陽經鳳鎮集至鳳台，自臨泉經劉興集至河南周家口，共計十一路。

三，現正趕修尚未完工各路，計有：(1)屯景路祁惟段。屯景路皖境屯祁一段業已竣工，具見前節，下餘祁門至葉村橋一段，路基及正式橋涵，業已竣工，正在鋪修路面。葉村橋至贛皖交界之小惟嶺，經加緊趕修，已於本年七月試車。尚有改建便橋兩座，加寬不足寬度之路基，及修鋪路面等工程，均擬於最近趕修完成。(2)安景路，自安慶對江大渡口啣接省殷路經東流，至德而達贛皖交界之石門街，長一百三十四公里。內除東流至至德一段二十二公里土方，曾利用工賑款，由建廳飭由公路局派員督縣興修工竣外。其餘路基土方及正式橋涵等項工程，已由公路局組織安至石兩段工程處分別趕修。(3)舒六路，自安合路舒城縣屬桃溪鎮接線經合肥縣境至六安縣屬三十里舖啣接合六路線而至六安，長四十五公里，路基業於本年度完成，擬即繼續興修橋涵鋪築路面。

三，將來之計劃

皖省公路近年積極赶修，應築幹支各線大半完成。二十四年度路政計劃，現亦經擬訂；擬一面完成已興工暨改善已通車各路，一面赶修應加築各路，以完成公路線網，同時將已成各路設站行車，已通車各路擴充行車設備，以利行旅。所有工務車務之實施，均由建廳督飭公路局依照計劃分別切實遵辦，原計劃計有下列各項：

甲，擬完成已興工各公路，計有：一，安景路各項工程，二，舒六路各項工程，（該路路基完竣已見上節），三，省殷路路面工程，四，殷屯路殷貴一段路面工程（貴屯段路面已鋪竣）五，滁定路滁縣境內未完路基便橋工程。

乙，擬改善各公路，計有：一，安蚌路安合段。自安慶經高河埠，桐城，舒城至合肥，早已通車，安舒間路面，業經鋪築完成，安桐間橋涵亦改建竣工。其桐城至合肥未建之橋涵及舒城至合肥未修鋪之路面，擬於二十四年度分別趕辦。二，安蚌路高太支線，自高河埠經潛山至太湖，高潛一段早已通車，潛太一段被水沖毀之路基和橋，擬於二十四年度整理通車。三，烏巢路。自烏江經和縣，含山至巢縣，路基便橋雖已完成通軍用車，因工程簡略，擬於二十四年度分別改善。四，巢合路。自巢縣至合肥，早已土路通車，擬分別鋪修橋涵路面。五，合六路。自合肥至六安，擬二十四年度將工程分別改善，六，六巢路。擬于二十四年整理路基改善橋涵。七，桃三路。自舒城之桃鎮至三河，業經通車，工程尚有未合標準之處，擬于二十四年度切實整理。八，正亳路。自正陽關經阜陽至亳縣，早通軍用車，因路基便橋均有損壞，二十三年度已經修補，擬于二十四年度赶修完成。

丙，興修各公路，計有：一，蕪青路。自蕪湖經繁昌至青陽，約長一百四十公里，東可啣接京蕪，西可毗連殷屯路殷青段經省殷路而達省會，此路完成可由省會達京滬，已派員查勘，二十四年度擬計劃籌修。二，方立路。自方家集至立煌縣約計三十八公里，前已查勘，因屬匪區，且工欵鉅未及施工，擬即籌欵興修。三，霍立路。自霍山經諸佛庵，南莊畈至立煌縣，約長一百一十五公里。霍山至諸佛庵一段，已修路基尚須整理，橋梁亦待改建，諸佛庵至立煌須新築路線，均擬分別籌修。四，蔣廣路，自盱眙蔣壩經天長至廣家窪，皖段長八十公里，與六天路接線，前已派員勘定，擬即籌修。五，蔣明路。自盱眙蔣壩至明光，約長九十八公里，前已派員勘定，擬即籌修。六，滁六路。自滁縣經蘇皖交界之釆家營至蘇省六合，皖境約長二十八公里前已派員勘定現在已組織工程處興修。七，藏流路。自麻埠至流波鐺，約長四十公里，前已派員勘測，擬卽籌修。

丁，擴充車輛暨延長行車設備各路線，計有：一，安合路。安合一段及高潛支線業已通車，二十四年度擬將潛太段路橋整理通車，並增加全路客貨車輛。二，蕪屯路。自蕪湖至屯溪，二百七十三公里，及京蕪路諸段三十七公里，淳屯路皖段三十七公里，均由蕪屯路車務管理處辦理行車營業。現並擬將宣廣汽車公司承租之宣廣段及浙江公路局與廣泗貨運公司合租之廣界段八十六公里，併歸該處管理，二十四年度並擬增加客貨車，以增收入。三，省祁路。自省會對江大渡口經殷家滙，屯溪，休寧，祁門，而達贛皖交界之小惟嶺，計長三百九十八公里，卽就原修之省殷，殷屯，屯景三路合併爲一線。所有各項公程，除祁門至小惟嶺一段尚在赶修外，其餘均於二十三年度完成。二十四年度擬將未完工程赶修完竣聯合設立省祁路車務管理處，購置車輛，裝設電話，行車營業。四，安至路。自省會對江大渡口經東流，至德遂贛皖交界之石門街，約計一百一十二公里。西與贛省公路啣接；東與省祁路毗連，二十四年度擬赶修完成，設立安至路車務管理處行車營業。五，阜蚌路。阜陽經蒙城，懷遠至蚌埠及蒙城至亳縣公路，早已土路通車，由民營汽車行駛，擬卽收同整頓省辦行車。

戊，整理商辦行車各路線，計有：一，京蕪路原由京蕪路商辦汽車公司承租營業，二十四年度擬督飭切實修養路橋工程，增加各客貨車輛。二，杭徽路歙昱段原係抵押與杭徽路歙昱段汽車公司，二十四年度仍照合同督飭改善。

己，整頓通行軍用車及民營汽車各路：皖北各路向由民營汽車行駛，由民營汽車管理處照章管理，檢驗車輛，頒發牌照，皖西各路前因剿匪軍用時期，由軍用車行駛，二十四年擬將所有民營汽車行駛各路及各軍用路，按各路交通情形與地方之需要，收歸省辦或招商行車，積極整頓。

四結論

總觀皖省公路經最近三年之努力，已大致完成，與江蘇，浙江，河南，江西等鄰省，均有公路可通，多者且達十道左右，至省內路線，如以省會爲出發點，南有省，祁，北有安，合蚌，兩大幹路，其他各路，徊環往復，亦均脉絡相通，客貨運輸，大稱便利。皖省經費，向稱拮据，公路工欵，更無確切來源，而以最短期間，最少數工欵，得有此項成績，頗屬匪易。最近皖省正擬多備車輛，以宏運輸，整理並加修各路，使聯絡益趨完備，若能集有的欵，一一實現將來皖省各路，當更有可觀。（一〇，一五。大公報）

興修屯婺公路

兼可復興屯溪市商業兩省當局派工程師勘測

【歙縣通訊】屯溪原爲徽州商業中心區域，其商業之發展，端賴婺商之分銷。乃兩載以還，邱老金股匪不時出沒於開化，婺源，休寧三縣邊境之間；婺民遭蹂躪者殆難勝計，因之婺民之購買力遂一落千丈，屯市商業因受重大影響。而五嶺爲婺休交通之要道，邱匪不時出沒其間，年來婺商多以此裹足，雖間有繞道婺白杭徽諸路，而入屯溪者，然皆寥寥耳。皖省當局有鑒於斯，前于民二十三年間，即擬於築屯公路全線通車之後，屯婺工路即行開工興築。後以婺源改隸江西之令實行，此議遂致中止；而轉移目標，致有今之屯祁公路之實現。然目下之屯溪商業，較前尤爲衰落，數月前曾有衣業因經營傾扎，屯溪整個之市面幾受影響，後經當局力禁，始未擴大。近來婺休邊境殘匪出沒無常；且因地介兩省，清剿尤爲不易。近皖贛當局感覺欲圖屯市商業之復興，邊境殘匪之清剿，亟謀屯婺公路之籌建，實爲唯一要政。聞當局已擬興建，其計劃仍持民二十三年之原議，由龍灣經五城，黃茅，越扶婁嶺；經大畈，江灣等處，直達婺城。皖省當局已派築屯路工程師江達，於今晨經由杭徽公路，前往婺源，（因省令限本月五日抵達婺源，而自歙由屯溪前往，至少須程兩日，今由杭州轉婺，則一日即可到達，由此可知其屯婺交通之不便矣，）與贛當局所派之工程師協商一切，共測繪工作，約計二週即可竣事，不久當可動工興築云。（四日）

二五，三，十，大公

陝省各段公路建築經過

已完成一千三百餘公里

陝建設廳最近修築及完成之公路計有鳳隴，西荊，漢寧，漢白，咸榆等五線。自興工以還，或限於財力，或阻於匪患，而人工尤爲缺少，甚有遠由外省僱來者。然經艱苦努力之結果，鳳翔路已於去年五月間通車，西荊，漢寧兩線現亦完成，咸榆路已通至鄜縣，漢白路本年四月間當可竣工。茲略述各路興築狀況如下：一鳳隴路，由鳳翔縣起西行，越汧陽，隴縣至隴縣屬之馬鹿鎮止，全長百二十餘公里；於民國二十三年八月中旬開工，費時八九個月，去年五月十日正式舉行通車典禮。該路東聯西鳳公路以達西安，西接天馬公路而通天水，爲由省赴隴南唯一大道。現由公商兩種汽車行駛，陝南藥材多由該路運達西安，分銷各地，各汽車營業狀況，以商家報告多不正確，難以統計，惟公家汽車營業情況尙佳。（二）漢寧路起自南鄭，經褒城，沔縣，寧羌至陝川交界之棋盤關止，全路長百七十餘公里。由南鄭至褒城一段，僅用經委會修築之西漢公路行車，由褒城至寧羌一段，本年一月間完成試車，由褒城至棋盤關則於二月半竣工。此路與四川公路啣接，可以直達成都，共橋樑工程現仍在進行中。（三）西荊路長二百七十餘公里，爲由陝至豫之一大幹路。由西安起東至商南縣之界牌村止，刻已竣工，於三月八日試車，頗爲順利，建設廳定四月一日舉行正式通車典禮，現正積極籌備中。（四）漢白路起自南鄭，東迄白河，與鄂省襄鄖公路聯接，長約四百五十餘公里。由白河至安康一段由鄂建設廳協修，由安康至南鄭段，由陝建設廳修築，中間曾因調用員工趕修西荊，漢寧兩路而兩度停工，至今年二月初復工，現正積極興修，預計四五月間卽可竣工。（五）咸榆路爲關中至陝北之唯一幹路，由咸陽起，經涇陽，三原，耀縣，同官，宜君，中部，洛川，鄜縣，甘泉，膚施，延長，延川，清澗，綏德，米脂等十五縣而達榆林。現已完成三百餘公里，通車至鄜縣，共橋樑涵洞，現尙積極修築中，鄜縣以北各段因匪患未靖，尙未動工。（六）其他各路，有建設廳勘測設計，督促各縣徵工興修者，計有西盩線（由西安至盩厔），原渭線（由渭至三原）均已通車。至經委會主持之西漢路寶漢段，爲關中漢中交通樞紐，卽古之北棧道，本年內亦可完成。由三原西通隴東慶陽之原慶路，亦在隨測隨修，由此可知陝省交通三年來之演進，實足稱許也。

陝省路政

已成公路共有九線客貨運輸不甚發達

【西安通信】年來關于開發西北，中央及地方政府，均在協力積極進行，而尤以交通一項，更爲重視。陝省地當衝要，公路交通，實爲開發西北各省之首要工作，故政府當局連年以來，竭全力以赴之。一面與築全省須要公路，同時加緊修補已成道路，以期運輸暢達。邇者剿匪軍興，公路運輸尤關重要，爰將陝省最近公路情況，調查于後，以饗閱者。

現在路線　陝省現有公路路線，共計九條：（一）西鳳路，由西安起至虢鎮止，經過咸陽・興平・武功・扶風・岐山・鳳翔等地。（二）西潼路，由西安起至潼關止。該路自隴海路車展至西安後，大宗客貨運輸，幾至于無，僅有零星貨物可運。該路經過臨潼・渭南・華縣・敷水・岳鎮等地。（三）西朝路，由西安起至大荔止，經過咸陽・涇陽・三原・富平・興鎮・蒲城等地。（四）西盩路，由西安起至盩厔止，經過斗門鎮・大王店・終南等地。（五）咸榆路，由咸陽起至榆林止，該路因陝北共匪猖獗，僅修至耀縣，但目前通車，只能至宜君同官以北。該路計經過三原・耀縣・同官・宜君・中部，洛川等地。（六）鳳隴路，由鳳翔起至隴縣之馬鹿鎮止，經過汧陽・隴縣・固關等地。該路終點站馬鹿鎮，爲陝甘交界之處，由天水至馬鹿鎮之天馬公路修竣後，卽與鳳隴路啣接，直通甘境，故該路實爲通隴南之要道。（七）原渭路，由三原起至渭南止。（八）潼大路，由大荔起經過朝邑至潼關止。（九）西藍路，由西安起經過新街鎮至藍田止。

管理情形　陝省已成公路，所有養路及車輛管理等事宜，均由汽車管理局負責辦理。該局刻設有護路工警隊一大隊，下分路工三部每部四十人，路警一部共約三十人。路工專司修補路面損壞，路警專司保護行車安全，維持各站秩序，及沿途巡查路面工作。至于車輛數目，統計全省現僅有公營長途客車及行駛西安市內之公共汽車共十五輛，貨車十三輛；刻下正在裝置之公共汽車，尚有十二輛，總共四十輛。而參加營業之商車，計客車約四十輛，貨車九十輛，以上公營及商營車輛，共約一百三十輛。公商營車輛，行駛各路營業時，均由汽車管理局負責設立之車站代爲售票，並裝載客貨，依次開行。惟各公路營業方面，實無甚大發展，計二十三年全年各路客貨運如下：（一）運客約十二萬二千數百人。（二）貨運約二千六百七十四萬四千八百數十華斤。二十四年上半年各路客貨運，計（一）客運約三萬一千餘人。（二）貨運約六百七十九萬六千四百餘華斤。各路客貨運，以西鳳等路爲最佳，西朝西盩等路則甚平平也。（四日）　廿四，十一，八，大公

西漢公路加工趕築中

寶鷄鳳縣段下月通車

三原淳化間公路修竣

【西安通信】年來開發西北呼聲，高唱入雲，最近又値剿匪軍事緊張時期，陝省各項交通建設，需要旣殷，進行甚力。而西（安）漢（中）及三（原）慶（陽）二公路，發展尤速，茲將詳情探誌如下。

西漢公路　爲西安至漢中唯一之孔道，關係溝通關中與陝南之交通，非常重要，故蔣委員長下令限於十一月底竣工通車。經委會公路處副處長趙祖康，以工事緊張，日前特親赴寶鷄視察，並督促各段工程人員，加工緊作，因此全線工程，日來進展頗速。該路第七批工人一千三百五十人，於十八日由豫到陝，當日下午卽往寶鷄工地，加入工作。其所需用之築路材料，刻正以汽車二十輛轉運，異常忙碌。該路寶（鷄）鳳（縣）段，下月初通車　已無問題。經委會爲增加工事速率，期早完成起見，並派技士鄭在校，曲宗邦二人，赴寶鷄監工，業於十九日由西安首途前往。又經委會以該路沿線地質情形，有關工程進展，特派地質專家林文英西來考察，日內即赴寶鷄等縣沿線地方，作詳密之研究。

原慶公路　爲渭北三原通隴東慶陽之交通要道，關係陝甘省際運輸，至爲重要。但路線所經之栒邑，淳化一帶，山地特多，匪徒最易潛伏。陝建設廳長雷寶華氏，有鑒於此，今春曾派工程師竇敬亭，作兩次勘測，始測至陝邊。嗣因沿途障碍甚多，兼之陝南各公路工程緊張，人力財力，俱不易集中，故暫行延擱。自警備第三旅月前由三原開拔栒，淳一帶駐防，將黃子文股匪擊潰出境後。該旅長孫友仁鑒于該地交通不便，有碍軍運，特令所部兵工修築原慶公路三（原）淳（化）段。施工以來，進行順利，業于日前竣工，現在乘汽車由三原出發，已可直達淳化，並經通車數次矣。（廿四，十，廿六，大公報）

通訊一束（六二——六六）

六二

禹貢學會勛鑒：頃接惠賜關於先父之文字十冊，及貴會刊物一本，會章入會證各數份，足見貴會對前人事跡不憚煩勞，竭力闡揚，詰誦讀之餘，感激莫名。惟顧先生未親歷河套，對先父事實因道路傳聞，不確之處甚多，希望顧先生于有暇之時親臨河套一行，將此間歷史之沿革，水利之過程，詳爲考查，介紹于全國父老之前，俾資明瞭河套近百年史，而鼓勵有志之士到邊疆來。詰尊身居河套有年，願爲嚮導。且家中存有先父在世時所繪之河套河流水渠變革草圖，尚未整理就緒，顧先生臨套時亦可作爲參考也。今聯合同志王親臣君，願爲貴會會員一分子，並寄上入會證兩份，望祈驗查。乘此新歲，敬祝貴刊萬歲！

王詰敬上。一月三十一號。

案：本會實地調查工作，久有計畫，惟以費絀未能實現。今承王樂愚先生寵招，許爲嚮導，並出示各種材料，不勝欣幸。本會會員聞此，願加入者不少，或可於本年暑假之初，組織旅行團到五原也。

六三

頡剛先生鈞鑒：誦讀尊著王同春開發河套記，其意甚善。惟先生未能親身到河套視察，藉悉人民對先父之意，及先父在河套六十年之歷史，只就同綏傳聞寫出，以致不確實之處甚多。希望先生有暇親臨河套一行，將此間水利情形及墾荒歷史介紹於社會，以鼓勵有志之士到邊疆去，爲人民謀出路，而救濟內地人民之失業，誠爲最善之辦法也。再以詰預測，今年黃河流域水災必較去年更要加重，謹述詰在綏廿年之經驗，及先父在世時之訓示，西北雨量氣候水利今昔情形，得知今後黃河流域水災逐年有加重之虞之原因數條於下。惟詰才疏學淺，不善爲文，敬祈先生以導師地位加以修裁，將此段爲人民呼籲文字介紹於大公報社，公諸社會，以喚起政府及黃河流域父老之注意，早爲懇請中央，發行大宗公債，於此初春早爲徵工建築黃河兩岸堤防，庶免伏汛黃河潰決成災，人民被淹，慘遭流離，仍蹈去年之覆轍，以加重國難也。此問刻安。

王詰敬上。二月十八日。

嘗先父在世時，曾爲詰訓論，謂西北氣候自光緒三十年以來，逐年變暖，在該年以前，綏西冬季地凍在四尺以上；至民國十年已逐漸減至三尺二三寸矣。近年西北氣候轉變更爲迅速。即以清明節種麥論，民國廿年以前，淸明前十日爲下種期，是後遂變爲前十五日矣。且從前綏區春季向少雨量，而自二十一年以後亦間有之。西北夏秋天氣原本涼爽，雨量較冀魯豫各省爲少，各山溝山洪暴發入黃，事所罕觀，所有者只數河流耳；而自二十二年以來，因天氣轉變，雨量大增，山洪入黃之溝河繁多，加以黃河發源之崑崙冰山亦因氣候變暖，冰山溶化，洶湧匯入黃河，以致綏區黃河兩岸及冀魯豫各省沿河低凹處，每逢伏汛黃水盛漲，溢出岸外之事甚多，泛濫橫流，慘遭水災之人民難以數計。茲更將黃河成災之原因分條述之：

一、西北氣候較往昔炎熱，遙望黃河發源之青海冰山，在立夏節以後卽時顯黃色，入伏天後六七月間更長爲黃色。（按冰山顯青色，示天冷冰結；顯黃色，示冰消化，水下流。）因冰山溶化之水盡匯入黃，以致黃河槽內水位較往昔增高；如更逢天雨，勢必盛漲，溢出岸外。

二、近年西北因天氣轉變，不但冰山溶化，黃河水位增高，卽雨量亦較昔增多，而以二十四年爲尤甚。雨量加多，故黃河兩岸山溝河壕時發洪水，而此洪水十之八九均匯入黃河。往昔西北雨量缺少，每年夏秋之際雖間有大雨，但山洪因在山溝內被石沙阻礙，流出山至平地再經灘壩等種種阻礙，能流入黃河者甚微。自二十三四年天暖雨多，各溝壕屢經冲刷，積二年之久，遂致較二十二年以前刷深在二尺左右，而水流速度亦復增快。按二十二年前，陰山內清晨降雨，須至下午三四點鐘方能流至河內；近兩年來，則早晨降雨，卽于午前急流入黃河矣。不但時間較前縮短，卽水分消耗亦爲減少，再加以各溝壕內之石沙灘壩等阻礙物盡被冲刷，所餘無幾，是以水量流速因而激增，以致黃河上下游之水在入夏後卽常常發生盛漲漫溢之事。

三、綏寧交界處，時有西北風將外蒙古大戈壁之沙吹入黃河，順水下流，沈澱淤積，各處河底俱有增高之勢，故動輒有決口之事發生。

有此三個原因，預測今年黃河水位只有增高，不能減低，再逢雨季黃河盛漲，綏冀豫魯四省沿河各縣村莊勢必發生決口被淹之事。況綏省黃河河槽俱係黃沙土質，無有固定槽床，每次水漲皆有變動，重以河入晉界，山嶺叢雜，水道狹隘，難洩鉅量之水，綏境黃河水位被阻增高；以故每逢伏汛黃水盛漲時，自托縣以西，托薩包安五臨各縣境內，沿河低凹溝渠處，最易溢出岸外，氾濫成災，去年兩岸村莊地畝青苗淹沒殆盡。若不早爲建堤防護，今年仍難倖免。且冀魯豫三省黃河河身皆高出地面數尺，此固爲過去自外取土築堤之害，而亦以綏區流沙隨伏水流往各省，沈澱河底，遂致年年增高。每逢晉南陝北降雨，洪水所至，各該省境內沿河低凹堤防不固之處，一經潰決，被淹之區卽極廣大。人民慘受水災，流離之狀，目不忍睹。若不乘此初春，籲懇政府發行大宗公債，預爲徵工築堤，防備潰決，勢必仍現去年之災象以加重國難，惟當世明達善爲圖之。

案：樂璺先生此函，俱依徵驗，語重心長，誠爲曲突徙薪之至計。本會接此函後，卽遵來命，鈔寄大公報社，已由報社本此意演爲一文，登載三月二十六日社論欄，題曰「愼防今年之黃河」，想能激起國人之注意。惟近年災患過多，衣食所需已皇皇然慨難給，安能有羨餘之氣力與遠大之眼光，作未雨綢繆之策畫乎！雖然，聽者雖藐藐而言者不可不諄諄，爲欲助樂璺先生之叫呼，故將原函重行刊載，願凡讀本刊者悉懍懍於此，遞爲輿論，以促政府之覺悟，愼毋使彼不幸而言中也！

六四

頡剛我師：杭寄尊書已於日昨收得，藉悉太老師偶感不適，至深念念。此種病症往往冬季加劇，春初和暖則好。目下天氣已暖，諒近來已平復矣。長城專號期於暑假中刊出，其細目當如下：

一，齊長城：

(一)建置年代，

(二)經行道里。

二，楚方城：

(一)方城名稱之由來，

(二)經行道里，

(三)建置年代。

三，魏長城：

(一)西長城（建置年代及經行之地在內），

(二)東長城（建置年代及經行之地在內），

(三)韓有無長城辯。

四，趙長城：

(一)西北長城（建置年代及經行之地在內），

(二)東長城（建置年代及經行之地在內），

(三)附論中山長城（建置年代及經行之地在內）。

五，燕長城：

(一)南長城（建置年代及經行之地在內），

(二)北長城（建置年代及經行之地在內）。

六，秦長城：

(一)戰國時秦長城（建置年代及經行之地在內），

(二)始皇長城：

(1)始皇長城與戰國時秦城之關係，

(2)始皇長城與趙長城之關係，

(3)始皇長城與燕長城之關係。

所論古代長城大體若斯，其中詳目屆時自不能無所增減。所自愧者，即當時築城之情形及關隘之設置多不能考，柰何！暑假期內定入不住居，特不知交通史編著將分心否耶？專此，即請撰安。

學生張維華敬上。　三月二十六日。

六五

頡剛師：

前在城中往故宮圖書館閱書，檢得順治九年通城縣志（康熙十一年增刊本）閱之，其中並無錫山一名九宮山亦名羅公山之說，即可証同治縣志之杜撰。故九宮山一問題殆已可謂解決矣。邇來朋好間如吳春晗先生及楊拱辰史念海諸兄代爲覓得九宮山不在通城之証據甚多，以此問題已解決，似不必再贅論矣。惟明通鑑附編二下頁七亦有關於李自成死地之考異（此蒙吳春晗先生及楊拱辰兄示知），亦謂九宮山實隸通山，此可爲業考証之先導也。然通鑑謂九宮山爲通城之交界，則大誤！九宮山決不在通城之交界也（一查沿革地圖即知）。明通鑑又謂明史並未嘗至通城之九宮山，明史未誤，而是其他諸書誤，則亦失之爲前史彌縫：吾人明知流寇傳之說取自綏寇紀略，案之綏寇紀略，則實以九宮山爲在通城也（唐王傳之文自是未誤）。

至自成死地，據之明清官書（何騰蛟及郭維經疏並東華錄等），皆謂死於九宮山（前引何氏疏文誤「九宮」二字爲「羅公」），其地在湖北江西之交界，適南明與淸兩方勢力之衝突點也。李氏之被迫而死，在初時不惟淸人不敢自信，即明人亦不敢自信，故自成死於湖南之說仍有相當之理由也。（羅公山一說即從此起。）

遍考流寇史事，以明淸間諸書互勘，知其衝突特甚，甚至有完全相反之說（如劉宗敏之死竟至四次），信史之謂何？近人謂經史皆實錄，不應懷疑，此非抹煞一切之証據，烏能有此武斷之結論耶！

又近讀鄭鴻聲先生「應如何從歷史敎學上發揚中華民族之精神」一文，根據路史國名紀帝鴻後盤姓國有三危一証，斷定中藏民族同祖。案三危是否即今藏族，姑且不論；即路史此條所謂三危亦即三苗之分化。尙書云：「竄三苗于三危。」路史以驩兜驩朱崇山分爲三國，與三苗三危並屬之帝鴻氏之後盤姓之國，此路史作者之化身式造古史法也。案山海經海外南經：「驩頭國一曰驩朱國」，是驩兜即驩朱。尙書云：「放驩兜于崇山」，是崇山之國即驩兜之國。三苗據山海經爲顓頊之後（大荒北經），據左傳（文十八年）爲縉雲氏之後（姑認饕餮即三苗），三苗何得爲帝鴻氏之後（路史復以縉雲氏爲帝鴻氏之後，蓋亦自知其說之不可通，而更造僞說以圓之也）？蓋自高誘注淮南子始以帝鴻氏之裔渾敦，少皞氏之裔窮奇，縉雲氏之裔饕餮，三族之苗裔釋三苗；路史之說似即衍高說而更誤也。研究古史實當注意于傳說之演變，苟不作此番功夫，則觸處作繭矣。

童書業拜上。　二月六日。

六六

起潛先生鑒：奉二十三日手示，敬悉。茲復如下：

（一）實四兄已將方輿紀要校完十册，可敬可佩！弟因忙於各事，又移寫段校集韻，故已作輟。俟十册寄來，當將北直全分寄上，請賓四兄續校。假以時日，必可告成，謹以奉託。商務頗有影印原稿之意，弟亦不吝，但總以校出一部爲正辦。因校改朱墨筆迹，不易影印，恐失眞相也。以後續有題識，可書於每册之首尾。

（二）承影示景范先生書札墨迹，狂喜之至。如此則可決定總叙後所題一行（所題爲「兩叙及總叙兩篇俱要刻」云云），是顧先生親筆。卷中尙有添注者數十處，在雲貴册中，愈後則或不成字，蓋已病癈矣。弟向以爲卷中朱墨筆皆及門所書，但經顧先生病中鑒定，蓋不謬也。近又考得助顧先生成此書者，尙有馬君調爲世奇之孫，在丙午本凡例所書六人之外。

（三）臧批古文尙書撰異請留案頭，俟校畢再還，勿急急。弟藏楊惺吾氏藝綏閣傳抄日本古卷子唐寫本古文尙書，即羅雪堂所惜爲人奪俱亡者，記有九篇，今日歸家當檢出郵寄，以助吾兄校勘。

（四）近日所購各件，以海豐吳氏所藏鐘鼎款識拓本，即攈古錄底本二十二巨册爲最佳，不知吾兄已見過否？

（五）弟助禹貢學會購書費壹百元，又蔣女士定報費，一併由敝行滙奉，乞收。

即頌著安。頡剛先生希致意道謝。

弟景葵頓首。二十五年二月二十六日。

贈書志謝

自本年四月十一日至二十五日本會收到下列贈書，敬祓書名，藉申謝悃。

杜明甫先生贈：

蜀道驛程記二卷一冊　王士禎著　康熙刻本

詩地理考略二卷一冊　尹繼美著　同治丙寅刻本

臺灣小志一卷一冊　虛白主人著　光緒十年管可壽齋刻本

黃縣全圖二十幅　黃縣修志局許貢彩測繪　民國二十一年印

龍口市全圖一幅　仝上　仝上

丁驌先生贈：

Atlas of the Chinese Empire: The China Inland Mission, London, 1908

傅沅叔先生贈：

衡廬日錄，南嶽游記一冊　傅增湘著　民國二十四年刊本

漳州薌源中學學生文史地學會贈：

方隅見聞彙編一冊　漳州薌源中學學生文史地學會編　民國廿五年三月出版

吳玉年先生贈：

西藏六十年大事記一冊　朱錦屏（繡）編　民國十九年排印本

藏語一冊　何藻翔著　宣統二年上海廣智書局初版

翁國樑先生贈：

漳州史蹟（福建文化叢書）一冊　翁國樑著　福建協和大學福建文化研究會民國廿四年十二月初版

綏遠農林試驗場贈：

綏遠省農林試驗場作業報告書一冊　民國二十三年出版

錢塘江橋工程處贈：

錢塘江橋開工紀念刊一冊　民國二十三年出版

開發西北協會贈：

喇嘛教之寺院佛像與喇嘛僧之等級一冊　王文萱著　民國廿五年出版

南京市工務局贈：

黃河石頭莊馮樓堵口工程實錄一冊　宋希尚著　民國廿四年排印本

膠濟鐵路管理局贈：

膠濟鐵路旅行指南一冊　民國二十年出版

膠濟鐵路旅行指南第二期一冊　膠濟鐵路管理局總務處編查課編輯　民國廿三年八月出版

河北博物院贈：

天津樊文卿先生畿輔碑目二卷畿輔待訪碑目二卷合一冊　樊彬輯　民國廿四年河北博物院印本

北平圖書館贈：

中國河渠水利工程書目一冊　茅乃文編　民國廿四年排印本

國立北平圖書館籌賑水災展覽會水利圖書目錄一冊　補遺一摺　民國廿四年十月北平圖書館排印本

鄭德坤先生贈：

山西村政彙編八卷四冊　山西省政府村政處編　民國十七年鉛本印

修正村長副須知一冊　仝上　仝上

修正人民須知家庭須知合一冊　仝上　仝上

山西六政三事彙編六卷四冊　仝上　民國十八年鉛印本

村村無訟家家有餘計畫書一冊　仝上　鉛印本

村民會議通則一冊　仝上　民國十八年鉛印本

鑿泉淺說一冊　仝上　仝上

經濟統計一冊（中華民國十五年份）　上海銀行週報社編纂　民國十五年鉛印本

建設公報二冊　建設委員會編　鉛印本

第二期一冊　十八年四月出版

第六期一冊　十九年一月出版

出版者：禹貢學會。
編輯者：顧頡剛，馮家昇。
出版日期：每月一日，十六日。
發行所：北平成府蔣家胡同三號禹貢學會。
印刷者：北平成府引得校印所。

禹貢

半月刊

價目：每期零售洋貳角。預定半年十二期，洋壹圓伍角，郵費壹角伍分；全年二十四期，洋叁圓，郵費叁角。國外全年郵費貳圓肆角。

The Chinese Historical Geography

Semi-monthly Magazine

Vol. V, No. 6, Total No. 54 May 16th 1936

Address: 3 Chiang-Chia Hutung, Cheng-Fu, Peiping, China

第五卷 第六期

民國二十五年五月十六日出版

（總數第五十四期）

內政部登記證警字第叁肆陸壹號　中華郵政特准掛號認為新聞紙類

本會紀事（十四）

本會會員馮培棠先生，字紹伯，久任保定培德中學教席，精研古代民族地理問題，前昨二年曾將關於禹貢及鄒衍學說之論文多篇分載本刊，為讀者所久欽。不幸去年夏間患腸結核症，纏綿牀蓐逾半載許，竟於上月在滿城原籍去世。同人聞之，不勝哀悼，擬在本刊中稍盡紀念之方。如有詳知其平生學行，藏有其未刊著述者，均請錄寄為感。又本會會員陳兢先生，字彥文，肄業燕京大學研究院歷史學系，於史籍致力彌勤；正期其為本刊盡力，不料今春突患急性肺病，入院診治無效，於本月三日逝世。好學短命，同致無窮之傷悼。此啓。

本會紀事（十五）

本會承翁詠霓先生之介，蒙國民政府行政院補助國幣伍百元正，除按照向章提出一部分購買圖書存儲本會永作紀念外，特此鳴謝。所購圖書計為：

綏遠奏議　八冊　清貽穀著　排印本
墾務奏議　八冊　清貽穀著　排印本
統籌滿洲方略（一名東省安危關係全國論）　一冊　方光著　民國二年二月排印本
內蒙古紀要　一冊　花楞著　民國五年排印本
中俄界約斠注六卷　二冊　清錢恂著　清光緒廿年刊本　有姚大榮先生批校
東三省修改俄約調查案　六冊　謄寫板本
龍江公牘存略　一冊　何煜南著　民國六年排印本
臺灣土地制度考查報告書　二冊　程家穎輯　民國三年排印本
亞東南形勢道里圖三張　傅崇榘繪　清光緒二十七年刊本
前後蒙古紀事本末四卷　四冊　韓善徵輯　清光緒三十年石印本
東三省之過去現在與未來　一冊　霍殷著　民國十五年北平民國大學排印本
衛藏道里最新考　一冊　張其勤著　清光緒三十三年排印本
光緒勘定西北邊界俄文譯漢圖二張　清許景澄譯繪　清光緒二十年印本
新疆芻議　一冊　楊纘緒著　民國四年排印本
昭烏達盟紀略　一冊　周正朝著　民國二年石印本

禹貢第五卷第七期目錄豫告（二十五年六月一日出版）

本刊總經售處：北平景山東街十七號景山書社　南京太平街新生命書局

本刊代售處

北平北京大學研究院楊向奎先生
北平燕京大學史學系侯仁之先生
北平輔仁大學史學系史念海先生
北平清華大學史學系吳春晗先生
北平北平圖書館王以中先生
北平隆福寺街文奎堂書舖
北平隆福寺街文殿閣書舖
北平琉璃廠實德堂書舖
北平琉璃廠來薰閣書舖
北平琉璃廠新生命書局
北平琉璃廠人文書店
北平東安市場佩文齋書舖
北平東安市場新智書局
北平東安市場岐山書社
北平東安市場福華書社
北平西四牌樓南丹明慶文具店
北平西單商場知行書局
北平成府競進分社
天津法租界二十六號路世界圖書局
天津南開中學前會友書局
濟南濟南雜誌社
濟南西門大街東方書社
太原樓兒底覺民書報社
開封新書業街龍文書莊
南京中央大學門前鐘山書局
南京太平路花牌樓書店
南京太平路正中書局
上海四馬路開明書店
上海五馬路亞東圖書館
上海四馬路上海雜誌公司
上海福州路生活書店
蘇州五卅路國學小書堆
安慶安徽大學李貫英先生
廈門思明路生活書店
漢口湖北街良友公司史天行先生
南昌中山路南昌書局
武昌橫街頭新生命書局
武昌察院坡亞新地學社
長沙府正街金城圖書局
重慶售珠市北新書局
重慶天主堂街重慶書店
重慶商業場西二街今日出版合作社
萬縣環城一馬路世界圖書
成都少城祠堂街開明書店
廣州中山大學道紹良先生
廣州中山大學楊成志先生
廣州東山學海書院譚其驤先生
廣州文德路廣東省立編印局
廣州永漢路上海雜誌公司廣州支店
西安大公報西安分館
綏遠楊家巷十二號綏遠新聞社
日本京都中京區業文堂書店

日人對於我東北的研究近狀

馮家昇

我曾在禹貢第二卷第十期寫過一篇東北史地研究之已有成績，專述日人從文獻方面對於我國東北古史地的研究。在燕京學報第十九期上，我又寫了一篇日人在東北的考古，專從考古方面觀察日人對於我東北的研究。今次我寫這一篇關於日人對於東北的研究近狀，專從現代社會，經濟，土俗，地理，外交等方面着眼。

日本經營我東北有兩大機關：一是南滿洲鐵道株式會社；一是關東廳；其對於我東北的研究也是以這兩大機關爲樞紐；如滿鐵調查課最浩瀚的調查資料，參謀本部最精密的實測地圖，這大概已爲大家周知的事實。除此兩大機關外，居留東北的日人和在日本的日人都有很大的努力，自然也應一併敘入。

第一要注意他們的現代地志及地圖：因爲這兩項特別對於軍事政治是有深切關係的。最早在明治二十七年(1894)，當中日之戰時，日本陸軍參謀本部編有一册滿洲地誌，其中關於山川險要的紀載特別顯明，商務印書館光緒三十三年的譯本即此。明治三十九年(1906)，日俄戰後，中野二郎把俄國大藏省編的滿洲通志譯成日文，此書於交通，水運，陸運以及東北三省全部的山脈水系作概括的敘述。四十年(1907)，陸軍中佐守田利遠又著滿洲地誌三册，附圖一册，參合中俄書籍及中日和日俄戰爭兩次的實地探查，自然比前二書詳盡了。但最好的一部書要算明治四十五年(1912)，關東都督府所編的滿洲誌，這書係根據四五年的精詳探查及其他報告而成。內容分五部：一般誌四册，地方誌七册，接壤地方誌三册，道路誌一册，關東州誌一册，總共十六册，一萬餘頁。這書可以說集軍用地理智識之大成，有許多秘密稿本，外間頗不易得。但因體製過鉅，翻檢不易。大正八年(1919)朝鮮及滿洲社特由是書縮編而成滿洲地誌二册。在這幾年間，同時並出版關於一般的或經濟的地理書；如大正二年（1913）泉廉治的吉林省誌第一輯，六年(1017)外務省譯的東清鐵道廳所編的北滿洲，大河原厚人譯的東清鐵道商業部所編的吉林省，八年(1919)滿鐵調查課中野竹四郎大谷彌十次編的吉林省及黑龍江省，前一書已列入滿鐵調查報告書第四，後一書分龍江道，綏蘭道，黑河道已列入滿鐵調查報告書第五，第六及第十一。至於熱河方面，明治二十七八年之間，陸軍參謀本部曾編過蒙古誌一冊；四十一年(1908)，關東都督府陸軍經理部出版四冊東蒙古誌。這書與滿洲誌堪稱姊妹篇，其注意點爲交通及險要，根據好幾年的實地探查而編成的。但因卷帙浩繁，翻檢不易，大正三年(1914)又縮編成一冊東蒙古。五年(1916)中島竦氏編一冊蒙古通誌，是參合各書，爲一般的敍述。八年(1919)栢原孝久濱田純一二氏著蒙古地誌三冊。十一年(1922)滿鐵調查課出版滿蒙全書七冊，內容十分充實，不惟關於地理且關於歷史，但稍失之繁冗。

關於地圖方面，滿鐵及滿蒙文化協會有不少的東西出版，但不見十分精密，而最精密的要算參謀本部陸軍測量部所繪的地圖。今據太田喜久雄所著的中華民國及滿洲國疆域圖製作過程(東方學報第六冊單印本)，將其各著名地圖列下以備參考。

(1)最近西伯利亞經濟地圖 十六圖 大正八年(1919)，外交時報社製。

(2)滿蒙西比利亞地圖 縮尺1:2,000,000．大正十二年(1823)滿鐵調查課繪。

(3)露領沿海地方及接壤地方圖 縮尺1:2,000,000．大正十二年(1923)滿鐵調查課製。

(4)南滿洲地質略圖 縮尺1:3,000,000．大正十三年(1924)滿鐵地質調查所製。

(5)滿洲地質圖幅 縮尺1:400,000． 大正十四年(1925)至昭和七年(1932)。

大連，大孤山，營口三地於大正十四年完成。

鳳凰城，公主嶺，桓仁三地於昭和三年完成。

奉天，吉林，豆滿江三地於昭和七年完成。

(6)中華民國大地圖及滿洲國圖 附索引，縮尺1:2,600,000，昭和七年(1932)東亞同文會調查編纂部製。

(7)滿洲國地圖 五十四圖，縮尺 1:500,000，昭和七年(1932)陸地測量部製。

(8)滿洲國地圖 縮尺1:100,000，

(9)滿洲國地圖 縮尺1:200,000，

上二圖昭和七年(1932)陸地測量部製

(10)滿洲國局地圖 縮尺1:200,000，

(11)滿洲國一般圖　縮尺1:100,000.

(12)滿洲國一般圖　縮尺1:200,000.

上三圖也是昭和七年(1932)陸地測量部製的。

(13)滿洲國輿地圖　四圖　縮尺1:1,000,000.　昭和八年(1933)陸地測量部製。

(14)大滿洲國詳圖　縮尺1:2,000,000.　昭和八年(1933)小林又七製。

(15)滿洲帝國新行政區域劃圖　「滿洲國」康德元年總務廳製。

日本關於東北的地圖，最初是抄襲自俄圖，日俄戰後始自行繪製，但不大精密，不及俄圖遠甚。自大正以後，陸軍參謀本部屢屢實地測繪，始脫出俄圖之範圍。昭和以來，其精密已遠過於俄圖矣。

第二要注意他們的各種調查報告：因爲這是日人實際的工作，也是他們希望實現的計畫。如森林，礦山，交通，土地，墾務，法制，土俗，租稅，幣制等等爲東北現代史的最好資料。關于此方面的努力以滿鐵調查課爲中心，此外如關東廳，滿蒙研究會以及其他團體自然也有重要的貢獻。滿鐵株式會社之在我東北，如英印度公司之在印度，它不但含有經濟的性質，並且具有政治的意味。這是大家周知的，亦爲國際聯盟調查團所證實的。所以這個機關是以研究調查爲手段，而以實現爲目的。自明治末年至大正初年滿鐵調查課刊行的南滿洲經濟調查資料，及北滿洲經濟調查資料是它這個機關浩大工作之一，不但是研究東北經濟的絕好參考書，同時也是研究東北現代史的最可據的參考書。其次，大正初年完成的滿洲舊慣調查報告也是一種浩大的工作，對於東北不動產的調查極爲詳盡。其方法完全採自台灣總督府的調查報告，專任若干人員在一定的年限一定的區域裏，分期調查，調查齊備，即彙集一起而成書。如調查資料中之滿洲的紡績業，滿洲的油坊業，滿洲的製粉業，滿洲的農業團體等等極細微的事情，經他們一調查一整理，居然很有系統。又如舊慣調查報告書內之內務府內官莊，皇產，蒙地，一般民地，典的習慣，押的習慣，租權，契約類集等等也是極汗漫無紀的事件，經他們一調查一整理，居然也變成條理秩然的資料了。此兩種書極爲浩瀚，翻檢需時，然爲研究現代東北經濟史者所不可不閱的材料。此外尚有滿洲產業叢書，滿鐵調查報告書，露文翻譯調查資料等等叢書，每種所匯集的至少亦有好幾十種。其中包括的材料，外間殊不易得。

大正九年(1920)陸軍中將高柳武化在大連組織滿蒙文化協會，與滿鐵調查課合作，專譯俄人著述，定名曰露西亞經濟調查叢書。現已譯至五十九種之多，以地域言，則包括俄之西伯利亞及我東北四省；以性質言，則包括經濟，氣候，地理，物產，水運，鐵路，軍事，政治等項，實為包括極廣泛之一部叢書。如俄屬遠東地誌，係日俄戰後，俄人認為將來遠東作戰，必須明瞭這一帶的自然經濟地理而由參謀本部完成的一部軍事地誌。俄屬遠東之黃色人種問題是俄國黑龍江探查隊報告書第十一卷，第一編「中國」人，第二編「朝鮮人」，第三編「日本人」，第四編「結論」，統計各國人移住之由來及生產方式。黑龍江流域誌是俄文第一卷「水路篇」之第一編「水路誌」及第四編「水路改良工事」，對於黑龍江流域如何開發利用之研究報告。北滿與中東鐵路上卷內容為北滿之經濟組織，行政組織，農作物之生產及運輸，畜牧森林之概況及培養等十一章；下卷為工業，商業，通貨金融，中東路之一斑，凡十二章。滿洲之森林為東鐵林業技師伊拉克威荃著，關於全滿森林之專門研究。黑龍江省上卷記大賚等縣凡十四章，下卷記海倫等十四縣凡十五章，關於沿革，地理，面積，人口，行政，交通及各項事業俱有詳細的記載。

然此不過資料的匯集，尚不能謂為研究。自蠟山政道，中山四郎，濱野末太郎，中村如峰，有高巖，柴三九男諸氏努力的結果，始入研究之途。如有高巖大正十五年著的黑龍江呼蘭平野的開墾，以呼蘭府志為主，參合華書論斷呼蘭平野之農業發展極詳盡。昭和四年之清代滿洲流人攷參合官書及私人筆記等書，謂清初流人之戍滿洲，不啻俄國以罪囚徙西伯利亞的政策，在當時不失為對俄之一策，而為漢人拓殖滿洲的先鋒隊。九年(1934)發表論滿洲京旗屯墾，詳述其失敗之原因，實不啻提供日本政府對我東北移殖政策之意見書，故其結論謂「是等皆今後對滿政策不得不大考慮之要件也」。柴三九男之呼蘭地方的殖民地的發達詳論黑龍江海倫拜泉之封禁，太平之亂後，財政困難，旗地崩壞，於是北滿漢人亦去開發；並對土地問題，農業問題有卓異的見解。此外如川久保悌郎之清末吉林省西北部的開發，大上末廣之近代滿洲農業社會之變革過程均有其各自獨特的見解。要之，近幾年來，日人對於這一方面的研究好像雨後春筍，本文勢不能盡述，讀者如欲詳求，請參看滿蒙，東洋，滿鐵支那月誌諸刊物可也。

第三要注意他們對于東北近代外交史的研究：因爲這是日人擁護他們「生命線」的言論，不得不略論之。明治末年，朝鮮被滅亡，因而中日起了所謂「間島」的交涉。我們對於此問題的研究也有相當的成績，如清季外交史料中所載吳祿貞周維楨二人起草之「間島」爲中國領土論，在學術上具有極大的價値。但日人方面更爲努力，毫無根據的事實而說的像是有理，却也不易！如小藤文治郎之韓滿境界歷史，篠原田之間島國境問題，內藤虎次郎之間島問題調查書等均爲精心傑作。尤以內藤引用奉天故宮採訪之新資料，縱橫論斷，堪稱雄辯。當中日戰後，日人受種種刺戟，努力於對俄的研究，如煙山專太郎的露國黑龍江地方侵略史，參謀本部翻譯之克魯巴德金的回憶錄，露支問題，滿洲處分論等書。矢野仁一的松花江航行權，是敘述松花江的沿革，以尼布楚璦琿兩條約爲中心而斷論中俄之外交。石田幹之助的露清關係的第一期是概論尼布楚條約以前中俄之關係。宮崎正義的近代露支關係的研究是限於黑龍江地方的研究，援引中俄材料，洋洋數百頁，洵鉅製也。此外有野原四郎的近世支那朝鮮及日露的關係，信夫清三郎的日清戰爭，日露戰前滿洲市場等等。同時成立「ロシヤ問題研究所」，集合同志翻譯，或著述，並出版定期刊物。其中最可注意的是矢野仁一，此君對于外交的著述有獨特的見解。早年曾著清朝史，近代蒙古史研究，最近支那外交史；其他外交論文則載見外交時報：如大正十一年所著之滿蒙藏非支那本土論（見外交時報第三十五卷第一期）滿蒙非支那本來之領土（見時報第六十四卷第一期）歷史上滿洲的支那主權無根據論（見時報第六十四卷第二期），日本在滿蒙的正當地位（見時報第六十卷第一期）。此四篇在最近特別著名，日本人都知道，中國人不應當不知道，而且要仔細的讀過才好。此外還著下一册滿洲國歷史，一方面反駁傅斯年先生的東北史綱，一方面支持他的主張。不論他的主張正當與否，但總有一讀的必要。正好像鄰家把你的一所房子搶走了，你總應該知道他所宜傳的理由是什麼。惜此書尚未見譯本，留心時勢的人何不把它譯出來？聞此君已入京都文化研究院專攻我國東北的近世史，不久定又有新著作出現。

總之，日人對於我國東北的研究，不論古今，不論那一科，無不有突飛猛進的成績。返看我國事事落後，又事事顢頇，真不禁令人長嘆息！按中日戰前有「朝鮮學」，朝鮮以滅；日俄戰前有「滿鮮學」，遼省以陷；「九一八」以前有「滿蒙學」，四省以亡。今之日人又高唱所謂「東亞學」了，嗚呼！劍及屨及，事至迫矣，請看明日之東亞將為誰家之天下？願我國人醒一醒吧！

民國廿五年四月二十日畢於成府。

補陳疆域志校補

譚其驤

補陳疆域志四卷，武進臧勵龢撰；舊無刻本，上海開明書店據稿本采入二十五史補編。其驤因王伯祥先生之介，得於排印時獲睹其校樣焉。研讀一過，深服作者用力至勤，體思至密，全書排列得宜，考訂詳審；洵足與其鄉先輩洪氏父子之補三國補梁等作，後先輝映，入著作之林矣。惟是作史之難，不在有功，而在無過；補志尤然。補三國疆域志紕繆甚多，故謝鍾英爲之補注，吳增僅別有郡縣表之作，皆所以匡其不逮；而吳表仍有未盡處，楊守敬復作爲補校。東晉十六國補梁諸志雖後無續輯，然以之與徐文范之東晉南北朝輿地表相校，則漏略立見，有不勝枚舉者矣。臧氏此志，實亦未能例外。其驤前嘗讀陳書，南史，積有札記，以考證地理者居多，今即據以駁臧著，凡得可資校補者百餘條，因錄以充禹貢篇幅，並就正於臧先生及世之大雅君子。

卷一

揚州州治，陳書程文季傳：『世祖嗣位，除宣惠始興王府，限內中直兵參軍，是時王爲揚州刺史，鎮治城』。

【補】廢帝時、高宗爲刺史，太建末始興王叔陵爲刺史，治並在東府城。世祖沈皇后傳：「劉師知矯勑謂高宗曰：『今四方無事，王可還東府經理州務』」。叔陵傳：「太建九年除揚州刺史，十年至都，治在東府」。

丹陽尹，宋志：『漢置郡治宛陵，晉太康二年移治建業』。寰宇記：『晉元帝渡江，都建康，改丹陽郡爲丹陽尹』。陳領縣七』。

【補】梁分置南丹陽郡屬南豫州陳書高祖紀，鎮采石陳書程靈洗傳。世祖紀：「天嘉五年五月罷南丹陽郡」。

建康有宮城又名臺城

【補】又名京城。後主紀：「禎明三年晉王廣入據京城」。

有東府城

【補】一名東府，一名東城，長沙王叔堅傳：「太建十四年高宗崩，翌日，叔陵於殿內斫後主，不死，爲叔堅所擒，須臾自暫得脫，出雲龍門入於東府城」。叔陵傳：「突走出雲龍門馳車還東府。亂定，尚書八座上奏有口：『叔陵仍奔東城，招集兇黨』」。蕭摩訶傳：「叔陵奔東府城，摩訶率軍趣屯城西門」。叔陵傳：「摩訶將兵至府西門」。

有冶城陳書高祖紀：「永定二年詔臨川王蒨西討，輿駕幸冶城寺親送焉」。

〔校〕原注一條應列在冶城寺下，此處應引用駱牙傳：

永定三年除安東府中兵參軍出鎭冶城一條。

有東西掖門陳書侯安都傳：「賊騎至，安都開東西掖門與戰，大敗之」。

〔校〕按上引史文，事在梁敬帝紹泰元年，不合志例。

〔補〕有六門始興王伯茂傳：「時六門之外有別館，以爲諸王冠婚之所」，通鑑注六門：大司馬門，萬春門，東華門，西華門，太陽門，承明門。

〔補〕有安樂宮文學傳：「天嘉中世祖召陰鏗使賦新成安樂宮，鏗援筆便就」。

有西省陳書侯安都傳：「天嘉四年帝於坐收安都，囚於西省」。

〔校〕按原文西省上有「嘉德」二字。高祖紀「永定三年詔依前代置西省學士」。列傳沈不害陸琰並於天嘉中爲嘉德殿學士，蓋西省即在嘉德殿。又西省即中書省，至德元年囚叔堅於西省，通鑑注「中書省爲西省，門下省爲東省」。世祖紀「永定三年六月入居中書省」。

〔補〕有尚書省世祖沈皇后傳：「高宗受遺輔政，入居尚書省」。徐孝克傳：「尚書省在臺城內下舍門中，有閣道，東西跨路通於朝堂。其第一即都官之省，西抵閣道」。

〔補〕有永福省廢帝紀：「自梁室亂離，東宮焚燼，太子居於永福省」。

〔補〕有蘭臺虞荔傳：「文帝令荔將家口入省。荔以禁中非私居之所，乞停城外。不許，乃令住於蘭臺」。

〔補〕有太學高宗紀：「太建三年皇太子親釋奠於太學」。

〔補〕有玄武觀蔡景歷傳：「景歷拜官日，適值輿駕幸玄武觀」。

〔補〕有至眞觀張譏傳：「譏敎授周易老莊，至眞觀道士姚綏傳其業」。

有蔣山

〔校〕按蔣山即鍾山也，志已有鍾山，此複出，但當於鍾山下添「一名蔣山」一句耳。元和志：「鍾山，吳大帝時蔣子文發神異於此，因改曰蔣山，宋復名鍾山」。又按志於蔣山下，引陳懸紀傳「賀若弼據蔣山」，鍾山下，引後主紀「賀若弼據鍾山」，其實即一事也。

〔補〕有靑溪中橋張貴妃傳：「臺城陷，晉王廣斬貴妃牓於靑溪中

2

橋」。

〔補〕有婚第始興王伯茂傳：「六門之外有別館，以為諸王冠婚之所，名為婚第」。

〔補〕有太廟高祖紀：「永定元年遷景皇帝神主祔於太廟」。

〔補〕有始興國廟世祖紀：「天嘉二年立始興國廟於京師」。

〔補〕有治城寺見上治城下。

〔補〕有一乘寺　法雲寺張譏傳：「譏教授周易老莊，一乘寺沙門法才，法雲寺沙門慧休等皆傳其業」。

丹陽〔補〕有龍山宣帝紀：「太建四年詔曰：『姑熟饒曠，荊河斯擬，龍山南指，牛渚北臨』」。寰宇記：「龍山在當塗縣南二十二里，桓溫常以九月九日與僚佐登此，周迴十五里」。南州津宣帝紀「太建四年詔曰：『姑熟饒曠，荊河斯擬，自梁末兵災，凋殘略盡，比雖務優寬，猶未克復。自今有能任之徒，許分留部下；其已在江外，亦令迎還，悉住南州津裏安置』。通鑑注：「南州即采石」，按高祖紀「梁紹泰元年十二月石頭采石南州悉平」。采石與南州明非一地，胡注誤。姑熟

采石見當塗下。

江寧〔補〕有梁元帝陵世祖紀：「天嘉元年六月葬梁元帝於江寧」。

句容〔補〕有茅山馬樞傳：「隱於茅山，親故並居京口，每秋冬之際，時往遊焉」。

建興郡，陳書宣帝紀：『太建十年能義州及琅邪彭城二郡，立建興郡屬揚州，領縣六』。

〔校〕義州與建興郡無關。「義州及」三字應刪。信義王祗傳：「至德元年立，尋為使持節都督，琅邪彭城二郡太守」。南平王嶷傳：「至德元年立為王，尋除南琅邪彭城二郡太守」。後主紀：「至德二年以南琅邪彭城二郡太守南平王嶷為揚州刺史」。蓋太建十年後能建興復立二郡。

鹽官，漢舊縣，陳書高祖紀：『永定二年割吳郡鹽官，海鹽，前京三縣置海寧郡，屬揚州』。尋省郡，並省海鹽入鹽官。其前京縣梁屬信義縣，今以還屬。

〔校〕尋省以下史無明文，作者蓋以隋志不及海寧郡；有鹽官而無海鹽；前京廢入常熟，陳曰南沙屬信義郡，故作如是云耳。今按徐陵傳：「子份累遷豫章王主簿太子洗馬，出為海鹽令」，豫章王受封在太建元年，是太建中仍有海鹽縣也。

桐廬〔補〕有下淮留異傳：「王琳敗，世祖遣沈恪代異為郡，實以兵襲之。異出下淮抗禦，恪與戰，敗績，退還錢塘。異表啓遜謝，仍使兵戍下淮及建德以備江路。

富陽本漢富春縣。宋志：『孫權黃武四年以爲東安郡，七年省。晉簡文鄭太后諱春，孝武改曰富陽』。方輿紀要，一統志陳屬錢塘郡。陳書高宗柳皇后傳：『后弟盼太建中尙世祖女富陽公主』。

【補】梁武帝太清三年以富陽爲富春郡（梁書侯景傳），尋罷郡。

侯瑱傳：子淨藏尙世祖第二女富陽公主，太建三年卒，蓋淨藏卒後公主再嫁柳盼。

長城【補】有瑞陵，嘉陵（高祖紀：「永定元年追尊皇考曰景皇帝，陵曰瑞陵；追謚前夫人錢氏號爲昭皇后，陵曰嘉陵」）。

臨安，宋志：『吳臨水縣，晉太康元年更名』。一統志：『梁，陳間省』。按南史陳文帝紀：『侯景之亂，避地臨安縣郭文舉舊宅』，則梁時有臨安縣也，陳當因之。

【補】駱牙傳：吳興臨安人，世祖即位，尋爲臨安令，此陳有臨安之證。

原鄉【補】沈炯傳：封原鄉縣侯（始封在梁元帝世，陳因而封之）。

東揚州，梁書武帝紀：『普通五年分揚州江州置東揚州』。敬帝紀：『太平元年，罷東揚州』。陳書世祖紀：『天嘉三年以會稽東陽臨海永嘉新安新寧晉安建安八郡置東揚州』，尋省新寧入新安，以永嘉屬東嘉州，東陽屬縉州。建安晉屬豐州，今領郡三。

【校】寰宇記：「瑞安，梁陳屬東嘉州」，作者謂永嘉屬東嘉州本此。今按東嘉州不見於陳書，是陳無東嘉州也。縉州初曰婺州（通鑑注），敬帝紹泰二年除留異爲縉州刺史，陳因之（異傳）。天嘉三年異平即罷州，以郡隸東揚州，此後縉州不見於史，是天嘉後無縉州也。永陽王伯智傳：太建中都督東揚豐二州諸軍事，鄱陽王伯山傳：至德四年都督東揚豐二州諸軍事，可證東揚州與豐州接界，中間並無東嘉與縉州，二句當刪。領郡三，當作領郡五。又下文東嘉州縉州二條當刪。

【補】會稽，隋志：『會稽舊置會稽郡，平陳郡廢，又廢山陰永興上虞始寧四縣入』，是陳有會稽縣也。沈君理傳：尙會稽長公主。

永興【補】留異傳：封永興縣侯（始封在梁敬帝紹泰二年，陳初因之）。

剡有松山（陳書韓子高傳：張彪奔松山，浙東平）。

【校】按上引史文，事在梁敬帝世，不合志例。

4

【補】有南巖錢道戢傳：「天嘉元年領剡令，鎮於縣之南巖，尋爲臨海太守，鎮巖如故」。

樂安陳書裴忌傳：太建元年改封樂安縣侯。

【補】長沙王叔堅傳：後主乳母樂安君吳氏。按裴忌太建十年呂梁軍敗陷於周，是吳氏受封在太建十年後。

遂安【補】程靈洗傳：封遂安縣侯。始封在梁紹泰元年，陳初因之。

金華郡本吳東陽郡，陳芳績歷代地理沿革表：梁大同六年改金華郡，尋復。通典：梁陳置金華郡。寰宇記：吳東陽郡，梁陳曰金華。一統志：東陽郡梁末置縉州，陳改置金華郡。諸書建置，牴牾莫可詳考，蓋梁曾改東陽爲金華，尋復舊，至陳又改金華也。

【校】按陳書無金華郡，而東陽郡則迭見。高祖紀：永定三年，遣江德藻銜命東陽間民疾苦。世祖紀：天嘉三年東陽郡平。陸山才傳，韓子高傳，沈君理傳並於天嘉中爲東陽太守；裴忌傳太建元年授東陽太守；是終陳一代未嘗改東陽爲金華也，通典寰宇記一統志之說不足信。

【補】後主紀：禎明二年立皇子恮爲東陽王。

豐安【補】留異傳：高祖以世祖長女豐安公主配異第三子貞臣。

信安郡，寰宇記：陳改信安縣爲信安郡。按一統志陳有信安縣，疑陳於信安縣置郡，非改置也。領縣二。

【校】此條當刪，所領縣二，列在東陽郡下。按沈恪傳，徐度傳，世祖初，皆曾都督會稽東陽臨海永嘉新安新寧信安晉安建安九郡，是陳初有信安郡也。至天嘉三年以會稽等八郡置東陽州，其地即恪度之舊轄，而獨無信安郡，蓋於時信安已罷，併入東陽矣，故此後信安郡不見於史。

信安有信安嶺陳書王質傳：質率所部度信安嶺依於留異。

【校】按上引史文，事在梁敬帝世，當易以留異傳。異外示臣節，陰懷兩端，與王琳自鄱陽信安嶺潛通信使一條，信安嶺與鄱陽郡接界，故曰鄱陽信安嶺。

永寧有桃支嶺【補】有巖下華皎傳：天嘉三年征留異侯安都於巖下，出戰，爲賊斫傷，當即桃支嶺之巖口也。侯安都傳：異奔桃支嶺處嶺谷間，於巖口豎柵，以拒王師。

豐州，陳書廢帝紀：光大二年割東揚州晉安郡爲豐州。

隋志：建安郡，陳置閩州，仍廢，又置豐州。五代志：

建安郡，陳置豐州。通典，寰宇記：陳置閩州後，又改為豐州。

【補】陳寶應傳：高祖受禪，授閩州刺史，閩州始置。世祖紀：天嘉三年置東揚州，所領八郡中有建安晉安，以其時寶應反跡已著，故慮奪之。閩州其實未能（世祖紀：天嘉四年仍見閩州刺史陳寶應），天嘉五年寶應平，乃罷，光大中復置，更名豐州。（陳慧紀傳：光大元年除豐州刺史，與紀異。）

東侯官本漢侯官縣，隋志：閩舊置東侯官。方輿紀要：梁陳間省侯官入東侯官。

原豐，宋志：『晉太康三年省建安典船校尉立』。一統志：『陳置豐州，取縣為名』；又云：『陳初廢入侯官，因改侯官為原豐』。按侯官故城在今侯官縣，原豐廢縣在今閩縣，蓋陳廢原豐而改侯官曰原豐也。

【校】東侯官下從方輿紀要之說，既已以侯官為併入東侯官，而原豐下又從一統志之說，謂原豐即侯官之更名，自相牴牾。按宋齊以來，有侯官，原豐而無東侯官；方輿紀要謂梁改原豐為東侯官。陳寶應傳：「晉安侯官人，梁敬帝紹泰二年封侯官縣侯，陳初因之」。侯官蓋省而復置，則陳世但有侯官與東侯官耳，無原豐，一統志之說不足信。州治疑當在東侯官，隋更曰閩縣，泉州治之。

【補】陳寶應傳封侯官縣侯（見上）。

【補】有東山寺　虞寄傳：「依陳寶應於晉安，常居東山寺」。

南安，寰宇記：吳置東安縣，晉置晉安郡於此，陳立南安縣。

【校】隋志：南安舊曰晉安，置南安郡；平陳郡廢，縣改名焉。是南安之名始於隋，不始於陳。

蒲田，陳廢帝分南安立。陳書虞寄傳：『寶應夜走至蒲田，顧謂其子曰：「早從虞公計，不至今日！」』

【校】隋志：南安，平陳又置蒲田，尋廢入；是蒲田始置於隋，陳世但有此地名耳，未立縣，地屬晉安。

有莆口

【校】亦當列在南安縣下。

丹徒【補】有郗曇墓　始興王伯茂傳：「天嘉二年，征北軍人於丹徒盜發晉郗曇墓，大獲晉右將軍王羲之書及諸名賢遺跡；事覺，其書並沒縣官，藏於秘府，世祖以伯茂好古，多以賜之」。

晉陵【補】有延陵季子廟　蕭允傳：「至德中出為會稽郡丞，行經延陵季子廟，設顯靈之薦，詎爲異代之交」。

江陰郡，隋志：梁置。陳書高祖紀：『永定元年以江陰郡奉梁主爲江陰王』。

〔補〕高祖紀：「永定二年四月江陰王薨，以梁武林侯蕭諮息季卿嗣爲江陰王」。高宗紀：「太建三年六月，江陰王蕭季卿以罪免，封東中郎將長沙王府諮議參軍蕭藉爲江陰王」。

信義，通鑑：『陳臨海王光大元年，到仲舉子郁尚世祖妹信義長公主』。

〔校〕到仲舉傳：「初子郁尚文帝妹信義長公主，出爲宣城太守，是年遷南康內史」。按光大元年矯詔事發，仲舉廢居私宅，傳乃有此語，則尚主當在光大元年之前也，通鑑脫一初字。

〔補〕蔡凝傳：「太建元年以名公子選尚信義公主，拜駙馬都尉」。蓋光大元年到郁伏誅，至是又以公主配蔡凝。

南豫州州治，通鑑：『隋文帝開皇九年，陳遣南豫州刺史樊猛帥舟師出白下』。胡注：『陳南豫州治宣城，時徙鎮姑熟白下城合白石壘』。

〔校〕宣帝紀：太建四年詔曰：「姑熟饒曠，荆河斯擬」，是其時已治姑熟矣。按白下城即白石壘，在江乘縣境，自齊迄陳爲琅邪郡治寰宇記，與姑熟相去甚遠，南豫州似無徙鎮白下之可能。樊猛傳：「隋將韓擒虎之濟江也，猛在京師，第六子巡攝行州事，擒虎進軍攻陷之，巡及家口並見執。時猛與左衛將軍蔣元遜領青龍八十艘爲水軍於白下游弈以禦六合兵」。據此擒虎已陷南豫州，猛方游弈白下，明州治不在白下。後主紀：「禎明三年，樊猛帥舟師出白下，散騎常侍皋文奏將兵鎮南豫州，尋陷於擒虎，文奏敗還」。銓證白下自白下，猛戍之；南豫州自南豫州，文奏鎮之；二者初不相涉。蓋胡注本有脫訛，作者從而誤解之耳。

當塗有采石九域志：「太平州當塗有采石」，牛渚磯九域志：「太平州當塗有牛渚山」，姑熟

〔校〕按牛渚山即采石山，一地異名，無庸分列。寰宇記：「牛渚山突出江中，謂爲牛渚，古所津渡處也，山北謂之采石」。又曰：「采石在城西北牛渚山之上，最狹」。一統志：「采石在今當塗縣西北二十里。姑

熟即今當塗縣治」。按南朝當塗縣治在今南陵縣北，隋始移今治，於南朝則丹陽縣地也。采石姑熟並當屬丹陽縣丹陽縣今爲鎭，在當塗縣東。華皎傳：戴僧朔平王琳有功，兄僧錫卒，代爲南丹陽太守，鎭采石是也。

安吳，宋志：吳立。陳書吳明徹傳：封安吳縣侯。

〔校〕按受封在梁敬帝紹泰中，陳因之；華皎平，進爵爲公。

臨江郡，後主紀：『至德四年立皇弟叔謨爲臨江王』。

〔校〕謨字是顯字之誤別有巴東王叔謨，按叔顯傳作臨海王，紀作臨江王；至德中畫江而守，江北地非陳有，知臨江誤。此志於臨海郡下已錄傳文，此本紀一句當删。

晉州，隋志：『同安郡，梁置豫州，後改曰晉州；後齊改曰江州，陳又曰晉州』。寰宇記同。通典：『梁置荆河州，後改爲晉州，北齊改曰江州，陳又曰晉州』。陳書宣帝紀：『太建五年伐齊，平固侯敬泰克晉州城。十一年周師南侵，自拔還京師，沒於周』；未沒時領郡三。

〔校〕荆河州即豫州之別稱，所引通典一節當删。宣帝紀：「太建八年分江州晉熙，高唐，新蔡三郡爲晉州」，是太建五年初克晉州城，但以其地屬江州，至是始立晉州也。叔陵傳：「太建元年授都督江郢晉三州諸軍事，江州刺史」，晉州蓋遙領耳。

北江州，隋志：『南陵，陳置北江州』。通典同。

〔校〕魯悉達傳：「侯景之亂，悉達糾合鄉人保新蔡，招集晉熙等五郡，盡有其地。景平；梁元帝授北江州刺史，撫綏五郡，甚得民和。永定中，濟江歸高祖，仍授北江州刺史」。是梁末已置北江州，陳特因之耳；疑初治新蔡即南新蔡，太建後屬晉州，天嘉中悉達卒後，始移治南陵。華皎傳：「戴僧朔除北江州刺史，領南陵太守」。

卷二

廣陵〔補〕有永寧樓宣帝紀：「太建十一年龍見於南兗州永寧樓側池中」。

秦郡，陳書宣帝紀：『太建五年伐齊，吳明徹克秦州水柵，秦州城降』。吳明徹傳：『初秦郡屬南兗州，後隸譙州，至是詔以譙之秦，盱眙，神農三郡還屬南兗州』。

〔校〕宣帝紀：「太建五年，割南兗州之盱眙郡屬譙州。七年三月以秦郡屬譙州，盱眙神農二郡還隸南兗州。五月割譙州之秦郡還隸南兗州」。是秦郡之隸譙，秦盱眙神農三郡之還隸南兗，皆在太建七年；傳作五年，誤，且三郡之改隸不同時。

尉氏有六合鎮　桃葉山通鑑：「隋文帝開皇九年伐陳，晉王廣率大軍屯六合鎮桃葉山」。

〔校〕按六合自太建十一年沒於周，久非陳土，上引史文不合志例，當刪。

陽平郡，隋志：安宜，梁置陽平郡。陳書宣帝紀：『太建五年伐齊，陽平城降。十一年，周師南侵，自拔還京師，沒於周』。

〔校〕宣帝紀：「太建五年五月陽平郡城降。九月陽平城降」。是陽平有二，其一爲郡，又其一疑爲縣。此安宜之陽平爲郡，當引紀文五月一條。陽平城疑是宋陽平故城，屬陽平郡。志下文北兗州又有一陽平郡，下引通鑑注，以爲陽平郡治陽平城，其地當在淮陰縣西，領太清一縣。按安宜果在淮陰之西，胡注之陽平郡即隋志之陽平郡，屬北兗州。志以爲陽平郡有二，誤。太清縣亦陽平之屬縣，南齊志陽平郡領太清安宜等四縣，是也。

沛郡通鑑注：「梁涇州在石梁，程文季所克之城即此，入陳後州廢，又幷涇城東陽二郡爲沛郡」。

〔校〕宣帝紀：程文季克涇州城，徐槾克石梁城，是涇州與石梁非一地，胡注誤。

淮陰〔補〕有清口城宣帝紀：「太建十年四月戊午，遣軍度淮北對清口築城，壬戌清口城不守」。

南譙州〔補〕亦稱譙州。吳明徹傳：「都督南北兗南北靑譙五州」；程文季傳：「都督譙州」；淳于量傳：「都督南北兗譙三州」，皆指南譙也。

新昌郡〔補〕後主紀：「禎明三年立皇弟叔榮爲新昌王」。

蘄有踟躕山輿地志：「陳將荀朗破齊將郭元建於踟躕山」。

〔校〕按荀朗傳上引史文，事在梁季，當刪。

安州本梁東徐州，魏置東楚州。方輿紀要：『陳太建五年，伐齊克之』。陳書宣帝紀：『太建七年改梁東徐州爲安州』。

〔校〕蕭摩訶傳：「太建七年隨吳明徹進圍宿預（安州治），擊走齊將王康德」；紀要云：「五年克之」誤。吳明徹傳：「梁元帝承聖中爲安州刺史」；世祖沈皇后傳：「永定中有安州刺史沈欽」；周炅傳：「太建六年都督安蘄等六州」。按梁陳之際以安爲州名者不一，非此鎮於宿預之安州也。

東海有鬱口〔陳書魯悉達傳：「齊遣行臺慕容紹宗以衆三萬來攻鬱口諸鎮，兵甲甚盛。悉達與戰，敗齊軍，紹宗僅以身免」。〕

〔校〕梁陳之際，魯悉達據有晉熙新蔡南陵等五郡。其地位大江中流，紹宗來攻鬱口諸鎮，必不能遠在東海也。鬱口屬何郡縣待考。

懷文，隋志：『沘陽，梁置縣曰懷文』。

〔校〕按隋志實以懷文為東魏所置。

司州〔補〕一曰南司州。淳于量傳：「太建六年都督郢巴南司定四州」。高宗紀：太建六年，七年下詔赦江北諸州內，並有南司。

北徐州〔補〕定遠郡，隋志：『定遠，梁置臨濠郡，後齊改曰廣安，開皇初郡廢』。寰宇記：『梁置臨濠郡於廢東城，在定遠縣東』。又曰：『梁天監三年，土人蔡豐據東城，自魏歸梁；武帝嘉之，改曰豐城，立為定遠郡』。周文育傳：『文育孫碧，太建中歷晉陵定遠二郡太守，九年卒』。蓋梁初立郡曰臨濠，旋入魏；天監中來歸，改曰定遠。後齊曰廣安，至陳太建中伐齊得之。十一年沒於周。領縣一。

定遠，漢東城縣。隋志：梁改曰定遠。

馬頭郡，陳書宣帝紀：『太建五年伐齊，沈善度克馬頭城。十一年，周師南侵，自拔還京師，沒於周』。未沒時，領縣無考。

〔校〕隋志：「塗山舊曰當塗；後齊改曰馬頭，置郡曰荊山；開皇初改縣曰塗山，廢郡」。是馬頭乃縣名，而非郡名，郡名當作荊山也。而陳制實因於北齊，為改編如左：

荊山郡，隋志：「北齊置，治馬頭城」，陳書宣帝紀：「太建五年，伐齊克之，十一年，周師南侵，自拔，還京師，沒於周」。未沒時領縣一。

馬頭本漢當塗縣，北齊改名。

〔補〕馬頭有荊山〔宣帝紀：「太建十一年，樊毅為大都督督朱沛清口，上至荊山緣淮衆軍」。〕

城陽有楚子城〔陳書宣帝紀：「太建五年，伐齊，樊毅克楚子城」。〕

〔校〕按原文楚子城上有廣陵二字。樊毅傳亦作廣陵楚子城。是楚子城屬廣陵，疑非城陽之楚城。〔城陽東魏置西楚州作城郡，地形志西楚州治楚城。〕

新蔡郡，隋志：『梁建州領新蔡郡，又周始後齊置新蔡郡』。陳書新蔡王叔齊傳：『太建七年立爲新蔡王』。

【校】叔齊封國，疑當是晉州之南新蔡郡。此新蔡地處邊疆，似無封王建國之理。魯悉達傳：「景亂，糾合鄉人保新蔡，招集晉熙等五郡」，是南新蔡得簡稱爲「新蔡」之證也。

定州，隋志：『麻城有北西陽，陳廢北西陽置定州』。五代志：『麻城，陳置定州』。通鑑：『陳宣帝太建五年，定州刺史田龍升以江北六州七鎮叛入於齊，詔周炅討平之，盡復江北之地』，尋失之。末失時領郡二。

【校】定州始建於梁，本蠻地；天監十三年蠻酋以地來降，置定州治蒙籠城（梁書安成王秀傳），十四年叛入魏（方輿紀要）。地形志：「定州領弋陽（州治）建寧等五郡，後復入於梁」。周炅傳：「元帝承聖元年都督江定二州」，天嘉初，炅以地來歸，陳始有定州，陳特遷州治於建寧郡之赤亭耳；赤亭北西陽皆在隋麻城縣境，故隋志云：「陳廢北西陽縣置定州」也。其實西陽之廢與定州無關，隋志：「後周改定州曰亭州」，以治赤亭故也。

州治北西陽

【校】北西陽與定州無涉，見上述。且隋志明言陳廢北西陽，安得復有北西陽爲州治乎？當作治赤亭。

永安郡　領縣無考　義陽郡領縣二。

【校】按隋志：「永安義陽二郡，後齊屬北江州，開皇初州郡並廢」。是二郡於陳是否屬定州不可知也。定州屬郡可考者有四，列如左：

【補】建寧郡，宋志：「孝武大明八年省建寧左郡爲縣，屬西陽，南齊復爲郡，改名北建寧屬司州」。隋志：麻城舊有建寧郡。開皇初郡廢，領縣無考。有赤亭。（魏書田益宗傳：「梁建寧太守黃天賜築城赤亭」，周炅傳：「初蕭嘗定州刺史田龍升以城降，詔以爲定州刺史，封赤亭王」。）

【補】弋陽郡，地形志有。周炅傳：太建五年田龍升叛入於齊，其黨有弋陽太守田龍琰。領縣無考，有亭川。（周炅傳：「龍升使龍琰率衆二萬陣於亭川」。）

【補】陰平郡，隋志：麻城有陰平郡，開皇初廢。領縣無考，有水陵，陰山。（周炅傳：「田龍升叛入於齊，齊遣歷陽王高景安帥師於水陵陰山爲其聲援」。）

【補】定城郡，隋志：麻城有定城郡，開皇初廢。領縣無考。

南司州　隨州　温州　應州　順州　溳州　岳州　沔州

士州

〔校〕按太建十二年七月，周總管司馬消難以鄖隨温應士順沔溳岳等九州，魯山甑山沌陽應城平靖武陽上明涓水等八鎮內附，遣其子爲質以求援。八月，詔鎮西將軍樊毅進督沔漢諸軍事以救之。時消難已爲周將王誼所敗，失地大半。毅師既至，及周將元景山戰於漳口（通鑑注安陸西五十里有漳水），三戰三北，城邑爲消難所據者，景山皆復取之，其眞得舉以歸陳者僅魯山鎮甑山鎮等數地耳，九州皆不應入志。（上引史事，參據宣帝紀及通鑑。又按宣帝紀：「十二年九月，詔改安陸郡爲南司州」，安陸郡即鄖州治，非實有其地，以其爲消難之舊地，故虛領之耳。通鑑：「太建十二年十二月，周進丞相堅爵爲王，以安陸等二十郡爲隨國，鄖隨温應順士六州皆在國境之內」。又「太建十四年，隋將鄧孝儒攻甑山鎮，將軍陸綸以舟師救之，爲所敗，涓口甑山沌陽守將皆棄城走」，蓋至是而九州八鎮盡入於隋矣。

隨郡〔補〕宣帝紀：「太建十二年司馬消難封隨郡公」。

汶川郡，隋志：『甑山，梁置梁安郡，西魏改曰魏安郡，尋改郡曰汶川』。寰宇記：『漢安陸縣，後魏置汉川郡』。『汶』『汉』形似，傳寫誤耳。陳領縣三。

〔校〕甑山在今漢川縣境，漢安陸縣在今安陸縣北，二地相去甚遠，汶川當與汉川無涉。

漢陽、寰宇記：『周顯德五年，平淮南，畫江爲界，江南以漢陽汉川二縣居大江之北，先進納世宗』。

汉川見上

〔校〕寰宇記所引乃五代後周世宗顯德中事，作者豈以爲宇文周時事耶？大誤。隋志：「漢陽開皇十七年置，曰漢津；大業初改焉」。是陳無漢陽也。漢陽汉川二縣並當刪。

北新州，隋志：『江夏郡，梁分置北新州』，又『長壽梁置北新州』。寰宇記：『梁置北新州，尋分北新州爲士富洞泉豪五州。梁末，北齊得之，遣慕容儼守之；爲陳將侯瑱攻圍，凡二百日不下；後因二國通和，復歸陳』。

〔校〕太建十二年司馬消難以九州內附，有士州而無北新，富，洞，泉，豪。蓋五州自齊歸陳後，旋入於周，周以併入士州耳。

（未完）

徐福入海求仙考

王輯五 1

一　緒言

徐福入海求仙事，學者議論紛岐，莫衷一是。若就大體而論，中日學者最初均首肯徐福東渡移住之事，素稱勤王主義之北畠親房氏，在其所撰之神皇正統記中亦首肯其事。嗣後日本國學者興，考證之風流行，賴襄作日本政記，屏徐福事而不書。那珂通世作徐福考，謂徐福祠爲後人假託而出，徐福東渡事不足信。於是日本學者之否定徐福論者，始漸蠭起。惟近自日本海左旋回流路發現以來，已證實徐福等秦人東渡之可能；考古學者就銅鐸遺跡觀察之結果，亦證實秦人系大陸民族東渡之途徑；故對於否定徐福說更加以否定者，又揭竿而羣起矣。

徐福墓所在地之和歌山縣，遺跡猶巍然存焉。和歌山縣有志者近爲保存徐福史蹟起見，組織一史蹟保勝會，並於一九三〇年，由該會主持之下，舉行一「徐福來朝二千年祭」，以誌不忘1。此實與日本近來之「日本出自大陸返歸大陸」之標語2，均足値吾人玩味者也。

近數年來，不佞屢曾致力於徐福史料之搜集，惟苦於購置力薄弱，致未獲全覽。前年發表之徐福與海流一文3，乃專由日本海之左旋回流路及考古學上之銅鐸遺跡而考察者。茲更就文献上觀察批評之，以探求其究竟。惟因匆匆成稿，鄙陋之處，尚乞諒之。

二　我國文献上關於徐福之記事及其批評

我國文献上關於徐福之記事雖不一而足，惟因輾轉抄載，不免有傳聞失實之處。其載徐福求仙事者，當首推史記。史記封禪書秦始皇本紀等，均載及徐福入海求仙之事；故有秦倭交通之說。史記封禪書曰：

自威宣燕昭，使人入海求蓬萊方丈瀛洲。此三神山者，其傳在勃海中，去人不遠，患且至則船風引而去；蓋嘗有至者，諸仙人及不死之藥皆在焉。其物禽獸盡白，而黃金銀爲宮闕，未至，望之如雲；及到，三神山反居水下，臨之，風輒引去，終莫能至云；世主莫不甘心焉。及至秦始皇併天下，至海上，則方士言之，不可勝數；始皇自以爲至海上而恐不及矣，使人乃齎童男女入海求之。船交海中，皆以風爲解，曰未能至，望見之焉。

同書秦始皇本紀二十八年之條，謂：

齊人徐市等上書，言海中有三神山，名曰蓬萊方丈瀛洲，仙人居之，請得齋戒與童男女求之。於是遣徐市發童男女數千人，入海求仙人。

同書秦始皇本紀三十七年之條，亦謂：

始皇出游，……並海上，北至琅邪，方士徐市等入海求神藥，數歲不得，費多恐譴。乃詐曰：「蓬萊藥可得，然常爲大鮫魚所苦，故不得至，願請善射與俱，見則以連弩射之」。始皇夢與海神戰，如人狀。……乃令入海者齎捕巨魚具，而自以連弩候大魚出射之。自琅邪北至榮成山，弗見；至之罘，見巨魚，射殺一魚。

按徐市即徐福，市乃古黻字，福黻音近相通，並非別名[4]。當時燕齊人士因臨海而居，入海求仙之思想盛行，而兼有求仙與探奇之入海說，自古久已流行[5]，徐福之入海求仙亦其一例也。又史記淮南衡山列傳中之淮南王安傳，所載伍被諫王之言曰：

昔秦絕先王之道，……又使徐福入海求神異物，還爲僞辭曰：「臣見海中大神，言曰：『汝西皇之使邪？』臣答曰：『然』。『汝何求？』曰：『願請延年益壽藥』。神曰：『汝秦王禮薄，得觀而不得取』。即從臣東南至蓬萊山，見芝成宮闕，有使者銅色而龍形，光上照天；於是臣再拜問曰：『宜何資以獻？』海神曰：『以令名男子若振女與百工之事，即得之矣』。」秦皇帝大悅，遣振男女三千人，資之五穀種種百工而行。徐福得平原廣澤，止王不來。

徐福入海求仙之底意，果眞爲避厭始皇虐政，藉求仙藥之美名，攜人民五穀等移住於東瀛樂土，此實開我國古代殖民之先聲也。三國志吳志之孫權傳中，謂：

黃龍二年春正月，遣將軍衛溫諸葛直將甲士萬人，浮海求夷州及亶州。亶州在海中，長老傳言：秦始皇帝遣方士徐福將童男童女數千人，入海求蓬萊神山及仙藥，止此洲不還，世相承，有數萬家，其土人民時有至會稽貨市。會稽東冶縣人海行，亦有遭風流移至亶州者，所在絕遠，卒不可得至；但得夷州數千人還。

後漢書東夷傳亦抄載此文，亦以夷州亶州與徐福所止地之平原廣澤相比定；僅不過省略孫權遣兵之記事，及改書「亶州」爲「澶洲」而已。其文曰：

會稽海外有東鯷人，分爲二十餘國。又有夷洲澶洲，傳言：秦始皇遣方士徐福將童男女數千人入海，求蓬萊神仙不得，徐福畏誅不敢還，遂止此洲。世世相承，有數萬家，人民時至會稽市。會稽東冶縣人有入海行遭風，流移至澶洲者，所在絕遠，不可往來。

隋書倭國傳中，謂：

上遣文林郎裴淸使於倭國，度百濟行至竹島，南望耼羅國，經都斯麻國，迥在大海中，又東至一支國，又至竹斯國，又東至秦王國，其人同於華夏，以爲夷洲，疑不能明也。

北史東夷傳亦有與此相同之記事；是又以秦王國比定夷洲者也。史記所載徐福之所止地，惟言平原廣澤，不言地名；三國志後漢書則以夷洲亶州比定之，隋書北史更以秦王國比定夷洲。如斯輾轉附會比擬，固不免有失本旨，而後之學者乃以夷洲亶州所在地非爲日本列島[6]，遂論定徐福未至日本，並進而否定之者，此誠倒果爲因之論也。是以自三國志以降，後漢書北史隋書之徐福記事，多轉相抄襲，或傳聞失實之處，遠遜於史記徐福記事之價值也。

宋仁宗時，歐陽修所撰之日本刀歌中，有涉及徐福東渡之事，歌詞雄厚，堪稱古今獨步；其歌曰：

昆夷道遠不復通，世傳切玉誰能窮。寶刀近出自日本，越賈得之滄海東。魚皮裝貼香木鞘，黃白閒雜鍮與銅。百金傳入好事手，佩服可以禳妖凶。傳聞其國居大島，土壤沃饒風俗好。其先徐福詐秦民，採藥淹留丱童老。百工五種與之居，至今器玩皆精巧。前朝貢獻屢往來，士人往往工詞藻。徐福行時書未焚，逸書百篇今尚存。令嚴不許傳中國，舉世無人識古文。先王大典藏夷貊，蒼波浩蕩無通津。令人感激坐流涕，鏽澁短刀何足云。

此歌傳入日本後，益加強日本人士之徐福信仰，日本史籍受其感化者亦屬不尠。直至明太祖召見日僧絕海，指日本圖垂詢列島遺跡時，絕海與太祖猶以徐福東渡事賦詩相和；其詩曰：

熊野峯前徐福祠，滿山藥草雨餘肥；只今海上波濤穩，萬里好風須早歸。（絕海）

熊野峯前血食祠，松根琥珀也應肥；昔日徐福求仙藥，直到如今竟不歸。（明太祖）

是知徐福東渡移住之事，當時實爲雙方所公認，未見有否定者也。淸同治年間，駐日公使館參贊黃遵憲，曾撰述其在日觀察所感爲日本雜事詩一帙；其中吟詠徐福之詩曰：

避秦男女渡三千，海外蓬瀛別有天；鏡璽永傳笠縫殿，尙疑世系出神仙。

又曰：

崇神立國始有規模，史稱之曰御肇國，天皇即位當漢武天漢四年，計徐福東渡既及百年矣。日本傳國神器三：曰劍，曰鏡，曰璽，皆秦制也。……今紀伊國有徐福祠，熊野山亦有徐福墓。……至賴襄作日本政記，並秦人徐福來亦屏而不書。

又淸光緒二十五六年，淸駐日公使黎庶昌，曾將其親訪徐福墓所感，撰爲訪徐福墓記及自秦良至新宮訪徐福墓絕句十二首；茲摘錄其絕句六首於左：

曾披文部舊輿圖，古蹟荒迷記易蕪；飛鳥祠邊徐福墓，記從寧樂認秦墟。

平田幾頃稻花稠，雙樹爲旌土一邱；人代茫茫渾莫辨，夕陽荒海古今愁。

【徐福墓】在田塲中央，並非高冢，祇平土一塊，未甃，約寬三四丈，上有古樹二株爲記。

歷紀元文勒短碑，命卿水野氏多奇；歲時士女爭祈禱，來獻寒花與樹枝。

【短碑】題「秦徐福之墓」五字，傳爲朝鮮李某書，元文元年立，當乾隆元年丙辰。後天保六年乙未，仁井田好古別撰有徐福碑，未刻。

【水野氏】維新前，水野氏爲新宮城主。

【墓前來獻】墓前羅積竹筒數十百具，中插花朶或樹枝，日本祀神之禮多如此。

繼岸風濤著舳艫，里人猶自説秦須；三千入海童男女，知否當時盡到無？

【秦須】古老相傳福初到時，在新宮東北海岸七里許（日本里），故其地名秦須，尚有碑志，地甚狹隘，乃徙于此。

猶存七冢壓田脣，故老相傳福所親；嫡裔如雲飄散盡，更從何處問秦人。

【所親】旁有七冢，皆相距數百步，今僅見其二。

【秦人】或言福之子孫多姓秦者，今皆散處各處。或言藤澤驛福岡下一郎係福之後，後人皆有贈物寄新宮神社，或言徐姓在和歌山充醫士，皆疑莫能名。

眼中滄海幾揚塵，避世桃源得問津；我勝南陽劉子驥，二千年後一畸人。

【二千年】自徐福入海至今，二千一百數十年。

黃黎二氏之徐福墓訪問記，皆因目擊其遺跡，有感於中而發於外者，洵爲徐福遺跡之寫實文字也。近數年來，我國學者對於徐福之論著雖不乏人，惟多側重文字上之推敲及前後地名之比定，而對於日本海囘流路及銅鐸遺跡之分布狀態，恒未加以參照與注視，殊屬遺憾。蓋徐福入海求仙始於秦始皇二十八年（前西元二一九年），當時我國雖已入記錄時代，惟日韓民族尚毫無文字可言，不得不參照考古學上之遺物遺跡等以補充我國史料之不足也。且瀕臨海面之燕齊人士，入海求仙思想，古已行之；其見於史記者雖僅載有齊人徐福等，而其未載於史記之潛渡者，更不知凡幾！至若秦人系大陸民族之無人島渡涉及其移住狀態，深恐漢司馬遷之史記中亦莫能述之；故不得不參照考古學上之遺物遺跡及日本海左旋囘流路等，以論定其究竟，本不應僅就中國文獻上而推敲武斷之也。

三，日本文獻上關於徐福之記事及其批評

徐福入海求仙事，不惟見之於中國史籍，即在日本史籍中亦數見不鮮。在北畠親房之神皇正統記中，謂：

（孝靈天皇）四十五年乙卯，秦始皇即位。始皇好神仙，求長生不死之藥於日本；日本欲得彼國之五帝三王遺書，始皇乃悉送之。其後三十五年，彼國因焚書坑儒，孔子之全經遂存於日本。

林羅山之羅山文集中，謂：

徐福之來日本，在焚書坑儒之前六七年矣，想蝌

蝌篆籀章漆竹牒，時人知者鮮矣。其後世世兵燹，紛失亂墜，未聞其傳，嗚呼惜哉！

松下見林之異稱日本傳中，謂：

其所止惟言平原廣澤，不言地名；後漢書以爲夷洲澶洲，北史及隋書以秦王國爲夷洲云，不能明也。圖書編別載徐福島，然義楚六帖歐陽全集太平御覽羅山集世法錄等書，指爲日本之地，而此日本傳引義楚六帖等，故舉其所因循，王字非也。徐福來于我爲氓，詳見後漢書。今按見林亦謂：日本者神國也，徐福曰海中大神，似能言日本風。

同書又曰：

夷洲澶洲皆指日本海島，相傳紀伊國熊野山下飛鳥之地，有徐福墳。又曰：熊野新宮東南有蓬萊山，山有徐福祠。近沙門絕海入明，太祖皇帝召見，指日本圖，顧問海邦遺跡，勅賦熊野詩。海詩曰：「熊野峯前徐福祠，滿山藥草雨餘肥，只今海上波濤穩，萬里好風須早歸」。御製賜和曰：「熊野峯前血食祠，松根琥珀也應肥，昔日徐福求仙藥，直到如今竟不歸」。見蕉堅藁。所謂徐福祠者，謂蓬萊山祠也，此祠屬熊野大權現，熊野大權現者神代明神書於國史式條，昭昭也。徐福觀國之光來止，脫於虎豹之秦，死爲神，在熊野三山之間，亦匪直人也。或曰：歐陽永叔日本刀歌曰：「徐福行時經未焚，逸書百篇今猶存」。劉氏引原始秘書曰：「日本之學始於徐福」。然則其德可稱之，而爲始我則不信也。

新井君美之同文通考中，亦謂：

今熊野附近有地曰秦住，土人相傳爲徐福居住之舊地。由此七八里有徐福祠。其間古墳參差，相傳爲其家臣之塚。如斯舊跡今猶相傳，且又有秦姓諸氏，則秦人之來住乃必然之事也。

仁井田好古之徐福碑中，亦載：

求諸熊野新宮之地，有徐福墓。又其墓側有七冢，相傳葬徐生所親信者。或曰瘞其所齎。考之國籍，長寬勘文，引熊野社記曰：「往昔甲寅年，天台山王子信之舊跡也」。社記又曰：「漢司符將軍嫡子眞俊勸請權現於愛本」。又曰：「孝昭帝時，南蠻江賓主乘船而來，會惡風而船壞，獲免者僅七人，三人遣船還本國，留而事神者四人，取魚供權現祠，子孫繁昌，遂爲新宮氏人」。

紀伊續風土記之牟婁郡新宮之條，亦載：

徐福墓在永山東上熊野地之方田中，其地稱曰樟藪。有老樟數株，今皆枯朽。……在寬文雜記中，傳樟藪之地有徐福祠，徐福祠亦列入新宮之末社中云。

又日本和歌山縣所撰之和歌山縣史蹟名所誌中，亦載：

秦徐福之墓在新宮町，墓前有石碑一，上刻「秦徐福之墓」五字，傳爲李梅溪所書。相傳往昔秦始皇帝時，徐福率童男女五百人，携五穀種籽及耕作農具渡至日本，在熊野浦登岸，從事耕作，養育童男童女，子孫遂爲熊野之長，安穩渡日。又徐福所求不老不死之仙藥地之蓬萊山，在由此往東三町許之地，樹本蒼鬱繁茂，山形如盆，自成仙境之觀焉。

又野崎左文所撰之日本名勝地誌，亦載：

舊城東之海岸，熊野之田圃中，有老樟二株，德川賴宣建一坊，題曰：「秦徐福之墓」。去墓三町，有小壟七，爲徐福從者之墓。鄰郊東南牟婁郡木町之東，有秦須（一稱波多須）浦，爲徐福船泊於矢賀磯而暫住之地。後雖移居新宮，惟秦須浦尚有秦氏。

至其他孝靈通鑑，寬文雜記，以及前川貫澄之徐福，高谷瀨夫之日本史等，均載及徐福東渡之事。徐福之墓與祠，迄今猶存，秦姓諸氏仍繁殖於該地，而否定徐福東渡之有力反證尚未之見也。通觀記述徐福之日本史籍，其成書年代較晚，受我國史料之影響不少：如神皇正統記，羅山文集等7，均極言焚書前徐福之東渡，三王遺書遂獨存於日本；是直脫胎於宋歐陽修之日本刀歌等者，尤屬至明且顯之例也。惟日本名勝地誌史蹟名所誌及紀伊續風土記等，關於徐福遺跡之寫實記述頗詳，深足供吾人參考者也。

那珂通世之外交繹史中，謂熊野徐福祠爲後人假托而出，後人以其想像地比定平原廣澤，尤屬無稽，遂加以否定。於是日本學者之否定徐福者始漸興起。惟近自日本海流及銅鐸遺跡闡明以來，亦漸有對於否定徐福說更加以否定者矣。

四，結論

綜觀文献上關於徐福之入海求仙事，雖不免有輾轉抄襲，傳聞失實之處，而否定徐福之有力反證則尚未之見也。徐福果真精求仙藥之名，求樂土於東瀛，以避始皇虐政，則其記事自不免神仙化。且頻臨海面之燕齊人士，入海求仙思想古已行之，其見於我國史乘者，雖僅有大事記中之燕昭王遣方士入海求三神山事，史記中之徐福求仙藥事，而其未載於史乘之潛渡者，更不知凡幾。蓋中日兩國僅隔一衣帶水，朝鮮半島復突出於其間，適為往來之渡橋，故中日民族間之渡涉，當所不免；其經由朝鮮北部東渡者固不乏人，而由山東半島經朝鮮南部東渡者亦在所不免[8]。齊人徐福之入海東渡，恐由後者之途徑東渡者也。

按山東半島與朝鮮半島相去不遠，東西對峙，齊人徐福等由山東半島登舟東渡，不難漂至朝鮮。當時朝鮮南部三韓鼎立，馬韓位於西，辰韓位於東，弁韓居其南。後漢書東夷傳中，謂：

> 辰韓耆老自言：秦之亡人避苦役適韓國，馬韓割東界與之；其名國為邦，弓為弧，賊為寇，行酒為行觴，相別為徒，有似秦語，故或名之為秦韓。

是知辰韓領地本為馬韓所割與，因其多避難於半島之秦人，故亦稱之曰秦韓。徐福等秦人群之入海求仙，據史記淮南衡山列傳所載，亦為避始皇虐政而東渡者也；此由山東半島東渡之徐福等秦人群，亦不能謂其絕對不能漂至辰韓，更不能謂其絕對與辰韓無關。果辰韓即秦韓，乃為徐福等秦人群所組成之一集團；則住於此半島東南部之秦人集團，為滿足其擴張慾及探險慾起見，自不免前仆後繼，三三五五，乘獨木舟任其漂流，卒因日本海左旋回流關係[9]，均前後漂至日本山陰地方。至徐福本人究由辰韓漂至日本否，竊以為尚非重要之問題也。至若日韓古文献上未曾明載徐福等秦人群東渡之記事者，乃因徐福等秦人東渡時，遠在日韓民族有史以前故也。但此秦人群由韓東渡之結果，在日本神話傳說史上，却不難尋出其暗示來；如日本記紀[10]所載之素盞嗚尊，少名毘古那神，由新羅渡至出雲之神話等，乃其最顯著之例也。蓋新羅之故地爲辰韓，乃避難於半島之秦人所居之地，不獨爲徐福等秦人群東渡之出發地，亦爲測驗日本海流之投瓶地也。

栗山周一之日本闕史時代研究中，主張：(1)由銅鐸民族之興盛時代觀之，銅鐸民族頗與但馬民族及秦人類似；(2)秦代滅亡固不出西紀前二〇六年，而秦人之大舉由半島東渡，沿山陰之交通線而繁殖於近畿之中心地域者，亦以西紀前二〇六年爲中心；(3)出雲民族爲大陸系民族，乃由大陸經過朝鮮，初住於山陰，旋漸東移而繁殖於近畿地方等。由是可知日本史籍上所載之出雲民族，原不外秦人系大陸民族渡至日本出雲地方之民族，亦即與考古學上之「銅鐸民族」名異而實同也。蓋徐福等秦人系大陸民族，先經由半島而漂至山陰出雲地方，因出雲地名遂變爲民族之名，旋因人口增多之故，漸次東移，繁殖於近畿大和等地方。迄今秦姓諸氏仍多住於奈良平安等地方者，乃其明證也。

近日本考古學者鳥居龍藏，梅原末治等，均主張：古型銅鐸多發掘於山陰北陸至畿內之間；而新型銅鐸多發掘於畿內至東海道南海道之間。此又爲秦人系大陸民族即銅鐸民族之先定住於山陰等地方，然後漸東移至本州腹部諸地之一良證也。

9

又梅原末治之銅鐸研究[11]中，曾附一銅鐸出土地名一覽表，據該表所示之銅鐸民族分布地點，東至加賀越前美濃三河遠江，西至石見安藝讚岐阿波土佐，適以畿內大和爲中心。藉此亦可想見當時秦人系大陸民族東渡至日本後之分布狀態矣。

又栗山周一之日本闕史時代研究中，復主張：秦漢人之渡涉年代，概在石器時代後期乃至古墳時代，非在石器時代。當時日本民族雖尙爲石器時代人，而渡至日本之秦漢人，乃爲由銅器時代漸移入於鐵器時代民族；故日本太古文化爲秦漢人所支配，此種主張，殊屬公允。當時渡至日本之秦人，其文化程度旣高出於日本人，故列島上文化，概由秦人移入主持之。日本書紀中，曾載：

應仁朝融通王率秦遺民百二十七縣入朝鮮，旋大舉至大和。

姓氏錄中，亦載：

左京諸蕃大秦公，秦始皇三世孝武王之後，男功滿王仲哀帝八年來朝，男融通王應神帝十三年來朝，率百二十七縣之民歸化，並献金銀玉帛等。仁德帝御代，以秦氏分置諸郡，使養蠶織絹以貢。

此等記事年代雖有不足信處，然由其所載秦人由朝鮮渡至日本之事實及當時秦人支撑列島上之文化事業上觀之，益足證明徐福等秦人系大陸民族之渡至日本之可能性頗大，是固毫不足疑者也。

1 見水野梅曉之日支交通之資料的考察（支那時報叢書第七輯）。

2 見米野豐實之新滿蒙國策之提倡。

3 拙著徐福與海流，在師大月刊第十一期。

4 史記評林：「何孟春曰：徐市又作徐福，非有兩名，市乃古黻字，漢時未有翻切，但以聲相近字，音註其下，後人讀市作市廛字，故疑福爲別名」。

5 宋呂祖謙之大事記：「周赧王三十三年，燕昭王遣方士入海求三神山」。

6 那珂通世之外交繹史中，曾以琉球之八重山諸島比定夷洲，以沖繩島比定亶州。市村瓚次郎之唐以前之福建與台灣（東洋學報第七卷）中，曾以台灣比定夷洲，以瓊州島比定亶州。

7 神皇正統記乃爲北畠親房氏於一三三九年（元順宗至元五年）撰成。至羅山文集異稱日本傳及同文通攷等之成書年代，乃遠在神皇正統記以後者也。

8 和適哲郎之日本古代文化第一章中，謂：「依石器時代之遺品之所示，由山陰方面之交通，主與南鮮有關係；由九州筑紫之交通，主與樂浪帶方之漢人有關係；故前者未載於史籍，後者則載諸史籍。又因南鮮金海貝塚之發掘，已證實西紀一世紀南鮮人已使用鐵器（詳見濱田耕作梅原末治之金海貝塚發掘調查報告），故前者之交通早於後者」。

9 見拙著中倭交通路線考（本刊第三卷第十期）。

10 日本記紀，乃日本書紀與古事記之合稱。

11 見藝文第十一年第四號。

明武宗三幸宣府大同記

江左文

明武宗巡幸宣府大同者凡三次：第一次，正德十二年八月丙寅(二十三日)出發，翌年正月丙午(初六)返。第二次，正德十三年正月辛酉(二十一日)出發，同年二月壬午(十三日)返。第三次，正德十三年七月丙午(初九)出發，翌年二月壬申(初八)返。此三次巡幸宣大之目的，在武宗言之雖每以征虜爲詞，實則受當時佞倖江彬等輩之誘導，不啻作擴大之游獵也。以是在其屢次巡幸之過程中，醜聞穢跡，雜然幷至！一時大臣如梁儲毛澄楊廷和等，雖屢疏直諫，奏詞幾近訕詈，然而武宗淡漠視之，終不肯回蹕焉！故明代儒者王世貞有言曰：『高皇愼舉動，惜繁費，自即位後，以天下大計嘗一幸汴梁，再幸中都，自是深居法宮，無都外之蹕。文皇定鼎幽都，北巡者三。世宗相定顯陵，南邁者一。然不聞旁覽形勝，行游校獵。獨武廟輕離六師，馳騁八駿，不無「祈招」之歎焉！』(談遷國榷)蓋武宗以靑年膺帝位，登極之初，既建『豹房』以居(武宗以正德二年八月丙戌營豹房)，復廢『尙寢』之制，(毛奇齡武宗外紀云：『故事：宮中六局官，有「尙寢」者，司上寢處事而爲書。房內官，每記上幸宿所及所幸宮嬪年月，以俟稽考。上悉令除却，省記注，掣去尙寢諸所司事，遂遍游宮中，日率小黃門爲角觝蹴鞠之戲，隨所駐輒飲宿不返；其入中宮及東西兩宮，月不過四五日』。)放蕩形骸至此，殆早已不能爲宮苑之所限制矣！

矧武宗之巡幸，不僅作三次宣大之遊而已，正德十二年正月己丑(十三日)，郊祀旣畢，曾一度幸南苑游獵，午夜入城，御奉天殿行慶成禮，而以麞麑鹿兔分賜諸臣，是爲武宗巡幸之始期。同年五月癸未(初九)，朱寧建石經山寺成，邀武宗幸之，凡數日始返。八月甲辰(初一)，復如昌平，欲出居庸關不果，乃於丙辰(十三日)返豹房。至丙寅(二十三日)，遂作第一次之巡幸宣大。十三年正月丙午(初六)旣返京，庚戌(初十)郊祀于南郊，乃再幸南苑，辛亥(十一日)還。辛酉(二十一日)二次巡幸宣大，二月壬午(十三日)返京。三月戊辰(二十七日)又如昌平，開隧道祭六陵。四月甲申(十五日)至密雲。五月己丑(初一)更次大喜峰口。七月丙午(初九)再作第三次之宣大巡幸，十四年二月壬申（初八）返。武宗之西北行至此終結。正德十四年八月癸未（二十二日）武宗更發京師，南征宸濠，此爲武宗巡幸之大略情形也。

今以武宗實錄爲主，輯其三次巡幸宣府大同之始末，繫日紀程，條記如次，更參以談遷國榷，毛奇齡彤史拾遺記，武宗外紀諸書。雖云武宗實錄成于世宗（嘉靖）時代，其中不無過貶之詞，然於事實終無大背馳也。

第一次巡幸宣大

武宗第一次巡幸宣大，自正德十二年八月丙寅（二十三日）出發，至十三年正月丙午（初六）返京，巡幸期間凡四月餘。其巡幸路程，計：由德勝門趨居庸，駐蹕宣府大同。在正德十二年九月戊戌（二十五日）至十月辛亥（初九日）之半月中，乃武宗往返應州陽和一帶督師征勦達虜時期。十三年正月丙午，以郊祀之故，乃返京師。案：正德十二年八月甲辰（初一），武宗曾微服從德勝門出幸昌平，欲出居庸關不果，遄返；越十日，乃作第一次之宣府大同遊。

正德十二年八月丙寅（二十三日）上復夜出德勝門，趨居庸。

丙寅夜上復出德勝門，趨居庸，宿一夕，問：『張御史安在？』時張欽巡白羊口也。追上不及（國榷）。

八月辛未（二十八日）上度居庸關，遂幸宣府，令太監谷大用守關，無縱出者。

八月癸酉（三十日）大學士梁儲等奏請回鑾，不報。

九月甲戌（初一日）上駐蹕宣府。江彬，宣府人，欲挾上自恣，始誘爲西北之行。既幸宣府，遂營建鎮國府第，晏然忘歸。時夜出，見高門大戶，即馳入或索其婦女，於是富民賂彬以求免。久之，軍士樵不繼，至毀民房廬以供爨，市肆蕭然，白晝戶閉。　大學士梁儲等奏請回鑾，不報。　六科給事中石天柱，禮部尚書毛澄，南京禮部尚書吳言，左僉都御史胡瓚，禮科左給事中陳霽等亦爲言，俱不報。

上次宣府。江彬故鎮將，導上遠巡爲桑梓

2

重。上嘗單騎出，扈蹕侍從不及衛。立鎮國府第，夜望高門輒馳入索婦女，于是大姓賂左右以免。亡何，樵蘇不繼，至毀廬舍，白晝閉市（國榷）。

九月辛巳（初八日）命太監蕭敬傳旨云：巡幸數日即還，令府部等衙門官員各用心辦事。

九月壬午（初九日）大學士梁儲等奏請回鑾，不報。

九月壬辰（十九日）上駐蹕陽和城。

九月癸巳（二十日）大學士梁儲等奏請回鑾，不報。

九月丙申（二十三日）六科給事中汪玄錫等兩上言請發回宣大二鎮兵馬以防外患，不報。

九月丁酉（二十四日）萬壽聖節。上在陽和，文武羣臣具朝服於奉天門行遙賀禮。

九月戊戌（二十五日）虜五萬餘騎屯玉林將入寇，上在陽和聞之，命大同總兵王勛，副總兵張輗，游擊陳鈺孫鎮軍大同；遼東參將蕭滓軍聚落堡；宣府游擊時春軍天城；副總兵陶杰，參將楊玉，延綏參將杭雄軍陽和；副總兵朱鑾軍平虜；游擊周政軍威遠。

九月庚子（二十七日）徵戶部銀百萬輸宣府，備勞軍士。閣臣及戶科給事中俞泰等疏止，不報。上獵陽和，大雨雹。 3

九月壬寅（二十九日）虜分道南下，屯于孫天堡，尋犯陽和，掠應州；王勛，張輗，陳鈺，孫鎮率所部禦之。命時春，蕭滓赴援；周政，朱鑾及大同右衛參將麻循，平虜城參將高時躡虜後。又亟徵宣府總兵官朱振，參將左欽，都勳，龐隆，游擊靳英，俱會陽和；參將江桓，張杲爲後勁。傳旨諭百官云：『朕以懷來等處，切近虜境，特因巡幸，嚴督將領，振揚威武；今賊已遠遁，朕將振旅，凡官員朝見者，令如常行禮，疏亦如常陳奏』。六科都給事中黃鍾等疏請息兵事，江西道監察御史王潮等亦爲言，俱不報。

十月癸卯（初一）上駐蹕順聖川。

十月甲辰（初二）王勛值虜繡女村，方步戰，虜南循應州而去。

十月乙巳（初三）張輗，陳鈺，孫鎮與王勛于應州城北五里值虜，戰數十合，頗有殺傷。薄暮，虜寇東山而退，仍分兵圍勛等；比曉大霧，圍乃解。勛等入應州，朱鑾及守備左衛城都指揮徐輔兵至。

大學士梁儲等疏請愼重軍事，不報。

十月丁未（初五）王勛等出戰澗子村，蕭滓，時春，周政等兵至，虜別騎迎敵，我軍不得合。上率太監張永，魏彬，張忠，都督朱彬，朱振，朱杰，朱玉，朱欽，朱勳，朱英，朱隆，朱雄，參將鄭驄等兵自陽和來援。衆殊死戰，虜稍却，諸軍乃會合。暮，即營其地，上止焉。

十月戊申（初六）虜來攻，禦之；自辰至酉戰百餘合，虜乃退。

十月己酉（初七）引而西，上進至平虜朔州，會大風晝晦乃還。是役也，斬虜十六級，我喪五十二人，重傷五百六十三人，乘輿幾陷。

十月辛亥（初九）虜犯暖泉溝泥河兒。上次老王溝，虜退，還大同左衛。虜復入玉林城西及答兒莊，三家川，青山；命大同總兵王勛，游擊陳鈺，宣府副總兵陶杰，參將楊玉，游擊時春，延綏副總兵朱鑾，參將杭雄，軍陽和；參將左欽，萬全右衛參將都勳軍懷安；宣府總兵朱振還鎮獨石；參將江桓軍龍門；永寧參將張泉軍保安新城；宣府游擊靳英軍蔚州；遼東參將蕭滓參游龐隆軍順聖川西城；延綏游擊周政軍甕城驛；大同副總兵張輗軍廣靈縣；游擊孫鎮軍渾源城；老營堡游擊張琦軍應州；大同右衛參將麻循軍威遠。復令大同巡撫胡瓚，鎭守太監馬錫嚴爲備。

十月丙寅（二十四日）大學士梁儲奏請還期。

十月庚午（二十八日）吏科都給事中黄鍾等奏請回鑾，不報。

十一月癸酉（初一）上駐大同。

上在大同。欽天監進曆如故（國榷）。

十一月丁丑（初五）太監張雄自行在還，傳旨：『頃因邊事告急，道路阻絕，諸司題奏本多致留滯，即今其令雄具奏以聞』。先是諸司題奏諸類付中使詣邊候旨，故有曠旬而無事者，其得旨付外施行，往往皆同日云。

十一月丁亥（十五日）南京十三道御史朱寔昌等奏請回鑾，不報。六科給事中汪玄錫，十三道御史蔣亨等亦以爲言，俱不報。

十一月戊子（十六日）上還至宣府。大學士梁儲等奏請回鑾，不報。

十一月辛丑（二十九日）冬至節。上在宣府，文武羣臣具朝服於奉天門行遙賀禮。六科給事中汪玄錫，十三道御史孫孟和等疏請回鑾，不報。

十二月壬寅（初一）上在宣府。大學士楊廷和等以郊祀省牲期近，奏請回鑾。

十二月甲辰（初三）禮部尚書毛澄等以郊祀省牲奏請回鑾，不報。

十二月丁巳（十六日）兵部尚書汪玄錫等奏請回鑾，不報。

十二月癸亥（二十二日）太監張永，魏彬，張忠，趙林自宣府還，傳旨諭司禮太監蕭敬等：『卽今邊報未寧，未得還京，自閏十二月初一日爲始，照舊差官看牲，勿悞大祀；爾各衙門大小官員，宜安心辦事』。大學士楊廷和，禮部尚書毛澄等奏請回鑾，俱不報。內閣大臣及九卿至居庸關請駕，有禁不得出關而還。

閏十二月壬申（初一）上留宣府。有旨戒諭京城九門守門官勿放朝官出城。

閏十二月甲申（十三日）大學士楊廷和奏請回鑾。

閏十二月丁亥（十六日）立春。上迎春于宣府，備諸戲劇，又飾大車數十輛，令僧與婦女數百共載，婦女各抱圓毬，旣馳，交擊僧頭或相觸而墜；上視之大笑。

閏十二月癸巳（二十二日）大學士楊廷和奏請回鑾，不報。

閏十二月乙未（二十四日）吏科給事中劉濟奏請回鑾，不報。

正德十三年正月辛丑（初一）上在宣府。文武百官於奉天門行遙賀禮。

正月乙巳（初五）禮部以禦將還，羣臣具常服迎謁。已，傳旨用戎飾，尋賜文武群臣緋紵羅紗各一，其綵繡：一品斗牛，二品飛魚，三品蟒，四品麒麟，六七品虎彪。翰林科道皆與馬，不計品，惟郎屬五品以下不與，計五千四有餘。禮科都給事中朱鳴陽等言戎飾非見君之服，乞仍本等冠服，不聽。

正月丙午（初六）上還自宣府，羣臣戎飾迎德勝門外，其彩幛彩聯稱「威武大將軍」，俱署銜不稱臣，又列羊酒白金彩幣，手一紅梵夾爲賀。比夜，見上赤馬佩劍，邊騎簇擁，見火毬起戈矛間，羣臣伏道左。上下馬坐御幄，大學士楊廷和奉觴，梁儲注酒，蔣冕奉菓，毛紀奉金花稱賀。遂馳入豹門，宿豹房。時大雨雪，羣臣多僕馬相失走，泥淖濡衣，過夜半入城。

談遷曰：『康陵怠政，至其末，不勝狎矣！諸大臣未抗顏爭之，且不必爭也。倡率百僚，冠帶如常儀，雖逆上命亦無所罪，乃輙順其旨，表易而詞，帝易而元戎，古有之乎？吾未之見也！然祚猶磐石焉者，幸之哉天矣！』（國榷）

第二次巡幸宣大

正德十三年正月辛酉（二十一日）出發，同年二月壬午（十三日）返京。巡幸期間只二十餘日，爲三次北幸中之時間最短者。巡幸路程，直達宣府而止。第一次巡幸宣大既于正月丙午（初六）返京師，庚戌（初十）大祀天地于南郊，禮畢，曾私幸南海子，至是復如宣府，然距離第一次巡幸之歸期，實不過半月焉！後以慈聖康壽太皇太后崩，乃旋蹕。

正德十三年正月辛酉（二十一日）上復如宣府。大學士楊廷和等奏請深居大內頤養天和，不報。

上復如宣府，單騎出德勝門，從者四人，餘以次追及。楊廷和等諫，不報（國榷）。

正月壬戌（二十二日）先是聖駕還自塞外，乃於奉天門下陳示應州等處所獲達賊器械諸物；令文武羣臣縱觀，又于文華殿前頒賜賞功銀牌綵緞有差，于是兵科都給事中汪玄錫等言：『前日應州之役，殺掠人民，難以計數，六軍之衆，折損亦多，得失相較，實爲懸絕。君臣動色相賀，不知醜類退還部落之時亦有大賚如我中國之爲乎？吾民之拘繫于虜廷南向而哭者，亦望君臣有以救之乎？由此言之，則前項賜敕，非惟不敢受，而亦非所忍受矣！」不報。

正月甲子(二十四日)大學士楊廷和等奏請旋蹕，不報。

正月丁卯(二十七日)六科都給事中朱鳴陽等，十三道御史胡文靜等奏請回蹕，巡按山東御史朱裳奏請懲已往之愆，下罪己之詔，俱不報。

二月庚午(初一)上在宣府。

二月丁丑(初八)巡撫山東都御史董瓚以災異奏請還宮，不報。

二月戊寅(初九)太監張欽傳旨，令司禮監官文書左少監秦用等八員更番賫奏赴所在，俱得乘傳。時車駕屢外幸，四方奏事有半年不報者。

二月己卯(初十)慈聖康壽太皇太后崩。

二月壬午(十三日)上至自宣府，乃發喪。

第三次巡幸宣大

正德十三年七月丙午(初九)出發，十四年二月壬申(初八)返京。巡幸期間恰為七閱月。其經過路綫，計由居庸關歷懷來，保安諸堡，至宣府；經萬全左衛，懷安，天城，陽和至大同；復渡黃河，駐楡林；更歷米脂，綏德，渡河幸石州，文水諸州縣，至太原。此次巡幸動機：先是七月己亥(初二)太監蕭敬傳旨：『近年以來，虜酋犯順，屢害地方，且承平日久，誠恐四方兵戎廢弛，其遼東，宣府，大同，延綏，陝西，寧夏，甘肅尤為要害，今特命總督軍務威武大將軍總兵官朱壽(朱壽，武宗之自稱)統率六軍，隨布人馬，或攻或守，即寫各地方制敕與之，使其必擒臚，靖安民物，至于河南，山東，山西，南北直隸，倘有小寇，亦各給與敕書，使率各路人馬勦削』。是日復召內閣大臣諭意。衆皆泣諫，不納。至九日始成行。翌年春二月，以大祀天地，返。

正德十三年七月丙午(初九)上復北幸，黎明由東安門出，羣臣知而逐者五十二人。

敕諭大學士楊廷和等：『朕今巡視三邊，督理兵政，冀除虜患，以安兆民。尙念根本重大，居守無人，一應合行事務，恐致廢弛，特命衙等照依內閣舊規，同寅協恭，勤愼供事。每日司禮監發下在京在外各衙門題本奏本，俱要一一用心看詳，擬旨封進，奏請施行。其奏有軍機緊急重大事情，該用官軍錢粮器械關防符驗等項，尤要詳加審處，擬旨封進，聽司禮監一面奏聞定奪，一面發下各該衙門依擬議處，毋致遲滯誤事。爾等受玆重託，尤須盡心竭力，維持公道，不許循私執拗，致妨政體，貽患軍民。如違，責有所歸。爾等其欽承之！』

敕諭六部并都察院通政司大理寺等衙門尚書等官陸完等：『朕今巡視三邊，修舉戎務，冀除虜寇，以安地方。但念根本重大，居守無人，爾等宜同寅協恭，盡心職業，以安輯士衆，保衛京師，用紓內顧之憂。事有應與各衙門計議者，公同議處停當而行，不許偏私執拗有誤事機。如違，責有所歸。故諭』。其諭六科給事中等官張雲等亦如之。

大學士蔣冕自陳衰疾，奏乞休致，不允。

七月丁未（初十）上度居庸關，歷懷來保安諸城堡，遂駐蹕宣府。初，江彬勸上于宣府治行宮，越歲乃成，糜費不可勝計。復輦豹房所貯諸珍玩，及巡遊所收婦女實其中，上甚樂焉！每稱曰：「家裡」。還京後，數數念之不置。彬亦欲專寵，俾諸幸臣不得近，數導上遠出，及再度居庸關，仍戒守者毋令京朝人來往。蓋上厭大內，初以豹房爲家，至是更以宣府爲家矣！

七月己酉（十二日）先是太監秦文傳旨：『朕因三邊有警，特率領人馬，偏歷封疆，其令兵部治馬，戶部治芻粮，工部治器具，各遣侍郎一人，率司屬二人以往』。兵部具名上，詔仍列各部都察院通政司大理寺堂上官職名以聞。時上出幸已三日矣！

七月庚戌（十三日）大學士楊廷和，梁儲，蔣冕，毛紀各具疏辭賞賜，俱不允。

七月甲寅（十七日）大學士蔣冕奏請回蹕，不報。

七月丙寅（二十九日）大學士梁儲奏請回鑾，不報。

八月戊辰（初一）上在宣府。

八月庚午（初三）六科給事中徐之鸞，十三道御史李潤等疏論大學士楊廷和，蔣冕，毛紀等稱疾不出事，不報。

八月戊寅（十一日）大學士楊廷和，蔣冕，毛紀引疾各請休致，不允。時巡幸之諭既下，士大夫皆不安其位，故一時如吏部尚書陸完，工部尚書李鐩，都察院左都御史王璟，皆有乞休引疾調養之請，上皆溫旨慰留之。

八月庚辰（十三日）大學士梁儲，毛紀奏請除去「威武大將軍」之號及「國公」之爵，不報。

八月乙酉（十八日）上自萬全左衛，懷安，天城，陽和，至大同。

八月丁亥（二十日）開中兩淮鹽四十萬引及發馬價銀二十萬兩于宣大二鎮。以上北狩，諸邊告乏故也。

八月甲午（二十七日）六科給事中邢寰，十三道御史李素等以萬壽節近（案：萬壽節爲九月二十四日），奏請回鑾，不報。

九月戊戌（初一）上駐蹕大同。先是鎮守大同太監馬錫，以總兵葉椿第爲獻，江彬傳旨，令椿立鬻券，遂改爲總督府居焉。又奪都指揮閻山，指揮楊俊所置店二所，改爲酒肆，榜曰：「官食」，亦令券如椿，實未嘗予直云。大學士楊廷和奏請回鑾，不報。 9

九月庚子（初三）上至偏頭關。

上至偏頭關，貴幸先掠良家女子備幸，至數十車，在道日有死者，不以聞（國榷）。

九月辛丑（初四）禮部尚書毛澄等以萬壽節近，奏請回鑾，不報。

九月癸卯（初六）禮科給事中李緯奏請回鑾，不報。

九月戊申（十一日）戶科給事中劉洙以秋決奏請回鑾，不報。工科給事中竇明等言：『南北直隸幷山東，河南爲建乾清坤寧二宮，徵派物料，民已不堪，今傳鑾輿不日臨幸，有司科擾，百姓流移，以故幼女適人不待禮聘，萬里之外，傳聞之誤，又不知何如也？乞令各巡撫官禁約非時婚嫁及有司之科斂病民者』，不報。時車駕所至，貴近多先掠良家女子以充幸御，至數十車，在道日有死者，左右不敢聞，猶載以隨，且令有司餼廩之外，別具女衣手飾爲賞賚費，遠近騷動，故多逃匿，上未必盡知也。

九月辛亥（十四日）大學士楊廷和以萬壽節近，奏請回鑾，不報。

九月癸丑（十六日）上自封為鎮國公，降手敕曰：『總督軍務威武大將軍總兵官朱壽，統帥六師，掃除邊患，累建奇功，特加封為鎮國公，歲支祿米五千石』。尚書陸完等奏請下廷臣集議採擇禮典，別上尊崇之號。

談遷曰：『天子尊無二上，今貶損殊號，下同專閫，此有何足樂？而康陵欣然樂而忘天下也。雖章滿公車，如水投石，其故何哉？田獵游宴，非萬乘之務，舍而受兜牟擁刀劍則雜技淫巧易集于前矣！嗚呼！唐莊宗自號曰李天下，卒亡其國，康陵之克終，豈非社稷之靈乎哉！』（國榷）

九月甲寅（十七日）封右都督朱彬為平虜伯，左都督朱泰為安邊伯，各食祿千石，世世承襲。彬泰善伺上意，日見寵幸，既誘上再巡邊，與虜遇，幸不覆軍，上欲自耀威武，乃假軍二人，既為定爵名，馳敕下吏部封之；二人亦自以為當得，偃然受焉！由是權愈專，不復顧忌矣！

九月辛酉（二十四日）萬壽聖節。上在宣府，文武群臣於奉天門外行遙賀禮。

十月戊辰（初二）上渡黃河。六科給事中劉濟十三道監察御史張景暘奏請收回封朱彬朱泰之命，不報。

十月壬申（初六）兵部等衙門尚書王瓊等奏請回鑾，不報。

十月癸酉（初七）六科給事中邵錫十三道御史劉春等奏請收回封公敕旨，不報。

十月乙亥（初九）大學士楊廷和等以郊祀期近，奏請回鑾看牲，不報。六科給事中黃明，十三道御史楊秉中亦為言，不報。

十月丁丑（十一日）大學士楊廷和以秋決奏請回鑾，不報。

十月己卯（十三日）上駐蹕榆林。南京六科給事中王紀，十三道御史張翀奏請回鑾，不報。

十月壬辰（二十六日）禮部尚書毛澄等以看牲，奏請回鑾，不報。

十一月丁酉（初一）上駐蹕榆林。吏部等衙門尚書陸完等奏請回鑾，不報。
十一月戊戌（初二）南京吏部給事中孫懋等以郊祀期近，奏請回鑾，不報。
十一月庚子（初四）大學士楊廷和以郊祀奏請回鑾，不報。以火牌調西官廳勇士四衛二營馬隊官軍勇士六千二百六十八人，馬六千五百七十二匹，赴宣大按伏，復以火牌徵太監甘淸高忠，少監李瀷柳進等九十一人赴延綏，其家人四役三百八十餘人，皆給傳以行。時上駐北邊，凡所徵發，皆遣夜不收持火牌下所司施行。蓋循用邊帥之體，後遂以爲常。
十一月乙巳（初九）大學士楊廷和奏請收回火牌，以防奸人，不報。
十一月丙午（初十）冬至節。上在榆林，文武百官于奉天門行遙賀禮。
十一月壬子（十六日）上至綏德州，幸總兵官戴欽第，尋納欽女。
十一月丁巳（二十一日）大學士楊廷和具疏問安。
十二月丙寅（初一）上在榆林。諸大臣以次視牲如常儀。
十二月己巳（初四）六科給事中劉濟等以郊祀各具疏請回，俱不報。
十二月庚午（初五）六科給事中邢寰以郊祀奏請回鑾，不報。
十二月戊寅（十三日）上自榆林歷米脂，綏德渡河，幸石州，文水諸州縣。
十二月丁亥（二十二日）禮部等衙門尚書毛澄等奏請回鑾，不報。
十二月戊子（二十三日）上駐蹕太原。初上在偏頭關，徵女樂于太原，有劉良女者，晉府樂工楊騰妻也，以謳進，遂當上意。及自榆林還，復召之，載以歸，自是大見寵幸，飲食起居必與偕。左右或觸上怒，陰求之，輒一笑而解。江彬諸近侍皆母呼之曰「劉娘」云。

案：劉娘，亦稱劉娘娘，亦稱劉夫人，亦稱劉美人。毛奇齡武宗外紀云：『初上駐偏頭時，大索女樂於太原，衆妓中遙見色姣而善謳者，拔取之，詢其籍，本樂戶劉良之女，晉府樂工楊騰妻也。賜與之飲，試其技，大悅。後自榆林還，再召之，遂載以歸，至是隨行在，寵冠諸女，稱「美人」，飲食起居必與偕…江彬諸近侍皆母呼之曰「劉娘娘」云』。其彤史拾遺記中復稱之爲「劉美人」及「劉夫人」。拾遺記云：『劉美人亦稱劉夫人，太原民劉良之女(原注云：世稱美人名劉良女，非是)，晉王府樂戶楊騰名下妓也。正德十三年，上幸大同，駐蹕偏頭關，遍索女樂于太原，美人偕衆妓雜進，上遙見美人，悅其色，及聆謳，大喜。適從榆林還，再召之，載以歸，命爲美人，大見寵幸。初居豹房，後漸入西內。及上至揚州，每以數騎獵揚州城西，止宿上方寺，後遂无厭。屢出獵，馳突不測，美人諫乃止。時又稱爲夫人。自上方至南京所臨寺觀，旛幢錦繡梵貝夾冊有爲上所賜賚者，悉署上與夫人劉氏名于其上』。讀此可知劉娘在當時之受寵程度矣！劉娘，初受寵于太原，旣而隨武宗南來，入豹房，復居西內，飲食起居旣與武宗偕，宜其爲諸寵冠也。武宗南征宸濠，劉娘亦與俱行。武宗外紀云：『初上之南征也，移劉美人居通州，約上先行，而後迎美人以從。臨行，美人脫一簪請上佩之，且令迎者執爲信。過盧溝，上馳馬失簪，大索數日不得去。及至臨淸，上遣迎美人，美人曰：「非信不敢行！」上乃獨乘舸，晨夜疾行，至張家灣親迎之，幷載而南。當發臨淸時，內外從官無知者；旣而始覺，然追不能及。及還，過湖廣參議林文纘，入其舟，奪一妾行』。劉娘以一樂伎，而武宗垂愛之若此，軍事旁午，猶親迎之幷載而南，則劉娘之寵眷又可知矣！劉娘之終，史無記載，惟據彤史拾遺記云：『正德十六年，世宗(嘉靖)入嗣，用南京給事中王紀言，以爲：「至尊稱號媟嫚毀侮，不可示天下後世，自今南北凡大行皇帝御登所臨驛置寺觀，有書威武將軍鎮國統督及夫人名氏者悉令撤去」，從之』。惟劉娘是否先武宗卒或卒于武宗後，尙待攷證。

正德十四年正月丙申（初一）上在太原府。文武百官于奉天門行遙賀禮。

正月戊戌（初三）是日車駕發太原。

正月甲辰（初九）禮科給事中邢寰等以郊祀奏請回鑾，不報。

正月壬子（十七日）車駕還至宣府，自宣府抵西陲，往返數千里，上乘馬腰刀弓矢衝風雪，備歷險地，有司具輦以隨，亦不御，閹寺從者多病憊弗支，而上不以爲勞也。

正月乙卯（二十日）監察御史虞守隨奏請迎駕禮儀，不報。

二月乙丑（初一）上留宣府。

二月壬申（初八）上自宣府還京，文武群臣具綵帳銀幣羊酒迎于德勝門外，如先年儀。是日先駐蹕外教場，親閱前虜器仗；申刻上乃入，賜內閣及五府六部都察院通政司大理寺堂上官各衙門正官及科道官銀牌花紅有差。

——一九三五年歲暮草竟——

善本古書

萬卷一橱

四部叢刊初編所取版本、皆經再三考證、擇善而從、縮本用膠版影印、善本眞相、依然保存、字蹟清朗、復便誦讀、宋刊本孟子、業已提前出書、可見一斑、

全書卷數近萬、前印線裝本多至二千餘册、今縮印精裝本僅訂百册、平裝亦不過四百册、裝入書橱、佔地才寬三尺、無論書齋客室、隨地可以陳設、

縮本 預約價為便於普及起見、極度低廉、較線裝本售價不及五分之一、另定分期交款辦法、每月祇須付國幣十五元或二十元、更覺輕而易舉、預約展期於五月底截止、惠訂務請從速、

商務印書館謹啓

預約展期於**五月底截止**

目錄樣本函索卽寄

宋刊本孟子函索附郵五角

*Ⅱ183(8)-25:4

1

江蘇海門的農田

陸衍廬

顧頡剛先生囑我爲禹貢作文，并指定敍述海門的經濟狀況。因人事的牽掣，直到現在方草草繳卷，所敍的還只是農田方面的。其他部分，只好待將來有空再補充了。

甲　地價

海門的農田，平常均以『一千步』爲計算的單位，合四畝一分六釐六。近數十年來，每千步價格凡三變。光緒年間較低。自民國初年以後，因棉花售價頓昂，故地價亦隨之上漲。近年來土匪較多，又常有荒年，所以地價又下跌了。

每千步的價格不僅因時而異，也因性質不同而有高低之差。第一種是『底面地』：所謂『底』，又名『苗地』，其所有者須向政府納稅。所謂『面』，又名『過投地』，其所有者須向『苗地所有者』納租。而『底面地』的所有者，乃是合二者於一身，故只納稅而不納租；或者自己耕種，或招佃人而收租。這種地在海門佔最多數，其價格亦較他種爲高。光緒年間每千步約值五十元至百元，民國初年約值三百元至四百元，現在約值二百元至三百元。

這種『底面地』還有兩種變相的地：一種是『弊田』，即無『苗』之底面地。底面地本當有『苗』，否則即爲有面而無底之地，而須向『苗地所有者』納租。而弊田則並非另有個『苗地所有者』存在，故其所有者既不納租，又不納稅。不過一旦爲政府查出，則須另繳『苗』價，故其價格較普通的底面地低十分之一至二。

還有一種是『活契地』，即是由甲賣給乙，而甲可以原價自乙贖回的地。甲方賣面不賣底，故乙方也是無『苗』的。國稅仍由甲方交納，乙方則每年貼助若干。其價格約爲普通底面地之半。

底面地又名『通劃地』。因爲海門地處南通崇明之間，近通者地制與通同，故名。其近崇而同於崇者，名『崇劃地』。通劃地的底與面爲一人所有，而崇劃地則底與面分屬二人；有底者有苗，有面者無苗，其價格亦因此而異。有苗的崇劃地，光緒年間每千步約值五十元左右，民國初年約值百元左右，現在則只值四十元左右。

無苗的崇劃地，在光緒年間每千步約值一百元至一百五十元，民國初年值二百元至二百五十元，現在則值一百五十元至二百元。如上文說過的，無苗者須向苗地所有者納租，其租價詳後。

海門地除通劃崇劃兩種外，鼎足而立的尚有『老租地』，又名『額租地』。所謂『額租』，即謂租價有定額，其地價亦因有苗無苗而異：有苗者，即『底』的部分，光緒年間每千步約值十元左右，民國初年約值三十元左右，現在約值二十元左右。

無苗的老租地，即『面』的部分，光緒年間每千步約值百元左右，民國初年約值三百元左右，現在約值一百五十元至二百五十元。牠的所有者與無苗崇劃地的所有者一樣的須納租，不過很輕（詳後），亦有再轉租給佃人而收租的。

無苗的崇劃地與老租地的所有者，其實乃是佃人而非地主。不過是有本錢的佃人，其所納的租較一般佃人為輕。如果他再轉租給別人，從中取利，那便近於上海人所謂『二房東』了。

乙　租與稅

各種地的價格之所以不同，是由於收入多寡的不等。例如『老租地』，其地價在三種中為最低，就是因為牠的收入最少。其『面』的所有者向『底』的所有者所納的租，光緒年間每千步是二元左右，自民國初年以來則自三元至四元不等。如果『底』的所有者是慈善機關，（海門的老租地大都為慈善機關所有，亦有屬於他縣的慈善機關者），則收租更輕。光緒年間每千步是一元左右，自民國初年以來則為二元至三元。

崇劃地的『面』的所有者向『底』的所有者所納的租，則大都用『議租』制。在春夏間所收穫的麥及蠶豆等，（即所謂『小熟』），是不納租的。秋天收穫的黃豆，包米（玉蜀黍）及棉花，（即所謂『大熟』），則納四分之一。不過奇怪的是，這並非實收數目的四分之一，而是預先估計這一千步地可收若干，從而推算四分之一為幾何。如果實收數較預計者為少，則『面』的所有者便吃虧了，反之則吃虧的乃是『底』的所有者。這預先估計之數是由底與面的所有者雙方逐年而議的，故稱『議租』。這四分之一的收入無論如何總較『老租』爲多，故崇劃地價亦較高。

底面地的收入則在三種中爲最高。其收租方法有四種：光緒年間流行的爲『分租』制。每逢收穫時，地主與佃人當場各分一半。小熟以麥與蠶豆爲主，大熟以包米，黃豆及棉花爲主。如果佃人種有別種雜糧，如芝蔴，高粱，白薯等，也各取其半。唯一的例外是小熟的大蒜，因佃人成本較重，故地主只取三分之一。

這種方法較麻煩，故自宣統以後，盛行的乃是『包租』制與『現租』制。所謂『包租』者，即無論佃人收穫若干，他交給地主的租是固定的。小熟包納麥一石至一石二斗，大熟包納包米及黃豆各一石至一石二斗，故俗名『包三石』。如果佃人種別的東西如棉花之類，他仍須納包米與黃豆。

所謂『現租』，即是現錢的租。在佃人種地前一年的冬天，須先將租款付清，故又名曰『預租』。俗語所謂『插犂交租』，即在初冬用犂耕田預備種麥時，即須將次年的租錢交清，不管到時收穫如何。租價在民國初年是每千步二十元至三十元。近年來土匪多，荒年也多，這種辦法漸難實行。即偶有實行者，也減到每千步十五元至二十元了。

與『現租』相近的，又有一種名爲『秋租』的。所異者，現租是在前一年的冬天交清的，而秋租却是在當年秋天交的。其數目與現租同，不過遲一年交，佃人叨光不少了。

還有須附帶說明的是『頂手』與『住身租』二種。所謂『頂手』，就是保證金。佃人要種一塊地，大都須先付若干元於地主，每千步三元至十元不等。此款存地主處，直到佃人不種時方付還。不過也有些佃人未付此款的。

如果佃人住宅即在地主的地上，則須另納『住身租』，每千步十元至二十元，但大都不滿一千步。此住宅所在地也有『頂手』錢，每家約十元至三十元。

以上是地主所收的租。至於他所納的稅，可分國稅與地方稅兩種。海門地主所納國稅又可分爲二種：膏腴之地納『漕糧』，每千步約三角。磽薄的納『蘆課』，每千步約三分。其實這裏膏腴與磽薄之分，恐怕是數百年前的事實。土地情形早已變遷了，而國稅之數如故。

3

地方稅又名『畝捐』，即按畝收捐之意。在光緒年間是沒有的，到民國初年約合每千步五角左右，現在則增至一元二三角。

丙　農產物

上文『地價』一節說明地主的成本，『租與稅』一節說明地主的收支，本節中要說到佃人的收支了。自然上文所說的租，是地主的收入，同時也是佃人的支出。現在所說的乃是每千步收穫與耕種的消耗與贏餘。

海門的地每年可收種兩次。小熟的麥，每千步可得三石左右，蠶豆可得二石左右。大熟的包米，每千步可得五石左右，黃豆可得二石左右。包米與黃豆是種在同一地內的。棉花每千步可得二擔左右。此外還有柴。這裏所謂『石』，是指十斗；所謂『擔』，是指一百斤。斗的大小無法說明，斤則合二十兩至二十二兩。其賣價略如下表：

	光緒年間	民國初年	最近
麥	三元左右	五元左右	五元左右
蠶豆	二元左右	四元左右	四元弱
包米	二元左右	四元左右	四元強
黃豆	五元左右	八元左右	七元左右
（以上以十斗爲單位）			
棉花	十二元左右	三十元左右	十八元左右
（以上以百斤爲單位）			

此外每千步還可有十元至十五元的柴可收。

每千步的成本不大容易估計。就最近數年而論，每千步的麥地約需種子二斗，肥料四元，人工二十餘工。蠶豆地每千步約需種子二斗，肥料一元，人工十工左右。包米地約需種子一斗，肥料四元，人工二十工左右。黃豆地約需種子二斗，人工十五工左右。棉花地約需種子四十斤，（棉花子每百斤約合三元左右）人工二十餘工。黃豆與棉花不需肥料。這裏所謂人工，只指普通的耕種與收穫。如包米收到家中還須『出工』，棉花則逐日拾取時又有『拾工』，尚不在內。

工價在光緒年間，每日五十文，現在已增至一角一分。供給工人一日三餐，在光緒年間約費一百文，現在約須一角九分。包米的『出工』不論日而論石，光緒年間每石一百文，現在增至二角，還須供給午飯。棉花的『拾工』，光緒年間每斤五文，現在三十文，不供給飯。肥料的價格，從光緒年間到現在，差不多是一與二之比。

海門農家種稻者不多，近來方漸漸多些。每千步的稻田，約需種子五元，肥料二十元，人工三十元。可收入稻約七石，（米價每石十二元左右）。

總結起來，每千步（即四畝一分六釐六）的收入大概有七十元左右，其支出約三十元左右。如果地主自己招工收種，則每千步可得四十元左右的贏餘，（為佃人所交租之倍數）。如果是佃人種的，他一方須付租款，一方面則成本却減少，（因為人工是自己的），或許有三十元左右的贏餘。如果是自耕農，則贏餘可增至五十元左右。這自然指豐年而言，歉收時又當別論了。 5

一九三六，二，十。

四八

西文雲南論文書目增補 (一九三五年)

丁　驌

Part I.　Articles in Magazines

Bailey F. H. — Journey through S. E. Tibet and the Mishmi Hills. Geogr. Journ. xxxix, p. 334–47 1912.

Barbour G. B. — Physiographic history of the Yantze Geogr. Journ. LXXXVII, No. 1, p. 17–34

Bouterwek, K. — Das land der meridionaleu Stromfurchen im Indo-Chine-sisch-tibetanischen Grenzgebiet. Mitt. Geogr. Ges. Munchen. 13, p. 161–341, 1919.

Brown, J. C. — A geological reconnaisance through the Dihang Valley Rec. Geol. Surv. India (R.G.S.I.) XLII, p. 231–53, 1912

,, — The Bhamo-Tengyueh Area R.G.S.I. XLIII, P. 177–205

,, — Notes on the stratigraphy of the Ordovician and Silurian beds of western Yunnan. ibid., 327–334.

with Burton — Petrology of volcanic rocks of the Tengyueh district. Ibid., p. 206–28.

,, — Geology of parts of Salween and Mekong valleys. R.G.S.I. XLVII, p. 205–66.

,, — Tranveses betweeu Ta-li Fu and Yunnan Fu. LIV, p. 68–86

,, — Reconnaissance surveying between Shun-ning-fu, Pu-e'rh Fu, Ching-tung T'ing and Ta-li Fu R.G.S.I. LIV, 296–323.

,, — A transuerse down the Yangtze-Chiang valley from Chin-Chiang Kai to Hu-li-chou, Ibid., 324–336.

Coales, O. — Economic notes on eastern Tibet. Geogr. Journ. LIV, p. 242–7.

Desgorings, C.H. — Notes geologiques sur la route de Yerkalo a Patang. Bull. Soc. Geogr. Paris, bXII, p. 492–508.

Dessault L. — Etides geologiques dans le Tonkin cccidental Bull. ser. Geol. Indochine. X. fasc. 2,.

Gregory J.W.&C.J. — The Alps of Chinese Tibet and their geographical relations. Geogr. Journ. LXI, p. 153–179

,, — Note on the map illustrating the journey of the pe Percy Sladen Expedition 1922 in N. W. Yunnan. Geogr. Journ. LXII, p. 202–5

Hayden, H. H. — The geology of the province Tsang and U in central Tibet. Mem. Geol. Surv. India. XXXVI.

Jacob, C. ‹Itineraire geologique dans le nord du Tonkin. Bull. Geol. Surv. Indo-chine. IX fasc 1, 1920,

Kropotkin, P. The orography pf Asis. Geogr. Journ. XXIII, p. 176-207, 331-361. 1904

Limpricht, Reise im westlichen Szetchwan 1914 Pet. Mitt., LXv. p. 131-7, 173-80, 208-12.

Loveman, M. H. A connecting link between the geology of the northern Shan States and Yunnan. Journ. Geol. XXVII, p. 204-11. 1919.

Ward, K. On the possible prolongation of the Himalayan axis beyong the Dihang. Geogr. Journ. LIV, 231-41.

,, The glaciation of Chinese Tibet. Geogr. Jour. LIX, p. 363-9

Part II. BOOKS

Bacot, J. Dans les marches Tibetianes autour du Dokerla, 1909. Le Tibet revolte vers Nepemako, la Terre promise des Tibetians. 1912.

Barbour, G. B. Physiographic History of the Yangtze. Geol. Surv. China. Monograph. 1935.

Bonvalot, G. De Paris du Tonkin. 1892.

Desgodings, C. H. L'Thinet d'apres la correspondance des missionaries. 2nd edition. 1885.

Genschow, A. von, Unter Chinesen und Tibetanern vi, 385, p. 1905.

Gill, W. The river of the golden sand. 1880.

Kendall, E. A Wayfarer in China. 1913.

Launay, A. de La geologie et les richesses minerales de l'Asie 1911.

Legendre, A. F. Massif-sino-tibetian-provinces du Seteschunan du Yunnan et marches Thibetaines. 1916.

Litton, G. Report by... on a journey in N. W. Yunnan. Parl. pap., China No. 3. 1903

Loczy, L. von. Die wissenschaftlichen ergebnisse der riese des grafen bela Szechenyi in Ostasien 1877, 1880. vol. 1, 1893; vol. 2, 1899; vol. 3, 1897 (atlas).

Metfeli, B. Where China meets Burma. London, 1935.

Tegengren, F. R. The quicksilver deposits of China. Bull. Geol. Surv. China. No. 2.

Touche, La J.H.D. Geology of the northern Shan states. Mem. geol. Surv. India 39, 1913.

Ward, K. The land of the blue poppy. 1913.

歷史地理論文索引

國立北平圖書館輿圖部編

1

一 地理沿革

殷墟沿革（董作賓，國立中央研究院歷史語言研究所集刊二本二分）

五代州縣表（劉石農，師大月刊十一，十五期）

河北省行政區域沿革新考（陳鐵卿，河北月刊二卷一—十二期，三卷一—三期）

關於河北通志縣沿革表通訊（于鶴年，國立中山大學文史研究所月刊三卷一期）

隴海戰區各邑沿革考（芸生，國聞週報七卷二十九期）

燕京大學校址小史（許地山，燕京學報六期）

蓬萊縣地理沿革及文化之概況（鄒升椿，地學雜誌九年二，三期）

開封史蹟及其地理之沿革（黃守性，地學雜誌八年四期）

洛陽都會變遷考（蘇莘，地學雜誌十五年秋期）

開封柔蠻之沿革及其建置（趙玉芳，河南政治月刊四卷九期）

泌陽縣地理沿革及地文之概況（吳俊昌，地學雜誌九年二，三期）

上海市沿革略說（蔣奎梧，大陸雜誌一卷七號）

杭州市之沿革（顧彭年，杭州市政季刊一卷一期）

烏青鎭沿革（地學雜誌十七年八期）

西康沿革及康藏外務糾紛（成郡，康藏前鋒三卷一期）

川邊的沿革（新亞細亞月刊二卷五期）

馬邊沿革紀要（邊政六期）

長寧縣地理沿革及現今情形（余誠武，地學雜誌十年三期）

綏遠鄂托克旗的沿革與疆界（地學雜誌十九年一期）

奉天沿革表（吳廷燮，四存月刊一—三期）

大連港之沿革及設備（李書田，高協和，交大唐院季刊一卷一期）

營口之沿革（地學雜誌一年一期）

呼倫貝爾疆域沿革（地學雜誌一年八期）

最近中外地名更置錄（葛綏成，地學季刊一卷一期）

我國歷代疆域和政治區劃的變遷（丁紹桓，地學季刊二卷一期）

二 古地理考証

古代五服之地理觀（余龜碌 國立中山大學語言歷史研究所周刊七集八十期）

關於「九州」討論（國立中山大學語言歷史研究所周刊三集二十八期）

州與嶽的演變（顧頡剛，史學年報一卷五期，方志月刊三卷七期）

讀爾雅釋地以下四篇（顧頡剛，史學年報二卷一期）

周初地理考（錢　穆，燕京學報十期）

秦四十郡考（劉師培，國粹學報四卷四十九期）

漢百三郡國建置之始考（譚其驤，地學雜誌二十年二期）

兩漢州制考（顧頡剛，蔡元培先生六十五歲紀念論文集）

新莽職方考（譚其驤，燕京學報十五期）
三國時代疆域考（鄭璜，史地叢刊第一輯）
唐節度使建置分幷考（吳翊寅，國華月刊二卷九期）
唐代西域州縣考（寇田，新亞細亞月刊十卷三期）
近代二十四藩建撤考略（白眉初，地學雜誌十九年三期，二十年二期）
古三苗疆域考（錢穆，燕京學報十二期）
夷夏東西說（傅斯年，蔡元培先生六十五歲紀念論文集）
清初東南沿海遷界攷（謝國楨，國學季刊二卷一期）
說吳（柳詒徵，史學與地學二期）
「淮海惟揚州」考（陳玉樹，地學雜誌七年十一期）
赤壁地勢考（江人度，地學雜誌十四年四期）
漢書地理志廬江郡考略（楊鑄秋，安徽大學月刊一卷二期）
漢書地理志九江郡考略（楊鑄秋，安徽大學月刊一卷三期）
漢書地理志沛郡考略（楊大鈊，安徽大學月刊一卷六期）
「大東小東」說（傅斯年，國立中央研究院歷史語言研究所集刊二本一分）
古閩地考（葉國慶，燕京學報十五期）
後漢南海郡無揭陽說（温丹銘，國立中央大學文學院研究所月刊一卷三期）
踐土解（陳玉樹，地學雜誌十一年十一期）
河北春秋時代疆域考（張承謨，河北月刊一卷六期）
燕京故城考（奉寬，燕京學報五期）
遼析宛平爲玉河縣考（傅芸子，坦途一期）
古易縣考（林傳甲，地學雜誌九年九，十期）
交河縣考証（蔡辛，地學雜誌九年十一期）
靈州寧夏榆林三城譯名考（陳寅恪，國立中山大學語言歷史研究所周刊八集九十二期，中央研究院歷史語言研究所集刊一本二分）
新疆疆域變遷考略（劉熙，蒙藏月報三卷六期）
高昌疆域郡城考（西北科學考查團論文之一）（黃文弼，國學季刊三卷一期）
天山北路唐代州縣之研究（日本松田壽男著，賀子才譯，西北研究三—四期）
西域要考（丁義明，地學雜誌八年三—四期）
記新疆二麻扎（黃文弼，新亞細亞月刊五卷三期）
大宛國貴山城考（日本桑原騭藏著，邊事研究一卷四期）
樓蘭鄯善問題（馮承鈞，輔仁學誌三卷二期）
青海羅卜藏丹津戰地考（楊敏曾，地學雜誌五年三期）
建州衞地址變遷考（明元淸通史上篇內之一篇）（孟森，國學季刊三卷四期）
安東古縣城考（周鳳陽，東北叢刊十九期）
濊弱水沃沮窩集烏稽通釋（陳去病，國粹學報四年四十一期）
室韋考（方壯猷，輔仁學誌二卷二期）

琿春古城考（魏聲和，東北叢刊十四期）

莽京考（王國維，學衡四十一期）

亳都考（呂思勉，光華大學半月刊二卷二期）

以日本平安京証唐代西京之規制（羅兌之，史學年報一期）

三 地方史

歷史人物與地理之關係（丁文江，科學八卷一號，東方雜誌二十五卷五號）

評丁文江的「歷史人物與地理的關係」（傅斯年，國立中山大學語言歷史研究所周刊一集十期）

論漢代開拓邊疆之盛（吳廷燮，四存月刊八期）

論唐代邊功之盛（吳廷燮，四存月刊九—十一期）

九邊考（中國學報一至八期）

述小川琢治氏論黃河下平地之戰略地理的意義（地學雜誌七年六，七，十一，十二期）

中國歷代經營西域史（曾問吾，邊事研究二至五期）

前漢西域之經營（曾問吾，國立中央大學半月刊一卷八號）

中亞史地譯叢（伯希和著，馮承鈞譯，輔仁學誌十七年二期，十八年一—二期）

亞洲腹部之地理及其歷史上之影響（孫光先譯，地學雜誌十七年二期，十八年二期）

中央亞細亞地理及其歷史的發現（海定，科學八卷十一號）

二千年前的新疆（黃飄，天山月刊一卷四期）

伊犂歷史（邊鐸半月刊二卷二期）

蒙古民族之歷史地理及與中國之關係（俠成，蒙藏旬刊九十二—九十三期）

蒙古西征兵威之所及（陶亞民譯，地學雜誌四年八—九期）

蒙古史略（鄭寶善，新亞細亞月刊三卷五—六期）

遼金時代蒙古考（王國維，東北文化月報五卷九期）

熱河與中國歷史關係（向裝，黑白半月刊三卷五—六期）

滿蒙考誌（金長佑，東北大學周刊紀念增刊）

間島地方之史的考察（樊哲民譯，黑白半月刊二卷四期）

滿洲發達史（日本稻葉君山著，楊成能譯，東北叢刊四至十期，十二至十九期）

滿洲史蹟（地學雜誌一年八期）

青海之史地考（盧澄，開發西北月刊一卷一期）

青海歷史考（白月恒，地學雜誌六年二，六，九，十二期）

西康考（曹經沅，地學雜誌七年一期）

西藏考（新亞細亞二卷五期）

西藏略史（李安陸，西北雜誌一至四期）

西藏之史略（班禪額爾德尼，新亞細亞月刊二卷五期）

唐宋元明清歷代與西藏之關係（斌，開發西北月刊二卷一期）

清乾隆時福將軍治理西藏之辦法（西藏羅友人，邊事研究一卷二期）

明末清初之四川（顧頡剛，黎光明，東方雜誌三十一卷一號）
陝西在中國史上位置（王桐齡，地學雜誌十五年秋季）
洛陽與長安（白眉初，地學雜誌二十二年一至二期）
上海縣在元明時代（蔣愼吾，上海通志館期刊二年一期）
上海在前期太平天國時代（徐蔚南，上海通志館期刊二年二期）
上海公共租界之發端與形成（羅瀾，求實月刊二卷八期）
上海縣在清代（蔣愼吾，上海通志館期刊二年二期）
中世紀泉州狀況（張星烺，史學年報一期）
天津衛考初稿（于鶴年，河北月刊二卷三—四期）
設立天津史料採集委員會之建議（甕兌之，南開週刊七十二期）
香港之地理及歷史（地學雜誌九年二，三，六，七，八期，東方雜誌十五卷十一期）
各國在華租界的設立根據（方言俠，求實月刊二卷八期）

四　古蹟，古物

長城考（張相文，地學雜誌五年九期）
萬里長城（朱樾明，中學生五十四號）
秦長城東端考（傅運森，地學雜誌二年十七期）
萬里長城考（晉，東北文化月報四卷三號）
趙長城遺址（可牆，地學雜誌四年八期）
明邊墻証古（蘇莘，地學雜誌六年三期）
北邊長城考（徐珮清，史學年報一期，察哈爾建設月報一期）
明遼東邊牆建置沿革考（張維華，史學年報二卷一期）
金界壕考（王國維，燕京學報一期）
橋山黃帝陵（鄧元冲，建國月刊九卷四期）
黃帝之囿與巴比侖之縣圃（徐球，地學雜誌二十年一期）
禹陵（董開章，水利六卷四期）
明孝陵志（王煥鑣，國風半月刊一卷六，八號）
金陵覽古（朱偰，國風半月刊一卷八，十號，二卷一號）
漂母墓考（古僧，地學雜誌十二年八期）
勝迹導游（行素，廣播周報三十一期）
西湖風景史（張其昀，東方雜誌二十六卷十號）
西湖勝蹟沿革考（地學雜誌六年十一期，七年二—五期）
杭州後五人墓考（馮巽占，地學雜誌五年十一期）
元代馬哥孛羅諸外國人所見之杭州（向達，東方雜誌二十六卷十號）
衢縣孔博署考（馮巽占，地學雜誌五年十一期）
調查龍泉青瓷報告（陳萬里，國立中山大學語言歷史研究所周刊四集四十八期）
泉州訪古記（張星烺，地學雜誌十七年一期，史學與地學四期）
大招山發現古物記（黃藝錫，地學雜誌六年十一期）
中山三古物（王紹庭，地學雜誌六年五期）
安徽舊潛屬名勝古蹟略考（陳東原，學風二卷九期）
保護宜昌石龍記（傖父，東方雜誌十三卷三號）

神龍洞探石龍記（甘作霖，東方雜誌十三卷四號）
迭理迷寶墓（黃仲琴，國立中山大學語言歷史研究所周刊一集四期）
不陵訪古記（吳金鼎，國立中央研究院歷史語言研究所集刊一本四分）
齊魯碧文錄（飛生，地學雜誌四年八期）
泰山上石（甌隱，地學雜誌四年八期）
濬縣發掘述略（適齋，河南政治月刊四卷四期）
開封名勝古蹟誌（臧寰瀛，地學雜誌九年十一期）
安陽洹上之特產及發見物（地學雜誌二年十七期）
小屯龍山與仰韶（梁思永，蔡元培先生六十五歲紀念論文集）
龍門造像雜記（許同莘，地學雜誌十八年一期）
洛陽伊闕石窟像記（袁希濤，東方雜誌十七卷二十三號）
大同雲岡石窟佛像記（袁希濤，地學雜誌十一年二—三期）
調查雲岡造像小記（趙邦彥，國立中央研究院歷史語言研究所集刊一本四分）
說雲岡石佛（蠶盦，西北春秋十三—十四期）
直隸省之山陵與墓誤（蘇莘，地學雜誌六年五期）
圓明園恭記（黃凱，國粹學報六卷四號）
北平法源寺沿革考（羅桑彭錯，正風半月刊八—九期）
河朔談故之一—塔記（地學雜誌六年六至十期）
燕京大學校友門外恩佑恩慕兩寺攷（韓叔信，史學年報二期）
玉田名勝古蹟調查（曲鴻昌，河北月刊一卷四期）
燕下都考古記（傅振倫，地學雜誌十九年四期）
燕下都遺跡考（傅振倫，地學雜誌二十二年一—二期）
燕下都發掘報告（傅振倫，國學季刊三卷一號）
易縣燕墟研究初步（王慶昌，國立北平研究院院務彙報一卷三期）
易縣燕下都考古團發掘報告（常惠，國立北平研究院院務彙報一卷三期）
易縣燕都故址調查報告（常惠，國立北平研究院院務彙報一卷一期）
陳氏安瀾園記（國粹學報六卷四號）
回憶中的熱河避暑山莊（李守廉，國風半月刊二卷十一號）
昌圖建城記（陳戣，文藝雜誌三期）
長安古刹之調查（謝鐵東，新陝西月刊一卷三期）
甘肅考古記（安特生著，樂森璕譯，地質專報甲種五號）
西寧六大勝蹟概況（新青海三卷二期）
安得思蒙疆考古記（李壽春，地學雜誌十七年二期）
成吉思汗陵寢事議案（張相文，大中華一卷十二期）
成吉思汗陵寢辨正書（張相文，地學雜誌七年四—五期，八年十期）
答張蔚西成吉思汗陵寢辨正書（屠寄，地學雜誌七年十—十一期，東方雜誌十四卷一二號）
再答屠敬山成吉思汗陵寢辨正書（張相文，地學雜誌八年八—九期，東方雜誌十四卷九—十號）
成吉思汗陵寢事議案釐正（序東，東北文化月報二卷七號）
攷察外蒙古土謝圖汗部諾顏山下蘇珠克圖地方二百十二古墓記（于右

任，新亞細亞月刊二卷五期）
伊克昭盟的古蹟（地學雜誌十九年一期）
蒙古沙漠中發現古城（科學九卷一號）
契丹文化探訪記（芥舟譯，新蒙古一卷四期）
蒙新考古報告（黃文弼，地學雜誌十九年三期）
中國西北之種種發見（洪懋熙譯，地學季刊一卷三期）
司坦因甘新考古史料輯要（孫守先，地學雜誌十七年一期）
斯坦因黑水獲古記（向達，國立北平圖書館館刊四卷三號）
俄人黑水訪古所得記（羅福萇，國立北平圖書館館刊四卷三號）
中國土耳其斯坦地下的寶藏（陶謙譯，地學雜誌二十二年二期）
西藏發見中之古城（地學雜誌十四年三—四期）
康藏寺院調查（新亞細亞月刊三卷四期）
武垣古城考（陳鐵卿，河北月刊一卷十二期）
欒圃遺址考（黃頌堯，藝浪九期）

五　山水考　附水利

禹河故道考（丁謙，地學雜誌十年二期）
禹貢「三江」考（楊遐齋，地學雜誌十一年六期）
揚子江名稱考（李長傅，地學季刊一卷二期）
河史述要（武同舉，水利六卷一—二期）
黃河河道變遷史略（蘇爾生，黃河水利月刊一卷二期）
山西陝西間黃河之地文發育史（王竹泉著，林蓮夫譯，中國地質學會會誌，方志月刊六卷十期）
淮與江河關係之歷史地理說（全國水利局，地學雜誌六年二期）
楚通江淮証（陳漢章，地學雜誌十年十一期至十一年一期）
導淮考略（黃澤昌，東方雜誌三十二卷二號）
運河之沿革（汪胡楨，水利九卷一期）
北運河攷略（張景賢，地學雜誌十年九—十期）
唐宋汴河考（日本青山定男著，張其春譯，方志月刊七卷十期）
浙江考（王國維，方志月刊七卷十期）
嘉興水利考（金鑑容，太湖流域水利季刊一卷三期）
廣東治河沿革（廣東水利四期）
牂柯江考（何觀洲，燕京學報十二期）
中國水利史略（張念祖，華北水利月刊四卷二—三期）
古代灌溉工程發展史之一解（翁文灝，蔡元培先生六十五歲紀念論文集）
河北省水利史概要（石玉樸，林榮，河北月刊一卷四期至二卷十二期，三卷一—二期）
杭海段海塘沿革略史（徐駿良，浙江省建設月刊四卷五—七期）
小清河考略（吳明第，地學季刊一卷二—三期）
濟水攷証（汪胡楨，水利二卷四期）
滹沱河之變遷（蘇莘，地學雜誌六年一期）
洮水即洮水攷（劉師培，國粹學報四年三十八期）
參合波水考，續考（丁謙，地學雜誌一年二期）

紫荊關拒馬河考（附揚水攷）（賈元章，連德純，地學雜誌七年十二期）
古今白溝河辨（蘇莘，地學雜誌七年十二期）
崑崙弱水流沙考（登公，西北研究五期）
長白三江源流考（長白叢徵錄，地學雜誌五年五期）
「四海」通考（王庸，史學與地學二期）
居延海考（黃文弼，學術季刊一卷四期）
關於長白山（哲民，黑白半月刊三卷三期）
關於衡山的一種考証（劉公任，人文月刊三卷十期）
漢代天山祁連之見解及共混名之原因（地學雜誌七年六—七期）
昆侖考（呂思勉，光華大學半月刊二卷四期）
海國圖志釋崑崙駁議（陳士廉，中國學報六期）

六　地文

中國大地構造與歷史（巴克斯著，蔡源明譯，地學雜誌二十年一期）
中國山脈考（翁文灝，科學九卷十號）
渤海之過去與未來（白月恒，地學雜誌二十年四期）
山陝間地文發育史略（王竹泉，科學十卷八號）
揚子江流域巫山以下之地質構造及地文史（葉良輔，謝家榮，地質彙報七號，揚子江水路整理委員會月刊一卷三—五期）
江浙海岸變遷之研究（李長傅，地學雜誌十三年四—五期）
黃河河道成因考（王竹泉，科學十卷二號）
黃河流域古今地質之變遷及其將來危狀（夏建寅，地學雜誌八年一期）
中國歷史時代氣候之變遷（竺可楨，國風半月刊二卷四號）
中國歷史上氣候之變遷（東方雜誌二十二卷三號）
南宋時代戰國氣候之揣測（竺可楨，科學十二卷二號）
中國古代北方氣候考略（蒙文通，史學雜誌二卷二，四期）

七　交通

中國古代沿海交通史（王庸，國立中山大學語言歷史研究所周刊六集六十六期）
俄國第一次通使中國記（張星烺，地學雜誌十七年二期）
自漢以來中國之西域交通頗繁，兵威所及使節所經及商人高僧之行迹，能詳其通路証以今名歟？（丁謙明，地學雜誌三年五—六期）
諸葛出師六次路線考略（白眉初，地學雜誌十九年四期）
唐代長安與西域文明（向達，燕京學報專號之二）
明史佛郎機呂宋和蘭意大利亞四傳注釋（張維華，燕京學報專號之七）
由寶石所得古代東西交通觀（章鴻釗，地學雜誌十九年一期）
川康交通考（任乃強，新亞細亞月刊三卷四期）
中國郵政事業的起源與發展（張國藩，東省經濟月刊六卷十一號，七卷一—三號）
庫恰鐵路互市原委考（東方雜誌五卷十號）
膠濟路之略史（地學雜誌十三年四—五期）

八　民族與文化

中國民族溯源考（章嶔，地學雜誌五年十期—六年三期）

中華民族起源考（羅羅，地學雜誌十年三期）

中國民族由來論（繆鳳林，史學雜誌二卷二—四期）

歷史上中國民族之觀察（中國之新民，新民叢報三年十七—十八期）

中國種族考（熊秉穗，地學雜誌二年十八期，三年三—四期）

中國民族史叙論（繆鳳林，史學雜誌二卷三—四期）

中國民族西來辨（繆鳳林，學衡三十七期）

讀歷史上中國民族之觀察系論（觀雲，新民叢報四年一期）

中華民族起源之新神話（何炳松，東方雜誌二十六卷二號）

晉永嘉喪亂後之民族遷徙（譚其驤，燕京學報第十五期）

元以前亞洲民族侵入歐洲考（聶崇岐，地學雜誌十七年一期）

秦人兵力已及歐洲説（陳漢章，地學雜誌十一年五期）

山海經廣雅人種釋名（蕭鳴籟，地學雜誌十四年三—四期）

環繞渤海灣之古代民族（八木奘三郎，東北文化月報七卷七號）

禹貢沿海各夷區域及其種族文化（陳恩，東北文化月報一卷八號，二卷二號）

西藏民族考（陶志和，西北雜誌一年一—二期）

回族雜居內地考（孫寶賢，地學雜誌七年十二期，八年一期）

青海各民族移入的溯源及其分佈之現狀（丘向魯，新亞細亞月刊五卷三期）

蒙古種族是那裏來的（張振之，新亞細亞月刊二卷四期）

蒙古民族之由來（張其春譯，國聞周報十卷二十一期）

蒙古種族考（輕根，中華雜誌一卷十一期）

額爾古納河區域之種族考（地學雜誌八年六期）

滿洲人種考（鳥居氏，地學雜誌一年三期）

東北四省建設歷史與民族源流（胡伯玄，新亞細亞月刊三卷四—五期）

歷史上東北民族之研究（卞鴻儒，東北叢刊二期）

後金國汗姓氏考（朱希祖，蔡元培先生六十五歲紀念論文集）

清代滿洲之封禁及其開發（魏崇陽，新亞細亞月刊三卷二期）

滿洲移民的歷史和現狀（朱偰，東方雜誌二十五卷十二號）

漢族開拓滿洲史（劍虹，東方雜誌十六卷十一號）

漢族開拓滿洲史（晉生，地學雜誌十一年十期，東方雜誌十四卷十一號）

長春民族生聚源流考（勁公，地學雜誌三年五—六期）

中國南方民族源流考（鄭學寄，東方雜誌三十卷一號）

華南的古代民族（汗漫生，新亞細亞月刊四卷一—二期）

福建畲民考略（董作賓，國立中山大學語言歷史研究所周刊一集二期）

畲民考略（東方雜誌十四卷十一號）

苗族考略（段順必，成大史學雜誌一期）

苗族考略（崔蘊奇，地學雜誌八年五期）

騰越人種考（東方雜誌四卷五期）

雲南玀玀族史略（憶家譯，殖邊月刊一卷三期）

漢以前中國本部文明傳播之次第（林幹，東方雜誌十五卷一號，地學雜誌十五年一期）

中國文化之起源及其地理背景（弼藹萼原著，朱炳海譯，方志月刊六卷二號）

中國古代文化之發展及其地理背景（張印堂，地學雜誌二十一年二期）

中國文化之發源地（王桐齡，地學雜誌五年一期）

中國開化始於東方考（蒙文通，中央大學半月刊一卷三號）

陝西文化的過去和未來（黨晴梵，西北研究六期）

西江流域開化之概略（盤璧，地學雜誌八年五期）

九　宗教與語言

佛教東來之史地研究（梁任公講，賈仲記，地學雜誌十一年十二期）

中國回教傳衍之歷史及各省回教之近況（高勞，東方雜誌十四卷十號）

回教入中國之史略（陳垣，東方雜誌二十五卷一號，國學月刊一卷六號）

新疆回教考（李晉年，地學雜誌十二年二—三期）

摩尼教入中國考（陳垣，國學季刊二號）

摩尼教流行中國考（王國維，亞洲學術雜誌二期）

開封一賜樂業教（陳垣，東方雜誌十七卷五至七號）

元也里可溫教（陳垣，東方雜誌十五卷二至五號）

晉代方言考（朱芳圃，東方雜誌二十八卷三號）

關中漢代方言之研究（劉文錦，國立中山大學語言歷史研究所周刊八集八十五至八十七期）

閩粵方言之來源（林語堂，國立中山大學語言歷史研究所周刊八集八十五至八十七期）

閩南方言考（邱立，國立中山大學語言歷史研究所周刊八集八十五至八十七期）

十　政治與疆界附古都及地名考

歷代創統君主爵里都邑考略（任峰，中央大學半月刊一卷十一期）

近年來我國政治地理之變遷（陸爲霖，東方雜誌二十六卷二十二號）

中國最近政治區劃之變遷（內政部，地學雜誌四卷三期）

最近地方建置沿革表（庸庸，國學雜誌一卷三期）

民國十七年來以後省縣之增設及改革（少衡，地學雜誌二十二年一期）

中外地名史證錄（葛綏成，地學雜誌三卷一期）

中外地名更置錄補遺（葛綏成，地學雜誌三卷二期）

中外地名更置錄四續（葛綏成，地學雜誌三卷六期）

邊疆失地史略（白眉初，地學雜誌二十一年一—二期）

中國邊疆之勘界與失地（華企雲，新亞細亞月刊二卷二期）

中國邊疆之沿革與現況（華企雲，新亞細亞月刊一卷二期）

歷代疆域考略（虞嘉甦，國學雜誌一卷三—四期）

歷代疆域建沿考略（庸庸，國學雜誌一卷三期）

三代海權考證（繆鳳林，史地學報一卷一期）

明代倭寇考略（陳懋恒，燕京學報專號之六）

嘉靖禦倭江浙主客軍考（黎光明，燕京學報專號之四）

民國二十一年以前邊陲大勢（高君實，殖邊月刊一卷一—三，五—七，

十一期）

雲南政治進展史（夏光南，雲南半月刊九，十，十二期）

二十年來貴州政況紀略（青石，人文月刊二卷三期）

清末勘劃暹化縣疆域記（鄒立先，邊政六期）

清初東南沿海遷界考（謝國楨，國學季刊二卷一號）

滿洲源流所考明代滿洲疆域之發微（孟森，史學與地學四期）

東北四省建置歷史與民族原流（胡伯玄，新亞細亞月刊三卷四—五期）

東北熱河早爲我國領土考（陸費之，新中華一卷三期）

外蒙形勢變遷略史（外蒙部，東方雜誌十七卷一號）

康藏問題之歷史觀（鄒德高，新亞細亞月刊二卷五期）

西藏問題的今昔觀（李際亨，西北研究一期）

清末新疆政策底史的發展（姚欣安，西北研究三期）

中俄界約之原委與邊防之危機（丁紹桓，地學季刊一卷一期）

中俄國界史地考（翁文灝，地學雜誌十七年一期）

中俄界記暨地考（曾慶錫，地學雜誌六年十二期）

圖們江界碑之歷史（東方雜誌十三卷二號）

吉林舊界變遷紀要（楊耀垃，地學雜誌八年三期，東方雜誌十四卷七號）

間島交涉之歷史（東方雜誌十三卷二號）

英藏交涉沿革小史（高黎貢，東方雜誌五年十二期）

川藏界線之變遷沿革（地學雜誌十三年四—五期）

滇緬勘界慟史（李培棟，地學雜誌八年三期，東方雜誌十四卷七號）

片馬考（白眉初，地學雜誌十七年二，十八年一—二，十九年一—二期）

中國租借港灣之史地研究（賈伸，地學雜誌十二年八—九期）

洛陽都會變遷考（蘇莘，地學雜誌十五年秋期）

南宋都城之杭州（張其昀，史地學報三卷七期）

北京建都考（地學雜誌七年三期）

讀丁謙先生辨支那非中國通稱書後（徐鍾令，地學雜誌八年八—九期）

古今地名有「龍」字者一覽表（文樞，東北文化月報七卷一號）

中國名義釋（田北湖，地學雜誌七年九期）

新疆地名沿革表（賈樹模，地學雜誌三年七—八期）

新疆地名釋義（賈樹模，地學雜誌三年七—八期）

遼東行都地理今釋（丁錫田，地學雜誌十一年十一期）

滿洲字義攷（寧恩成，東北叢刊一期。本文爲本人所著英文遼寧省沿革及海州考，原名爲 Historical account of Liao-ning Provinceand the Manchus.）

東北釋名（金毓黻，東北叢刊一期）

山東縣名之溯原（丁錫田，地學雜誌十五年秋期）

河北縣名考源（陳鐵卿，河北月刊一卷一—二期）

10

國內地理界消息

1

葛啟揚
趙惠人 輯

各省鐵路狀況(華南橫幹綫)

全國鐵路興築近況

蘇嘉綫已有一部分通車粵漢路本年八月可接軌

【南京通訊】最近各省鐵路修築情形，建設委員會曾詳加調查，茲分誌如次：(一)江蘇蘇嘉路線鋪軌工程已完成大半，上月底已有一部通車。(二)安徽江南鐵路向南展築，灰山至屯溪業經測竣，計長一百五十公里，定本月內興工。(三)江西贛閩鐵路路線已勘定，自上饒經浦城建甌而達南平，經費預算為二千萬元，定本年一月開始進行路基工程。(四)河南隴海路咸寶段測量已完竣，漆水河路線決定改道，新路線約離原定線向北移五十米突。(五)陝西隴海路西咸段已鋪軌，現已達咸陽。咸同路已着手測勘，計分兩路：一由咸至同，一由渭南至同。(六)湖南京湘鐵路贛湘段路線決定由南昌經高安上高萬載而接醴陵，全線鋪設六十磅鋼軌，共長三百九十公里，工程經費核定一千六百萬元，頃已着手測量，測竣即興建。(七)廣東粵漢路已完成通車，南段隧道十七均已完成，本年八月南北段可接軌，年底可通車。(一月九日)

(二五，一，一一，上海晨報。)

浙贛路南玉段工程完竣

如貴溪鐵橋建好下月五日可通車

【中央社杭州八日電】浙贛路理事會秘書諶小岑談：南玉段全線鋪軌工程，現已完成。惟貴溪鐵橋工程過鉅，能否在月底竣工，尚無把握。下月五日能否通車，即視該橋工程為準。惟至遲下月底或十二月初總可通車。又擬築中南昌至長沙之贛湘鐵路，現已預定路線四條，正電旮(杜養甫)理事長赴川，謁蔣委員長決定。

(二四，一〇，九，大公報。)

浙贛鐵路

下月五日全綫完成將舉行盛大通車禮

【玉山通信】浙贛鐵路南玉段，自鋪軌工作開始後，各項工程，進行甚速。本月二日，已由橫峯通至弋陽，橫峯站一日起，已正式營業。又貴溪梁家渡兩大橋，一切應用材料，上月底已由滬全部運到，現正在趕工建築。梁家渡鐵橋，係公路鐵路併用，中為鐵道，兩旁為公路汽車站，日內亦可竣工。由弋陽直達南昌之一段路軌，現由弋南加工鋪設，定能依限完成，全線可提前至十一月五日通車。南昌方面之車頭車廂，日前已製留就緒，開機試車，成績頗佳。茲鐵部以該段鐵路為國內偉大工程之一，能於最短期內完成，除傳令嘉獎各工程人員外；並應擴大宣傳，舉行盛大通車典禮，特訓令路局籌備舉行，是日並擬開往返遊覽車一次，招待浙贛兩省各外代表參觀沿線各站建設情形云。(二十四日)

(二四，一〇，二九，大公報。)

浙贛路南玉段試車

【杭州】浙贛路南玉段七日全部竣工，決八日晚第一次試車，由杭州直達南昌。並定十日開始營業，十五日通車典禮，請京滬杭各界前往南昌觀禮。共發請柬二百餘份，七日已發出，規定來賓十三日晚由杭出發，十五日晨抵南昌，參加典禮後，當日折回。(七日中央社電)

(二五，一，八，申報。)

浙贛路試車完成

通車禮十五日舉行

【中央社南昌十日電】浙贛路首次試車一列，八日由杭開出後，沿途無阻，路軌橋樑皆堅固，十日晨二時到南昌，八時仍開回杭，並載去乘客百餘人。通車禮與南萍開工禮於十五日在南昌同時舉行，屆曾養甫，黃紹竑均來參加，南萍路工即以浙贛路工承之。

(二五，一，一，大公報。)

浙贛路西延貫通川陝

南段十五行通車禮

南萍段即興工分段建築

【南昌通信】浙贛鐵路玉山至南昌段，業已全部完成，只以梁家渡及貴溪大鐵橋尚各有一孔未竣，分三段通車，刻該橋已於十日前竣工，十三日起由南昌直達玉山，並定十五日舉行通車典禮。至於該路南昌至萍鄉段，已決定由浙贛鐵路局負責建築，路綫由溫家圳經樟樹宜春越醴陵以達長沙，定十五日與通車禮同時行開工禮。其經費由鐵道部發行鐵路公債二千七百萬元，向中國等銀行團抵押現欵八百萬元，及德奧脫華爾夫鐵廠抵押材料八百萬元。該公債基金由鐵部於去年八月起，每月提盈餘二十五萬元，歸銀團保管，以爲還本之用。開開工禮後，即分段建築；年內可全部通車，當局刻正計劃由長沙西延入川，直達陝西，成爲吾國自東而西之貫通幹脈，將來於經濟交通及國防，均有極大裨益。(十日)

(二五，一，十三，申報。)

浙贛鐵路南玉線已完成

本月十五日通車

南萍線同時開工

【南昌通信】浙贛鐵路自積極修築以來，成功甚速，由南昌至玉山線已經全部完成，僅橋傑工程須至十日方可完工，各段早即各別通車，今定十三日全綫先行開始售票營業，至十五日再舉行通車典禮。該局理事長曾養甫將於十三四日親自來贛參加，同時並舉行由南昌至萍鄉線開工典禮。該段計長二百九十餘里，八月間即經該局派隊測量完竣，共經過路線，決用南線　即由南昌經樟樹，宜春，萍鄉而達醴陵。曾經鐵路部收回自辦，嗣仍交由該局負責建築，由鐵部續發鐵路建設公債第二期二千七百萬元，由曾養甫與中國銀行等合組之銀團代表及德商奧托華爾夫鐵廠駐滬代表磋洽，原則商妥，以公債票面二千七百萬元向銀團抵押現欵八百萬元，鐵廠抵押材料八百萬元。此項公債即歸中國銀行等合組之銀團保管之　鐵部即於去歲八月起每月盈餘項下撥欵二十五萬元爲發行第二期公債基金。合同已雙方簽訂，故德商鐵廠駐滬代表已電德將材料運華，以爲建築南萍線之用；而抵押現欵方面，亦可隨用支取，將來完工之期，必較南玉線爲短云。

(二五，一，十三，大公報。)

浙贛路南玉段通車禮

南萍段破土禮同日舉行

【南昌】浙贛路南玉段九時在南站行開車禮，到黃主席曾理事長中外來賓四百餘人，招待車十二時開抵梁家渡，參觀大鋼橋，並在此行南萍段破土禮，全市懸旗慶祝。(十五日專電)

【南昌】浙贛路南玉段十五日舉行通車禮時，該路局以建築路軌時，曾因水匯等患死亡職工二千餘人，當即全體肅立靜默五分鐘，并決定在橫峯建紀念塔座，以誌哀悼，而資紀念。(十五日中央社電)

【杭州】南昌特電浙贛鐵路玉南段，十五晨在南昌南站舉行，盛大之通車典禮，到黃紹竑，熊式輝，曾養甫，方背儒，羅霞天，蕭純錦，李中襄，省府黨部委員及中國銀行代表崔寶樹，德銀團阿託瓦夫等暨各界來賓中外各報記者共一千餘人。大會於九時開幕，由該路理事長曾養甫主席，並致開幕詞；杜鎮遠報告該路建築經過情形；侯家源報告至南段施工情形；侯報告至該段員工因罹患疫病殉職者達二千餘人時，由曾養甫臨時動議，全場起立靜默爲死者誌哀。繼黃紹竑，熊式輝，鄭華，羅霞天，李中襄，崔寶樹，阿託瓦夫演說，至十二點禮畢，來賓紛乘專車至梁家渡參觀撫河大橋，並舉行南萍段破土禮。專車四時駛返南昌，路方在勵志社宴請來賓，贛新聞界於八時茶點招待京滬杭新聞記者，贛省府宴請來賓，專車定十六日返杭。(十五日專電)

【杭州】南昌又電南萍段十五午在梁家渡舉行破土禮，工程處亦同在此成立，將來移設樟樹，由經手勘測該綫之工程師吳祥麒爲主任，工作人員由玉山至南段工程處調用。該段長二六三公里，同時分三段同時興築，在萍鄉，宜春，樟樹設工程分段，並即日進行土方橋梁招標。全段經費一千八百萬，預定十八個月完成，材料向德訂購中。該段工程以樟樹贛江大橋爲最艱鉅，長約一千公尺。沿綫物產以萍鄉，新喻，分宜之礦產，最有希望。（十九日專電）（二五，一，十六，中報。）

浙贛路玉南段視察記

本報特派員南昌一月十五通信

橫貫浙贛兩省之浙贛鐵路玉南段，經十八閱月之辛勤工作，現已卒底於成，於今日上午數千官民來賓歡欣聲中，在南昌南站舉行通車典禮，禮畢乘專車至梁家渡參觀大橋。本段路線全長二百九十公里，自去年七月份分段開工，至今年十二月始得完成通車，距該路之金玉段完成通車之日，適約兩易寒暑。全線由玉山向西，中經上饒，橫峯，弋陽，貴谿，東鄉，進賢諸邑，費銀約達一千八百餘萬元，爲民國以來東南新建之第一條大幹線。

同線之南萍段（南昌萍鄉間）勘察業已終畢，亦於今日同時舉行破土開工典禮。該段計長二百六十公里，所用鋼軌機車客車貨車及各種鋼鐵材料，仍由德國狄榮孚鋼鐵廠供給。今晨舉行通車及開工典禮時，除中央特派鐵道次長曾養甫（兼路局理事長）主持盛典外；浙江省府政主席黃紹雄江西省政府主席熊式輝，立法委員馬寅初，局長杜鎮遠副局長侯家源等亦均與會。而德國駐華大使館方面，因所有材料購自德國關係，故亦特派使館一等參贊費雪(MR And Mrs Fis Hers)爲代表前往觀禮。此外尚有浙省黨部方青儒蔣志英羅霞天胡健中及京滬杭各報社記者數百人。典禮之盛，在南昌堪稱空前。據鐵道部次長曾養甫氏於南玉段專車車廂中語本報隨行記者稱：南萍段之建築經費，經已決定由鐵道部發行鐵道公債二千七百萬元，作抵一千六百萬元。由銀行界及供給鐵路材料之德國沃樂孚鋼鐵廠分別借墊八百萬元，以將來該段收入作抵。此項接洽，於去年五月業經簽字。全段工程預定一年半至二年完成之。曾氏又稱：籌建之南昌贛江大橋，預定經費約需三四百萬元之數，至遲明年即可工竣。至新向德國定購之車輛等，二月間當可交貨。最後詢以将有路軌等，現猶未定。

今日通車之南玉段，按照預定計劃，本定去年雙十節之前正式通車。其所以延遲二月之久之原因，實以該段路線所經，匪禍甫戢，萑苻未靖，不無騷擾。弋陽至貴溪段及上饒至弋陽段久爲匪區巢穴，沿村破壞不堪，往往十數里毫無人烟，抑復時有散匪流竄其間，因之工程進行，異常困難。自二十三年十一月間正式開工以後，至二十四年五月底爲止，連遭匪襲共達十次之多。職員路工罹難被殺者約近二百餘人，公私損失，數鉅不貲。今年夏季，又值大水，洪流所及，路基材料，多被冲毀，橋樑工程，屢瀕停頓，運輸阻滯，補救困難，此亦爲工程延遲之主要原因之一。迄去年秋季，且多疫癘，路工相繼病亡。凡此天災人禍，舉足影響工程之進行，通車之期，遂至展緩兩月有餘。

浙贛鐵路本名杭江鐵路，當金玉段工程將告結束之際，鐵道部以該路爲總理實業計劃東南路線之一，决定利用杭江段線路展築爲浙贛鐵路，以達萍鄉，使成爲華中區之東西聯絡幹線。乃與浙贛兩省政府組織浙贛鐵路聯合公司，資本定爲六千萬元，先由鐵道部及江西省政府各發行公債一千二百萬元，作爲南玉段建築經費。我國往日築路趨勢，似偏重於揚子江以北，其間縱橫幹線，現已大略粗備。而在揚子江以南者，厥僅粵漢鐵路爲南北惟一之重要幹線，現方修築株韶段，預定民國二十五年完成全路通車。將來一日玉萍如期完成，則中國之東西南北二大幹線，均得聯啣相接。由北平乘車可以直達廣東，由上海轉浙贛路，南則可達兩粵，北則可抵漢汴，其對國家意義之重要，豈僅單純的文化交通已哉？

昨日記者晤及路局最高級負責者，據談：浙贛鐵路雖係聯絡杭江與玉萍兩線而成，然其業務範圍，固不祇限於僅此兩段而已。其已規定於該路組織規程中者，並得受部省之委託，建築或經營浙贛兩省境內之其他路線；是其所負開發交通之使命，已頗重大。然而展望前途，似不僅止此；蓋該路之已確定的建築計劃，係從杭江鐵路展築玉山至萍鄉路線。將來完成以後，南接粵漢線而達廣州，北聯滬杭甬路以通滬京平津，固毋待論；其將來趨勢所歸，必爲橫貫湘省，而通黔蜀，方足以副東西幹線之名實。又在另一方面，再從江西另築支線　以通福建。是則東南網狀鐵道之範圍始得初具雛形，他日萬一發生事變，果能藉此線以資貨通取得國家地方之聯絡，其意義豈可與今日之情形同日而語乎？

由杭州開往南昌之專車，乃十三日下午十時十分大雪紛飛中開出，沿途積雪最深諸地，約達三四寸，間爲近來多年所未有。因之途中車行速率，不免爲之減緩，至十四日深夜十一時半始抵南昌，較原定時間遲達二小時之久。該線於今日正式行舉通車典禮後，定一月十八日起，開始按班營業，每日開行客車一次由杭至贛約二十三小時可達。（由杭至贛，全程爲六百四十一公里）其時間爲下午八點四十分杭州開出，次日下午七時五十分駛抵南昌北站。其票價三等客票爲十元八角，二等客票加半倍，頭等客票照三等客票加一倍。

路基寬度規定爲五公尺，鋼軌係採用每公尺計重三一•一六公斤者（杭玉段爲一七•三六）標準長度爲十二公尺。全段共需一萬二千二百公噸，道頂六百六十公噸，全線計有機車二十九輛，客車等共九十輛，貨車二百七十六輛，自動五輛。又據杭玉段歷年營業統計表所列旅客人數：二十年一六〇•九〇一人，二十一年八一八•六六一人，二十二年九七一•二八八人　二十三年一•〇四六•三三七人。總進款：二十年爲一三三•四二六元，二十一年一•〇三八•六二〇元，二十二年一•四〇七•三一四元，二十三年二•一〇八•一九四元，於此可見逐年營業狀況之進展，誠有一日千里之勢。

至該段沿線重要縣城大宗物產，據統計上饒以產茶紙夏布聞名。貴溪之紙年產二十萬塊，產米一百六十八萬擔，甘蔗十萬斤。東鄉砂糖八萬五千擔。進賢年產稻一百二十五萬擔，豆十一萬六千擔，蘿蔔二十萬擔。南昌出品，則以土布及酒磁器爲大宗云。

（二五，一，一八，上海晨報。）

浙贛交通新紀元

南玉段完成全線通車，對軍政經濟頗多影響

沿線工程暨工商業概況

【中央社杭州十九日電】浙贛路南玉段十八日起正式營業，首次杭南間客車，杭州於十八日晚開出，南昌於十八日晨開出，十九日晨七時抵杭，乘客極行擁擠。

【南昌航信】當張靜江氏主浙時，以浙省東南之交通與閩贛等省里程雖相距無幾，而山川阻隔，無異於荒壤絕域，於是以二十萬元之資金，以杭州路之江邊與蕭山一段爲其發軔。開工以後，逐漸發展，以至於今，不過六年之光陰，已由極短之一段而杭蘭至杭玉，今則且已由玉山而至南昌。里程亦已由幾十里而三百餘公里，以至於六百餘公里。資產亦已由幾十萬而至幾百萬，今則已至四千餘萬元。其發展之迅速與夫辦事之精神，在全國築路史中，可云已有特殊之驚人成績。

〔工程技術〕至於工程技術完全由國人擬立，而一切設施，亦不以已往之國營鐵路爲其標準，皆有其特殊之貢獻，且其築路經費之低廉，已爲一般人士詫爲奇事。今者玉南段完成，舉行開車典禮，浙贛交通已聯成一氣。同時爲發展贛湘交通，公司當局決由南昌展築至萍鄉，庶幾與株萍聯貫，而溝通粤漢路線，且限年半完成，則東南交通從此可無慮山川之阻隔矣。

〔完成迅速〕且此段全線告成，不獨於經濟文化一切可以突飛猛進，而於軍事政治上，尤多補益，隨時隨地，皆有使其發達與改進之可能。南玉段於年前七月二十日興工，工程計分四大段；當施工時，沿線匪患頻需，繼以水災，疫癘，故工員死於水，死於匪，死於疫者，凡二千人左右。該路當局雖處於此種困苦艱窘狀況之下，仍能不避艱鉅，努力進行，竟能於此短短之十八個月中，完成此打破浙贛交通艱險之鐵路工程，誠爲最近中國交通史上光榮之一頁。吾人迴溯以往，對於該路沿線各站雖有水陸兩路可行，但山川曲折，阻隔殊多；因之迂迴遲緩，非半月十日，甚之因水流之急湍而需二十餘日始可到達，其艱險繁鉅可知。浙省自杭州錢塘江而上，以至江山縣境，界於仙霞嶺與贛之信河分流，信河流域悉爲廣信府屬，因此與　江之兩大水程，適爲浙贛路自杭州至南昌之路線。並而行之，實占當時交通首要之地位，今請其水旱交通之大略情形如次：

〔杭南線〕浙贛路杭南線已告完成，共長六百四十一公里，經過大站如諸暨、義烏、金華、蘭谿，湯溪，龍游，衢縣，江山，玉山，上饒，橫峯，弋陽，貴溪，梁家渡，南昌等，計五十站。由杭州至南昌，以往須經上海至九江，而達南昌，最少須經五日，今則不

過二十三小時，卽可到達。假如杭江段軌道掉換重磅，以大機車行駛，其行車時間，至少尚可減少四五小時，則不足二十小時可以到達，較之以往，已有天壤之別。

玉南段

玉南段路線，係從玉山與玉琊溪會合之下游，越江而過，以達信江北岸；乃沿江北經上饒，橫峯，弋陽，至貴溪縣城之下游，再跨江而南，經鷹潭，鄧家埠，東鄉 下埠集，進賢，溫家坪，梁家渡，蓮塘而達南昌。該線在信江北線，如橫峯，上饒一帶崇山峻嶺，列車蜿蜒其中，至有幽趣，可見當時工程浩大。至如沿線大橋乃爲該路至大之工程，如貴溪下游之大橋，長三百九十公尺，係十三孔之鋼板梁大橋。而梁家渡，乃爲撫河流域，爲達南昌必經之路程，其河面甚爲寬廣；有大橋一座，建有三十五公尺孔鋼板樑十四孔，橋長四百九十公尺，爲全線最大之橋，係爲鋼板樑與沈箱兩種方法築成。該處河床以下至石層間淤沙甚厚，施工一年，方始完成，價值在七十萬元以上。沿線一切設備及車輛佈置，均能自出心裁，並不以其他之國營鐵路爲其張本。而材料一切，除無辦法需要舶來品外，均經選用國貨，故該路實爲國人力量經營之偉大建設事業之一也。

沿線之物產

全線自杭州至南昌，其出產至爲豐富，杭玉段比較寧靜，而玉南段所經各處，多處於贛東一帶，適爲近年來匪患天災最劇烈之區域，以致人烟稀少，十室九空。今則已告肅清，流亡已都撫輯歸來，此後之生機，已漸有復蘇之望。攷其沿線出產，如杭縣之茶葉，蠶，絲綢，棉織品；蕭山之稻穀，鹽，土紙，棉花；諸暨之茶葉，蠶，牛，猪，柏油；義烏之茶葉，猪，火腿，茶油，牛，蜜棗，柏油 鷄蛋；龍游之紙，冬筍，米；衢縣之稻，猪，桐油，茶油；江山之桐油，紙 柏油；上饒之紙，茶，夏布；貴溪之紙，米，甘蔗；東鄉之砂糖，生漆；進賢之米，稻，豆，雞鴨；南昌之土布，磁器，皆爲肥沃之區，出產豐富，民生饒厚。而玉南段尚爲匪患刧後，元氣損失殊重，故耕地荒蕪，生產銳減。兼以農民因環境之逼迫，生產急於脫售，運輸困難，市場逼窄，因是價格低落。今則該線通運，交通便利，運輸簡便，出品可以暢通無阻。從此向來僅囿於一隅之貨品，可以因該路之便利，農村經濟有復興更蘇之望。且玉南段沿線，不獨物產豐富，其地下寶藏尤富，如銀鐵鉛煤滑石等，均有蘊蓄。尤以烟煤最占多數，向來以運輸困難，雖有人報領，但多不願投資開掘。雖當地人士以土法採取，所得不多，而排水方法不合理化，故勞而無功。茲將在上饒，廣豐，橫峯間者，探爲於下：

烟煤

上饒縣城西北，橫峯縣城東，河口埧東北各二十三公里之坑口有煤礦，土民已陸續開採。民國七八年曾開採一次，煤質甚佳其餘多頗劣，可作機車燃料。煤量約二百五十九萬九千七百四十九噸，每日如三萬噸，可支持五十年。該處接近信河水道，路軌可以銜接；在杭裝船，可以運往寧紹等地，至爲便利。冷水舖亦有烟煤礦，距上饒縣城西北十三公里，橫峯縣城東三十公里。其開採肇始於同治年間，嗣以大水停工；民二復經開採，以抽水機抽水被淹，又告停工，該處各井總因時遭水患，而停頓。煤質成分極佳，煤量有六百五十二萬餘噸，日產三百噸，可支持六十餘年。又呂崗及廣豐縣一帶，亦有煤礦，屢經開採，亦以出水關係，虧蝕不貲，因是作輟不常，產量甚微。該處所產極合打鐵煉焦與普通廠家及火車之用，煤量總在三四百噸之間。橫峯縣水龍口及曾家灣老虎岩梅塘一帶，亦有煤田。明季即已開採，嗣後作輟不常，數處儲量有七百餘萬噸，煤質最合機車與普通機爐及燃燒煤末之用。

無烟煤

無烟煤，上饒縣，楓嶺，長洲等處，亦有煤田。業務發軔明代，運煤車絡繹不絕，近年來信江河道爲匪所阻，大埠去買甚弱，交通不便，煤質極佳。現開採者僅有八層，計烏煤，白煤各爲四層，煤質僅爲中等。惟東至上海，西迄南昌，在此八百五十餘公里中，除上海廣豐二縣外，無可採之無烟與半無烟煤，炊爨及取熱燃料，均須取給外埠。是以該礦之煤，照目前立場與需要，實有開採可能。昨聞諸鐵交曾養甫氏之言，該處之礦，已有人將予開採，將來本路之用煤，可無庸向外取給，其煤量儲有六百四十六萬餘噸之多。此礦區城距上饒約有三十二公里，對於運輸須建二百五十公尺長橋一道，路線即可接通。如贛閩路線開築與該路啣接點或在上饒，則出路比較便捷，而呂崗烟煤礦距此僅十五公里，築一支路，則可供應兩礦之運輸也。

5

其他鑛鐵鉛等

此外金屬鑛尚有廣豐之黃鐵、自然銀、方鉛等；上饒之銀鑛，進賢之赤鐵鑛。至煤鑛如玉山，廣豐，上饒，信峯，弋陽，貴溪，進賢，南昌等，皆有極鉅量之煤田，可供世人應用。該路通行以後，運輸便利異常，故不久將來，均有開採可能。

工業

玉山南段沿線有兩大手工業，關係地方經濟至爲深鉅，一爲鉛山之紙，一爲景德鎭之瓷器。鉛山之表紙及細紙，銷用甚大，每年達數百萬元，近年以種種原因，產銷低落。至景德鎭之瓷器，以往每年出產達千餘萬元，乃近年則不及四百萬元之譜。該路對沿線物產運輸，當盡其扶助地方實業之發展責任，以此兩項產品，將設法使其符合實際情形，悉數由該路輸運出外，能使其資本流轉，行銷市塲，可以挽救日就衰頹之景象也。

錢塘江之航運

至於錢塘江之航運狀況，約略如下(一)錢塘江自杭州灣入口，因鼈子門之險阻，海輪不能入口，僅有帆船可通。(二)自杭州上湖至高陽，桐廬，河流尚深，可通小輪，其長度約一百八十里。(三)自桐廬至建德，水淺灘多，僅通帆船，前四五年雖有淺水滑艇之通行，但因沙灘不利於行駛，終於僅可通行帆船，其長度爲九十里。(四)自建德經蘭谿，龍游至衢縣，轉入常山港約三百四十里。入江山港，至江山縣，及江山城南十五里之清湖鎭，長約三百四十五里，亦祇民船可行。(五)自杭州越錢江轉入浦陽江，經臨浦至諸暨縣屬之趙家埠，水流尚深可通小汽船，長約一百五十里。(六)自趙家埠至諸暨縣城，水流多爲沙灘，故亦祇通民船，長約十九里。(七)自建德入徽港，經淳安入安徽至屯溪沿路十步一灘，五步一溪，艱險困難，實爲僅見，故祇民船可通，長約三百九十餘里。(八)自建德經蘭谿入婺港，金華之縣屬及古城街，向南轉入武義江至武義縣，長約二百十里，向北轉入東陽江至義烏縣之佛堂鎭，長約二百三十里，均通民船。

以上爲錢江流域諸路，沿路多因水流急湍，淺窄殊甚，故諸路以上　僅可通行竹排木筏。沿途蓄水之灘壩層疊錯置，甚之排筏不能通行者，蓋不過僅恃溪流以排洩山水之奔放而已。

信河之航運

至信河流域，乃導源於浙玉山，沿途支流縱橫，共長五百餘里，其通航路線情形如下：(一)信河自瑞洪入口至餘江，可通淺水汽輪，長一百四十里。(二)自餘干至上饒，可通大號民船，長約三百里。(三)自河口至上饒，亦通民船，長約七十里。(四)自上饒至玉山，僅通小民船，長約百里。(五)自餘江入瀘溪至上淸，可通民船長約九十里。(六)自貴溪入須溪至文坊，可通民船長約六十里。(七)自黃石港入雲際至陳坊，可通民船，長約九十里；以灌溉田畝關係，每年僅通航三四月而已。(八)自河口入桐木至宋家橋，可通民船，長約九十里；入翠花至楊村，可通民船，長約六十里。(九)自上饒入廣豐河至五都，可通民船，長約九十里。(十)玉山以上及各支流之上游，水大時，僅通排筏，水小時不通。

信河之灘險

錢塘江之江流，雖云險阻，但沿途尚屬寬廣，而信河則較錢江尤爲艱險。計自貴溪至弋陽間一段，灘坝層見疊出，弋陽以上距河口十五里，間有水桶灘者，其水勢因山峽之迴流盤旋，形成螺旋形，故舟行至爲危險。而上饒至玉山間，亦爲全河最艱險之一段，河身淺窄，礁石星佈，其險阻最著者，爲爬龍篩答等灘，船行因損壞而沈沒者，時有所聞，亦可見航運艱險之一斑。

航船之種類

關於錢江信河兩流域之里程，已如上述，而其航行之工具與效用，如杭州至桐廬之輪船，最大者其載重量在三四百噸而速率每小時僅二十五至二十里，其業務完全爲客運，至貨運猶恃海運之大帆船。至桐廬建德與嚴東等航運，因水流多爲沙灘，僅可行淺水之汽船，但有時亦難前進，故大多數用不甚大之民船，在水中牽挽不足，甚之扛抬以上，其艱阻之形狀，殊非筆墨所能形容，費時費力，行旅困苦極矣。其業務恃客運爲主，但近年來鐵路直駛，公路橫佈，客運多已舍舟登路，而其業務，亦僅恃很少數之貨運。船民生活艱窘異常，蓋受其天演之淘汰，亦勢所必然也。而航行於錢江流域之船隻，命名多以船民籍貫，定其名稱，有義烏船，北山船，徽州船，諸暨船，桐廬船，聞家堰船等名稱。至信河流域航行於瑞河餘江間者，有小輪船可通，但其途程極短，且航行亦因季節之限制，故多數亦用牽挽之民船以通運。其主要業務，爲客運與貨運，其船之名稱，有羅盪，舺艄，繞划子，倒划船，沙扒子，刁子船等，再以其籍貫而分其幫派，總之，兩處流域之船隻，其載重量因船隻大小異，大者可載四五噸，小者僅一噸左右。論其速率，須依航程區段之水流趨勢與天氣，風勢順逆火小而定。其快慢大概每小時約六里，下水倍之，有時因天時限阻，人力不及，到達乃無一定時日。旅客如果另有陸路可行，多不願乘搭，故其業務多以貨運爲主，而淺灘等處之轉運，全恃竹排木筏，共載重僅五六千斤而日行亦不過五六十里。總之，此兩流域中之航運，既費時間，又耗經濟，以現代時間與經濟之寶貴　此項迂迴遲緩之人力民船，當然有沒落之一日，至於影響於船民生活之經濟，亦不過一小部分之損失也。

（二五，一，二〇—二一，大公報。）

浙贛路南萍段預計兩年完成

【南京】鐵部以浙贛路南昌至玉山段，漸次完成，原計劃南昌至萍鄉段，即擬由鐵部自辦，已定明春開工，並設贛湘路工程局於南昌，由凌鴻勛負責主持，預計兩年完成。（二十日專電）

【長沙】鐵道部委凌鴻勛兼京湘路湘贛段工程局長，洐駐衡州。（二十五日專電）

（二四，十，二一，申報。）

南萍段改稱京湘路贛湘段

【南京】鐵部將浙贛路南萍段改稱京湘路贛湘段，移歸該部直接規劃，已派凌鴻勛爲工程局長，局址設於長沙。該段由南昌至醴陵之路綫尚未決定，該段不日即將興工，預定兩年完成。（二五日中央社電）

（二五，二，二六，申報。）

南萍段借欵正式簽約

工欵購料計各抵借一千萬元

承借支配購料手續均經規定

浙贛鐵路公司展建南昌至萍鄉一段鐵路，由鐵道部於二月一日，發行第二期鐵路建設公債二千七百萬元，向滬銀團及奥托華爾夫綱鐵廠，抵借工欵及抵購材料各一千萬元。由該鐵路公司理事長曾養甫，與銀團商妥，呈經鐵部核准後，已於日前在滬簽訂合同，玆將各情誌後。

工欵購料各一千萬

鐵道部發行第二期鐵路建設公債二千七百萬元，撥付浙贛鐵路公司，爲展建南萍段鐵路之用。由該公司理事長曾養甫，負責與滬銀團代表中國銀行及德國奥托華爾夫鋼鐵廠接洽，決定工欵及材料兩項，均改爲一千萬元。當即商議借欵利率，還欵期限等，草定合同；由曾氏携京呈經鐵道部核准後，乃於日前來滬，邀集各銀行代表，正式簽訂。

正式合同業已簽訂

合同簽字於本月十一日，鐵部由曾養甫代表，銀團方面，計到中國銀行翟寶樹，交通銀行張佩紳，金城銀行吳蘊齋，中國農民銀行朱潤生，新華銀行王志莘，江西裕民銀行吳士穀，中國建設銀公司朱子良，郵政儲金匯業局沈叔玉，暨德鋼鐵廠沃樂夫等，當簽訂總合同兩份，由鐵部及銀團，各執一份。至於抵購材料之合同，亦簽同式兩份，並附訂價目單，將各項需用材料價格，均詳加規定。

工欵抵借數目支配

工欵抵借總數爲一千萬元，由中國等八家銀行承借，以中國銀行爲最多計三百二十萬元；交通銀行及中國農民銀行次之，各爲二百萬元；金城銀行爲一百萬元，新華銀行江西裕民銀行及中國建設銀公司均爲五十萬元，郵政儲金匯業局則爲三十萬元。該欵將視工程進行時之需要，隨時通知銀團解付。材料抵借，亦以一千萬元爲限，於工程進行中，需要之鋼軌枕木橋樑機車電報電話等材料，均由該廠供給。惟於本年六月十五日以前訂定，而該廠於接到定單後，須於八星期內繳貨，更須將定料總數，於一星期內通知銀團。

還欵期限償付辦法

至於還欵期限合同內規定，工欵以五年爲期，其利息則爲按年一分，自本年一月起算，每六月卅日及十二月三十一日結算付息一次。料欵則以六年爲期，共利息則爲按年七釐，亦於六月十二月各付息一次。至償還辦法，則規定於該段鐵路通車營業後，每年提出純益百分之二十付由銀團支配償付各銀團及德廠，而銀行得其總數三分之二，德廠得其三分之一，至清償爲止，而該路之收入，並須隨時解存中國銀行，以便核算付給云。

（二五，二，二〇，中報。）

浙贛鐵路南萍段開工興築

第二工程總段昨正式動工

第一三兩總段月底前興築

浙贛鐵路南萍段土方工程，原定本月十五日正式動工，嗣以地價問題延未解決，致難如期實施。現經該段工程處主任吳祥麒赴南昌與贛省府當局接洽，業已完全商妥，照玉南段徵收民地辦法辦理；每段俟開工測量完竣後，即開始發給地價，吳祥麒定今日返杭報告。路局方面昨接南萍段第二工程總段長吳福如自新喻電告，該段昨日起土方已開始興築，其餘第一第三兩工程總段，本月底以前土方均可動工云。

（二五，三，二〇，杭州東南日報。）

浙贛鐵路杭江段將改鋪重鋼軌

【中央社杭州七日電】浙贛路局息，此次鐵張考祝浙贛路，認為該路杭江段原鋪輕磅軌，有從速改設重鋼軌之必要。現該局對於換軌問題，已奉令開始計劃進行，頃已決定在南萍路線經過之樟樹鎮起，另建一支線，直達贛州。又擬在南玉段所經之弋陽縣起，添建一支線，通樂平縣，以圖開發樂平煤礦，將來即以杭江段之輕軌改鋪上兩支線。該局已擬即日分別派員前往踏勘路線及樂平煤礦。又浙贛路局為紀念該路通車起見，現特訂優待浙贛兩省學生春季旅行乘車辦法：凡兩省學生旅行團人數在五十以上者，如於本年三四兩月往返杭州南昌兩地參觀遊覽者，來回車費僅售每人五元。

（二五，三，八，大公報）

【杭州三日下午九時發專電】浙贛路局為更換杭玉段重軌及增進玉南段設備，擬發公司公債一千二百萬，以該段財產作基金，俟與滬銀團商定後，籌備發行。

（二五，四，四，大公報。）

贛省府籌建南萍段兩支綫

蕭純錦赴滬謁鐵張

【杭州】浙贛鐵路擬築兩支綫，一係樟樹至贛州，一為貴溪至樂平，每綫各長三百餘公里，需費一千三百萬，除自籌四百萬，向銀團借五百萬外，不敷四百萬，由贛省請鐵部補助。贛省府委員蕭純錦，李德釗今晚赴滬謁鐵長張嘉璈面商；據蕭談，浙江為缺米省份，贛省產米年餘二百萬擔，將利用浙贛路運銷浙省。（二十四日專電）

（二五，三，二五，申報。）

贛擬築兩鐵路

由貴溪至樂平由樟樹至贛州

蕭純錦等昨赴滬晤鐵張商洽

【本報本市消息】贛省府委員蕭純錦，偕代建設廳長李德釗，來杭出席浙贛鐵路理事會議，以杭玉段既決定改換重軌，贛省方面擬利用是項輕軌，籌築兩支綫，藉以發展贛省交通。（一）為貴溪至樂平，長約三百公里。（二）樟樹至贛州，路綫與貴樂間相等。估計兩綫工程經費約一千三百萬元，除由贛省自籌四百萬元外，向銀行團商借輕軌及車輛等，值五百萬元，另擬請求鐵道部撥助四百萬元，即足以完成該兩支綫。蕭李兩氏以此事關係發展贛省交通，至為重要，特於昨晚夜車赴滬，晉謁鐵道部長張嘉璈，面請撥款協助。（二五，三，二五，杭州東南日報。）

浙贛鐵路全線通車後營業發達

南潯鐵路將劃歸浙贛路局

各公路感受威脅競相減價

【南昌通信】自浙贛鐵路通車後，向雖接壤而少往來之浙贛交通，陡趨頻繁，初通車時每日營業收入不過七千餘元，今則已逾九千元矣。浙贛鐵路當局亦頗煞費苦心，先則招請浙贛人士互相遊覽，引起浙贛兩省人士之興趣。繼則優待浙贛學生互相旅行，只取半費中之半費，計每人來往所費川資不過五元。今又發起舉行浙贛特產展覽，藉以促進兩省商業之發展；而於貨運方面，尤極力減低運費。向來贛貨出入，由九江轉申，南潯鐵路運費及長江輪水脚所費頗巨，現贛洋貨業已與浙贛鐵路洽妥，由申運贛洋貨，直接交與浙贛鐵路負責運輸；糧食出口，亦由此路運申，因運費較低，而贛省米價遂趨上漲，因此南潯鐵路營業日漸蕭條，乃亦仿照浙贛鐵路將頭二等客車票減低，復將貨運減低百分之三十；然亦無補于事，將來自難支持，有歸併浙贛鐵路改為南潯段之說。至南萍段鐵路工程已復測完竣，並已次第興工，完成當在不遠，故鐵道部乃將株萍支線劃歸浙贛路局管理。該路所用之煤，擬即取諸沿線，較為便當，現已於上饒弋陽一帶發現有二大煤鐵礦，俟查勘後即可開採。鐵路事業發達既如此，而公路則極感受極大威脅，尤以與鐵路平行之浙贛線，營業幾至絕跡。公路先則舉辦長工車減低票價三分之一，仍較鐵路為高，乘者寥寥。今復定自五月一日起，將該線客運班車原價減低二分之一，概按半價發售，使與鐵路運價相差無多，俾可吸收一部客運，以裕收入，而資維持云。（二十六日）（二五，五，一，大公報。）

浙贛鐵路通車後贛運輸界發生變動

公路暨輪船業受極大影響

招商局在南昌設內河輪局

【南昌快信】贛省交通狀況，在五年前，異常不便。所有贛東西南三方交通，均先集中南昌；再由贛北之南潯鐵路轉至九江而出長江。故除此短距離之百餘公里南潯路外，其交通工具，均屬舊式，如民船，手車，僅贛西南稍有小火輪往來而已。迨剿匪軍來贛，因剿匪軍事關係，公路建設，一日千里。不但贛閩，贛浙，贛粵，贛湘，贛皖等幹線完成，且與國道聯接，四通八達；即各縣市鎮公路支線，亦均次第通車，然因機車汽油關係，費用昂貴，其便利僅屬于中上階級之來去，于貨運方面，猶覺無大改進。及浙贛鐵路通車，雖贛東客貨，直接經由此路，即贛西南集中南昌之客貨，亦均捨南潯路而趨浙贛路，以其既便利而又廉價也。因此南路營業僅靠贛省最苦之潯北客貨維持，幾至無以自存，故一面呈請鐵道部裁去人員六七十人，佔全部百分之六十以上。一面減低貨運百分之三十，又將頭二等客票減為加半加倍，以資競爭，而仍較浙贛路為貴，因尚有長江輪船一項水脚，而長江輪船因此亦受絕大影響。蓋贛省進出口，向由九江．長江輪，倘舍棄贛省，則客貨收入益形低微。國營招商局乃擬具挽救辦法，即直接由長江而入贛省內河，則貨運又較浙贛路為低，不難挽回一部收入。即在湖口設輪船一艘，凡由贛省進出口貨物裝卸，概由湖口躉船司理；再由躉船轉裝鐵駁，交由該局特派拖輪拖駛，至鄱湖各口岸及南昌交卸，其出口者亦如此轉運。並在南昌設立內河輪船局，專司進出口商貨接洽裝卸事宜。倘春夏大水，該局則有江慶等淺水江輪三艘，可由申裝載整船商貨，直接運南昌交卸。並將再進一步，與贛省各線公路辦理聯運，特別減低運費，藉以抵制浙贛路云。（五月四日）（二五，五，九，大公報。）

張嘉璈昨飛抵邕甯商築湘桂鐵路

已晤白崇禧等今飛桂林

【中央十六日香港電】張嘉璈十六日上午十時半偕陳延炯分乘長庚啓明機赴桂，李仙根等到場歡送。下午二時抵邕，訪晤白崇禧，黃旭初，商築湘桂鐵路，定十七日晨飛桂林，午後乘機返粵，彼湖動改十九日返湘。（二五，三，一七，杭州東南日報。）

湘桂鐵路俟籌足千萬元即開工

【長沙】張嘉璈過湘談，湘桂鐵路俟籌足千萬元即興工，請湘擔任四百萬，桂擔任二百萬。各路均用湘枕木，派朱文熊在株州設處採購。（十日專電）（二五，三，十一，中報。）

完成西南鐵路網

張嘉璈曾晤商湘粵桂當局

湘黔湘桂兩線已派員測勘

【香港航信】鐵道部長張嘉璈因視察粵漢鐵路全綫工程，乃由漢轉湘入粵，對於全綫之設備，細心視察。至本月十二日，乃由湘抵廣州，與粵當局略談後，即於十六日飛桂，十八日再飛返廣州。僕僕長途，席不暇暖，因之粵省人士，對於張氏此行，頗多推測，不謂張氏此來為籌商開闢黃埔商埠，即謂其洽商廣九粵漢兩路接軌，傳說紛紜，視聽為淆。後經記者調查，始悉張氏南來，實欲興築各省鐵路聯絡綫，以完成西南鐵路網。

至於西南鐵路網之興築計劃，計（一）湘黔鐵路．由長沙至黔陽，需工程費四千萬元，至貴州需一萬萬元，決定由湘潭過河，現已委定侯家源為湘黔鐵路工程局長，積極進行。（二）湘桂鐵路．預算工程費約一千四百萬元，擬由中央籌四百萬元，湖南籌四百萬元，廣西籌二百萬元，籌足一千萬即興工。（三）粵桂鐵路．三賀線因水道關係，決定不予興築，只築邕欽路。此路興築計劃，決交由粵桂當局辦理，鐵部負責派員督促設計工程。並擬在湘南適中地點，設立採購枕木辦理處，供給粵桂黔滇各省採購，鐵道部已委購料委員朱文機主理一切。（四）滇黔

9

鐵路，此線由滇省之昆明起，過黔南盤江以達貴陽，啣接湘桂鐵路，並間接連絡粵漢鐵路。張氏以湘桂二路之興建，需欵頗鉅，苟非中央與地方合籌，難冀此路完成。故張氏一抵廣州，征衣未卸，即怱怱入桂，訪晤黃旭初白崇禧者，蓋爲此也。張氏自與粵當局妥商後，即於十九日來港，拜訪何東，並於二十晨乘維多利亞輪北返。張氏在港時，曾對記者詳述此行經過，謂外間對余南來，莫不盛傳與西南當局洽商廣九漢粵兩路接軌及開闢黃埔商埠，殊屬無稽。蓋粵漢廣九兩路接軌，實爲極小問題，其能實現與否，無關重要。且廣九路在粵省境內，鐵道部當參酌粵省當局意見爲依歸，故余此來，曾無與任何方面洽商此問題。黃埔闢港，粵當局既認爲有關於粵省之繁榮，則中央對於財政方面，必樂爲幫助，蓋粵省之利，亦即中央之利也。至粵漢路全線工程，竣工在即，沿線設備，亦極滿意，如無特別事故，必可如期完成通車。惟最難解決者，爲粵漢路之總局及機廠之設置地點問題。因粵漢路全線，分爲三段，連接而成，歷經鄂湘粵等省。其總局地點，漢人必主設漢，湘人必主設湘，粵人必主設粵，惟從國防交通經濟各方面研究，則總局及機廠設置之地點，莫良於衡州。因衡州爲粵漢路全線之中心，地勢深入，無虞受人威脅；且將來湘黔湘桂等路完成，又可與之啣接；故中央現對於總局及機廠設置之地點，仍屬意於衡州也。至西南鐵路網正積極計劃完成，湘黔湘桂兩線，鐵道部已派員測勘，建築經費亦決定取給於四千萬元之第三期鐵路公債。獨京韶（南京至閩省之韶安）鐵路，雖已築至宣城，惟被日人作梗，故爾停築，現鐵道部對於此段，暫時已無進行之意也云。（二五，三，二五，大公報。）

鐵部籌築湘黔鐵路

【杭州】鐵道部爲籌築湘黔鐵路，自株州展築至黔省之貴陽，計長一千一百公里，業明令發表派侯家源，李育，爲籌備正副主任，籌備處決設長沙，本月中成立。（一日專電）（二五，三，二，申報。）

侯家源抵筑測量湘黔路

【中央二十四日貴陽電】侯家源率湘黔鐵道測量第三隊由長沙乘車來黔，二十四日抵筑，不日即赴東路測勘。又鐵部派技正袁夢鴻航測湘黔路線，二十三日由長沙經洪江劍河飛筑，袁談不日飛遵義赤水銅仁一帶測勘。（二五，三，二五，杭州東南日報。）

湘黔鐵路飛機測量

【貴陽路息】湘黔鐵路委定侯家源爲籌備處主任，路綫自株州經長沙洪江劍河至貴陽，分四段用飛機測量，洪劍段工程師李育定十日由長沙起飛來黔，（六日中央社電）（二五，三，七，申報。）

湘黔路在測量中

全路分四段進行測量

預期於二年之內完成

【長沙特訊】湘黔鐵路興修事宜，自在長沙成立工程處後，一切進行，頗爲積極。由處長侯家源氏，委派四個測量隊，分往湘潭，湘鄉，邵陽，洪江等處測量，現猶在進行之中。關於路線問題，現所決定者，即以株州爲起點，以與南（昌）萍（鄉）段鐵路，及粵漢路相銜後，再由此經過湘潭渡過湘江，以達湘鄉。此段路線，限於本月底測竣。至湘江橋基，亦決定位於湘潭縣城對河五里堆地方。此處河身深而面積較窄，河中底質，經探測結果第一層爲粗砂，二層爲鬆石，三層爲亂石，四層爲堅石，故地層土質甚堅，合于建橋之用。刻工程處已備船八艘，專供鑽探橋墩，施工以來，計成橋墩五六拱，如天氣放晴，進行當必甚速。惟該路路線所不易決定者，即爲湘鄉以上之路線。蓋由此有兩線可走，一經新化，溆浦，食谿，麻陽，銅仁，以接貴陽。一可經邵陽，洞口，洪江，芷江，以接貴陽。前者路線較長，工程較易；後者則洞口芷江之間，山脈連綿，峯巒障天。前此湘公路局有在此修築公路之議，尋以困難太多，未能着手。此次經湘黔路工程處前往探測，亦認爲施工極感困難，非另覓路繞避不可。工程處長侯家源，刻正在京商承鐵部，以定取捨。一俟路線完全決定，即可着手開工。全部經費，需一萬四千萬元之譜，由中央發行鐵道公債，抵欵應用，預期兩年完成云。（四月十九夜稿）（二五，四，二四，北平晨報。）

通訊一束（六七—七五）

六七

頡剛先生：

日來讀禹貢啓事及通訊，得悉稿件擁擠，刊不勝刊，足徵海內同好之衆，禹貢風聲之廣，可爲中國學術前途賀。禹貢既限于篇幅，不能盡量刊布，似宜從歐美學術雜誌之例，於翻譯稿件一概割愛。禹貢既爲專門學術雜誌，似宜專載獨立研究，直接探討之結果。國外學者佳作甚多，其用普通文字如英，法，德，意，日等文寫成者，學者最好能直接閱讀。東鱗西爪，非惟於事無濟，逐譯轉載，且覺架屋叠床。國外重要文字，學者如欲介紹其內容，評論其得失，可作爲書評以資商榷。禹貢亦可再闢「書評」一欄，登載此類文字。如是，既可省復沓之煩，且可收與海外仝好交通聲氣之效。愚昧之見，不知先生以爲然否？

肅此，敬請教安。

學生齊思和鞠躬。廿五年一月四日。

按，得齊先生此函，至感美意。然而事無巨細，往往利弊相乘。不減譯文，其利僅在節省篇幅耳，而其弊乃有三事。第一，吾國學術落後，無庸自諱，欲急起直追，不得不借助于他山之石。然外國史地學之書籍雜誌，國中能否到者有幾處？除北平上海以外，他處更有此便利否？至於可望深造之青年則各處都有，吾人求開豁其聰明猶將不及，又安忍惜戔戔之費用而蔽塞之乎！即以北平而論，所缺之圖書亦尚不少。猶憶去年馮家昇先生欲覓日人在我關外出版之滿蒙雜誌，求之各大學圖書館，無有也；求之于藏書最豐之國立北平圖書館，又無有也；蒞日人所辦之東方文化事業委員會求之，亦零落而不完也。所謂「文化中心」者尚若此，況他處乎！故爲搜集材料及認識前人所已提出之問題計，爲增加工作效率及開拓研究者之心胸計，翻譯工作實不可省。第二，本會工作目標爲研究中國民族史與疆域沿革史。疆域沿革之學，爲吾國所固有，蓋禹貢，水經，漢書地理志等皆爲一部分學者精力之所薈萃，吾人步先輩之後塵，繼續探討，雖不與鄰邦學者接觸，亦自可獨行其是，完成研究之功；若更能兼綜氣象，地質，土壤，水利諸學，俾不僅知其「然」而且知其「所以然」，則更將有超出先輩之成績矣。至于民族史，是固先輩所未及而鄰邦學者所特別注意者，以其材料之散在異域，研究之已歷歲年，故吾輩如不急於接納其已有之工作，勢必到處冥行盲索，事倍而功半。爲欲誘導吾國學者納于研究之正軌，而不再以揣測武斷爲能事，如五十年來之穆天子傳研究然，此類翻譯文字實不可不求其多且廣。第三，本刊三年來雖進步頗速，得到各方之稱譽，然始終以大學本科生及研究院生爲基本工作人員，未能籌募經費，還聘專任研究員也，故讀本刊者不當以正式研究成績之目光視之。大學生初入研究之門，自信之心猶未堅，每逢挫折，易於退卻，惟有隨時獎掖，方可冀其勇於長征，而翻譯學術論文可使之心領神會於治學之方法，實爲最好之敎育。惟善模倣者乃能創造，此後自立論題，發爲裁斷，亦不至不中繩墨矣。若過存割愛之心，則宮牆數仭，將使後進望而生畏，何有於循循善誘哉！他日本會有固定之經費與專攻之人員，當另辦季刊或年刊，悉載獨立研究之文字，而以整理之材料，翻譯之論文，學校之課卷等等歸之半月刊，庶功力之淺深可判，練習之意義亦顯。未知會內外同志以爲然否？「書評」之欄自可闢，惟非對於某一學科有專研者不易爲，而處于今日擾亂之世，有專研者均爲衣食煩忙，無從求稿耳。齊先生博貫中西，倘肯舉以自任，必有萬丈光芒，不禁延頸企踵以望之！

六八

頡剛先生史席：鄙人近在圖書館拜讀先生等所編禹貢半月刊，甚爲欽仰！因讀禹貢而知朱著方志綜錄及李氏方志學等書，茲已購備。惟瞿兌之先生所著方志考稿一書，不知在何處出版？售價若干？又余紹宋方志考稿序是否卽瞿著方志考稿中，抑另載他書耶？敬懇先生勿厭瑣瀆，而賜敎之，幸甚！肅此祇請纂安。

毛裕良頓首。二月一日。

仲良先生史席：頃自顧剛先生轉來大札，敬悉。承詢瞿著方志考稿，代答如下，幸垂鑒焉。瞿氏撰述，及于蘇，冀，魯，豫，晉，遼，吉，黑八省，其體略仿四庫提要，每書揭舉其書名，卷數，撰人，與修刊年代，而於地理之沿革，修志之經過，與夫體例之演變，亦詳述無遺，實爲私人撰方志提要之始。雖其著錄僅屬天津任氏所藏書，且多未備，要亦研究史地者所不可廢；非空無實據，嚮壁虛造，並方志名著而不讀，而遽謂方志學爲如何如何者所可比焉。其書成于民國十九年，天津任氏天春園出版，每部三冊，定價大洋四元。北平各大書坊均有出售，如欲採購，請與北平琉璃廠直隸書局，或東安市場佩文齋接洽可也。又余紹宋氏序亦見原書，並聞。匆復，敬請著安。

朱士嘉敬啓。

六九

頡剛師：

手示敬悉。寔前以母病南返，比歸來已十二月初旬，因曠職多日，不得不晝夜加緊工作，以完成校內應作之研究工作。加以多種圖籍南運，參考無從，致清以來察部沿革一文半途擱筆，甚以爲憾。蒙古遊牧記鈔本四卷正在標點中，惟補述工作因缺乏參考圖籍，一時恐難着手。但該記所述之蒙古各部落，漏察哈爾及土默特二部，蓋以其非藩屬之故。寔意擬先自一統志將此二部補入，不知可否？

察省通志迄今尚未出版，但聞正在印刷中。寔年來研究之察省土地利用，夏間已脫稿；近將其重加整理，尚未竣事。惟月來風雲變色，口外地方幾非我有，故該文是否有發表之必要，尚是問題。

入冬以來，因環境關係，心緒頗不佳。三數月未爲禹貢寫一稿，甚以爲歉。此後當強自振作。特生活迫人，本月底在清華之聘約期滿，研究工作已竣事，寔或將去津佐表兄張君煉油，因渠正作自劣等柴油提煉上好煤油及汽油之研究，試驗已成功，現正設廠試辦，年前屬約前往協助，以在清華不敢有始無終，故辭謝，今後或將往依之。工餘若有閒刻，當仍偷暇為禹貢效勞。何時有暇？祈豫示，當走謁候教。

肅此，敬請道安。

受業楊寔拜啓。二月六日。

七〇

頡剛夫子大人道席：

奉讀廿九日手諭，屬為禹貢撰三國以後山越問題一文，愧甚。此類材料雖陳書及唐書不無若干材料可尋，然欲寫為論文，尚不容易。葉國慶君原文甚好，惟于三國時「宗帥」「宗部」「宗民」等詞之解釋似尚不無問題。

近見上海陳志良君亦有志於古代吳越民族文化之研究，而尤於常州奄城及松江金山之吳越遺跡之調查爲可喜悅（著有調查記一書）。彼頗欲加入禹貢學會，生已允為介紹。彼之友人莊學本君，年來從事羌戎民族之調查，亦頗可注意。據陳莊二君意見，夏禹傳說於四川西北部至為盛行，遺蹟尚有可據，夏民族似發源於長江上游，並擬撰一論文，詳述夏民族與羌戎之關係及其東徙之經過云云。生卽屬陳君將論文撰好時寄禹貢發表，但未知彼果能如約送到否耳。

生近日研究北魏史事，頗覺水經注之重要。燕大引得社所出鄭德坤兄水經注引得爲必備之書，請代購逕寄與生爲禱。

生本年以兼任樞縣修志局纂修，須按月寄稿，故較繁忙。前月該局諸人欲推生為總纂，生以責任太重，經已函辭，然分纂則無法復為推委也。

生本學期增授華南民族史一學程，每星期三小時，惜學生太少（史學系學生甚少），恐將來不能有濃厚之興味耳。大人處如有關于華南民族（包括漢族及非漢族）之特殊資料，得便乞惠賜參攷爲禱。

謹此，並叩道安。

受業羅香林敬上。二月十日

七一

頡剛先生：

離平時曾趨候，知南去未返，積愫未能一訴，不勝惆悵。

日蔚來保定師範任訓育主任，一以好友相促，二以教育救國或較捷於學術。然日蔚所從事之中國回族史則仍當繼續整理以期其成，庶上不負先生期望之雅意與提携之熱忱，下完成日蔚二年來之積願，以減輕精神上之負擔。所幸材料之收集，在平時已相當就緒，校對刪改當較易爲力。

禹貢之文，當仍以整理之中國回族史分篇成文就正，供先生採選，惟絕難如年前產量之多耳。

度此時先生已北歸，故草此函候問。禹貢募捐若何？不勝念念，希先生撥暇示知。

謹此敬祝春安。

後學王日蔚上。二月十四日。

七二

頡剛先生鈞鑒：

奉讀賜寄之禹貢，無任感謝。前讀通訊，囑我寫兩篇關於雲南地理的文章，我早已寫好了，並且年前曾在新亞細亞月刊登出（在九卷六期及十卷一二期）。其中有一篇論雲南的民族，如果先生認為不嫌轉載，好在版權仍為我所有，可不致有阻礙。我原來的希望是有人討論，不料該文登出後，並未有回響，或是對此有興趣者甚少，也許因該文簡陋，而識者遂不屑討論；這總之使我很失望。

此外我有一二點對禹貢的意見。第一，我覺得禹貢的印法，排印稍嫌不密，故紙張印刷之費有些兒費。如果把行排擠一點，取消邊框，標點排在句之旁，可省許多空白出來，不是可以多印一些文章了嗎？第二，關於地理消息，似乎多成了報章上剪下的文字，對於學術界的研究與消息，一條都沒有。我覺得凡是他種雜誌載有的文章，編者認為有價值時不妨作一節略，使讀一雜誌可兼及其他，有時編者亦可略加批評，以供讀者參考。此二點不知先生以為如何？（此外集會及演說關於地理的，外國雜誌關於中國的文章，皆可介紹。）

驌在明年便可反國，屆時如能前來北平，當趨赴拜謁也。

專此敬上，并候著安。

晚丁驌敬上。二月廿五日。

按，承指示兩點，甚為佩感。但亦有困難之點，敬陳如下：第一，本刊必須有標號（倘使沒有便失掉了研究地理的方便），但一有標號行間就不能太密，太密了會使這行的地名標號靠在隔壁一行的非地名文字上，弄得讀者眼花撩亂。如果把點號放在句旁，則行間更不能密。這因我們所說的一行，在排字的人看來實是三行，中行是文字，左行是標號，右行是點號。本刊點號放在句下，排字人只排兩行，還算容易；如點號排在字旁，固然一面可以省出數十字至百字，但排費的費和校對的費時也是夠損失的。如說標號與點號擱在一面，則一個名詞遇到要有點號時，便不能再施標號，這也不合理。因此我們為了顧全排校時的困難，寧可讓行間疏朗些。第二，地理消息要編得好，非有一二人專心做不可，我們現在只由大家湊出些業務餘閒，所以沒法達到理想境界。從上期起，歸趙惠人先生負責編纂，當可開出一個較有系統的面目。但無論何事，理想與事實總是不能並進的，而學術界的研究與消息，普通報紙上既不經見，要自己動手又以各個問題的性質過于專門，不是隨便可做，所以只得稍緩實現。但這個目標是我們必應有的，丁先生的計畫，我們自當銘諸座右。論文的節略，現在上海大夏大學梁園東先生辦的史地社會論文摘要月出一期，就是丁先生所想做的；將來本刊如有餘力，亦必兼辦。雲南地理論文既由新亞細亞登出，本刊即不便再登，否則有轉載價值的論文甚多，本刊將何從取捨呢？好在每一問題的研究必不止一篇文字，丁先生對于雲南的研究日進無疆，將來為本刊寫文章的機會多得很咧！至于發表文字沒有回響，那是中國的社會如此，留心邊疆問題的有幾人呢？留心邊疆而又有功夫和人討論的有幾人呢？只有我輩不管成敗地幹去才可激起許多人的注意，激起了許多人的注意才可養成幾個會得討論的人物。請丁先生不要失望！

頡剛吾師：

尚書序「自契至湯八遷」這個問題，擱了幾千年沒法子圓滿解決，直至近人王國維先生才把他給做出一個總答案來，這對於我們後學可算很大的幫助了。然生的意見和王先生的不盡相同，茲不揣譾陋，特提出討論：

王先生的原文略謂『帝嚳居亳，世本居篇云，「契居蕃」，是一遷也。世本又云，「昭明居砥石」，是二遷也。荀子成相篇云，「昭明遷於商」，是三遷也。左氏襄九年傳云，「陶唐氏之火正閼伯居商丘，……相土因之」，又定四年（按，王先生原文誤爲「九」年）傳，祝鮀論周封唐叔曰，「取於相土之東都，以會王之東蒐」，則相土時曾有二都，……疑昭明遷商後，相土又東徙泰山下，後復歸於商丘，是四遷五遷也。今本竹書紀年云，「帝芬三十三年商侯遷於殷」，是六遷也。又云，「孔甲九年殷侯復歸於商丘」，是七遷也。至成湯居亳，從先王居，是爲八遷』。（見觀堂集林卷十二史林四）

王先生的大意已如上述，茲把生的意見略說如次：

史記殷本紀劈頭第一句就說，「殷契」，可知契與殷是有關係的。但到底是什麼關係？殷本紀注，『索隱曰，「契始封商；其後裔盤庚遷殷，殷在鄴南，遂爲天下號；契是殷家始祖，故言契」』。這種註釋，既與「帝芬三十三年商侯遷於殷」的記載矛盾，又與史公「帝盤庚之時，殷已都河北，盤庚渡河南，復居成湯之故居」這段原文的意思衝突，自是不可置信。照生的意見，契既曰殷契，則援堯初封於唐而曰唐堯，舜初封於虞而曰虞舜，禹初封於夏而曰夏禹的例子，斷定殷是契之始封，理由比較充分些。契的父親帝嚳居亳，分封其子契於殷，他離別父親，往殷就國，詩商頌云，「天命玄鳥，降而生商，宅殷土茫茫」，這是一遷。這大約是他很年輕時候的事情，等到他長大成材以後，佐禹治水有功，帝舜命他爲司徒，「敬敷五教，封於商」，他受了朝廷的封爵，當遵命就國，這是二遷。復又賜姓子氏，殷本紀注，『正義曰，括地志云，「故子城在滑州東北八十里，蓋子姓之別邑也」』。「別邑」兩字彷彿像近代「陪都」的意思，而照周朝的制度看來，「陪都」就是國家的「準都」，到了時勢需要的時候，乾脆就把牠改爲首都，如平王東遷洛邑，便是一個好例子；殷契時想也有過這麼一回事，從商徙子，這是三遷。契二傳至孫子相土，佐夏有功，封於商丘，從子徙於商丘，這是四遷（王先生謂爲五遷）。「帝芬三十三年商侯遷於殷」，這是五遷（王先生謂爲六遷）。「孔甲九年殷侯復歸於商丘」，這是六遷（王先生謂爲七遷）。殷本紀注，『正義曰，括地志曰，「宋州穀熟縣西南三十五里南亳故城，湯都也」』，湯從商丘遷南亳，這是七遷。又云，『河南偃師爲西亳，帝嚳及湯所都，盤庚所從都之』，正義曰，『按亳，偃師城也，商丘，宋州也。湯即位都南亳，後徙西亳』，這是八遷（王先生同）了。

以上這種解答，雖免牽強傅會之誚。爲學似貴乎「闕疑」，「愼言」；可是疑團不破，很覺煩悶，是以上質高明。知芻蕘管見，毫無足取，倘然能備爲一說，則幸甚矣。

肅此，敬請著安。

學生許道齡謹上。三月十日。

5

案尚書序「自契至于成湯八遷」一語，自昔無定論，亦不知其根據所在。王靜安先生据世本左傳及今本竹書紀年等叙述八遷之經過，固可備一說，但亦決不能視為定論。許先生重提舊案，根據詩商頌，史記殷本紀定殷為契所封，又據史記括地志定契曾再封於商，遷於子，是為三遷；又以相土遷商丘為第四遷；帝芬孔甲時商人遷於殷及復歸商丘為第五第六遷；復以湯自商丘遷南亳，史遷西亳為第七第八遷：此說誠亦足供研究商史者之參考。抑有進者：今本竹書紀年晚出，其所述商人之二遷恐即依附書序而云然，未必秦漢間舊說也。書序本不可信，若就書序而言，吾人似可再立一說：荀子成相篇云，「契玄王，生昭明，居於砥石遷於商」，據詩商頌契宅殷，是為一遷。封於商，是為二遷。鄭玄云，「契封商，國在太華之陽」（案鄭說本書通子），則商非即商丘可知；世本契居蕃，自商居蕃，是為三遷。昭明自蕃居砥石，是為四遷。昭明自砥石復遷于商，是為五遷。昭明子相土自商遷于商丘，是為六遷。世本殷王子亥遷殷，自商丘遷殷，是為七遷。湯始居亳，自殷遷于亳，是為八遷。南亳西亳之說尚待考証，即然，亦為湯後來之事，書序祇謂「湯居亳」，未謂自南亳遷于西亳也。總之，商人屢次遷國，固為事實，然遷至幾次，初遷為何地，次遷為何地……，則決非今日所能解決。書序時代已夠遲矣，吾人必不能以「八遷」為不可移之史實，而以解釋得當為遂見史實之真相也。

七四

起潛先生大鑒：惠緘奉悉，就審譔著康娛為頌。執事與頡剛教授主持禹貢學會，發揚國光，網羅散佚，曷勝欽佩！承囑各節，敝處官有諸刊物即屬檢寄。各縣方志，本未齊全，變亂頻仍，蒐求不易，當徐圖之。紅崖碑在關嶺縣境，文字奇古殆不可識，容飭該縣搨送，即為奉上。大刊推銷一項，當廣為介紹，藉副雅屬。專此奉覆，順頌撰安。

弟曹經沅敬啓。三月三十日。

七五

禹貢學會諸位先生大鑒：前承賜書，蒙許附驥，感幸奚似！茲有啓者，弟前游冷攤，購得殘書多種，中有詩地理攷略，臺灣小志及蜀道驛程記三書，均有關於地理之學，詩地理攷略一書，敝縣故家多有藏之者，蓋因此書著者尹氏繼美，於清同治間曾作宰敝縣，故分贈特多也。此書卷一第三十二頁之前末行有墨筆夾註三十四字，初疑為讀者所註，及後見友人藏本，亦有此註，且墨色筆鋒，如出一手，想為尹氏所自增者。蜀道驛程記一書，或係漁洋山人全集中之散本，中有數葉，糢糊不清，然大體尚足供參攷也。再敝縣修志館於二十一年曾聘專員，測繪本縣疆域，繪製全圖，惟測繪未甚正確，印刷又欠精細，故難言完善；所幸圖中所繪地物，尚稱詳盡，似亦可供研究敝縣地理者之參攷。該圖並不價賣，特向該館索得一份（計二十一幅），並檢同上列三書，一併郵寄，至祈核收賜存，用備參攷。耑此，敬請著安。

弟杜明甫敬上。四月十二日。

贈書志謝（十）

自本年四月二十六日至五月十日本會收到下列贈書，敬誌書名，藉申謝悃。

浙江省立圖書館贈：

浙江水利備考八冊　清王鳳生著，梁恭辰校正，光緒四年浙江書局重刻本

干人俊先生贈：

光緒台州府志一百卷六十冊　清王舟瑤纂，民國十五年台州旅杭同鄉會鉛印本

廣西土壤調查所贈：

野外調查標本一冊　藍夢九撰　民國廿四年三月廣西土壤調查所印（非賣品）

土壤化驗標準一冊　仝上　仝上

丁稼民先生贈：

山東政俗視察記上下卷二冊　李樹春　張育曾　劉敬之編輯　民國廿三年五月山東省政府民政廳印

丁叔言先生遊記一冊　丁叔言撰　和記印刷局排印本

蒙藏委員會贈：

邊疆政教名詞釋義初集（邊政叢書第二種）一冊　石青陽著　民國廿二年九月蒙藏委員會初版

新疆之文化寶庫（邊政叢書第三種）一冊　法國勒庫克原著　鄭寶善譯　民國廿三年一月蒙藏委員會印

蒙藏月報第四卷第六期一冊　蒙藏委員會蒙藏月報社編　民國廿五年三月三十一日出版

清代邊政通攷一冊　蒙藏委員會邊疆政教制度研究會編　民國廿五年二月邊疆政教制度研究會重版

中國鹽政討論會贈：

蛻化期中之新鹽法續集一冊　中國鹽政討論會編　民國廿五年三月中國鹽政討論會印行

鄭德坤先生贈：

東北新建設月刊三冊　東北新建設雜誌社編　鉛印本

第一卷第九十期合刊一冊　民國十八年十一月出版

福建鹽務緝私試辦章程一冊　沈棋山（福建緝私統領）擬　民國三年清寫本

福建緝私司令部辦事細則一冊　仝上　仝上

福建鹽務緝私隊表一冊　仝上　仝上

崇實中學校暗射地圖（中國）十幅　崇實中學校編　石印本

廣東水利一冊　（英文）鉛印本

東方雜誌十一冊　東方雜誌社編

第二十二卷三，六，十八，二十一，二十二號

第二十三卷第十三，十五號

第二十四卷第四，十六，二十四號

第二十六卷第七號

十萬分之一直隸警務處轄界地圖一冊計三十幅　直隸警務處繪圖局繪製　光緒卅四年八月石印

吉林省東北沿邊移墾地點詳圖一冊計圖十四幅　吉林墾殖分會測繪　民國二年一月石印版

陳鐵卿先生贈：

河北省分縣圖一百廿五張

全省縣界圖（三百萬分之一）　河北省民政廳技術室製

全省縣界圖（二百萬分之一）　河北省民政廳技術室製

全省縣界圖（一百六十萬分之一）

宛平縣圖（二十萬分之一）　稿本

良鄉縣地圖　油印本

固安縣地圖（十萬分之一）　附說明　縣建設局製

永清縣圖（十萬分之一）　縣建設局製　民國廿二年一月　永清縣城內文林鉛石印局印

安次縣地圖　油印

香河縣最新分區地圖（二十萬分之一）　縣政府製

三河縣併區全圖　附說明
薊縣最近實測詳圖（十萬分之一）　附外八村形勢圖，備考　縣建設局技術員崔顯殿測繪　務員張文都助理　民國十九年九月城內華瑞石印局印
涿縣輿地全圖　王德昌測繪
通縣圖（十萬分之一）　有經緯度　河北省通縣建設局製　民國廿一年一月印
武清縣圖　附縣城略圖，主副村莊面積戶口學校學生數目表　武清縣教育會繪製　民國廿年五月武清縣文化商店印
寶坻縣地圖（十萬分之一）
順義縣全圖　順義縣黨務指導委員會訓練部　民國十八年四月印
密雲縣圖（十二萬分之一）　石印
懷柔縣地圖（十萬分之一）　附圖說
房山縣圖（十萬分之一）　附縣城圖　縣建設局製　民國廿三年四月房山縣府街競記石印局印
平谷縣全圖　油印本
興隆縣地圖　稿本
清苑縣四鄉地輿全圖（十萬分之一）　萃華武學書局印
滿城縣圖　縣建設局製　民國十九年印
徐水縣區域圖　附城關圖　石印
定興縣圖（十萬分之一）　有經緯度附地理誌略　沿革　河北省政府建設廳測量處製民國廿年十一月縮編　民國廿一年十一月印
新城縣新測地圖（六萬分之一）　附村名對照表　縣建設局製　技術員趙巽測繪　事務員劉制新助理
唐縣編村新圖
博野縣圖（十萬分之一）　附縣城略圖　博野縣教育局建設局合製　博野縣第一工廠印
望都縣略圖　縣建設局草製　清繪本
容城縣圖（十萬分之一）有經緯度　附沿革，地理誌略　河北省政府建設廳測量處民國廿年九月縮編　民國廿一年十一月印

完縣圖　完縣文寶齋石印局印
蠡縣全圖（五萬分之一）　蠡縣城內蠡吾新記書局石印
雄縣新測全地圖（十萬分之一）　附圖說　雄縣南城門公記書局印行
安國縣圖（八萬分之一）　附城關圖　縣教育局建設局合製　民國二十年一月安國縣第一工廠印
安新縣全境地圖
安新兩關略圖　縣建設局製　稿本
（最新近）束鹿縣圖　束鹿辛集煥文印刷局印行
（最新）高陽縣形勢全圖（九萬分之一）
正定縣圖（十萬八千分之一）　正定縣建設局製　民國廿二年三月印
獲鹿縣地圖（十萬分之一）　縣教育局製　獲鹿西記玉璽齋印
井陘圖縣（十四萬四千分之一）　民國廿二年三月繪印
阜平縣全圖（十萬分之一）　附城關圖　縣建設局製　民國廿一年十月印
欒城縣全圖　附縣城全圖　石印
行唐縣地輿圖（十一萬五千二百分之一）　行唐縣修志局製　民國廿一年六月印
靈壽縣全圖　第二區助理員趙鴻鳳繪　縣長伍市亭監繪　民國二十年二月印
平山縣圖（十萬分之一）　附縣城圖　祁淑世繪製　第一工廠出版
元氏縣警區圖　石印本
贊皇縣全境詳圖（十二萬分之一）附全境位置面積表，各區面積表　石印
晉縣區域全圖（十萬分之一）　附地理誌略，縣城全圖（五千分之一）　建設局長吸九如測　技術員孟樹楷繪　民國廿一年九月印
無極縣圖（七萬五千分之一）　附縣城圖　縣建設局籌辦　保衛總團測量　王慶霖繪圖　民國廿二年六月第一工廠承印
藁城縣學區全圖　附縣城圖
新樂縣地圖（十萬分之一）有經緯度　縣建設局製　Chang Ne Yu 繪　民國二十年九月印

易縣區域圖　易縣建設局製　民國二十年九月修正
淶源全縣地圖　縣建設局測繪　淶源第一工廠印
定縣全圖(十萬分之一)　附縣城圖，説明　建設局製　民國二十年十二月印
曲陽縣全圖　附城關圖，各山道名記　河北省曲陽縣建設局製　民國廿一年七月印
深澤縣圖(五萬分之一)　附縣城圖　縣建設局製　民國廿一年十月印
(最新)深縣輿圖　宋喆編繪　民國廿二年三月印
武强縣圖(十萬分之一)　附萬分之一城郊圖　王彥林測繪　民國廿二年九月縣教育局第四次重印
饒陽縣全圖(十萬分之一)　縣建設局製　民國廿一年十月印
安平縣圖(六萬六千分之一)　附城關圖　縣建設局重繪　民國廿二年十月安平盈林齋石印局代印
青縣圖(十萬分之一)　青縣建設局製　民國廿二年九月印
滄縣圖(十萬分之一)　滄縣縣長杜濟美監製　村政研究會徐汝惠繪　民國十八年四月印
鹽山縣全境圖　木版刷印
慶雲縣圖
南皮縣境全圖(一百廿五萬分之一公里)
靜海縣分區略圖　清繪本
河間縣全圖(十萬分之一)　有經緯度　石印
獻縣合境村鎮全圖(十萬分之一)　獻縣建設局製
肅寧縣全境區界村莊圖　城內大十字街路北迎春石印
任邱縣全圖　附説明　任邱縣政府製　民國十八年二月印
阜城縣略圖　附史略　阜城東街益生祥石印局出版
(河北省)交河縣地圖　縣建設局製　民國十九年印
寧津縣十區分圖　民國十四年冬月印
吳橋縣輿地圖　附縣城圖　吳橋復興書局石印
(河北省)故城縣全境輿圖　附汪鴻孫識語　縣長汪鴻孫監製　民國四年刊版

東光縣全境村鎮圖　民國廿年東光永昌鉛石印務局印
盧龍縣圖　清繪本
遷安縣地圖(二十萬分之一)　石印
昌黎縣圖(十萬分之一)　有經緯度　縣建設局製　民國廿二年十月縮編
臨榆縣圖(十萬分之一)
遵化縣圖(十萬分之一)　附城廂圖、飛地圖　徐受卿繪　史直侯校正　民國廿二年三月印
豐潤縣全境地圖(八萬分之一)　附二萬分之一開平圖，縣城分圖，唐山分圖，豐台分圖
玉田縣全圖　縣建設局製　玉田城內西街聚文石印局發行
文安縣圖(六萬二千五百分之一)　附地勢概況
大城縣形勢全圖(十一萬五千二百分之一)　附説明　教育局建設局製　孟繼然　魏西峯測繪　民國十九年十二月印
新鎮縣略圖　清繪本
寧河縣全圖(七萬五千分之一)　附縣城形勢圖，塘沽形勢圖，蘆台形勢圖　寧河縣中學校教員張壯一製　民國廿年七月印
灤縣全圖(五千分之一)有經緯度　附縣城圖　張陵周繪製　民國十九年九月　灤縣教育局出版
直隸大名縣詳圖(十萬分之一)　附大名縣三區警察分所管轄村莊表　馮冠儒測繪　武學易製圖　民國十四年三月印
大名縣詳圖(十萬分之一)　有經緯度　附城市略圖，行政區，公安局，保衛團一覽表　馮冠儒測繪　王澤溥製圖　民國廿二年十月印
南樂縣閤境全圖　民國廿一年八月南樂縣民衆教育館翻印
東明縣地圖(十一萬五千分之一)　于連科繪製　民國十八年二月東明小學校初板
濮陽縣輿圖(十六萬分之一)　附説明
清豐縣全圖(十萬分之一)附圖説　建設局製　民國十九年五月印
(最新)長垣全圖(九萬分之一)　附城內街市圖，第七區縮小圖圖説　韓子衡編輯　民國十七年三月初版　二十年四月再版

3

邢台縣全圖(十萬分之一)　附城關略圖　圖說　縣建設局製　民國廿一年七月順德洪駿齋印

沙河縣分區圖　沙河縣籌辦鄉治處　民國十九年七月印

南和縣圖　清繪本

平鄉縣全圖　順德洪駿齋代印

鉅鹿縣地圖(十萬分之一)　附地理誌略　建設局製　民國廿一年八月南宮縣西街華南印刷局代印

內邱縣區域全圖(十萬分之一)　財務局重印　民國廿　年順德洪駿齋印

任縣全圖(十二萬分之一)　石印

永年縣區域全圖　民國廿一年八月縣政府重印

曲周縣詳細圖　曲周縣大同石印局翻印

肥鄉縣地圖　清繪本

雞澤縣全圖　附說明　縣建設局教育局會測　民國二十年順德洪駿齋印

邯鄲縣圖(六萬六千六百六十七分之一)　縣志局製印　邯鄲慶和印局民國廿二年二月印

成安縣形勢略圖　民國二十年六月成安縣西街恩方鉛石印局印

威縣全圖　附城內略圖，全縣地畝表　逍金鉦繪　華興石印局民國十八年二月初版　民國十九年三月再版

清河縣略圖　縣政府清繪本

磁縣五區全圖　民國十八年十月磁縣華文齋印

(最新河北)冀縣全圖　附縣城圖，學區與行政區名稱表，統計表　教育局校正　民國二十年八月九版　文元石印局印

衡水縣地方略圖

南宮縣全境一覽圖(十萬分之一)　附河道及四至說　全境一覽表　民國十八年八月第一工廠印

新河縣圖　附說明，縣城圖　縣建設局製　民國廿二年九月第一工廠石印科印刷

棗強縣學校全圖　附縣城略圖　縣教育局張育芳繪製　民國十八年十月印

武邑縣圖(十萬分之一)　武邑縣建設局製　周金鑾測繪　民國廿年一月印

趙縣清查各鄉地輿圖　附城內街道圖　統華鉛石印局清查印刷

柏鄉縣圖　油印

隆平縣地圖　油印

臨城縣地圖　民國廿一年五月印

高邑縣地圖(六萬分之一)　附縣城圖，車站圖　建設局製　民國廿一年六月第一工廠印

寧晉縣學區地輿圖　附城關圖　寧晉世界書局製　民國廿年三月校印

堯山縣疆域圖　油印

河北省行政區劃沿革新考一冊　陳鐵卿著　民國廿四年十二月出版

河北省沿革圖稿一冊　陳鐵卿著　民國廿二年九月河北省政府河北月刊社出版

大清河上下游(民國十三年洪水)被淹區域略圖第一圖(五十萬分之一)　有經緯度　華北水利委員會製

大清河上下游(民國十八年洪水)被淹區域略圖第二圖(五十萬分之一)　有經緯度　華北水利委員會製

獨流入海減河工程計劃總圖(五十萬分之一)　有經緯度

減河竣工後可免水災區域略圖(五十萬分之一)　有經緯度

河北省各縣災情圖(民國十八年水，蝗，旱災)

長垣縣水災圖(九萬分之一)　附附注，民國廿二年水災調查表　長垣縣黨部半月刊社主任王逢起繪圖　建設局技術員傅念曾調查　縣長張鉞審定　民國廿二年九月印

歷代黃河變遷圖(三百萬分之一)　晒藍圖

黃河改道推測圖(三百萬分之一)　附說明　晒藍圖

滹沱河灌溉工程圖(二十萬分之一)　晒藍圖

黃河石車段略圖　晒藍圖

貫台九股路附近一帶形勢略圖　晒藍圖

清代東陵圖　石印

顧頡剛標點編訂

崔東壁遺書

版　式　三十二開本　甲種米色道林紙印　乙種新聞紙印

册　數　甲乙二種平裝均十六册　甲種洋裝八册

預　約　甲種平裝六元五角洋裝十元　乙種平裝六元

郵　費　平裝本五角　洋裝本六角五分

預約期　本年四月底截止展期一月五月底止

出書期　本年五月底

王右軍一點一畫失所，輙若眇目折肱，愚亦同有此癖。

——夜田膹筆——

胡適之先生序中有云：

這是何等可敬可愛的治學精神！這樣一位『好求完備』的學者的遺著，在一百多年後居然得着一位同樣『好求完備』的學者顧頡剛先生費了十多年的精力來搜求整理，濟眞是近世學術史上最可喜的一段佳話！崔述生於乾隆五年（一七四〇），四年後（一九四〇）就是他的二百年紀念了。他的著作，因爲站在時代的前面，所以在這一百多年中，只受了極少數人的欣賞，而不曾得着多數學人的承認。現在我們可以捧出這一部搜羅最完備，校點最精細的『崔學全書』來準備做他二百年祭壇上的供物了。可見這部遺書的內容是如何的完善了！

前編　新序（胡適，錢穆，顧頡剛）

序目（附各種書鈔遺書版本攝影）（顧頡剛，趙貞信）

傳狀（顧頡剛）

科學的古史家崔述（胡適，趙貞信）

崔東壁先生故里訪問記（洪業，顧頡剛等）

本書　崔東壁遺書細目（顧頡剛）

考信錄提要二卷　補上考古信錄二卷

唐虞考信錄四卷　夏考信錄二卷

商考信錄二卷　豐鎬考信錄八卷

洙泗考信錄四卷　豐鎬考信別錄三卷

洙泗考信餘錄三卷　孟子事實錄二卷

考古續說二卷　考信附錄二卷

王政大三典考三卷　讀風偶識四卷

古文尚書辨僞二卷　論語餘說一卷

五服異同彙考三卷　易卦圖說一卷

後編　無聞集四卷

崔東壁遺書引得（洪業）

崔東壁先生佚文（胡適輯）

知非集（崔述）

二餘集（成靜蘭）

針餘吟稿（崔幼蘭）

荍田賸筆殘稿（崔述）

崔德皋先生遺書四種（崔邁）

崔東壁先生親友事文彙輯（顧頡剛，趙貞信）

評論，評論續輯（顧頡剛）

初刻本校勘記（趙貞信）

預約本書者如同時購買本館經售，顧頡剛先生等編著校點之古史辨，辨僞叢刊（此二書與崔東壁遺書有血統關係，乃期望作進一步之探索者），得照下列折扣計算：

古史辨　已出五册　全購五折　購買三册六折　購買一册七折

辨僞叢刊　已出十二册　全購五折　購買六册六折　購買二册七折　印有目錄備索

半價預約・贈閱樣本

上海四馬路壹錦里口　亞東圖書館

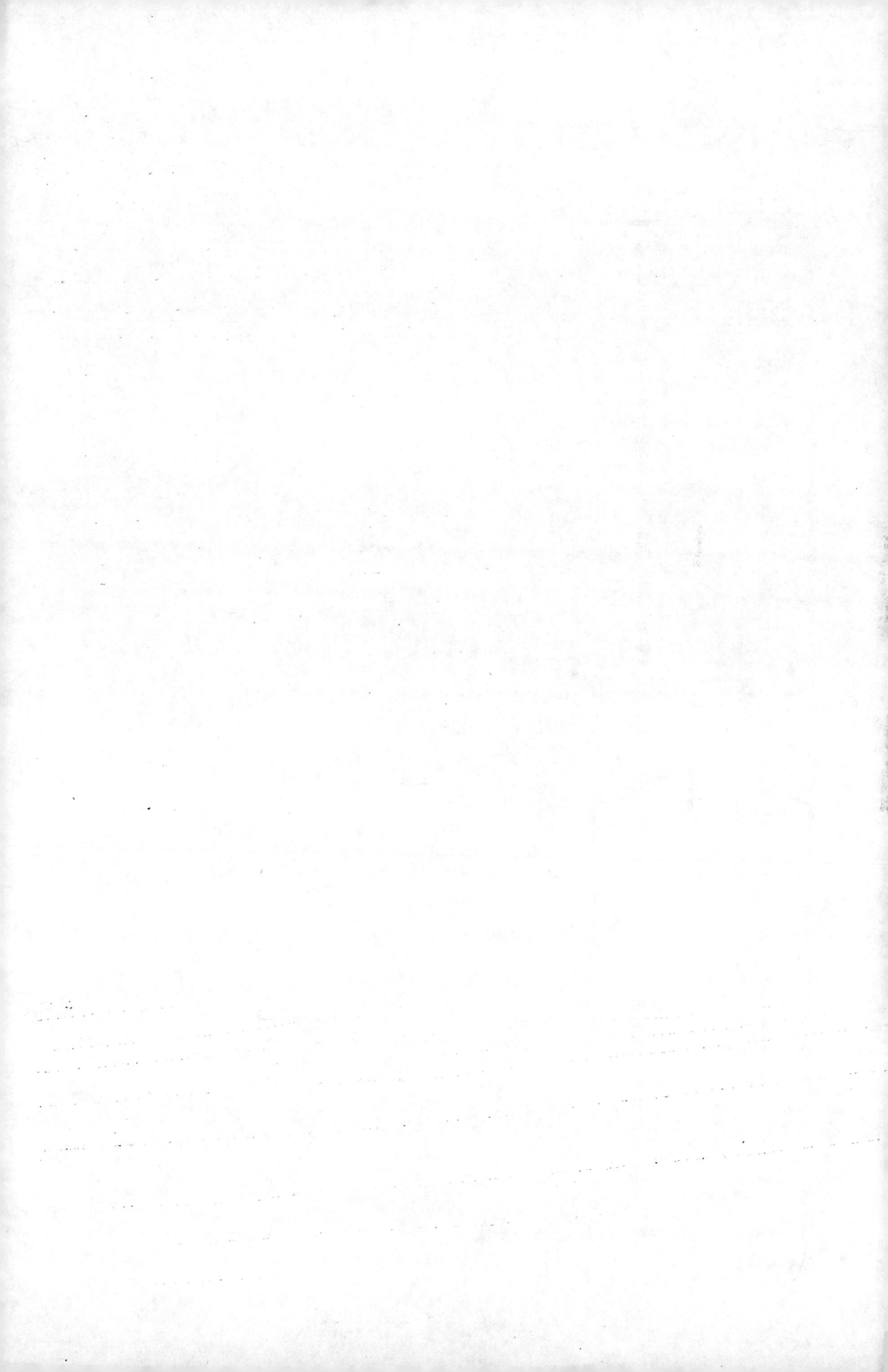